風見章日記・関係資料

1936-1947

北河賢三・望月雅士・鬼嶋淳編

みすず書房

風見章　昭和15年10月13日

早稲田大学時代　明治 42 年 5 月　前列右から 3 人目大隈重信，3 列目左端が風見章

支援者とともに　昭和初期　前列左から志冨靭負，蛯原凡平，風見章，根本瑛，2 列目左から増田兆五，神林鎮男，今井彦蔵，飯田憲之助，3 列目左から広瀬文次郎，落合寛茂

信濃毎日新聞主筆時代
大正 15 年 2 月

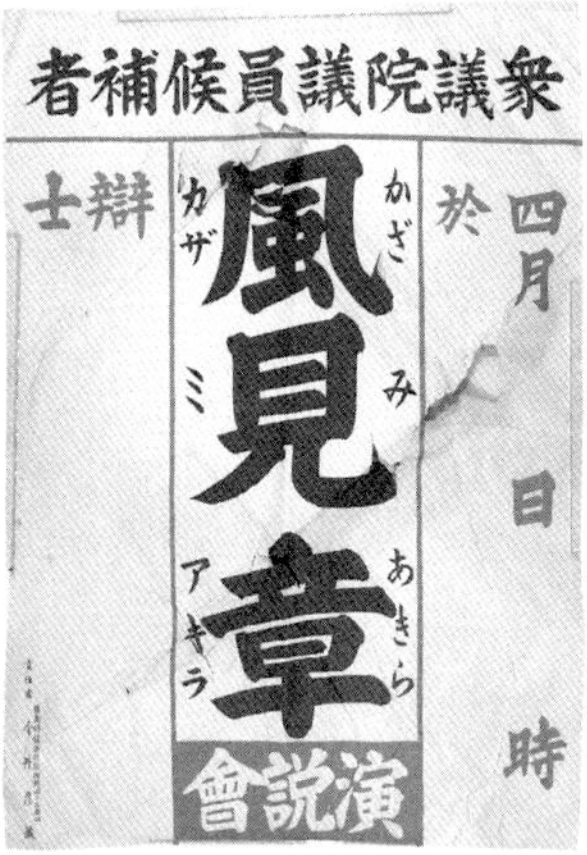

衆議院選挙用ポスター
昭和 12 年 4 月

筑波山にて　昭和 12 年 5 月 29-30 日　左から大越昌範，風見章，尾崎秀実，落合寛茂，須田禎一，森山喬，小沢正元，関口泰

筑波山にて　昭和 12 年 5 月 29-30 日　左から須田禎一，森山喬，関口泰，一人おいて林広吉，落合寛茂，尾崎秀実，風見章，小沢正元，大越昌範

師看護婦ヲ同行セバヨシト
首相邸ヲ辞シテ書記官舎ニカ
ヘリ猶リ熟考ス　首相ハ果シテ
今日南京ニ飛ビ蒋介石ト直接交
渉スルヲ可トスベキヤ否ヤト

思ヒラク　第一ニ蒋介石ニ支
那軍ヲ完全ニ統制スルノ力アリ
ヤ否ヤ●コレ無シトセバ彼ト交
渉スルモ北支ニ發生シタル事
態ヲ解決スルコトハ不可能ナルベ
シ　交渉ハ何ヨリモ先ヅコノ事

態ノ解決ヨリ開始サレザル可カ
ラザルニ　コレガ解決ノ可能ナ
ルコトガ保障サレザルニ於イテ
ハ交渉ハ進捗スル筈ナシ　而
シテソノ可能不可能ハ一ニカカ
ツテ蒋介石ノ支那軍ニ對スル統
制力ノ奈何ニヨツテ決セラルベキ
ハ勿論也　然ルニ八日以来ノ情
勢ヨリ判断スルニ蒋介石ハ謂ユ
ル対日強硬派ニ動カサレツヽア
リテコレヲ指導スル實力ハ十ハ
ダ疑ハシキモノアルヲ否定シガ
タシ　而シテ對日強硬派ハ一戦

ヲ辞セズト豪語スルコト久シク
蒋介石ニシテコノ派ヲ統制スル
實力ナキ以上ハヒトリ當面ノ
北支事端ヲ解決スルコトノ至難ナ
ルノミナラズ　全面的國交調整
ノ容易ニ望ミ得ベカラザルハ
火ヲ睹ルヨリモ明カ也　況ンヤ
目下ノ情勢ニ於イテハ抗日派ノ
氣勢頓ル昂リツヽアルニ於イテ
ヲヤ　シカモ今日蒋介石ノ対日
強硬派ニ對スル統制力ニ信頼シ
得ルトナスモノハ一人モアラザルベ
シ　タヾソノコトアルヲ切望ス

ルノミニシテ　ソノコトアリト
●断言スルニハ何人モ躊躇セ
ザルヲ得ザルベキハ　コトニ昨
年十二月ノ西安事件以来ノ情勢
ニ顧ミテ自カラ明カナリトイハ
ザルヲ得ズ　随ツテ現實ノ情勢
ヨリ判断シテ首相南京ニ飛ビ蒋
介石ト交渉ヲ開始シタリトシテ
ソレガタメニ却ツテ事端ヲ多カ
ラシメ両國民間ノ感情ヲ一層阻隔
スルノ結果ヲ招クベキ危険ハ頗
ル大也
他方　國内ノ情勢ヲ見ルニ

2 手記　第一次近衛内閣時代　本文 24-25 頁

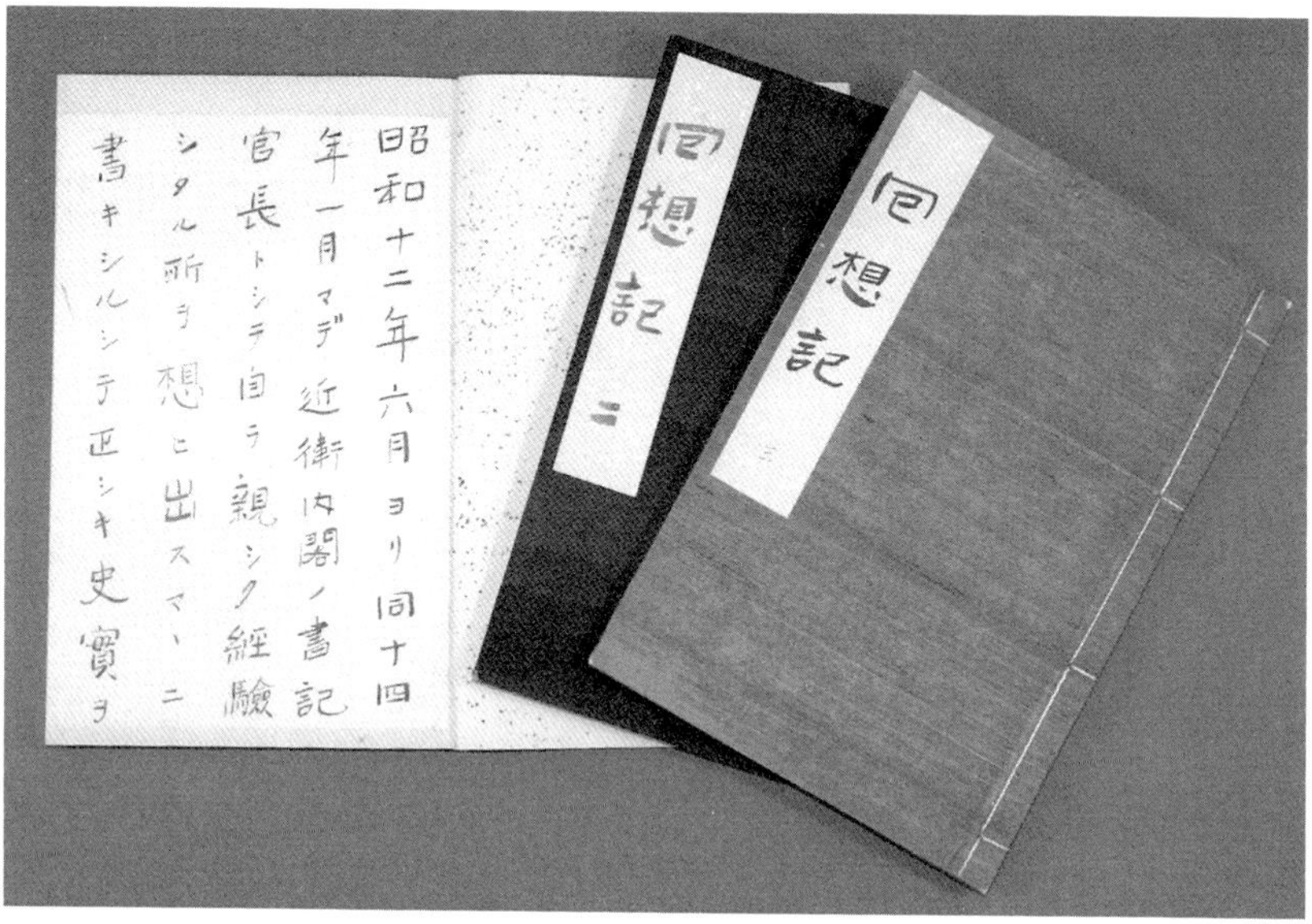
回想記
回想記 二
昭和十二年六月ヨリ同十四
年一月マデ近衛内閣ノ書記
官長トシテ自ラ親シク經驗
シタル所ヲ想ヒ出スマヽニ
書キシルシテ正シキ史實ヲ

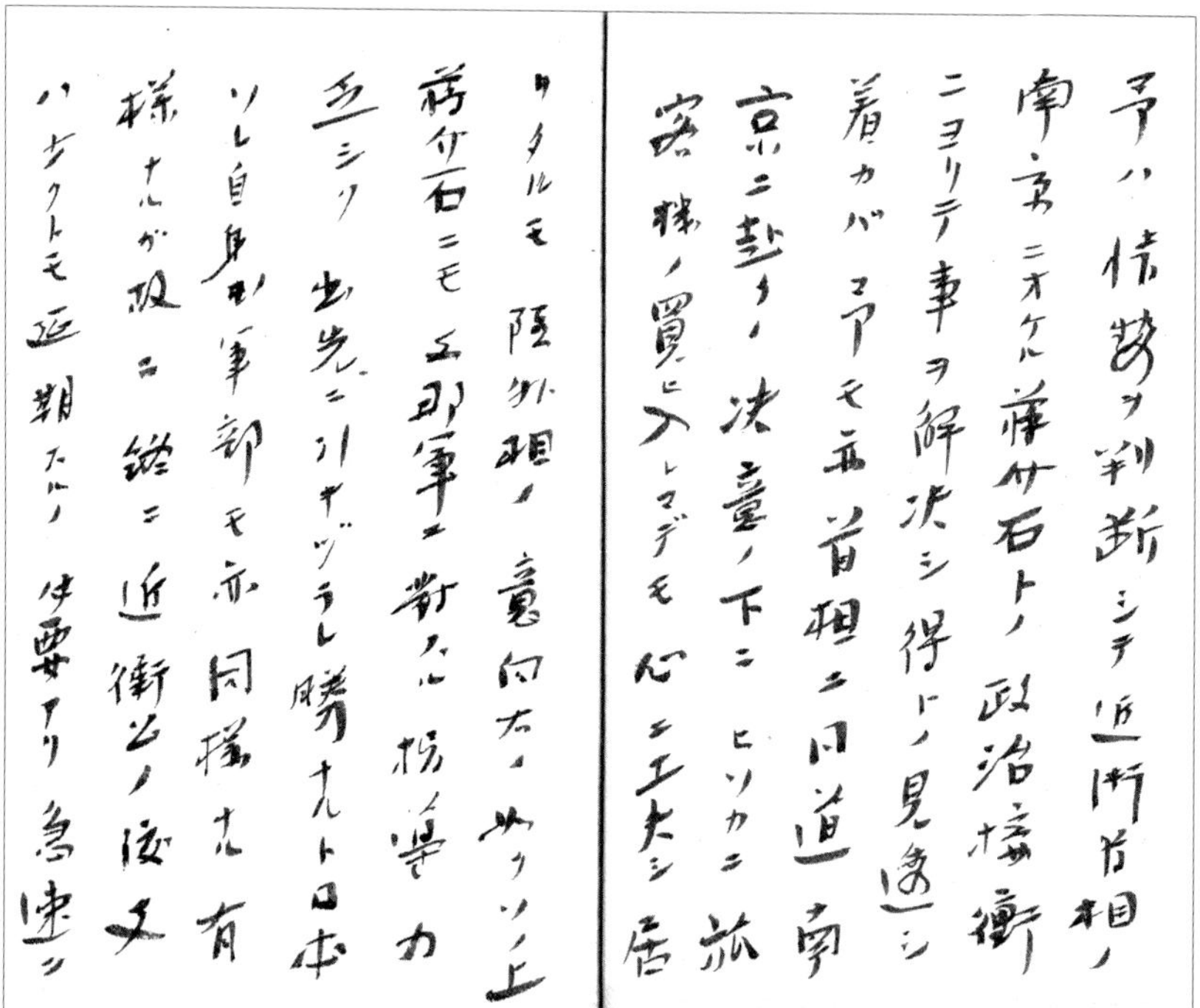

3 手記「回想記」 本文53頁（上）および61頁（下）

第一次近衛内閣組閣風景　昭和 12 年 6 月（左頁とも）

4 手記「昭和十三年五月 秘録 志冨靭負記」
本文 66-67 頁

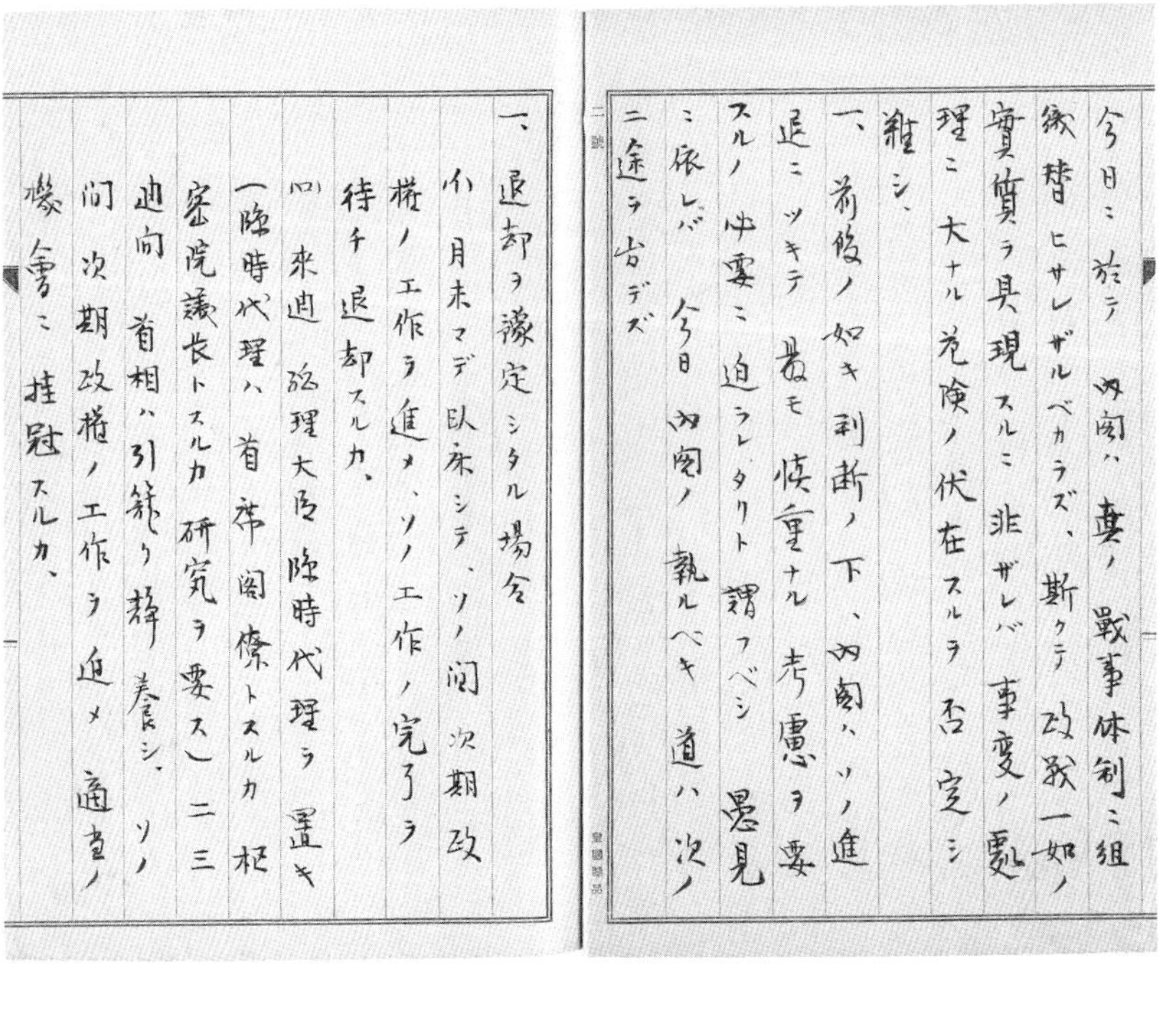
今日ニ於テ内閣ハ真ノ戰争体制ニ組織替ヒサレザルベカラズ、斯クテ政戰一如ノ實質ヲ具現スルニ非ザレバ事変ノ處理ニ大ナル危険ノ伏在スルヲ否定シ難シ、

一、前段ノ如キ判断ノ下、内閣ハソノ進退ニツキテ最モ慎重ナル考慮ヲ要スルノ必要ニ迫ラレタリト謂フベシ　愚見ニ依レバ今日内閣ノ執ルベキ道ハ次ノ二途ヲ出デズ

一、退却ヲ豫定シタル場合

(イ)月末マデ臥床シテ、ソノ間次期政権ノ工作ヲ進メ、ソノ工作ノ完了ヲ待チ退却スルカ、

(ロ)來週総理大臣臨時代理ヲ置キ(臨時代理ハ首席閣僚トスルカ枢密院議長トスルカ研究ヲ要ス)二三週間首相ハ引籠リ静養シ、ソノ間次期政権ノ工作ヲ進メ適宜ノ機會ニ挂冠スルカ、

更迭直後の杉山元前陸相を交えて 昭和 13 年 6 月　前列左から永井柳太郎，塩野季彦，板垣征四郎，米内光政，近衛文麿，杉山元，賀屋興宣，木戸幸一，池田成彬，有馬頼寧．2 列目左から 4 人目船田中，滝正雄，荒木貞夫，風見章

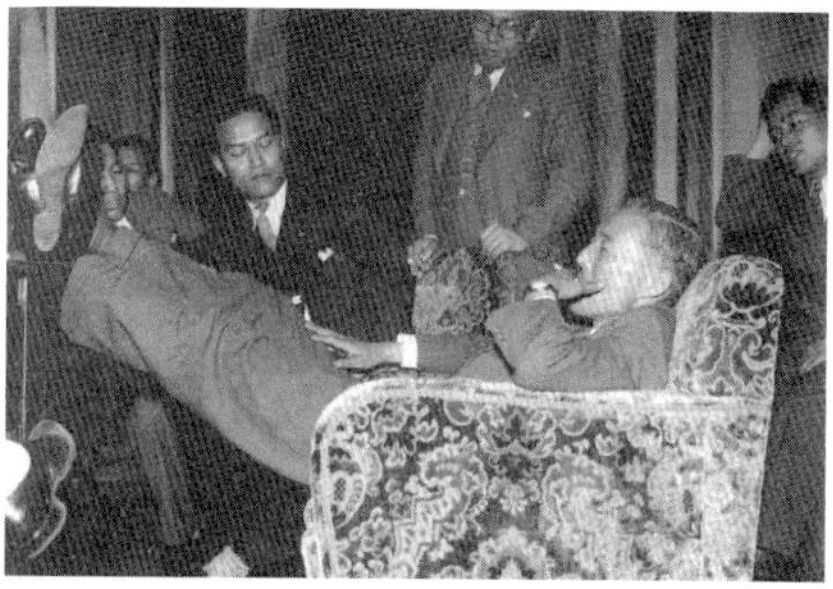

風見章　第一次近衛内閣期

新体制準備委員会会合　於首相官邸玄関　昭和 15 年 9 月　前列左から橋本欣五郎，堀切善次郎，古野伊之助，岡崎勉，小川郷太郎，近衛文麿，松岡洋右，有馬頼寧，中野正剛，風見章．2 列目左から大坪保雄，小畑忠良，村田省蔵，井坂孝，末次信正，金光庸夫，後藤文夫，緒方竹虎，八田嘉明，前田米蔵，東条英機，永井柳太郎，秋田清．3 列目左から沢村克人，奥村喜和男，武藤章，阿部勝雄，星野直樹，安井英二，石黒忠篤，及川古志郎，高石真五郎，平賀譲，正力松太郎，葛生能久，岡田忠彦，太田耕造．4 列目左から牧達夫，佐藤治三郎，稲田周一，深沢家治，後藤隆之助，挟間茂，森山鋭一，村瀬直養，橋田邦彦，井田磐楠，白鳥敏夫，大河内正敏，伊藤述史，河田烈，富田健治，松本重治

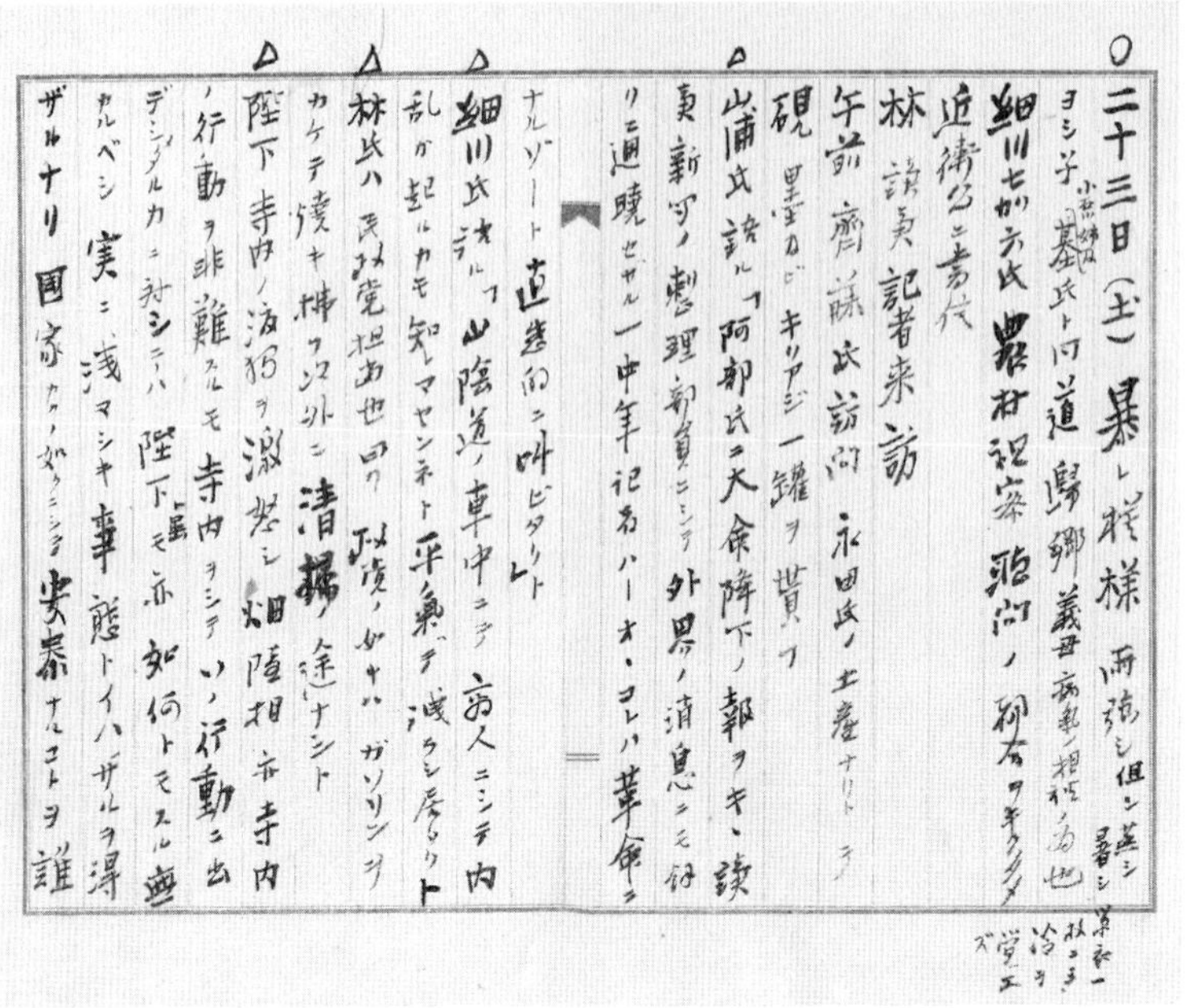

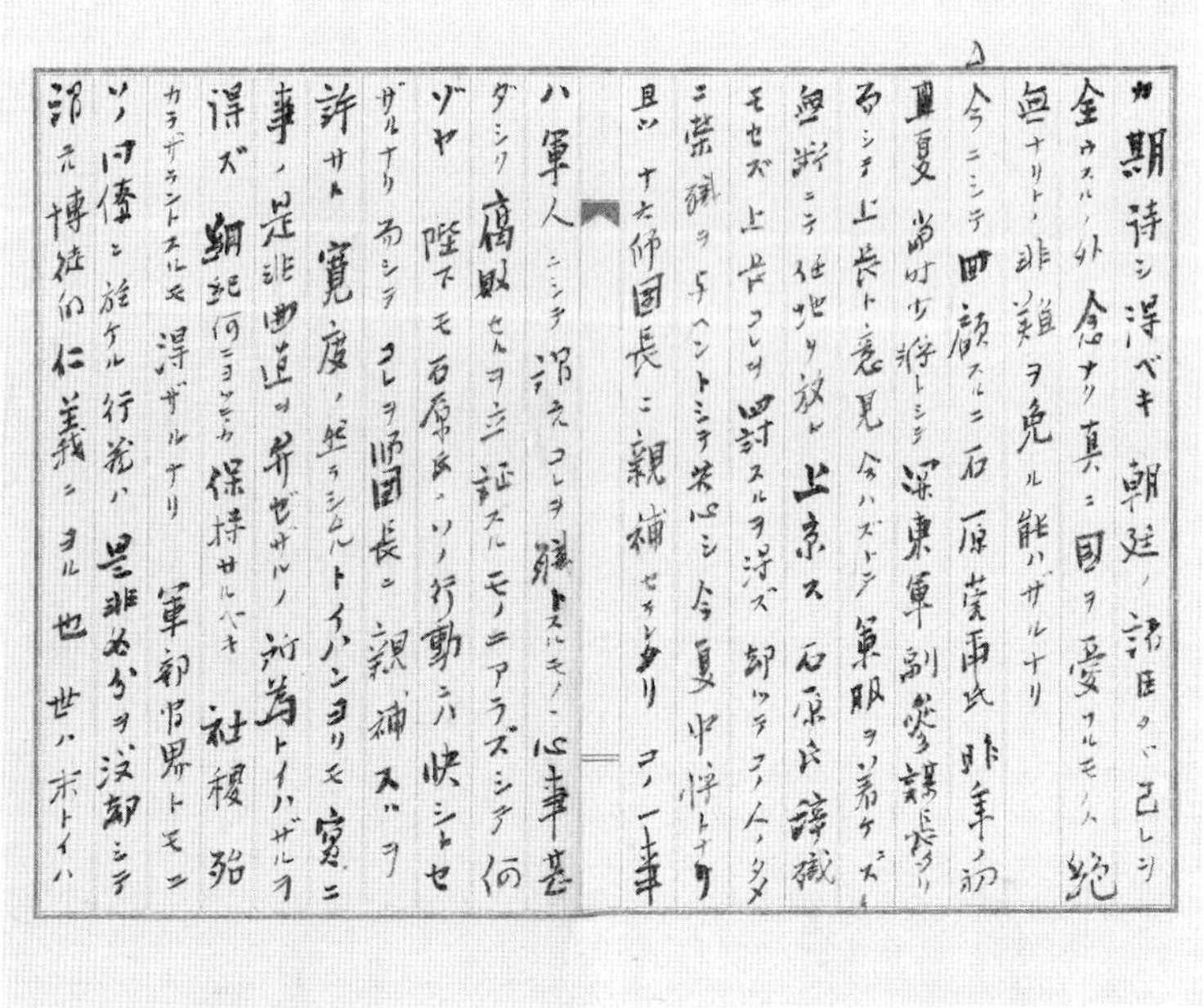

8 日記「備忘録　昭和十四年九月以降」昭和 14 年 9 月 23 日　本文 115 頁

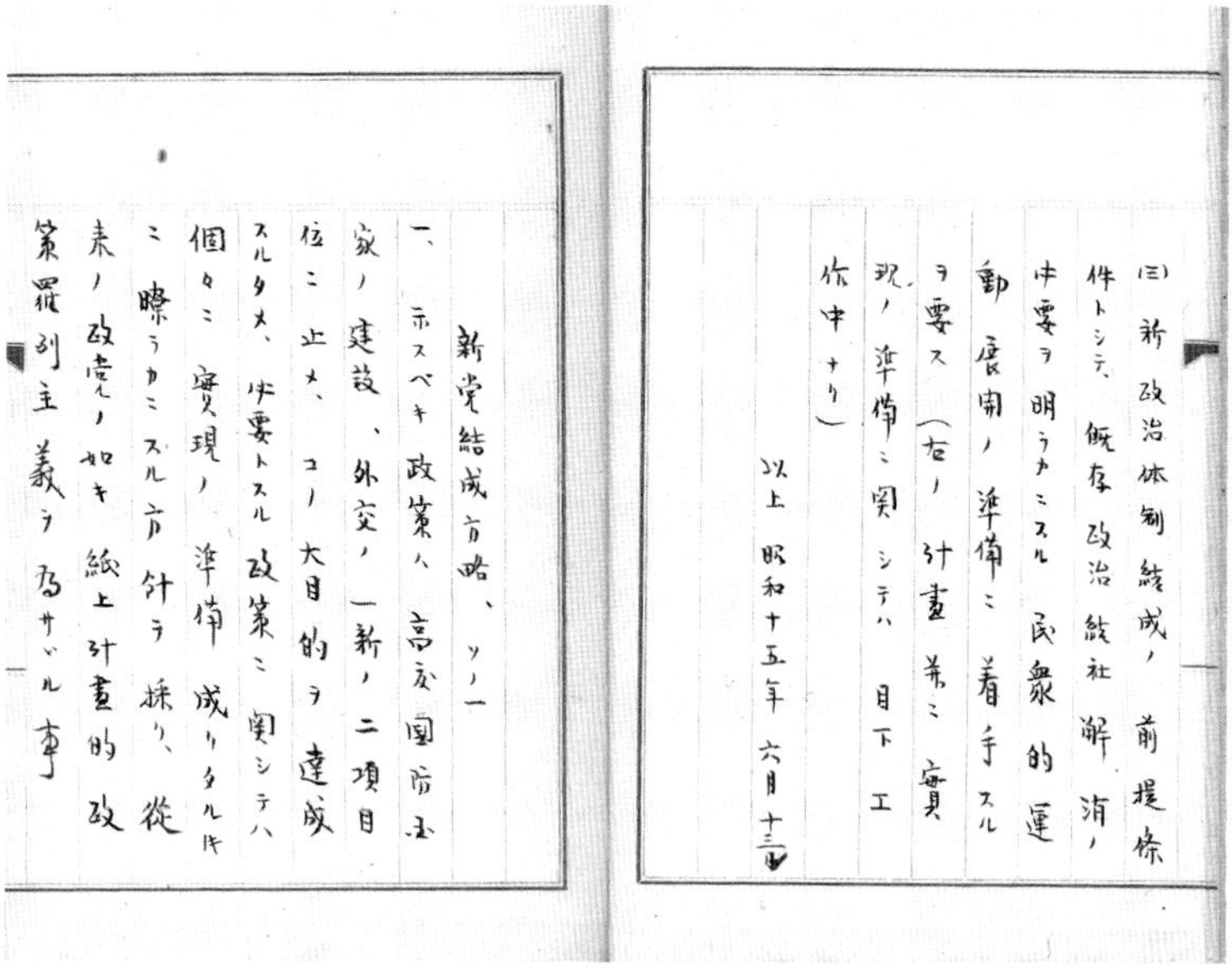
(三) 新政治体制結成ノ前提條
件トシテ、既存政治結社解消ノ
必要ヲ明ラカニスル民衆的運
動展開ノ準備ニ着手スル
ヲ要ス（右ノ計畫並ニ實
現ノ準備ニ関シテハ目下工
作中ナリ）
以上 昭和十五年六月十三日

新党結成方略、ソノ一
一、示スベキ政策ハ高度国防国
家ノ建設、外交ノ一新ノ二項目
位ニ止メ、コノ大目的ヲ達成
スルタメ、必要トスル政策ニ関シテハ
個々ニ實現ノ準備成リタル時
ニ瞭ラカニスル方針ヲ採リ、従
来ノ政党ノ如キ紙上計畫的政
策羅列主義ヲ為サザル事

12 新体制運動資料1　本文163頁

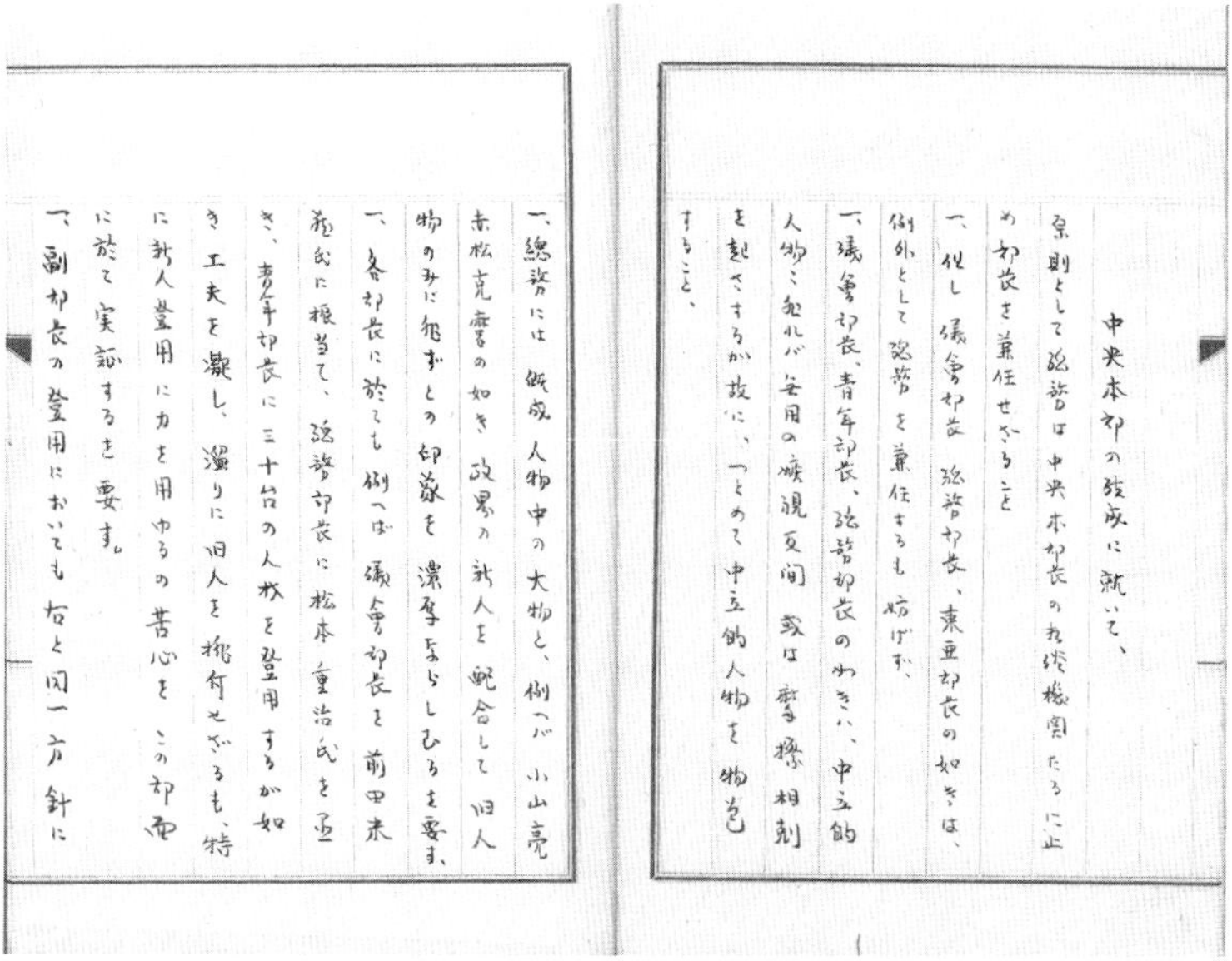
中央本部の改廃に就いて、
原則として総務は中央本部の執行機関たるに止
め部長を兼任せざること
一、但し議会部長、総務部長、東亜部長の如きは、
例外として総務を兼任するも妨げず、
一、議会部長、青年部長、総務部長のごときは、中立的
人物に限れば無用の疑惑反問或は摩擦相剋
を起さざるが故に、つとめて中立的人物を物色
すること、

一、総務には既成人物中の大物と、例へば小山亮
赤松克麿の如き政界の新人を配合して旧人
物のみに偏せざる印象を濃厚ならしむるを要す、
一、各部長に於ても例へば議会部長を前田米
蔵氏に振当て、総務部長に松本重治氏を置
き、青年部長に三十台の人物を登用するが如
き工夫を凝し、濫りに旧人を擁有せざるも、特
に新人登用に力を用ゆるの苦心をこの部面
に於て実証するを要す。
一、副部長の登用においても右と同一方針に

13 新体制運動資料2　本文170頁

有馬頼寧（左）と．昭和 15 年
10 月 13 日

家族とともに　昭和 17 年 10 月 1 日
前列右から風見章，よしの．後列右
から博太郎，精二，三郎，敏子

風見章　昭和 19 年 6 月 15 日

写真協力　風見翔平，志冨實，早稲田大学
大学史資料センター

凡例

一、本書は、早稲田大学大学史資料センター所蔵「風見翔平氏寄贈　風見章関係文書」、及び同所蔵「志冨實氏寄贈志冨靭負関係文書」より、風見章の日記、手記、論考、及び関係資料を収録するものである。
一、各資料を「日中戦争と近衛内閣」「アジア・太平洋戦争と敗戦」の二部に分け、編集した。なお付録として、「信毎時代」を収録した。
一、各資料のタイトルは、原題のある場合は「　」で、ない場合には適宜表題を付した。編者が資料の一部を省略した場合には、タイトルに〔抄録〕と付記した。
一、各資料は基本的に、資料冒頭に記載されている年月日順に並べた。
一、日付の記載には、日時の順や曜日の有無等原本に不統一が見られるが、そのままとした。
一、欄外に書き込みがある場合は、当該日の末尾に〔欄外〕を示し、記載した。
一、改行は原文通りとした。
一、各資料内で、編者による省略部分がある場合は、〔略〕で示した。
一、接〔折〕衝、司〔支〕配、余祐〔裕〕、記臆〔憶〕、錬〔煉〕、速〔即〕時、托〔託〕など筆者の書き癖や慣例的な表現を除き、明らかな誤字は修正した。
一、漢字は新字体を用いた。
一、新旧仮名遣いは、原文のままとした。
一、カタカナ表記は文体を損ねない範囲で、ひらがなに直した。但し、人名、地名、擬態語、擬音語等は、そのままとした。
一、句読点は読みやすいように、適宜加除した。
一、編者による註は〔　〕で示した。固有名詞等の誤字については右行間に正字、あるいはママを付した。人名の誤記については初出のみ右行間に〔　〕で正字を示した。脱字は本文中に入れた。

一、破損等により判読できない箇所、または文字が欠落している箇所は、一字分を□で示した。
一、異体字は通例の字体に直した。
一、今日から見て不適切な表現等についても、本書の性格上、そのまま収録した。

目次

20　論考「ソ聯と太平洋戦争との関聯についての若干の考察」〔昭和十九年九月二十七日〕……274
21　論考「日ソ中立条約に関する若干の考察」〔昭和十九年九月二十九日〕……279
22　手記「随時随筆（一）昭和十九年十月起」〔昭和十九年十月―十一月〕……281
23　手記「随時随想（二）昭和十九年十月」〔昭和十九年十月―十一月〕……293
24　論考「一九四四年（昭和十九年）十一月六日ソ聯革命記念日に於けるスターリンの演説に関する若干の考察」〔昭和十九年十一月十五日〕……299
25　日記「雑記 2605 昭和二十年一月 1945」〔昭和十九年十二月―二十年五月〕……306
26　手記「覚え帳」〔抄録〕〔昭和十九年十二月―二十年二月〕……341
27　手記「落穂録」〔抄録〕〔昭和二十年二月―三月〕……356
28　日記「田園日記抄　一九四五年」〔昭和二十年三月―八月〕……372
29　日記「備忘　昭和二十年六月一日」〔昭和二十年六月―七月〕……376
30　手記〔抄録〕〔昭和二十年七月―八月〕……401
31　日記「備忘　昭和二十年七月二十一日」〔昭和二十年七月―十二月〕……412
32　日記〔抄録〕〔昭和二十年十二月―二十一年二月〕……434
33　手記「昭和二十一〔二〕年二月末（一九四七年）G・H・Q行」・「余録」〔昭和二十二年二月―三月〕……454

付録

第一部　日中戦争と近衛内閣

1　手記　中国旅行回想

〔昭和十一年八月—十二年一月〕

昭和十一年八月十五日夜、東京駅発神戸に向ふ。

十六日、神戸にて上海行の上海丸に乗りこむ。同日正午出帆。

十七日朝、長崎着。上陸して旧知の鶴田亀二氏を訪問。同日出帆。

十八日午後上海着。木村重博士、山中喜一氏等の出迎をうく。

十八日より二十五日迄上海滞在。その間南京に赴き、同地一泊。

二十五日、船便にて漢口に向ふ。二十九日朝、漢口着。九月二日まで同地滞在。

二日船路上海に向ふ。六日上海着。

九月十日、上海にて欧洲行の日本郵船会社船照国丸に乗り、香港に向ふ。

十四日香港着。十五、十六、十七の三日間、香港滞在。十八日陸路、広東に向ふ。同日午後、広東着。
十九、二十日広東滞在。二十一日陸路、香港に帰る。
二十五日まで香港滞在。同夜大阪商船東洋丸に乗り、上海に向ふ。

二十九日上海着。上陸。一泊。

三十日、船便にて青島に向ふ。

九〔十〕月一日青島着。半日上陸して青島を見物し、同日乗船。九〔十〕月二日大連着。同地星ケ浦ヤマトホテルに七日まで滞在静養。八日大連発船便にて帰国の途に就く。


此の支那旅行当時は、支那に於ける排日の気勢が急激に毎日の傾向を織りこんで来た矢先きであつたから、行くさき〴〵の到る処で、在留日本人の間には物騒な噂が氾濫してゐた。ひとり噂だけではない、在留日本人の生命や財産を脅かす事件があちこちで頻りに起つてゐた。まことに容易ならざる情勢が、すごい勢ひで醞醸されつゝあつたのである。

当然心あるものは誰れもが事態この儘で推移する限り、日支戦争は不可避であることを肯定してゐた。

旧知の波多野乾一氏は尊敬すべき支那研究者の一人だが、たま〳〵支那共産党に関する文献蒐集のため上海に来てゐたといふので一日同氏の来訪を受けたが、同氏も亦、日支関係の前途には楽観するに足るべき何事をも見出し得ないとして深く憂慮してゐた。

その波多野氏の案内で、一日その頃上海有識階級の間で熱狂的にもてはやされてゐるといふ映画「迷羊」を上海最高級の一映画館で見ることが出来た。この映画は、『日本の帝国主義的侵略が支那の民衆生活を苦難の境涯に追ひこんで居るのだ』といふ認識を、支那の下層民に眼と耳とを通してたゝきこまうとするにあつて、この映画が一たび公開されるや、その映画館は毎日超満員の盛況を呈してゐるとの事であつた。

映画が日本は支那本土侵略に手を伸ばし出したのだと観衆をして思はしめるような場面になると、ぎつしりと観覧席に詰まつた観衆がすさまじい勢ひで拍手し喝采し、その眼は憤りに燃え、その顔は昂奮に緊張して、たゞならぬ気勢が場内に横溢するを看過せなかつた。館外に出てから波多野氏は、もし両人が日本人であることを知つたらたゞではすまなかつたかも知れぬと述懐したが、私も同感であつた。もつとも波多野氏は支那通であるだけに、観覧席も一番奥の目だゝぬ場所を撰んだから、両人を特に注意するものも無かつたのである。

この映画はあとで木村博士に案内を頼んでもう一度観たが、その時も場内の空気は前と同様であつた。

南京に出かけた折は、同地唯一の日本人経営の旅館に一泊したが、同旅館の客は私一人だけであつた。館主は東亜同文書院出身、南京に住むことすでに二十余年。したがつて南京の事情、支那問題にも深き智識を持つてゐたが、同人の談によれば、排日の空気不穏のため、日本人の南京訪問も今はめつたに無く、ために旅館は無客が常態の有様だとのこと。また同人は支那語にたん能なので、散歩に出かけても行きあふ小供達までが無遠慮に侮日的言辞を浴せかけるのがよく判るので不快この上なく、ためにこの頃は外出する気持にもなれないと慨嘆してゐた。それ許りか近所の支那人に目をかけてやつたので、以前には何かにつけてそれ等の支那人がよく出入したものであつたが、今は日本人と親しいといふことがすでに一種の罪悪視される有様なので、彼等が用事あつて訪ねて来るにも、出来るだけ人目に触れまいとするに並々ならぬ心遣ひをよぎなくされてゐると語つてゐた。

南京の中山陵に出かけた折である。支那語を解せず、また支那人との深い接触を持たなかつた私には、そこで出会ふ支那人から、特別に不快な印象を受けたとは思はれなかつたが、案内に同行してくれた日本人にあとで聞くと、私達を白眼視する支那人に途中何度も出会つたといふ話であつた。

南京在住の日本人の話では、支那の青年軍人の間では将校兵士を問はず、対日戦は避くべきでなく、むしろ進んで一戦するを可とするの主張が張つてゐて、しかも必勝の信念をいだいて居り、このことが侮日的気勢の根源でもあれば、それを煽りたてゝゐるのだとの事であつた。

但蒋介石政府主脳者は、何れも日支関係悪化の情勢打開に無関心なのではなく、むしろそれがために苦慮してゐるだらうことはほゞ想像出来た。たとへば底を流るゝ情勢の険悪なるに拘はらず、蔣政府の勢力圏内にあつては、排日を露骨に示した立札や掲示などはめつたに見られなかつた。さきに述べた映画「迷羊」の如きも、上海のような日本人の多い都会で公開される場合は、出来るだけ日本人を刺戟しまいとの用意から、あまりに露骨に排日的情景を映した部分には削除させたさうである。上海では木村博士の案内で大きな書籍店を出来るだけ多く見て廻つたが、排日を煽る著書がどこにもうづ高く積まれてあつた。ことに上海第一の洋書店たる□□□□□〔原文空欄〕には、日本排撃の欧米書が少からず陳列されてあつた。

フランス租界にソヴイエツト・ロシアの宣伝書店があつて、表面は一外国書店を装ふてゐたが、そこで販売する一英字新聞はさかんに日本問題を論じてゐた。日本政治を分析解剖して、軍部の政治力を最も大きなものと推断したる一論文には、ことに注意を喚び起されたのを記憶する。

初等学校の補助教材として、さかんに売り出されてゐた地図書があつたが、それには朝鮮樺太までも、かつては支那領土であつたと示す図面を載せて、それを後に日本が侵略したのだと説明してあつた。

支那共産党の露頭を上海に見出すとは聞いてゐたが、当時蔣介石政府の共産党弾圧は頗る強力であつたから、フランス租界外ではその露頭がどこにあるか、よほどの上海通でないと見当がつかぬらしかつた。幸ひ木村博士が、ある支那街の或る建物の中に共産党専属の出版店があるのを知つてゐるといふので、同博士の案内でそこへ行つてみたが、あいにく休業日だつたゝめにその店の中を見ることは出来なかつた。

百貨店をのぞいてみたが、そこの商品は支那産のもので無くば、概ね日本製品であつた。支那在住の英米人等が、『吾々は葉巻から巻煙草に顚落した』といつて、日本商品のために欧米商品が圧倒され、為めに儲けが少くなつたのをなげいてゐたさうだが、それほどに日本商品の威力は支那一体を圧するに至つてゐた。尤もその僻それほどの日本商品の勢力によつて富を成してゐるのは在住の日本人では無くて、むしろ概ね支那商人であつたのは皮肉な現象であつた。

ある時上海在住の謂ゆる第一流実業家連と会談する機会を得たが、その折、なぜ日本側は支那の貨幣統一計画に反対したか、その理由をたづねてみた。その答は、支那に貨幣統一を望むは百年河清を待つの類だと考へたといふのであつた。その観測は支那の経済生活、ことにその主流を成す農業経済が、近来本質的に一大変革を遂げつゝある過程を認識せずして、ふるき支那経済生活しか知つてゐないことに根ざす認識不足に基くことが会談中にあきらかにされた。といふのは、それ等会合の人達は支那全土に亘り、交通運輸機関の普及と発達とは近来著しいものがあり、それがために支那人の経済生活は、従来の地方的孤立性は払拭されて全国が一単位化し、自然それがために経済生活の動脈たる金融が統一貨されねばならぬ過程がぐん〳〵と前進を続け出してゐたといふ事実に対して注意するのを忘れてゐたことをみづから物語つてゐた。その証拠には、以前四川省では綿製品の移入は糸八割で布地は二割に過ぎなかつたが、此の頃ではその割合が逆になつて、綿糸二割、綿布八割の移入となつてゐる。これは四川の農民が自から紡ぐといふ苦労を厭ふようになつたことを物語るものであり、それだけ農民は働かなくなつたものであつて、これは好ましい傾向でないと指摘するに躊躇しなかつた。まことに馬鹿げた見方で、さうであればこそ、日本の紡績業が支那を市場に大いに発展して来た事実、したがつて上海の日本的勢力がおのづから増して来たといふ事実をすらも全く無視した他愛もない愚見であることに気がつかぬとはあきれはてた話であるが、かゝる認識の不足故にこそ一事は万事で、即ち四川の農民は働きたくないから自から紡ぐことをやめたのではなくて、紡ぐだけの手間を別の生産方面に廻して、その生産物と綿布とを交換した方が経済的に有利であるといふ事態にまで四川農民の経済生活が変化して来たこと、その変化は四川農産物の商品性、その交換可能区域が交通運輸機関の普及発達によつて著しく拡大され、またさらに拡大過程を辿りつゝあつたといふこと、詮じつむれば、支那の経済生活に於ける地方的孤立性が漸次払拭されつゝあつたといふこと、したがつて当然支那に貨幣統一の必要が起つてゐたこと、つまり支那にあつては貨幣の統一こそ必然の過程にあつたことを明確に認識することが出来ず、ために支那の貨幣統一のために一肌ぬぐことこそ、日本が率先して実現しなければならぬ政策だといふことに思ひをいたすことも出来ず、却つてこれに反対して以て得意とするの痴態を演じ、今はその貨幣統一が着々順調に実現されつゝある眼前の事態に、たゞおどろきの眼をみはるのみであるといふ有様であつたのだから、かくては日支関係の調整も事容易ならざるを思ふて、心甚だ寒からざるを得なかつた。

日本人自身、日本の農業問題に甚だしい認識不足であるのを反省しようとする傾向すら甚しく乏しい時代であつたから、支那経済の基本たる支那農業問題に関しては、殆んど無関心なもの許りであつたといふに不思議もないが、当時マヂヤールの支那農業問題に関する著述なども、支那有識青年の間ではさかんに読まれてゐる事実を知つた一方に於ては、在留日本人の間では、謂ゆる有識者でもマヂヤールの名前さへ知るものが皆無に近いことを発見して、なさけない思ひをしみ〴〵味はせられた。

上海で聴いたことだが、列国の大使公使総領事などが上海で公式に支那人を招いて宴会などする場合、ソヴイエット・ロシアを除けば、何れも招くのは謂ゆる要人連であるから、招かれる支那人の方から見れば、いつも同じ顔振れのものが何れの国の招宴にも顔を出すといふ訳で、つまり相手変つて主変らずといつた調子である。ところがソヴイエット・ロシアの場合は、上海の要人連から見れば、名も知らぬ顔も見たことがないといつたような連中が多数に招かれて、いはゞ下層階級とのつながりが如何に深いものであるかゞ判るさうである。かういふ点にも、新しい外交の行き方といふことについて、吾々にとつても反省の必要がある様に感ぜられた。

一日木村博士を、当時その勤務先であつた自然科学研究所に訪ねたが、その建物は日本外務省指導の設計に成るとのことであつたが、まことに拙劣な欧米式採用のものであつた。その上規模も小さかつた。木村博士はその本館の屋根上に私を案内して、そこからよく見える前面の豪壮なる大建築物を指していふには、『ご覧なさい、あれが今度出来る米国系の医科の単科大学校堂なのだ。あの建物にくらべると、この自然科学研究所の建物が如何に貧弱であるかは一見して判ることだが、それ許りでない、あの大学の建物は巧みに支那式を取り入れて、単なる欧米の模倣でないことをあきらかにしてゐる。しかもあれは米国民の私的寄贈によるもので、こちらは堂々たる日本帝国政府の仕事だといふのだから、くらべられては鼻が低いわけだ。これでは競争にならないし、支那人に日本には頭が下がると思はせるわけにも行くまいではないか』と。私もこの木村博士の言には同意せざるを得なかつた。

昭和十年であつたと記憶する。満洲旅行の途次新京に立ちよつて、当時満洲国政府の農業部大臣であつたか、とに角国務大臣の地位に居た旧知の丁鑑修氏をたづねたことがある。種々話の末に丁氏は、その男の子二人をヨーロッパへ留学させてゐるといつたが、その理由としては、欧米模倣の日本に学ばせるよりは、むしろ欧洲へ送つて学問させた方が得策だからといふ意味の言葉をほのめかしてゐた。因に丁氏は、日本の早稲田大学で私と同窓だつたのである。上海に来て痛切に思ひ出したのは、この丁氏がその子を欧洲に学ばせてゐるといふ話であつた。といふのは、日本に独特の学問があるのか、日本の学問といふのは、その根底を欧米の夫れに置いてゐるのではないか、結局日本は学問的に欧米に依存してゐるのである。しからば日本に学ぶよりは欧米に学ぶに越したことはなからうとの潜在意識が、支那の青年の間に一貫して流れてゐるといふことを、出会ふ程の誰れもが否定しなかつたからである。毎日傾向の一つの原因は、かゝる事実にも見出せるとたれかゞ語つてゐた。なるほどと肯首せぬわけに行かぬ実情であるのは、遺憾ながらみとめざるを得なかつた。したがつて日本の文化がもつと／＼引きあげられ、それが十分に洗錬されたものにならなければ駄目だ、日本の学問に強い拍車がかけられねば駄目だと、しみ／＼痛感したことであつた。

上海富豪の慈善事業の一つとして発達した捨子収容所は一箇所だけ参観した。門側の塀に捨子したいふ《〔ママ〕》ものが、その子を入れる引き出しが設けられてあつて、その引き出しの上に呼鈴が着けてある。子をその引き出しに入れてその呼鈴を押せば、子を捨てたものゝ姿は見られずに、その捨子は拾はれる仕組である。その捨子収容所の周囲は貧民がとりまいてゐる。それ等の貧民の家では、子持ちの婦人はその乳の一部を捨子収容所に提供して生計のたすけにすることが出来るのである。たくまずして、まことに行き届いた仕組である。

この上海には朝鮮の独立運動の本部が久しい間置かれてあつた。尤も私が行つた頃は、それより少し前にその運動取締りに関して日本側から南京政府に抗議した結果、南京政府はその指導者達を悉く南京に収容したといふのでその本部はすでに存在しなかつた。聞くところによると、日本側はその指導者の引き渡しを要求したが、南京政府からは承知したが、然らば一味の写真を欲しいといはれ、実はその写真は持ち合はさなかつたので、日本側としてはそれ以上手のつけようもなく、その間に支那側はこつそり一味を南京へ引きとつてしまつたのださうである。これなどはいはゆる藪蛇で、病ひを奥に追ひこむ藪医者の手並以上のものでないことはあきらかだ。

一日上海在住の一朝鮮人が宿に訪ねて来た。引見すると、彼は朝鮮独立運動本部が上海に無くなつたからといつて、その運動を支持しようとする空気が消えぬばかりか、一層濃厚になる傾向すら認められると語つてゐた。彼曰く、「先日久しぶりで家郷京城に帰つたが、その節有力なる一朝鮮人と会見した。彼は東京帝国大学出身で、官界に入らうと思へばすぐにも重要な地位を与へられる境遇に居るのだが、その方には見むきもしない。事実いくたびか官界入りをすゝめられたが、いつも断つて来たのである。そして現在は京城財界の一方の重鎮となつてゐる。彼との対談中政治問題に話題を転じようとしたところ、彼はそれを遮つて、政治の話はやめよう、政治は日本人のもので俺達の関係する所でない、随つて興味もない。それよりもいひたいことは、俺はかうやつて一生懸命に金もうけに身も心もさゝげてゐるが、これが俺の一生の仕事ではないのだ。一生の仕事として成し遂げたいと思つてゐることは、かうやつて儲けた金で大学を設立る、そしてその大講堂の正面に猶太人の像を掲げるに在るといふのである。以て朝鮮の若い有識階級が何を考へてゐるかは判るでせう」と。因に、此の朝鮮人もかつては所謂札つきの独立党員であつたのが、後に離党して上海の日本官憲の手先となつて諜報関係方面に働いてゐるらしかつた。名は忘れたが、私には一面識程度の知人だつたのである。

上海でも台湾人や朝鮮人は都合の好いときには日本を笠に被り、都合が悪いとなれば支那人に化けるので、日本当局としては随分世話がやける場合も少くないようであつた。

ひとり上海だけのことでないが、ことに同地にあつては女子が学術方面に頭を擡げようとする傾向がすこぶる旺んであるように思はれた。その傾向が潑溂たる有様には、到底日本の夫れは比べものにならぬ程だとも印象づけられた。新しき支那の姿がこゝにもその片鱗を示してゐると、切実に看取せざるを得なかつたのである。若き女性はすでに殆んど全部といつてい〻程断髪であつた。また革命以来の物資欠乏が原因となつて工夫されたのだといふ短袖長衫の夏衣は日本人の浴衣一枚分で二枚をつくれるのださうだが、如何にも颯爽としてまた軽快に且つ活動的でもあつた。上海の街路上ではふるき風俗の女性にはめつたに出会ふこともなかつた。

整頓してゐるのはフランス租界であつた。道路といへ街路樹の手入れといへ、はたまた建てものにしろ、一際目だつてよく出来てゐた。日本大使の官邸もそこにあり、また富祐な日本人や大会社の支店長なども、概ねそこに住んでゐた。上海人にとつては、こゝこそ高級住宅地だつたのである。それだけにこゝの街々には、いかにも落ちついた空気がみちみちてゐた。それにくらべると、日本人街はまことにとりとめもなく雑然としてゐて、はなはだしく殺風景であつた。何もかもが一時間に合せの俄か仕立といつた調子で、無計画性をあけすけにさらけ出してゐるばかりか、何処となく出稼人の街といふ感じをたゞよはせてゐて、東亜百年の大計の足場の一つがこゝにあるぞといつたような印象は、微塵もうけることが出来なかつたのはさびしい限りであつた。世界的な文化的発展民族として、大いに雄飛するに足る資格と能力とを具備するためには、日本民族は大いに反省してみる所が無くてはならぬ。そして自からに欠けたるものなきやを十分に検討して、それを補ふために工夫する所なかるべからずとの感を一層深くせざるを得なかつた。尤もそれもこれも乏しいことが主な原因であることに間ちがひはないが、それぱかりが原因でないことに反省が必要なのだ。

日森虎雄氏に会つて、ことに支那共産党に関する智識を求め得たのは仕合せであつた。現代及び未来の支那を思ふとき、共産党の存在を無視しては正しき判断は出来ないことといふまでなく、それ故にこのことについては十分注意を怠らなかつたつもりだが、日森氏との接触によつて益するところ大きかつた。但遺憾だと思つたのは、その共産党問題に関しては、共産党の是非を一言の下に結論して了はうとするものは多かつたが、深くそれを考察し検討してみようとするものが少なかつたことである。その是非を結論したり、その前途を推断したりしてみる前に、虚心坦懐に事の内容を深く解剖し考察してみる用意がないといふほど、結論や推断をあやまり易からしむるものはない。

どう見ても蔣介石政権としては、日本との国交調整を以て抗日救国の一本調子で行くよりも得策だとしてゐたことは、疑ひを容れる余地が無かつた。当時にあつては蔣政権の内容から見て、また蔣政権存在の理由から察して、はたまた蔣政権下の一般情勢から推して、蔣政権としてはさういふ方針を取らざるを得なかつた筈である。蔣政権をめぐる客観的情勢は、その主観的欲求が如何であらうとも、抗日救国一本やりで国策を進むることを許さなかつたのである。蔣政権並びにそれを支持する勢力としては、好むと好まざるとに拘はらず、その客観的情勢の命ずるところに順応せざる限り、存在の余地は見出せなかつたのである。しかるに共産党としては立場は別であつた。あくまで抗日救国の一本調子で進むところにその存在の余地があり、それを方針として遂行して行くことによつて、蔣介石政権とは存在の意義の異なることを明かにすることが出来るのであり、此の方針の遂行を効果的ならしむるためには蔣介石政府をして、どこまでも日本政府との国交調整を不可能ならしめて置くことが必要であつたのだ。そこで日支関係を険悪ならしむるための種々の工作は綿密に工夫されてゐるだらうことはほゞ想像のつくことであつたのだが、私が旅行中にあちこちで頻繁に起つた日本人殺傷事件の如きも、それが排日侮日情勢のもたらす自然発生的な事柄であつたとしても、共産党としてはそれ等の事件によつて醸し出されて行く日支国交険悪化の傾向には、蔣介石政権がそれのために困れば困るほど、いはゞ思ふ壺の話なので、かゝる情況からも共産党への関心は手落ちなからんことを希はざるを得なかつたのである。

いはゆる新生活運動は上海でも南京でも、都会地に於ては随分と徹底して行はれてゐたようであつた。馬鹿に出来ぬ真剣味がその運動から迸り出てゐるのは看のがせなかつた。

一夕木村博士に案内されて、支那の謂ゆる食通人がよく行くところだといふ料理店に出かけたが、味覚をたのしますとして支那料理にこそ世界第一の称号を与へてよからうと切実に感じたことであつた。日本の料理では、日本としては文化的に最もふるい歴史を持つ京都の夫れが第一だといはれ、どうしてもよりふるい文化の地によりよき料理を見ることが出来るといふが、支那料理を口にするとき、なるほど此の国の文化の歴史はふるいのだなといふことを思はせられる。悠久四千年の支那歴史が今日の支那に遺したもので何が一番取柄があるかと問はるれば、先づ指を支那料理に屈したいと考へるほどに、支那料理には人間の長い経験のみが独りもたらし得る味ひを含んでゐる。

木村博士は結城郡菅原村出身、水海道中学を出で帝国大学農科に学び、卒業と同時に支那に渡り、上海自然科学研究所員として支那淡水魚の研究に専念して来たのであるが、その研究者としてはすでに世界的一権威であり、その研究室を訪れてみたが、人間の太股ほどもあるかと思はれるほどの「どぜう」の輪切したのがアルコホル漬にしてあるのを見せられたときはびつくりした。木村博士の探査によると、揚子江には「わに」の最古代のものが生息してゐるさうである。

山中喜一氏は水海道町出身。水海道中学から立教大学に学び、卒業と同時に上海汽船株式会社に入社して渡支し、上海在住すでに二十年。謂ゆる上海の「ぬし」の一人であり、同会社の専務取締役として活躍してゐた。船便はいつも同氏の斡旋によつて、すこぶる都合よかつた。

上海の日本人経営の旅館は、どこも閑散であつた。排日の情勢が激化して来たゝめに日本人では商売も思はしくなく、自然日本人の旅行者も少くなつたゝめだとの事であつた。

鐘紡上海工場を見た序に、そこの若い工場主任を中心に集まつた人達と数時間会談したが、若い日本人は何れも日支戦争不可避の情勢が日に〳〵濃厚化しつゝあることを憂慮してゐた。当時恰かも日本軍部では、或ひは広西省方面に親日反蔣的政権を育て上げようとして画策努力してゐるといふ有様で、支那一部の軍閥と結び、行き詰まれる日支国交の打開をはからうとしてゐたが、在留有識民間人にして若い方の人達は何れも軍部のさうした苦心は、結局支那の統一化情勢に逆行する行き方であり却つて逆効果を誘発することになりはせぬか、むしろ謂ゆる小手先の工夫をやめて統一ある国家化せんとする傾向と真正面から取り組んで、そこに行き詰まり打開の方策を見出さうとする努力こそ必要なのではなからうか、といふ意見であつた。具体的にいへば、満洲国だけをしつかりとつかんで冀察政権といつたようなものはこれを抛棄し、謂ゆる proper China の統一には十分に援助もし、また努力もしてやるといふ方針を明かにして、この方針に則つて巨細の対支策を見出すといふことにしたら、自から日支関係調整の途はひらかれるのではないかといふのであつた。

支那側では心からの知日派、親日派といはれる人達、したがつて日支国交の平和的調整を熱望してやまざる人達でさへ、満洲はあきらめてもいゝが、満洲より一歩でも出て本来の支那領土に日本が手を出さうといふのであれば、断じて日本と和平あるを希望しない。それを許さねばならぬほどならば、むしろ欧米の殖民地的存在たるを択ぶとまで昂奮して語るほどに、冀察政権の樹立や広西方面への日本の手入れには憤激してゐた。

さきに誌した映画『迷羊』も、日本が冀察地方に触手を伸ばして来てそこに傀儡政権を樹立し、そこから密輸出して支那の民族工業を存立不可能ならしめ、ために失業者を簇生せしめ支那民衆生活を圧迫するにいたるといふ筋書で、結局支那の独立とその安寧幸福とを脅かすものは、日本の帝国主義的侵略に外ならないといふことを示さうとする筋書のものであつたのだが、かうした映画であることが支那有識者の心臓に深刻に訴へる所があるのだといふことは、右の如き支那人の考へ方から、なるほどとうなづかれたのである。

たゞ謂ゆる大家といはうか、上海在住の上層部に居る人達の間では、一度たゝきつけてやる外はないのだといふ考へが圧倒的であるように思はれた。排日や侮日とは怪しからぬ、無礼である、彼等にとつて欧米勢力への防壁は日本ではないか、それを忘れて一人前の顔して日本を見くびるが如き態度に出るのは生意気千万である、といつたような簡単な憤慨だけが、それ等の人達の胸をふさいてゐるとしか思はれなかつた。当然これ等の人達は軍部絶対支持であつた。軍部のやることを批判してみようとする気持などは、起すべき〔に〕あらずといつた調子であるように思はれた。尤もそれ等の人達に限つて、また日本政府が北支那方面にのみ心を奪はれてゐて、中央及び南方支那が日本のために如何に重要であるかを閑却してゐるのは不当である、よろしく圧力を中央、南方支那方面にも及ぼして欲しいといふ考へ方を固執して居り、したがつて広西軍閥への手入れといつたようなことにはすこぶる熱心であり、それを支持するに全幅の力を捧げるに吝かでないといつた調子であつた。

漢口行の汽船生活はまことに愉快であつた。船中四泊。眠りたいときに眠り、話し相手といへば、船長と一等室の相客だけ。四周の風光ものんびりしてゐたが、旅情もまたのんびりしたもので、心やすまる思ひであつた。相客といつても一等船客といへば、船室も三つ位だつたように思ふが、漢口日本人中学校長某氏夫妻だけであつた。

夏の満水季だつたので、赤壁は減水季の光景を呈してゐなかつたから、蘇東坡の赤壁賦への感興も深くは湧かなかつた。

話に聞いた揚子江の筏、即ち鶏や豚などまでも飼ひつゝ揚子江を下る筏もいくつか船の上からながめた。甲板から水面を眺めてゐると、「滔々逝水今古流　漢楚興亡両邱土」といつたような感懐も胸に浮んで来る。

漢口では藤田医院の世話になつて、その一等病室にとめて貰つた。一夜日本留学生出身の青年数名と同病院の一室で会談した。何れも知日派であり、また親日派の連中であるが、日本の政治家と会談したといふことが判つては、排日派の口がうるさいといふので、藤田医院に病人見舞に来たといふ恰好で会見の機会をつくつたのである。それ等の青年達も、北支那に日本が手を出すといふことならあくまで争はねばならぬ、北支那を日本が満洲国のようにしようのを忍ぶ位なら、吾々はむしろ欧米の属国たらんことを希望するとまで昂奮して極言してゐた。日本は支那の独立を支援もし尊重するといふので、それを真面目にうけ取つて親日方針でなくてはならぬと主張もし、生命の危険をすら冒してその方針の実現に努力して来てゐるのに、日本みづから支那の独立をないがしろにするが如き行動に出られたのでは、やりきれぬではないかと憤慨するのであつた。

漢口の新生活〔運〕動は、ことに徹底して行はれてゐたようだ。同地在住の一日本人が語つて曰く、〔「〕道路に煙草の吸殻を棄てゐるとは、新生活運動として実行すべき一事項となつてゐるが、そんなことが支那人に出来るものかと甘くみくびつてゐたので、自分は構はずに吸がらを道路上に棄てゝ、それから行く〳〵注意して道路を見るが、おどろいたことに、どこをみても一つとして吸がらが落ちてゐない。結局落ちてゐたのは自分が棄てたのだけだと判つて、これは可けないと思つて、こつそりそれを自分で拾つた。此の新生活運動は馬鹿にならない』と。

漢口はあついので有名だが、なるほどあつい。夜通し、じく〳〵と汗は流れ通しである。窓をあけはなしたまゝで、深夜になつてもあつさはちつとも減らなかつた。

藤田医院で寝た室で、始めて支那式の便器を見た。室の一隅に二尺四方ほどの、高さも一尺五寸ほどの黒ぬりの箱が置いてある。室に案内してくれたものが、これが便器ですと教へてくれた。箱の上部に六七寸程の円い穴があつて、それに蓋が置かれてあつて、その蓋を取りのけると箱の中にその穴の真下に壺が置いてある。その穴に尻をあてゝ大便をするといふ仕組である。なれないので気持悪く、一度も使用せず、両便には医院内の西洋風の便所で用をたした。

一夕在住日本人の主な人達に招かれて、日本人クラブで夕めしを御馳走になつたが、何れも日支関係の前途に対して深き憂慮に気を腐らしてゐた。ありし日の日本人の繁栄は、今は見るかげもなくなつて引きあげたものも多く、残留してゐても前途は明るくないといふので心配顔であつた。

長沙まで出かけてみるつもりであつたが、長沙の日本人経営旅館に爆弾が投げこまれたといふような事件があつて、物情騒がしきものがあるのと船便が思はしくないのとで、長沙行は中止した。

こゝで支那の一有識青年から聞いた話だが、蔣介石氏は以前にはこゝから対岸の武昌に渡る折など警衛もの〳〵しかつたものだが、五・一五事件が起つて犬養総理が殺された後は、日本のような秩序のとゝのつた国でさへ総理大臣を殺さうとすれば殺すことが出来るといふのに、支那などではいくら警衛を厳にしてみたところで、それで安心が行くものでない。したがつてこれからは、むしろ警衛などはたよらぬ方がいゝのだといつて、爾来同氏は武昌への渡航に乗るにも両三人の従者を同伴するだけにしてしまつたさうだ。かうしたことが、また青年の人望を一層あつくしてゐるようであつた。

一日武漢大学を見に行つた。暑中休暇で学校は閉鎖されてあつたが、位置といへ、大学構内が広いことといへ、またその構内に教授連の住宅を建てならべたことなど内容のほどは知るに由なかつたが、その外観はまことに立派であつた。

漢口から上海にかへるのにも船便によつた。揚子江を船で上下してゐると、四周の風物からも身も心もまことに休まる思ひである。一年に一度はかうした旅をやらう、来年は秋に何とかして揚子江の船旅をやらうと願はざるを得なかつた。

上海から香港の船旅は海が穏かなので、また〔と〕なく愉快であつた。ながく大倉商事の倫敦支店につとめてゐて、英国婦人と結婚したといふ日本人がその妻子とともに帰国し、今はロンドンへの帰任の途にあるのだといふのに船で知り合になつたが、この人から同じく長々ロンドンの三井物産支店につとめてゐて、同地で英国婦人と結婚した旧知の三上謹吾氏の消息を聞くことが出来た。

香港に上陸して、直ちにそこの日本人経営の旅館松原旅館に投宿した。宿の工人が香港島のあちこちを案内してくれた。

書籍店をのぞいてみる。排日をあふるような洋書がうづ高く積まれてあるが、その外は他愛もない文学書などが多い。思想問題に関するものなどは、英国当局がおそれをなして売らせぬように工夫してゐるのださうだ。その代りにそれへの不平のはけ口を、日本問題に関する書籍に求めてゐるとの事であつた。

百貨店をのぞいてみたが、レッテルは欧米製をしてあるが、その実体は概ね日本製品だとの事であつた。果せるかな、香港で出会つた一日本人は毎月一回東京に行くが、その用事は東京の何処かで made in England とか、made in Germany といつたようなレッテルなどをつくらせて、それを持ちかへつて日本製の商品につけるためだといふのであつた。

香港までは偽りなしに日本製品で到着する、そして此処で欧米製品のレッテルがつけられて、こゝからは欧米品と擬装されて支那内地にどし／＼はいつて行くのださうだ。一つは排日貨運動の裏道を行かうとする工夫と、一つは安価な日本製品がちようど支那人の購買力にしつくり適合してゐるといふことから、かうした取引の途がひろげられてゐるのであつた。

南支の排日は露骨であつた。広東行の列車に乗つて同地に出かけた折、あちこちの停車場で大きい広告板に「抗日靴」などと大書したのを見かけた。

広東では在住日本人が殆んど全部沙面の英仏居留地内に引きあげてしまつてゐたほど、排日の空気が重くるしくたゞよつてゐた。夜間の外出は、広東市内へは旅行者などは一人では出られないほどの物騒な情勢であつた。

武漢大学を見に行つた。その構内の大きいのにおどろかされた。建ものも豪壮なものであつた。こゝは排日運動の根源地ともいはれるだけあつて、台湾人の共産主義青年なども一たびこの大学に身をひそむれば、日本としては手がつけられぬとの事であつた。また謂ゆる左翼台湾青年がこの大学内に籍と身柄とを置いて策動するといふので、台湾総督府からもそのことだけを見張るために官吏一名が常置に派遣されてゐた。

恰かも広西方面に手入れしてゐた軍部の人達はすべてがあぶ蜂とらずに終つてしまつて、何れも仏印を通過し秘密に広西を脱して、香港辺へ引きあげつゝあるといふことを広東で耳にした。

沙面の対岸の街は四層楼五層楼の大建築で、ありし日はこゝが広東名物のばくち場であつたが、蔣介石軍がはいつて来て新生活運動を始め、ばくち排撃となつた結果ださうだが、ひつそり閑としてさびれはてゝゐた。

蔣介石政権は新生活運動にはよほどの熱意を示してゐると見えて、九龍から鉄路広東に向ふ途中、ちようど租借地をはなれた地に広東前政権が設置したといふ大ばくち場、それはマカオの繁栄を奪つてしまつたほどに一時は殷賑を極めたものださうだが、そのばくち場も蔣介石軍の広東省入りと同時に閉鎖してしまつて、その建物は国民革命以来の革命軍戦歿者の子弟のための学校に使用してゐるとの事であつた。

広東省の汽車の沿線の農村をながめて注意をひいたものゝ一つは婦人の笠である。吾々が歴史画で見る常盤御前などが携へ、又は被つてゐたのとまつたく同じ形のものであつた。

広東人が上海辺では日本人とよく見まちがひられ、排日運動がやかましい折など、ために思はぬ危害を加へられることもあると聞いてゐたが、広東省にはいつてからこゝの土着人を見ると、精悍なる風貌顔色はなるほど日本人と相類することがうなづかれる。広東料理は支那でも一特色を示してゐるだけに、こゝの料理にはまた格別の趣があり、味ひがある。こゝでも料理こそは世界第一だとの印象を深くした。

沙面居留地へ渡る橋の袂には、鉄条網が頑丈にはりめぐらされてあつた。国民革命軍が此の広東から起ちあがつたとき、たちまち燎原の火の如くひろまつた排英運動のために、此の沙面居留地もひどい目にあつた。それにこりて、いつかな此所の居留民は机〔ママ〕を高くして眠ることが出来ず、今尚ほその武装をゆるめようとしないのだとの事であつた。

ひどい暑さであつた。漢口のあつさとはちがつた趣の暑さであつた。といふのは、前者のはまつたく蒸すようなあつさであつて、此所のはいはゆる熱暑のはげしいのであつたが、夜通し汗はじく〳〵と身体中から流れた。

一夕こゝの日本クラブで在留有識者連から講演をたのまれたが、その折それ等の人達は異口同音に日支国交の前途を悲観してゐた。こゝでも実際に店にならべられてある品々は、概ね日本製品なのであるが、排日の空気が濃くなるばかりなので、日本商人との直接の取引は避けたがるところから第三国人を介しての取引が多く、またその製品にも欧米製品のレツテルなどをつけてゐるといふ有様だとのことであつた。

香港でとくに目につくものゝ一つは、高級理髪店は日本人の経営であり、そこの職人も日本人であることであつた。手先の器用なのが自然日本人理髪師の評判をよくするからであらう。尤もかうした方面の海外発展では、元より自慢にもならぬはいふまでもない。

夏服しか用意しなかつたので香港で合服一着つくつたが、服地も日本製のものであつた。

こゝの在住日本人の主な人達とも出会つて話したが、いつこ〔ママ〕の例に洩れず、日支国交の前途には調整絶望の感をいだいて憂慮してゐた。こゝへは日本商品が便船ごとに可成り多量に入るのだが、排日の空気に推されて第三国人を仲介とする取引が多いので、日本商人としてはひどい不利な立場に置かれてゐるとのことであつた。

香港を去つて上海にかへるため、東洋丸に乗りこんで間もなくである。そこの郵便会社の支店長があとを追ひかけて来て、南広東方面に排日の穏かならぬ運動が勃発したことを知らせてくれた。

九月二十九日上海着。相変らず真夏同様のあつさであつた。一泊したゞけで、大連航路の船に乗つて青島へ向つた。

南中支ほどではないが、青島でも排日の穏かならぬ空気は民衆の底の方をながれてゐるとの事であつた。大生村の秋場勇助氏の実弟の豊島慎三氏は同〔東〕亜同文書院出身であるが、こゝで相当に大きい燐寸工業を経営した。その豊島氏の案内で、半日青島を見物して大連に向つた。

此の旅行は何よりも、国外に出てしばらく静思の機会を得たいといふのが目的であつた。かねて支那を見ようとするにあつたのだが、旅中しみ〴〵と思ひいたらざるを得なかつたのは、世界の到る処に戦雲が動き出しつゝあるといふこと、而してことにその一つとして、日支間にもこの儘に推移したのでは武力衝突の避けがたき情勢にあるといふことであつた。

しかるにわが国に在つては、かゝる情勢に対処するに足る物心両面の準備が出来てゐるだらうかと考へると、否と結論せざるを得ない実情であることを痛感せざるを得なかつた。

先づ日支の軍事衝突を避けなければならぬ、これを避くるがために新しい対支政策が樹立されねばならぬ、かゝる方策を遂行し得べき政治力が日本にあつて結成されねばならぬ、同時に同じ政治力によつて刻々に戦雲を濃くしつゝある世界情勢に対処するの準備が進められねばならぬ、かういふように考へて来ると、先づ日本の政治体制が更新されねばならぬ、これを更新するためには、先づ個々の政治家自身が従来の行きがゝりや因縁から自からを断ち切つて、素裸になつて新たなる発途をなすことから始められねばならぬ、私は旅行の間にかういふ結論に到達したのであつた。

昭和十二年の一月、私が国民同盟を脱して一無所属の立場に入つたのは、かゝる考からであつたのである。

私は支那旅行からかへるや一日安達謙蔵氏をたづねて、お互ひに素裸になつて出直すことを内外の情勢は要求してゐるのでなからうか、私はさうだと確信する、したがつて国民同盟は先づ天下に魁きがけて解消しようではないかと相談してみた。安達氏はその主旨に同感した。併し来春必然に出会すべき総選挙をおもふとき、同志を今すぐに放れ〳〵にして了ふに忍びないので時機を待ちたいといふ意向であつた。そこで私はそのときに、私だけは適当の機会に独立の行動に出づることにしたいからと、そのとき安達謙蔵氏には通告して置いたのである。ところが当時の安達氏を首長とする国民同盟は中野正剛氏一派の離脱あり、まさに孤城落日の悲境にあつたので俄かにそのことを行ふに忍びなかつたのであるが、恰かも十二年一月にいたり、政界の情勢混乱せんとする勢ひを示したので、その機会を見こんで国民同盟を離脱したのであつた。

その離脱にあたり、選挙民に配れる報告書の中に、

　吹雪いよつよからんとす傘すてゝ
　はだしとなつてしばし行かばや

の一首を載せたのは、右の如き私の気持をあらはしたかつたからに外ならぬ。

帰途大連に於て橘樸氏と会談した折に、私は日本の力によつて日支双方の学者を総動員し、東亜に関する一切のものはこの研究が世界第一だとほこるに足る研究機関を設立することの必要を説いた。橘氏も大賛成であつた。

東亜の二大有学国民たる日支両国民が互ひに提携して、東亜のことに関しては何から何まで深い研究をふだんに続けること、それがために両国の文化を互ひに切磋琢磨しあふこと、かうして東亜に独特の新しい文化の発生を促し、且つその発展せしむべき推進機関たらしむるための一大機関を日本の全幅的支援の下に設立する、日本は東亜の新しいよき文化の指導に全力をそそぐのであつて、支那を侵略しようなどとの野暮な野心は持たないのだといふことをあきらかにすること、またさうであつてこそ、日本にも支那にも双方にとつて絶対に必要なる東亜の平和なる存在は確保さ

れるのであるから、さういふ方面に日支両国民をして力を致さすように工夫し努力したいといふのが私の希望の一つであり、願ひの一つでもあつたのだ。

欧米の勢力を東亜から駆逐しなければならぬ、それがそも〳〵日支国交調整の邪魔ものなのだ、またそれが支那の不幸の根本原因でもあるのだとする勇ましい議論は俗耳に入り易いのはたしかだが、しかし東亜の事態は、しかく単簡に欧米の勢力を払拭出来る構ひとはなつてゐなかつたのである。現に日本自体がその名目に於ては完全に独立してゐるといふものゝ、一たびその中味を解剖分析してみれば、形而上的にも形而下的にも、欧米のその両面の力から離脱しては立つて行かれざるあはれな状態にあつたのである。学問に於いて欧米のそれが規準であり、また事実自動車一つですら欧米のそれに匹敵するものを製作するの力なくして、年々多量にこれを輸入するの必要に迫られてゐたではないか。かういふように考へて来ると、東亜としては欧米の勢力から離脱して、こゝに真の東亜の東亜を建設せんとするためには、東亜に於て形而上的にも形而下的にも万般に亘つて欧米に劣らざるだけの新しい文化圏をつくり出す努力に、先づ心は傾けられねばならないとの結論に、いや応なしに到達せざるを得なかつたのである。

何から何まで欧米模倣に終始しなければならぬような文化的に貧弱なる日本がどれほど声を大にして、支那よ、欧米の羈絆から脱せよと叫んで、支那と日本との国民的協力乃至協調を求めようとしてみたところで、詩人的感興を述ぶるものとしては面白くもあらうが、実際政治としては児戯に類すとしか思はれぬではないか。

日本の幹線工業は軽工業であり、その主体をなすものは紡績業である。その紡績業はアメリカ大陸からしめ出され、インドでしめ出され、あますところは支那だけになつてゐた。そこで支那の市場からしめ出されるにいたらば、日本の紡績業は国際的にはまつたく存在の余地を失つて了ふ外はなかつた。さうした情勢下に置かれたる日本の紡績業者としては、支那の市場といふにだけ目をつけてそれへの進出にのみ拘泥するをやめ、支那の民族資本と手を握つて支那大陸に於て東亜を一市場圏としたる紡績業の発達をはかり、その紡績業の指導権を日本側が把握するといつたような方向に大いに工夫するならば、排日貨運動の如きもおのづからその存在の理由を失ひ、またはさうした経済的進出の途さへ許されるならば、満洲国の独立さへも日本としては必要とせずに、自からの存立の地歩をかためて行けたと思ふのである。

いはゞ名よりも実を求むるといふ工夫に欠けてゐたことを痛感するのである。

欧米の勢力に対しても、感情的にこれを排撃するが如き態度では無意味である。むしろ欧米に対抗するに足るだけの文化の建設のために、東亜人が互ひに手を握りあつて起つといふ方向をこそ択ぶべきであらうと思ふ。支那農業問題に関する研究にしろ、ソヴエートのマヂヤールの著述を読むほどに読み甲斐あるものが東亜人の頭脳によつて組み立てられてゐないようでは、如何に欧米勢力を云為してもはじまらぬ話ではないか。

〔編者註〕ペン書　ノート

2　手記　第一次近衛内閣時代

〔昭和十一年十一月―十四年一月〕

一月中旬　国民同盟を離脱して無所属となる。

これより前昭和十一年十一月、予は安達総裁を訪ねて内外の情勢を説き、かゝる時局の下に在りて政治家の採るべき第一の途は、先づ過去を清算して新規に出直すに存すと信ずるが故に国民同盟を解消すべきを勧告せり。安達氏は予の説に耳を傾けたるも、これが実行には躊躇して賛成せざりしかば、予ひそかに思ひらく、知つて行はざるは未だ全く知らざる也とは至言なり。安達氏耳を傾けて而して行はずとも、予自身は信ずる途を進まざるべからずと。よつて安達氏には適当なる機会に国民同盟を離脱するの意向なるを告げしに、安達氏も快く予が希望を容れたり。然るに時恰かも国民同盟は落日の悲境に在りて機会を択ばずして離脱せんか、世間これを評判して老好政客安達謙蔵氏の周囲に無用の波瀾を起さしむべく、夫は予の情に於て忍びざるものありしを以て適当なる機会の到来を待ちつゝありしに、たまたま此の一月中旬議会を前にして政界多事となり、加之広田内閣倒潰前とて政局とみに緊張し、世間はこのことに心を奪はれ、他を顧みるの暇なき模様となりしかば、かゝる際こそ国民同盟離脱を決行する絶好の機会なるべきを想ひ、これを決行せる也。

五月下旬　下妻中学校講堂新築落成式の挙行に招かれて講演す。栃木県栃木町がさき頃市制を布きて最初の市会議員選挙行はれ、斎藤茂一郎氏の友人高橋氏立候補したるにつき、下妻より自動車にて往復しつゝ三日程応援演説す。落合寛茂氏も同行す。

二十九日　関口泰、林広吉、須田禎一氏等外東京朝日新聞記者数名と筑波登山の先約があつてその約束を果すため、この日午後出発。先づ水海道に行き、予は静野旅館に泊り、他は落合寛茂氏住職たる大花羽村の安楽寺に一泊。

三十日　午前自動車にて筑波山行。夕刻土浦に出て霞月楼にて休憩夕食を取り、夜行列車にて帰京。

三十一日　林銑十郎大将内閣総辞職。

六月一日　午前九時頃林内閣の農林大臣山崎達之助氏を同氏私邸に訪問。去る四月の総選挙に同氏よりも応援を受けたのでこゝに感謝の挨拶を述べ、且つ同氏在官中の労苦をねぎらはんがためである。

この折たまたま山崎氏邸に居合せた二三の代議士連が予の顔を見るや、次は近衛内閣だそうだ、そして貴下は重要なる地位に就くとの噂が専らだとの話である。そんな噂が飛んで居ることを始めて知り、然も予自身は近衛内閣に参加すべしとは毫も期待して居ないので、人に出会ふもうるさからうと考へたから、交詢社に立ちより昼食を取り間も無く帰宅。

この日夕刻、近衛公に組閣の大命降下。

由来、近衛公と予とはこれまでに唯一回しか面接したことがない。しかも夫れは昭和五年の秋であつたと記憶するが、或る宴会の席上での事で親しく深く話し合ふことも出来なかつたのである。尤も近衛公のために縁下の後援者として一生を捧げた志賀直方氏は、昭和十一年の春頃から屡々会見を申しこんで来た。そしてその都度会見して共に時事を語りはしたが、近衛公が内閣を組織すべき場合の人事問題などに関しては、一度も互ひに触れたことは無かつたのである。ただ志賀氏は相会する毎に予に向つて、近衛公出馬の時もあらば何かと支援されたしとは懇請して居た。併し志賀氏は近衛公の要求なきに拘はらず、口を出して人事問題を云為するが如きことは決して為ないといふ考を固守して居たから、志賀氏の言がどうあらうとも、予としては近衛内閣に参加しようなどとは期待すべき筈も無いのである。

二日　快晴。午前庭前の芝生に椅子を置いて日光浴しつゝ読書。十一時頃新聞記者十数名突如来訪、芝生上にて面会。組閣本部より電話があつたらうとしきりに追求す。無し、又ある筈もなしと答ふるに、始めは予が真実を語らざるものと誤認して容易に納得しなかつたが、終に偽ならざるを認めて一同退散。

午後は手紙整理。

然るに四時頃組閣本部より電話かゝる。後藤隆之助氏電話口にありて近衛公面会したしとのことなり。即刻組閣本部まで足労ありたしとの話である。直ちに自動車を招き組閣本部に赴く。

五時同所着、直ちに近衛公に面会す。近衛公曰く、熟慮の結果、後継内閣組織の大命を拝受したが、この上は是非とも書記官長の役を引き受けて貰ひまいかと。近衛公とは一回面接したことがあるだけであるが、その為人及び抱負経綸等は予の熟知するところなれば、事を共にするに考慮も要せざること故即坐に応諾。それより支那問題、対政党施策問題等当面の時局問題を語りあひ、夕食は卓を共にして更らに語り、予は新聞記者連と会見したる後、午後十時頃帰宅。

組閣本部は日比谷の貴族院議長官舎也。

三日　終日組閣本部にあり、午後十時帰宅。

四日　組閣完了。午後三時半親任式行はる。午後四時半頃、予は法制局長官に内定の滝正雄氏と共に総理官邸に入り、総理より書記官長の辞令を受取る。

午後七時帰宅。

五日　この夜は雑沓する訪客を避くるために、斎藤茂一郎氏の好意により内幸町の柊家旅館に泊る。夜斎藤氏来訪、大に激励してかへる。

後日近衛公が直接予に語つた所によれば、公が始めて予について知つたのは森恪氏によるとの話である。即ち昭和五年の総選挙後間も無く公は森恪氏と会談したが、その折談たまたま新代議士のことに及ぶや、森氏は頻りに予を推奨して止まなかつたのだそうである。

森氏と予と相識つたのは、大正七八年の頃であつたと記憶する。当時予は大阪に在つて外山捨蔵氏出資の工業之日本社を経営して居た。森氏は政界に身を投ぜんとする希望を懐いて支那より帰国し、その郷里である大阪に於て将来のことにつき種々画策中であるから宜しく頼むとて一宮房次郎氏が紹介したので面会したのが、同氏と予と相識つた最初である。

それから二三回は大阪在住中に会談したこともあつたが、爾来互ひに消息を通ずる機会もなくて昭和二年に及んだ。

尤も桝本卯平氏と森氏とは旧知の間柄であつたので、桝本氏に出会ふ度に森氏は予の消息をたづねるといふ話を桝本氏から聞かされては居た。

昭和二年の冬である。次の総選挙には予が郷里茨城県の第三区から必ず立候補するだらうとの噂が政界一般にひろまつた。その折、沢藤幸治氏を介しての話であつたと記憶するが、森氏から是非とも政友会に属して立候補して欲しい、如何程でも応援するとの申出があつた。併し予は民政党に属して立候補することに予め決意して居たので、その申出は即坐にことわつた。

昭和三年の春の総選挙も、投票日まで愈々数日しか余さゞるに至つた或る日の深夜である。水戸に弁護士を営む伊藤鹿次郎氏が突然たづねて来て曰く、実は森恪氏からの依頼によつて訪ねて来たのだが、森氏の洞察する所では貴下は人気に於て他を凌駕するも、結局金力に圧倒されて敗れんとする危険は刻々に増大しつゝあるとしか思はれない。森氏に取つては貴下は反対党である。併し乍ら友人としては黙視するに忍びざるものがあるので、金一封を贈りたいから予に速かに夫れを貴下の手許に届けて呉れとの話なので深夜ひそかに貴下に逢ひに来たのであると語り、終つて伊藤氏は鞄を開かんとするのを予それを制止して曰く、森氏の好意と貴下の労とまことに感謝に堪えない所である。ことに森氏が政友会の幹事長として政府与党の選挙の総元締たる地位に在つての好意だけに、予としてはその好意はことに感銘に堪えぬ次第であるが、今度の選挙は予に取つては、いはゞ門出の一戦である。勝つても敗れても、戦のあとに一点心にかゝるものあるを欲しない。然るに今こゝで縦令友人であるにせよ、反対党の幹事長の好意にすがつたとあつては、勝つて真の勝に非ず、一人前の存在であるとは己れの良心が許すことでない。拭ふ可からざる汚点を己が心にきざむことになる。敗戦は一時のこと、尚ほ忍ぶべし。汚点を胸底に遺しては一生涯の苦痛にして到底忍び得るものでない。まことに稚拙の考といふ人があるかも知れぬが、これは予の信念であるから、悪しからずこれを諒承して戴きたい。

伊藤氏また言はず、鞄を開かずしてかへる。

併し森氏の好意は忘れたことがない。世間或ひは森氏の一権謀術数のいたす所といふかも知れぬが、少くも予に関する限り近衛公の談によつても明かなる如く、全く好意のいたす所であつたのは勿論である。

六日　日曜　午後三時永田町近衛公私邸に於て総理と滝氏と予と鼎坐懇談し、次の二件決定。

一　予曰く、従来の新内閣は組閣後間もなく謂ゆる内閣政綱なるものを発表するのを例とするが、何れも抽象的に文字を羅列するのみなりしため、国民に取つては一種の作文的遊戯を示されたるが如き印象しか持ち得なかつた。随つて権威なし。新内閣の抽象的方針としては、去る四日に総理が新聞記者に与へたる声明の内容、即ち内は対立相剋の緩和、外は正義に基く平和確立の二つによつて既に十分に明かにされて居るのであるから、こゝに従来の例を破つて特に抽象的政綱の発表は行ふことなく、具体的政策が決定する毎にこれを天下に明かにして、その実現を期することにするのが良いと思ふ。

総理も滝氏も賛成す。

二　近衛公曰く、国内に於ける対立相剋を除かんとせば、先づ夫の所産たる五・一五事件、神兵隊事件、二・二六事件等の関係者に特赦の恩典を与ふることが必要だと考へられる。対立相剋の緩和乃至除去の方策は、このことを取り計ふことによつて始めらるべきであると思ふが如何。

これ当に然るべきは勿論なるが故に、滝氏も予も共に直ちに賛成す。但し事は大権に属すること故私議さるべきに非るを以て極秘の間に種々工夫を要することとなれば、他に洩らさゞるを約して夫れ々々に着々工夫する手筈を定む。

この夜予は七時半に杉山陸相を、九時半に米内海相をそれぞれその官舎に訪問して、特に政綱なるものを発表せざることにつき諒解を求め、両者ともに納得。

右の第二項の特赦案の結末は左の如し。

近衛公は湯浅内大臣に意見を具申す。内大臣容易に耳を傾けず。然れども再三の近衛公の要求によつて、内大臣は結局内閣一致の意見として具申あることを要請し来る。ために近衛公は個別に各閣僚とこの件について会談したるに、文官閣僚は全部同意したるも陸海両相は同意を躊躇し、それがために事進行せず。両相の躊躇は両部内に於ける反対の空気の反映に外ならざりし也。就中梅津陸軍、山本海軍両次官の反対はなはだ強硬なりし模様にて、かくて荏苒日を送らざるを得ざりしに、八月十九日朝、軍刑当局は二・二六事件関係者にして死刑を宣告されたるものの刑を執行するに至りしかば、この案は為めに自然立ち消えの運命に逢着す。

この案を実現せんとする近衛公の熱意が遂に必ずその目的を達すべきを看取して、これに反対する陸海軍当局は近衛公の計画を挫折せしめんとて右の如く刑を執行するに至りたるものなるは明か也。随つて八月十九日朝、予が刑の執行ある旨を報告するや近衛公最も痛心、且つ近衛公の意図する所を熟知し乍ら刑の執行を行へる軍当局に対し内心頗る憤る。

七日　閣議にて特に形式的抽象的政綱は発表せざる旨首相発言し、一同直ちに賛成す。

企画院総裁に何人を振りあつべきかにつき首相と相談す。馬場内相その地位を望むことしきりなれども、同氏をその地位に置くことは四囲の情勢面白からざるに由り広田外相に振りあつることに決し、予その旨を広田氏に伝ふ。固辞して容易に受けず。首相にこれを報告す。首相曰く、原田熊雄氏にすゝめさせよう、広田氏はどういふわけか、原田氏の言には直ちに耳を傾けると。よつて原田氏に電話にて広田氏説服を依頼す。果せるかな、この夜遅く広田氏納得の報に接す。

七月八日　この日午前零時頃、北支蘆構橋〔ママ〕附近に於て支那軍隊が我が軍に不法射撃を加へたるため、豊台附近の駐屯軍を急派して同支那軍を攻囲し、これを屈服せしめて武装解除を行ふとともに、支那軍当局に対し断乎反省を促しつゝある旨の報告あり。夕刻に至りて現地に於ける交渉決裂し、再び交戦状態に入りたる旨の報告を入手。

満洲事変以来の日支両国間の関係に鑑み、この事件は重大なる性質を含蓄することを顧念したるにつき、午後七時頃と記憶するが、予は近衛公に電話して事件の軽視しがたきを思ふにつき、閣僚の足止めて行ひ置くこと必要なるべしとの意見を具申したるに、近衛公即坐に同意したるを以て直ちに電話にて各閣僚にその旨を通達す。

さきに組閣本部に於て近衛公と熟談の折、予は近衛公に内は既成政党の組織を打破してこれに代るべき新しき国民政治力の結集を行ふの工夫を凝らすの必要と、外は対支関係の調整のために速かに実効ある適切なる施策を断行することの急務なるを指摘したるに、近衛公も全く同意す。また対支関係は甚だ微妙なる段階に在りて、この儘に放置せんか、日支戦争は必然たるや逆睹するに難からずとする予の見解にも近衛公は同意す。その後も三四回この問題については語り合ひたることあるを以て、この日の夕刻簡単なる電話の交換によつて閣僚足止めのことも直ちに決するを得たる也。

九日　夕刻杉山陸相より閣僚足止めの必要、もはや無かるべし。これを解除しては如何と電話にて要求あり。予、これを拒絶す。蓋し陸軍首脳部は問題の解決困難ならずして危機すでに去れるものと観測したるが故に、杉山陸相の右の要求となりたるものなるは明かなり。然れども予は観測を異にし、問題はしかく容易に解決し難しと判断したるを以て、杉山陸相には「まだ解除するわけには行かぬ。尚ほ一両日経過を見て、然る後に解除の可否を決定しようではないか」と答へたる也。

十日　この夜柴山兼四郎大佐と共に富久家にて斎藤茂一郎氏の招宴に臨み、午後十一時頃赤坂山王下の三楽旅館に帰る。

柴山大佐は同郷人にして陸軍省軍務課長。

昭和十一年末に志賀直方氏に招かれ、三楽旅館にて両三度会食したることあり。その縁故にて多忙の折は書記官長官舎に泊らず、深夜同旅館に泊り休養するを例としたるが、八日以来は官舎にては電話の応接あまりに頻繁にて休養の時間乏しきにより、連夜同旅館に宿泊す。

富久家にて柴山大佐に面談したる折は、同大佐は北支の情勢を楽観し居たるが、予が三楽旅館に帰りてより間も無く柴山大佐より電話あり、形勢楽観を許さゞるに至りたる模様なりとのこと也。直ちにこのことを近衛公に通報す。折り返し柴山大佐より、蔣介石は四個師を石家荘附近に北上するやう命令を発し、同時に全飛行隊に対し出動命令を下したるもの〻如しとの確報を入手した旨、及び形勢遂に重大化するに至りたるを指摘する通報相踵いて入手しつ〻ある旨の電話あり。予また直ちにこれを近衛公に通報す。か〻る情勢なるを以て外務当局に於て入手したる報道を参考に資せんと考へ外務次官に電話したるに、次官は外務省の全幹部を同道して午後に箱根に休養に出かけたりとのことなり。恰かも此の日は土曜日にて、広田外相は鵠沼の別荘に赴き不在也。広田外相の許可なくして次官以下の幹部がそろつて東京を離る〻筈もなきにつき、外務当局も大臣始め何れも北支の情勢を楽観し居りたること明か也。

零時半頃に至り事態益々重大化の傾向につき、十一日は日曜日なれども閣議を開催する必要あるやも知れずとの陸相の意向なる旨柴山大佐より電話あり、直ちに近衛公にこれを通報す。近衛公は、然らば兎も角外相に明十一日早朝までに帰京するやう打ち合せられたしとのこと故、直ちに外相別荘に電話を申込む。やうやく外相に電話通じたるは、午前一時半頃也。予は先づ、北支その後の情勢に関して知れるやをたづねたるに何も知らぬとのこと故、先刻来入手したる報道の大要を語りたるに、外相はすこぶる意外の口吻なり。次いで早朝帰京されたしとの首相の希望を伝へて電話を切る。

これよりさき、馬場内相には北支の情勢大略を知らせて善後の処置考慮方を要請す。

陸軍当局よりは刻々に形勢の重大化を伝へ来るにより、午前四時頃まで睡眠する暇なし。それより一睡す。

十一日　午前七時頃起床。直ちに新聞紙を展読するに、何れも北支情勢の重大化を大々的に報道し、昨夕刻来日支両軍の衝突再び起れる事実を記載す。

予思へらく、日支間の陰鬱なる情勢が結んで解けざるや、すでに久し。この情勢は遂に満洲事変を勃発せしめたることなるが、爾来歴代の内閣はこの情勢を打開するの途なくして今日に及べり。しかも事ある毎に政府は国民に向つて謂ゆる「我国の断乎たる態度」を誇示し来れるが、何時もつねに交渉接衝は竜頭蛇尾に終り、満足なる解決を遂げたることなき也。これがために対支政策に関する国民の信頼は甚だしく乏し。而して、

（イ）国民の間には日清戦争以来の伝統たる対支優越感は、依然として瀰漫し居りて、満洲事変以来この傾向は一層拍車をかけられたる傾きすらある事。

（ロ）か〻る傾向を矯正する工夫施策は殆んど全く講ぜられたることなきため、「支那が生意気な態度に出るなら一た〻き叩いてやるがよい、直ぐに降参するに定まつて居る」といふが如き考が、何の支障もなく国民によつて肯定さるべき可能性は国

民の間に瀰漫して居る事。

（ハ）世界新情勢の発展による圧迫に対して施策はかばかしからざりしと、或ひはこれをあやまりたる等の事実に基きて、その圧迫の影響すこぶる深刻なるものあり。この事態を基底として国内に相剋摩擦の傾向いよいよ顕著となり、為めに国内に陰鬱なる情勢の醞醸さるゝやすでに久しく、必然の結果として国民の間には謂ゆる乱を想ふの兆候ますます擡頭せんとして居る事。

（ニ）政界を見るに、政党凋落の趨勢に圧迫されて往年の隆盛時代をなつかしむの情は政党人の胸にいよいよ深きものあり。それだけに、事あれかし事しあらば、現在の悲境を打開して再び勢力を盛り返すべき足場を築かんものと、その機会を求めて謂はゞ虎視眈々たる有様なること。

（ホ）しかも政界人を見るに、その支那に関する智識は概ね甚だ低劣貧弱にして一般国民と同様に低級なる優越感をいだき、支那与し易しとの考を根強く把持するが故に、戦争によつて支那問題を解決するを妥当にして且つ捷径なりとする主張には、無批判無反省に賛同すべき傾向が濃厚に存在するは否定し難きこと。

（ヘ）今や日本に残されたる海外市場は殆んど支那大陸あるのみにて、然かも支那に於ける抗日の情勢は日増しに昂揚されんとしつゝあるため、対支貿易業者並びに対支貿易品の製造業者等は前途の不安に脅かさるゝこと頗る甚大にして、その結果対支強硬政策を要望するや甚だ急なるものあり。而して夫の希望するが如き強硬政策を遂行するがためには、何かの好き機会を利用して軍事的に一大痛撃を加へ、以てわが国の実力を示し置くこと最も必要なりとの意見を有すること。

等の事実に鑑み、この際徒らなる対支強硬運動の起らざる工夫を講じ置くの必要を認め、一方には蔣介石及びその一党に対して近衛内閣の対支政策に関する国民の支持は完全なるを速かに示し置くことの必要をも認めてその方法を考慮す。結局政界財界言論界の代表を招いて政府の方針を明かにし、その支持を求め置くこと、別にいへば彼等より対支政策に関し白紙委任状を手に入れ置くことこそ最も妥当なるべしと考へたるにつき、七時半近衛公をその私邸に訪ねて予の右の考を詳細に具陳す。

近衛公直ちに賛成す。然らば何時その方法を実現すべきかとの問に、予は寧ろ今日中に実現するが宜しかるべし、事を好むの輩が今は事あれかしと待ち構へ居る折柄にて、若しも対支問題国民大会の如きものを計画するものありとしてそれが表面化したる際に中止を命ずるが如きに至らば、却つて止め度なく対支強硬論を煽るが如き逆効果を生ぜしむる虞れなしとせず。凡そこの際は強硬論以外の運動は擡頭する虞れなし。戒心すべきは無責任なる強硬論の運動が擡頭して徒らに輿論を煽ることに存し、しかもかゝる運動の起るべき危険は醞醸されつゝあるものと判断さるゝが故に、政府としてはこれに先手を打ちて今日中にも政界財界言論界の代表を招き、その白紙委任状を入手し置くこと最も可なるべしと答ふ。

近衛公曰く、今日中に出来ようか。

予曰く、可能なり、最善の工夫をこらすべし。

かくて意見の一致を見たるを以て予は直ちに首相官邸に入り、滝正雄氏に首相と会談の模様を概略説明す。滝氏も賛成す。よって共に具体的方法について研究す。滝氏は政界方面に連絡を取り、予は財界及び言論界方面に連絡を取り、午後九時頃より各界代表の参集を求むる方針にて、夫れ〳〵手配するに決す。

かゝる計画を実現するためには元より閣議を要するは言ふまでもなき事故、このことも今朝首相と打ち合せ済のことにつきその手配に着手せんとせしに、陸相より、先づ午前中に首相海相外相蔵相と内相談したきことあり、その上にて閣議の召集を希望すとの電話あり。よつて直ちに首相外右三相にその旨を通じ、その他の閣僚には午後に臨時閣議を開催すべきにつき、夫れ〳〵その予定にて待機されたき旨を通告す、但し各界代表を招きて対支施策に関し無条件支持を要請せんとする計画については、未だこれを首相と右四相以外には告げず。

やがて十一時頃首相来り、次いで陸海外蔵四相来る。陸相より「目下の情勢にては自衛上北支に派兵するの必要なるを認むるが故に、閣議に於てその経費の承認を決裁され度、またこの機会に帝国政府の態度を中外に声明されたし」との要求あり。かくて此の件を議題に協議し一時頃参集、全閣僚これを是認す。よつて午後二時臨時閣議を開き右の件を附議す。三四意見の開陳あり、何れもこれを是認す。

この夜各界代表を招致するの件については正式に閣議にはからず。これをはかれば議論紛糾すること明かにして、且つ又その真の意図を説明するに於ては外間に洩れること疑ひなく、斯くては無用の波瀾を招く所以なるを以て、閣議後諸閣僚に対し予の口より各界代表を招く計画あり、且つ首相葉山より帰京後重ねて閣議を要するやもはかられざる故、何れも待機のまゝにて居られたしと要望す。

先日来陛下は葉山に行幸中なるを以て、首相は閣議参会後たゞちに葉山に赴く。

予は滝氏と共に予定の計画にもとづき着々準備を進め、今夜午後九時に政界代表を、十時に財界代表を、十一時に言論界の代表を招くの用意夕刻までに完了す。大阪、名古屋方面の財界は明十二日夕刻に招くこととし、それ〳〵打電す。

午後九時過ぎ首相葉山よりかへる。直ちに政界代表と会見し、前日来の経過及び今日の閣議にて決定せることを説明し、その諒解と支持とを要請す。各代表何れもこれを是認し且つ支持を表明す。次いで首相は財界代表と会見す。同じく政府の態度を是認し且つ支持を約す。その間予は首相に代つて新聞界代表に会見す。満場異議なく政府の態度を是認し且つ支持するを約す。代表してこれを表明せるは同盟通信社長岩永祐吉氏也。首相は今日の行事終るや腸をいためて、これより数日間臥床するに至る。

この各界代表を招いてその支持を求めたることは、予が陸軍の一部と提携して強硬政策を推進せんがための手段として計画したるものとの世評さかんに行はれたり。これ恰かも此日に派兵を決したるによりてかくの如き誤解を生みたるものにして、予が真意は然らざること前述の如し。尤もこのことたるや、畢竟政府の対支折衝に便あらしめんがための一工夫たるが故に、政府の態度強硬なりとの印象を内外に示すことなくば無意味なるを以てかゝる印象を与へたりといふ事実はその限りに於て予の期待に一致する所なるが、軍の一部と提携し云々は全く事実無根にして、近衛公と直接に相談し且つ滝氏の賛成を得てこれを実行に移したるのみにして、他の何人とも相談したるに非る也。むしろ軍部としては政治を自から指導すと任じ、かゝる重大工作には従来軍部の諒解を得たる後にこれに着手すること多かりしことなるに拘はらず、今は内閣自からの独断にてこれを行へるを以て、政治の指導力を奪はれたる如き印象を受けたりとなすものも軍部内にはありたる趣を後日耳にすることもありたる程也。こゝにいふ軍部とは陸軍也。

十二日　この日の午後なりしと記憶す。参謀本部第一部長石原莞爾少将より電話あり。曰く、首相自から速かに南京に赴き、蔣介石と直接談判して以て問題を解決するに如かずと。予はたゞこれを聴くのみにて未だ諾否を答へず。

同様の意見を予に具申せるもの、これより前すでに一二あり、名は失念す。

首相は組閣中より支那問題の解決に心を用ゆること頗る大なり。随つて蔣介石を日本に招くか或ひは自から支那を訪れて蔣介石と直接会談し、以て日支国交の調整をはかるべき機会を求むるの必要かならず生ずべしとはかねてよりひそかに期待せる所なるも、今すでに北支に軍事的衝突を見るに至れる目下の情勢に於いて、首相の南京行が果して可なりや否やは軽々に決し難きを顧念して、予未だこの事を首相に具申せざりし也。

この日午後八時すぎ、大阪名古屋方面の代表者来集、政府の方針を説明す。一同これを諒とし且つ支持を言明す。

また産業界代表の外、農村関係団体雑誌支那関係諸団体等の代表をも順次これを招きて懇談する計画を決定す。

十三日　首相引籠中なれども閣議定例日なるにつき、閣議をひらいて地方長官会議を来る十五日招集の件を決定す。

この夕刻首相をその病床に訪ねて諸般の報告をなしたる後に、昨日石原少将より電話にて具申し来れる意見を説明す。首相曰く、若しよく目的を達し得べしとならば、貴下と共に南京に飛ぶを辞せず、今病臥すれども医師看護婦を同行せばよしと。

首相邸を辞して書記官舎にかへり独り熟考す。首相は果して今日南京に飛び、蔣介石と直接交渉するを可とすべきや否やと。

思ひらく、第一に蔣介石に支那軍を完全に統制するの力ありや否や、これ無しとせば彼と交渉するも北支に発生したる事態を解決することは不可能なるべし。交渉は何よりも先づこの事態の解決より開始されざる可からざるに、これが解決の可能なることが保障されざるに於いては交渉は進捗する筈なし。而してその可能不可能は一にかかつて蔣介石の支那軍に対する統制力の奈何によつて決せらるべきは勿論也。然るに八日以来の情勢より判断するに、蔣介石は謂ゆる対日強硬派に動かされつゝありて、これを指導する実力はなはだ疑はしきものあるを否定しがたし。而して対日強硬派は一戦を辞せずと豪語すること久しく、蔣介石にしてこの派を統制する実力なき以上はひとり当面の北支事端を解決す〔る〕ことの至難なるのみならず、全面的国交調整の容易に望み得べからざるは火を睹るよりも明か也。況んや目下の情勢に於いては抗日派の気勢頗る昂りつゝあるに於いてをや。しかも今日蔣介石の対日強硬派に対する統制力に信頼し得となすものは一人もあらざるべし。たゞそのことあるを切望するのみにして、そのことありと断言するには何人も躊躇せざるを得ざるべきは、ことに昨年十二月の西安事件以来の情勢に顧みて自から明かなりといはざるを得ず。随つて現実の情勢より判断して、首相南京に飛び蔣介石と交渉を開始したりとして、それがために却つて事端を多からしめ、両国民間の感情を一層阻隔するの結果を招くべき危険は頗る大也。他方国内の情勢を見るに、就中陸軍部内の統制甚だ思はしからず。場合によつては北支駐屯軍を一時満洲まで後退せしむる程の思ひ切つた行動をも考慮する必要あれども、かゝる折に果して部内は一致してその必要に応ずべきか。現在の陸軍首脳部にかゝる行動に於ても部内を一致せしむるに足る統制力ありや否や。後退の命令が却つて前進せざる可からざるに至らしむる情勢を展開せしむべき動機を提供するの結果を招がずとは保障し難きなり。且つ又実際問題として、支那軍の挑戦あるもこれに応ず可からずとはいひ難く、一たびこれに応ずる以上は或る程度まで支那軍をたゝきつける必要あり。而して夫れまでは交渉の途も無き次第なれば、首相直ちに南京に飛ぶとせば支那駐屯軍を満洲まで後退させ置くだけの用意は必要なるに、この用意はなはだ困難なる以上は首相の南京行は容易に決行し難き也。石原少将は参謀本部の第一部長にして、同少将にして北支に於ける日支両軍の衝突事件が含蓄する意義の如何に重大なるかを知悉するとせば、近衛公が南京に飛んで蔣介石と直接交渉し、依つて以て問題の解決をはかるべしと要求する前に、支那駐屯軍の満洲への後退の用意ある旨を政府に向つて明かにすべきに拘はらず遂にこのことなきは、石原少将の地位に在つてすらその用意を実行に移すことの容易ならざる有様なるを物語るものといはざるを得じ。即ち軍部内の統一全からざる也。統制力は疑はしきを実証して余りありといふべし。加之軍の統一全くその統制力に信頼し得るものとせば、石原少将は自から予に電話することなく、陸軍大臣又は次官等をして予にいはしむべき筈なり。然るにこの順序を択ばざるは、石原少将は陸軍省部の首脳を信頼せざるによるものにして、即ち参謀本部首脳と陸軍省首脳とは渾然融和し居らざる也。然かも参謀本部それ自身すら、部内に派閥多くして容易に進退一致を期し難き有様なればこそ、石原少将程の人材にして尚ほ且つ陸軍省首脳を動かし、同少将の意見を採用せしめて陸相をして首相南京行を提議せしむるの正しき順序を求め得ざるなりと思ふとき、首相南京行は容易に首肯し難き也。

これを要するに、すでに蔣介石の対日強硬派に対する統制力に疑ひあり、且つ我が方に於ても軍の統制力に疑ひある以上は、首相の南京乗りこみは行ひ壮なりといへども事志に反くの危険はなはだ大なりといはざるを得ず。而して若しも事の志と反くことあらんか、世界に醜態をさらすのみならず、日支関係を調整するの途は却つてこれを求めて遮断するの結果を招くこととなるべし。かくては損失する所あまりに大にして、いはゆる毛を吹いて傷を求むるの類なるを以て、石原少将の提言は当分これを無視すべきに思ひ定む。

十三日〔四〕　首相引籠り中なるにつき夕刻その私邸に赴き、病床の首相に面会して首相渡支案に関する予の所見を陳ぶ。首相曰く、外相を渡支せしむるは奈何。予曰く、外相の渡支は可なるべし。首相の場合と異なり、外相の場合は一の試みとしての意義に於て事に当ることと支那にも世界にも思はしめ得べく、然る上は仮りに失敗に了るともその責や軽し。

この日午後満鉄総裁松岡洋右氏来訪す。曰く、情勢の推移を見るに事態すこぶる重且つ大也。予は満鉄総裁として満洲交通運輸の重き責任を荷ふ。したがつて今は東京に在る可きに非ず。明朝出発帰満すべきにつき挨拶のために来訪せる也。首相によろしく伝へられたし。尚ほ予は昨夜財界人某々等と会食せるが、その際彼等は頻りに貴下が一昨日各方面の支持を求めたる計画を非難して止まざるを耳にせり。予は然らず、まことに適切機宜の処置を取れるものと貴下に敬意を表する次第なるが、世間に右の如き声あるは忘るべきに非るが故にこの事実を挙げて注意を促す也。彼等は支那を知らざることかくの如き也、深憂に堪へずと。

十五日　地方長官会議を首相官邸に於て開催す。正午頃なりしと記憶す。外務省の河合達夫情報部長来訪して、石原莞爾少将の依頼なりとて首相渡支の件に関し返答を得たしといふ。予自から返答すべしと答へて、その外河合氏には何事をも語らず。

夕刻に至り陸軍省より、今夜陸軍省公表として「北支の形勢に鑑み、本十五日内地より一部の部隊を派遣する」に決定したる旨発表すとの予告あり。この予告を受けて予は思ひらく、支那駐屯軍を一時満洲領内に後退せしむるが如きことはもはや望む可からず。北支に内地より派兵するに至れるは、北支に於て支那軍に一大圧力を加へてこれを屈服せしめんとする方針に出づるは明瞭也。而して方針かゝるものとせば、現実の北支情勢に照らして両軍の間に一大衝突を惹起するの危険は愈々大にして、或はその危険はすでに避け難きに至れりと見るを至当とすべし。即ち北支の支那軍が日本軍のために一大痛撃を加へられて屈服を余儀なくされ、一方これによつて蔣介石が対日強硬派を自由自在に統制し得るに至りたりとの見透しがつくまでは、首相渡支すとも無益といふの外なかるべし。然かも右の如き方針に賛成なればこそ、石原少将は参謀本部の第一部長として内地部隊の北支派遣を許したるに相違なく、果して然らば、石原少将の首相渡支を求むるは矛盾も亦甚しといはざるを得ず。若しまた石原少将にして支那軍に圧力を加ふるも、それによつて此の上の衝突あるべきに非ず、随つて一方に北支支那軍を強圧しつゝ、他方近衛蔣両巨頭の会談を行はゞ自から問題解決の途を発見し得べしとの考を抱くものとせば、情勢の判断正しといひ難し。何れにしても首相渡支は、これを行ふとしてもその機会は他日に存すべく、断じて今日に在らずと。但し理由を述べては徒らに議論の種を蒔くこととなり無用の争ひを生ずべきを慮るるを以て、理由を省き、たゞ首相渡支の件は見合す旨石原少将に明日通告するに決意す。

十六日「理由は申さず、首相渡支は見合はす」とのみの手紙を石原少将に送る。

首相依然引籠り中につき夕刻訪問して、石原少将より河合氏を介して首相渡支催促ある〔ママ〕たる事、及び昨日の内地兵派出公表に関する予の所見、石原少将には書面を以て渡支見合す旨返事したることを報告す。首相悉く諒承す。

この夜首相は陸海両相と個別に会見して、広田外相を渡支せしめんことをはかる。両相異議無きにつき更らに広田外相を招きてこれをはかる。広田外相は理由を述べずして単に言を左右にして諾否を言はず、ためにこのことは流産に了る。

十七日　陸海外蔵内五相、首相官邸に会して次の申合せを行ふ。

（一）第二十九軍に対し、十九日一杯の期限付を以て現地に於て談合中の我が要求、即ち宋哲元の謝罪、馮治安の処罰、永定河左岸より第二十九軍の撤退、排日抗日の取締の実行を促す。十九日迄に第二十九軍が我が要求を実行せざれば速かに内地部隊の動員を下令す。尚朝鮮軍及航空部隊は夫々天津方面及錦州に進駐を了する筈。

（二）右と同時に南京政府に対し、左の要求をなす。

（イ）北支の交渉に干渉せざること

（ロ）中央軍を北上せしめざること

右の申合せは、予これを首相に伝達す。

右申合せ決定の後米内海相より、右の交渉成立するとして、その場合今回の如き事件の再発を防止するため直ちに日支国交の根本的調整に取りかゝる必要ありと信ず、よつてこの際その根本策につき互ひに意見を交換したしと提議したるも若干の論議ありたるのみにて、明日の会談を約し散会す。

この日までに入手したる公私諸般の情報を綜合して判断するに、わが国が一応支那駐屯軍を満洲領内に後退せしめて然る後善後の処置を講ずるの挙に出でざる限り、北支に於ける両軍の一大衝突は最早や避け難しとしか思はれず。しかも陸軍はすでに着々北支に一大軍容を張らんと準備しつゝある模様にて、元よりその実状は内閣に示されざることとなるもその気配は自から看取し得ることなれば、十九日を待たずして北支には一大戦雲の渦巻き起さるべきを予見するに足り、然かもこれを抑制するの途は今や一も無し。まことに内閣に坐するは苦しき立場と思はざるを得ざる也。

予は昨年八月下旬より九月上旬に亘り親しく支那を視察して、若し何処かに日支両軍の衝突を惹起することあらば、日支間に全面的戦争を誘発せしむ可き危険が深刻に発生しつゝあるを看取したるが故に、蘆溝橋に銃声轟きたりと知るや直に首相に具申して閣僚の足止めを行ふに決したることなりしが、現下日支両国に於ける諸般の情勢より見て甚だ不幸なる状態に事は展開し行くに非ずやとの不吉なる予感に、前途を揣摩して今夜頗る苦慮す。

問題は要するに、内閣と軍部との間に有機的連絡なきに在り。これなきは軍自から国政を指導すと任じて内閣を蔑ろにする傾向に胚胎し、かくの如き傾向を胚胎するに至らしめしは、政弊久しくして為めに内閣の権威を甚しく失墜せしめたるに原由し、更らにかくも久しく政弊をつのらしめたる事由に想到するとき、内閣と軍部とを渾然融和したる一体たらしめて真に政戦両略の一致を確保するの途を切りひらくことは、到底一朝一夕にして成し得るところに非る也。

事一たび軍事に及べば、内閣は謂ゆる聾坐敷に置かれ手を束ねてこれを傍観する外なき有様なるを如何ともする能はざる也。加ふるに軍部それ自体に統制乏しくして、大臣承知するも直ちに軍部承知したりと取るべからず。何れの釦を押すも軍部全体を動かし得ざる実情なるを以て、内閣と軍部とを渾然一体たらしめんとするの工夫にはほとほと手を焼く有様也。

予はこのことのために、今後如何程苦労せざる可からざるかを顧念して、心ふさがるの思ひなきにしも非ず。

十八日　昨日に引き続き陸海外蔵内五相首相官邸に会談し、対支国交調整根本方針として次の五項を決定す。

（一）従来の行懸りを捨て全然白紙に還り、新に理想とする日支間の全面的交渉案を作成す。

但し之が実行方法は現状に即したる考慮を加ふることとす。

（二）冀東冀察を非戦区域とし、日支双方の駐兵問題を考慮するも一案なり。

（三）冀東冀察地区を特殊区域とし、南京政府の了解の下に無理ならぬ特殊政権を樹立せしむるも一案なり。

（四）要は北支経済問題に重点を置くこと。

（五）何等領土的野心なく、又支那の主権を尊重すること勿論なり。

右の決定は陸海両相にて首相をその私邸に訪問し、病床に於て伝達す。

夕刻外務省の石射東亜局長来訪す。曰く、今日の決定事項は外相より承知したり。然れどもこれをして権威あらしむるには御前会議にて決定するを要すと信ずるが故に、その途を踏まれたしと。蓋し石射氏は、軍はこの決定を何時くつがへすやも知れずと憂慮するに由る也。

二十日　首相快方に向ひ登庁す。

十九日期限の我が方の要求は蹂躙せられたる結果、我が方火蓋を切り北支に戦雲みなぎるに至る。今日の定例閣議は主として此の事を議題として行はる。然れども公報未だ十分ならざるを以て更めて閣議を開くこととして一応散会し、午後七時四十分再開す。外陸両相より事こゝに至れる経緯を説明し、各閣僚これを承認して散会す。

想ひ起すは、去る十一日の午前杉山陸相が首相官邸に入りて閣僚待合室の入口に立ちたる折のこと也。たまたま予は同室を出でんとして相会す。杉山氏苦笑を顔に浮べ乍ら曰く、貴下に敗けたよと。いふ意味は、去る八日に予が閣僚の足止めをなしたるを、九日夕刻に杉山氏よりこれを解除して差支なか〔ら〕んといひ越せしかば、予は然らずとて杉山氏の要求を聴かざりしに、十日に北支の形勢悪化し、十一日には日曜日なるに拘はらず臨時閣議の開催を必要とするに至りしを以て、足止め解除を要求したるは間違つて居たとのことを示せる也。

杉山陸相は最初より事態の前途を楽観するを止めず、尤も杉山氏自身の見透しは全く零にして、たゞ杉山氏は陸軍首脳部の楽観的観測をその儘に鵜呑し居りたるものといふも可なり。

八月九日　上海に於て大山勇夫大尉が支那兵のために射殺されたりとの報道を夜半入手。

二三年来の支那情勢の推移に鑑み、蘆構橋事件以来予が憂慮に堪へざるは、中南支那方面在留邦人の安全が脅かさるゝに至らざるやに在り。若し一たび同方面の邦人の安全が脅かされんか、事端は全支那に発生して遂に日支の全面的衝突を惹起し、日支戦争は避け難きに至るべし。然るに北支の情勢は悪化の一路をたどりて随所に日支両軍の衝突あり。而して我が軍は破竹の勢を以て到る処に支那軍を破り、昨八日には北平に入城するに至りしも、今日まで中南支那方面に於ては邦人の安全は脅かされざりしなり。ことに昨年の夏、到る処の邦人が支那軍民のために虐待され、時には虐殺事件すら頻発したる事実に想到するとき、蘆構橋事件の発生後に中南支那方面が無事なるを得たるは、いはゞ奇蹟的現象とも称し得べきほど也。事端を北支の一局に限らしめんとする南京政府の苦心の結果に相違なく、果して然らば北支頃来のことはこれを局地的に解決するの途尚ほ自から発見し得るならんかとも思考し居たる也。二三日前、緒方竹虎氏来訪して、蔣介石をして反共クーデターを行はしめ、依つて以て彼をして抗日方針拋棄の名分を獲得せしめ、日支国交調整交渉の機会をつかましむるも一策ならずやと提案せるが、予も亦それが可能ならば十億二十億の金を蔣介石に与ふるも可なるを以て同氏の提案に賛成し、これを首相にはかりたることあり。予自身このことのために施策を工夫すべしと私かに決意したる事なりしは、中南支那方面に於て事端の発生を阻止せしめざ〔マヽ〕りし南京政府の態度に望をつなげるを以て也。然るに今や突如として上海に海軍現役将校射殺事件起る。これを知りて事端が中支にも発生せんことをおそれ、したがつて此の事実は意義すこぶる重大なるを痛感し、深夜なりしかど電話にて首相にこれを報ず。

八月十三日　去る九日上海に於て大山海軍大尉が射殺されたる事件は、中支方面に事端を発生せしむ可き危険すこぶる大なるを以て、同日来同方面の情勢推移に最も深く注意を払ひつゝありしに、今日午後三時五十五分終に我が海軍陸戦隊は砲火を開かざるを得ざるに至りて支那軍と交戦を開始すとの報に接す。

予は夕刻翰長官舎に在り、同盟社長岩永祐吉氏来訪す。予告げて曰く、上海のこと最も憂慮に堪へず。最早や日支全面戦争は避け難きものと覚悟するを要すべし。事こゝに至りては、中南支那に於ても硬日派に対する蔣介石の統制力は全く破綻を生じたるものと観測するを妥当とすべく、すでに然りとせば、日支全面戦争を惹起せしめんとする形勢を阻止して、南京政府を相手に日支関係を平和裡に調整せんとする希望は抛棄せざるを得じと。

岩永氏耳を傾く。

深夜と雖も上海方面の情勢報道は直ちに予に報告することを内閣情報部に命じて寝に就く。

八月十四日　前日来上海の情勢は益々悪化し、陸戦隊の苦戦はなはだし。早朝米内海相より速かに臨時閣議の開催を要求し来る。即ち直ちに手配して午前九時閣議を開く。米内海相より上海の情勢報告あり、且つ陸戦隊増派の申出あつて一同異議なくこれを承認し、午前九時三十分散会す。

この日午前九時五十五分頃支那空軍盲爆を開始し上海の情勢一層悪化し、夕刻に至り上海戦禍の被害に関し詳報殺到す。ために国民の注意は上海方面に集中され憂色深し。又外人居留地にも戦禍の被害ある模様にて全世界の注意上海に集中さるゝ有様なるを以て、予はこの際臨時を開きて不取敢上海に病院船を送り同時に食糧を送ることを決し、即時これを実行に移すことが対外的にも必要なるを認めたるにつき、午後八時頃首相をその私邸に訪ねて右の考を具申す。首相直ちに賛同す。予更らに具申す。曰く、声明の濫発はよろしからず。またかゝる際長時間に亘り会議するに於ては、何事かと内外を刺戟して面白からず。随つて今夜の緊急閣議は上海非戦闘民の救済の一事のみを決定し、直ちに散会としたし。事は上海に関するものなるを以て、これより直ちに米内海相を訪ねて相談し、海相も同意せば九時頃より閣議を開く手配すべしと。首相これに同意す。よつて直ちに米内海相を海相官邸に訪問す。

米内氏には首相邸に赴く前に相談したき事あり。首相と面会の後に訪問するかも知れぬ旨を通じ置きたるため、予が海相官邸に入りその日本室に案内さるゝや海相は山本五十六次官と同席にて待ち居れる所なるを以て、直ちに予の意見を具陳す。海相次官即坐に賛成して直に救援船派遣の手配を講ずべきを約す。

それより予は首相官邸に入り各閣僚に参集を求む。午後十時三十分閣僚全部出席し、直ちに開会す。米内海相先づ発言して上海その後の情勢を説明したる後、国際都市たる上海の事なるを以て直ちに救援船を派遣すべきことをはかり、一同これに賛成す。随つて直ちに閣議の散会を要求したるに杉山陸相より発言あり。曰く、この際はむしろ進んで帝国政府の意のある所を重ねて中外に明かにする必要ありと信ずと。かくて用意し来れる声明書案文を提出す。予は予定する所と違はんことを虞れて、その件は明日更めて協議しては奈何と提議せしも、閣僚中には進んで杉山陸相の意見を支持するもの多く、閣議打ち切りの提案を支持する発言者は一人もなし。ために簡単に閣議を終らんとする予の予定計画は水泡に帰す。首相海相は元より閣議打切りを主張し得る立場にはあれど、閣議の空気は陸相の提案にのみ耳を傾くる有様にて、首相海相ともに打ち切りをいひ出すを許さゞるべき情勢を呈せる也。初め広田外相のみは陸相の提案には頗る気乗薄の模様なりしも右の如き雰囲気なるを以て、右提案慎〔審〕議の延期を発言する機会なきを看取せるか、後には却つて消極的にはあれどその慎議を今夜行ふべきを肯定するが如き口吻を洩らすに至る。

かくて陸相の提案議題となるや何時もの事なるが、閣僚中には取るに足らぬ意見を字句のために吐いて慎議を停頓せしむるものありて容易に結末に達せず。例へば案文中に「共産主義勢力と提携し」の一句ありしが、広田外相はこの字句面白からずとて「赤化勢力と提携し」と改めたしと発言するや、その是非を云為して二十分間も費す有様にて、零時に達するも尚ほ字句のために論議を中止せざるが故に、予は時刻は早や切りあげの必要あるに至れる旨を注意し、漸く零時三十分頃結末に達せり。これがために時間を費すこと一時四十分以上なり。

次いでこの声明を今夜直ちに発表すべきか否かを予よりはかりたるに、広田外相は今夜といふにも限らざ〔り〕しと発言したるのみにて他の閣僚は容易に口を開かざりしかば、予発言して曰く、実は此の声明については情勢の推移を見て更めて慎議するを可なりと思考せしを以てさきに閣議の打ち切りを希望したることなりしも、すでにこれを慎議して今や深更に及べり。而して今こゝに只今の閣議に於ては救援船の派遣を決したるのみと発表するも、今日の場合何人もこれを信ぜざる可し。然らば却つて揣摩臆測を刺戟して政府の態度を誤解せしめ、ために内外に悪影響を及ぼすことなしとせず。しかも声明の内容を見るに、すべて政府従来の発表又は出先当局に於て公にしたる意思表示を一括したるものに過ぎざるを以てこれを発表するを可とすべしと。首相これに同意す。よつて同夜これを発表せり。予がかく発言せる理由は別にまた存す。由来この種の声明は陸海外三省の事務当局に於て連絡協議してその案文を作製するを例とするが故に、此の夜陸相が騰〔謄〕写版刷りにて持参したる声明案文もその手続きを経たるものに相違なし。されば海外の両相も閣議に参列する以前に下僚より示されて一応はこれに目を通すとともに、此の種の声明は晩かれ早かれこれを発表する必要を認め居ることは明か也。然らばむしろ今夜これを発表するも可なりと思考したりし也。元より海外両相も予の発言に直ちに賛成せる也。

この日午後青島に於ても巡邏中の我が水兵、支那人より射殺さる。

八月二十四日　去る十三日上海に於て日支両軍の衝突開始以来全支那に亘つて情勢の悪化俄かに表面化し、戦雲到る処に漲るに至る。十四日には海軍の渡洋爆撃飛行隊が木更津より飛んで同日午後杭州広徳虹橋を爆撃し、十五日には南京南昌その他の敵重要軍事拠点数個所を爆撃し、二十一日には北支に於て我が軍良郷附近に支那中央軍と衝突し、二十三日には我が陸兵上海黄浦江西岸に上陸して直ちに攻撃を開始するなど、各方面に於て戦闘激化の一路を辿るに至れり。かくて陸軍は大軍を支那に送るの必要ありとて今日の閣議に大動員計画を附議す。閣議異議なくこれを承認す。この折、鉄相中島知久平氏発言して曰く、全支那を馬蹄の下に屈服せしむるこそ得策とすべしと。蓋し中島氏は大動員を行つて支那に大軍を送るは、畢竟自衛権の強化拡充を行はんとするために外ならずとの陸相の説明を手ぬるしとして右の如き意見を吐きたるものなるべし。中島氏と同様の考を懐くものは政界に少からざる也。
内閣は統帥事項に関しては全く知らざる所にして又知り得ざる所なるが、従来の例に照らして北支に兵員増派計画を閣議にて発表する折はすでに増派されつゝあるに相違なく、従つて予は今日の閣議決定によつて謂ゆる自衛権強化拡大は主観的にしか意義なく、客観的には最早や日支全面戦争の段階に入りたるを痛感せり。事こゝに至つて採るべき途如何。冀望する所は一定限度内に於て速戦以て支那軍を膺懲し、その上は速かに軍を北支の満洲よりの重要拠点に撤収し、以て解決を外交手段に訴ふるに在り。これこそ最善の途なるべし。たゞズルズルと日支全面戦争に引きこまれて百方戦線を伸ばすも寸益なし。何処にて何時頃までに打ち切るかを十分に研究し置くことこそ必要なるべし。要は今や客観的には日支全面戦争の段階に入りたるが故にこそ戦争の限度をはつきりと腹に蔵する必要あることなれば、予は予の此の所見を首相に具申し、且つ予自から杉山陸相と隔意なく懇談してその点に関する意見の交換をなし置くべきことをはかりたるに、首相はこれを許す。

よつて八月末の一夜、杉山陸相及び平生杉山氏と仲よしなる馬場内相とを山王下の三楽旅館に招きて食事を共にしつゝ懇談す。但し原則に於ては杉山氏直ちに予の所見に賛成したるも、具体的には杉山氏ついに語らず。

日本軍の精英を以てせば、支那軍を膺懲するが如きは正に朝食前の話なるべしとの観測は最近の支那を知らざるものゝ間には一個の定説なるが、支那に関し最も深き注意研究を怠らずと自他ともに許す陸海軍部ことに陸軍に在つては、その観点が専ら軍事的にして支那を全体として把握する所甚だ少なく、最近支那の綜合的基本動向についてはこれを無視するの傾向はなはだ大なるものあるは支那幣制統一事業に反対したる事実によつても明瞭にして、軍部の謂ゆる支那通は支那そのものを知るに非ず、歴史の表面に浮沈する個人又は軍閥等に対する謀略家的存在たるに於て支那通たるもの多き有様なれば、支那に対して軍事的行動を起すに於てすこぶる与し易しとの安易なる楽観をなしつゝあるに非るか。而して杉山陸相もこの楽観的観測を胸に蔵するが故に、切り上げ時乃至切り上げ場所等について具体的に語り合ふの必要を痛感し居らざるものと思量さる。

八月中旬頃より英国しきりに日支両国間を調停せんとして動く。然れとも我が方動かず。

九月に入り戦局日に拡大す。何より先づ政戦両略を完全に一致せしむるの工夫愈々必要なるを痛感す。

事変発生以来、内閣は日支全面戦争に陥るの危機を回避せんとするも、軍事行動については全く聾盲桟敷に置かるゝの類にて知る所なし。内閣と統帥部と互に連絡なく存在すべからずして、その連絡は軍部両相を紐帯として行はるべき仕組にはあれど、この仕組の運営ははなはだ面白からず、統帥部と内閣とはつねに殆んど全く乖離して存在する有様にて、斯くては到底国策の有効適切なる遂行を期し難きを以て、総理大臣をして統帥部と一体的存在たらしめ得べき大本営の開設を工夫せんことを思ひ立つ。九月末、予このことを米内海相にはかる。米内氏賛成す。杉山陸相にはかる。杉山氏また賛成す。然れども両者ともに賛成して、而してこれを具体化するの歩みは容易に進められざる也。かくて荏苒十月末に及ぶ。

予一日米内海相に大本営開設案の経過を問ふ。米内氏曰く、陸軍が心進まざる也と。よつて杉山陸相にその意向を糺す。杉山氏曰く、海軍が熱心ならざる也と。このことを首相に語る。このことについては首相も陸海両相に糺して同様の答を聴きたりとて首相述懐して曰く、狐が馬に乗つた話といふはこの類かと。

十一月十七日　大本営令の制定公布さる。然れども総理大臣を大本営より除外したるものにして内閣の希望する所とは一致せず。たゞ内閣の希望を容るとて内閣よりは総理外内蔵陸海の六相と、統帥部よりは参謀総長同次長軍令部総長同次長の四者との連絡会議を設け、その幹事役には内閣書記官長陸海両軍務局長の三者これに当ることとなせるのみ。

十月下旬　総理大臣を構成一員とする大本営の開設は容易に希望し難き情勢なるを看取したるを以て、内閣を強化し統帥部に対する圧力を大にして、統帥部をして内閣の存在を無視する能はざらしむこそ良策ならんと考ふに至りしが内閣強化案を工夫す。現実に希望し得る内閣強化案は、陸海両相を含みて多くとも六七人の閣僚にて少数巨頭内閣とする以外に途なかるべしとの結論に到着せるを以て、この案の実現を工夫せんとひそかに思ひ立ち、首相にこれをはかる。首相容易に諾否を決せざりしも、陸海両相は賛成の色あるを以て尚ほ工夫を続け、十一月中旬頃極秘に町尻陸軍省軍務局長に案を語りしに、町尻少将たまたまこのことを親近の一朝日新聞記者に洩す。ため内閣改造説たちまち流布さる。

十一月下旬の一夜首相と懇談の折、首相曰く、馬場内相来りて内閣改造説を耳にせるも、今日の場合内閣の改造は宜しからずと強硬に主張せりと。かくて首相は内閣改造を思はざるの口吻なり。一方改造説の流布により政局安定を失はんとしつつありしかば、今は内閣強化の工夫も中止の必要なるを思ひ、これを抛棄せり。

十月頃より駐支ドイツ大使トラウトマン氏は日支間を調停せんとして頻りに活動す。然れども同大使との連絡は陸軍方面最もよく、外務当局はその従的存在としてしか連絡なし。外交の機能は、今や陸軍の掌中に帰せるの観あり。

十二月に入り、トラウトマン大使との接衝いよ〳〵繁し。但し戦局の様相は益々深刻にして、朝食前に支那軍を膺懲し得べしとするが如き楽観論はそのあとを絶つに至る。

十二月に入り南京攻略も目捷の間に迫れりと予測されたるに由りて、トラウトマン大使の仲介による蔣介石政権との和平準備交渉の前途有望なりとの判断行はるゝに至り、従つて我が方の和平条件を確定し置く必要生じ、これを協議するため、この月十三日首相官邸に内閣と大本営との連絡会議を開催す。南京はこの日の夕刻完全にこれを攻略せり。

この日の会議に於ては出来る限りの努力を日支和平成立のために尽すの必要奈何が論議され、双方の意見一致してその必要を認めたり。然れどもその原則を認めたるのみにて具体的に和平条件には触れず。この日参謀次長多田駿中将はしきりに、和平交渉問題は政治問題にして統帥関係の問題に非るものを、内閣が統帥部と協議してこの問題を解決せんとするは内閣として意気地無きことなりといはん許りの口吻を洩せり。然れどもトラウトマン氏を仲介とする和平交渉問題に関し、参謀本部及び陸軍省が外務省及び内閣を無視して縦横に画策する所はなはだ多く、ために内閣は勿論その外交幕僚とも称すべき外務大臣を始め、その幕下もすべて対支外交の指導的立場を取る能はざる現実については、多田中将は全く知らざるが如き態度を示せり。察するに、純情なる多田中将は自らを以て他の武人を律し這般の事情には通ぜざるか。

即ち多田中将の右の口吻も、首相外相等には何の感応もなし。

十四日　重ねて連絡会議を首相官邸に開く。予は一人早く会場に在りしに、先づ多田中将姿を示す。他に人無きを見て多田中将予に語りて曰く、杉山陸相は軍を代表して内閣に在り、而して和平問題に関し連絡会議を催さゞる可からずとは何たる醜態ぞや。かくては陸相を内閣々僚とするの意義を没却するものといふ可し。内閣も内閣〔ママ〕もなり、杉山の如き無能なるものは速かにこれを退却せしむるも可ならずやと、言はなはだ劇し。予答へて曰く、今更らこゝにそのことを論議するも急の間には合はざる也。それよりも本日の会議に於て所見所思を洗ひ浚ひ披瀝しては如何と。折しも町尻陸軍、井上海軍々務局長等入室す。よって多田中将と予との私談はこれを中止せり。

開会の後、多田中将発言す。日支戦争の無用と、その如何に日支両国民に取りて不幸なるかを説きて声涙ともに下る。併し乍ら他を言はず。内閣に於て和平具体案を決定することを申し合せて散会す。

午後三時半頃より、首相外陸海内四相及び陸海両軍務局長と予と首相官邸の閣僚待合室に於て、和平条件に関する協議会を開催す。大本営と内閣との連絡会議を設置したる当時は国内治安の責任者として内務大臣をその構成一員とするに決せるが、当時の内務大臣は馬場鍈一氏にして、同氏は杉山氏と懇意なりしと又謂ゆる親軍派政治家中の錚々たるものなりしにより右の決定には何の支障もなく反対者も無かりしが、馬場氏この月に入り病篤く十三日夕刻辞表を提出し、末次海軍大将が十四日即ちこの日内務大臣に就任するや、町尻軍務局長は予に告げて曰く、連絡会議には内務大臣を除外するを可とすべしと。蓋し陸軍は末次大将が内相たる以上はこれを連絡会議に参加せしむるを欲せざるの意向を示せる也。多田中将もこの日同様の意向を予に洩せり。然れども内務大臣をその一員とせるは国内治安の責任者たるを理由とするものにして特定の個人を択びたるものに非るが故に、元より町尻氏の要求は道理に合ざるを以て予これを拒絶し、すでに今日親任式も行はれたることなれば、午後三時半より開会の連絡会議関係閣僚会議には内相の参加を求むる旨を言明す。町尻少将は武人中稀に見る錬達の士なれば、かばかりのことは当然なるを十分承知するに相違なけれども、陸軍軍部内の末次大将に対する反感強きため、その顔を立てゝ一応は予に右の如き要求をなすを必要としたるものなるべく、直ちに予の言明を首肯せり。

協議の原案は陸海外の事務当局にて連絡協議の上作製したるものにして、各項につき逐次協議を進む。首相は殆んど口を開かず、陸海外三相各々意見を述ぶれども活潑なる論議は無くして、午後六時頃原案の字句に多少の修正を加へたるのみにて審議は結末に到着す。このとき末次内相発言して曰く、かゝる条件にて国民はこれを納得すべきかと。首相このとき初めて口を開く。曰く、これ等の条件にて和平することが国家のために最善の途なりとせば、如何なる反対、如何なる不満ありとするもこれを断行せざる可からずと。末次氏また口を開かず。

恰かもこの時、予発言す。曰く、今こゝに提示されたるが如き条件を以てして和平成立の公算確実なりや奈何と。

一同しばし語なし。

やがて米内海相口を開いて曰く、予はその公算を求めて成立の可能性は二三割しか認めがたし、殊に況んや北支に新政権の成立を見たる今日に於ては更に少かる可きかと。

広田外相もその公算甚だ乏しきを認む。

陸相語らず、予その意見開陳を求む。陸相やゝ熟考の態なりしが遂に口を開き、成立の可能性四五割はあらんかと言明したれ共、甚だ自信なげの口吻也。

かくてこの原案は更らに錬り直しを要すと一決して、この日は散会す。

和平を求めてこれを成立せしめんとする方針の下にその条件を協議するものなるに、成立の可能性奈何を目安とせずしてその条件を協議すとはまことに馬鹿気たる話なれ共、実状はまさに以上の如かりし也。

予が一個の質問を試みたるばかりにすでに各条件の審議が終了したるかに見えたるは、再び条件の錬り直しをなすこととなりたるを以て本日の審議談は畢竟一場の茶話に過ぎざることとなりし次第なれば、両軍務局等は甚だよろこばざるの色あり。而して予が発言に不満の模様にてその口吻を洩せり。

予が右の発言を試みたる理由は次の如し。

和平の成立を望むことに於ては敢て人後に堕ちざるものなるが故に、成立を可能ならしむ可き条件を決定するを必要なりと思惟し居たるに、原案提示の条件は蔣介石政権を相手に現実の支那を考慮して工夫されたりと見るべきもの甚だ乏しく、たゞ国内の要求希望する所のみを羅列したりとする色彩すこぶる濃厚にして、かくては和平を成立せしめんとする見地に於ては甚だ不備の点多しと認めたることその理由の一也。

この日の朝刊新聞紙は、北平に於て中華民国臨時政府と命名されたる新政権が組織されて、今十四日盛大なる成立式が挙行さるゝ旨大々的に報道せり。

惟ふに、和平の交渉を円滑に進捗せしめて以て和平を成立せしめざる可からずとする思想及び方針と、今日北支に新政権を樹立せしむるが如き思想及び方針とは全く相容れざる也。真に和平の成立を希望する以上は、親日的勢力を北支に於て結集せしむるの必要ありとしても、一治安維持委員会を組織する程度以上に事を運ぶ可からざるは常識の命ずる所にして、新政権を誕生せしむるが如きは許さるべきに非る也。何となれば、日本は北支を以て第二の満洲国又は少くとも第二の冀察地方たらしむるに非るかとの疑ひが支那側に彌漫しつゝあり、関係列強に在つても同様なるは周知の事実にして、北支に新政権を組織せしむるはこの疑ひを一層濃厚ならしむる所以なるを以て、ひとり和平交渉を妨碍するのみならず、これを否定するの結果をすら生むに至るべき危険すこぶる大なるは明かなれば也。即ち北支に中華民国臨時政府を成立せしめたるは和平を求むる方針と全く相反する也。

然かもこのことたるや、勿論陸軍中央部と連絡打ち合せの上にこれを実現したるものに相違なき也。然らば陸軍中央部はその口に和平の必要を説くこと頗る熱心なるも、その心には和平を欲せざるものなるか。果して然らば、現に問題とさるゝ和平条件は陸軍が指導権を握つて立案決定されたるものなるが故に、これは真に和平を求むるためのものに非ずして、実は却つて和平を不可能ならしめんとの底意にて立案されたるものに外ならずとの解釈をも下し得べし。

もし又然らずして和平を求むるの真意は疑ふべからずとするも、然らば陸軍中央部は北支政権の組織が和平を成立せしめんとする希望を裏切るに至るべき危険十分なるを感知せざるほどに、政治的には判断の能力に乏しきなりと解釈すべきか。然らばそれ程に政治的に無智なるものが自から指導して立案したる和平条件を以て和平交渉の基礎たらしめんとするが如きは、児戯に類すといふ外は無かるべし。これによつて和平成立の公算十分なりと判定するは、元より滑稽も亦甚しといはざるを得ざる也。或ひは中央部と陸軍出先と意見相合はずして、然かも中央部の出先に対する統制力は甚だ微弱なるために、北支政権の組織には内心反対なるも中央部は出先の行動を制圧する能はずして遂にこれを肯定せざるを得ざりしものなるか、多田参謀次長が一刻も速かに和平交渉を成立せしむるの必要なるを説いてこれを求むるに頗る焦燥の態度を示すが如きも、畢竟軍の中央部と出先との間に方針一致せざる所あり、而して中央部は出先を掣肘する力甚だ乏しきを認知するの結果、日を経れば経る程和平の可能性は愈々失はるべきを予想するに由るものなるか。果して然らば、和平条件を確定するの必要が中央部に生じたる程和平交渉の進捗したるを見て、北支方面の出先はこれを今に於て挫折せしむるため、突如として中華民国臨時政府を樹立せしめたるもの也との疑ひを挟み得ざるにあらざるべし。

何れにしても北支に新政権の樹立が既定の事実となりたる今日に於ては、和平を求むるの条件については十分なる検討を要し、且つ出来ざる相談を持ちかくるが如き愚拙を避けざるべからずと思考したることは、予が発言したる第二の理由の第二〔ママ〕也。

元来北支に新政権を樹立するが如き重大なる政治的措置に関しては、内閣と十分なる打ち合せを必要とするは勿論なるに陸軍大臣は全くその用意なく、既に今十四日にはその成立式を挙ぐるに至るといふに、このことについて首相に報告することすらもなかりしなり。さればこの朝、予が北支政権樹立のこと新聞に報道されたる事実を指摘して首相の注意を促したる折、首相は顔をしかめて、陸軍の勝手気儘なる行動には困却する旨を言明するとともに、杉山陸相の態度に甚だ不満の色を示せり。

米内海相も広田外相も、北支新政権については新聞によって始めてこれを知りたる旨予に言明せり。米内海相が予の発言に答ふるに当りて特に北支政権樹立のことに言及したるは、かばかりの重大なる政治的措置を陸軍の独断にて行へることに関する不満の意向を明かにせんがためなるは明か也。

会を閉ぢて雑談の折、杉山陸相予に向つて曰く、貴下のために何も彼もゴチヤ〳〵にされてしまつて新規蒔直しの外なきに至れりと。予答へて曰く、政治は正しき見識にもとづきて行はれざる可からず、見識の正否こそ政治の是非を決定する第一の条件なり、見識は今日の言葉を以ていへば認識又は見透しなり、出来ないことを出来ないと認識し見透さばあやまちなし、逆に出来ることを出来ないことと認識し、出来ないことを出来ると見透すに於ては、それによつて政治は正しき軌道を脱し、ために後世に禍を遺すべし、予が発言はこの点をたしかめんとしたるのみと。

十二月十五日　陸軍省軍務課長柴山兼四郎大佐来りて和平問題を語る。

予曰く、軍の意向は対支全面戦争は徒らに消耗戦となるの危険大にして甚だ好ましからざるのみならず、東亜の安定をもたらす所以に非ずして、かゝる事態に陥ることは断乎としてこれを防がざるべからずといふにあるべし。

柴山大佐曰く、然り。

予曰く、さればこそ、こゝに和平のこと俎上に載せざるべからざる也。而して和平の成立を希望するとして、昨日提示の如き条件を以てして和平は可能なりと思惟するや。

柴山大佐曰く、疑問也。

予曰く、然らば更らに可能なり得べしとする範囲まで条件を緩和しては奈何。

柴山大佐曰く、あれは最少限度の要求也。

予曰く、然らば和平は不可能ならずや。それが不可能ならんか、最も希望せざる対支全面戦は避けがたかるべし。

柴山大佐は、条件は既定のものを以て最善とし且つ最後のものなりといひ、且つ和平は成立せしめざる可からずと説くのみにして、予の言に考慮する所なし。

相手は軍人にして政治を解せざることなれば、何程語るも遂に益なき也。

接衝を重ぬるも効なくして、和平条件としてトラウトマン大使に提示すべきものは、略々十四日に協議したると同一内容を以て決定す。

和平交渉問題は未だ正式に閣議にはからざりしを以て、十二月十七日の閣議に於て広田外相これを詳細説明し、翌十八日臨時閣議を開催して提示すべき和平条件を決裁す。

予は決定の如き条件を以てしては和平の困難を痛感し、加之その接衝の間に戦局は自から拡大し行きて遂に全面戦争に陥るべきを予想し、今やこの予想の下に最善の途を内外に講ぜざるべからざるを決意して昭和十二年を送る。

十三年一月　さきに我が方より駐支ドイツ大使トラウトマン氏を通じて蔣介石政府に示したる和平条件の反応はその後容易に認め難く、然かも戦局は日に拡大しつゝあるを以て政府部にも焦燥の色自からあらはる。

ために一月六日、首相官邸に首相外陸海相四相の会談が和平問題を中心に行はる。予も同席したるが、提示したる和平条件につき何の反応もなく一言の挨拶もなきに、何れも失望の顔色濃し。発言者は何人なりしか記憶を失ひたるも、結局蔣介石政府を刺戟して反応を誘発する目的を以て、書記官長談の形式により蔣介石政府にして速かに和平の交渉に応ずるに非れば、帝国は断乎膺懲の一路を邁進する旨を声明する必要ありと提言せるものあり。一同それに賛成して予に声明案文の起草を求む。予はその必要もはや無し、和平の交渉をはかどらせんと欲せばその条件を問題として再検討し、和平可能の範囲に於て条件を再提示する外に途なかるべしと思ひたるも、かゝる主張は行はれ難き有様なるを以て自から筆を執つて案文を草しこれを示す。一同直ちにこれを可とす。

即ち同日午後四時これを発表せり。

然れども七八の両日を経て何等反応の見るべきものなし。トラウトマン大使を仲介とする和平交渉は殆んど全く進展のあとを示さゞる也。

こゝに於てか、徹底的に軍事行動を遂行しつゝ既定の和平条件を蔣介石政府をして納得せしむべき百般の工夫を凝らす外なしとの意見やうやく強きを加ふるに至り、終にこの方針が内閣統帥部を司配する形勢となりて、謂ゆる和戦両様の構ひを一層強化拡大するの必要痛感され、当然内外にむかつてこの方針を明かにする必要生じたるを以て、九日日曜にも拘はらず緊急臨時閣議を開催し、先づ閣議に於て首相その方針を明かにす。

この新方針は内閣統帥部ともに御前会議に於て確認するに決し、同会議には平沼枢密院議長をも参列せしむることとなりしを以て、十日夜予は御前会議々案を平沼男に説明するため、外務次官沢田廉三氏同伴平沼男をその私邸に訪問す。

平沼男も和平問題については楽観の口吻也。和平したしとの主観的希望より和平可能なりとの観測行はるゝは、事態の本質を未だ把握せざるに由るものにして深憂に不堪也。

一月十六日　この日正午、国民政府を相手せずとの声明を公表す。この声明によつて今後は畢竟親日傀儡政権を成立せしめ、同政権をして支那の人心を把握せしむるに非る限り事変解決の途なきに至る。

四月二日　朝より首相発熱のため臥床す、但し面談し得ざる程には非ず。よつて三日夕刻予は首相を訪問す。首相床上に在つて予と政局を語り、今や内閣大改造を行はずんば時局を担当し難しとの結論に共に到達す。しかも首相にあつては特に陸相の更迭を希望する念最も強し。

然れども陸相の更迭に至つては元より事容易ならざるなり。杉山氏を斥けて、而して却つて一層不適任なるものを抱きこむことも無きを期し難く、仮りに適当なる候補者を求め得たりとするも、陸軍には後任陸相は参謀総長、教育総監及び交迭すべき陸軍大臣と三者協議の上にて選衡するの慣例なるを以て、内閣に於て自由に更迭し得るものに非るを以て容易に陸相問題には指を染め難き也。

首相は病気にてもあり、旁々内閣改造問題のために苦慮して十余日も登庁せざりしが、このことは政変説を伝播せしめ政情安定を欠くに至る。然れども近衛公としては重態にもあらば兎に角、然らざる限り仮令改造のこと思はしからずとするも辞職すべき名分は無きことなれば、十八日夕刻に首相の面会の折は政情不安の空気漸く醞醸さるるに至れるを以て、これを払拭するため首相より辞職説を否定する意思表示を乞はんものと、その日の午後その案文を自ら筆を執つて用意す。恰かもその折、陸軍省軍務課員影佐禎昭中佐来りて政情不安の空気彌漫するに至れる事実を指摘し、首相の心境は如何とのことなりしかば、用意したる案文を示して、今夕首相と相談しこれを発表する考なる旨を告ぐ。影佐中佐意を安んじて辞去す。

夕刻首相を荻窪の私邸に訪問して、政情不安の空気を速かに一掃するの必要を具申す。首相首肯す。よつて用意せる案文を示す。首相一二の字句を修正して、今夜十時これを発表するを許す。

次いで首相曰く、木戸氏は今京都に在り、帰途西園寺公を訪問する予定なりとのことなり。予は予の行動が西園寺公の内意を承くるものと世間に誤解さるゝを虞る。責は予一身に在つて、これを西園寺公も亦頒ち有するが如き誤解を生ずることあるに於ては西園寺公としては迷惑至極の話にして、予に在つては良心の忍び得る所に非る也。而して木戸氏京都よりの帰途に西園寺公を訪問したりとせば、予は数日後、即ち木戸氏帰京後に非れば離床し難かるべき〔に〕つき、予の離床登庁を以て西園寺、木戸会談の結果なるが如き誤解を招がずとせず。然らば責を西園寺公に頒つ所以にして予の堪へ難き所なれば、木戸氏に対し直ちに連絡を取りて西園寺公訪問を取りやめる様相談されたしと。

依つて予は近衛公枕側の電話によつて京都の木戸氏と連絡す。而して首相の希望を述べたるに木戸氏は、西園寺公訪問はすでに新聞に発表されたる所にて、これを中止せばそのことのために又種々の臆測を生ましめ、却つて面白からざるべしとの返事也。首相これを諒とす。同時に首相は尚ほ病臥中なりしかど、木戸氏が西園寺公と会見する予定日時たる来る二十一日午前中に登庁するを決意す。これ木戸氏未だ帰京せざる以前に登庁せば、この登庁を以て西園寺公の指導によるかの如き誤解を生ぜしむることなきを得べしとの用意よりに外ならず。

四月二十一日　午前、首相二旬ぶりにて登庁す。但し改造問題の目鼻は未だつかず。

四月廿四日　早朝、首相より電話あり、至急に逢ひたしとの事也。

この日は日曜にて昨夜より自宅に在り、午前九時頃荻窪の首〔相〕邸私邸に着く。首相曰く、これよりゴルフに行かんとす、自動〔車〕中にて会談せんと。よつて共に自動車に乗る。

首相曰く、閑院宮参謀総長より内密に話あり、杉山陸〔相〕意は辞意を洩せりと。

　参謀本部側は多田中将が次長となつて以来杉山陸相を排斥するの傾向生じつゝありしが、最近その傾向ことに旺んとなり居りし也。或ひはこの情勢の故に、閑院宮より杉山氏に対し辞意を洩らさゞるを得ざる様に誘導を試みたるものならんか。

この日首相と別れて後、斎藤茂一郎氏と共に水海道に赴き、夕刻帰京す。

この日より後任陸相に誰を求むべきかにつき首相と相談する外、予はしば〳〵多田中将を密かにその私邸に訪ねて陸軍方面の後任陸相問題に関する意向を打診す。首相は板垣中将を第一候補として推さんとの意向漸く強し、而して陸相と最もよく意思の疎通あるを要する参謀次長の多田氏も、板垣氏ならば申分なしとの意向なりしを以て、四月三十日に至り板垣氏起用に決しこれを実現するの方法を議す。何よりも先づ板垣氏に意向を伝へて陸相就任を承諾せしむる必要あり。然るに板垣氏は当時最も難戦といはれたる徐州作戦の司令官として同方面にありしを以て、特に密使を板垣氏の許に派遣せざるべからず。然かも首相が後任陸相を自から物色しつゝありと知れては事忽ち破綻すべきは明かにして、ために板垣氏の許に派遣すべき密使は人をして夫れと気づかざらしむるに足りて而して信頼するに足る外、板垣氏に於ても知り且つ信頼するに足る資格を持つ人物たるを要しその人物を探求したるが、結局同盟通信社の編輯局長たる古野伊之助氏こそ最適任者なりとの結論に到達す。

よつて五月一日、恰かも日曜日なるを以て予の自宅に同氏の来訪を求め、同氏に陸相更迭問題の経緯を詳細に説明して、板垣中将の許に赴き同氏をして就任を受諾せしむるの使命を托す。古野氏これを快諾し、一両日中に徐州戦線に急行すべきを約してかへる。

五月上旬　古野伊之助氏徐州戦に向つて東京を出発したるを以て、古野氏よりは中旬半ばには板垣氏と会談の結果を通報し来るべきを予想し、池田成彬、宇垣一成両氏を以て広田、賀屋、吉野の三相にかはらしむべき改造の工夫に着手す。

五月十四日大谷拓相は満洲視察に発途する予定なり。十三日予は首相に語る。曰く、板垣氏のことに関し、この一両日中に古野氏より通報あるべきを期待す。然るに今回の改造は謂ゆる大改造にして事容易ならざるものあり。或ひは総辞職の形式を採つてこれを行はざるを得ざるやも測られざる也。若しかゝる場合、大谷氏満洲に在らばまことに気の毒なる立場に置かるべきを以て、同氏の満洲国を中止せしめては奈何。

首相曰く、まことに同感なれども、改造のことは極秘にして大谷氏にも洩らす能はず、洩らさば必ず外に洩れて改造の妨げとなるべし、随つて中止せよといふにしても、その理由奈何を説明する能はざるを奈何せんと。

予曰く、然らば予これを取り計ふべしと。

同日正午、予は大谷氏に電話す。曰く、問題の対支院の組織は拓務省にも重大なる関係あり、然るにその組織問題につき来週基本的協議を遂ぐるの必要に迫られたるを以て渡満を延期されたしと。これ全くの嘘にて、予としてはまことに心苦しき次第なれども致し方なくてかく提言せる也。

拓相ために一週間旅行を延期す。

然るに古野氏よりは二十日に到るも何の通信なし。而して元より対支院云々の事は一場の虚言なれば、それに関して協議を催す運びある筈もなし。大谷拓相予に電話して曰く、未だ協議の催しなきは奈何。もし更らに遅延すべくんば渡満の約を果さんとす、奈何と。

甚だ心苦しくはあれど、すでに一回の嘘あり。この嘘を重ぬる外に途なくして予は答へて曰く、協議は来週行はるべし、更らに旅行の延期を必要とすと。

内閣に大改造あるべしとの風評は、五月下旬に入るや俄かに伝播するに至る。然れども首相官邸詰の各新聞記者等は特に差し止め命令を出さずとも、此の問題に関しては記事を差し控ふべしと頗る好意ある態度を持続せるを以て、内閣改造の噂は新聞紙面を賑はすことなし。

二十二三日頃なりしと記憶す。始めて古野氏より板垣氏と会談して、同氏は陸相就任を受諾したりとの報に接す。古野氏が板垣氏と面談することかくも遅延せるは、当時徐州戦は台児荘を中心に板垣軍甚だしき苦戦に陥り、為めに板垣軍司令部まで到達するに古野氏は幾多の障碍に遭遇したるに由る也。古野氏はその途次、しば〳〵生命の危険にすら見舞れたりといふ。

板垣中将の陸相受諾の報は入手したれども、同中将は現に戦線に出動して苦戦の部隊を率いて奮戦中なるが故に即刻に帰国するは許されざりしと。且は陸相更迭の問題もすでに一部には取り沙汰さるゝに至りたるを以て、板垣氏の帰国を待つに於ては陸軍方面より如何なる政治的陰謀が抬頭するに至るやも測り難かりしに由り、陸相の更迭を待たずして他の改造を決行するの必要を痛感し、即ち五月二十六日これを実現して宇垣氏外相兼拓相に、池田氏蔵相兼商相にこの夜親任式行はる。

五月二十三日なりしと記憶す。板垣氏陸相就任受諾の報を古野氏より獲て俄かに改造準備を開始するの必要生じたりしを以て、予は吉野信次商相を訪ねて改造着手を説明し、同氏が池田氏のためによろこんで辞任するの意向をたしかむ。同日賀屋蔵相は横浜方面に出張して不在也。元来賀屋、吉野の両氏は互に談合して池田氏の入閣を希望し、それがためには両氏ともよろこんでその席を譲る旨首相に再三明言し居りたる事故、予自か〔ら〕賀屋氏に面会することによつて無用の話題を世間に提供するを虞れ、賀屋氏の辞意たしかめはこれを吉野氏に托せり。木戸氏は文部大臣を荒木貞夫大将に譲ることは、首相、木戸両氏間にかねてより相談決し居れり。

二十四日　午前登庁して首相に逢ふや、首相曰く、昨夜おそく木戸氏より電話ありて、賀屋氏は風見氏より辞職勧告を受けたりとて不満の意を木戸氏に電話にて洩したりとのことなり、果してその事ありたるやと。

予昨日吉野氏に面会せること及び改造のことを語りてその辞意をたしかめ、更らに賀屋氏への交渉を依頼せる経緯を語る。首相これを諒とす。

この日参議会後池田成彬氏と輸長室に於て面会し、改造準備進捗の経過を説明す。首相が池田氏に面会して、正式にその奮起を促す以前の準備工作として也。

説明終つて予曰く、こゝまで準備は完成せり、貴下が奮起して入閣するに非ずんば、今は内閣総辞職の外なしと。

池田氏曰く、左様な脅迫は穏かならずと。

これより前、予は二三回池田氏を訪ねて池田氏の入閣をすすめたりし也。最初は十二年の暮也。当時厚生省の新設間もなかりしかば、その大臣に何人を求むべきかゞ問題となりし折、予は池田氏ならば内閣を強化すべしとの意見にてこれを首相に具申せしに、首相も同感なりとて池田氏の心境打診を予に托せり。よつて新年ともならば池田氏を訪ねてその心境を打診し、池田氏に起意あらば極力入閣を勧奨せんと考へ居りし折柄、十二月二十九日年末御挨拶の記帳のため参内せしにたまたま記帳室に於て池田氏と出会せしかば、年頭訪問したき意向なるを告げて同氏の都合をたづねし所、年頭は不在故明朝ならば差支なしとのこと也。即ち三十日朝に池田氏を訪ねて厚生大臣としての入閣を慫請せり。然れども池田氏遂に承諾せず、同日近衛公を訪問して正式に入閣を拒絶せり。尤も当時は池田氏尚ほ健康に自信なき頃にて、拒絶の理由は心身劇務に堪へざるに在りし也。

その後四月末愈々改造の用意に取りかゝるや、或ひは池田氏をその私邸に訪問し、或ひは参議会前後などに輸長室に於て面会し、機会あらば入閣されたき旨それとなく予は慫請して措かざりし也。

二十五日　改造の準備全く成る。即ち広田氏に関しては原田熊雄男が周旋してその辞意をたしかめ、一方池田氏はその入閣の条件として宇垣大将の入閣を要求して止まざりしが、その方の交渉もすでに終りて宇垣氏入閣を承諾、荒木氏も今日首相招致して文相就任を正式に求め同氏も承諾せしにより、この夜は首相官邸に於て支那より帰還せる長谷川海軍中将等の歓迎慰労晩餐会催され、広田、吉野、賀屋三閣僚も出席につき、その機会に三氏の辞表を取り纏むる手筈を定む。事は予定の如く進みて、この夜三閣僚各別に輸長室に於て予が準備したる辞表に署名せり。

五月二十六日　この午前中に改造を仕上ぐる予定にて、早朝登庁す。池田氏入閣の件は昨日首相自から池田氏と語つてすでに何の支障なく、宇垣氏の場合も主として原田熊雄男の折衝によりて話は片つきたる筈なりしかば、午前中に改造を公表し得る手筈を遺漏なく講じ置きし也。

然るに此の日となりて原田氏より電話ありて、宇垣氏は拓務大臣の兼任を切望し、この希望容れられずば入閣せざるやも知れずとの話也。是は首相も意外とする所にて、現に大谷氏は拓務大臣たり、而して改造については拓務大臣を問題にしたることなく、当然今まで一回も大谷氏に辞任を求めたることなき次第なれば、今日に及んで今改造を行はんとする間際にかゝる要求を受けては如何とも為し難く、折角苦心工夫したる改造も俄かに停頓の余儀なきに至れり。

しかも事こゝに及びては、もはや停頓の儘に時を費すを許さゞることなれば、この情態を打開するの途は、

（一）宇垣氏の入閣を拒絶して外務大臣は一時首相これを兼任することとし、このことに就いて池田氏の諒解を求め、同氏が入閣条件とする宇垣入閣の件を撤回して貰ふか、

（二）急遽大谷氏を招きて拓務大臣を辞任せしむるか、

（三）然らずんば総辞職を決行するか、

の外なく、かくの如き窮境に陥れるを以て木戸氏を相談相手に招くを便宜と考へたるに由り、直ちに木戸氏を招致してその意見を徴するの可なるを首相に具申したるに、首相これを諾す。よつて直ちに木戸氏を電話にて招く。木戸氏間もなく来る。時恰かも十一時半頃也。

元来木戸氏は宇垣氏を高く評価せざるを以て右の三打開案を提示したるに、然らば宇垣の入閣を拒絶する外なかるべし、池田氏には事情を説明せば必ず諒解して入閣を拒むことあるまじく、又仮りにそれがために池田氏が入閣に難色を示すとするも、ことこゝに及びては遮二無二入閣せしめざる可からずと。

首相は池田氏に対して同時に宇垣氏をも入閣せしむることを約束したることなれば、むしろ総辞職を択ばんとする態度を示せしも木戸氏は飽くまでこれに反対し、即ち宇垣入閣を拒絶し、外相は総理兼任として池田氏を予定の如く大蔵商工兼任大臣とし、又かねて計画したる如く木戸氏厚生大臣専任となり、文部大臣に荒木大将をあててすみやかに改造を断行するに決す。午後零時三十分頃也。

かくて直ちに電話にてその旨を原田熊雄男に通ず。然るに原田男は内閣側の再考を促すと共に、更めて宇垣氏の意向を糺すまで暫時の猶予を求む。

この朝より改造問題表面化したるこ〔と〕なれば、世間の注意はこの一点に集中され、これに関する蜚語流説は市に氾濫す、ために朝来面会を求め来るもの多く、又中島、永井等の政党閣僚よりは電話にて改造模様の問ひ合せなどあり。その他の方面よりも頻々たる電話の呼び出しにてその煩に堪へざりしかば、予は午前十時頃より総理大臣室に在つてこゝを出でず、面会の要求又は電話の呼び出しには首相と密談中なりとの理由にて一切応ぜず、ために後日面会又は電話の呼び出しを予によつて拒絶されたる連中は予をさかんに攻撃したることとなるも、当時にあつては挨拶の仕様もなかりし次第にてその拒絶は止むを得ざりし也。

総理大臣室にては、実は原田氏と時々電話にて交渉する以外は別に用事もなかりしこと故、木戸氏との要談すみたる後は首相、木戸氏、予と三人にて閑談するのみ。閑談に倦きれば近衛公は習字に時を消し、木戸氏と予とは居眠する有様なりし也。

この日市には末次内相更迭の噂もつぱらなりし由を後日に知りたるも、最初より末次氏は問題となりたることなし。陸軍に末次反対の空気濃厚なりしため、同方面より改造に当つては末次を更迭せしむる要求ありたるべしとの推測、並びに従来の例にかんがみて内閣も軍部の要求には応ぜざるを得べしとする観測等より、かゝる噂がひろまりたるものと思はる。然れども今回の改造に於ても首相の独断専行にて、事前毫も陸軍の諒解を求むるが如きことはなかりし也。又陸軍が如何なる要求をなすとも、首相の容認する所以外には耳を傾けずとの態度を固取したる也。

凡そ内閣の改造を行ふに当りては、我が国当時の情勢に於ては能ふ限りの秘密を保ちて事前工作を行ふを必要としたりしが、それ程の用意の下に行動しても秘密を保つは容易ならざりし也。例へば昭和十二年十二月に末次大将を内務大臣に起用するに決したる折は、親任式を行ふ前日に末次氏に首相より極秘にて内務大臣就任方を要請しその承諾を得たるものなりしに、その日の夕刻すでに末次氏内務大臣たるべしとの風評を耳にせり。驚いてその風評のもとを探査せしに、末次氏の家人が主人は内務大臣になるとて礼装用軍服の手入れを出入の洋服屋に命じたるに由れる也。

午後三時頃に至り、一部地方にては逸早く内閣改造行はれたりとの号外を発行したる新聞ありとの報に接す。

同じ時刻の頃に原田男より電話あり、更らに暫時の猶予を乞ふとのみにてそれ以上の話なし。

首相はむしろ明日まで改造を持ち越すに如かじといひ出せしが、木戸氏と予とはこれに反対し、遅くとも夕刻までに若し宇垣氏より外務大臣だけにて入閣すべしとの返事なくばもはや入閣を求むる必要なきものとして、予定の如く外相は総理兼任として改造を決行すべきことを主張す。首相これに同意す。

午後四時頃となるも原田男よりは内閣に再考の余地なきやとの電話ありたるのみにて、同男の対宇垣交渉進展の模様なし。

依つて首相、木戸氏及び予と協議して、結局宇垣氏の件は善後処置を後日にゆづるとして不取敢その入閣を留保し、さきに決定せる順序にて直ちに改造を断行するに決せり。

就いてはそのことを一応宇垣氏に伝達する必要あることとなるが、首相はそのことを予に托せるに由り、総理大臣室の次室たる閣議の際の閣僚待合室の電話にて宇垣氏を呼び出す。この役は予に取つても甚だ好ましからざる次第なりしが、併し又予が引き受くより外なきこととて宇垣氏には如何に語るべきかとしばし熟考せしことなれども、事は頗る微妙なる意義を含蓄するを以て多言は却つて面白からざれば単刀直入に首相の意思を伝ふるに如かじと考へ、宇垣氏電話口に出るや予は、「実は本日親任式を挙行したき予定にて着々準備を進め、貴下を外務大臣として入閣することに」とまで語りたる所、宇垣氏は予の次の言葉を遮つて、「微力なれども折角の御期待にむくひたく、その儀は承知いたす所なり。親任式は何時なりや」との話也。予は案に相違し、何れその時刻は後刻重ねてお知らせすべしとて電話を切り、この旨総理大臣室の首相及び木戸氏に通ず。両氏も案外とせるが、何れにしてもこと斯くある以上改造停頓の事情は全く解消したることなれば、それまで原田男を通じての交渉中に頗る不快なりし思ひも忽ち一掃されて万事好調となり、この日の夜親任式を挙行するを得たり。

原田男が仲介して交渉したる折の話は、宇垣氏の真意ならずして宇垣氏周囲の希望要求なりしが如し。尤も宇垣氏は虚名を愛するの念すこぶる強きを以て、池田氏が蔵商の両相を兼ぬる以上は曾て朝鮮総督たりしことあるを以て拓相の兼任を切望したるべきは想像に難からざるも、単に希望に止まつて入閣の条件とするまでの意向は無かりしものを、その周囲が強くこれを要求せば首相必ずこれを容るべしとて原田氏にその要求提出を強要したりしにあらざるか、而して原田氏は宇垣氏を入閣せしめざる可からずとの主張を固持し居たるだけに、その周囲の拓相兼任要求を拒絶することによつて宇垣入閣を困難ならしめてはよろしからずとの考より、宇垣氏の真意をたしかむることもせずに、内閣に向つては拓相兼任を要求するに至りたるものと思はる。

かゝる場合なれば、内閣自から宇垣氏の真意をたゞすことは面白からず、且つ又却つて事を紛糾せしむるを虞れてその結果無用に改造を停頓せしめたるは馬鹿げたる話なりしも、当時の経緯情勢に於ては止むを得ざりし也。

尤も後日に至り北支開発会社の総裁を物色して、吉野信次前商相に白羽の矢を立てしも吉野氏ついにこれを受けず、他に適当なるものを探し得ざる結果、大谷拓相にその就任を求めたるに同氏これを快諾したるを以て、同氏拓相辞任とともに宇垣氏拓相を兼任するに至れり。

当時の陸軍省軍務課長は柴山兼四郎大佐にして、同氏は予と同郷且つ予が一時在学せし下妻中学出身にして久しく懇意の間柄也。この二十六日頻りに電話口に予を呼びたりとのことなるも、予は前述の如く総理大臣〔室〕に閉ちこもりて一切の電話を受けつけざりしを以て、元より柴山氏の電話をも知らざりし也。

由来こゝ数代の内閣は何れも陸軍の鼻息を窺ふを例としたるを以て、内閣改造の如き政治問題に関してはつねに陸軍の意向を尊重する結果、陸軍々務局よりの質問等に対してはよろこんでこれに答へ、その好意を失はざらんとする有様なりしため、陸軍はこの内閣の態度に狎れてかゝる態度に出でざれば甚だよろこばず、而して柴山氏も同日改造の経緯を知るために予に電話し、必ずや予より軍の好意を失はざる程度の説明報告を聞くを得べしと期待したるものならんに、電話口にすら予が出ざりしことなるを以て、柴山氏としては侮辱され〔た〕が如く感じたることならん。爾来頗る予に不満なりしところを、更らにこれより間もなく板垣氏陸相となり、柴山氏を愛する梅津中将次官は更迭するに至り、陸相、次官更迭の糸を引けるものは予なりと思ひこみたるか、遂に予の悪口をいひふらすに至る。軍人のことなれば常識を異にする所あり、予は笑つて看過するのみなれども、この事実も亦陸軍が久しく政治を指導せんとしつゝありし傾向の一所産として見るとき、興味深きを覚ゆる也。

海軍省方面よりは未だ曾てかかる場合はあらざりし也。

元来堂々たる政治家すら、陸軍の少壮幹部の好意歓心を買はんとして徒らに彼等に追随して以て能事了れりとするの風潮は、数年来政界に弥漫し居れ〔る〕を予は私かに痛嘆し居りたるものにて、そのことこそ軍それ自体の統制を破壊し、畢竟政界は軍を毒し軍はまた政界を毒する所以なれば、予はかゝる風潮を如何にして矯め得んかと内閣書記官長就任以来苦心し来りたることとて、相談すべき事あらば内閣に責任ある陸相を相手として相談すとの態度を固持するに努めたることも、陸軍一部の反感を買ひつゝありたるものと思はる。

六月二日　板垣征四郎中将入京す。翌三日陸軍三長官の推挙ありて板垣中将陸軍大臣に決定し、同日親任式行はる。同時に次官には東条英機中将就任す。

板垣中将の起用については、何時しか予の策動の結果なりとの風評陸軍の一部に行はるゝに至りしかば、これが為めに内閣と陸軍との連絡融和に予の存在が障碍とならんことを憂慮して、予は首相に辞意を告げたりしが首相これを容れず。

九月に入り、対支政策に関して宇垣外相と陸軍との間に意見の隔りあること明瞭となり、両者は両立し難きほどに衝突するに至る。徒らに戦争を継続する危険を認むることに於ては両者の意見一致する所なるも、然らば如何にして蔣政権を和平に誘導すべきかについて感情の行き懸りもあり、容易に一致を見難きに至れる也。

かくて外相更迭の要望、陸軍方面よりさかんに起る。

加ふるに、外務省内に於ても宇垣氏の外相就任に最初は多大の期待をかけたりしも、すでに四個月余を経て毫も外政に新味を求め難しとして、やうやく宇垣外相に不満の声高し。

当時恰かも興亜院の組織準備漸く進捗して、外務省関係の仕事の一部を同院に移管することにつき関係諸省の間に接衝行はるゝに至りしが、外務省事務当局はその移管範囲を能ふ限り小ならしめんとして極力画策し、これがために接衝すこぶる混雑す。而して宇垣氏を排斥せんとする鋒先は、この問題に集中さるゝに至る。よつて予は佐藤尚武外務省顧問をして同問題解決の衝に当らしめて、宇垣排斥の鋒先を同問題より外すことの必要を認め、岩永祐吉氏は佐藤、宇垣両氏と交情密なるにより同氏に依頼して佐藤氏に予が意向を伝ふ。佐藤氏これを承諾す。又一方外務次官沢田廉三氏を招いて、同問題を佐藤氏中心に処理するの必要を説く。沢田氏これを諒承す。

宇垣氏外相となりて後、外務省に顧問を置くこととなりてその人選をなすに当り、宇垣氏は佐藤尚武氏起用を希望す。然るに佐藤氏はことに陸軍方面に不評なりとて同氏起用に反対するものの多かりしが、予は苟くも宇垣外相の顧問たらしめんには、宇垣氏意中の人ならずしてはこれを置くの必要なしと強硬に主張して、佐藤氏起用を支持したりし也。

宇垣氏を失ふに至ることは内閣としても思はしからず、ことに宇垣排斥の要望が一部にあがりたる今日に於て宇垣氏を失ふは、内閣が他力に動かされたりとしてその権威を失墜するの結果を招くことなれば、何等かの方法によつて宇垣氏の立場の改善するを得まじきやと苦心を重ねたるも、良策容易に講じがたし。

秋季皇霊祭の当日也。宮中より退出後、首相は陸相を伴つて首相官邸日本間に入り、直ちに予を招く。三人鼎坐す。首相曰く、ともに宇垣問題を語らんと。

板垣陸相は興亜院構成に関する外相の態度を非難して、暗に宇垣氏の外相は適任にあらざるが故に更迭するの必要あるをほのめかす。

結局、興亜院構成につき外務省を督励することに一決して散会す。

二十八日夕刻、佐藤顧問は予を首相官邸に訪ねて、興亜院機構問題を円満に解決すべく着々工夫しつゝある次第を報告す。

二十九日は木曜日にして、即ち首相が池田、宇垣両氏と昼食を共にしつゝ意見を交換する定例日也。この日午前十一時頃佐藤氏来訪し、同氏の斡旋によつて興亜院機構問題に関する外務省関係部門の分は今朝までに解決したるを以て安心されたし、これより外務省に赴き宇垣外相に面会して、これを報告する手筈なりと告げて去る。

午前十一時三十分に池田氏と内談したき旨を今朝同氏に通じ置きたるを以て、同時刻に池田氏輸長室に入る。よつて予はこゝ数日来の興亜院機構問題の経過を語り、解決の機漸く到来したる事なれども、尚ほ問題は微妙の域を脱せざるを以て、今日の午餐会に於てはこの問題に触れても、何等決定的の話合ひは行はざる様に同氏に於て斡旋されんことを依頼す。池田氏快くこれを承諾す。

やがて正午となりしかば、予は池田氏と共に輸長室を出で、池田氏は総理大臣室の次室に入り予は秘書官室に入る。予は秘書官室より総理大臣室に入りて総理に午餐会開始前に面会し、池田氏との話し合ひを報告せんとしたる也。予が扉を叩かんとするや総理内より扉を開き、此方より呼ばんとせる所なりとのことにて早速その室に入る。総理曰く、宇垣氏二三分前に来り、予の前にて文書にしたためたる辞任理由を読みあげ、辞表を提出し直ちに去れりと。

よつて次室の池田氏を招きその経緯を同氏に語る。池田氏も啞然たり。池田氏が予と別れて総理大臣室の次室に入らんとするや、宇垣氏恰かもその室を去らんとする所なりしも、たゞ黙礼して去れるが故に何事をも知らざりしなりといふ。

善後の処置に就いて首相、池田氏及び予と三人協議す。首相は宇垣氏を辞職せしめずして事態を収拾せんと苦慮し居りたることなれば、即ち事志と違ひたるを以て総辞職の外なかるべしとの意向を吐露せしが、池田氏強硬にその意向に反対す。首相、池田氏の言に聴く。かくて翌三十日一時、外務大臣は首相兼任することとなり、その親任式行はれたり。

戦線を拡大するよりも、占領地帯に於て善政を行ひ人心を収攬することこそ蔣政権を相手にせざる立場に於ては最も必要なるに拘はらず、統帥部は徒らに戦線を拡大するを以て能事足れりとす、而して内閣はこれを傍観する以外に全く途なし。

或る時軍に大作戦計画ありしも内閣は全くこれを知らざりしに、

陸下より密かにこれを首相に洩らしたるを以て首相始めてこれを知りたり。かくの如く政戦の一致を求むること困難なるを以て、板垣氏陸相となるや、陸海外蔵と首相の五相会議なるものを開設して政戦両略の一致を求めんとしたるも、陸軍と他の方面との対立のために所期の目的を達する能はずして内閣としての政治の運営は齟齬する事のみ多し。ために内閣はその責を全うする能はずして、かゝる有様にて荏苒日を経るは国家を益する所以ならずとの信念より、昭和十三年十一月下旬頃、首相は私かに辞職を決意し予に辞表案文の作製を依頼す。予も同感なりしを以てこの依頼に応ず。但このことは両人のみの話合ひと固く契りたるを以て、その案文は予自から筆を執つて作る。

陸軍の横暴は昭和十三年の夏頃より漸次露骨となる。

或る日五相会議の諒解の下に池田蔵相が国家経済に関する方針を声明するや、陸軍はその名に於てこれに反対の意向を盛れる声明をなせり。予は憤慨に堪へざりしかば板垣陸相に即刻電話して、その軍の声明は池田蔵相の諒解を得て為したるものなるや否やを詰問す。実は陸相はこのことありしを知らざりし也。三四時間を経て中村明人軍務局長来り曰く、陸軍大臣の命によつて来訪す、今日の軍の声明は池田蔵相の声明を反駁せんとするものに非ず、これを諒せられたしと。

予曰く、予が陸軍大臣に問はんと欲する所は、その声明の意図如何に非る也。蔵相の諒解を得て為したるものなりや否やを問ふのみ也。更めて予が質問の意味を陸相に伝へられたしと。

その翌日次官会議あり、その際東条次官予に単独会談を求めて曰く、昨日の声明の責は予に在り、その責を云為せんとならば予これを荷ふに吝かならずと。

予曰く、貴下の責任を問はんといふに非ず。五相会議の設置目的は政戦両略一層の一致を求め、この会議に決定したる上は五相一致の力によつてこれが遂行を期せんがために外ならざる也。然るに池田声明は五相会議に於て陸相も参加諒解を与へたるもの也。然るに池田氏の諒解なくしてその声明を裏切るが如き声明を陸軍より発表するに於ては、五相会議設置の意義は当に空に帰すべし。五相会議の権威を認むるや否やこそ、予の知らんと欲する所也。

東条氏はその権威を認むといふのみにて、又他語なし。

後日に判明したることなるが、陸軍のこの声明は軍務局の佐藤少佐等が内務省警保局の一部官僚と結托してこれが発表を計画し、中村軍務局長と東条次官とはその内容を深く究めずして発表を許可せる也。

昭和十三年十一月下旬　汪精衛氏重慶脱出の計画漸く熟す。十二月三四日頃汪氏は飛行機にて仏領印度の河内に脱出する筈なりしも天候の都合にて中止したるが、同十一日の日曜日は必ず脱出を決行すべしとの秘報を入手せり。

恰かも首相は前々より大阪に於て一大演説会を催さんとの考あり、大阪よりもこれが実現の要求は熱烈なるものありしかば、来る十日発下阪して大阪に赴き、翌十一日には同地に於ける演説に於て帝国政府の対支根本方針を明かにし、以て汪氏重慶離反の事実に呼応せしめんことを計画す。然るに十日に至りて汪氏脱出の機会をつかむこと至難にして、十一日決行は延期されたりとの密電に接せり。

もと〳〵大阪の演説会は汪氏脱出に呼応して政府の方針を中外に明かにせんがために計画されたるものなるを以て、汪氏脱出延期されたる以上は演説会の開催は意義なき事故これを中止するの必要に迫られたりしが、汪氏脱出の件は秘中の秘事にして五相と予と陸海軍部内の極めて少数なるものがこれを知るのみなるを以て、右演説会中止は首相不快のためといふの外説明する途もなし。事実首相も少しく不快の折なりしかば、そのために首相下阪中止、随つて演説会も中止する旨十日午後発表す。

十九日に至り汪氏重慶脱出に成せる旨、この夜密電あり。

二十日は火曜日にしてこの日定例閣議日也。閣僚すでに参集せりとのことに、予は翰長室を出で閣僚待合室に入る。首相未だその自室を出でざりしため同待合室にて二三雑談を交へ居れるに、末次内相予に向つて突如発言して曰く、おい、書記官長よ、閣僚を聾桟敷に置くなよと。

予曰く、聾桟敷に置いたことがあつたかな。

末次内相曰く、昨夜深更の香港電報を見たよ。

蓋し末次氏は汪氏脱出の件を指していへる也。

これより前、此の月九日夜、東京各新聞社政治部長等打ちそろつて来訪し、首相の演説草稿を大阪に於て演説する以前に新聞社に内示すべしとの要求と、その演説をラヂオにより会場より放送する計画は新聞を無視するものなりとの抗議を申込めり。その何れをも予これを断然拒絶す。ために新聞社側は怒りて予を信任せざる旨の声明書を発表す。蓋し汪氏問題を説明せず、而して新聞紙側も未だこのことを全く知らざりしために、予の拒絶の理由を不可解としたるに由る也。予もとよりその声明を問題にせず、首相も同様也。たゞ永井柳太郎、塩野法相の如きは、これを問題として騒ぐ。両氏とも汪氏問題を知らざれば也。汪氏問題表面化するに至るや、新聞紙政治部長等もさる事あるに由りしかと、自ら怒れるを悔えたりとの話を伝聞せり。

十二月二十二日夜、謂ゆる近衛声明を中外に発表して日本の対支政策の根本を明かにし、以て汪氏重慶脱出に呼応す。

十二月二十三日　首相は総辞職を決行せんとする意向にて、池田、木戸両氏と予とにはかる。木戸氏は反対し、池田氏と予とは賛成す。木戸氏強硬に反対してこれを中止せしむ。

十二月二十八日　御用仕舞の日なり。この日首相予に語りて曰く、閣僚は概ね辞職に反対也。相談するも益なし、むしろ今日決行せんかと。

予曰く、すでに年末押しつまる。今は不適当なり、新春を待つを可とすべしと。

首相これを聴く。

首相はこの日参内して、陛下に今は総辞職の外なきを言上せるが如し。

首相は後継内閣の首班に平沼騏一郎男を推さんとする希望にて、此の月下旬平沼男の意向をたしかめんとすれど、平沼男容易にその意向を明かにせず。


十二月三十一日夕刻、首相は府下の一ゴルフ場に在り、予は同所に首相をたづねて総辞職問題を中心に懇談す。予曰く、大命再降下の場合如何。

首相曰く、支那事変に速かに終止符を打たざるべからず。（一）それがためには英米の力をも利用するの必要あり。（二）また徒らに戦争を事とするを防がざるべからず。（三）この方針を実現するためには、現役軍人と雖もこの方針に反対するものはこれを罷免し得る事を許されざる可からず。随つてこれ等の点について陛下のお許しあるに非ればば、再降下あるもお引き受けは出来ざれども、是非ともそのお許しを受けて新内閣を組織すべし。

首相また曰く、陸海両相は総辞職に最も強く反対の模様也。何とか話し合ひは出来ぬものかと。

首相にして大命再降下の場合、それ程の決意にて内閣再組織を期する以上は、陸海両相に対しては総辞職に賛成する様予が責任を荷ふべしとて首相に別れ、直ちに翰長官舎に帰り、米内海相には午後八時、板垣陸相には午後九時半に訪問することを約す。

米内氏はその私邸に在り。予曰く、内閣をこの儘にて可なりと思惟するや。

米内氏曰く、否、どことなくガタピシなり。何とかして、もつとしつかりしたる内閣となし得ぬものか。

予曰く、改造に改造を重ね来つて、而して思はしからざるなり。此の上の改造は駄目也。総辞職によつて内閣を新たにする以外途なかるべし。

米内氏同感なりとて総辞職に賛成す。

米内氏更らに曰く、近衛公に大命再降下せばこれをお受けするは間違ひなきか。

予曰く、間違ひなし。

次いで板垣陸相を訪問す。話の筋は米内氏の場合と同様にして、板垣氏も亦総辞職に賛成せり。

予は翰長官舎にかへれば、板垣氏と余談多かりしため午前一時に近し。牛場秘書官、翰長官舎に予を待ちつゝありて、首相は予が米内、板垣両氏との会談の結果を知りたしとて未だ就床せずとの事也。即ち予は直ちに電話にて両氏とも簡単に賛成せる旨を報告す。

昭和十四年一月一日　予は総辞職問題のために、元旦なれども画策す。午前十一時半首相官邸にて首相と会見することに昨夜約束したるを以て、同時刻に同所に赴く。首相すでに其所に在り。元旦のこととて飲食店は休業なれば、昼食の弁当を取りよせんとするもそ〔の〕途なし。よつて首相私邸よりこれを運ばしむ。又暖房の火も今日は落したるを以て寒さ甚し。両人外套の儘にて共に相談し、四日政治始め御儀の後に総辞職することに決す。

一月二日　板垣氏より電話あり、曰く、予は昨日閑院宮参謀総長殿下に、三十一日の夜翰長と語りあへる一部始終を申上げたるに、風見がさういふならそれがよろしと申されたりと。

又曰く、大命再降下せば、近衛公は必ずこれをお受けするか。

予答ふ、勿論也。

予は板垣氏が何故にかゝる電話を予にこゝろみたるかを解し得ざりしが、後にその事情を審かにしたり。其の事情は左の如し。元旦参謀総長殿下に予との会談の一部始終を申し上げたる後のことなるが、板垣氏は米内氏を訪問して曰く、

風見氏の話を聴いて居ると賛成せざるを得なくなる。面と向つて話して居る間は何も彼ももつともと思ふのであるが、今になつて考へて見ると少しく腑に落ちない様な気もするのだが、一体貴下には風見氏は如何なる話をなしたるかと。

米内氏よつて予との会談の一部始終を語る。板垣氏曰く、なるほど、然らば風見氏の言に賛成せざるを得ずと。

かくて米内氏と大いに飲んで別れたるが、一人となれば又何処かに腑の落ちざる気持湧きて、二日予に電話したるなりとの事也。

一月三日　元始祭参列後、首相は陸相官邸に立ちよりて後首相官邸に入る。予に語りて曰く、宮中にて陸相が是非伺ひたきことありとの話なりし故宮中よりの帰途陸相官邸に立ちよりしに、思ひもかけず海相も同席にて予を待ち居れり。何の用事なりやとたづねたるに、風見氏との会談のことについてたづねたきことありといふ。予は風見氏と諸君が如何なる会談を遂げたるかは知らざれども、予の意見はかく〳〵なりと語りたる所、然らば風見氏の話と全く一致せりと両人とも述べたりと。

この夜予は永井柳太郎、末次内相をたづねて、明日総辞職する旨を通告す。

八田嘉明氏には二日夜訪問して、四日総辞職する旨を通告す。二日夜なりしと記憶す。平沼男は近衛公を訪ねて、大命降下せばこれをお受けする旨を初めて言明す。

四日近衛内閣は総辞職し、同日組閣の大命は平沼男に降下す。四日総辞職の辞表を取りまとめて首相参内し、これを捧呈して首相官邸にかへり、待ち合せたる閣僚に辞表御嘉納のことを伝ふるや、首相、池田氏と予と三人の外は直ちに退出す。それよりこの三人にて相談の上、事態は一刻もすみやかに新内閣の成立を必要とする見地より、蔵相に石渡荘太郎大蔵次官を、外務大臣に有田氏の留任を平沼男に推挙す。平沼男これを容る。

昭和十三年九月初旬のこと也。或る日本間警保局長予を訪ねて、政界に異常なる出来事の発生間近に迫れる旨を語る。予はかゝることある筈なきを知るが故に本間氏に何の根拠によつて夫れをいふかをたゞしたるに、本間氏極秘のものなりとて一綴りの文書を示す。それによれば、

（一）近衛首相はこの月の十五六日頃、陛下に政党結成のことを奏上してお許しを受け、
（二）直ちに政党の結集に取りかかるが、
（三）その役員及び中心の人物等は総て決定し居りて、三四日間に結集を終る
といふに在り。一見して亀井貫一郎、秋田清、秋山定輔氏等の茶番狂言的策謀なるは明か也。予は一笑に附して元より顧みず、首相も同様也。

第一次近衛内閣当時、首相が国民精神総動員運動を開始するに当りて日比谷公会堂に於て演説したるが、その演説草稿の起草者は中山優氏也。その後政府の意思を明かにするための首相談の草稿を、一二回中山氏に起草依頼したりと記憶す。

予は内閣総辞職に当り首相の辞表を自から執筆し、その中に「構想を新たにし」云々の句を用ひたるが、その後この構想なる文字さかんに使用さるゝに至る。

昭和十三年十月、予は内外の情勢より見て国民の政治的乃至経済的生活を再組織するの必要を痛感し、首相にこれを具申す。又一方これを新聞界に一問題として提供し、輿論の反響如何を問ふ。国民再組織問題が新聞紙面を賑はすに刺戟されて、政界に謂ゆる新党問題が提示さるゝに至り、政界各方面の注意は一時この問題に集中さる。

内閣に於ても右の傾向に応じて、木戸、末次、塩野の三相をして密かに種々工夫せしむ。然るにこの三氏は自からその事に適任なるを許すも、実際は政界の実状に暗く、政界の情勢判断が元より甚だ乏しきのみならず、何れも国家権力の軌道の上に人と為りたることなれば、政界を規制するに官界又は軍隊を規制すると同様にて差支へなしとするが如き錯覚を有するために、その工夫ははなはだしく実情に適せず、遂に無用に終る。

十一月下旬なりしと記憶す。右の三人が首相官邸に於て会談したる後、予に面会を求む。而して末次氏が予に一枚の記録を示して、その記録の如く手配を頼むとの事也。記録を一読するに、両日に亘つて政界の代表者を首相官邸に招致し、新しく一党組織の必要を説明し、その賛成を求めて直ちに所期の目的を達成すといふに在り。予笑つて曰く、官庁局課の廃合とは事を異にす、左様に手軽に片つけ得ることに非る也。折角の工夫なれども、予は与する能はず。

末次氏ははなはだ不満也。然れども元よりかゝる工夫は児戯にひとしきものなれば、笑つて無視する外は無かりし也。

その頃、斎藤茂一郎氏の長女はる子氏と永田正憲氏との結婚式挙行され、予等夫妻その媒酌人たりしが、その夜の披露会の席上にて、緒方竹虎氏予に問ふて曰く、内閣に改造ありやと。

予曰く、無し。何の故にその問ひをなすか。

緒方氏曰く、中野正剛氏もここに臨席したるが中途にして去れり、而して同氏の輩下たる杉浦武雄代議士は多分入閣することならん、それの交渉を受けて途中退席せるならんといへるに由ると。

後日に至りて中野氏中途退席の事情判明す。塩野氏は前述の新党

組織工夫がすら〳〵運ぶものとしてそれを予に示す。前々日頃高知県遊説中の中野氏に、急ぎ帰京すべしと打電せり。中野氏はこれ入閣の交渉ならんかと早合点し即刻帰京す。而して時間の関係よりか右披露宴にも顔を出し、その席上杉浦氏と出会ひて入閣交渉云々を私語して中途辞去せるなりといふ。中野氏はそれより塩野氏を訪問したる也。

塩野氏等は、かほどに新党問題を手軽に処理し終り得るものと思考し居りたる也。

このことは十一月下旬立ち消えとなる。

〔編者註〕墨書　罫紙和綴

3　手記「回想記」

〔昭和十二年一月—十三年四月〕

昭和十二年六月より同十四年一月まで、近衛内閣の書記官長として自ら親しく経験したる所を想ひ出すまゝに書きしるして正しき史実を遺さんことを期し、昭和十四年二月二十二日起筆、閑ある毎に記す。

章　花押

節尾括弧内は記述の月日也

昭和十二年一月　予は内外の情勢より察し、政界の現状を打破するにあらざれば到底善き政治を期待し得ざるをます〳〵固く信ずるに至れるを以て、先づ自ら旧套を脱するの必要なるを痛感し、安達謙蔵氏総裁たる国民同盟と別れを告げ純無所属となる。此の折の心境を選挙区の同志に告ぐるため、筆にしつつ次の三十一文字をつゞる。

吹雪
いよよ強からんとす
笠すてゝ
はだしとなりて

暫し行かばや

予が純無所属となりたる日、恰かも広田内閣は倒潰の危機に遭遇し、その翌日総辞職す。宇垣一成大将に組閣の大命下れるも、陸軍の反対のために組閣する能はず。次で林銑十郎大将に組閣の大命下り、日ならずして林内閣成立す。

此の林内閣によりて三月三十一日議会解散さる。

予は昭和七年の春の総選挙のときと同じく純無所属として立候補し、重ねて首位の得票にて当選す。

選挙後ひそかに思ひらく、時勢の流れ行く有様を考察するに、今の謂ゆる政客及び代議士の輩は共に容易に時務を語る可からざるを以て、予は寧ろ民間謂ゆる無名の傑物と事を共にすべく、然らば山沢畢竟野良に有為の人士を探し求めて、来るべき時勢に備ふるの途をとるべきを予の任務とすべしと。即ち弁当箱とゲートルとを準備し、深く山沢の間を跋渉せんことを期せり。

五月末日（廿九日）　東京朝日新聞の関口泰、尾崎秀実、林広吉等と共に、落合寛茂氏住職たる大花羽村元三大師に行き、翌日筑波山に登り土浦を経て帰る。其夜六月以後の農村行脚視察の旅程を胸に描きつゝ眠る。

五月三十一日　林内閣総辞職す。

六月一日　林内閣の農林大臣たりし山崎達之助〔輔〕氏を訪ね、四月の総選挙に際して好意を寄せたるを感謝す。恰かも客待室に在るや二三の代議士ありて、次は近衛内閣なるべし、貴下は組閣参謀長ならずやといふものあり。予は未だ何人に大命降下せるやを知らず、又知らんとも欲せず。予の願ひは山沢の間に旅して無名の傑士と手を結ばんとするにありしが故なり。山崎邸を辞し交詢社に赴く。此処にて近衛公に組閣の大命降下し、公はこれを拝受したるを知る。さきに山崎氏邸にて予に関し組閣参謀長ならずやとの噂あるを知り、然かも夫は予の期待する所にも非るを以て身に覚えざる噂を厭ひ夕刻帰宅す。二日も亦外出せざらんと欲し家居、読書を思ひ立ち、恰かも天気快晴なりしを以て庭前椅子によりシドニーウエッブ著共産主義露西亜に読み耽る。

正午頃新聞記者等十余名の訪問ありしが、予の静かに読書するを見て近衛内閣と予と関係なきを知りたりとて、何れも間もなく帰り去る。予は読書に飽きて書状二三通を認め家人の庭草をむしるを見つゝありしに、近衛公組閣本部（貴族院議長官舎）の後藤隆之助氏より電話あり、即刻来られたしとの事に直に自動車を呼びて組閣本部に向ふ、午後五時頃なり。

組閣本部にて直ちに近衛公に面会す、書記官長を引き受けくれたしの申出なり。公が大命を拝受したる心事を諒とする以上拒むべきにあらず、即刻承諾す。次で別室にいたれば、後藤隆之助氏の外辱知の志賀直方氏等あり、早速スポークスマンたる役目を引き受け夜まで組閣本部に在り。帰宅すれば家中雑沓、漸く二階に入り人を斥けて斎藤茂一郎氏と熟談し、任官後の後援を依頼し且つ諸般の後事を托す。（二十二日夜）

昭和十三年一月　荻窪の近衛邸にて公と昼食を共にしつゝ雑談の折、公曰く、君（予を指す）を最初に予（公）に語れるは森恪君なり。当時予は軽井沢の別邸にあり、偶々森恪君の来訪ありて政客につき語れる折、森君は先般の選挙（昭和五年初めて当選せし歳なり）において茨城より出でたる風見なるものあり、先づ将来に為すあるべきもの、此の風見ならんと語れり。予は初めてその時に君の存在を知りたりと。

後昭和六年の春、木挽町山口にて近衛公、原田熊雄男、山川端夫氏等と共に松永安左右〔ママ〕衛門氏に招かれて晩餐を共にせり。予が此の日（六月二日）組閣本部に入るまで近衛公と面会せるは、右の山口の会合における一回のみなり。

然るに何故に近衛公のため組閣参謀長たるべしなどの噂生じたるか、蓋し故なきにあらず。公と昵懇の間柄にして然かも終生公のために蔭にありて、謂ゆる縁の下の尽力をなすことに心血を注ぎたる志賀直方氏が昭和十一年の春頃より相識るや、同氏の予に信頼すること頗る深くして屢々予を同氏の周囲に吹聴したるが如く、而して公自からも亦自から内閣を組織する場合は、書記官長は風見を用ゆるをよしとすべしなど語りたりといふに由るものと信ず。

昭和十二年一月　広田内閣倒潰の折、世間に大命は近衛公に下るやも知れずとの噂ありし際、志賀氏より電話ありて山王下の三楽旅館に志賀氏を訪ね、河原田稼吉氏外数氏と会談したることあり。志賀氏は大命公に降下の場合、予を組閣の参謀たらしめん下心にて予を招きたるものなりと、後に志賀氏より聞きたり。

森恪氏とは、予は大正六年頃始めて知る。当時予は大阪朝日新聞をやめて外山捨造氏投資の「工業之大日本」なる雑誌の経営にあたり居たるが、森氏は大阪を郷里とし政界に入るの希望にて同地より代議士として立候補せんとするため帰郷せる折、一宮房次郎氏の紹介にて面会せり。爾来相会すること稀なりしも、森氏は予が最も親しかりし桝本卯平氏と親しく、森氏は予については桝本氏より聴く所多かりしなるべし。

予が近衛内閣の書記官長となるや、世間予を推挙したるは軍部なりとなすもの多し。然れとも予は軍部の人を殆んど知らず、而して事実は公と予との関係は右の如し。世間の風評なるもの概ねかくの如く、真相に触れたるものは殆んどこれ無しといふも不可ならざるべし。

予は日本を革新せんとせば、一切の既成勢力を打倒するにありと信じ、随つて対手として戦ふべき勢力と知り合ふ必要もなしとの考より、軍部の人達は勿論、その他謂ゆる政界上層の名士なるものとは殆んど没交渉なりしなり。「戦ふべき敵とは仲よくなるな」、これ予の心意にして、政治家が自ら立ち自から行ふの気魄なく軍部勢力に迎合するの態度は予の最も悪める所にして、即ち軍部の人達とは自ら求めて交ることなど曾て無かりしなり。

桝本卯平氏は小村寿太郎の愛弟子にして得難き人材なりしも、昭和六年春胃癌にて逝去す。

森恪氏も満洲事変中の犬養内閣の書記官長たりしが、後間もなく病気にて逝去す。

六月三日　午前中組閣本部に行き、公の組閣工作を手伝ふ。

六月四日　組閣工作完了、午後親任式あり。夕刻総理大臣官邸に入り、予も亦内閣書記官長の辞令を受く。（二十三日午前）

組閣本部にて近衛公と談話の折、予は謂ゆる国民再組織について語り、当時存在の中央経済会議の国内下部組織をつくり、依つて以て新しき政治運用の工夫をなすの必要を説く。又この組織完成も支那問題の解決こそ何れは着手せざる可からずして、然かも情勢は遷延をゆるさゞる可きを予見せるに由るなり。又組閣中農林大臣は永井柳太郎氏にては奈何との問ひ、公よりあり。予は有馬頼寧伯を起用する以上は、農林大臣は有馬伯こそ適任なるべしと献言せり。

商工大臣は最初平生釟三郎氏に交渉せるも、同氏は文相ならばとて商工大臣たるを受諾せず。即ち同氏を断はり、吉野信次氏を起用に決せり。（一月二十四日午前）

従来組閣本部なるものは有象無象雑沓し足の踏み場所もなしとするを通例とせしも、近衛公の組閣本部は玄関邸前に新聞社通信社の人達が雑沓するのみにて、組閣のために公の居る二階には予及び志賀直方氏、後藤隆之助氏等三四人に過ぎず閑静なり。随つて食事の如きも近衛邸の女中二人の手にて事足れり。組閣完了の夜水海道町より町長其他有志連れ立ちて来り、町主催にて予の任官祝賀会をなしたしとの申出あり。予固く辞して受けず。蓋し予の所見によれば、国政に参与するや、ことに時局を思ふとき正に謂ゆる水の杯を以て別を告ぐるの決意を要し、予はこれを信ずるが故に他の謂ゆる任官祝賀を心苦しとするものにして、自からその祝賀を受くるが如きは予の良心断じてこれを許さゞればなり。即ち町長以下の有志連に懇ろにその企ての非なるを説き、これを中止せしむるに決す。すでにその企のために金町提灯を用意せりとのことにつき、斎藤茂一郎氏は予と同意見なるを以てその提灯の費用は斎藤氏これを弁償するに決す。斎藤氏の好意これに限らず、たゞ深き感謝あるのみなり。後日斎藤氏は水海道町民の好意にむくゆるため自ら同地に行き、予に代りて演説会を催し、落合寛茂師等と共に予が祝賀会の好意を固辞するの心事を披瀝せり。又任官の故に必要とする大礼服は斎藤氏の寄贈なり。

これよりさき、予の水海道事務所を一手に引き受けて昭和六年以来予がために努力せる神林鎮男氏は、同十一年秋頃より斎藤氏経営の金沢金山の支配人として静岡県同地にありしが、斎藤氏は直ちに神林氏を東京に呼び戻して予の仕事の手伝ひを命じ、即ち同氏は先づ書記官長官舎に入りて予のために種々の準備をなせり。爾来神林氏は十二年十月十三日動員令を受くるまで内閣嘱託として予の秘書役に当る。（一月二十四日夜）

近衛内閣に対する世評は内治外交ともに期待するに足るといふにあり、蓋し近衛公の声望に基くなり。

六月五日の夜は柊家に一泊。

六月六日（日曜）　朝近衛首相より多摩御陵参拝につき同道をすゝめられたるも多用のためこれを辞し、午後永田町私邸に首相を訪ね、首相より国内の相刻摩擦を除くためには、先づ五・一五事件以後の国事的犯罪に対し大赦を行ふの必要なるを信ずるが故にこの実現の工夫に着手すべき旨を聴き、その所見に敬服す。又その工夫に着手すべきを約し、これを滝法制長官に語りて互に工夫考慮を申合す。

此の大赦問題は、首相先づこれを馬場内相、塩野法相にはかり、湯沢〔浅〕内大臣にはかる。内大臣難色ありしも首相強くこれを求めたるに由り、終に内大臣は、然らば閣議決定として申出でられたしと折合ふにいたり、即ち首相より各閣僚の同意を順次個別的に求む。然るに陸海軍部当局に賛成に難色あり、首相は上奏文等を用意する所ありしも事容易に進捗せず、その間日支事変の勃発を見るにいたり、遂に此の問題の解決は無期に延期さる。漸く昭和十三年憲法発布五十年紀念を理由として諸種の犯罪に対し減刑等の恩典の行はるゝに至りたるも、事は近衛首相の意図する所と殆んど全く背馳せり。就中首相の意図に最も強く反対の意向を示したるは陸海軍部当局也。海軍ことに強く反対の意向を示せり。二・二六事件に於ける陸軍の行動態度を憤るに由るものと思はる。陸軍は二・二六事件の関係者が特赦さるゝを軍紀維持上許し難しとするに由るべし。

六月中旬　山王下三楽旅館にて馬場鍈一内相、永井逓相、中島鉄相、滝法制局長官と会し、政務官の人選につき下打合せを行ふ。謂ゆる人材主義に基くこと、並びに人格を重んずる点を選衡方針として略決定せり。

政務官については社会大衆党よりも採用すべきを首相希望し、予も亦同意見なりしも杉山陸相の反対あり、これを見合はす。初め東方会よりも採用する方針なりしも、中野正剛氏は政務次官を割り当てずとて政務官を出さずとのことにつき、東方会よりは採用を見合はす。

国民同盟よりは石坂繁氏を参与官として出されたしと安達氏に交渉したるが、伊礼肇氏を採用されたしとの事につき、石坂氏を断念して伊礼氏を採る。

謂ゆる猟官運動すこぶる猛烈なりしも、運動したるものは総てこれを採用せず、三楽会議にて決定せる人選によりて決行せり。為に予に対する謂ゆる自薦他薦候補者の非難甚し。もとより歯牙にかけざりしも、笑止の至りといふの外なかりき。

政務官人選問題については中島氏最も優柔不断、蓋し政友会の党情然らしめたるものといふべし。

海軍は政務官の人選については希望なしとて内閣に一任せり。これに反し陸軍は三四指名し来れ〔る〕も、政界の実情を知るものにとりては何れも如何はしき人物耳也。政界の人物を知らずして、而して政客と交はる所に陸軍の欠陥あり。陸軍が謂ゆる親軍派と称せらるゝ暗き政客にあやまられ、且つ自からあやまるにいたるの事態あるは偶然にあらざるを此の時納得せり。自立独往の力量ある人物は、謂ゆる親軍的媚態を示して物欲しがるが如き心事を潔しとするものに非るなり。

予は内閣に入りて始めて、政界の謂ゆる大物達が陸軍の佐官級の将校等の機嫌をとるに常に汲々たる有様なる実情を知り、ひそかに慨嘆す。随つて予自からは大臣、次官、軍務局長、軍務課長以外は相手にせずとの方針を厳守するに決す。政治は軍部を無視すべからざる実情なるも軍部の意向を特に重んずるが如きは、政治を知らざるものの言を聴きて政治する所以にして、盲者に色彩を教はるの類といふべく、終に国事をあやまる可ければなり。

七月八日　蘆溝橋事件の報到達、予は此の事件の暗示する所たゞ事ならざるべきを予測し、後報を待つため退庁後は官舎にありしに、果して九時頃停戦協定不成立を報じ来る。即刻に首相に電話し事態軽視し難かるべき所見を通ず。

七月九日　北支情勢の推移逆睹し難きを見て閣僚の足止めを行ふの必要を認め、これを首相にはかる。首相同意す。即ち午前臨時閣議をひらき、陸相より事態の推移を聴き各閣僚に足止めを通告す。此夜刻々の報道に眠る能はず。即ち此の夜より山王下三楽旅館に入る。（二月二十五日午前）

七月十日　朝杉山陸相より電話あり、閣僚の足止めを解かれては奈何との申出あり。予その然らざるべきを説き、陸相の申出を聴かずこれを拒絶す。

翌十一日の臨時閣議前、陸相予をかへりみて曰く、君に敗けたねと。夫の意味は、陸相は事態悪化の危険性をみとめざりしが故に、昨十日朝閣僚足止めを解かれたる方よろしかるべしと予に電話したりしも、その期待は外れたるをいふなり。蓋し当時陸軍内部には、今回の事件を速かに大事に至らざる間に収拾せざるべからずとする切なる希望を懐くの結果、大事に至らしめざるを得べしとの期待を持ち、この期待を持つものゝ意見に基き陸相は閣僚を足止めする必要なしとの意向を持つに至りしなるべし。

十日附新聞紙は、その朝刊において事態重大化の兆あるを報ずるものなし。随つて蘆溝橋における日支両軍衝突事件は、それまで幾回か繰り返されし衝突事件と同様に重大化せしむることなくして問題を解決せしめ得べしとする楽観的予測最も優勢なりしが、予の見解は全くこれと異なり、支那及び蔣介石政権を分析解剖するとき今回の事件は到底楽観を許さゞる可きを思ひ、即ちいち早く閣僚の足止めを提言し、最もよく情報を持つ陸相の足止め解除提案にも敢てこれを応ぜざりし所以もその予測に由るものなりしが、果せるかな、午後にいたるや全く予の予測の正しかりしを立証する報道頻々として到達す。即ち日支間に全面的衝突なしには事済まざるべきを示唆する情報矢つぎ早やに到達するに至れるなり。

この情勢の展開に最も周章狼狽したるは就中陸軍にして、蓋し此の日の朝陸相をして予に電話せしめ、閣僚の足止め解除を要求せしめたるほどに情勢の展開を楽観しつゝありたる軍部としては、当然に周章狼狽せざるを得ざりしなり。果せるかな、陸軍は午後以後の情勢の展開に始めて事態の重大なるを認めて、此の日の夜半、即ち十一日午前二時陸相官邸に重要なる首脳部会議を開催す。

此の十日夜、予は軍務課長たりし柴山大佐等と共に斎藤茂一郎氏に招かれて浜町富久家にあり、午後九時同所を辞し翰長官邸にかへり、恰かも土曜日にして新聞記者団との定例会見なく秘書神林鎮男氏と二三の雑用について談合し、三楽に赴き臥床す。然るに十一時頃柴山大佐より電話あり、事態の推移情勢の発展は其の後陸軍にて入手したる情報によれば極めて重大なるものあるが故に、陸軍は此夜首脳部会議を行ふべく、十一日には早朝に臨時閣議の開催を希望するにいたるやも知れずとの事なり。午後十一時頃三楽旅館にありし予は、柴山大佐よりの電話にて事態容易ならざる旨の情報を知り直ちにこれを近衛総理に報じ、且つ馬場内務大臣に報ず。時々の電話にて睡眠する暇なし。次で午前四時頃柴山大佐より、十一日午前出来るだけ早く臨時閣議をひらきて陸相の報告をきゝ、且つ処理の方針を審議されたしとの陸軍の要望を通告し来る。

恰かも広田外相は□〔一字欠・鵠〕沼の別荘にあり、週末旅行とて十日午後同地に赴ける也。五時頃同氏の別荘に漸く電話通じ、広田外相に十一日早朝閣議を開く旨を告ぐ。予は広田外相は別荘にあるも、外務当局より既に諸般の情勢に関する報告を聴取しあることと信じたりしに、右の電話の際始めて外相は何も知る所なきを知り一驚せり。外務当局の怠慢と無能と元より言語の外なるも、陸軍が外務当局と連絡なく存するも亦奇怪なり。然れともかくの如きは当時の実情なりしなり。

七月十一日　早暁広田外相に電話したる後、此の日午前臨時閣議を開催すべき旨を各閣僚に自から電話して暫し睡眠を取る。七時近く目ざめて床上瞑目沈思す。予はおもひらく、事態情勢の発展推移かくの如し、然かも此の如き発展推移の背後にある事態情勢を見究むるとき、日本としては常に進退動止整然たらざる可からず、硬軟輿論の対立を見るが如くんば、終に収拾すべからざるに至るべし、而して進退動止これを整然たらしむるためには内閣が指導権を把握する必要あり、別にいへば内閣は政界財界言論界等より白紙委任状を取り置く必要あり、随つてこれがために必要なる手段を講ずるに遅滞あるべからずと。こゝにおいて予は早速起床し、八時頃総理大臣を永田町の私邸に訪ね、右の私見を披瀝す。総理は直にこれを是認したるが故に、会談二十分にして予は総理官邸に入り右の輿論統制の方法を考察す。三十分にして立案を完了す。案は此の日の中に言論界政界財界の代表者を首相官邸に招き、政府の方針を明かにしてその支持を求むるにあり、更に地方長官会議を開催するにあり。次で陸軍大臣と打ち合せ、午前中に総理陸海両相外相大蔵五相会議を先づ開催するに決す。随つてこの旨を五相に通告し、同時にその他の閣僚に対してはそれ〴〵の官邸に入りて待機されたき旨を通告す。

次で予は官邸記者会の代表者を招き、事態の重大なるをうったへて協力をもとむ。何れも直ちに快く諒承す。

次で午前五相会議、午後二時頃閣議する方針を定め、恰かも陛下は葉山御用邸に行幸中なるを以て、閣議散会後総理は葉山に赴き陛下に上奏せざるべからざるが故に、各界代表招致の時刻は午後九時言論界、午後十時政界財界と予定し、直ちに夫れ〳〵の方面に通達す。閣議の散会は三時四十分也。その決定を携へて近衛総理は直ちに葉山に向ふ。その間大阪財界代表をも招致すべきを思ひ、電報にてその手配す。

此の各界代表より謂ゆる白紙委任状を取り、輿論を統制するの案については最初はこれを閣議にはかりて承認をもとむる予定なりしも、閣僚中この案に賛成するに難色あるものあるをみとめたるが故に、予は閣議にはかる所なく閣議散会間際に、「総理は長途葉山に赴くべく、然かも事態御承知の如くなるが故に、総理が帰京して総理官邸に入るまでは夫れ〳〵の官舎に在りて待機されたし」と告げて、独り馬場内相と内談して事を運びたり。此の翌日松岡洋右氏来訪、告げて曰く、昨夜（十一日夜）予は東京の或る有力なる財界人等と会食したるが、その席上貴下の計画したる輿論統制案につき何れも評判して、無益のことなり、騒ぐにも程があるなどと批難せり。然れとも予は意見を異にす。真に今日の支那の事態を知らば貴下の立案は最も時宜に適す、予は大賛成なり。而してこれに賛成する予の良心は、鮮満の輸送上の第一責任者たる予をして即刻帰任するを命ずるが故に、予は明朝出発帰任する決心なりと。予はその手を握りて互ひ自愛を約して別れたり。

軍部内にも輿論統制のための予の案の実行を批難するもの不尠を耳にせり。然れとも陸軍大臣は反対を言はず、寧ろ大いに賛成せり。予は軍部とくに陸軍部内の無統制こそ実に国家の癌なるをしみ〴〵痛感したり。陸軍大臣が内閣閣僚として賛成したることにつき反対の意向を有し、その反対こそ国家の為めなりとせば、予の計画に非難の声を放つよりも進んで陸相の更迭を希望すべきなり。若しくは陸相を通して堂々と閣議において反対せしむべきなり。陸相たのむに足らずとして、然かも頼むに足らざる陸相の存在を仕方なしとあきらめつゝ陸相の意向に反したる言を放つが如きは、単に卑怯たるのみならず、軍の統制を自から破るものといはざるを得ず、最も患ふべき禍根たるは勿論なり。

七月十二日　近衛総理は昨日の過労にて腸を害し、永田町の私邸に引き籠る。（二月廿七日）

此の日午後大阪財界人代表安宅弥吉氏外数氏官邸に来る。総理不在につき大蔵大臣主として応接す、予立会ふ。

十一日以来陸相に会する毎に、予は即戦即決を期し軍事的に深入りすべからざるを説く。陸相も亦同感の意向を明瞭に言明す。但し当時尚ほ予等は陸軍の統一が今日の如き時局に際し、一層甚しく無統制となるべきを思はず。随つて陸相の言に信頼し得べきを信じたりしも、其後事変の推移に伴ひて陸軍内部の不統一益々甚しきを知れり。為めに陸相の閣僚としての力は、結局閣僚として内閣の決定に軍部をして共同せしむるにあらずして、唯軍部内に相刻する所の勢力の一部を内閣に来つて代弁し又は代表すぎざるに堕し、当然内閣は軍部のロボット化するに至れり。此の苦境を打破せんとして、昭和十三年五月の内閣改造断行となる。（二月二十八日）

七月十三日　午前定例閣議、近衛首相病気欠席す。十五日地方長官会議招集に決定す。

七月十四日　この日より当分の間閣僚は毎日首相官邸において昼食を共にし、その機会に諸般の話合ひをなすこととす。

此の日石原莞爾少将より突如電話あり、曰く、事態容易ならず、近衛首相は速かに南京に乗りこみて蔣介石と膝詰談判にて事端の解決を計画すべし、それ以外に解決の途なしと。石原少将は当時参謀部の枢要なる地位にあり、予も亦近衛首相の渡支により事を大事に至らしめざるを得ば、これに越したることなきを以て其の事自体には心に賛成したるも、恰かも公は病床にあり、又石原少将が直接予に電話して陸相を通ぜざる事情不安を感じたるを以て直ちには賛意に返答せず。其の後夕刻近衛公を病床に訪ね、石原少将の申出でについてこれを報告せるに公曰く、予は元来病弱にして果して何時まで生きて御奉公出来るやも知れざるなり。予の一身の安全の如き元より問ふ所に非ず、果して蔣介石氏と膝詰談判することにより問題を解決し東亜の平和をもたらし得ば、幸ひこれに過ぎず。今病床にありと雖も起つ能はざるの症状にあらず、必要あらば貴下と共に南京に飛ばんと。

予は近衛公の此の決意を聞き、即ち近衛公南京行について熟慮且つ考察す。惟ふに、近衛公南京に乗込むについては、

（一）蔣介石に支那軍に対する完全なる指導権あるを要す。即ち支那軍の動止進退共に蔣介石の意の儘たることを要す。然らずんば折角近衛蔣介石の取りきめも、結局紙上口頭のものに過ぎずして一片の反古と化し去ることとなしとせず、果して然らば南京行は無意味也。

（二）同時に日本にありても、軍部に統制の完全にして動止進退共に一令の下に背反なく行はるゝの保障を要す。従来このことなくして常に謂ゆる出先き〔に〕引きづられたる例頗る多し。随つて此の保障なしには折角の近衛公の南京行も画餅の結果となる危険率甚大なり。然るに首相を南京に行きて政治的接衝せしむべしとの要望は石原少将より予に申出でありたるのみにして、陸相よりはこれ無きのみならず寧ろ陸相は反対の意向を有することも明かとなれり。即ち日本の軍部に統一なくして石原少将とは反対の見界を有するものも多く、而して石原氏は同氏の意見の如く軍部をまとむる能はず、即ちひそかに予にその意思を通じて近衛公の軍を指導せんことを切望したるものなるや明かなり。

斯の如き情況を以て律するに、蔣介石にも支那軍を完全に統制するの力無く、又日本軍部も統制不完全にして出先きに引きづられ勝なる事実を想ふとき、近衛蔣介石政治的接衝によりて万事解決の途あるべしとは予想し難く、これを期待し得る公算頗る小なり。予は先づ試みに広田外相に向つて、「首相は病中なり、貴下代りて南京に行き蔣介石と政治的接衝にて事を解決するの途を講ぜられては奈何」と提議せしも、広田氏も亦軍の一部の要望にしか過ぎざる方針の遂行即ち南京行は、果して有意義なる結果を招ぎ得べきかを疑ふものゝ如く、此の老練なる外交家は明白に軍を批判するの言をなさゞりしも円曲に軍の無統一状態を指摘して予の提議を斥けたり。陸相も亦近衛首相の南京行を積極的に主張せざる〔は〕勿論、しかのみならず寧ろ軍の一部の要望の如きに内閣は耳を藉すべきにあらざるを仄めかせり。

予は情勢を判断して、近衛首相の南京における蔣介石との政治接衝によりて事を解決し得との見透し着かば、予も亦首相に同道南京に赴くの決意の下にひそかに旅客機の買ひ入れまでも心に工夫し居りたるも、陸外相の意向右の如く、その上蔣介石にも支那軍に対する指導力乏しく出先に引きづられ勝なると日本それ自身の軍部も亦同様なる有様なるが故に、終に近衛公の渡支は少くとも延期するの必要あり、急速にこれを行ふべきにあらずとの判断の下に、石原少将には二三日後にたゞ単に、「首相は渡支せず、手紙なれば理由は略す」との簡単なる通告をなせり。後日しばしば石原少将が近衛公の当時渡支せざるを責め、又此の

ことについて予の行動非なりと難じ居る旨の風評を屢々耳にせるも、予は石原氏果してかゝる言をなすやを疑ふものなり。何となれば、石原氏にして真にその所望を達せんとせば、陸相をして提議せしむるの手段を講ぜざる可からざるなり。この手段を講ずる能はざる程に軍の意見一致を欠き居るとせば、事にのぞみ近衛公は軍事的に責任ある約束をなす能はざるなり。即ち到底満足なる政治的接衝をなし得るものにあらざるなり。石原氏は近衛公や予を非難すべきにあらずして、実は石原氏の自から枢要なる地位を占むる軍部それ自身の不統一を責むべきなり。此の不統一を統一あらしむるものは近衛公なりとせば、その痴者の言のみ元より事情にうときもの〻寝言に過ぎざる也。事変発生当時の事情よりはかく断定するを憚らざる也。

これを要するに、石原氏の考はそ〔の〕考のみを取りあげていへば宜し、予も亦賛成なりし也。然れども飜つて此の考を実行に移すことについては、蔣介石が出先に引きづられつゝある実情及び日本の軍部にありては、石原少将がその考を陸相をして言はしめ得ざる実情のために躊躇するは、蓋し当然といはざるを得ざるべし。事変の拡大を持て余すに至りて、「当時近衛公にして渡支して蔣介石と膝詰談判せば事は未然にこれを防ぎ得たるべし」となすものあり。即ち「近衛公渡支の離れ業は軍をして出先の我儘を許さゞらしめ得たるべし」となすものもあるべきも、蔣介石に責任ある接衝をなす力ありしや否やは別問題とするも、事変発生当時における軍の情勢は然らざりしなり。即ち此の際一挙にたゝきつくるの姿勢こそ解決の近道なりとするの主張つよくして、政治接衝の如きは無意味とするもの多く、さればこそ石原少将の意見は少数意見に過ぎざりし所以にして、近衛公にして強いて南京に赴き政治的接衝によりて事を収拾せんとするの行動に出でんとせば、恐らく軍の大多数は近衛公の渡支を無意味ならしめんとして現地の情勢を刺戟したるべきは、当時の事情より見て想察するに難からざりしなり。

予は近衛公が渡支せざりしを賢明なりとするの考を今も尚ほ棄てず。何となれば、日本の軍部熱心にこれを希望したりとするも、近衛公が軍艦を引率して南京河畔に居るに非れば蔣介石を威圧し得ざりしなるべく、仮りに蔣介石政権はこれを威圧し得て随つて懐柔し、随つて我が意の儘のものたらしめ得たりとするも、その場合北支の支那軍は却つていきり立ちて攻勢に出で、日本軍これに対し隠忍自重するとせば、謂ゆる図に乗りて一層の攻勢を示し、加之全支那軍の指導階級にみなぎれる所の日本軍くみし易き耳の慢心を刺戟して、抗日侮日の風潮を一層昂揚せしめ、結局日本軍部は退却か進撃かの岐路に追ひこまれ、退却すとせば満洲に事端生ずべく、延いて朝鮮の人心を動揺せしむるの結果となるべく、随つて退却し得ずとせば進撃せざるべからざるが故に、蔣との接衝取りきめも一片の反古化するか、然らずんば折角相手とせる蔣介石の没落を招ぐべく、畢竟近衛公渡支は有意義なる何ものをも結果せざりしを信ずればなり。

此の日頃まで両三日の間閣僚会議にて閣僚の言を聞くに、或ひはたゞ昂奮し、或ひは事態の悪化を恐るゝなど果して支那問題を知れりやを疑はしむるもの多し。予は此の情況を見てたゞ当惑するのみなりき。結局内閣改造以外に途なく、何れにせよ新しき政治運用の方策を樹つるより外途なきを想ふに至れり。（三月一日午後）

七月十五日　地方長官会議近衛総理欠席。その会議前外務省の河相情報部長面会を求め来る用件は、石原少将と連絡して近衛首相の渡支を要望するにあり。然れとも河相氏の場合も外相を通じて話出来ざる程のことなれば、予はこれを相手とせず、況んや予は近衛公渡支するも支那の情勢及び日本軍部の情勢より推して事を無意義に終らしむるの公算余りに大なるを知るが故に、既にその計画を拋棄すに決定したる後なるにおいてをや、河相氏の要望を聴き得ざるなり。

地方長官会議を終り、その他の用事を処理して五時半永田町私邸に近衛公を訪問、公は病床に横臥せり。渡支の話は打切るべきを進言し、公も諒承す。

此の日内地より派兵決定。

七月二十五日　議会に国民健康保険法案を提出すべきや否やにつき、首相内相と予と相談す。馬場内相は不提出を可とするの理由を縷々説明し、首相も予も納得す。

七月二十六日　朝閣議前馬場内相は昨日の提言をひるがへし、首相及び予に国民健康保険法案は提出するを可とする旨を説明す。馬場氏が一代の才人として風評さるゝは、かくの如く信ずる所よりも事情に適応して如何なる言動をもなし得る点にあるべし。昨はその非なるの理由を条理整然と説き、今はその是なるの理由を又条理整然と説く。蓋し馬場氏はさきには提出すべからざるを思ひしも、内務省にかへりて次官その他より提出するの可なるを主張され、これを抑ふる能はずして一夜の間に忽ち彪変して提出するを可とするの理由を発見するに苦心したるなるべし。要は才人馬場氏は内務省の属僚に対する自己の立場を考へてそれを提出せざるの責任を自ら取らず、内閣にこれを転嫁せんとしたるものといふの外なし。

此の日の閣議においては此の健康保険法案を提出すべきや否やにつき、陸海外の三相を除く全閣僚にて論討す。永井、中島両氏の如きは此の法案を提出せざるが如きは内閣の権威を失墜する所以なりとて強硬に提出すべきを主張す。相当長時間に亘りて論討したるが、閣議前首相と予とは馬場氏の改論にかゝはらずこれを不提出に決して既に書記官長談として発表すべき文案も練り居りたる程なるが故に、漸く論討の意見尽きたる頃を見計らひ、首相は不提出を可とすべしと一言意見を吐く。各相此の一言にすべて追随し不提出に決す。他愛もなき論討といふべし。

此の日政民両党の間より、議会のため予より正式に両党幹事長を訪問し宜敷たのむとの挨拶をなすかの如き風評伝はる。蓋し両党はこれを期待したるべし、又両党出身の閣僚永井、中島両氏もこれを期待するの意をほのめかせり。然れとも予はこれをなすの意思なし、首相も同意なり。首相曰く、此の内閣としてはとくに両党幹事長を訪問して宜敷たのむと挨拶する必要なかるべし、但書記官長は貴衆両院の議長を正式に訪問して宜敷たのむと挨拶せばそれにて事足るべしと。斯くて予は此の日貴衆両院の正副議長を訪問して一応の挨拶はなしたるも、政民両党の幹事長には挨拶せ

ず。（三月二日午前）

昭和十三年三月末議会終了し、四月初旬近衛首相は京都方面に出向の予定なりしも月初病臥す。

四月三日　首相より電話あり、夕刻荻窪の私邸に訪問す。首相は寝台の上に横臥しあり。その寝室において夕食を共にしつゝ前後三時間ほど熟談す。話題は政局を如何にするかにあり。畢竟事態今日の如くにして近衛内閣を存続せしむるの可否奈何にあり。予は政治の車は政治家的見地において毫も生きて廻転し居らざるを以て、大改造を断行するか、然らずんば辞職する以外に途なきを指摘す。近衛公も同感なり。然らばその二途何れをとるべきか、予は熟考を約して帰宅す。これより二三日後政変説さかんに流布さるゝに至る。

四月八九日頃と記憶す。陸相の更迭を含めたる大改造に非んば改造の意義なし、然るにこのことは至難なり。故に総辞職以外途なかるべし。然らば後継内閣は何人を首班とすべきか、予は平沼を第一とすべしとの考を有せり。予夕刻首相を訪問するや偶々木戸侯同じく首相を見舞ふて帰らんとするに会す。即ち私見を仄めかす。然るに木戸侯も恰かも今公爵に同意見を述べて帰る所なりとのことなりしかば、予は早速首相とその寝室にて面談し、木戸侯と同意見なるを述べ、塩野法相をして平沼男の意向をたしかめしむるに決す。

然るに数日後平沼男はあくまで近衛公の辞職すべからざる意向を塩野法相をして通告せしめ来れるが故に、平沼男を後継内閣の首班とする政局転換の途は杜絶されたり。次て四月十六日頃と記憶す。平沼男自ら近衛公を訪問して後継内閣を引き受け難き意向を通告せり。

既に平沼男の態度かくの如くなる以上、近衛公は進んで時局を担当し行く以外に途なき客観的情勢なりしかば、結局改造を前提として辞職を思ひとゞまり、政局不安を一掃するの途を講ずるの必要切迫するに至れり。何となれば、首相病臥すでに十数日に及び、而して政局不安の印象漸く深くして、何時までもこの状態を見送ることは許されざる情勢なりしが故なり。

四月十八日　予は結局近衛内閣持続の外なきを認めて、然る上は速かにその意思を表示することが内外の情勢に対し必要なるを認め、その意思表示の案文を作製す。正午頃也、偶々参謀本部の影佐大佐来訪し来り、用兵作戦の上よりも政局の不安を速かに一掃されたしの要望を申出づ。依つて既に作製せる案文を示し、今夕これを首相に相談して、首相承諾せば今夜中にも新聞に発表すべきを告ぐ。影佐大佐諒承してかへる。夕刻首相を訪ね、右の案文及びその発表は今夜中にこれをなすの可なるを説く、首相同意す。案文は首相これを訂正し、予は首相と食事を共にして官舎にかへる。

恰かも此の日は木戸侯厚生大臣就任報告のため伊勢大廟を経て京都に在り。その帰途西園寺公を興津に訪問して、近衛公としては総理を辞したき意向なる旨を近衛公に代りて伝達するの約束なりしかば、予と会談中近衛公は京都の木戸侯に電話して、今は辞職不可能とみとめ今夜進んで時局を担当し行くの決意を公表することに風見と相談をとりまとめたる故、西園寺公訪問は打ち切られたき旨を要望す。然るに木戸侯は辞職の意向を抛棄したるは諒承するも、西園寺公訪問は既に先方に通じ、且つ新聞紙にも伝はりたることなれば、これを中止するは却つて面白からず、即ち約束のことはこれを伝ふることなしに訪問はすべしとの事なりしかば、木戸侯の西園寺公訪問は首相もこれを諒承せり。

近衛公は尚ほ寝台の上に横臥しあり、但し経過はよく会談は毫も差支なし。

此の夜十時の新聞記者団との会見に於て、近衛公は健康漸く回復につき間もなく離床し、力を新にして時局担当すべき意味の書記官長談を発表す。政局不安の説は一時に解消せり。（三月四日午前）

〔編者註〕墨書　無地和綴

4　手記「昭和十三年五月　秘録　志冨靱負記」

〔昭和十三年三月—十一月〕

昭和十三年五月
秘録　志冨靱負記

資料 1

一、政戦両略の一元化なくして政局の安定無し、事変の収拾亦不可能なり。

一、政戦両略の一元化は内閣と軍部との一元的存在による外無し。然るに今日の軍部を以てしては軍それ自体すら統制を欠く有様なるを以て、内閣と軍部との一元的存在は到底冀求し難し。

一、茲に軍自体を統制し得る有力なる軍部大臣の、殊に陸軍大臣の選任は甚だ困難なり。寧ろ不可能と謂ふべし。

一、かゝる状勢の下に徒らに事態を糊塗彌縫して荏苒日を送るときは内は人心の統一を失ひ、外は国歩の艱難を招き、内外共に収拾すべからざる危機を醞醸するの結果となるは火を睹るよりも瞭らかなり。依つて思ふに、政戦両略一元化を期するため現状打破の政治的一投石無かるべからず。この所謂一投石は、

（イ）内閣の改造を断行し、軍部大臣は暫らく軍部の推薦に俟

ち、文官閣僚は平沼、池田（若くは結城）、宇垣等の三四閣僚に止め、所謂戦時内閣の体制を整ふるか。

（ロ）然らずんば、内閣を投げ出すか、右の二者その一を出でざるべし。

一、右両者何れの場合にとるも、此れを実行するの機会は徐州戦完了の直後を可とすべし。若くは南北両政権合体の時機も可なるべし。

一、右の如き内閣改造にしろ、若くは投出しにしろ、此れが為に要する政治的技術は慎重なる工夫を要すること勿論にして、何れの場合にしろ内閣総辞職、速日次期政権成立を見るが如き方策は最も必要なり。その場合、工作宜しきを得ずして内閣の改造又は次期政権の成立に手間どるが如きこと有らば、財界に如何なる動揺を招致するやも測り難し。

一、近衛公は野に下るも、支那問題解決の責任を解除されず。

一、随つて近衛公下野するとすれば、替つて内閣を組織するもの丶為め、常に有力なる後ろ立てとなり、時局収拾のため全力を挙げて援助せざるべからず。

一、その道に関しては徐ろに考察するも可なり。

一、所謂政治的一投石を試むるまで、一応政局の安定を保つためには、

（イ）今週末を期し、総理は転地すること。

（ロ）臨時代理を置くこと。

（ハ）厚生大臣を補充すること。

（二）議会を通過したる諸法案の実施準備を急ぐこと。

一、茲に注意すべきは、病気全快の故を以て総理一度び登庁したる暁は、内閣の改造にまで突進するを余儀なくさるべし。然れども内閣の改造も亦政戦両略一元化のための過程に於ける一施策に過ぎざるを想ふとき、更に進んで次の施策を断行する決意なしには改造を意義あらしむること頗る困難にして、仮令ひ右の如き決意を堅むるも、果たしてその実効を収め得るや否やは大なる疑問なり。寧ろ内閣投出しによる政局の波紋こそ、政戦両略一元化への道を容易に開き得るに非ざるか。

資料2

一、現在動きつ丶ある内外諸般の状勢より察して、仮令ば蔣介石の死去等による支那の状勢の重大なる変化でも無き限り、内閣としては現状の儘にては到底時局を担当して、上は陛下の宸襟を安んじ奉り、下は国民の期待に添ふ能はずと断言せざるを得ず。換言すれば、全国民の心を掴みつ丶今日の難局を突破せんとせば、今日に於て内閣は真の戦時体制に組織替ひされざるべからず。斯くて政戦一如の実質を具現するに非ざれば、事変の処理に大なる危険の伏在するを否定し難し。

一、前段の如き判断の下、内閣はその進退につきて最も慎重なる考慮を要するの必要に迫られたりと謂ふべし。愚見に依れば、今日内閣の執るべき道は、次の二途を出でず。

一、退却を予定したる場合

（イ）月末まで臥床して、その間次期政権の工作を進め、その工作の完了を待ち退却するか。

（ロ）来週総理大臣臨時代理を置き（臨時代理は首席閣僚とするか、枢密院議長とするか、研究を要す）、二三週間首相は引篭り静養し、その間次期政権の工作を進め、適当の機会に挂冠するか。

一、引続き時局を担当する場合

（イ）総理は出来るだけ早き機会に登庁して、仮令ば新聞記者等の会見に於て不退転の決意を瞭らかにし、先づ今日までの政局不安のデマを一掃すること。

（ロ）厚生大臣を親任すること。

（ハ）議会制度改革、文官任用令改正、対支事務局の設置等の国内改革及び対支問題処理に関し、着々漸進を続くること。

（ニ）内閣それ自体、政界革新の意図あることを瞭らかにし、これがための施策を工夫すること。

一、暫らく状勢の推移を見る場合

（イ）来週末あたりを期し、総理は転地すること。

（ロ）同時に広田氏を臨時代理とすること。

資料3

今回の事態は、結局近衛内閣としては対議会関係、随つて対政党関係が従来の如きものにては到底時局を担当し難く、即ち従来の如き関係の行き詰りを実証するものにして、自然この関係は旧きを精算して、新しき関係を創案せざるべからざる必要の急迫を物語るものと謂ふべし。かくて今回の事態は、歴史的意義を含蓄するものといはざるを得ず。

一、かゝる見地より事態処理に関し政府のとるべき方針を察するに、次の如かるべし。

一、月曜日に至るも議事思はしからざる形勢なる場合、同日午前又は午後、議長、副議長を通じ各派代表と会見、総理より議事の促進につきて注意警告すること。

一、但し現在の情勢よりすれば、一応議事速進を肯くとも、結局政党内紛の飛沫をうけて、議事の進行思はしからざるべし。

一、随つて政府より再警告を要する事態の発生免かれざるべし。

一、右何れの場合にありても、その結果として停会の必要あるべきを覚悟するを要す。

一、その結果如何によりては、

（イ）政党に解散を命ずるか（施策を要するは勿論なり）、

（ロ）それとも議会解散を決行し、同時に緊急勅令によりて選挙法の改正を断行し、全く異なれる立て前の議会制度を実現するの道をとるか、

その二途を択ばざるべからざるに至るを覚悟するの必要あるべし。

資料4

第一案

総動員法案が無事に議会を通過する場合は、政府としては一応議会の結末をつけ、その後に対政党関係を解決して政局の安定を図ること、政局安定のために対政党関係を解決するの道は挙国一致的新党の樹立以外途なし。

第二案

総動員法に対し議会か修正を要求し来る場合には、解散する以外に途なし。この場合修正案に妥協せば、政府の醜態を暴露するものにして、これがために一時の小康を保ち得るとするも、結局政府は軍と政党との両者より軽んぜられ、延いて野垂死の運命に陥るべし。議会の解散は選挙後に於ける強力なる挙国一致政党の実現を予想すべきものにして、政府は斯の如き政党の樹立に万全の工夫無かるべからず。随つて右の工作の準備のため、選挙期日を一ケ月乃至二ケ月延長するために緊急勅令を以て選挙法中選挙期日に関する条項を改正する必要あるべし。この改正を困難とせば、選挙後臨時議会召集までの間に新政党樹立の工作を完成すべし。林内閣当時と異なり、今日及び見透し得る将来の情勢より察するに、選挙後に政党の現状打破無くんば、政党及び軍部は互に正面衝突を余儀なくさるべきを以て、かゝる情勢の圧力により挙国一致的新党の工作は努力工夫の如何により自から容易なるべし。選挙に際してはかゝる心構へのもとに、所謂新党工作に不便なる政治家を清算するの工夫を要するは勿論なり。この工夫は勿論困難に非ず。

一、第一案、第二案共に今日より政界革新の運動に刺戟を与ひ、且つこれを誘導するの必要有るは勿論なり。

一、政府は右二案何れの場合に処するためにも、この議会中にあつてその所信を貫徹するためには、所謂不退転の決意を有するものなることを瞭らかにするため、次の手段を講じ置く必要あるべし。

（イ）党出身閣僚を通し、両党に向つて総動員法案は十五日に貴族院に廻付出来るやう要請すること。

（ロ）閣議に於て、右第一、第二両案の何れかを採らざるべからざるを申合せ置き、各閣僚一体となつて事態に善処するの準備を為すこと。

資料5　「対政党工作要項」　昭和十三年八月二十一日

対政党工作要項

一、既存政党中より約卅名の脱党者を作ること。

一、右卅名に対しては相当の金銭的援助を与へ、新らしき政治運動に尽力せしむること。

一、右の新らしき政治運動とは、政府と国民の間の聯絡機関たるを第一義とすること。

一、右の卅名は大体九月末までに脱党せしむること。

一、右卅名を母体とし、各人に二名の同志を勧誘脱党せしむること。

一、斯くて九十人の一団を十月中に組織出来るやう工作すること。

一、新加入の六十名に対しても、相当の金銭的援助を与ふること。

一、この団体に加入するものは、出来るだけ所謂無名人たることを希望すること。

一、右脱党者に対しては、脱党の正しきことを国民をして納得せしむるため、あらゆる援助すること。

一、この政治的変化の具体化と同時に政務官を総辞職せしむること。

一、この新団体は、旧政党の解消に向つて全力を挙げ得るやう指導すること。
一、この団体のために旧政党解消運動の戦闘部隊を組織するやう施策すること。
一、現存右翼諸団体は、右の戦闘部隊に吸収するやう施策すること。
一、年末までに、この団体の加盟者を三百名以上に達せしむるやう工夫施策すること。
一、右の工作施策には相当なる荒療治を必要とするを以て、極秘裡に、特に内務、司法両大臣と施策工作に就て聯絡し得る秘密組織を持つこと。
一、右の施策工作のため、新聞紙を活用すべき組織を持つこと。
一、所謂政界の督軍を一掃するために万全の工夫すること。
一、新団体の組織等に関しては、別に此れを考慮すること。

（昭和十三年八月廿一日記）

資料 6　「政党解消施策」

一、政党解消施策
（イ）民政党情勢打診（大谷氏）
（ロ）政友会情勢打診（風見）
（ハ）小会派情勢打診（風見）
（ニ）夫れ〴〵打診の結果、機運熟したる機会に於て政府側と政党側との会合を行ひ、既存政党を解消し得ば、全国的に全く新たなる国民組織を結成するため総理の蹶起を促すことに意見の一致を見、右の諸氏より総理に意見具申を為さんとする決意有る旨を、夫れ〱関係者より放送して輿論を熟せしむること。
（ホ）右の放送を開始すると同時に、新運動展開のために必要なる宣言綱領等に関し打合せのため、内閣より一人、政界より多くとも五人を選定すること。
（ヘ）右政党解消施策と同時に貴族院に対し施策し、貴族院も亦全体として新組織内に合流せしむ。
（ト）宣言、綱領、組織等に関しては、極秘に数人の立案者を選定し、原案を作製せしむること。
（チ）新組織結成を期待し得るに至らば、政務官は全部解任すること。

資料 7　「組織大綱」　昭和十三年十月十七日

組織大綱
所期の国民新組織結成に当りては、貴衆両院議員を主体とせず、内閣を主体とするものなるを以て、組織の構成は次の方針に則る。
（イ）貴衆両院議員は組織内に於ける議会部たること。
（ロ）商工会議所、帝国農会、産業組合、大日本青年会、愛国婦人会等々の公設経済団体乃至社会教化団体等をも新組織内に合流せしむるに非れば、組織結成の意義有らしめざるを以て、これ等の団体をも能ふべくんば、即時若しくは急速に新組織内へ合流せしむるやう施策す。
（ハ）この場合、経済団体は新組織内の経済部を構成し、社会教化団体等は文化部を組織する如くす。
（ニ）議会部、経済部、教化部等々の各部の上にあつて、これを統括する一組織を構成すること。
備考　新組織結成と同時に、精神総動員中央聯盟は之を解消す。
一、前田、桜内会談。
一、前田、桜内、山崎会談。
一、閣内進言。
一、閣僚、政党領袖懇談。
（イ）木戸（政民領袖）
（ロ）池田（同）
（ハ）末次（小会派及右翼関係）
（ニ）塩野（同）
（ホ）有馬（農業関係議員）
（ヘ）板垣、米内（議会領袖）
（ト）荒木（右翼関係）
（チ）永井、中島（所属政党領袖）
一、永井、中島に相談。
一、財界、思想界への働らきかけ。
一、大体今月内に準備工作完了。同時に輿論の決定的昂揚。

（昭和十三年十月十七日）

資料8　「帝国声明第一案文」　昭和十三年十月三十日

帝国声明第一案文

大稜威ノ下帝国陸海軍ノ忠勇果敢ナル行動ハ克ク広東武漢三鎮ヲ攻略シ、コ、ニ殆ンド支那ノ要域ヲ戡定シタリ。今ヤ国民政府ハ支那ニ於テ名実共ニ一地方政権ニ過ギズ。然レドモ帝国ハ抗日容共政権ノ潰滅ヲ見ザル限リ、断ジテ矛ヲ収ムルコト無カルベシ。

帝国ノ冀求スル所ハ東亜ニ於ケル国際正義ノ確立、共同防共組織ノ完成、新文化ノ建設、経済協同体制ノ実現ヲ基本トシテ諸隣連帯ノ道義ニ則リ、東亜永遠ノ安定ヲ確保スベキ新秩序ヲ建設スルニアリ、コレ無クシテ東亜諸国民ノ繁栄ハ有ルベカラズ。

帝国ハ支那同憂ノ士ガ速カニ率先興起シテ、ソノ国民ト共ニ堅実ナル更生新支那政権ヲ樹立シ、コノ新東亜建設ニ参加センコトヲ期待ス。

帝国ノ列国ニ望ム所ハ東亜ノ新情勢ヲ達観シテ、ソノ展開ヲ阻害セザルニアリ。

惟フニ、東亜新秩序建設ノ大業ハ崇高ナル我ガ肇国ノ精神ニ淵源シ、現代日本国民ニ課セラレタル最大ノ責務ナリ。

固ヨリコノ大業ヲ完成スルハ容易ナラズ、事ハ長期ニ亘リ前途曲折多カルベシ。国民ハ挙ツテコノ大業完成ニ必要ナル国内諸般ノ改新ヲ創造スルニ努力シ、飽クマデ堅忍持久ノ精神ヲ発揮シテ愈々国家総力ノ拡充ニ勇躍邁進セザルベカラズ。

政府ハコ、ニ帝国不動ノ方針ト決意トヲ中外ニ宣明ス。

　昭和十三年十月卅日於大崎私邸、真に彫心鏤骨、夜二時に至るまで推敲され案文四種作製、右は第一案也。十一月一日閣議にはかり上奏御裁可を仰ぎ、明治節当日発表さるゝ歴史的文献なり。

資料9　昭和十三年十一月六日

一、国民組織準備委員会の母体たらしむる目的を以て、先づ商工会議所、農山漁業関係の主要団体の代表者を（統制経済の運営を円滑ならしむ）べき見地に於て一つの協議会に組織すること。
一、この中央協議会の下に各府県協議会、各郡協議会、各町村協議会を結成し、政府は中央協議会と聯携し、各協議会は府県庁と聯携するやう整備すること。
一、政府がある題目を捉ひて一つの国民運動を昂揚せしめんとする場合、右の協議会組織を活用すること。
一、政府は斯の如き協議会結成の準備成ると同時に、所謂国民組織再編成のスタートを切る旨の意志表示をなし、国民精神総動員聯盟は随つてこれを解消すること。
一、この協議会結成のため、内閣書記官長の下に必要なる組織を持つこと。但し官制による組織となるを要せず、或は仮令ば内閣参政官制度の如きを設置するも可なり。

（昭和十三年十一月六日）

資料10　昭和十三年十一月六日

先般の閣議に於て総動員法の発動に関し必要なる準備を今年中に完成したきため、これに就て閣議の決定を経たき旨企画院総裁より要求有りたるも、本件に就ては敢て閣議決定を要求せずとも考慮せらるゝので、閣議に於てこれを決定するは見合せ、各省に於て右の準備を本年内に完了する予定の下に企画院と連絡をとり、夫れ〴〵工夫するやう各閣僚諸君におかれては事務当局に対し充分その趣旨を徹底するやう取斗らはれ度し。

（昭和十三年十一月六日稿）

資料11

臣文麿

曩キニ乏シキヲ揣ラズ大命ヲ拝シ、内閣首班ノ重責ニ膺ルヤ日ナラズシテ支那事変勃発シ、内外ノ時局愈々重大ヲ加フ。臣ハ菲才ソノ任ニ堪ヘザルヲ虞レ幾度カ闕下ニ伏シテ骸骨ヲ乞ヒ奉ラントセシモ、状勢ノ推移ハ内閣ノ更迭ヲ許サヾリシガ故ニ、乏シキニ鞭ツテ黽勉努力、今日ニ及ベリ。然レドモ今ヤ事態ハ一変セリ。即チ曩キニハ専ラ支那抗日容共政権ノ勢力ヲ破壊スルニ在リシガ同政権ハ既ニ一地方政権ニ顚落シ、茲ニ帝国ハ東亜永遠ノ平和ヲ確保スベキ新秩序ノ建設ニ向ツテソノ主力ヲ傾クベキ時機ニ際会シ、事変ハ全ク新段階ヲ画スルニ至レリ。臣私カニ惟フ、国民ヲシテコノ建設ノ事業ニ奮起セシメ、国力ノ発揮ニ遺憾無カラシメントセバ、今日ニ於テ先ヅ人心ヲ一新セザルベカラズ、コレヲ一新スルハ内閣ヲ新タニスルニ在リ。思ヒヲ茲ニ効ストキ、臣ガソノ任ニ居ルハ固ヨリ臣節ヲ尽ス所以ニ非ズ。仰ギ願ハクバ、聖明垂鑑臣ガ重任ヲ解カセ給ハンコトヲ。誠恐誠惶謹ミテ奏ス。

資料12　昭和十三年十一月十九日

昨年六月不肖を顧みず大命を拝して内閣首班の重責を担ふや日ならずして支那事変勃発し、内外の時局は愈々重大を加へたので有ります。当時私は菲才その任に堪えざるを虞れ、闕下に骸骨を乞ひ奉らんことを思念するや切なるものが有つたので有ります。只だ事態の推移は内閣の更迭を許さゞるを痛感するの余り、爾来乏しきに鞭つて日夜奉公の誠を効さむことに努め、以て今日に及んだので有ります。今日まで戦線に銃後に吾々の智嚢と力とは、専ら平和攪乱者たる抗日容共政権の指導力破壊に傾けられて来たのであります。然るに同政権は尚ほ存すと雖も、既に一地方政権に顚落し、今や新しき支那の誕生は約束され、東亜の平和を確保すべき新秩序の建設を期待し得べき機運は日に〳〵熟しつゝ有るのであります。即ち事変は茲に全く新しい段階に入つたので有ります。当然今後吾々の努力は主としてこの新秩序建設に向けられねばなりません。

而してこの新しき任務遂行のためには有能有力なる人材によりて速かに政府の陣容が建て直され、人心を一新することが何よりも刻下の急務であります。斯くて初めて吾々の歴史は順調なる発展を遂げることができるので有ります。思ひを茲に効して私は熟慮を重ねたので有ります。その結果、私は今日に於て闕下に骸骨を乞ひ奉るこそ、臣子として私の執るべき唯一の道で有ることを堅く信ずるに至つたのであります。この重大なる時局に当り、固より私は濫りに重責を免かれんとするものでは無いのであります。事変の新段階に処し宸襟を安じ奉り、兼て国家の進運を培はんが為めには斯くするこそ私の義務で有り、責任を尽す所以で有ると考へるからであります。

本日私はこの信念を閣僚諸君に打ち明けたのであります。何れも異議なく同意されましたので、先刻辞表を取纏め、これを闕下に奉呈したのであります。陛下は只今御聴許を賜はりました。誠に有りがたくも恐懼の至りで有ります。時局重大の折、乏しきを以て局に当り大過無きを得ましたのは聖徳の深き恵みの下国民の厚き後援の賜もので有ります。謹みて感謝する次第で有ります。

（昭和十三年十一月十九日）

〔編者註①〕本資料は志冨靭負の筆記。

〔編者註②〕墨書　罫紙和綴

5　風見章言行録

〔昭和十四年〕

在官一年七ケ月、よく俺れみたいな無精ものにつとまつたものだナ。平常の場合だつて書記官長って役目は決して楽ぢや無いのに、就任間も無く事変にぶつつかつたんだから。面会謝絶と宴会お断はりをやらなかつた日には、三ケ月位でへたばってしまつたかも知れないナ。でもあんまり面会謝絶をしたんで、親しい友人から絶交されてしまつた。

（昭和十四年三月廿一日記）

代議士なんて云ふのは他人の知らない自分の長所を発見して、むやみに吹聴しては偉張りたかるシロモノさ。

演説はもとから余んまり好きぢや無かった、仕方なしにやつて歩いたことも有るが。今ぢや物をかくことだつて厭やで有る。

この頃官長室で手紙書きをやつてゐる。手紙をかいてゐると、誰れが訪ねて来ても何か忙はしい仕事をやつてゐると思つて直ぐに話を切り上げて行つてしまふ。くだらぬ訪問客退治には、この方法に限るよ。

（十三年暮ごろ談）

興亜院の事務所が狭い〳〵って盛んにこぼして居るから云つてやつた、マアそんなに騒ぐなよ、今にあの白亜の議事堂を君だちの事務所にしてやるからつて。みんな目を丸くして驚ろいて居たよ。

一国一党運動が盛んになつてきたやうだが、一国一党になつてしまへば議会政治つて云ふのは無用の長物になるわけぢや無いかナ。

この間政務官連中をある料亭へ招待したんだが、忙はしさに取紛れて、すっかり招待してあることを忘れてしまつたンだ。ハツと気がついたときはもう遅い。約束の時間を四時間もすぎて居た。それでも念のためと思つて行つて見たら、適当に飯を喰つて帰つた跡だつた。然しどうせご馳走になるんなら、窮屈な主人公が居ない方がよかつたらうと思つて安心した。

書記官長つて役目は、てふど運転手みないなものさ。自動車に乗つたつて運転手には話しかけないで下さいつて云ふだらう。だから余んまりいろんな話を持ち込まれては困るんだヨ。

ちか頃字を書いてゐる。何もかも忘れて字をかいてゐると、いゝ気持ちだ。役人を長くしてゐると、頭が雑ぱくになつてしまふ。当分静思静修を続けるつもりだ。字なんて符牒なんだから、画が一本位ゐ多くたつて少なくたつて問題ぢや無いんだ。古字をつとめて書くやうにしてゐるんだがどうだらう、物になつてゐるかな。

（昭和十四年三月ごろ）

中野君はまつたく気の毒だ、何とかしなくてはならぬ。大層な意気込みで現地へ行つたところ、現地の兵隊さんだちに余んまり歓迎されないんで悄気てゐるらしい。新聞に悪口をかゝれたと云つては、すぐに悄気返ってしまふし、新聞が少し提灯を持つと有頂天になつてしまふんだから困る。なあに、新聞なんかどんなことを書いたつて、三日も立てば世の中の人はケロリと忘れてしまふんぢや無いか。世の中のテンポは早い。安井なんて、どの内閣の何大臣だつたのか、世の中の人だちは忘れてしまつたら〔う〕。一しよにやつた僕だつて忘れてしまつたやうなわけだから、中野君を毒するものはお茶坊主みたいな取巻き達さ。いつか金魚のウンコみたいな乾分を引連れて脱党したつて初まらないぢや無いかと云ってやつたら、ムキになって憤られたが。その金魚のウンコも、今では一人去り二人去りで手兵僅か十名足らず、まつたく可愛そうなわけだ。鶯沢の云ひ草では無いが、解党して〔し〕まつた方がよいんだ。この間の大衆党との合同にして見たところが、赤字会社がいくつ集まつたつて、結局赤字を出すにすぎない結果になるんでは無いか。それがうまく成功したんなら、兎に角あの態たらくでは何とも申やうが無い。

世の中にはまつたく茶人が有るもんだナ。こつちは物を貰はぬと云ふのに、どうでも貰つてくれなくてはこまると人に物をくれるのに喧嘩じかけで意気込んでくるものが有る。僕は物を貰つたつて決してお返しはせぬことにしてゐるんだが。そんなに物を呉れたいんなら、出征軍人の遺家族にでもやつてやつたらどうかと思ふナ。いらないものを無理矢理押しつけられたつて、決して有り難いことでは無い、むしろ迷惑千万な話だからナ。

近衛公も無作法にかけては天下一品だ。夏なんか詰襟の洋服を着て官邸のソフアにゴロッと寝転んで話をしてゐることが有るんだが、挨拶なんかも大臣にだつて小使にだつて一緒なんだから、対手方が驚いてゐる。近衛と僕がこの官邸へ陣取つてから、役人の作法がわるくなつてみだれてしまつたつて苦情が出たヨ。だが考へて見れば、おかしな話ぢや無いか。ネクタイなんて一体誰れに頼まれてつけてゐるんだ。他人に義理立てしてあんな窮屈なものを結んで居なくたつてよいわけでは無いか。俺なんざー高野の百姓の伜だから、大礼服なんてあんな窮屈で重たいものを着るのが何よりも辛かつたが、今度は大礼服を着なくてもよいことになつただけでも大いに助かるわけだ。

この間熱海で近衛公に逢つたとき久原もやつて来て、談たま〳〵政友会の幹事長問題に及んだとき金光庸夫の話も出たんだが、そのことをどうして知つたか、金光が二三日したら是非僕に逢ひたいとうるさく面会を申込んで来るんで交詢社で逢つたらいきなり、この間近衛公と逢はれて僕の噂が出たそうだが、ほんとうかと聴くんだ。うん話が有つたと云つてやつたら、幹事長問題やらいろんな相談を持ちかけてくるんだ。これが政友会でも優秀の部に属する代議士なんだから、全くお話にならないヨ。浅ましい限りだネ。

さんざ罪をつくつちやつたから、今度はどうしてもやめなくつてはならない。何しろ今度の改造だつて、近衛君と木戸位ゐにしか相談せずにズバツとやつてのけたんだからネ。外の大臣達から散々うらまれて困るんだ。この間も閣議が済んだら末次がズカ〳〵やつて来て、「オイ官長、余んまり俺れだちをつんぼ座敷へおくなよ」と厭味を云つて居たが、僕にして見れば一切を知つてゐるだけに身を切られるよりも辛らかつたヨ。

今日もある料亭へ行つたら、いろ〳〵愛想を云ふから云つてやつたヨ、俺れなんざ、いつ乞食になるかわからないんだ、役人して居るからこんなところへこられると云ふわけで、在官中だけのお馴染なんだからそんなに愛嬌をふりまくなヨ、役人をやめれば裏通りのおでん屋ぐらゐが関の山なんだからネ。

一番厭やなのは、顔を見知られて柄にも無いお世辞を云はれることだ。今日も三越へ行つたら店員が側へついて離れないので、とう〳〵買ものができなかつた。まさかあんな風にされちや、そんなに安ものばかりねらつて歩くわけに行かないからネ。

一粒の米でもつくつて居るとか、生命を捧げて戦争に出かけるとか云ふ人達ちには進んで逢ふ気にもなれるが、羽織を着て理屈をこね廻す手合には逢ひたくない。こつちは十何年間政治で飯を喰つて来たんだ。羽織ゴロの国家改造論に耳を傾けて居る暇なんかないヨ。面会しないからつて一々腹を立てられたんぢややり切れない。来る人ごとに逢つて居た日にや、大切な時間が面会だけで潰されてしまふ。それもどうせ逢はなくつても解つてゐる話ばかりなんだ。浪人なら散々御託を並べてから結局金をくれと云ふんだし、政治家なら名論卓説を一席述べた揚句、政務官にしてくれとか、利権を与ひてくれと云ふにきまつてゐるんだ。大臣にだつて面会謝絶をやる時が有るんだもの、まつたく一々訪ねてくる人に逢つてゐるわけには行かないヨ。

役人の生活つて、まつたく妙なものだナ。瘦せ浪人から一足とびに官長になつたときにはちよつとばかり面喰つたヨ。何しろ一々書類にハンコを押すばかりだつて容易なことでは無いらしいンだ。初めての日総務課長がハンコを持つてゐるかときくから、ハンコはうちの台所の鼠入らずの抽斗に有る筈だと云つて取寄せたら、十何年か前につくつた廿銭ばかりの認印なんだ。これぢや仕方が無いからつくりませうと云つてすぐにつくつてくれた。ハンコなんて金でも借りる時しか必要が無いもんだと思つてゐたし、どうせ俺だちに一文だつて金を借さうなんて神妙なのは居ないんで、これまでつくらなかつたわけだ。ハンコは出来たが一々書類に押すのは面倒臭いので総務課長に、「見たつてわからない書類ばかりなんだから、君が代理に捺してくれ、責任は一切俺れが持つから」と云つて、代印をして貰つてゐた。政治のことならわかるが、細かい事務的な数字の書類なんてちつともわからない。又わかつたつて、どうにもなるものぢやない。属僚委せにしといた方が、結局いゝわけだヨ。

この内閣は近衛独才だヨ。閣議だつて案件を示して、近衛君が恁うきめましたつて云ひば、それで一語も発するものが無いんだからネ。この間の内閣改造のときだつて広田君と賀屋君がやめることになつて、後任は宇垣君と池田君になつて貰ふことになりましたと簡単な報告だけですんぢまつたんだ。内閣の生命とりと云はれる大改造が他愛も無く片づいたのは、矢つ張り近衛君の独才によつたわけさ。その代り官長はどうしても骨が折れるよ。大臣の首切り役なんて、凡そつらいものだ。私情から云つたらどうしたつて出来ないことだが。天下国家のためとあれば致し方が無い。賀屋に引導を渡すときなんか、真実辛らかつた。それよりも外の大臣に絶対秘密にして居ることが何よりもせつない。何もかも知つてゐるのに知らない振りをするんだから、やり切れぬ気持だ。まさか閣僚だつて第六感で、いくらか今度は何か有りそうだ位ゐ覚るから、僕んところへくれば大体様子がわかるだらうとわざ〳〵官長室へやつてくる。塩野君が改造直前にやつて来たときなんかも、明日はどうせわかることなんだから、そらとぼけて居るのはまつたく辛らかつたが、話が本筋へ入りそうになつたので、イヤ忘れて居た、総理が逢ひ度いと云つてゐたからと用事にかこつけで逃げ出したことが有る。そんなとき物云はぬは腹ふくるゝ思ひとか真実辛らいと思ふ。こんなわけで大分方々から怨らみも買つたし罪もつくつたので、改造が終ひたらすぐ辞任する肚をきめ総理に辞意を洩らしたんだ。その時の理由は、とにかく政治と云ふものは時に応じ動きが無くてはならぬ、内閣も大改造されたのだから、三長官も更迭してこゝに全く新らしい建前になつて政治することがよいと云ふに在つたのだが、近衛君は瀧、船田はともかくとして、君が歇めると云ふのは不可ない、君が辞めると云ふんなら僕も辞めやうと云つてきかないんだ。近衛君に辞められたんぢや何にもならぬので、思ひ止まつたやうなわけなんだが。何れにしても当時の僕の気持ちは相当辛らかつた。このために確かに寿命を縮めたことは事実で有る。

池田を口説き下としたときは、まつたく池田に対して済まないと思つた。現在蔵相としての適任はあんた以外に求めても得られない、近衛君もあんたに入つて貰ひないやうだつたらこの重大時局を担当して行くわけに行かぬから、この際投出すと云つて居られる。今内閣を投出したら、どんな結果が生れる位ゐはあんたもよく御存知で有らうと云つて、あんたの諾否は内閣の運命に関するのだから、若し内閣投出しの場合は、あんたにも責任の一端を負つて貰はねばならぬと詰めよつたのだ。池田もこれにはすつかり閉口してしまつて、結局引受やうとなつたわけだが、あとで聞くと、あの時はまるで官長に恐迫されてゐるやうな気がしたと他の人達ちに洩らして居たそうだが、あの場合はどうにもアンナ手を用ひる以外に仕方が無かつたわけだ。

北支開発の総裁選任では随分骨が折れた。結局大谷拓相になつて貰ふほかに仕やうが無いことになつたので、総理と相談の上僕が大谷口説き下としの難役を引受けたわけだが、何しろ大谷が首を横にふつた場合は暗礁に乗り上げてしまふことになるので、ほんとにこの時は心配した。然し結局、案ずるより生むが易しで、大谷がわしで無ければいけないと云ふんなら引受けますとあつさり引受けてくれたので、このときはホツとした。生れが生れだけに物事にちつともこだはりを持たないのが何よりも嬉れしかつた。大臣の椅子を捨てゝ一会社の総才に格下げになるのだから外の人なら顔色位ゐ変へるに違ひないが、極めてあつさりと引受けてくれたので、総理もこの時は喜こんでゐた。閣議で発表までは内密にしてくれと頼んでおいたら、閣議前の昼食会のときもいつもと少しも変つた様子もなく、冗談など云ひながらみんなと一しよに会食してゐた。大谷つて云ふ人はよほど肚もできてゐると、この時初めて偉さを発見した。

張鼓峰事件では、まつたく痩せるほど心配した。総理は軽井沢に行つてゐて留守だつたし、外の大臣も大抵別荘か何かへ行つてゐた。そこへあの事件勃発の情報が入つたので、早速総理に電話で概略を報告、陸軍大臣とも連絡を気〔機〕密にして事変をあれ以上拡大させぬやうに取はからつたのだが、来る情報も来る情報も飛行機が百機編隊で越境して来たとか、敵の死傷はこれ〳〵だが味方の死傷は不明だとかと云ふ穏やかならぬものばかりだ。こつちが飛行機をとばして了ひば万事休す。日ソ開戦となつて了つて、支那事件も中途で何とか片づけなければならぬ羽目になるので、板垣に電話で再三駄目を押したところ、板垣は断じて飛行機をとばさせないやうにしてゐると繰り返して言明したので、総理が心配して帰ると云ふのを無理に一日だけ帰らずに居て貰つたやうなわけだ。あの場合総理があはてゝ帰って来て、緊急閣議でも開くことになつたら厭やでも応戦と云ふ段取りになつてしまつたゞらうし、まだ支那事変の方も南京すら陥落してゐなかつたときだから、あの場合の開戦はどうしたつて不利益だつたのだ。然しあれも一週間余り寝ずに苦労した甲斐が有つて、とう〳〵あの位ゐの程度でおさまつたのは何よりだつた。今から考へると、全く我が軍もよく我慢してくれたと思ふ。この点、板垣に深く敬意を表するわけだ。

宇垣の辞任ぢや、まつたく腹が立つた。こつちはどうでもいゝんだが、総理もまだ改造直後のことだしいろ〳〵心配してゐるので、日本間を借用、佐藤を引つぱり出していろ〳〵密議を重ね、兎に角対支機関設置問題に対する宇垣の腹をさぐつて貰つたところ、条文上の二三字句を修正すれば満足だと云ふ意響〔嚮〕らしいことを聴いたので、それではと云ふことになり、外務、陸海軍の次官や課長連に来て貰つて、官長室で「乃ハチ」とか「何々スベシ」と云つたやうなどうでもよい字句の修正を夜中の二時近くまでかゝつてでつち上げ、いざ閣議へ持ち出すことになったら、爺さん前言を翻して全面的に反対、一歩も譲らぬと云ひ出してきかない。これぢや、何んのために骨を折つたのかわか〔ら〕ないわけで、馬鹿を見たのは吾々だが、遂ゐに辞めると云ひ出してきかない。宇垣の腹ぢや、俺れが辞めれば池田も入閣のときの約束があるので当然一しよに辞める、そうなれば近衛だつて、やつて行けるわけが無いから辞意をかためるに違ひない、そこで総辞職疑ひ無しと云ふ肚だつたかも知らぬが、池田はやめないと云ひ出したので、すつかり当てが外れたわけだ。何んでも宇垣をして恁うした態度をとらせたのは、宇垣周囲の政民両党の陰謀家の仕事だつたらしい。その政民両党の連中と来ては全く目先のわからぬ手合ばつかりで、宇垣は近衛内閣に入閣してから軍の方の信用もすつかり取り戻し、近衛内閣の次は必らずに宇垣に大命降下との勝手な見透しをつけてゐたらしい。その間に葉山会談問題や何かで、どうも宇垣の評判が余りかんばしくなくなつて来たので、こゝらで内閣を瓦解させ、早く宇垣内閣を成立させて吾が世の春を謳歌しやうと独りぎめにして、いはゞ陰謀をたくらんだものらしい。事志と違つて宇垣が再び浮び上る機会を失つてしまつたのは、気の毒と云へば気の毒だが、まあ因果応報でやむを得ないだらう。

役人なんてまつたく厭やなもんだ、上役の御機嫌ばかりとつて出世しやうとしてゐるんだから。この間厚生省の高等官級の役人だちが集まつて、是非何か一席話をしてくれとたつての頼みなので出かけて行ったら、ある役人が、官長は役人つて云ふものをどう考ひると云ふので、俺れは百姓の伜で役人なんて柄ぢや無い、だから役人の気持ちなんてわからないが、只だ一つつく〴〵考へることは、君だちも役人なら何か自分で国家のお役に立つ仕事をして見たいと考へることが有るだらう、それが是なりと信じたら、上役が反対しやうがどうだらうがこれを押し通す、都合によつたら上役の胸倉でもとつてガミ〳〵云つてやる、その位ゐの自信は有るだらうと思ふ、万が一その為に首になつて恩給を棒にふつたところが、それは今命がけで戦場に戦つてゐる兵隊さんのことを考へて見たら何んでもないでは無いか、それともう一つ、引つ込み思案で上役の鼻息ばかりうかゞふことをやめて、少しはやりすぎる位ゐのことをしでかしたらどうだ、責任は一切俺れが持つてやる、恁う云つてやつたが、あとで聴いたら、あの位痛快にズバ〳〵云ひたら、さぞいゝ気持ちだらうなと云ひ合つて居たそうだ。

中野君はまことにいゝ気性の持主なんだが、時々激情の赴くまゝ脱線の気味が有つてこまるんだ。いつかの話だが、逓友同志会の統領に祭り上げられたとき、東京市内のある郵便局長が真つ向から反対論をふりかざして部下の従業員を同志会へ加盟させなかつたことが有るんだ。この話を聴いた中野君怒り心頭に燃えて、何とかしてこの局長の首を切つてしまひ度いと考へ、当時僕が時の逓信大臣と仲がよかつたので僕に頼んで首切りをやらせやうと云ふ部下の進言が有つたらしく、早速僕のところへこの話を持ち込んで来た。僕はこの時ぐらゐ中野君のために悲しんだことは無い。で早速中野君に、「僕は政治家だ。政治家と云ふものは民に一人も餓えたるもの無からしむることを理想としなくてはいけない。

郵便局長が何かの間違ひをしでかして首を切られる場合、救つてくれと云ふ注文なら及ばず乍ら尽力してもよろしい。然し何んの罪も無いものを首切ることなどどうしても自分の良心が許さないから御免蒙る」、そう云つてきつぱり断つたことが有る。中野君に望むところは、もう少し冷静に物を考ひて欲しいことだ。

信毎主筆をしてゐた頃、僕の名をダシに使つて書画を売りつけて歩く怪しからぬ男が有るから、一つ何とかしてくれと云ふ抗議がある代議士から有つた。僕はその時速座に、「君だち代議士だつて、鳩山がどうの町田がどうのと、大分いはゆる党の幹部なるものをダシに使つて選挙民をたぶらかして居るんぢや無いか。しがない信毎主筆の名をダシに使つて生活の資源を得やうとしてゐるものなんか許してやるべきだヨと云つてやつたら、それきり苦情を云はなくなつた。

和歌山県のある村では、今は菜畑になつてゐる豪壮な屋敷跡の板塀だけを村費で保存してゐる。不思議に思つて役場へ寄つてきいて見ると、「これですか。これはネ、身のほどを知らないお大尽が有つて、県会議員さまになるのに祖先伝来の田畑も家屋敷もすつかり売り払つてしまつて、今では一家離散しつちまつたんですよ。身のほどを知らないとこんな風になると云ふ、生きたいましめのつもりで、村会で決議の上この板塀だけ保存しておくことになつたんですよ」と答へた。身の程知らずは、ひとり和歌山県ばかりぢや無いやうだ。

萩谷敬一郎がいはらき主筆のころ、ある株屋に紹介されて御馳走になつたことが有る。帰に御礼を云ふつもりで、「君悪く思ふなヨ、僕は何にも御かへしは出来ないからネ」と。矢つ張り腹に在ることは口にでゝくるものだネ。

早稲田時代鎌倉の南天棒中原鄧洲師の会下に中野正剛君等と参禅したことが有る。変に偉張つた坊主が居るそうだから一つひやかしてやらう位ゐの気持ちで出かけたもので、修業が目的では無かつたんだ。ところが中野は一日卅何即か透過すると云ふ有様、僕は狗子仏性の考案に、犬のことなら犬に聴けと答へたが、南天棒から大変気に入られて、「お前は見どころが有る。坊主になつたらどうだ」と何遍もすゝめられた。茶礼のときなど南天棒のすぐ隣りへ座を占めて済まして居るもんだから、外の連中は、こいつ年は若いが高弟かも知らぬと云ふので、特別に茶菓子など持つて来てくれたもんだつたヨ。

国民同盟が創設されたとき、何処も同じ役員問題で大分ごだついた。俺れを総務にしろの、俺れを幹事にしろのと、何しろ心臓の強い連中のことだから一歩も自説をゆづらうとしない。安達さんは中野君との関係も有るので僕を総務に押す腹らしかつたが、僕は断はつてやつた。なり度かる人だちにはならしてお下〔上〕げなさい、全部が役員になつたつてかまはぬ、僕は平党員で結構ですよ、その代り自分でつくつた党なんだから、幹部会だつてなんだつて自由に出入りしますよと云つてとう〳〵役員にはならず、その代りどんな秘密な幹部会へでも顔を出したので、山道なんか内心面白くなかつたらしいヨ。だが卑しくも自分は選挙民を代表してゐるんだと云ふ自信を持つてゐたので、最初に当選した民政党時代から幹部会自由出入と云ふ新例をつくつてやつた。尤も民政党時代は総裁の演説をかくことになつたんで、自由出入が許されて居たわけだつた。

近衛内閣投げ出しの腹を極めたのは、十一月中旬だつたと思ふ。例の十一月三日大坂での重大声明ラヂオ放送を首相病気の理由で中止したころから、国民再組織問題の蹉跌、閣内の不統一、さらに第七十議会の乗切難等の見透しがハツキリして来たので首相も棄げ出すことに腹をきめ、腹心の池田と官長にだけその意志を打ち明けたらしい。尤も官長はその前四月に長らく首相が病気で荻窪に引こもつたときも、内閣改造を行ふよりも総辞職を決行した方がよいと強く主張してゐたほどだから、首相の腹をきめさせたのは官長の進言によるものと想像する方が確かだ。池田も無論この儘で野垂死の運命に陥るよりも、潔くよく〔マヽ〕この際勇退するに如かずと云ふ意見を持つて居たやうだ。この三者は世のいはゆる大臣病患者のやうに、頬冠りでも何んでもその職に在りついてゐやうなど〻云ふ未練気は露ほども持ち合はせてゐない。寧ろ何とかしてやめたい〳〵とその機会をねらつて居たのだから、こゝに三者はすつかり総辞職の申合せをしてしまつたものらしい。

十一月中旬のある土曜日の晩だつた。今夜は書きものが有るからと云ふので大崎の私邸へ行く。すぐに二階の書斎へストーヴをつけさせて、今夜は少し用があるから総理以外は誰れから電話が有つても、発熱して寝てゐるから駄目だと断つてくれと奥さんに云はれて、すぐに二階へ上られた。僕もついて行くと、「君すまないが、忠臣蔵の天野屋利兵衛になつたつもりで少し書きものをしてくれ」と云はれる。いつもと口調は格別変りは無いが、眼光は鋭く光つてゐる。どんなことかしらと多少心の動揺も感じたが、いつものやうに僕は書斎の真中のテーブルを前にして用箋と鉛筆を持つたまゝ、官長の口から洩らさるゝ一語を待つた。「とう〳〵やつて行けなくなつたんだヨ。で、これから「闕下に骸骨を乞ふ書」を一つ書いて貰ふんだが、官舎の連中にも気づかれないやうにしてくれ給ひ。顔色にも出して貰つては困る」と云はれ、それから臣文麿乏しきを云々の文と、新聞記者に発表する談話の原稿を口述された。勿論奥さんにも内密で。筆記した書類は厳重に封緘したまゝ自から鞄の中へしまはれた。

その夜は多分三時近くまでかゝつたと記憶してゐる、兎に角この声明を書いてから約一ケ月半の後総辞職となつたわけだが、その間何回かこれを書き直して最後のものをつくり上げたのが、丁度十二月廿六日の夜。この時は今すぐにいるわけでも無いのだが、いつなん時でも出せるやうに準備しておくんだと云つて文案の練り直しをされた。然し事態は相当迫つてゐたと見えて、廿八日に上京したとき落合僧正に誘はれ京都へ行くと云つたら、困つたと云ふ表情をして居られた。

続いて一月二日鹿島香取へ参宮に出かけたところ急に電話が有つて呼び出され、その夜六時ごろアタフタと大崎の私邸へかけつけると挨拶もぬきにして、すぐに又もや文案の練り直しにとりかゝつた。その晩も一時すぎになつて寝る前に、君一本飲んで寝た方がよいと酒が出たが、その時には奥さんにも、いよ〳〵二三日中に辞めると云ふことを洩らして居られた。

初めて東京へ出て来たころは、何と云つても鉄道馬車が通つてゐた時代だから、今から考へると隔世の感がある。美術学校の生徒が食パンを消しゴム代用に使つてゐるのを見て贅沢な奴らが有るものだとつく〴〵羨ましく感じた。食パンなんて最高級の贅沢品だと思つてゐた時代だから無理も無い。その頃西洋菓子にマシマロウと云ふのが有つた。東京へ出たからにはマシマロウを一遍喰べて見なくては恥だと云んで、小川寛だちとある洋菓子屋へ行つたところで滅多にきゝなれない菓子の名だからすつかりド忘れしてしまつて、これもまだ習え覚えたばかりの「モンナワンナ」は無いかと聴いたものだ。どこへ行つても怪□〔二字欠・訝〕な顔つきで、お生憎さまと断られる。ところがある洋菓子屋へ行つたら、「マシマロウ」が店頭の陳列棚にちやんとならべて有るんだ。こゝでも又「モンナワンナ」をくれと勢ひよくやつたんだが、先方はそりやお生憎と又断はりだ。たまらなくなつて、俺れだち田舎ものだと思つてばかにするな。こゝにちやんと有るんぢやないかと啖呵をきつたところが、店の者もすつかりわかつて、アツこれですか。マシマロウのことですかと、恐縮しながら売つてくれたことが有る。心臓も強かつたが、これなんぞ、まるで落語そのまゝな笑ひ話さ。一度なんか四五人して銀座あたりの人ごみの中をパカパ節なんぞやつて得意になつて歩き廻つたところ、お廻りさんに「コラ〳〵お前だち、鑑札を持つて居るか」と散々油を搾られたことが有る。これにはみんな、東京つておつたまげたところだ。往還を歌をうたつて歩いては不可ないんだそうだと、すつかり感心してしまつたものだ。こんな噂みたいな思ひ出もある。東京へ初めて出て来て、ある下宿屋へ下宿したんだが、学校へ行つて帰つたところどの家もみんな同じやうな造りなので、自分の下宿が判らなくなつてしまつた。一と晩中探し廻つて、やつと自分の宿を見つけたなんて、まつたく落語もんだつたよ。

よく退官してから支那へ行くのかときかれるし、支那にゐる人だちからも一遍視察に来てはどうかと云はれるが、当分行くやうな予定はない。考へて見れば、政治家が支那へ行くと云ふからには、その人が行つたら新政府がすつかり纏まつたとか、蔣政権が潰れたとか何とか効果が有ると云ふので無ければならぬ、漫然と視察に出かけるなんて生やさしい時局ぢや無いのだ。近衛公が米国行を側近がとめてゐるとか何んとか云つてゐるそうだが、近衛公とも有らうものが米国へ行く場合は、また近衛が行つた米国の日本に対する考方が一変したとか何とか云ふことで無ければ行かぬ方がよいと思つてゐる。徒らに逃避行的態度は今の時局下では絶対禁物である。

蘇聯との雲行悪化は実に心配だ。若しほんとうに戦ふことになれば、中南支の兵力を全部引上げてこの方面に全力をそゝがなくてはなるまい。そうした暁には、当然蒋介石の兵力が盛り返して来て、折角二百億の国費と十万の尊とい犠牲者を出して占拠した中南支各要地は、もとの蒋介石政権下に入つてしまつて在留邦人は全部虐殺されてしまふおそれが有る。これでは今度の事変はまつたくの失敗に帰してしまふわけで、さしづめ近衛公や僕などはハリツケになつても申訳が立たぬ。一体今度の事変を契機として世の中は大変革を予想せねばならぬ。明治維新当時三百諸侯が版籍を奉還、華族に列せられたことを顧みると、今度の変革では華族なんて無くなつてしまふことになるだらう。昭和維新と云ふからには、そこまで行かねばならぬわけだ。公爵近衛文麿としての値打ちはもう世の中に通用しなくなつてしまって、只だ無位無爵の近衛文麿として世の中に現はれる、こう云ふことになるに違ひない。県会議員の選挙なんて、この事変下にやめられるならやめてしまはなくては嘘だ。国民の子が血を流して戦つてゐると云ふ今の世の中に、やれ政友だ民政だと自分のことばかり考へてゐるやうな政治家が有るから不可ないのだ。これ等はいま遠からず片づけられる日がくるで有らう。ひよつとしたらこの秋ごろは、米も切符制になるのでは無いかと思ふ。そうなれば当然土地も国家管理と云ふことになつてくる。統制経済はそこまで行かなくてはならぬ。まだ昔の自由主義経済を夢見てゐるものも有るやうだが、一旦統制に入つた以上、どうしたつてもとの姿にはならぬのだ。てふど明治維新で封建制度がやめられてから再び封建制度にならないやうに、歴史の歯車はまつたく急調子で旋廻する。今では金持ちも自家用自動車で用を足せなくなつた。このことに関する限り、金持ちも貧乏人も一しよだと云ひ得る。さらに金製品一つ持てなくなつた。これも金持ちも貧乏人も同じになつた証拠だ。前大臣や華族の乞食ができるやうにならなくては、どうしてもこの事変はおさまるまい。

（昭和十四年七月廿四日）

大連の泰東日報を主宰してゐた金子雪斎先生も型破りの豪傑だつた。何でも廿台である新聞社の校正係りに入つたとき、主筆の論文を毎日のやうに加筆訂正してしまふのでカン〳〵になつた主筆が、俺れの文章に筆を加へるのは誰れだと怒鳴つけたところ、先生言下に「あんなまづい文章が載せられるつか」とやり返し、所詮その社の主筆になつてしまつた。この金子先生が通訳で日露戦争に従軍したとき、聯隊長があぶなつかしい命令ばかり出してゐて何とも見てゐられない。激論の末、聯隊長を馬から引きずり下ろしてドブの中へはふり込んでしまつた。こんなのは今時の世の中に見られない図で有る。

筥崎宮の祠官で芦津剛次郎？と云ふ隠れた豪傑が居る。これが元協調会の役人をしてゐたとき、田沢義輔［鋪］君だちが十日間修業のために飯盛りから掃巾かけ一切合財自分のことは自分でやると云ふ講習を開いたことが有る。田沢君も得意になつてこの会に集まつた連中に、人間はかく有らねばならぬとか何とか一席弁じ立てゝ得意満面になつてゐたところ、やはら立ち上つた芦津が、諸君これはとんでも無い出鱈目だ。自分は小役人で田沢さんと一しよに旅行をしたことも有るが、どこの宿屋へ行つたつて部屋は違ふし、第一床一つとらうとしたこともなければ、自分で飯盛りなんかやつたことが無い。これは只だ修業中だけのことさと事も無げにやつつけられたんで、田沢君も頭が上がらなかつたそうだ。その後二荒伯を招んで講演したことが有る。その時に若し戦争なんかの場合、国民はやれと云ふし、天皇がやつてはならぬと考へた場合どうすればよいかと云ふ質問が出た。これには二荒伯もまゐつて、そんな場合は天皇の考へ方に随ふより外は無いと云つたところ、この豪傑、そんなばかな話が有るものか、そんな場合は畏れ多いが、天皇様を殴つても国民の声に随はせるやうにしなくてはならぬ、それがほんとうの忠君愛国だと叫んだ。そんなわけで協調会でももて余し、本人を首切ることになり、添田寿一博士が引導を渡さうとしたが、冗談では無い、俺れ一人がほんものだ、他は皆んな首にしたつてかまはぬ、俺れを首にしたら第一協調会の存在の意義が無くなつてしまふのでは無いかと云つて、極力抗弁したそうな。こんな型破りが出〔世〕の中に用ひられるやうにならなくては、いつまで立つても世の中がよくなりつこは無いさ。

（昭和十四年七月廿七日）

この間、中央公論、改造、文藝春秋三社から、職業的排英論者撃滅演説会をやるから講師になってくれと云つて来たが断はった。もう少し立てばいくらでも書くこと位ゐは書くが、演壇に立たせることだけは勘弁して欲しいと云つてネ。どうせうたかたの且つ消え且つ浮ぶ生命など惜しいとは露ほども思はぬが、こんな場合に徒らに人心を刺戟したつて初まらない。この間もテロ団一味が三人ほど捉まつた。一人は千匹屋の番頭、北海道生れが二人ゐるとかきいたが、背後関係はまだ絶対に口を割らぬそうだ。新武器を使用して、ねらつてゐる一味を爆砕しやうと云ふんだそうで、銘々斬奸状を持つてゐたと云ふことだ。対手は池田、松平、湯浅等と云ふが、何れにしても物騒千万な世の中になつて来た。明治維新とてふど同じやうな傾向がうかゞはれる。

（昭和十四年七月廿三日）

日英会談対策の閣議では、近衛無任相を外く各閣僚から大分議論が出たらしい。若し決裂の場合はどうするかと平沼につつこんだら、平沼は頭をかゝへて、その時は又その時で考ひ直さうと云ふことだつたそうだ。いやしくも一国の総理が、こんなあやふやな態度でどうなるか。所詮この問題は内閣の命取りになりやしないかと思はれてならぬ。有田の奴が散々な目に逢ふのでは無いかと思ふと気の毒でならぬ。荒木なんかも相当つつこんだ様子だつたが、未だ椅子にへばかりついてゐたいと云ふ気持ちが有るのでいけない。職を賭しても戦ふ、信念を通す、その覇気が無くては、到底非常時日本は背負つて行けない。今度の排英も警保局あたりの下つ端役人と軍の中堅層が共同作戦で上のものなんかにはからず、いはゆる官営運動でやつてゐるものらしい。これには木戸もすつかり参つてしまつたらしく、宮中の御覚え一朝にしてめでたからずと云ふことになつてしまつたそうだ。板垣も運動については何にも知らぬと閣議で云つてゐたそうだから、確かにこれは中堅が単独にやつてゐるに違ひない。天皇様も大層御心配になつて居られるそうだが、近衛君にも、天皇様も民と共に御心配になるやうで無ければならぬと云つて置いた。何しろ大変な世の中である。

信毎にはてふどまる五年ゐた。株屋の番頭もやつたし、電気局の雇にもなつたことが有る。過去は一切忘れることにして、僕の履歴は代議士になつたときから初めるつもりだ。大阪朝日に行つたときは衣古しの洋服一着に英語の辞書一冊、外は何にもないんだから気楽なものだつた。早速宿屋へ陣取つて見ると、宿料五十銭と書いて有るのにばかに待遇がよい。聊か心配になつて番頭に、一体宿銭はいくらだときいたら三円だと云ふ。物の安い時代だし、給料は何んでも四五十円だつたと思ふからビツクリして、こんなところにまご〳〵してゐたら大変だとすぐに引つ越すことにしたが、懐中無一物で払ひがつきそうも無い。仕方が無いから会計係りに、「前借りは許すか」ときいたら、まだ入社して四五日で前借りとは何と押しの太い男だらうと俺れの顔を見てためいきをついてゐる。然しどうでも前借りしなくちやおつつかないので、二ケ月分ばかり前借りして引越したが、引越しときいて宿屋で大八車を雇つてくれたが、荷物は一つも無いんだから、これには聊か顔を赤くした。こんなわけで赤貧洗ふが如き生活だけは十二分に体験して来たので、大抵のことぢや、兵児帯れない。喰べものなんかも味噌汁にこうの物さへ有れば、何よりだ。只だ今でも嫌ひなのは、茶めしつてやつだ。あれは大阪時代何しろ手がかゝらないで、しかも手軽に済むと云ふので茶飯ばかり喰はされたので、しまひには茶飯を見たゞけに腹が一杯になつてしまふ。夢にまで茶飯を見ると云ふ有様で、爾来茶飯は今でも苦手の一つだ。

杉浦門下の変り種と云つては、小〔古〕島一雄老なんかもその一人だ。先生がいつか洋行先きから買つて来た辞書、日本にたつた一冊しか無い筈のものが神田の古本屋に出てゐる、これは不思議だと云ふので先生が八十円かで買ひ取り帰つて見ると自分の辞書だ。これは小島老が持ち出して入質遊興費につかつてしまつたもので、先生も度び〳〵こんな目に逢つたが、一切これを咎めることはしなかつた。小島老も今でこそ老人で納まり返つてゐるが、昔はソウトウのしろものだつた。

もう一人、名は忘れたが帝王を志した豪傑がゐる。勿論日本内地ぢやこの望みは果せるわけが無いので、ハワイに渡り女王にとり入つて半ば目的を達しかけたが、事志と違つて帰国、日露戦後当時なので徴兵検査を受けてゐなかつたことがわかり、徴兵忌避罪に問はれ獄中で遂ゐに死んでしまつた。この男が獄中から若い後輩に宛てた漢文口調の手紙は当時愛誦したものだが、今では忘れてしまつた。これも確かに豪傑だつた。

その他には桝本卯平さんも変り種だつた。桝本さんは第一回労働会議に労働代表でゼネバに行つた。

頭山先生は腰から下は仁義礼智信にあてはまるもので無いと云つ

てゐた。

誰れはあゝの彼れはこうのと、他人のやつたことばかり批判したがるのはよくない。反省と云ふのは自分自からすべきもので、他人に強要すべきものぢや無い。

この時局は前大臣の乞食ができるやうにならなくちや納まりがつきつこ無い。明治維新を顧みたつて、西郷とか大久保とか云ふ連中は今の判任官以下ところか、せい〴〵雇ぐらゐの階級から一足とびにのし上つて大臣参議になつたのだ。もちろん洋食の喰ひ方だつて知らなかつたし、行義作法なんて心得ては居なかつたに違ひ無い。これが時代の転換の姿だ。偉い奴つて云ふのは、今日の場合は只だ親の脛を余計かぢつて高等文官の試験かなんかに合格すればトン〳〵拍子でのし上つてゆくのだからたまらない。

近ごろ又ぞろ先生に対する悪質なデマが飛び初めた。その一つは、風見もいよ〳〵政界をあきらめて、近く樹立される汪兆銘新政権の要人になるんだそうだとか、又は支那の実業家になつて金儲けに没頭するんだそうだとかの類ひと、もう一つは書記官長在官中二三十万の現金をたくはへたそうだと云つた、まつたく根も葉も無いことを云ひ触らす輩が多い。どこからそんなデマがとび出すのか。この前官を辞したときも、風見はスパイ嫌疑で検束されてゐるとか、汪兆銘と逢ひにハノイへ渡つたとか、当のご本人が驚ろくやうな事実を云ひふらしたものが有つたが、今度のは少したちが悪すぎる。デマだから打ち消して見たところが仕方が無いやうなものだが、聴けば聴いたで腹が立つてたまらない。高い地位とすぐれた立場に在るものに対する風当りは、相当強いことだけは承知してゐるが、恁うも悪質なデマを放送するものが有るに至つては言語同断だ。昭和□〔二字欠・六〕年挙国一致を説いて民政党を離脱されたときも、ドル買ひの手先きになつて金を儲けたなどゝとんでも〔ない〕噂がとび、それがために選挙にもかなり苦戦したが、当時のデマの根拠は政敵の連中から放送したものらしかつた。今度のデマだつて矢つ張りそうした方面からとび出したものに間違ひ無からうか。自分は平素側近に在る一人として、先生が今どんな生活をし、どんな考ひ方で世に処してゐるかを記録して、後世史家の批判に待ち度いと思ふ。

民政党離脱当時の悪宣伝は時日が経過するにつれて全く事情が明白になり、今ではその先見の明をたゝへられてゐるほどだから、こゝに事情を説く煩を避けやう。退官以来のデマについては全く心外でも有り、国を思ふ念慮の厚い先生のために一言どうしても弁じておく必要が有らうと思はれる。もちろんこうした事実無根のデマは、こゝ一二ケ月で雲散霧消するに違ひ無いと信ずるので改めて書き綴る必要は無いかも知らぬが、現在先生の考へて居らるゝ思想については、或ひは永久に明るみへ出ないで了ふおそれ無しともしないので、敢てこの問題について記録をとゞめることにする。

デマが出る度びに先生は、「なあに、今にわかるよ。一々弁解して居た日にはわずらはしくてやり切れぬ。後世史家の批判に待つばかりだよ」と、いつもの調子と変はり無く一言のもとに片づけてしまはれる。淡々として世事に捉はれざる聖者の境地だ。「政治家のデマは、いつでも金に関する問題ばかりだよ」と云はれるときも有る。事実何遍かの悪質なデマは、すべてこれ金に関することばかりだ。何もかも事情を知つて居て只だ一言もこれを口にせず、黙々として吾れ不関焉の態度をとつてゐるのだから、器局《〔ママ〕》の大きさははかり知ることができない。

官を辞して暫らく別府温泉へ休養に出かけられたことが有る。斎藤様のいつに変らぬ深い心づかひによつたもので、自から好んで出かけたわけでは無かつた。まる一年七ケ月間激職に身命を忘れて奔走された先生は、まつたく白髪もめつきり増え、誰れの目にも疲労の色があり〳〵と読みとられた。あとになつて先生は、あの当時まつたくこれで命をおしまいにすると思つた、子供だちや女房のことを考へないわけでは無いが、政治家は自分のことを云つたり考へたりしてはいけない、自分が死ねばあとはどうにかなる、うたかたの仮りの浮世はどうでもよいでは無いかと告白されたが、生命がけで国務に奔走した先生に酬えられたものは何んで有つたか、知る人は知つても、世の中は知らぬ人だちが九分九厘だ。

やれスパイ嫌疑で檻禁されたとか、汪兆銘に逢ひに行つたとか、そんな根も葉も無いデマがしきりにどこからとも無く放送された。まる一ケ年七ケ月の間、余りにも華やかに新聞紙上に現はれた風見の文字がふつつりと消えて無くなつたのも、一つの原因をなしてゐるで有らう。官は辞しても事変の処理には重大な責任が有るから、みだりに物をかいたり、物を云つたりしまいとの考へ方から各方面の講演寄稿を一切断はつたのも、その副因にはなつてゐるやうだ。さらに久しく各方面へ姿を見せず、自から静思静養と称して満身の疲労を読書と揮毫によつて癒すべく努め、面会等も極力避けるやうにして居られ〔る〕のも大きなその原因に数ひなくてはなるまい。一椀の温い味噌汁を喫ふときでさへ、これでは戦地の兵隊さんに相すまないナと心から云つて居られた先生で有る、スパイ嫌疑の檻禁とは、よくもでつち上げたデマでは無いか。

さらに最近の金をためたと称するデマは、どこから何んのためにつくられたもので有らうか。洋服でさへつくらない先生で有る、アンゴラ会社から贈られた冬服一着でどこへでも出かけられる先生で有る。政治に志ざすものが洋服を新調したなんて云つては世間さまに相済まぬ、これが先生の偽らざる考へ方だ。だから少しばかり切れかゝつた洋服でも着て居られて平気なのである。生活もきはめて質素だ。家屋こそ無家賃なため驚くほど立派だが、床の間には目新しい一幅の書画も無ければ、庭の手入れ一つするで無し、障子さへも張り替へぬと云ふ始末だ。食事も三度〳〵一汁一菜、たまに知辺から贈られた塩鮭などを宛かも大牢の滋味として味つてゐる有様だ。心から貧乏生活に馴れ切つてゐる先生に対して、金をためたとのデマはまったく心外で有る。今でも斎藤様から補助を仰いで居られる生活ぶりを目のあたり見てゐる吾等にとつては、こんなデマをとばす奴こそ、心にさもしい考ひ方を抱いてゐるのだとしか考ひられない。

〔編者註①〕本資料は志冨靭負の筆記。なお、志冨靭負自身の回想部分は一文字下げて示した。
〔編者註②〕ペン書　ノート

6　日記

〔昭和十四年五月―九月〕

自昭和十四年五月十四日
至　〃　九月十四日

五月十四日
熱去る。正午博太郎、精二とアラスカにて昼食。三郎夕刻帰宅。よし子、とし子を同伴、稲毛に梨本氏病気見舞。
雨且曇、冷気甚し。

十五日
晴。
夜亀清にて緒方氏招宴。斎藤、真藤両氏同席。
白木屋眼科にて三浦博士に眼力検査を受け、眼鏡を更新す。

十六日
曇。
善光寺水尾寂暁師斎藤氏の招請で加藤重徳氏亡息のため供養読経

につき、午後同氏宅に行く。

十八日

鷲沢与四二氏同道、水海道行。高野に立ちよる。講演。夕刻帰京。

朝斎藤氏発熱、これを見舞ふ。

十九日

理髪。

ニユーグランドにて岸、牛場、尾崎と茶会。

古野伊之助氏と交詢社にて昼食。

二十日

国技館角力見物。三郎、とし子同伴。よし子同道、博太郎あとより来る。

大雷雨あり、帰途アラスカにて夕食。

二十一日

前川盈一郎、伏見武夫、伊藤武氏来訪。伊藤氏南京にて神林、柳町両氏に逢へる話をもたらす。

二十二日

正午アラスカにて吉岡文六、野中盛隆（東日）と会食。

四時於交詢社、宇野督学官及前川氏と、橘氏の件につき会談。

六時赤坂長谷川にて佐々弘雄、岸、牛場氏と中山優氏歓迎会。

萩谷敬一郎氏に書信。その末尾に歌をしるす。

　田の畔に腰うち下ろし何となく
　　行く雲眺め時過しけり

志冨氏上京。

二十三日

長野佐久岩村田農学校長山田氏来訪。読売花見氏来訪。

神林氏に書信。

津雲国利氏より政友会問題に関し、久原氏よりの伝言を電話し来る。

夜茨城義会春季総会出席。

今井彦造〔蔵〕氏来宅一泊。

志冨氏帰郷。

二十四日

雨。

今井氏かへる。

博太郎広島県広の海軍工廠勤務発令。

正午斎藤氏を事務所に訪問。

三越書籍部にて買物。

三郎試験始まる。

二十五日

博太郎午後三時特急にて赴任。

小石川の姉来宅。

夕刻雷雨。

普門品一部写了。

酒井駒治主計少佐宇都宮衛戍病院にあり、見舞状を出す。

吉田常次大佐に書信。鯉淵豊貞氏に書信。

遠藤重吉氏大阪日赤病院にあり、見舞状を出す。

二十六日
長野県熊谷村司氏来訪。読売花見氏来訪。

正午延寿春の会、西園寺、尾崎、牛場氏の外、小島一氏、和久田氏、熊谷村司氏、秋田県経済部長白石喜太郎氏参加。

博太郎のため長刀の製作を斎藤氏出入の刀匠に依頼せんとせしに、斎藤氏自宅蔵の刀を恵与すとのことにこれを受け、持参の刀は斎藤氏出入の刀匠にみがきを依頼す。この分は佐々弘雄氏より貰へたるものなり。

緒方氏を新聞社に訪問す。

二十七日
落合寛茂氏来訪、渡支につきあちこちに名刺を托す。アラスカにて共に昼食。
午後同盟福田政治部長来訪。
志冨氏上京。

二十八日（日）
文理科大学生荒井栄氏来訪。大宝村中島喜一氏来訪。
石原ふみ子、とみ子をつれて来り、とし子同伴早稲田運動会行、よし子同行。
雨時々あり、但しセル一枚にてよき季節也。終日家居。

二十九日（月）
曇。
冷気甚し、又袷となる。
渡辺泰邦氏来訪。
丸善にて洋書を求め、帰路桜田館に鷲沢氏訪問、時事を語る。
冷雲は梅雨の前兆なりとの予報也。
夜伏見武大氏来訪。
沼津初繭相場十円を超過す。

三十日
冷気甚し。

槙哲氏危篤とのことに横浜同氏見舞、但し到着前死去す。正午過帰途八聖殿に赴く。安達謙蔵氏不在、東京にかへり交詢社理髪。

朝国民塚本氏来訪。

博太郎広水交社着最初の書信あり。

和久田氏来訪。

三十一日
冷気依然強し。

大来修治氏来訪。

堀越九一、植田菊之助氏に書信。

酒井主計少佐、遠藤重吉両氏宇都宮陸軍病院にあり、見舞のため幕末愛国歌（川田順著）を送る。又同書を水海道小学に寄送。

伊藤武氏来訪、共にアラスカに行き、国民の木原、後藤、首藤三氏と昼食をとる。

夜根道氏来訪。

六月一日
夜来雨強く、冷気甚し。
朝斎藤宅訪問、明日の槙氏葬儀打合せを行ふ。
花見氏来訪。
終日雨。袷にセルを重ね、毛薄シヤツを着て尚ほ冷を覚ゆ。
槙氏追悼文を作り且つ清書す。

二日
築地本願寺に於ける槙哲氏告別式参列。

晴、冷気とみに去る。但し尚ほ袷のみにては薄寒を覚ゆ。

一昨年此の日、近衛公の組閣本部に入り、内閣書記官長たるを受諾す。即ち今日より当時にかへり、毎日在官日記を誌すこととす。

今日六日までを綴る。

三日（土）

半晴。

冷気去る、むしあつし。

大阪府会議員西野政右衛門氏来訪、新式封筒寄贈さる。

池崎忠孝氏に書信。堆浩、中島喜作氏同。

正午アラスカ、尾崎、牛場、西園寺、平井、林広吉同席。

荏原区長入江氏及吉田俊雄氏来訪。

糸賀治郎兵衛、桜井紀両氏、郡農会役員当選につき、挨拶状を出す。

北条町鳥長氏のため墓銘揮毫。

志冨氏上京。

昼の会にて先般平井氏出席の大迫少将を囲む懇談会に於て東亜協同体なる言葉が問題となり、謂ゆる右翼派の人達が「かゝる文句の製造者は風見にして、彼は元来思想宜しからず」など放言せる旨を聞く。又陸軍方面にても、此の語に関しては非難あるの故を以て使用せずとなし居るとのことを伝聞せる旨、このとき耳にす。言葉の末端的意味に拘泥して、兎や角と苦労し合ふほど末期的現象の露骨化し来れるを知る。

林氏より堀江邑一氏検束されたることを始めて聞かさる。

今夕温度二十二度。

加藤重徳氏に写経用紙を贈る。

四日　日曜
朝石川大佐来訪、航空忠霊塔の件について也。石川大佐は水戸人、退役者。
午前十時半の汽車にて熱海行。久しぶりに二時間山地散歩。斎藤別荘に泊る。

山渓中に時事を瞑想す、所得大なり。

五日
午前九時前斎藤別荘発、自動車にて箱根行。午後二時帰宿一泊。

六日
朝の列車にて帰京。在官日記十二日迄を誌す。
今夜より単衣となる。
酒井駒治主計少佐より見舞の礼状来る。
萩谷敬一郎氏来書。
朝比奈知泉氏遺族に香奠をおくる。

七日（水）
午前七時四十分上野発列車にて斎藤氏と共に水戸行。吉永知事を県庁に訪問。斎藤氏寄附の鹿島神宮境内に建築の道場建築費不足額四万円追加寄附決定。昼は山口楼にて昼食、知事招宴。それより聯隊区司令部訪問、次で第二聯隊に飯塚中佐訪問。張替、椎名、平沢には練兵場にて面会。帰路常盤神社参拝、彰考館に大日本史原稿、幕府時代のドイツ兵書筆写等を参観。午後四時十七分発列車にて帰京。富久屋にて夕食。

八日
朝雨後晴。

朝寺島二郎氏来訪。外山涅平氏来訪、外山氏渡支の相談也。

中村護氏野砲二十聯隊応召中につき書信。飯塚文二氏に書信。

菊田禎一郎氏より、大洗に開催の産組青年会出席要望し来る。不能の旨返事。

外山氏に托し、豊加美村の中島幸三郎（戦死）慰霊のため心経浄写を同氏遺族に送る。中島氏は慶應大学出身にして予の選挙に手伝へるが、後商工省に勤務し、事変勃発後間もなく召集されて転戦戦死したる好青年也。

谷田部町今高良一氏に書信。

午後そこはかとなく一時間半歩行。三年越の長途歩行なり。足底熱を覚ゆ。

池崎忠孝氏来書。和久田氏来宅。

博太郎に書信。

和合恒男氏来宅、但し会はず。

又予が近衛内閣再現運動をなすかの如き噂伝はる、心外千万也。現状を以てしては近衛公の出ること無意義にして、かくの如き運動はなす筈もなく又なす理由もなし。予は依然静思静養を続くるのみ也。

池崎氏に下旬赴阪の意向なる旨返書。

猿島郡七郷中川耕地整理組揚水機工事完成式に祝辞を書送す。

九日
雨後夕刻晴。
片見喜太郎翁村治改善の功績により、時の紀念日に表彰さるとのことに祝ひの手紙を送る。

午前十時より散歩。正午多喜山にて岸、尾崎両氏と会食。岸氏と交詢社にて時事を語り帰宅。

斎藤氏より博太郎へ寄贈の軍刀届く。

剣南詩鈔を読む。


［欄外］和合恒男氏支那満洲旅行より帰りたるにつき面会したしとの電話ありしも、所用のため何れ入信の節面会すべき旨返事す。

十日
朝矢中快輔氏及び古河五十畑東邦氏同伴飯島氏来訪。
正午丸の内常盤にて筑浦会斎藤氏全快祝をかねて開催。高須四郎中将、飯村穣少将、平沢千万人氏、武井大助中将、高野六郎博士、山口誠太郎少将、飯田憲之助氏参会。
午後日本クラブにて飯田氏と茶談、それより同道して斎藤氏を南昌洋行事務所に訪問。志冨氏上京。夜揮毫。

［欄外］曇。むしあつし。

十一日　日曜
曇後晴。

午前中揮毫す。沼尻八太郎氏に書信。

農工水海道支店長寺門健夫氏より、飯田氏に対する排斥の件につき心配して斎藤氏に書信ありたる旨につき同支店長に書信。

午後三時頃三郎、とし子を伴れて多摩河畔に散歩。

沼尻茂氏に贈る普門品表装出来。

十二日（月）

今日梅雨入り。朝進氏来訪。

朝木原、後藤（国民新聞）両氏来訪。千五百円餞別、両氏渡支也。この分は近衛公より預りたる分より支出。さきに滝正雄氏渡支の折、二千円近衛公の分より支出（残一万一千五百円）。

正午橘樸氏を万平ホテルに訪問。同氏本日痼疾療治のため入院。

葉梨新五郎氏夫人葬儀焼香。交詢社にて花見氏、有馬氏（読売）来訪。

理髪。

夜昭和塾にて座談会出席。後藤隆之助氏も出席、面会。

梅雨入なれども雨なし。

鶴田亀二氏来書。

十三日
朝晴。むしあつし。後曇。

萩谷敬一郎氏来訪、共に多喜山にて昼食。それより浅草を見物。

夜は桑名にて近衛公に招かれ、影佐大佐、岡海軍大佐、岸、牛場四氏同席会食。影佐氏より汪精衛工作の経過を聞く。

鶴田亀二氏に書信。

同盟小山氏、都伏見氏来訪。

水海道署管内にて昨夜五十名程に動員令下る。昨年度第二補充兵也。

十四日（水）
（此の日午後三時汪精衛氏、目白の近衛公別邸にて近衛公と面談）。曇。
正午木挽町竹葉にて斎藤氏、緒方氏と昼食。
霞山会館に近衛内閣備忘録編纂室訪問、主任荒井氏に方針をきゝ且つ意見を求めらる。
夕刻東方会に中野正剛氏訪問。
夜藍亭にて滝正雄氏招宴、出席。

十五日
快晴也。入梅以来無雨。
日光浴一時間。とし子遠足。
朝称好塾茶原義雄氏来訪。
夜茨城県人会出席、但し中座。
憲氏より義母病に変調ある旨電話あり。
外山浧平氏に書信。
夜喜文にて斎藤氏、谷萩那華雄大佐招宴同席。

十六日
快晴也。

永田正憲氏に谷萩大佐への紹介状を郵送。

百十四師団長沼田徳重中将に書信。

梅沢慎六氏に書信。福田長一氏に書信。

藤本尚則氏来訪、頭山満伝刊行資金調達の件也、断る。

伊藤武氏来訪。正午日本橋丸やにて森田久氏上京につき、中野正剛、緒方竹虎、大西斎氏と会食。午後交詢社にて山浦貫一氏、細川嘉六氏、尾崎秀実氏と面会。

夜喜文にて斎藤氏招宴、武井大助、高須四郎、高野六郎、平沢千万人、飯田憲之助、色川俊次郎、中村庸氏等出席。

十七日
快晴。
午前新井藤一郎氏及び読売新聞花見氏来訪。
細川嘉六氏旅行の件につき、尾崎氏を通し千円支出。
正午アラスカにて蛯田順一郎氏と会食。
晩翠軒にて説文註解百三十円。
夜築地錦水にて滝、船田両氏と共に、八木逸郎代議士の招きにより会食。
志冨氏上京。
地方無水の悩みを聞く、頻也。今夜より蚊帳をつる。
［欄外］手紙、比毛勇太郎氏へ。

十八日（日曜）
快晴。午前後に亘り日光浴一時間半。
朝大久保猛氏兄弟来訪。
橘孝三郎氏より原稿届く。
志冨氏に托し、沼尻茂氏に普門品一巻を送る。
小貫俊雄氏来訪。同盟記者新井氏来訪。

午後揮毫数枚。

博太郎来書の返書。

志冨氏帰る。

〔欄外〕出信、皆葉角次郎、染谷秋、古矢十三雄（三妻）、秋場勇助、永瀬永一（大生村）、冨山昇、西村三郎。

十九日（月）

晴。

橘孝三郎氏より原稿到着す、返事す。

染野喜一郎氏に手紙す。

斎藤氏を事務所に訪問、黒川太吉氏危篤を伝聞。関口台町の同氏寓居に見舞ふ。

東日野中氏来訪。

理髪。

〔欄外〕出信、増田寿太郎、渡辺幸一、斎藤容一（岡田村）、飯島滝三郎、鯉淵五郎右衛門、飯田誠、松村源四郎、諏訪寛一、松村孝三郎、永瀬清作、名和卯三郎。

二十日
午後三時発京都行。
犬田卯氏来書、返書。
都ホテルに入る。二十六日まで滞在。
滝孝三郎、鈴木重次郎、池崎忠孝氏来訪。
〔欄外〕出信、飯塚藤太郎、浅野武八、高橋文太郎、荻野源一郎、飯野義一郎。

二十三日
大阪行、国策研究会有志と会食。
大阪朝日社訪問。

二十六日
甲子園ホテル行。二十九日まで滞在。

二十七日
池崎氏と同行、山本発次郎氏邸訪問、同夜同氏の饗応をうく。

二十七日〔「二十七日」付の記載重複〕
朝岡野養之助氏病気を見舞ふ。

二十八日
池田知事訪問。夜星野行則氏の招宴、河田博士、伊藤忠兵衛、高原操氏等同席。

二十九日
名古屋観光ホテル一泊。三十日帰宅。

七月一日（土）
進氏来訪。安倍源基氏に返書。

出井にて昼食、岸、尾崎、渡辺、西園寺。
夕食、精二、三郎、とし子、ニューグランド。
鷲沢氏、矢次一男〔夫〕氏訪問。

二日
光浴一時間。

三日
朝出発、松本行。浅間温泉一泊。

四日
長野行。信毎同人と会見。戸倉さゝやホテルに泊る。

五日
滞在。

六日
帰京。

七日
木村重博士来訪。山本発次郎氏へ米山書幅二、明月遺稿一冊、書道私論一部寄贈の礼状を出す。吉田大佐来書、返書す。出信、日高正夫、針谷藤次郎、新井寛三、西沢圭、原貴雄、川船直次、矢口穀、新井藤一郎、中村富寿、沼尻茂。

〔欄外〕暑熱つよし。光浴午前後各一時間。

八日
志冨氏上京。神林氏宅に手当す。

九日
三郎、とし子を伴れ、志冨氏と共に長灘〔瀞〕行、河下りをなす。暑酷也。

十日
内海丁三氏に書信。林正三、矢吹氏同伴来訪。信州小学校長尾台保雄氏来訪。
正午交詢社にて木村重氏のため一会、滝川三郎、新井藤一郎、小竹豊、染野喜一郎氏同席。夜藍水にて飯島正氏招宴、小島一、花岡俊夫、小坂武雄同席。

〔欄外〕堀江三五郎氏除隊、夫人と共に立ちよる。

十一日
正午築地錦水にて関口泰、近衛文隆、西園寺公一、岸、牛場、尾崎会食。
夜花月にて矢次一夫、山内氏と会食。
渡辺泰邦、林広吉、中村金左衛門来訪。

〔欄外〕憲氏来訪。

十二日
正午山中喜一氏と多喜山にて会食。
慈雲尊者遺芳、山本発次郎氏来投。
大連伊沢貞興氏来訪。
精二帰郷、即日帰宅。

十三日
数日来暑熱、殊に甚し。菊田禎一郎氏、鈴木重次郎氏に書信。国策研究会理事会出席。後藤、木原両氏来訪。
暑気益々強し。夜雷雨。

十四日
午後五時四十分発軽井沢行、万平ホテル一泊。
精二此の夜行列車にて四国旅行。
山川行蔵、渡辺三郎、同高次郎氏に書信。
〔欄外〕内海丁三氏に書信。

十五日
正午近衛公別邸にて昼食を共にす。
午後三時過列車にて帰京。喜文にて西園寺、尾崎両氏送別会。
佐々、笠、後藤龍〔隆〕之助、岸、牛場参加。

十六日
石塚峻氏に吉田氏の件につき返書。今井彦造氏来訪、一泊。

十七日
正午出井にて真藤、緒方、松本健次郎氏と会食。尾崎氏に西園寺氏の分ともに二千円餞別。夜金田中にて山下亀三郎招宴、中野、緒方、大西同席。三郎沼津行。

十八日
落合寛茂氏支那旅行より帰り来訪。小林甚三郎氏、進氏来訪。暑甚。
〔欄外〕この日より防空演習。

十九日
榊原二郎、三橋則雄氏へ書信。

二十日
三橋氏に杜詩を丸善より送る。亀山慎一、石川家守、角野映、戸塚源七郎氏に書信。斎藤氏帰京訪問。

二十一日
正午岸、牛場氏とアラスカにて会食。国策研究会訪問。石下町八氏に書信。渡部卯平氏に書信。

二十二日
早川博士来訪。正午斎藤氏訪問。伊沢貞一郎氏訪問、不在。小竹豊氏訪問。志冨氏上京。
〔欄外〕冷涼。

二十三日
落合寛茂氏を囲み、晩翠軒にて昼食。佐々、伊藤武、伏見武夫、木村進、目黒不動住職青木氏同席。
飯塚文二中佐出征の挨拶に来訪。
〔欄外〕冷涼。

二十四日（月）
小島一氏来訪。小田村鈴木定次郎氏外三名来訪。とし子稲毛行。三郎に金十円送金。
星ケ岡茶寮にて横山中将送別会出席。

二十五日
高橋良氏に書信。夜向島弘福寺普茶寮にてむめい会出席。
博太郎、精二に連名にて厳島より来書。

二十六日
今井氏来宅。日本クラブ国語協会理事会出席。矢次、山内、立松三氏と多喜山にて夕食。

二十七日
三上卓氏来訪。

二十八日
正午佐々、笠、岸三氏と昼食。
三郎帰宅。とし子稲毛へ。

二十九日
夜富久家にて緒方、斎藤両氏と会食。志冨氏上京。張替候補生来宅、一泊。

卅日
石下斎藤氏、大山氏、板橋片岡氏、飯田氏来訪。
中川氏来訪、近衛公の書に箱書す。
昼延寿春にて張替氏のために昼食す。

卅一日
家居。伏見武夫氏来訪。
博太郎来書。精二夕刻長途の旅より帰る。

八月一日（火）
精二又旅行。井上雅男氏と錦水にて会食。

二日
朝三郎、とし子を伴れ（和久田氏同伴）強羅行。芦之湖を経て夕刻帰京。

三日
中村金左衛門、佐城四郎、江田仙、林広吉諸氏来訪。斎藤氏訪問、同氏夜行にて天津行。それを見送りに志冨、神林、久保村氏上京、一泊。

四日
大久保久逸、桜井紀氏来訪。
桜井村栗原氏外数氏に揮毫。岸道三氏、読売有馬氏及都伏見氏来訪。
夜津久松にて出氏会出席。冷涼也。

五日（土）
冷涼風且雨。川島孝彦統計局長来訪。飯島吉尭氏来訪。鶴田亀二、久保田清太両氏に書信。飯島氏、落合寛茂氏と竹葉にて昼食。午後交詢社にて岸、牛場両氏と会談。
風雨強し。茨城県暴風雨。
［欄外］鹿島宮司富岡盛彦氏来訪。

六日（日）
志冨氏上京、一泊。河田烈氏に山中喜一氏について信書。出氏に礼状。晴熱暑回復。神林氏に信書。国民新聞の後藤、木原、首藤三氏来訪、時事を語る。

七日
天候回復。早朝三郎、とし子、母と共に金沢浴場行に出かけんとし電車満員乗れず、空しく中止。

（五日水海道、土浦にて粳米一俵十五円を越す。大正八年以来の高値なりと云ふ。）

日独伊軍事同盟問題に関し陸軍側の締結主張をめぐり政局破綻漸く暴露され、政変説到る処に飛び政局不安増大す。

怖るべき物価騰貴の情勢顕著なるを見る。時局の前途を慮るとき、憂患頗る大也。今にして徹底したる国内改新を断行するに非んば、或はおそる、ドイツの歴史を繰り返すことなきやを。

夕刻風頗る強し。夜冷涼すこぶる凌ぎよし。夜半進氏来訪。

［欄外］朝夕とみに冷涼を覚ゆ。終日家居、読書。三郎不快臥床。習字消閑、養心帖一冊書写。

八日（火）

立秋。晴、風強し。

日清汽船広東支店山田悌二郎氏上京につき、山中氏と共に築地錦水にて昼食。とし子小石川の叔母に伴れられ、とみ子と共に海水浴行、即日かへる（江之島）。

鷲沢与四二氏と交詢社にて会し時事を語る、同憂也。

今日午後五時間近く五相会議あり。日独伊軍事同盟（対英仏戦をもふくむ）締結の急なるを陸相より主張し、内閣全く危機に陥る。

満ソ国境の戦況発表さる。

［欄外］朝三郎のため阿万医師来診。理髪。三郎臥床、夕刻診察あり、

流寒とのこと也。詩帖一巻書写を始む。

九日
三郎熱去らず、臥床。

小島一氏来訪。進氏来訪。

正午築地錦水にて沢田外務次官と会談。日独伊軍事同盟に関し、日本の自主的参戦を条件とするを排して陸軍側は無条件参戦を主張し議纏らざる事情を話題とし、政局の前途を語る。予は今にして国内改新断行され、政戦両略一元化と同時に正しき政治の手が打たるゝに非んば、前途深憂に不堪意味を説明す。

夜花見読売、荒井（同盟）両氏来訪。

〔欄外〕詩帖写了。南茨会館保存とする旨添書。南昌洋行加藤重徳氏訪問、今井氏のために一、五〇〇受領す。

十日
三郎経過良し。朝雨後曇涼し。

静野の女将帰還兵のため扇面の揮毫を頼みに来宅。皇風洽六合、五字揮毫。

水海道農業倉庫における昨日の新粳米一俵祝儀相場十六円を越すこと八十銭也。小麦価また奔騰し、俵十二円を上廻る。物価問題の前途憂慮に不堪也。

新設師団その他のため壮丁召集多く、又もや市内に「祝出征」の旗幟多し。

大連中村芳法氏来訪。

小島一氏について新北支開発会社総裁賀屋興宣氏に書信、庇護を依頼す。

小森準三氏に書信。

加藤重徳氏に昨日受領のための一書送る。

中村芳法氏今後一ケ年位東京駐在の予定とのこと。同氏より泰東日報振東学社の関係につき其後の事情を聴取。尚ほノモンハン事件その他の時局問題につき所見聴取。西伯利亜方面に露軍増派の情勢あるを聞く。

生田乃木次氏航空局事務官に就任したりとて挨拶に来訪。

終日家居。

三郎発熱なく快方に向ふ。

小島一氏に、賀屋氏に手紙したる旨書信す。

政局益々紛糾の模様にて事態容易ならざるが如し。此の政局の展開如何によりては重大なる国情の発展を防ぎ得ざる可し。所詮国内各般改新の必要愈急迫せるを思ふ。

精二帰宅。

十一日（金）
沢藤幸治氏に書信。仙台大橋豊四郎氏に書信。江木武彦氏に書信。
菅谷勇夫氏より八月三日第一線（ノモンハン）に出動の書面到着、直に励しの返書。
島長跡とりの衛氏、糸賀治郎兵衛氏外二氏並に糸瓜僧神谷氏と同道来訪。
交詢社にて正午新井藤一郎氏と会食。

大谷尊由氏の霊前に焼香す。

今井彦造氏に晩翠軒より墨壺を送る。支那鉄製のもの也。価十二円。今井氏に書信。

加藤寛道氏に書信。

阿部千代子氏に書信。

堆浩氏に書信。岸常二氏に書信。

朝夕頗る凌ぎよし、但し日中の暑はきびし。

〔欄外〕三郎快方に向ふ、但し依然臥床。夕刻全快に近し。石原とみ子帰家。

十二日（土）

葬儀委員として大谷尊由氏葬儀に参列。

正午武井大助中将と水交社に会す、語時事。平沢千万人氏同席。

矢中快輔氏夫人死去、弔問す。

岩永祐吉氏を同盟本部に訪問。古野伊之助氏同席、時事を語る。

古野氏談によれば、五相会議に於て日独伊軍事同盟問題に関し、首相外三相は六月五日決定の留保条件附同盟（対英仏の場合、自主的参戦）にて陸相も会得せるものと思考し居るに板垣陸相は会得せず、却つて他の四相はいたづらに同盟そのものに反対するものと思考し居り、その間に甚しき喰ひ違ひありと。而かも此の問題を円満に解決するの途殆んど無しとの見解を古野氏も会得す。

木戸内相より本間憲一郎等のテロ計画の模様を大谷氏葬儀場にて聴取す。

〔欄外〕三郎全快床上げ。朝快晴後曇。暑劇。志冨氏上京。小貫氏来訪。進氏来訪。河田烈氏に山中喜一郎氏を、賀屋氏に小島一氏を、何れも大谷氏葬儀場にて依頼す。

十三日（日）

熱劇。

萩谷敬一郎、大里、伏見、伊藤武氏等来訪。

片岡忠三氏依頼の分揮毫。萩谷氏一泊。

十四日

三木五郎氏来訪。須田誠太郎氏来訪。矢中氏夫人告別式参列。橘樸氏慰安会（延寿春）。

萩谷精一、金子行徳氏に書信。萩谷氏帰る。

とし子石原宅行泊る。

十五日（火）

山浦貫一氏来訪。交詢社にて小山亮氏と会談。とし子石原宅に泊る。

夜三木五郎、伊藤述史両氏と会食。

池崎忠孝氏より来書、七月十五日の湯浅内大臣爆殺未遂事件の背後に予あるが如きデマ大阪に飛ぶとて心配しての来書なり。心配なき旨即時返書。

〔欄外〕朝夕頗冷涼也。

十六日

国民後藤氏来訪。

東朝茨城版によれば、米価引上嘆願は却下されて値上禁止されたりとのことなり。米の配給かくては困難なる可し。

夜木挽町山口にて真藤氏招宴、緒方、沢田外務次官出席。

〔欄外〕晴。今井氏上京一泊。

十七日
とし子帰宅。晴。

鐘紡農業部長池本氏、渡辺泰邦氏、読売花見氏来訪。

沢藤氏に揮毫依頼し来る、承諾の旨返書。

正午カフエーAワンにて国策研究会理事会出席。交詢社にて岸、益田豊彦、佐々氏と会談。国民後藤氏来訪。

夕食味のもとビルのアラスカにて精二、三郎、とし子同席。

〔欄外〕今井氏かへる。

十八日（金）

朝快晴後曇。

神林氏より来書、帰還近しとの意をほのめかし来る。

ガス消費制限実行新聞に報道さる、石炭の不足によるなり。一般食料品店に醇バタなし、代用品のみなり。バタの輸出による。鶏卵同様不足甚し、牛乳同様也。

政局は日独伊軍事同盟問題に於て完全に暗礁に乗り上げて進退両難、如是の情勢は遂に政局の大混乱を招き、これを収拾するには尋常一様の手段を以てしては不可能なるに至るを恐る。物価全般的に騰勢に在り、時局は愈々重大化せりといふ可し。

夕刻大雷雨、夜豪雨あり。

下痢未癒、終日家居。

荒木大将に依頼の菅原村坂野中尉墓標の揮毫出来、和久田氏持参。

沼田徳重中将戦病死の報に接す。

水戸新米相場昨日一俵十八円四十銭の高値にて取引さる。

〔欄外〕児矢野夫人来訪。

十九日（土）

曇時々雨。午後一時半程雷豪雨、夕刻又豪雨。

豊島慎三氏来訪、青島方面の事情を聴く。

博太郎より来書、廿四日より休暇ある旨也。

寺門正大、関根基四郎、萩谷敬一郎、神林鎮男、藤田尚芳諸氏に書信。同盟塚原、朝日菊池両氏来訪、時事を論じてかへる。

都伏見氏来訪。志冨氏上京。

〔欄外〕下痢なほる。

二十日
台湾落合豊次氏来訪。
篠原来助氏来訪、三十円寄与。
豊島慎三氏のため木村進、和久田、志冨、小貫氏等と沢田家にて昼食。
沢藤氏に揮毫して送る。
小石川姉来訪、明日帰郷とのことに種々言伝てす。又川口姉に五十円を贈るを托す。
〔欄外〕終日雨強し、冷涼也。

二十一日（月）
終日雨、時々やむ。
三浦虎雄、馬場元治両代議士午前来訪。午後小山亮代議士来訪。

二十二日
天気回復せず。日を見るも忽ち雨雲来る。
ソ満国境戦又緊張の報来る。
ソ独不可侵条約成立の報来り、挙朝狼狽の色あり。時事不忍見といふ可し。
蘭亭にて益田豊彦氏支那談を聴くために、午後六時より一会。同席、佐々、笠、平貞蔵。尾崎、西園寺両氏も帰京同席。

二十三日（水）
国民後藤、木原両君来訪。読売有馬、国民塚野両氏来訪。
沼田中将遺族慰問。
夜ニユーグランドにて近衛公、岩永祐吉、古野伊之助、岸、牛場氏等と会食。
〔欄外〕晴且曇。理髪。

二十四日
木村杢之助氏来宅。心経一帖を贈る。
朝大久保猛、渡辺泰邦氏来訪。
夜星岡茶寮、井上雅男氏招待出席。
〔欄外〕晴。

二十五日（金）
晴、但し風つよし。
林正三氏来訪。
今井氏、吉田博士同伴来訪。
鷲沢与四二、小島一氏とニユーグランドにて昼食。
博太郎帰宅。夜晩翠軒にて進氏を交へ一家会食。

廿六日
池崎氏来訪。晴。あつし。
正午西園寺、尾崎氏とアラスカにて会食、支那視察談を聴く。
志冨氏上京。
夜後藤、木原、伏見氏等来訪。
夕刻小林順一郎氏来訪。

廿七日（日）
晴且曇、雨もあり。
〔欄外〕旧暦盆（七月十三日）。

廿八日（月）
大来修二、小沢正元両氏午前中来訪。平沼内閣朝総辞職す。即日

阿部大将に大命降下す。惟ふに此の政局の転換は、或ひは社会革命の第一歩たるべし。思ふてこゝに到るとき戦慄を禁じ難し。

［欄外］博太郎、とし子をつれて帰郷、即日帰京す。土田右馬太郎氏来訪。志冨氏上京。

廿九日
晴。熱甚。

正午ニューグランドにて博太郎のために、精二、三郎、とし子と昼食。

志冨氏かへる。

八月号の中央公論にて独ソ接近説を載せ、九月号にてそれを無稽として取り消す。而して今如此、笑へざる喜劇と云ふべし。

板垣征四郎、飯田憲之助氏に書信。

阿部内閣の組閣殆んど成立、その構成を見るとき前途の波瀾を思はしむ。奏請者の責大なりといはざるを得ず。

満ソ国境の戦局重大なる情勢を示しつゝあり。ハイラル近傍爆撃されたりとの噂を聞く。

三十日（水）
米内光政、橘孝三郎氏に書信。
渡辺泰邦氏来訪。
熱強し。
博太郎、夜行列車にて広へ帰任。
阿部内閣親任式終了。
近衛公が此の内閣の推せん者たるの責を分担するは、同公のため慨嘆に不堪也。
ソ満国境戦拡大の兆あり。

三十一日（木）

晴。熱つよし。

山本五十六氏に書信。

斎藤隆三氏夫人葬儀告別式に行く。

朝尾崎秀実氏来訪。正午延寿春にて昼食、尾崎、西園寺、牛場同席。牛場氏よりきく、「湯浅内府は池田成彬氏を後継内閣の首班に推さんとせるも、木戸侯は治安の責任をとり難しとて反対し、松平康昌氏（内大臣秘書官長）同様に進言し、終に阿部信行大将択ばる。阿部氏大命をおうけする折陛下は、板垣の辞表が平沼総理と同文なるを指摘して暗に板垣の退職を迫り、陸相は陛下自から選任すとて畑大将を指名し、更に新英〔親〕政策をとるべきを特に命ぜられたり」と。畑大将陸相就任の事情如是、更にそれがために板垣氏は派遣軍副司令官たるべき筈のところこれも沙汰やみとなり、参謀本部附となりたるものとのこと也。

九月一日
晴。
斎藤氏満洲よりかへる。朝訪問。
園田徳太郎氏来書、返書す。
欧洲風雲急を告げ、独飛行隊ポーランド爆撃を断行すとの新聞電報来る。

木原、後藤両氏来訪、時事を語る。

伏見武夫氏来訪。

とし子学校初め、副級長となる。

二日
三郎出校。二百十日平穏也。

欧洲情勢更に緊迫す。

橘孝三郎氏より来書、これを三上卓氏に転送。永田正憲氏に書信。

花見氏、豊福氏午前来訪。花見氏の言によれば、多田駿氏を陸相たらしめんとする案については、軍内にも血を見てもこれを拒否すとの反対運動ありたりとのことなり。

野田蘭蔵氏来訪、支那視察を聴く。共産党の戦術及び我が方の施策の貧困、並に主脳部の認識不足について痛嘆す、耳を傾くべし。

満蒙国境戦猛烈の模様也。

終日家居。

酒井為太郎氏に百業帰農の四字を書ける色紙を送る。志富氏上京。

三日（日）

曇。

小貫基氏来宅、小石川の姉と共に帰郷して養母の病気を見舞ふ。

志冨氏同道かへる。岩永氏弔問。昨日軽井沢にて死去。

欧洲情勢険悪の一路を辿る。

西村茂少佐に書信。進氏来訪。

岡野松男、片見松郎氏に書信。

中島喜作氏に書信。

日本時間午後七時十五分英国午前十一時十五分、英国対独宣戦の報至る。日本としては対ソ関係最も憂慮さる。一たび対ソ関係一層の悪化あらば、日本の政治方針は急変更を要するや当然にして、現内閣これに対処し得るや甚だ心もとなし。

［欄外］日本時間四日午前一時フランスも宣戦。

四日（月）
曇。冷涼。
英仏宣戦の報に朝野を挙げて興奮の色濃し。
増田、北川、吉田三氏来訪。
南昌洋行に斎藤氏訪問。
仏独戦闘開始の報到る。萩谷氏来書。
［欄外］理髪。

五日
曇。冷涼。
萩谷敬一郎氏に書信。山本武弘氏来訪。
正午小山亮、今井新造両代議士と会食。
長野県宮坂亮、結城町小篠雄二郎両氏に県議選挙出馬につき書信。
読売有馬氏来訪。
対ソ停戦交渉を日本より申出たりとの報あり。
支那占領地域における交戦国軍隊の引上げを要求するに決したり

との報あり。

六日
曇。暁頗冷涼。
三郎学校通学開始。
小山貞知氏来訪、時事を語る。
ポーランド政府首都ワルソー撤退の報至る。
英飛行機ドイツに宣伝ビラ戦をさかんに行ひつゝあるとの報至る。
独仏間戦闘漸く烈しからんとす。
米国中立法発動の報到る。
東武氏葬儀参列、それより有馬伯と会見。
〔欄外〕木村皓一氏に書信。

七日
半晴。残暑酷し。
宮坂亮氏来訪。
岩永氏告別式に参列、近衛公に会ふ。
有馬伯訪問。鷲沢氏と交詢社にて会談。
志冨氏上京。

八日（金）
晴。あつし。
山口清氏に書信。志冨氏帰宅。
ニユーグランドにて小沢正元氏歓迎会、正午関口泰、西園寺公一、尾崎、岸氏等出席。

九日
晴時々俄雨あり。
田中知平氏と帝国ホテルにて会見。
正午吉岡、野中（東日記者）両氏と会食。夜官可川にて岸常二氏送別会出席。

十日（日）
曇俄雨時々あり。
吉田常次大佐帰還につき品川駅に出迎ひ、上野駅に行き面会（午後）。
西村三郎氏来訪。今井彦造氏来訪。
外電は英独共に長期戦覚悟を放送す。
飯田憲之助氏のため箱書二。

十一日（月）
晴。
終日家居。光浴一時間。
精二学校始め。
欧洲長期動乱に入るべしとの観測漸く強し。志冨氏上京。

十二日
信州黒田新一郎、中央公論青木氏来訪。落合氏きたり、ともにアラスカにて昼食。

日向利兵衛氏告別式参列。

林正三氏に書信。志冨氏かへる。

西尾氏、板垣氏ともに支那派遣軍の重職に就く。ともに責任は自ら問ふべきにあらずして他の問ふものとするに在るか。かくてはつひに他の責任を問ふもの出現すべし、慨嘆に堪へざる世相也。両者とも好人物と雖も、その行蔵かくの如し。軍官ともに責任を知らざるの情、たゞあきれかへるの外なし。事かくの如し、革新はたゞで出来ざるなり。


［欄外］曇。

十三日（水）

今井氏のため、あちこちに手紙を書く。

米屋休廃業者多しとのニユースを見る。米の配給思はしからざるによる也。

菊田禎一郎氏に書信。憲氏来宅。

光浴一時間余。

午後三時有馬伯の茶会、千石興太郎氏も出席。八木沢氏より米問題重大化の事情を聴く。

午後六時より「アラスカ」にて小沢氏歓迎会、八木沢、笠、佐々、西園寺、古沢、伏見、伊藤氏等出席。


［欄外］晴。又もや市内に反英運動の立札、ビラ等を見るにいたる。

十四日（木）

晴。

今井氏のため手紙を書く。

沼田徳重中将告別式参列。

賃金値上案を内容とするストライキ漸く顕著なる情勢に在り、但し新聞報導禁止。

満蒙国境に於ける戦ひにて我が軍甚だ不利にて、此の戦ひに関する軍への非難或ひは他日甚しからんとする傾向あり。重砲の如きも多数これを棄てゝ退却したるものゝ如し。この敗戦をもりかへさんとする作戦に出でつゝありとの噂あり。果して然らば、国情は容易ならざる危険を前にすといはざるを得ず。伝ふる所によれば、師団長一人わづかに助かりたる戦ひもありたりとの事にて、さほどの噂は噂なるべけれども苦戦の状甚しかりしものゝ如し。

米は朝鮮少く見積るも今年八百万石生産減、旱天のため也。内地にても九州、中国、四国の旱害はすでに明かなるが、その後岐阜富山等も八月後の旱天のため大減収あきらかとなり、それがため米の問題漸く深刻に考慮され出したり。来年の端境季に入らば到底たゞ事にてはすまされぬこと予想さる。かく米の問題深刻化のために小麦の売出し不足し、小麦粉の不足も亦深刻に訴へらるゝに至れり。

欧洲にては戦況漸く活潑を報ず。

真鍋町高安源禎氏に、県会議員選挙において予の立場を明かにせる手紙を送る。蓋し今日の情勢下に在りて選挙に関係するは、予の良心これを許さゞるを述べたるものなり。

電力不足のために二三日前より電光節約行はるゝ事となり、東京市内の繁華街に在りても、けばけばしきネオンサインなど消されて暗くなる。今日の新聞報導によれば、この冬は電気ストーブの使用は中止也。ガスストーブも中止也。而して木炭不足も亦甚しかるべきこと予想さる。

東京市内の場所によりては醬油の不足を告ぐる所もあり、日常生活への物資不足の影響漸く深刻化せんとするに至れり。

夕平沢千万人氏と会し共に時事を語り、晩食を共にす。一切の資力を動員して米国より石油、銅の如き物資輸入を計画し居ることが、果して予定の如く行くや否やは重大なる問題なり。よく行けばよし、然らずんば事甚だ面倒といふべし。外電は何れ米国の参戦を報ず、然らば日本に渡すべき必要物資は自然不足するに非るか。

7　手記「昭和十四年八月」

〔昭和十四年五月—九月〕

昭和十四年八月

東亜新秩序建設一般経略

一、此の事業の達成は、少なく見積るも今後十年乃至十五年を要す。

（五月）

一、此の事業達成のために必要なる対外政策
（イ）対ソ聯外交。このためには対ソ国防力の充実を期するを基本とせざる可からざるも、対外策として我が国に関する限りソ聯をして常に孤立の地位に在らしむる工作施策を必要とす。此の見地に於ては、謂ゆる独伊防共枢軸なるものに深入りす可からず。殊に次に指摘する対英米外交を思量するとき、此の枢軸への深入りは最も警戒を要することを忘る可からず。
対ソ関係は最初はこれを牽制し、それがためにその孤立を策し、東亜新秩序の建設漸次その歩を進むるに随つてソ聯とは互ひに不侵不犯の関係を樹立し、ソ聯をして其の力を欧洲方面に用ひしむる様リードするを必要とす。東亜新秩序の建設は一面に於

て支那に対するソ聯の圧力を排除するにあるも、此の事はソ聯との一戦を経て、然る後に非ずんば実現し得ずといふ性質のものに非る也。

（ロ）英仏米に対する方針

東亜新秩序建設の最後の段階に於ては東亜の東亜の実現を内容とするが故に、元より支那より英仏米等の勢力を駆逐し尽さゞるべからざるも、その過程に於ては寧ろ最初は夫れ等諸国を敵とすべきにあらず、寧ろこれを利用するを以て賢明とす。即ち最初の三年位はこれを利用するの途をとり、次の三年間にこれを駆逐するに足る百般の準備を完了し、その後に於て漸次これが駆逐を実行するを可とす（右の最初の六年間は対ソ国防力の充実につとめ、英米仏の勢力駆逐の方策を実行する時期に入らば対ソ関係を調整すること）。

一、此の事業達成のために必要とする対内策

（イ）全力を国防産業の発展に傾くること

（一）最初の三年間に全力を国防産業に傾倒するが故に生ずべき種々各般の国民生活態勢の確立を期すること、例へば工場単位労働組合の組織を基本とする労働会議を以て現存の民意代表機関たる議会の機能を代行せしむるが如し。又は農村組合又はその他の組織を単一化して、労働会議同様の機能を持たしむるが如し。

（二）次の三年間に徹底的生産能力の培養、例へば熟練工の組織的訓練、農村の機械化その他。

（三）次の三年間に生産の徹底的拡充。

（ロ）十年間は大兵の支那駐屯を覚悟すること、これに必要なる対策。

（ハ）憲法停止。

（ニ）満洲国併合 三ケ年準備を期す。

（ホ）〔記載なし〕

政治綱領

平沼内閣退陣の経過並に阿部内閣の成立の事情によつて、将来の日本政局は次の約束に絶対的に束縛せらるゝに至れり。

（一）旧勢力を利用する国内革新は絶対に不可能なり。

（二）旧勢力は一種の革命的手段によるにあらざれば、日本に於ても亦これを払拭し得ざること明白となれり。随つて晩かれ早かれ、旧勢力払拭のために大衆の蜂起を見るに相違なし。

〔三〕（四）旧勢力払拭の過程は即ち政治的混乱也。

〔四〕（五）此の混乱季に在りては、満洲、朝鮮、台湾共に叛逆すべし。

（五）この過程中にありて革新日本体現され、その力によりて東亜新秩序の建設は行はるべし。

（六）旧勢力とのつながりに於て革新を目標とする一切の運動は、結局に於て革新を拒否する旧勢力の傀儡たる役割を果すに過ぎざる運命を持つ。斯くて革新を拒否する勢力のためにその本体暴露を巧みに遮蔽せんとする一道具化すべし。

（七）混乱季に入る以前に於ては、革新を真に具現化せんことを目的として然かも随つて旧勢力と連絡を有たざるものは益々

弾圧さるべし。

（八）軍官共に旧勢力の領域内に追ひこまるべきは必然にして、その内部に於ては革新非革新の争ひ愈々深刻となるべきも、結局力を内部抗争に費すのみにして革新的推進力たるの実力を発揮し得ず、実体としては旧勢力の走狗としてのみ、その勇猛さを発揮すべく約束さる。

（九）汪工作は失敗すべし。対ソ関係を調節せんとするも不可能なる情勢にあり、対英関係に於ても同様なり。かくて物資その他の関係より長期対蒋戦戦〔ママ〕の困難の増加は汪工作を急ぎ、その形体を整へて撤兵を急ぐを要することとなり、此のことは汪工作の結晶が英米に結びつき、日本は裏切られ、英米勢力は蒋汪操縦を策し、然らずんば蒋はロシアの走狗となり、日本の立場は益々困難となるべし。この情勢は国内政治混乱の情勢に拍車をかくることゝなるべし。

汪は察するに、日本の政情に顧み日本に愛想をつかし、対日平和を叫びつゝ英米接近に秘術をつくすべし。以て日本収兵の事態に備へんとすべし。

（十）日本の対英米政策はこれを貫徹せんとするも国内の勢力統一の欠如により、結局口頭論に終る可し。対ソ策同様なり。

（十一）経済的困難は重加して政治的混乱の前駆をなすべし。

欧洲戦争の影響

英　米国を利用して日本の反英行動を牽制せんとすべし。

独ソ　日本反英的に非る限り、ソは満洲にて日本を掣肘せんとすべし。

日本反英ならば、ソは日本を制ちうせず力を専ら蒋援助に注ぐべし、以て日英衝突を高見物の態度に出づべし。

日本反英的ならば、米国これをけん制せんとすべし。物の問題にかゝる蒋の恐るゝ所は、日本が親英的にして満洲に兵を集め、ソを圧迫することにあるべし。

日ソ不可侵関係成立せば汪問題如何、ソ蒋関係如何、対英米関係如何、対独関係如何。

日英親善とならば、対ソ対蒋対汪関係如何。

対ソ協調は可能なりや。

ソ支関係の将来如何。

日英米関係如何。

日本の経済力如何。

欧洲戦争の見透し如何。

8　日記「備忘録　昭和十四年九月以降」

〔昭和十四年九月―十月〕

備忘録　昭和十四年九月以降

此の月（九月）欧洲戦乱勃発し世界大動乱となる。実に大変な世の中なり。これより再び平和保障の世界新秩序の建設が成就さるゝまで、幾何の歳月を要す可きか。今日の少年者流は全く新しき時代の開拓のため、恰かも戦国時代初期の少年と同様の苦労を背負はさる可し。かばかりの大動乱の時代は、正に人類創史以来のこととといはざるを得ざる也。十八世紀フラン〔ス〕革命より十九世紀前半の産業革命過程中の欧洲史を想起す。惟ふに今次の大動乱は支那事変を含み、正に資本主義の死滅とこれに代るべき世界新秩序建設の発端を区画するための最後の陣痛にして、而して旧秩序にとりては宿命的死闘の序幕たるべし。

九月十五日朝誌

九月十五日（金）

晴。旧暦八月三日也。

今夜の首相の衆各派招待会出席ことわる、無意義也。

光浴午前一時間。西川甲七氏に書信。

今井氏のため、あちこちに書信。

欧洲戦は長引くべし。その副産物として発生すべき各般の社会問題は、自ら欧洲諸国の社会革命を約束すべし。資本主義は揚棄されて、新しき生産組織の上に新しき社会組織の建設を見るに至るべし。東亜の新秩序建設も方向の転換を要すべし。即ち資本主義抛棄の機会をつかむことを要すべし。

ドイツ軍ワルソー総攻撃開始の報あり。独仏戦線の戦況益々活潑となる。

志冨氏上京一泊。

十六日（土）

米石炭等に関する流言取締を厳重にする旨の新聞報道あり、以て実情を察す可し。木村皓一氏等のため揮毫十数枚。

午後交詢社にて後藤、木原両氏と会見。

夜高安源禎氏来訪。

ノモンハン戦の停戦協定、日満ソ蒙間に成立し号外飛ぶ。日英米接近を牽制せんとする独ソの諒解がこの停戦にソ聯を動かしたるに非るか、ソは力を支那に向けんとするに非るか、果して然らば停戦による得失相半ばすといはざるを得ず。この停戦の結果、日本が親独的となり反英的とならば、蔣はソ英米両方をあやつり得ることとなるべし。又米国は益々反日的となるべし。ドイツ勝たずんば、後患恐るべし。実に活潑にして乾坤一梶〔擲〕、臨機応変の外交を要するときなりといふべし。断じて苟安をむさぼるときに非る也。

［欄外］風強し。半晴。理髪。交詢社にて体重をはかる。着衣着靴のまゝにて十七貫三百匁也。

十七日（日）

曇。風強し。朝夕は秋冷漸く膚に覚ゆ、但し日中は依然熱強し。

下妻山口一郎氏来訪。沢部氏県議立候補に関する相談なり。二百円寄附す。

鈴木春吉、初見喜一郎両氏に書信す、返事也。両氏共に立候補す、但し応援は謝絶す。

福田長一、須田誠太郎、江木武彦氏等に書信。

古谷輝夫氏来訪。

按ずるに、軍官民ともに結束益々弛緩の傾向あり。所詮望ましからざる事態の発生なしには、到底真の体制出現することなかるべし。統制益々強化さるべく、官民間の摩擦一層深刻化すべし。軍にありては反英非反英等の事情をめぐりて、益々内部派閥抗争を激化せしむ可し。蓋しかゝるは今や避け難き宿命的軌道といはざるを得ざるなり。

独帝子息ポーランド戦線にて戦死す。

ソ軍西部に四百万の兵配備の報あり。

高安氏の為めに数枚揮毫す。

露軍今日日本時間午前十一時ポーランド進駐を開始す。満蒙国境停戦の次日此のことあり。何方の外交の勝利か、日本は利用さるるだけ利用さるゝの結果を招がざるため十分なる外交的措置を要するも、果してその措置を講じつゝありや甚だ憂慮に堪えず。ソ聯は親日の仮面の下に支那赤色勢力を培養するに努めて日本を牽制せんとすべく、英米勢力は日ソ独の親善によりて招くべき不利を償はんとして援蔣しつゝ、日本に物資的圧迫を加ふるの策を取るべし。此の間に処し日本は如何にすべきか、速かに完全なる戦時体制を徹底化して、ソ聯英米をして日本を憚るの必要を痛感せしむる以外に途なし。かくてこそ自主独往にして支那問題の解決に専念し得べし。然るに実情は如何。政治は枝葉末端の技巧的措置に力を費すのみにして、殆んど一も必要とさるゝ体制の確立に向ふなし。これ憂慮に堪えざる所以也。粛軍粛官粛民の巨手を揮つて所要の体制を確立することこそ今日の最大急務にして、而して眼前の国情はこの急務に背反し且つ背馳す。而して謂ゆる指導階級は県議戦位に没頭す。時事まことに見るに忍びざるなり。かくては列強より利用されるだけ利用されて、終に背負ひ投げを喰はされずと誰か断言し得べきか。而かも此の事態を打開するの途、殆んど無し。かくて国情は最悪の場合にむかつて驀進しつゝあるの憂慮を益々深めざるを得ざる也。

ソ聯、ポーランド壊滅を認むと宣言し、ポーランドはソ独間に於ては抹殺さる。

［欄外］終日家居。池田清氏に書信。飯田憲之助氏に書信。天谷一郎、佐藤儀助氏に書信す。

十八日（月）

秋冷とみに加はる。須田禎一、林正三氏来訪。林氏と共に斎藤茂一郎氏を訪ね愛郷塾再建の相談し、斎藤氏より四千円を寄贈さる。
緒方氏と会し時事を語る。
夜井上藤三郎氏、横矢氏と会食。
桜井紀氏来訪。
此の日雨。

十九日（火）
秋冷俄かに加はり、単衣肌寒し。曇。
和合恒男氏講演依頼拒絶返書。高安源禎氏に返書。大久保久逸氏、今井彦蔵氏選挙事務所に激励の手紙を出す。
△ノモンハンの戦ひ、日本国軍創設以来の見に忍びざる大敗戦にして、その結果停戦協定となりたるを、国民に向つては一歩も退かずして停戦したる如く宣伝す。かゝる小細工が、結局は国軍の内部崩壊を招ぐに至るべきや必然也。実情を明かにして国民の奮起を促すことなく、却つて敗戦を国民の前に糊塗するも、支那満洲朝鮮等の民衆の間に侮日的傾向を擡頭せしめ、且つ又外国に於ける日本国軍の権威の失墜を招くに至るを奈何せんとするか。小人凡庸、ついに自らその末路の悲惨なるべきを約束する所以なるが、これがために遂に混乱の時代を生み、支那事変そのものの失敗に了らんことを憂ひ、痛恨の限り也。
此のノモンハン戦停戦協定中には捕虜交換のこと公表さる。捕虜となりたるもの存在することを公表したるは、国軍の立前として前例なかるべし。捕虜となるも交換さることありとの印象、及びかゝる前例ありとする考へ方は、たしかに日本としては意外といふべし。敗戦を公表せずして此の事を公表するに至りたるは矛盾也。これを公表すべくんば、敗戦も亦公表して悪き筋合のものに非る可し。筋道立たざる行動はあくまで排斥さるべきなり。
△正午京亭にて東日野中氏と会談。夕刻レインボーグリルにて真中義弘氏メキシコ渡航送別会。
△ソ独、ポーランド分割実現され、波大統領亡命す。露土不可侵条約成立近しの報、漸く確認されんとするものゝ如く、欧洲の情勢日に深刻に緊張し、一方米国は太平洋にその海軍勢力を張りて日本牽制を露骨化せんとするの兆濃厚なるものゝ如く、その形相は新聞紙面に映し出されつゝあり。此の数ヶ月間は将来の世界史の方向を決定するに最も大切なる条件を生み出すべし。為政家の最も慎密なる工夫を要するの秋なりといはざるを得ず。
汪精英〔衛〕は日本の実情を考慮してならん、己れを日本が必要とすることの故を以て漸く態度不遜の傾向あり。対汪工作の前途悲観なりとの観測行はる、もつとも警戒を要すべし。
△桜井紀氏のため推せん状を出すことにつき、小田村鈴木定次郎氏に書信。
△ノモンハン戦――小松原兵団は完全に敵戦車に包囲され、兵団長は切り死すとて敵陣に突入せんとせるも、これを引きとめ中止せしめたりと。

〔欄外〕南畝義生氏に書信。物価釘つけ案政府発表す。神林氏より宇品着電来る。

二十日（水）

夜来雨。冷つよし。終日雨強し。

朝渡辺泰邦代議士来訪、ノモンハン大敗戦の事実は政府これをひたかくしにかくし乍ら、すでに世間に流布されつゝ〔あ〕るとのこと也。

△北海道に満洲巡査募集ありしに、応募者僅に二名に過ぎざりし由也。巡査志願者激減し、為めに巡査の素質甚だ低下しつゝあり。小学教育者の場合同様也、可恐。

△冷気つよく俄に夏去りて、障子襖ともに必要となる。物価は高騰する一方にして、而かも物価の抑制その運営宜しからざるに由り、謂ゆる暗相場は普遍化の情勢漸く著し。

△海軍はその拡充予算肯定の機運をつくるために、米国海軍勢力侮り難しの宣伝を開始せんとしつゝあるものの如し。かくては予算の膨脹甚しかるべし。財政の前途、いよ〳〵あやぶまるといふの外なし。

△正午出井にて真中氏渡墨の送別会を催ふす。真中兄弟出席す。

△神林氏出迎のため志冨氏等上京。

△卵牛乳等の不足甚しく、又砂糖も不足甚し。久しぶりの雨、水力電気発電量増加し、電気飢饉何ほどか緩和さる。

△植田大将かへり、その功績たゝへらる。而してノモンハン戦大敗の責任を問ふものなく、当人その責を感ずるの色なし。あきれかへりたる世態といはざるを得ず。責任感の上層階級に於ける頽廃も亦甚しといふべし。所詮責任感の発揮さるゝ世にまで転化されざる可からざるなり。

△ソ独、ポーランドを完全に料理尽す。ソ聯は恐らくこゝに戦局を限定して、バン〔ル〕カン半島及び東欧に外交の秘術を尽してこれをその指導下に置くの工作を進めつゝ、一面に於ては支那の赤化勢力培養に力を貸し印度に出路を探しつゝ、然かも独英仏の抗争を長期に亘らしめて世界的革命の機運促進を謀るべし。米国は日本を牽制して太平洋に於ける英仏の勢力の番犬の役割をつとめ乍ら、終に太平洋のヘゲモニーを目指すべく、それがため日本が支那事変の解決難に苦しむを求めて策動すべし。神林氏午後十時卅分東京駅着、出迎ふ。

〔欄外〕夜豪雨。

二十一日（木）

海東要造氏来訪、飯村中将、多田中将、山西恒郎氏に紹介状を書く。

正午多喜山にて飯田氏と会食。

又むしあつくなる。

志冨氏、渡辺代議士に同伴帰郷、桜井氏応援のため也。

〔欄外〕半晴。

二十二日

朝豪雨後曇。午後むしあつく、夜も裸にて冷を覚えず、真夏の如し。

上海伊藤武雄氏上京、正午出井にて会食。

細川嘉六氏農村視察了る。その視察談を日本クラブにてきく。同席、尾崎、西園寺両氏。別項にもあり。

汪精英政権成立の機運漸く促進さるとの新聞電報漸次頻繁となれるも、此の事態は次の諸危機を包蔵するものと思はる。即ち、

イ、欧洲情勢の変化とノモンハンにおける日本軍の敗戦と日本の対英米政策の不徹底等より帰納して、汪は日本の立場の困難を感得し、随つて新政権の落ちつき場所を蔣政権の腹中に置かん〔と〕する工作を怠らざるにあらざるか。

ロ、ソ聯は日本を停戦の餡にて操りつゝ支那赤化勢力の培養に力を注ぎ、依つて以て日本をして支那との抗争に力を尽さしめんとすべく、此のことは蔣政権をして反共戦線の名分の下に汪と合作の可能を生ず。

ハ、蔣政権下より逃亡するもの多しとの宣伝は、蔣汪の連絡漸く成れるを物語るものに非るか。

ニ、日本が汪中心政権の組織を急げば急ぐほど、此の政権は陽に日本をたより、陰に英米と手をつなぎて、その橋渡しにより蔣とも合作して日本に背負ひ投げを喰はさんとする危険多し。

〔ホ〕ハ、日本としては汪政権の樹立はこれを急がずしてしつくりと占拠地域のことに力を注ぎ、欧洲戦乱の後に来る世界混乱の情勢を待つに如かざる也。

△今日汪精英を中心とする支那新中央政権の育成のために御前会議開催されて、その方針の決定をなすとのことなり。たゞ恐る、相手の腹を十分に読みとりつゝ対処するの手腕力量ある人物果して幾人あるか、徒らに紙上の決定に拘泥して手足動かざることあるを。

△ノモンハンの敗戦について軍部少壮者間には上層の責任を免れんとする態度に痛憤するもの少からずと、道理ある話也。此の責任を感ぜざる態度は、軈て海軍方面よりも事毎に反撃の目標となるべく、延いて国民の間にも此の事態に対する批判起るべし。重大なる結果の到来を予想せざるを得ず。

△寺内大将ドイツの招きにより入独、国賓列車に乗りベルリン着。閲兵を行ひ、更に戦線を視察す。此のことは国際慣例としても中立国現役軍人の行動に非ずして、同盟参戦国の場合のみに限られ、随つて英仏両国より抗議的申出あり。その上陛下激怒され、陸軍寺内大将が更らにソヴイエットにまで赴かんとするを中止するの電報を打ちたりと。而して寺内大将は陸軍省と無関係にかゝる行動に出でたりとなし、畑陸相は甚だ困惑の態なりとのことなるが、現役の寺内大将が陸軍省との関係なく、その指令なくして入独する筈なく、陸相のみ知らずしてその部下より入独の指令を出したるものに相違なく、此のことは陸軍における親独派が依然として親独政策の遂行を期し、自然親ソ政策の実現を希望し、寺内大将が政治的常識なきに乗じて同大将を操り入独せしめ、更らにソヴイエット国にまで赴かしめんとしたるものと思考せざるを得ず。寺内大将はまことに世評の如く新馬鹿大将の役割を努めたるものといふ可し。

△細川嘉六氏、農村視察の結論。

一、現在の経営形体における負担は限度に達したること。

一、非戦的意識の発生漸く顕著にして、その傾向は漸次に昂まりつゝあること。

△ノモンハンにおけるソ聯軍の態度すこぶる寛容にして、一切の

便宜を日本軍のために与ふるに至り尽せりなりとのことにて、日本側は寧ろ薄気味悪しとの話なり。蓋し支那人のいふ所によれば、「日本人はなぐるのは一度なるも何も与へず、ロシア人は三つもなぐるが、あとで何かを呉れる」とのことにて、ロシア人のやり口かくの如きなり。元よりこの故を以て嬉しがるが如きは、錯覚も亦甚しといはざるを得ざるなり。

△野中（東日記者）氏と日本クラブにて会見。

△木村皓一、熊谷村司両氏に選挙見舞品を鉄道便にて送る。

〔欄外〕午前林広吉氏来訪。

二十三日（土）

暴れ模様。雨強し。但し蒸し暑し。単衣一枚にて冷を覚えず。

よし子、小石川姉及基氏と同道帰郷、義母病気の相談の為也。

細川嘉六氏農村視察聴問の都合をきくため、近衛公に書信。

林読売記者来訪。

午前斎藤氏訪問、永田氏の土産なりとて硯墨及びキリアジ一罐を貰ふ。

△山浦氏語る、「阿部氏に大命降下の報をきゝ、読売新聞の整理部員にして外界の消息にも余り通暁せざる一中年記者は—おゝこれは革命になるぞ—と、直感的に叫びたり」と。

△細川氏語る、「山陰道の車中にて、商人にして内乱が起るかも知れませんねと平気で洩らし居りたり〔」〕と。

△林氏は民政党担当也。曰く、政党の如きはガソリンをかけて焼き払ふ以外に清掃の途なしと。

△陛下、寺内の渡独を激怒し、畑陸相亦寺内の行動を非難するも、寺内をしてその行動に出でしめたる力に対しては、陛下と雖も亦如何ともする無かるべし。実に浅ましき事態といはざるを得ざるなり。国家かくの如くにして安泰なることを誰か期待し得べき。朝廷の諸臣たゞ己れを全うするの外念なく、真に国を憂ふるものは絶無なりとの非難を免る能はざるなり。

△今にして回顧するに、石原莞爾氏昨年の初夏当時少将として関東軍副参謀長たり。而して上長と意見合はずとて軍服を着けず、無断にて任地を放れ上京す。石原氏辞職もせず、上長これを罰するを得ず、却つてこの人のために栄職を与へんとして苦心し今夏中将となり、且つ十六師団長に親補せられたり。この一事は軍人にして、謂ゆるこれを職とするものゝ心事甚だしく腐敗せるを立証するものにあらずして何ぞや。陛下も石原氏のその行動には快しとせざるなり。而してこれを師団長に親補するを許さる寛度の然らしむるといはんよりも、実に事の是非曲直を弁ぜざるの所為といはざるを得ず。綱紀何によつてか保持さるべき、社稷殆からざらんとするも得ざるなり。軍部官界ともに、その同僚に於ける行蔵は是非名分を没却して、謂ゆる博徒的仁義による也。世は末といはずして何といふべきや。

△野村海軍大将外相就任を受諾したるとのラヂオ放送あり。此の人出でゝ何かをなさんとし、又何か出来ると思ふとせば、此の人も一新馬鹿大将に外ならざる也。お目出度人材といはざるを得ざるなり。阿部内閣とともに醜き最後を遂ぐべし。或は阿部の後の総理大臣たることあるべけんも、その行きつく処は民衆の蜂起に

よりて顚落を余儀なくさるゝか。何れにせよ、無用有害の存在たるにあるべし。
△本間精警保局長、読売有馬氏等来訪。
△養母水海道より午後自動車にて上京、滝の川小峰病院に入院す。よし子同伴。
△夕刻風つよく、但し雨やみ雲散ず。同時に冷気加はる。午後七時半温度二十三度。

二十四日（日）

彼岸中日（旧八月十二日）。天候回復。晴。

吉田常次、染野喜一郎、出沢正（栗送り来るその礼状）三氏に書信、出沢氏には揮毫四枚送る。

光浴午前四十分間。

よし子小峰病院行。
△昨日本間警保局長語る、「世論何ぞ区々たるや」と。その通り也。今年春独逸との関係一たび世論の的となるや、これをきつかけとして、或は反英、或は反ソ、或は親独、或は親英米など世論紛々として帰趨を知らざるの態なり。世論昏迷とは今日を謂ふ可し。政府しきりに自主独往を叫ぶも、何れに依存しての自主独往なりやの声をひそめざる所に、政治上層階級に対する一般的不信の風潮益々甚しからんとするを看取すべし。
△新聞しきりに生活必需品価の騰貴を報ず。就中戦前に比し最も騰貴したるは被服物資にして、既に二倍に近しと報ず。砂糖、ビール、石炭、木炭等の不足、益々甚しからんとする情勢なり。地方の都市にあつては米の配給思はしからず、為めに米不足に悩む場合、漸く鮮からざらんとするの傾向を見る。
△単衣にて冷を覚えざるも、秋情自ら爽味深し。正午温度二十四度半。
△午後光浴二十五分。
△茂森唯士氏、北京に移住につき書信。
△ノモンハン停戦協定が日本軍敗戦の後なることは世間知らざるなく、中学生間にはこれを「敗戦協定」なりと噂し合ふ由なり。慝すこそ顕はるゝはなしにて、これをひた慝しにかくして而して事かくの如し。重大なる責任を負担するものその責を取らずとせば、この世間の批判の赴くところ何処ぞや。
△高橋友治氏に書信。
△青島豊島慎三氏に書信。
［欄外］終日家居す。

二十五日
午前七時十九度。冷涼。曇後快晴。

三橋則雄氏来信。午前光浴三十分、午後一時間。

汪精英の要求による中支長紗方面作戦進捗の報、頻りに至る。但し政治的には無意義の作戦也。

東京市内の米商も、米の配給不円滑のため困難を感ずること漸く甚大を加ふるに至れる模様顕著となる。

秋風俄に冷涼、屋内にては単衣にては冷を覚ゆ。

想ふに、今日の世界情勢に処しては、

一、上海南京以外中南支放棄。
一、兵力を北支満洲に集結。
一、北支を軍政下に置く。
一、対ソ牽制により、親英米政策を敢行す。
一、英米の援蔣工作を打ち切らしむ。
一、対ソ牽制は、その支那に於ける活動を制圧す。
一、右の方策を実現しつゝ世界情勢の変化を待ち、徐ろにソ聯英米をして親日たらしめ、東亜に於ける日本の支配権を認めしむ。

右を断行する外なかる可く、しかもこれを断行するに足る政権無き也。随つて前途楽観を許さゞる也。
物資の不足、生活費の昂騰、給料の釘付等により、下層俸給生活者の不平漸く大なる事実を指摘するもの訪客中不鮮。
野村氏外相就任。親米政策の遂行に苦慮せんも、支那問題今日の如くにしてその政策の遂行可能なるべきや、疑甚だ大なる可し。
〔欄外〕神林氏除隊帰宅。終日家居。

二十六日（火）
朝十八度。単衣にてはうすら寒し。
英仏飛行機、ドイツ発動機製作所爆撃し、西部戦乱の風雲漸く急也。
新聞紙はしきりに生活費昂騰問題を取り扱ふに至る。事態逼切の感深し。
中島喜作、染野喜一郎、沼野茂氏に書信。
正午多喜山にて林泉氏と会見。
午後於交詢社木原、後藤氏と語る。
夜蜂龍にて斎藤氏招宴、同席真藤、緒方両氏。
〔欄外〕県議選挙開票。今井彦蔵氏最高点当選、桜井氏落、木村皓一氏当選。

二十七日
快晴。
燃料不足甚大なることを新聞報道す。
沢田廉三氏に書信。
前川盈一郎、野中盛徳〔隆〕、榊原二郎、三浦虎雄氏来訪。
岸常二氏、朝鮮行を見送る。
交詢社にて蠟山政道博士と会談。
志冨氏上京、落合寛茂氏一泊。
合《アイ》服にて目方十七貫七百目。
〔欄外〕旧八月十五日。

二十八日
曇。
午前九時近衛公訪問、昼食を共にし午后二時帰る。牛場、岸同席、時事を語る。
今井氏上京一泊。
神林氏上京来訪。
初見喜一郎、須田誠太郎、小篠雄二郎、中村清一郎、黒田新一郎氏等に書信。

支那側長紗を焼いて逃走す。焦土戦術の一例也。

二十九日（金）

夜来豪雨。午前霽る。

後藤勇氏、渡辺泰邦氏来訪。

正午銀座アラスカにて渡辺氏と昼食。

今井氏かへる。

帝国農会米穀問題危局にある事実を指摘したる声明発表、今朝の新聞紙に見はる。

塩の供給不足の報を聞く。

沢藤幸治、栗原正、大久保久逸、高安源禎、木村皓一、定好亮、菊田禎一郎、佐怒賀修一郎氏等に書信。

〔欄外〕モスクワに於ける独ソ会談において波蘭分割決定す。

三十日（土）

曇。風強し後晴。単衣にて朝冷を覚えず。

炭値上げ行はる。九・一八の価格統制の破綻の一端といふ可し。蔣政権、米国を日支紛争間に介入せしめんとする策動深刻なるもの丶如し。時局益々紛糾を思ふ。日英会談の再開近く行はる丶旨新聞報道す。輿論また分化し、国内騒然たるに至るべし。或は恐る、戦争目的益々朦朧化して国内の人心帰趨に昏迷するの様相を呈し、人心動揺甚しきに至らんことを。

午後三時半華族会館にて、近衛公とともに細川氏の農村視察談を聞く。

独ソ、波蘭の存在を否定して、英仏に宣戦撤回を要求するの声明を公表す。まさに元亀天正の戦国時代の一縮図也。蓋し独ソは戦争の責を英仏に負はしめん〔と〕するに在るべしと雖も、事態は口頭禅的遊戯の域内に非ず、一層深刻にして複雑怪奇なる情勢の展開を示すに至るべし。

夜細川氏をねぎらふため、延寿春にて会食。

〔欄外〕野本鷹之助氏に書信。

十月一日（日）

快晴。単衣にて冷ならず。

ムラサキ憲上京。小石川姉来訪、養母入院後のことにつき種々相談。水海道事務所中山氏上京。

独仏戦線漸く活潑なる戦況を聞く。

周仏海氏、汪精英代理として来朝す。

終日家居す。

静思すればする程、時局の前途不容易を痛感するなく、中山氏の談によれば、地方都会の物資欠乏漸く急を告ぐ。彼岸に砂糖分なき団子といふことになり、自転車の如きも中古のタイヤ二三円して、而かもこれを手に入れること容易ならず。為めに自転車を使用する小売商人の如きはこれがために困難甚しく、且つ又木炭の如きもその供給の順調を期するためには、乗合自動車経営者も木炭車使用のためには自から製炭所を経営する方針に出でざるを得ず。一般乗用自動車は、今月より更らにガソリンの供給減のため運転日数を減ずるの必要に迫らるゝに至りたりと。

米国政府は間もなく帰任するグルー大使の東京着任と共に、日本に対し対蔣停戦を提議する気勢ありとの噂伝はる。果してかくの如き意図米政府にありとすれば、東亜の時局は益々錯綜して重大化すべし。

政府は昨日伝はりたる日英会談再開説を否定せり。然れども事実は外務省の首脳部にその意図あるを知り、これに反対する一派が事前にそれを妨碍せんとして新聞に洩らし、これを報道せしめたるなり、一醜態也。

此の日午前〇時南京に支那派遣軍総司令部編成さる。西尾、板垣両将軍着任し、声明を発す。但し此の責任を解せざる人材に、果して大任を負ふの実力ありや、甚だ疑はしといふ可し。

山口清氏に書信。

［欄外］午後七時廿一度。

二日（月）

快晴也。

朝沼野茂氏のために揮毫。

今朝の新聞によれば、東京は豚肉飢饉也。公定相場の低きに因る。価格のみを統制せんとする現行政策の一破綻面の露出也。

農相専任問題漸く重大なる政治問題化して、内閣の一角この問題のために崩壊せんとするの危機を孕むに至れるものゝ如し。食糧肥料等の諸問題益々重大化するに至り、世論喧囂たらんとす。

米国の太平洋上に於ける示威運動露骨也。将来の日米関係を揣摩するに当り、看過し能はざる現象として留意するを要すべし。

繭価暴騰し、郷里にて十四円といふが如き高値を見んとするに至る。農村の現金獲得は目先農民をよろこばすも、その前途は元より楽観を許さゞる也。肥料の不足、労力の不足等現金を積むも如何ともし難き悪材料山積すれば也。

地方の警官教員等下層俸給生活者の生活自から困難を覚え、その妻女の内職を求むるの例頻繁なるものゝ如し。生活問題は今後急調子に重大化すべし。

労任の騰貴甚しく、先日の県議選挙に於て労務者の日当二円を正当なりと評価さる。

水戸庄野技師来訪、地方下層官吏の生活難漸く深刻なる事実を聞く。又農村に在つては今秋の日傭賃食事附、その上酒一本を提供して二円を通り相場とする有様にて、労力の不足に悩まさるゝこと甚大なりとのこと也。米屋の如きは現在の公定相場を以てしては、売れば売るほど損多く、従つて原料の安価買入れのため苦心し、こゝに一種のごまかし取引行はるゝも、かくの如きは臨時になし得ることにて自然米屋の成り立たぬ結果を招来すべく、その場合に想到するとき事態容易ならざるを直感せざるを得ずと語れり。

農村の労力不足を補ふには機械の応用にあるも、今秋茨城県には百罐のガソリン配給要求に対して、実際に配給されたる量は二罐に過ぎずといふ。随つて労力不足を補ふための機械力の応用は談容易ならざる也。

砂糖配給不円滑のため、地方小菓子店の如きは営業成り立たずとて悲鳴をあげつゝありとのこと也。

とし子を伴れ午后一時半家を出で、東横沿線及び横浜磯子辺を散歩し、午后五時過帰宅。

ドイツは英仏に和平提議を行ふ旨報ず。然れども元より和平の実現は望む可からず、却つて事態を錯綜せしめて、終に世界戦にまで展開せんとする危機益々加はる。

東京に於ける米の配給思はしからず。米小売商の生活問題化しつゝあり、すでに閉店したるものも鮮からず。

三日（火）

曇。冷つよし。

正午前川、宇野両氏と交詢社にて会し、橘孝三郎氏への書籍差入の件につき相談。

夜築地延寿春にて牛場、岸、木原、後藤、首藤氏等と会食、懇談す。

丸善に靴を買ふ、値上り甚だし。豚皮サメ皮混ぜのゴム底にて十一円廿銭也。別に散歩靴を買ふ、廿二円余。

交詢社にて小坂順造氏に会ふ。財界の危機重大なるを聞く。

岸氏渡支につき千円手渡す。

さきに欧洲戦勃発当時、日本が支那占領区域に於ける英仏兵及び軍艦の撤収を要求したる折、米国のハル国務長官は堀内大使を招きて日本の態度を責め脅かすに、日米通商条約の改訂どころか、或はクズ鉄の輸出を禁止するに至るやも知れざるを以てせりと、牛場氏より伝聞す。


豚肉の配給思はしからず。豚肉商は来る八日より五日間休業を宣告す。蓋し飼料その他の騰貴にて豚の値上りあるにも不拘その値を釘附としたるため、こゝに配給不円滑を見るに至れるなり。

富士電機に大規模の罷業事件起る。賃金問題に原因す。記事新聞掲載は禁止さる。

陸軍は地方官会議を利用し、ノモンハン戦を公表す。

〔欄外〕理髪。

四日（水）

曇。午後七時二十一度。

国民塚野氏、進氏来訪。

正午交詢社にて堆浩氏と会談。

午後三時産業組合中央会にて有馬伯茶会。

午後六時蜻蛉にて政界往来社招宴、中座。

ノモンハン戦に於ては死傷一万八千と発表したるも、その大部分は「未帰還」とのことにて、戦死か捕虜となれるか不明との話伝はる。捕虜の交換に於ては同数交換とのことにて九十名内外の交換ありたるに過ぎず、又戦場にては全く包囲されて施すに策なく、大佐二人は互ひに拳銃にて打ち合ひ自殺したるとのことなり。

小松原兵団長は停戦后敗戦のために今尚ほ病者の如き有様なりといふ。

田中惣五郎、高岡大助両氏より、その著書を送り来る礼状を出す。

米明年秋までに一千万石不足明白となる。酒の醸造を全廃しても六百万石以上の不足にて、代用食を用ひ、更らに七分つき等にして米の消費量を節約するも尚ほ三百万石位は不足すべく、自然一石卅円として一億円ほど外米の輸入を必要とすることとなるも、このこと至難なり。随つて米の問題は益々重大化しつゝありといふの外なし。

秋刀魚一尾十六銭の取引あり。例年ならば二銭か三銭のもの也。

魚類一般に四五倍の騰貴也。

関東東北における農村の唯一ともいふべき動物質栄養物たる塩鮭払底す。

農相専任問題をめぐり、農漁村の空気日に〳〵悪化の兆あり。更に此の情勢を一種の倒閣的運動にまで展開せしめんとする策動もある模様にて、問題の重大化を刺戟しつゝあるものゝ如し。

昨三日、支那側飛行機漢口を襲撃す。支那側飛行機の活動は久しぶりなり。ソ聯がノモンハン停戦後、蔣介石政府のために千余台の飛行機を提供したりといふは事実なるが如し。恰かも今日の新聞紙はソ聯新疆地方に増兵のことを報ず。ソ聯は油断ならざる也。ノモンハン戦に於ては、我方の兵器にして分捕られたるもの少なからざるが如し。世間またしきりにこのことを噂す。

貿易省問題に関して野村外相、谷次官の態度に不満なりとて、今夕外務省全課長、事務官百五十名結束して、外相、次官を問責するに至り、政局緊張し早くも外相辞任説伝はる。これより先、松島通商局長は辞表を叩きつけて外務省を去る。表面の理由は、両人が外務省事務当局を無視したりといふにあるも、事実は元老重臣の一使番に過ぎざるものとして両人を排除せんとするにありて、裏面の事情は複雑多岐なるを知るべし。

五日（木）

曇。

豊福保次氏より久留米絣一反贈らる。

沼野氏に揮毫送る。

ソ聯諸方面に触角を伸ばし、欧洲の覇権を握らんとするの地歩を着々占めつゝありて、リトアニア等の諸小国をそのヘゲモニー下に収めつゝあり。

欧米間の航路漸く危険多くなりつゝある旨、米国ハル長官言明。

米国の対日圧迫来るべしの風評行はる。

夜喜文にて纐纈大分県知事と斎藤氏招宴出席。

此の日午後一時間半歩行。

六日
曇。

小石川の姉と共に九時十分上野発高野行。養母入院無期と見て、その後のことにつき憲、茂を交へ相談。

午後四時半事務所に立ちより、午後七時四十八分発にて帰京。

ヒツトラー、和平提案の意向を演説す。

七日
晴。午前八時二十二度。
ヒツトラーの演説は英仏の要求と一致するものと思はれず、依然欧洲の戦雲は濃密也。

外務省の謂ゆる強硬派は、必ず野村外交に致命的打撃を与へずんば屈せずとて昂奮の状あり。内閣の情勢は危機を未だ脱せず。神林、志冨両氏上京一泊。

八日（日）

正午廿四度。曇。

新井藤一郎、吉田常次、小沢正元氏等来訪。

神林氏のため、多喜山にて昼食。志冨、新井両氏同席。神林、志冨両氏帰郷。

伊藤武氏に書信。

ヒットラー総統の和平提案も英仏の容るゝ所とはならざる模様にて、消極的長期戦は継続するものとの観測強し。

東京の米商にとりて購米難甚しとの声漸く高し。

［欄外］単衣一枚にて心地よき気候也。

九日（月）

曇後雨、但し正午頃より曇。

川船立次氏に書信。三硒博士のため揮毫。

肥料の配給思はしからず、又労力不足のため小作地返還するもの漸く顕著なりとの報、郷里より伝はる。

吉田常次氏来訪、ともに南昌洋行に斎藤氏訪問、昼食。

午後交詢社にて牛場、岸両氏と会す。岸氏今夜発渡支す。

汪政権の中核をなすべき政府部長の割当、及び会議四分の三以上の賛成なくては事案の決定不能なるを決定せるため、王克敏政権及び蒙疆政権の発言力が汪氏と同等となるため汪氏は新政権の前途を悲観するに至り、汪を中心とする新政権樹立運動思はしからず。軍中央部は右発言力の訂正のため奔走を開始す。

米商米の買附に奔走するも買取思はしからず、一部分にては注文数量の半分しか配給せざるに至るとのことなり。

野菜魚類の騰貴甚だし。

［欄外］午後七時廿三度。飯田憲之助氏に栗の礼状。

十日（火）

曇。午後四時廿二度。

三硒俊一博士に揮毫送る。

瀬崎憲三郎、中野江漢、渡辺泰邦、沢田廉三氏来訪。中野氏に四百円寄附。

正午交詢社。午後丸善にて水海道中学へ寄贈図書注文。

和久田氏来宅。

外務省問題一層悪化の兆あり、事態収拾困難を加へつゝあるもの ゝ如し。

［欄外］日中単衣にて冷ならず。

十一日（水）

晴。朝十九度。冷々しくなる。

外務省問題暗礁に乗り上ぐ。

福田長一氏来訪、文鎮の字を書き与ふ。

英仏は蔣介石に対して日本との講和を勧告すべしとの噂、海外に行はる。若し事実とせば、蔣汪の連絡が発生したると汪と英仏米との連絡の発生をも想像し得べく、極東外交上の重大なる案件として用心するを要す。この間に処し対策宜しきを失はゞ、日本は虻蜂取らずの窮境に堕落すべし。

正午交詢社竹内克己氏とアラスカにて昼食。

交詢社にて山浦貫一、関口泰、林広吉氏と会談。

夜茅場町きかくにて塚本長三郎氏招宴、同席石川浅氏。

外務省高等官全部辞表提出。

庭の夜盗虫死す。よし子、地異の前兆ならずやと心配す。珍らしきこと也。

十二日
雨。

朝斎藤氏訪問、同氏今日渡満。富岡鹿島神宮々司来訪。午前後藤、木原、首藤三氏来訪。

正午三木五郎氏とアラスカにて会食。

塚本長三郎氏に礼状を出す。

午後三時日本クラブにて小山亮氏と会見。同四時尾崎秀実氏と会見。尾崎氏曰く、先般近衛公を訪問したるに、細川嘉六氏の話はつまらなかつたといはれたる由、心外也。話術下手なりとも深刻なる細川氏の話がつまらぬとありては、政治的感覚を疑はざるを得ざるに至る。農村の事情は遂に近衛公にして斯の如くんば、余は元より言ふに足らざる也。国政の前途、ついに戦慄を禁じ得ざる也。


［欄外］午後九時十七度。

十三日（金）

晴。午前揮毫。

東京の米商米不足に悩み、地方への買ひ出しに血眼の態也。土浦の米倉庫には、今頃は一万俵位の入荷あるを例とするに、今年は入荷皆無に近しとのことなり。

茨城県各地に肥料配給不整不充分のため、小作地返還を申出るもの多しとの報道地方新聞紙に散見す。

正午日本クラブにて関口泰、林広吉等と会談、同席三木清、桐原博士、羽生三七、笠氏。

午後四時安部源基氏と日本クラブにて会談。

外務問題閣議決定修正に決し、非難高し。これより我儘勝手を抑へる力を失ふに至るべく、俸給釘付制の如きも遂に持ちこたへ得ざるの日来るべし。而して閣僚中責任を念とするものなく、これあるも責を明かにするの勇気なし。何たる状ぞや。

川島豊吉、菊池宗次氏に礼状。

江渡狄嶺氏に書信。山田悌二郎氏に書信。

物資不足のため、小売店に対し配給を希望するならば保証金の積立又は債務の完済等の要求を容れよとの圧迫あり、それがため地方小売店の如きは相当に困難を覚え来りたる旨、羽生氏より聞く。到る処にて江工作覚束なしとの声を耳にするに至れるは、甚だ心痛し。又支那通の間にて事変前途悲観説行はるゝに至れるものの如し。

外交一元化を旗印とする外務省事務当局の要求は終に貫徹されたるも、謂ふ所の外交一元化の実は、就中満洲事変以来曾て見たることなし。戦に勝つて而して外務当局は自ら省みて幻滅の悲哀感、ことに強かるべし。然かも内閣が外交一元化の要求に聴従すといふに至つては、外務省を中心とせる貿易省問題の紛議は、結局一個の茶番劇に外ならずといはざるを得ず。呆れかへる世相をこゝにも見出さる。

［欄外］午後七時廿一度。

十四日（土）

晴。

渡辺佐平氏より著書送り来る。礼状差出す。

長野県方面村々に飯米不足の声高し。

石油販売業者、政府不信難詰の公開状を新聞に広告す。外務省問題の失敗に政府甘く見られたるなり。今後此の種の反政府運動展開さる可し。

農民は米の不足を知り、その値上必然を思ふが故に売出しを急がず。随つて米不足は深刻なるべく、然かも官僚の力を以てしては此の事態を如何ともするなかるべし。逆に米価引上の要求農民の間より起ることすら予想さるゝが故に、肥料その他の物資配給問題とからみて、農山漁村関係の問題は益々重大化するに至り、而して政府これを如何ともする能はずして糊塗彌縫に日を継ぎ、遂に収拾すべからざる混乱にまで陥るべき危険漸く顕著になれるを認む。而して拱手これを傍観する以外の途なき現状なり。歴史はかくの如くにして、遂に波瀾なき推移を期待し難き也。可恐可怖。

海外の評論家中、一九四〇年日本に革命あるべしと予想するものありとの話を時々耳にするに至る、又偶然に非る也。

坂本忠通、駒井忠成両氏に書信。

松本近之、大久保久逸氏来訪、松本氏より鮮南旱害の実情を聴く。事態容易ならず。

正午星岡茶寮にて西園寺公一、牛場、尾崎、犬養健、松本重治氏等と会談。犬養氏より汪政権問題を聴取、甚だ思はしからざる情勢といふの外なし。

近衛公より揮毫四枚届く。

全日本に亘り米不足問題深刻化し、その情勢チラホラ地方新聞にも散見するに至る。

政府首脳間には、従来の生産拡充策がドイツ本位なりしに欧洲戦乱のためこれを抛棄せざるべからざるに至り、然かも技術的にも今俄かにこれを米国本位に立て直すことは困難にして、それがために支那における軍事行動は大なる制限をうくることとなりて、自然汪のために長期建設に必要なる軍事的援助不可能となり、而してその援助なしには汪政権の前途楽観し得ずとの理由により、汪の工作を見棄つるを有利とせずやとの意見抬頭するに至りたりとのことなり。今に於てかくの如き有様なる以上、支那事変の前途暗澹といはざるを得ず。些少の困難にも腰がぐらつく此の態度を以てしては、到底今日の難局を切り抜け得べくもなく、結局幕末における幕府当局者とその心事毫も異なる所なしといふべし。由々しき事態といふの外なし。

農商相伍堂氏辞表提出。政変説専らなり。

肥料の配給思はしからず。この問題を核子として、農村には棄農傾向ある旨大久保氏より聞く。秋の肥料配給思はしからず、農村の生産拡充など思ひもよらずと大久保氏も語れり。

〔欄外〕志冨氏上京一泊。

十五日（日）

快晴午后曇。正午廿四度。

昨日支那飛行機漢口に来襲す。ソ聯機とのことなり。十月攻勢の一端か。

東京高等学校学生等講演を依頼に来る。これを断る代りに西園寺公一氏を推薦す。

石川浅、塚本長三郎、瀬崎憲三郎、田口義夫氏等に揮毫を送る。外に元三大師及びその他の分揮毫。水海道にて表装することとし、志冨氏に托す。

欧洲戦局は和平妥協の途を講ずるもその奏効疑はしく、西部戦局稍々活潑を呈しつゝあり。

内閣は居据りに決し、農相選任さる。政変を怖るゝが故に居据り、居据るが故に政局の不安一層拡大深刻化す。両途ともに国情の不安に驀進するをよぎなくされて、而して如何ともするなし。世の変革はかくの如くにして来る。むしろ政変によつて変革の機運を促進するに如かざる可し。言論界は全面的に阿部内閣を非難するに至る、亦偶然に非るなり。

今後農商の対立は益々深刻化すべし、蓋し互ひに強く主張するによりて希望充さるべしとの期待を持つに至りたるべければ也。工業界に在りては労資の衝突、また深刻化すべし。極度にインフレーションを警戒しつゝ、しかも兌換券の発行額は二十七八億に達するに至り、事変前の十四五億に比し、著しき増額なり。此の事態を以てして、賃金の釘附を何時まで労資の衝突なしに維持し得べきか。現に賃金値上げを必要ならしむる米価の如き騰勢は、ついに遮り止め得ざるべき情勢に在り。

地方におけるガソリンの配給不足によりて、既に或る程度まで機械化されたる農業には幾多の支障を生じ、例へばモミコキの如きは、ために往時にかへりて総て人力作業を要し、このことは作業能率を低下せしむるを以て新米の出荷を後らせ、且つ作業遅延により米質の低下をよぎなくさる。

水海道屠殺場に於ける豚の屠殺数は一昨年三千頭台、昨年二千頭台、今年は千頭台に減少す。豚の飼料の騰貴によりて、タヌキ又はアンゴラ兎等を飼養し、豚飼養を中止するもの増加するに至れる結果也。

近衛公筆水海道中学校訓及び中村宝水氏分、志冨氏に托し送る。中村氏の分は近衛公「本立而道生」なり。故に予は「道存跡自高」の五字を書して中村氏に送る。

志冨氏帰る。

石炭、ガソリンの配給減のため、常総鉄道は近く二往復列車を休止する模様也。

気候より推して来年の麦作は不作なるべしと、老農は予想し居れるとのことなり。今日正午頃は廿四度にて単衣一枚にても冷からず。尤も午後は風出で、風は冷たし。此の暖かさは珍らしきことなり。

水海道にても米の配給円滑ならざるに至り、小売商は困難を感じつゝありとのことなるが、真壁郡下にても例年今頃は相当多量の米の出廻りあるに拘はらず、今年は未だ僅少量の米しか出廻らずとのこと也。

北海道その他諸地方の米穀商は、米の値上を要望して当局に陳情を開始す。米の値上げについて農民と米商と共同の線に立つに至れるも稀有の現象なるが、米商すら此の態度に出でざるを得ざる事態は、米の生産者をして米価騰貴必至を予想するに至らしめつゝあるは当然にして、自然米生産者又は地主の米の売り惜みは必然の成行といふべく、斯くて米の配給は益々不円滑となるや怪むに足らざる也。

田中惣五郎、伊藤武氏と夕食。同席伏見、古沢氏、延寿春。

十六日

雨。朝二十度。

午前品川署にて講演。

正午安藤狂四郎氏と会食、京亭。

午後交詢社にて鷲沢氏と会す、佐藤垢石氏同席。その談によれば、支那北方にありては汪兆銘の名をいふものなし。依然として蔣介石を挙ぐ。以て汪の無力を知るべし。

北京、上海、南京、漢口等にこそ、共産党はその根を張り居れり。而して日本当局の力を以てしては、何れか共産党員なるや弁別し難し。ために汪のために如何に宣伝するも、彼等によりて直ちに打ち消さるゝの結果となる。

反英運動に至つては、支那の民衆は英国の勢力の何処に在るやを知らず、身辺英人を見ざるを以て何の運動なるやを解せず。識者はこの運動を以て独善のものとなし、却つてこれを嘲笑するの態度なり。

ノモンハンの戦敗は、ひろく宣伝され尽されたり。此の戦ひに於ては、機械力の不備不完全なる話の外なること実証されたる有様を知らぬ人なしといふ可し。

汪を中心として組織さるゝ筈の中央政権にありては、王寵恵、王克敏の方が汪よりも有力化しつゝある模様也。

夜山口にて沢田廉三氏送別会。真藤氏主催、同席山本五十六、緒方竹虎、加藤駐支公使、谷外務次官等。

朝品川署にて蒲田署長にきく、外務省問題は労働者の間に、自然団結により要求貫徹の途をとらんとする風潮を促進すべし。

一、署長曰く、米小売商中には、休業の責任を警察に転嫁して休業したき希望のものありて、警察より営業停止の処分をうけたしと切望するものすらありと。

又、下級警察官の生活は、住宅難、物価騰貴等のために、すでに困難大なる模様也。

又、電力欠乏のために工場の作業を或る程度まで休止するために、労働階級の日給額は釘つけなるも休む日は無収入なれば自然実際の月の手取は減少するわけにて、それがためその生活の困難はひし〳〵と迫りつゝあるものゝ如し。

9　日記「備忘録　十四年自十月至十一月廿七日」

〔昭和十四年十月―十一月〕

〔欄外〕理髪。

〔編者註〕墨書　罫紙和綴

備忘録　十四年自十月至十一月廿七日

十月十七日（火）

雨強し。朝十八度。

板橋村片岡忠三氏より、新米二升送り来る。

伊藤武、花見達二氏来訪。

小磯甚三郎氏来訪、一泊。

東京市内にては一升の注文に五升しか配給できぬ米屋出現。新客には配給を謝絶する米屋多く、自然引越困難なりとのことなり。

十八日

快晴。冷加はる。午後七時十八度。

小島一氏来訪、ともに鎌倉を散歩し、夕刻帰宅。

薄シヤツ合服にては風つめたし。冷来急調也。

神田孝一氏国防国家論を寄す。礼状を出す。

斎藤茂一郎、富岡盛彦氏に書信。

ウドンは小麦粉騰貴のため而して値上禁止のために、従来の一杯分を二杯程にして分量を減ずるため、下級所得者の生活圧迫の一因をなすに至る。

塩の不足、漸く表面化せんとす。

欧洲戦況漸く活潑となる。

十九日

曇。朝十四度。午後七時十八度。冬服を着る。

渡辺泰邦氏来訪。

午後交詢社。

三郎遠足。

中村宝水氏近衛公の一行書の礼状来る。中村氏に返書。

米問題深刻化し、払下米十万俵東京市に配給に決すといふ。但し東京は一日五万俵を消費すとのことなれば、僅に二日分也。

ドイツの襲英軍事行動益々積極化しつゝあるものゝ如し。

酒井駒治氏除隊帰宅、増田良明氏同、即ち書信す。

花柳界も昨年の今頃に比すれば、景気は半減に近き程なりとのことと也。

産業変革過程の一現象なるが、川口市は鋳物工業地として名あり、そこに働き居たる最も優秀なる鋳型製造工は、今やむを得ず下駄屋職人として糊口の途を講じつゝある由、今日伝聞す。人的資源の動員不完全なる一証とすべし。

二十日

快晴。午前八時二十度。午後九時二十度。

関口泰氏より地方巡察資料茨城県の部寄贈し来る。

米大使昨夜日米協会にて演説し、日本の対支行動の是正を要求したる言説ありたりとて、新聞紙面を賑はし、対米問題喧しきに至らんとす。

土英仏相互援助条約の成立公表され、欧洲外交戦益々錯綜し来る。

終日家居、光浴及揮毫。

廿一日（土）

朝十八度。風冷たし。晴后曇。

村井弘侑氏に書信。

山田光之助氏よりリンゴ一箱到着。

正午交詢社。

東北地方は豊作なるに拘はらず米の出廻り悪く、ために地方都会の米不足到る処にて問題となれること地方新聞に見ゆ。白米一升三十九銭の公定値なれども、庭先実際取引は玄米一升四十銭以上なり。結局米の値上は止むを得ざるに至るべく、自然賃銀値上等も当然に要求さるゝに至るべし。野菜ものゝ値の如きは著しき騰貴也。

北海道札幌に初雪。朝鮮北部白雪に蔽はる風、漸くつめたし。

フイルムの如く廻転する蓄音器を銀座散歩中に見て、これを購ふ。代百六十円也。

百反街散歩中、イナゴのむし焼せるものを売り歩くものあり。買ふもの少からざるを見る。

鈴木剛次郎氏県会議長となる、即ち書信す。

志冨氏、染谷秋氏来宅一泊。染谷氏より地方事情を聴く。

一、麦は米よりも高し、故に麦を食はざる也。

一、肥料不足の結果、米を肥料に代用すべしとの声、あちこちに起りつゝあり。

一、米価昂騰を予想するが故に売急ぐものなし。他の産物の値上りにより懐工合良しきが故に、米を売り急ぐ必要なきなり。又ガソリンの不足のため脱穀等間に合はず、殊に今年は謂ゆる大師曇りと称する曇天続きにて米の処理に不便なり。

一、砂糖不足の声に菓子の如き買ひ難しとして、小児の間食にも握飯といふ有様なれば、農家の米消費量は増加するものと予想さる。

一、水海道町の如きも米不足にて、市街地の米の配給すでに硬塞の状にあり。

一、マッチの如きも来年は買はれざる可しとて、買ひ溜むるの風傾大なり。

一、肥料不足のため、謂ゆる野方と称する開墾地にては小作地返還の傾向著し。

一、塩鮭は買ふに由なく、やがて何程かの配給あるべしといふも値甚だ高かるべく、農民の口には達せざる可し。

一、麦蒔を前にして肥料の配給乏しく難渋也。

一、阿部内閣に対して侮蔑甚しきものあり、あいた口がふさがらぬといつた有様也。

一、農民に増産奨励の必要なし。増産に必要なる資材即ち肥料の如きを豊富に配給せば、求めずして増産あるべき也。

一、来年は肥料の配給豊富なるべしとの期待を持ちつゝあり。

新聞の報道によれば、硫安生産業者は硫安の値上げなしにはその増産不可能なるのみならず、寧ろ減産免れ難しとの意思表示をなせり。

小石川の姉来宅、水海道実家の処分案につきて相談す。

二十二日

曇。朝十五度。冷強し、火鉢欲しき程也。

鹿島神宮に午前六時発、よし子、斎藤氏夫人と同行参拝、遷坐式参列のためなり。

落合寛茂氏来訪、北京にて江木氏と会見したりとて同地の情勢をもたらす。

一、汪中心の新政権運動思はしからずとの観測強し。

一、国内革新を求むるの要望、現地に益々昂揚しつゝあり。

一、将校に対する反感漸く猛烈ならんとしつゝあり。

一、ノモンハンの敗戦后、治安は事変当初の如く悪化するに至れり。

一、現地に於ける反英運動は支那人の共鳴を得ず、支那人はその理由を解するに苦しむ有様也。

正午精二、三郎、とし子同伴、落合、志冨、和久田氏等とアラスカにて昼食。

水海道地方も甚しき炭不足にて、農家の二三俵の購入すら思ふに任せずといふ。

落合氏の談によれば、北満方面の車中の軍人ことに将校はノモンハン戦以来笑ひを失へるが如き顔容にて、沈痛の空気みなぎり居れりといふ。

夜伊藤武、伏見武夫氏来訪、時事を語る。

廿三日（月）

朝十五度。曇時々晴。

桐生悠々氏に誌代廿円送る。

鷲沢与四二氏訪問、福田虎亀氏と会し、アラスカにて会食。

今井彦蔵氏に書信。

小田村の島崎嘉郎氏に茸の礼状。

東京市内在荷米頗る減少せる旨、新聞に見ゆ。

同盟南京来電は支那西北境のみならず、更に広東、広西、雲南方面まで赤化勢力の抬頭を伝ふ。又同ロンドン電によれば、支那共産党はソ聯との提携により抗日戦の継続を企図しつゝあることを報ず。対英米協調外交に国民を指導し、更らに蔣介石との関係を何とかせんとする政治的意図を以てする宣伝電報とも解せらるゝ節もあれども、支那に於ける赤化勢力の抬頭は傾向としてこれを認識するの必要あり。かくて日本の東亜新秩序建設にあたりては、支那に於て大衆獲得のため一層徹底したる社会主義政策の実現の必要なるを認識するの要あり。

廿四日
冷強し。今日より防空演習。
村井弘侑氏来訪、北満の情勢をきく。その梗概次の如し。
一、満洲の人心は甚しく離反し居りて、爆発一歩手前に在り。
一、汪政権の成立は満洲に国民党三民主義の横溢となり、問題重大也。
一、共産匪は満洲人の間を横行闊歩しつゝある程に、満人の心をつかみ居れり。
正午交詢社。

夜雨。

廿五日
雨後曇、夜又雨強し。朝十七度。冷強し、冬シヤツを着る。

午前五十畑東邦、雨引前鈴木氏等来訪。

多田駿中将に書信。

地方小都会にても米の問題深刻化しつゝあり、その上配給思はしからず。此のまゝにてはただで済むまじとの声、漸く高し。

松田臻氏大連にて病む。見舞に二十円送る。

警視庁衛生部長に転任の宮田笑内氏に書信。

鹿島宮司富岡盛彦氏に書信。

中央公論青木氏来訪。

廿六日（木）
朝来雨強し。
小文間小学校長中村仁一郎氏に書信。
渡部子之助氏に書信。

ソ聯は支那西北部に勢力扶植を露骨に行ふに至り、蘭州には二千の兵を送りに至りたりとの報あり。支那西北境に於て日本コースとソ聯コースとの衝撃、今後益々緊張するに至るべし。東亜の情勢愈々多岐錯綜を加ふべし。察するに、支那に於ける共産軍は反共の勢力と拮抗して、此処に支那大陸は共産反共産の決勝戦に於ける死闘場と化するに非るか。日本は汪政権を擁して反共的抗争を続くるに至るとせば、日本それ自体に余程の強固なる体制を樹立せざる可からず。此のことに成功なるなくんば、日本は大陸よりの総退却を余儀なきに至るべし。此の情勢の圧迫は自から日本の革新を急速に実現するの必要を生み、此の革新のために国内問題は益々重大化するに至るや必然也。
終日雨強く、午後風亦強し。終日家居。

二十七日（金）
朝十六度。晴。午後九時十九度。
直江道保、今井一郎氏に書信。
沢藤幸治氏に書信。
正午日本クラブ、尾崎、西園寺、牛場、松本、伊藤氏。
午後後藤氏と会談。

二十八日（土）
晴。午後五時廿一度。
福田虎亀、渡辺泰邦、花見達二氏等来訪。福田、渡辺氏と多喜山にて昼食。
米小売値上、今朝の新聞にて発表さる。
上石下岡田幸治氏に書信、肥料問題に関する調査に対する返書也。
夜小石川姉来訪。旧十五日月明如昼。
［欄外］理髪。

二十九日（日）
半晴。午前八時十七度。午後七時二十度。
小春日和也。とし子を伴れ散歩し、三越にてとし子の靴を買ふ。値八円五十銭也。値上り甚し。

三十日（月）
晴。温度高し。
防空演習終了。
交詢社ビル加藤歯科にて右上奥歯治療開始。
志冨氏上京。和久田氏来訪。
冬服にて十七貫六百匁也。
広瀬慶之助氏より鮭一尾届く。

卅一日
晴。午前八時十九度。
沢藤氏に書信。昨日来遊を求むる電報あり、その返事也。歯の治療のため当分行けざる旨申送る。滝本三郎氏にも同様返書。
正午延寿春、細川嘉六、山浦貫一、岩淵辰雄、尾崎秀実同席。
夕刻花蝶にて船田中氏歓迎会、滝、矢次、立松氏同席。

此の日の閣議にて陸相米の問題を提言したりとて、此の問題一層重大化するに至れり。

歯痛甚し。食欲絶無なり。

交詢社にて杉浦真鉄、同息、及水海道中学校長中山氏と面会す。

志冨氏かへる。

朝花見氏来訪。

夕刻歯痛緩和す。

十一月
一日（水）
久米田正之助氏より林檎送り来る。礼状を出す。
鶴田亀二氏に書信す。
正午進氏とニューグランドにて昼食。

二日
晴。朝十度。
正午出井にて花見、伊沢氏と会食。
夜アラスカにて伏見氏等と会食。
小島一（りんご）、木村皓一（柿）、岡田朝二郎（菊）、礼状差出す。
杉浦真鉄氏息の件につき、商工省椎名総務課長に依頼状差出す。

三日
快晴。午後三時十七度。
家居。光浴数時間。
印度独立運動益々熾烈なりとのニュース頻繁也。

四日
曇。正午十五度。火鉢を客間に出す、但しまだ火は不要。

杉浦真鉄、萩谷敬一郎氏に書信。

斎藤栄一郎氏に書信。

米国中立法修正成立す。米国の英仏援助決定したる也。世界動乱はかくて第二段階に入れるものといふべし。

東京米小売業者団結、米価値上要請、地方も同様の模様也。

夕刻交詢社にて佐々、伊藤、落合、林、志冨氏等と会食、会談。

志冨、落合氏一泊。

午後雨、夜亦雨。

五日（日）

快晴。朝十五度。正午頃廿四度。

よし子、とし子を伴れて水海道行。終日家居。

米問題は米の値上要求となり、その要求の第一戦に米小売商起ち、その背後に米値上を当然の要求視する農民あり、而して一旦の値上は再値上の要求となるべく、物価停止令の一角がこれによつて崩壊の危機に在るを憂慮さる。

落合、志冨両氏と庭前にて光浴。両氏午後三時帰る。

六日（月）

午前八時十六度。曇夕刻雨。

朝渡辺泰邦氏来訪。

歯右犬歯ぬけあと入歯完了。

正午アラスカにて緒方、古野両氏と会食。

米一挙五円値上、政府決定発表。かくて一石四十三円となる。画期的公定高値なり。向ふ二か年値上げせずと発表さる。乍併此の価格訂正によつて、果して米問題を解決し得べきか、猶ほ疑問大也。

汪を中心とする中央政権問題に関し、過般の興亜院会議決定のもの汪側より拒否され、これを修正するの必要に迫られ、かゝる紛紜のため問題又停頓せるものゝ如し。中央の事態かくの如くなる以上、事変処理は容易ならずといはざるを得ず。

今井彦蔵氏来訪一泊。その依頼によりて、吉田用水之事につき、吉永知事に依頼の書状を差出す。

七日（火）

朝十六度。曇時々晴。

松村孝三郎氏来訪、媒酌依頼されたるも謝絶。

高橋吉之助氏来訪、アミノサン醤油原料不足の話を聞く。

今井彦蔵氏かへる。

正午交詢社にて金子行徳、三木五郎氏と会食。

午後前川盈一郎氏、林正三氏、三上卓氏と共に斎藤茂一郎氏訪問、橘氏のため書籍代千円を頂戴す。

夕刻丸ビル東洋軒日華クラブの会に出席。

午後七時半十八度。

よし子病院行。

八日
晴。
飯田憲之助、高橋吉之助、松村源四郎氏等に書信。
加藤寛道、中川義彦、今井小市氏に書信。
加藤歯科にて右上奥歯を一本ぬく。
小田村鈴木氏等来訪、交詢社にて面会。
午後三時産組中央会にて有馬伯と会見、新政治団体について語る。
後茶話会、尾崎、豊福、山浦、岩淵氏等同席。
午後七時二十度。

九日
曇時々晴。
花見氏来訪。
夜県人会出席。
老人来京一泊、小石川姉同伴。
午後交詢社にて後藤、木原氏等と会談。

十日
雨強し。午後霽る、但し曇。冷加はる。午後七時十六度。
正午アジアにて会食、同席尾崎等。老人帰宅。
三橋則雄氏、賀屋興宣氏に書信。

抜歯経過良し。

アジアにて偶佐賀県知事加藤於菟丸氏と会し、地方事情を聴く。

進氏来宅、上田磧三氏病気見舞を依頼す。

小磯甚三郎氏に書信。川口姉に書信。

マッチ飢饉甚だし。業者の生産差控えによる自然値上を必要とするに至るべし。

［欄外］理髪。

十一日（土）
旧暦十月一日。曇。
冬色俄かに加はる。午前七時十一度。進氏来訪。
正午交詢社小森準三氏と会食。
午後同所にて橋本登美三郎、戸叶氏と会談。影佐少将、犬養氏の消息をきく。
夜出井にて田中惣五郎氏を中心に、関根悦郎、秋定東日記者、伊藤氏等と会食。
志冨氏上京。

十二日（日）

晴。正午十七度。

小泉脩氏朝来訪。

米の問題は値上によりて却つて事態悪化の傾向を見る。而して当路者の工作概ね逆効果なるを当路知らざるものゝ如し。

昨日来ドイツ和蘭国境を侵犯すべしとの報伝はり、世界を挙げて騒然たり。昨日近衛師団の動員下令、到る処又出征のため人騒がし。

児矢野夫人及杢之助氏来訪。

大久保猛氏来訪。

日光漸く冬色あり。居間に火鉢を置き火を入れる、今日最初也。

富岡鹿島宮司、皆川県社寺兵事課長等来訪。

物資不足のため、地方都会の商人の如きは生計の困難俄かに加はり、底流の思想動向また甚だしき異変あるを思はしむ。

英米の対日態度甚だ面白からず、一方ソ聯は頻りに支那赤化に力を用ひつゝあり。かくて日本は真の不羈独立自力自往の態勢を整ふるための国内改新の必要益々切実なり。然るに国情は此の必要に逆行しつゝあり。随つて大いに伸びんがために、一層甚しく屈せざるを得ざるの秋必至の情勢といふ可し。所詮現状を維持しつゝ、今日の世界的暴風雨の中を突破せんとするは到底不可能事也。されば改新の前提としての陣痛は、今後益々加はるべし。

十三日　月
晴。午前八時十五度。
今日の風、始めて木枯調を帯ぶ。風頗るつめたし。
斎藤氏訪問（午前）。
夜三信ビル東洋軒にて水海道中学同窓会。

十四日
寒波突如襲来。寒度朝十度。

午前十一時頃五度、交詢社はスチームを通す。火鉢なしには過されず。これは今日最初也。

正午京亭にて森田久氏のため斎藤氏招待同席、中野、緒方同席。

午後有馬伯を産組中央会に訪ねて、新しき政治団体について語る。

不取敢古野、三輪、後藤、有馬及予の五人にて会合約束。その帰途、古野伊之助氏と交詢社にて会談、その件を語り同意を求む。

古野氏快諾す。

小磯甚三郎氏来訪。

　［欄外］終日雨天。

十五日
晴。
午前七時二十分の汽車にて斎藤氏に同道、絹川村行。同氏胸像除幕式参列。帰路小篠氏宅立ちより帰京。
陸海軍北海占領。

十六日
晴。寒冷但し午後は暖し、火鉢不要也。
正午京亭にて斎藤、安藤狂四郎、纐纈大分県知事と会食。
小石川の田中氏動員され、よし子別れに行く。
此の日午前〇時煙草値上げさる。
物価問題日々深刻化し来る。
加藤平七氏に書信。

十七日（金）

曇。

正午野中東日氏と出井にて会食。

午後交詢社にて池崎忠孝、山本発次郎、石塚峻、後藤隆之助氏と会談。夜池崎、山本両氏と帝国ホテルのグリルにて会食。

黒田新一郎、伊藤武氏午後来訪。

志冨氏上京、明日同道帰郷の為也。

十八日
曇。
水海道中学父兄会講演。生家に立ちより、役場、菊叢会、事務所三ケ所座談会、帰京。
志冨氏同道上京、御真影持参。
午前上野駅にて岩手黒沢尻町の滝本三郎氏と会見。

十九日（日）

朝雨、午前八時十三度。曇。

中村富寿氏来訪、地方警官教育者等俸給生活者の生活難の実情を聞く。醤油の如きは農家にて余祐あるものは、その不足を予想して買ひ溜めたるもの少なからざる模様也。又雑穀値上りのため、米の消費量は農村にありては増加する一方とのこと、然かも一方肥料減のため来年の増産は思ひやらるとのことなり。

進氏来訪、志冨氏帰郷。

風見勝次郎氏に揮毫を送る。

塚本長三郎氏、中山忠造氏両家婚姻につき祝を送る。

物資の不足益々深刻を加ふるに至り世情自から穏かならず、就中交通方面の情勢悪化の噂を聞く。

米の出廻り思はしからざる模様也。

地方警察官の転業を希望するもの多く、而して警察官を希望するもの少きに至り、警察官吏の素質甚しく低下しつゝありて、自然警察界の空気面白からざるに至る。勤務等も緊張を欠くや甚しきものあるを耳にす。

魚類値奔騰の傾向にあり。

此の日稍暖、二階火鉢不要也。

正午産組中央会にて有馬伯中心に、古野、三輪寿壮、後藤隆之助氏と会談、国民組織について語る。三輪氏曰く、所詮惑混乱なしには、国民総力結成の組織は運動として成り立たざるに非やと。

午前後藤国民子来訪。

交詢社にて聞く、「東海道を霊柩車が頻に通るにつきこれを調べたるに、砂糖の密運送なりし」と。

午後南昌洋行訪問。

公債下落、株価騰貴の兆著し。インフレ必至の見透しの下に行はるゝものにして、諸物価騰貴は必然なるべし。

貨物運送にも運賃に暗取引行はるゝに至り、それがため果物などを送る場合、此の呼吸を知らずして他に贈与する場合日数かゝり、為めに腐敗するが如き例鮮からざる事例を耳にす。

坂本忠通氏に書信。

石川市郎氏より来書。


朝鮮北部に不穏の情勢ある由の噂伝はる。

終日家居。

金子行徳氏に書信。

山川村長菊池善作氏に書信。

豊島周道氏に書信。

市村篤氏に書信。

上層はしきりに歳暮等の廃止をいふも、商店にてはのし、包紙等は別送することとして商品の売れ行きにつき夫れ〴〵用意を完了し、売れ行き減を期待せざる由也。

三越にては炭なし、石炭なし、米は四五日前の注文により配給すとのことなり。食料品の品不足漸く深刻にして、缶詰ものゝ如きは一客両個に制限し居る由也。

信州の柿産地にては釘不足にて荷造り不能のため、値暴落すといふ。

昨日水海道役場に於ける座談会の話、

「ウドン粉の値上ありて、ウドンそのものは釘付値也。止むを得ず、ウドンに汁をかけるに非ずして、汁の中をウドン泳ぐの有様となれり」と。

二十日（月）
午前七時十四度。曇。
多田中将来書。
滝孝三郎氏に書信。
児矢野昌平氏病むとのことにて、よし子見舞に行く。

親ソ独反英米運動を起さんとするものあり、此の運動起らば重ねて国内騒然たるに至り、国情益々複雑化して情勢自から悪化すべし。

和久田氏来訪。

木村幾五郎氏近衛公の書を持ち来りて鑑定を乞ふ。断る。真物に非るべし。木村氏いふ、近衛公の書は三百円以上すとのこと也。

同盟通信新井氏来訪（夜）。

後藤隆之助氏、昨日橘孝三郎氏を小菅刑務所に訪問したるに、同氏頗る元気の由、後藤氏より伝承す。

後藤隆之助氏に聞く、大日本青年団幹部謂ゆる神がゝりとなり、近より難しと。「触《（ママ）》る神に祟り」なしといふ可からざる也。

二十一日
快晴。
午前八時五十八分両国発列車にて斎藤茂一郎、満日社長村田懿麿、和久田氏同道鹿島神宮行、帰路香取社に行き、佐原町にて伊能忠敬の遺跡を訪ひ、午後五時二十五分佐原駅発帰京。喜文にて夕食を斎藤氏より饗応うけ帰宅。神林氏上京一泊。

二十二日
雨。

朝尾崎秀実氏来訪。伊藤武氏来訪。須田誠太郎氏来訪。

午後交詢社にて上村鉄虎氏と面会。

夜は出井にて石塚峻氏を囲み晩餐会、同席滝川三郎、染野喜一郎、新井藤一郎三氏。

石塚氏は米の問題に関して農林省当局の企画を知るために上京したるものなるも、当局無為慨嘆に不堪とのことなり。現状を以て推移せば、何れは米騒動持ちあがるか、然らずんば来年の都会人は粥をすゝるの苦難をなめざるを得ざるべし。

ビスケツト、どらやきの如き大衆的菓子は、小麦粉値上りのため有毒性土を混用するため、小児の罹病者を多からしめつゝありとのこと也。

又味の素の如きも有毒性の原料を除毒するの工作乏しきため、これにより健康を害するもの鮮からずと聞く。

須田氏の談によれば、潮来地方小サンマ十銭に三尾といふ値の由也。

富岡鹿島神宮々司、広瀬栄一氏に書信。

大来修治氏、広にて博太郎に面会したる旨来書。神林氏一泊。

二十三日（木）

新嘗祭也。曇朝十五度。

温度高く、火鉢不要也。

神大実の山上勘六郎氏、坂野伊左衛門氏代理にて、故坂野氏の建碑揮毫を荒木大将、飯村中将に依頼したることにつき礼に来る。

今井彦造氏来訪。

正午神林氏と散歩。アラスカにて昼食。

坂野晃（伊左衛門宅）、山上勘六郎氏に書信。

アラスカにてさへ材料不足に苦み、原料高のため経営自ら苦労多しとのことなり。此の分にては、来年は今年同様のよき料理を味ふこと不可能なるべしと、ボーイ達すら口にするを聴く。

二十四日（金）

曇時々雨。午前九時十五度。

木村作蔵、中山鑑一氏に書信。中山氏へは、西豊田村の国旗掲揚柱へ揮毫のもの出来、その竣功式参列に招かれたるに不参の旨の書信也。

椎名信章氏来訪。

正午出井にて西園寺公一、尾崎、牛場氏等と会食、ともに時事を語る。西氏曰く、影佐少将等は汪政権成立後の大使としては、町田忠治又は永井柳太郎氏等を可とするものと真面目に考慮し居れりと。以て軍部の政治に於ける幼稚なる認識を知るに足る可し。

午後交詢社にて菊池武保、今井彦蔵氏と面会。

東京朝日地方版によれば、北海道の石油飢饉甚し、又肥料の配給思はしからず。

菊池氏は木炭産地に在り、而して原木値上りと労力不足、並にこれに伴ふ労銀高のため、炭の増産の如き思ひもよらずとのことなり。

阿部首相の町田総裁入閣勧誘には、軍部も亦周旋これつとめつゝある旨新聞に報道さる。かくて軍政党の合作の機運濃厚也。こゝに時局は行き詰りつゝ、その最後の段階に入りつゝあること実証されたりといふ可し。

マッチ不足のために、甲府市に於てはマッチの切符制用意されたりと東朝地方版に見ゆ。

東京のマッチ不足依然緩和されず。

地方にては米農業倉庫に入らず、蓋し依然として暗相場行はれつゝある為め也。

岩手県にては米小売業者米の値上を要求するに至れること、東朝岩手版に見ゆ。

今日南支の広西省南寧政略完了す。此の政治的効果如何あるべきか。兵数少からず、却つて敵の「空室清野」戦術のために苦まざるを得ざるに至らんことを恐る。

牛場氏に聞く、英大使クレギーは、現在の世界動乱は武力戦に非ずして、まさにエンデユランス Endurance の戦なりと評せりと。いひ得て妙といふべし。

米国の対日態度、依然悪化の一路を辿りつゝあり。事態は急速に変革を要求するに至るべし。

昨夜卵酒をつくらんとて、近辺の酒屋に酒を求めしむ。良酒の瓶詰皆無なり。来年良酒払底を見越して愛酒家はすでに買ひ整ひつゝありて、良酒はすでに払底するに至れるものゝ如し。

西園寺氏曰く、過般野村外相と会見し対米外交、対ソ外交につきて語れるに、外相は手の打ち様なしとのことにつき、（西園寺氏は）然らば速かに退却すべきことを要求したるところ、外相は数分間沈黙し居たるが、結局退却の意向なきことを明かにしたりといふ。西園寺氏もあきれてものがいはれずと嘆息し居りたり。道理千万のことなり。

菊池武保氏に書信。

［欄外］理髪。

廿五日（土）

曇。

木村進、伊藤武、伏見武夫、小島一氏等と神林氏をかこみ、アラスカにて昼食。

志冨氏上京。

暗取引物資を運搬するに、霊柩車を利用するもの不鮮由を聞く。

廿六日（日）

快晴、但風つめたく吹く。冬色漸く加はる。

午前八時四十五分上野発絹川村行、斎藤氏亡母三回忌に参列、午後一時十二分小山発にて帰京す。

小山、結城等にて聞くに、マッチ、炭等の不足甚しく、一般に物資配給甚しく円滑を欠きつゝあり。

小森準三氏、小貫基氏来訪、但し不在不面会。

高橋敬氏、丸山弁三郎氏に書信。

近衛公に対する反感漸く加はらんとしつゝありとの情報を頻に耳にす。人心の混迷甚しき折柄なれば、誰れが今日好かれて明日憎まるゝか想像を許されざる也。人心は無軌道に走るべし。

薬材の不足目立つて甚しからんとしつゝあり。アスピリンの如き、素人は購入に困難を感ずるに至れり。

二十七日

昨夕来の寒風加はり、今朝は庭前霜柱を見る。気象台の発表によれば、朝零度也。茶の間午前八時十度。

各地昨夜雪を見る。但し例年より二十日程後れたり。

信州黒田新一郎氏、同志二人と共に来訪。

憲氏来宅。

午後交詢社、和久田、花見氏等来訪。

マッチ不足のため、交詢社にてもマッチはボーイ持ちにて食堂応接室等にマッチ無し。

冬来りて農村の地下足袋不足深刻也。

東久邇若宮、ノモンハンにて捕虜になりたることを世間頻りに噂す。

やまと新聞近衛公の政治的責任を問ふべしとする意見抬頭しつゝある旨を大袈裟に報ず。

東京市の風呂屋値上陳情。

米の県外移出統制のため、取手鉄橋にて警官の検査ありて、相当に配給の円滑を阻害しつゝあり。

炭は一俵公定価あるため半俵しか売らずとして、量目をごまかしたる暗取引さかんに行はれ始む。

地方に半紙不足、漸く注意を喚起さるゝに至れり。

朝鮮、満洲等は以前より白米を廃し居るため、白米の土産を希望すといふ。地方に醤油の不足もそろ〳〵目立ち始めたる模様也。

金より物への心理がもたらす結果なるか、服部時計店の如きも時計を店に出せば忽ち売れ切るゝ由也。

上海は五十年来の寒気にて凍死者を出せる旨新聞に報ず。

〔編者註〕墨書　栄宝斎蔵板罫紙和綴

10　日記「備忘録　十四年十一月廿八日
三郎闘病記」〔抄録〕

〔昭和十四年十一月―十五年二月〕

十一月廿八日
快晴。霜深し。

須田禎一氏来訪。

交詢社に田中養達氏と会見、時局同志会入会を謝絶する旨を告ぐ。

夜延寿春にて南畝、須田両氏を饗応す。

斎藤茂一郎氏訪問、神林氏の仕事につき相談す。

銀座の靴みがき屋、巡査にでもならうと思ふと述懐せりとの話をきく。以て時勢の変化如何に大なるかを知るべし。

九州地方にて鮮人の一団米屋襲撃をなせる噂を聞く。

近衛師団兵続々出征す。

十一月廿九日
曇又晴。此の朝霜なし。
目下の情勢を以て推断するに、左の如し。
一、米の配給到底円滑を期し難し、為めに来年に於ては一ケ月以上粥をすゝるの必要生ずべし。

一、物価の騰貴阻止し難し。下級民衆の生活困難益々加はるべし。かくて第一線官僚の取締益々弛緩して悪性闇取引愈々行はれ、物資の偏在ことに甚しきに至り、生活問題を底流とする社会問題益々重大化し、現行組織に対する呪ひの勢ひ自から奔流するに至るべし。

一、軍部、政党、財閥は互ひにその本性を暴露して、現状維持のために緊密なる提携を企て、社会問題の重大化するに伴れて互ひに反動的権力の発動を挑発すべし。

一、かくて国内の混乱を招致すべし。

かゝる情勢に対処して、能ふ限り波瀾を少くしつゝ次の世代への移行を念とする見地よりは、徹底したる改新の旗印の下に国民を統御せざる可からず。然るにかゝる改新は国民に一大衝撃を与へたる後に非れば、国民をして首肯せしめ難し。此所に容易ならざる政治的技術を必要とし、この技術を断行するに足る人材を必要とす。目下はかゝる人材の連絡結合をはかるの時機にありといふべし。

渡辺泰邦氏と交詢社にて会見、北海道の近況をきく。同氏函館より昨日帰京の由なるが、同地にては炭、石炭の不足甚しく、配給に当りては何れも列をなして順番を待つこと毎日なりといふ。為めに民衆の神経自から鋭敏となりて、炭、石炭等を買ひためたる家庭を探し出す等のことあり、放置すべからざるに因り、警察官より相談的に申込みて、買ため分を分与するの途をとりつゝあり。かゝる有様なるを以て、事態の裡に不穏の形勢を看取せざるを得ずとの話也。

米国の輿論悪化の一路を辿り、民間に対日軍需品輸出禁止運動起れりとの新聞電報あり。

早見氏、黒田氏同伴来訪、交詢社にて面会。黒田氏経済危機を説く。所説適切なり。

林広吉氏来訪。

阿部内閣はその閣僚補充を企て町田民政党総裁の入閣を希望したるも町田氏これを拒み、為めに今日永田秀次郎、秋田実氏入閣す。新聞紙は挙げて阿部内閣を非難す。然れども阿部内閣はたゞ断乎邁進を繰り返すのみ也。かゝる内閣の奏請者とこれが支持者の責任は、頗る重大を加ふるに至りたりといふべし。蓋し国民の間に於て阿部内閣に対する失望の念は愈々強くして、而して阿部内閣を存続せしむるものは誰なるかの問題は自然提起さるべければ也。大阪方面にては民間に於て、阿部内閣は天皇の命によりて存続するものなりと下馬評すといふ。かくの如くにして、而してその将来に及ぼす影響如何。

外米は百円以上を突破し、而かも欧洲大戦の結果諸方面の買つけ急にして、日本の入手し得べき分鮮き模様也。

十一月三十日（木）

晴。

正午銀座アラスカにて後藤、首藤両氏と会食、時事を語る。

午後交詢社。

早く戦局を収拾しなければならぬ……随つて寧ろ蔣介石を相手に和平すべし……とする見方、稍々重ねて抬頭の模様也。然れども蔣介石相手に和平成立すべしとする認識は大なる錯誤也。

別に「早く戦局を収拾しなければならぬ……随つて和平の相手たるべき将来有望なる中央政権の樹立を急がねばならぬ……〔」〕、此の見地よりして政変なきを希望して、而して阿部内閣の存続を支持するといふは、阿部内閣の弱体を以てしては相手とするに足る有望なる中央政権の樹立を望み難き事実を無視したる意見にして間違ひなり。現実を忘れたるものといふべし。

早く事変を収拾せんとするも望む可からざる也。却つて国民の潑剌たる奮発心を盛りあがらしむるに足る新しき政治を生み出すことこそ、事変処理のための先決要件たりといはざる可からず。

十二月一日

晴。

斎藤氏同道水戸行。即日帰京。

水戸にて亀山検事正訪問。水戸も炭不足也。下級俸給生活者の窮状、漸く甚しき模様也。

二日

晴。

交詢社にて山本発次郎氏と会見。

正午交詢社にて平沢千万人氏と昼食。

夜岸道三氏支那よりかへる。古野氏、牛場氏、松本氏と共に出井にて報告をきく。

平沢氏に聞く、中小工業者の間に物資材欠乏による困難のため経営困難のもの漸く多く、為めに生産過剰に因るに非る一種の変態恐慌の危険発生し、金融業者は既に此の危険に対処するの用意を持つに至れりといふ。

岸道三氏帰京談、汪兆銘側は日本政府側の提案を容れ難しとて新政権問題停頓中なるが、事実また日本側案を容れしめたる新政権なりとすれば、却つてその成立のために蔣政権を強化するの傾向をすら生むべしと。

又曰く、汪氏は近衛内閣と新政権問題も取りきめたき意向也と。乍併近衛内閣を相手としたきは実行可能の政府を冀求するに由り、従つて阿部内閣の如きを以てしては汪も信頼し難かるべく、而して阿部内閣を辞職せしめ近衛氏をして出馬せしむるの機会をつくり得べきか、事容易ならず。その間社会問題等のために内閣の倒潰を見るに至らんか、一応汪工作も清算さるゝに至るべし。その結果は国内の輿論益々分化して人心愈々不安を加ふるに至り、近衛公を以てしても収拾困難に陥るに非るか。

志冨氏上京一泊。

三日

晴。

西園寺公一、山本発次郎、林広吉、沢村東朝記者来訪。沢村氏は二年出征、帰京也。小貫氏来訪。

茨城県にては米の県外移出を一切許可許〔ママ〕とす。暗取引依然甚しき也。

四日

寒強し。

午前渡部子之助氏来訪。

交詢社にて西園寺公一氏と会談。

富岡鹿島宮司来訪。

夜称好塾記念祭参列。

五日（火）

大霜也。快晴。

山本発次郎氏来訪。

正午アラスカにて斎藤、緒方氏と昼食。

午後二時交詢社にて西園寺と会し、約束の□一本を渡す。

小山亮氏と交詢社に会す。小山氏しきりに地方の事情を説く。情勢逼迫しつゝあり、信州の農民中には「電力不足にて肥料生産減ならば、自家の燈火を滅するも可なるが故に、電力を肥料生産にむけられたし」とて、陳情するものすら不少とのこと也。

肥料問題は重大化しつゝありといふ可し。

米の闇相場依然止まず、為めに闇相場取締りの任に在る警察官には米の配給を渋る傾向ありて、先般は結城署の一巡査は二三日米なく、ためにウドンを用ひ居たる由を聞く。

民間に遠隔の地に暴動ありたりとの噂飛ぶ。元より想像が生める流言ならんも、かゝる流言を生む想像の行はるゝことそれ自体が政治的にはその貧困を示すものにして、為政家の責、甚だ重しといはざるを得ず。

夜東日秋定、長坂両氏来訪、時事を語る。深更に及ぶ。

神林氏一泊。

六日

曇。霜なし。午後四時頃より雨。

大羽黒田俊雄氏に書信。

塩及びシヤボン等の買溜、漸く甚しとのこと也。

代議士中には次の選挙のため、紙の買ひつけをなすものありとの噂あり。事実とせば笑ふべく、又蔑視するに足る。

スクラップの関係にて鉄の減産ありとのこと也。

伊藤武、三浦虎雄、渡辺泰邦氏等来訪。

伊藤氏住居の近辺にては、米は二三升しか配給なしとのこと。

三浦虎雄氏宅にては、毎日炭を新聞紙に包みて買ひ居れる由なり。

午後鷲沢与四二氏訪問、信州上田も甚しき炭不足にて困却し居れりとのこと。

流し円タクに乗る。運転手曰く、部分品は悉く闇相場で頗る暴騰せり。日曜の如きは遊び客なれば一台に五六人も乗ること故円タクとしても面白からず、半数位は日曜を休むに至れり。今年の年末来年々首は円タクの運行甚だ乏しきに至り、乗客は困るならんと。

三浦虎雄氏は議会内に無所属倶楽部をつくりたるにつき入会されたしとのことなりしも、これを謝絶す。依然純無所属の立場をとるべし。何れに属するも、良心を傷けずして無意味のことに労せられずして居り難き也。その必要これなき也。

七日
夜来の雨、朝霽る。

八俣の高橋吉之助氏来書、岩井米ききんの状と肥料高にて農民困惑の状を報じ、前途憂慮に不堪と特記し来る。

地方に於ける紙不足漸く甚しくして、小学校にて白半紙の使用困難なるもの不少に至る。

茨城猿島地方米一俵二十円の暗闇相場さかんに行はるとのことなり。

後藤隆之助氏より電話あり、橘孝三郎氏釈放方を請願のため、宮城司法大臣訪問を約す。後藤氏の都合よき機会を更に電話にて打ち合すこととす。

小沢正元氏に書信（上海にあり）。

交詢社に岸道三氏と会見（正午）。

夜名取和作氏宅に招かる。同席小坂順造、加藤三菱銀行重役、海東要造、緒方竹虎氏。

八日
朝石川市郎氏来訪。
名取和作氏に礼状差出す。
正午三木五郎氏、斎藤氏とアラスカにて昼食。
三時華族会館にて近衛公と会見。要旨左の如し。
　社会不安の問題
　汪政権問題
　爵位等返還の問題
　封事に関する件
夜富士久良にて真藤氏招宴同席、緒方、斎藤。

九日
後藤隆之助氏と同道、法相官邸に宮城法相訪問（午前十一時）、橘氏の釈放を懇請す。
正午出井にて太田耕造、堆浩氏と会食。
午後菅谷の遺骨到着につき、上野に見送る。
橘鉄太郎氏に書信。
午前青島豊島慎三氏来訪。
塚原同盟記者、武内氏来訪、媒酌人依頼さる。
志冨氏上京一泊。
夜伊藤武、伏見武夫氏来訪。

十日
夕刻より雨。

豊島慎三氏のために、志冨、和久田、木村進氏等と共に多喜山にて食食（ママ）（正午）。

夜東京会館にて岩永祐吉氏百日祭出席。松平宮相、有田八郎氏等に久しぶりにて会見。

四国に米暴動ありたりとの風説飛ぶ。

米問題益々重大化しつゝあり。政府は此の問題のために、奔命（ママ）に疲れんとする有様なるものゝ如し。

高橋吉之助氏に書信。

中島喜作、三木喜延両氏に書信。

十一日
快晴。寒強し。

博太郎来書。

早川直瀬博士夫人死去、悔み状を出す。

鎌倉にては先日米屋団結して警察に行き、闇取引に非れば商ひ出来ず、恐れ乍ら処罰を乞ふと申出でられて、警察も黙許することとしたりとのこと也。

警察官も自家用のためには、闇相場にて買ひ物すること普通也。取締りの不徹底は免れ難き也。

日本の政情に関する支那側の諜報、頗る正確迅速にして困ったものなりとのことを奥村喜和男氏より聞く。近来の特種の情勢なりとのことなるが、日本に於ける政治の頽廃にその因あるべし。

小坂順造、小島氏に十三日正午延寿春会を通知す。

正午交詢社、平貞蔵、尾崎秀実、伊藤述史、大西斎、早水親重氏来会。

夜筑浦会出席。

十二日
晴。寒酷烈也。

朝斎藤氏訪問、橘孝三郎氏に滝本博士日本経済大典差入を懇請、代二百四十円。

橘孝三郎氏に書信。

野中氏と出井にて昼食、情勢を聴く。

交詢社にて三土忠造氏、都古沢氏と会談。

博太郎に書信。

社会不安の情勢日につのり、流言甚し。米の不足も亦甚しくなりたる模様也。

深川本所辺にては亭主米を購ふてかへるも炭なきため炊事間に合はず、空腹の小供泣き出すなど見るに忍びざる悲惨の光景珍らしからざるに至れりといふ。

炭不足にて東京市内にても場所によりては経済警察が各戸の貯炭量を検査し出し、不足のものに分けしむる予備工作にかゝれるものゝ如し。

杉並辺場末にてはガスなきため、木炭薪類にて炊事しつゝありしに両物ともに手に入り難く、ために夜薪拾ひに出るものあるに至れりといふ。

警察官の生活難すでに甚しく、ために職務を怠るもの自然の勢ひにて生じつゝある模様也。

十三日
午前花見氏来訪。
正午築地延寿春にて小坂順造、同武雄、新井寛三、小島一氏を招き一会。
午後三時昭和塾へ。
夜津久松、斎藤氏招宴、根本博士、瀬崎由太郎、蛯原凡平、神林、吉田常次氏来会。
萩谷敬一郎氏、八俣初見栄一郎氏に書信。
絹川村役場のために、佐久良東雄の歌を色紙に書く。
丸善より橘孝三郎氏に万年筆を送らす。

十四日
酷寒。霜雪の如し。
正午愛宕下なには家にて緒方氏渡支送別宴、斎藤、真藤、大西三氏同席。
夕刻信濃毎日社新井、伊藤及小島一氏と多喜山にて会食。
三人会すれば、話題は物資不足問題也。

十五日
午前十一時歯医者に行く。
正午アラスカにて牛場、松本重治両氏と会食。
小久保喜七氏悔みに行く。
午後四時より交詢社にて田中惣五郎氏を囲み一会、同席伊藤武、後藤、木原両国民記者、関根氏、林広吉氏、西園寺氏。

十六日
雨。酷寒。理髪。
朝斎藤氏訪問。
午前十時半交詢社にて支那の江亢虎氏と会見。
正午尾崎秀実氏と会談。
山内氏紹介のため、森田久氏、村田懿麿氏に書信。
長讃村の西村三郎氏より炭二俵送り来る。

十七日
落合寛茂氏来宅。
午後三時発名古屋行。観光ホテル一泊。

十八日
大阪行。新大阪ホテル一泊。

十九日
仝所一泊。

二十日
朝奈良行。奈良ホテルに泊る。

二十一日
吉野行。仝所に泊る。

二十二日
帰京。
右旅中快晴。自動車の不便到る処甚し。

二十三日

議会召集出席。

此の正午ニユーグランドにて山本常二氏と会食。

夜柳町氏の上京を待ち、交詢社にて佐々、笠、伊藤三氏と会食、会談。但し柳町氏遂に来らず。

堺、河盛氏来宅、但し不在にて面会せず。

志冨氏上京。

二十四日
正午多喜山にて柳町、佐々両氏と会食。
江木武彦氏と交詢社にて会談。
朝斎藤氏訪問。塚原俊郎氏母来訪。
理髪。

二十五日
正午アラスカにて花見氏と会食。
午前伊藤武氏来訪。

二十六日
開院式欠席。夜初雪を朝見る。快晴。

午前山王ホテルに河盛氏訪問。

入歯完成。

十一時半有馬伯中央産組事む所に一会、同席三輪寿壮、後藤隆之助、古野伊之助。

三時学士会館にて塚原俊郎、河盛氏長女結婚式媒酌立会。夜同所披露宴。

衆議院各派有志内閣不信任意思表示の決議を行ふ。政治的意義重大なり。社会不安、益つのるに至るべし。

二十七日
晴。
夜喜文にて斎藤氏招宴。
九時頃かへる。三郎歯痛より眼の苦痛を訴ふ。阿万医師をよぶ。
夜半三郎眼の苦痛を訴ふ。よし子徹宵看護す。

二十八日
三郎眼の苦痛甚し。朝阿万医師来診、眼科医の立会診察を求む。即ち志冨氏をして三廼博士をたづねしめしに不在也。厚生省の勝俣氏を煩はし、済生会の山崎順博士の来診を乞ふ。午後一時来診、即刻入院と決し、午後二時半頃家を出で、済生会病院に入院。よし子、まさ同道、午後三時病院着。予は先約ありて東京クラブに近衛公を訪問（病院より直行）。
三郎の病気は眼窩〔窠〕蜂窩織炎と判断され、直ちに重態となる。敗血症に陥れるなり。一家愕然。

二十九日
博太郎に帰京打電。間もなく博太郎より、夕刻東京着の入電あり（なごやより発信）。精二、とし子迎えに行き、夕食後博太郎病院行。

〔一九四〇年一月〕

三郎重態。一日全く危篤也。近親に打電す。二日益々危険状態となる。三時頃よし子、博太郎等と葬儀につき相談す。二日午後五時頃に至り、三郎生気をとりかへす。三日危険状態也。この夜右眼あやうしと宣告さる。博太郎と四日午前右眼手術とならば失明すべき危険ありとのことに種々後事を考慮するため、夜半帰宅。精二病院にて母を手伝ふ。卅一日夜来とし子、夜は精二と家に在り、三日夜は博太郎とねる。

四日午前病状より右眼手術中止す。爾来漸次生気をとり戻す。博太郎の血液を三郎に輸血す。第一回は二日午前也。第二回は四日午後、六日精二の血を輸血す。三郎はA型、予及博太郎A型、精二はB型也。

八日博太郎帰任の途につく。

二月七日

三郎退院。

二月十九日（月）

三郎始めて登院。四時間程授業をうけてかへる。

昨年末来二月二日まで晴天つゞく。二日夜雪あり。三日とし子雪だるまをつくりてよろこぶ。

四日

としこし也。とし子豆まきす。

二月十二日

土浦中学に講演に行く。中風の鯉淵氏をたづねて即日帰宅す。此の日寒気うすらぐ。十四五度あり。

二月十九日

朝茶の間にて三度。昼十度。

二月十八日

伊藤武、飯田憲之助、落合寛茂、林広吉、塚本積氏来訪。午後目黒不動に三郎快癒祈願をこめくれたる礼に行き、それより染野喜一郎氏訪問、同氏令息結婚の祝ひに行く。

三郎退院につき、各見舞をうけたる方面に挨拶状を出す。百余通也。

二月十六日

よし子芳水小学校に行き、三郎の床あげ祝ひの代りに、生佳肝油代を寄附す。

二月十三日

夜赤坂長谷川にて近衛公と会食、食談。岸道三、牛場省三氏同席。

二月十五日

正午アラスカ、細川嘉六、牛場、西園寺、岸、是松、尾崎氏同席、昼食。

二月十七日
正午平沢千万人氏と中央亭にて昼食。

二月十四日
正午出井にて真藤慎太郎、緒方竹虎、斎藤茂一郎氏と会食。

二月十五日
安田徳太郎博士訪問。長島又男氏を通じて、三郎のため薬を分ちくれたるお礼に行きたる也。長島氏同道、金百円を謝礼す。

十二月廿八日より二月十九日まで、三郎の病気のため万事抛棄し、その経過を見る。此の間日記なし。十九日夕刻昨冬来（三郎発病時以来）始めて二階の卓子にて右の数項を思ひ出すまゝに記す。

十九日この日晴れ又曇り也。

とし子は正午目白駅に三郎をむかひて電車にて目黒に来り、それより自動車にて病院行、二時過帰宅。それより予は斎藤氏を事務所に訪ねて夕刻帰宅す。佐久良東雄顕彰会のため、斎藤氏より三百円の寄附を受領す。

二月廿日（火）
午前七時茶の間にて九度。朝より雨。

とし子とよせ書きて博太郎に便りす。博太郎より来書。

三郎今日は休む。昨日初めて登院したるため、両脚の疲労を訴ふ。昨冬発病以来始めて電車に乗りたるためなり。

菊田禎一郎あてにて佐久良東雄顕彰会へ三百円、為替にて送金す。

山本発次郎氏に長女結婚取りきめの祝状を出す。

交詢社にて岸道三、国民の後藤、木原氏等と会見。

晩翠軒より鯉をとりて一家夕食す。三郎元気也。三郎今日以後隔日病院行。

志冨氏上京。

二月廿一日
朝五度。曇後晴。正午十三度。風なく春淡く来るの思ひあり。

三郎登院す。無事課業を終り帰宅、安堵す。

岸道三氏来訪、炭山視察のため五〇〇円渡す。

博太郎にリンゴ一箱、菓子など送る。三郎快方に向へるにつき、内祝の裾分け也。博太郎に手紙す。

近衛文隆氏入営につき東京駅に見送る。それより交詢社にて尾崎秀実、佐々弘雄、笠信太郎氏等と会食。

午後三時東京駅に斎藤茂一郎氏の渡満を見送り帰宅。

多田駿、江木武彦両氏にあて、斎藤茂一郎氏紹介の手紙を書き、且つ紹介状を斎藤氏に送る。

廿二日（木）
午前六時茶の間七度。九時半十四度。但し北風強く寒冷也。晴天。

午前木村進訪問、全快の模様也。

岸常二氏来書、返書。

議会予算、本会議出席。

三郎中途退け也。

午後二時目黒駅前にて三郎の帰りを待ち合せて病院に同伴、山崎順博士に面会。三郎眼鏡出来し、これをかく。右近視につき作製せるなり。左眼開閉自由なれども、尚ほ三四ミル高く、ために繃帯したまゝ也。山崎博士の言によれば、三月一杯位は繃帯の必要あるべしとのこと也。又左眼は漸次低下する見込なりと。又左眼上の切開口は整形成りて切開口のみ目立つ。眼下の分は尚ほ少量膿汁を見る。鼻柱の左側の傷口も塞がり、その内部の膿は漸次内部組織に吸収せしむるの手当方針なりとのことなり。

夜寒つよし。

廿三日
快晴。議会に行く。午後理髪。

三郎元気よくかへれりとの電話にて、富士アイスにてケーキ類を買ひもとめ帰宅、四時。

朝六時茶の間にて二度、午前十時十度、風北にして酷寒也。

博太郎に詳しく三郎の其の後の経過を報す。

朝大久保勇氏来訪、大成火災をやめたしとの諒解を求めに来れる也。蓋し大成火災には、予が世話したる関係による。

米の問題、また重大化の傾向を見る。

マツチ不足依然甚し。

一月大書棚を二ケ買ふ。一ケ百七十五円也（三越にて）。家具の値上りの如き一層甚し。

自動車賃もハイヤーは高騰せり。一月三郎の病気のため、中自動車に支払へる料金千四百円に近し。今月六百余円也。諸物価の騰貴、今年に入りてより特に甚し。

大豆四斗五升入二十円の取引普通なり。公定価を上廻ること数円也。地方小都会の醤油、みその如きは、大豆粕か又は馬鈴薯等を原料としたるもの以外、払底の模様也。

酒は「酒つぽい水」となりたりとて、上戸党は不平たら〳〵也。

高橋文太郎氏（筑波三島村）に書信。

此の夜三郎始めて元気に精二と力くらべなどす。頭痛を訴へず。

廿四日（土）

快晴。朝六時茶の間にて四度。十時十度。

三郎登院。正午自動車にて学習院に行き、直ちに病院行。歯鼻及び眼ともに手当す。眼下切口より膿排出す、但し心配することはなき由也。経過順調也。よし子は午後一時より三郎のため父兄会に出席し、四時帰宅。

風なくあたたかし。

志冨氏上京す。

狩野力氏に返書。

議会に出席せず、読書消閑。

三郎頭痛を訴へず、元気也。

済生会病院長高雄徳龍氏に書信す。三郎のため感謝の意を表せる也。さきに手紙を貰へるに返書也。

廿五日（日）

朝六時半茶の間にて五度。正午十五度。午前十時頃より雨終日ふる。

和久田氏、伊藤武氏来訪。

内田信也氏息結婚式なれども、祝電を打ちて式に参列せず。

よし子、山崎博士外済生会の歯科、耳鼻科、外科各部長の私宅にお礼に廻る。

伊藤武氏来訪。

夜八時半頃、三郎元気なれども鼻柱少しはれたる模様に見うけられしため、一家驚いて山崎博士の来診を乞ふ。山崎博士九時五十分来訪、別に異状なしとのことに驚きたるも、馬鹿々々しけれとも安堵就床。風強し。

廿六日（月）

三郎元気に登院。曇又晴。

茶の間六時半六度。但し北西の風強く、冷強し。

午前伊東屋にて買物、正午帰宅。今日はよし子、三郎を迎ひに行き、病院に廻る。経過良好、今日は外科部長島田氏診察手当す。

正午茶の間十二度。

金子武麿氏に、堅太郎氏病気見舞状を出す。

新井藤一郎氏に見舞状を出す。

高野はリンゴ一箱送る。

廿七日（火）

晴。朝六時半茶の間三度。冷風強し。

橘孝三郎氏来書。

三郎に木剣を買ひ、松屋にてとし子を土産〔ママ〕に本三冊を買ひ、交詢社にて昼食し、それより議会出席。武井中将に会ふ。

午後風やみ、室内十度なれども温かし。

三郎全課授業をうけて二時四十分帰宅。気分不悪とのこと也。

小石川この夕帰郷の旨知らせあり。

神林氏に書信。

廿八日
朝六時半茶の間七度。九時十一度。晴。

三郎元気に登校。午後三時頃南風となる。茶の間十六度。終日家居、読書。

とし子、三郎をむかひに行く。左眼横鼻柱の旧手術口を山崎博士開切す。帰宅後三郎即時就寝。但し心配なしとのこと也。八時頃痛むやも知れずとて鎮痛剤を貰ひ来れるもその必要なく、よく眠れり。

午後三時頃より風強く砂塵を捲く。

廿九日（木）
晴。朝六時半三度。北風つよし、但し午後風うすらぐ。十二三度。
庭前の芝生にベン〳〵草ちらほらと青芽を出し初む。

三郎全科を了へて元気にかへる。五時山崎博士自宅に行き、診察をうく。予同行。
議会出席。小山、池崎、木村（武雄）諸代議士と会談。
斎藤隆夫氏に任意議員辞職を勧告するもの、民政党内にしきりなりとのこと也。

〔編者註①〕「三郎闘病記」は省略した。
〔編者註②〕墨書　無地和綴

11　日記「政界新体制　昭和十五年五月」

〔昭和十五年五月―六月〕

政界新体制　昭和十五年五月

五月十六日
夜久原氏より至急面会したしとの電話ありたれども、十七日小田村の講演につき、十八日朝電話にて打合すべき旨約束す。

五月十八日
朝久原氏と打合せ、午前十時久原氏訪問。久原氏曰く、「十六日午後往来倶楽部に於て、新党問題に関し山崎達之輔、前田米蔵両氏と熟談したるに、両氏は近衛公が進んで政党の組織に着手する旨を瞭らかにせば新党は立ちどころに結成さるべく、随つて近衛公出馬こそ新党結成の最善の道なるが故に、同公出馬の決意を俟つて新党結成に着手したしとの意嚮なりき。予は強力なる新党の結成を希望することなれば、近衛公の出馬決意を俟つを宜しとすればそれにても宜しと答ひたるに、両氏は然らば近衛公の意嚮につき、風見氏に依頼して斡旋を乞ふが宜からんとの話なりしにつき、至急面会を希望したる次第なりと。予答ひて曰く、「近衛公の意嚮如何は予の知るところに非れ共、今日世界の状勢より考ふるも、国内の事態より稽ふるも、真に国民を基礎としたる堅固なる政治体制を建設することは、苟くも政治に志あるものならば喫緊の急務たることを何人も認識せざる筈なく、この新体制建設のために政党の解消が必要とあらば政党自から進んで解消すべきものにして、近衛公の出馬するとせざるとを新党結成の動機たらしめんとするは寧ろ滑稽と云はざるを得ず。即ち政党が自ら解消して、新しき政治体制に参加せんとする決意は国家の必要を動機とすべきものにして、近衛公の出馬不出馬は断じてその動機たるべからず。但し近衛公と雖も、一個の政治家としては斯の如き新政治体制の建設に着手せんとする政党の動きに対して傍観すべからざるは理の当然なるべきが故に、自から進んでその運動に参加し、乞はるれば総裁たるの実あるべし。つまり新政治体制建設の運動展開の結果として近衛公の参加はあり得るにしても、その運動を展開せしむる動機として近衛公の出馬云々を問題とするは政治的にナンセンスなり。凡そ苟くも政治的感覚あらば、今日の状勢の下に在つては、寧ろ今日を俟たずして自から政治家たるの責任を自覚する以上、政党人は自発的に目の色変へて新政治体制建設のために奮起し居るべき筈にして、そのことの為めに敢然討死も辞せずとの決意を瞭かにしてこそ、こゝに初めて新政治体制建設の第一歩は踏み出さるゝ所以にして、このこと無く近衛公一人の力に縋り、新党結成の極めて安易なる道を択ばんとするが如き生気地なき態度を継続する以上、斯の如き政治的人材の集合に在つては到底国民の信頼を求め得ざるが故に、如何に乞はるゝとも政治的感覚の鋭敏なる近衛公としては笑つて聞き流す外あるまじ。予も今日まで幾度かこれらの問題については近衛公と熟談を遂げたることにして、今更ら更めて近衛公に聴くまでにあるまじとは思ひども、然し折角の御依頼なるが故に何れ近衛公と面会し、改めて近衛公と相談の上近衛公の意嚮につき御返答すべし。かくて雑談の後十一時半久原邸を辞し夕刻帰宅したるに、久原氏大磯より電話し来りて近衛公の意嚮如何なるやとの質問にて、久原氏の返答を求むること頗る急なり。

五月十九日

若しや久原氏大磯より帰京し、予に返答を催促し来るやも知れざるが故に朝近衛公に電話し、久原氏と会見の纏末并に所謂新党問題に関しては、予は昨日久原氏に述べたるが如き意嚮を伝ふる外あるまじと告げたるに、近衛公快諾。

五月廿日

午前十時近衛公訪問、前日電話にて話合ひたる件につき、何れにしても既成政治勢力を叩き壊すに非れば新しき政治体制の出発は不可能なるを以て、何よりも先づ既成政党爆破工作を第一の目標として、諸方に斡旋するの急務なるを述べ、この下心にて久原派并に中島派に働らきかくることにつき公との話合ひを終り、夫れより往来倶楽部に立寄り、木舎氏并に山崎氏と面会し、近衛公の意嚮は前日電話にて打合せたるが如き内容のものなることを告げ、正午出井にて緒方、斎藤両氏と昼食を共にし、政党問題に関し予が斡旋する次第を告げ、この問題につき斡旋する予の下心に関しては両氏とも満腹の賛意を表す。二時半久原邸に赴き久原氏に会見し近衛公の意嚮を伝ひ、随つて中島、前田両氏にも政治体制を新たにする基本として中島派も速かに解党の意志表示を為すの必要なるを通告すべきことを約し、三時同邸を辞し再び往来倶楽部に至り、予を待合はせたる山崎氏、有馬頼寧伯并に前田氏と会見し、久原氏に告げたると同様の話を為す。然るにたま〳〵予が有馬氏は翌日近衛公と面会する予定なることを告げたるに、山崎、前田両氏曰く、風見君の話はよく諒承したるも、有馬氏明日近衛公に会はるゝならば、この問題に関し重ねて公と談合して貰ひたしと。畢竟言外に有馬氏により、さらに予が近衛公に告げたるところを再検討して貰ふ余地有るかの如き意嚮を仄めかせり。よつて予は更に、近衛公の出馬するや否やと、政党が今日の時局の下、全く古き観念と殻とを捨て新しき政治体制の建設に第一歩を踏み出すか否かとは全く別問題にして、実際問題としても政党自身自から解体して新しき出発点を踏み出すに非れば、如何に近衛公が新しき政治体制の建設に既成勢力中の人材を活用せむとするも不可能なる所以を巨細に亘つて説明したるに、有馬伯も予と全く同意見なる旨を告げ、政党の更生と近衛公の問題は別個に考慮すべき性質のものなりとの意嚮を瞭らかにす。山崎氏はなる程、理は正に然るべきも、実際問題として近衛公の出馬有るに非ずんば如何に政党解消するも新政治体制の建設は不可能にして、風見君の如く余り潔癖なる態度も如何かと思ふと。予曰く、その点は断じて然らず、この程度の潔癖さを以て事に当るも、尚ほ世間は果して全く古き観念を捨て新しき観念の下に政治的行動に出発したることを肯定するや否や疑問とするやも知れざる也、随つて予が云ふところが潔癖に過ぐるとするも、予を以て見ればこの程度の潔癖さは寧ろ最小限度の潔癖にして、一歩もこの潔癖さを譲る能はず。この日はこの程度にて散会。

五月廿一日

午後二時往来倶楽部にて山崎氏と会見す。山崎氏は予の意見は道理千万なれども、中島氏は兎角自由党が伊藤博文公を戴いて政友会を結成したる当時の如き方法にて新党結成を希望し居れるが故に、近衛公の出馬を不可欠条件とし、寧ろ近衛公が先づ蹶起することを前提として新党問題を考慮し居る模様なれば、この点に関し再考の余地無きやとの口吻を洩らしたり。

予曰く、往年の自由党は民権伸張のために血を以て闘ひ来り、飽くまで藩閥の勢力を倒さんとする熱意と気魄とに満ちて奮闘すること多年、而して更に一段の政治攻勢を展開せむとして政友会を結成せるものにして、今日の政党員の如くこの時局の下に在つても自から奮起するの気魄熱意を寸毫も有せず、徒らに近衛公の袖の下に隠れて己れの安全を図らんとするが如き生気地無き連中が自由党先輩政友会結成当時の顰に習はんとするが如きは先輩を冒瀆するものにして、恥を知らざるも亦甚だしと云はざるを得ず。中島氏にしてこの反省すら無しとすれば、彼は遂に共に政治を語るべきしろものに非ずと断ぜざるを得ず。予は一昨日近衛公訪問の際、中島氏が政友会結成当時の例にならはんとして立案したる新党結成案なるものを示されたれども、実は予は一瞥も与へざりしなり。且つ又その節近衛公より伝聞するに、中島氏は頻りに政党外に奮起するものを求め、然る後政党はその中に融け込むを以て策の得たるものなりとの意見を有すとのことなりしが、斯の如き考は無意味にして国民との繋がりに於て政治の責任を有するものは議会人なり、その議会人を中心とする政党こそ真に政治の責任者なるが故に、これ等のものが捨身になりて蹶起してこそ初めて政党更生の実は挙るべく、政党外のものはこの政党人の新しき出発に対し所謂フアンとなりてこそ新しき政治体制の足か地に着きたる建設を為し得る所以にして、政党外に求むべき人材有らば政党蹶起の後、礼を厚うしてこれを迎ふるの態度に出づることが正しき行き方にして、中島氏の斯くの如き考も訂正されざるべからずと。山崎氏半ば納得し半ば納得せず、半ば納得せざるは山崎氏が中島氏を説得するの困難なるに依るものゝ如し。

五月廿二日

正午往来倶楽部にて近衛、有馬、桜内、内田、森、田辺、城戸の諸氏と昼食を共にす。食前別室にて予は近衛、有馬両氏と会見、近衛公に前々日久原、前田、山崎諸氏と会見し、前日山崎氏と会見したる纏末を告げ、山崎氏は有馬伯が前日近衛公と会見せる纏末を聴取したき旨にて、この日午後四時往来倶楽部にて会見したき希望を有し居れることを伝ひたるに、有馬伯は前々日に於ける話合ひ以外に話すべきことも無しとのことなりき。午後四時山崎氏来る、有馬伯来らず、よつて山崎氏に予が代りて有馬伯の意嚮を伝達す。この時山崎氏洩らして曰く、実は有馬伯の近衛公との会見纏末を聴取したかりしは、廿日午前中有馬伯と会見したる際は有馬氏は近衛公出馬の意嚮を各党総裁に洩らすも可なるが如き口吻なりしに、午後君と同席の場合は忽ち君の意見に同意したるを以て、予より見れば有馬氏の意嚮に少しく疑有りしが故によるなりと。かくて山崎氏は近衛公より出馬の意志を示すが如きことは有り得ざることとなるを諒承せり。

五月廿三日

朝予は電話にて、中島派も亦下心は兎も角、近衛公の出馬を条件とせざる態度を以て新政治体制の建設に邁進するの可なるを諒承したる旨通告す。この事は予か秘かに久原氏に通告したることなりしが、後に山崎氏より聴くところによれば、久原氏は予のこの電話を聴くや、間もなく中島氏に電話し会見を申し込めり。然るに山崎氏未だ予との会見纏末を中島氏に通告せざりしが故に、中島氏は驚ろいて久原氏会見申込みの件を総務課へ諮りたるに、総務連も勿論前日に於ける予と山崎氏との会見纏末を知らざりしため、只だ一図に久原氏が徒らに事を急ぐものなりと誤解して久原氏との会見を拒絶し、この日の夕刊はこの事実を取り上げ、新党結成愈々困難なる模様を報道す。深更山崎氏及び木舎氏より電話あり、右誤解の纏末を予に報告し、近衛公を問題とせずして政党自らが立ち上るべしとの案は夙見案として翌日中島氏に相談すべきにつき、その点諒承されたしとのことに異存なき旨を答ふ。

五月廿四日
午後二時往来倶楽部に於て山崎氏と会見。
五月廿五日
同時刻同様、この両日共に予は山崎氏に対し速かに蹶起の体制を整ふべきを勧告し、徒らに相談に日を送ることの無意義なるを警告す。
五月廿七日
午前十一時産業組合中央会事務所に有馬伯訪問。有馬伯曰く、前夜近衛、木戸両氏と会し種々話合ひたる結果、近衛公は再び組閣の重任を負ふに至るやを予測せざるを得ず、然るに準備なくして組閣する能はざるが故にその準備につき予と有馬、木戸三氏と時々会合し下相談することに決定したりと。恰もこの談合中太田正孝氏、山崎氏と会見したりとて、予と有馬伯が同所に在るを知り訪ね来る。即ち予と有馬伯との話はこゝに打切りて太田氏を招き入れ、同氏の話を聴く。太田氏はこの朝山崎氏と会見の結果、新党結成の場合創立委員として事前に連絡をとるべき人名表を提示、予一瞥するに河原田稼吉、滝正雄、後藤文夫、伍堂卓雄等々の名有り。予一笑に附し、これ等の人材を以て新政治体制結成の中心人物たらしめんとするが如きは滑稽も甚だし、斯の如き人名表は一顧に値せざるを以て、これは太田氏のポケツトに入れ再び示すべからずとて此れを拒く。午後三時往来倶楽部にて山崎、太田両氏と木舎氏を交ひ会談、その際山崎氏曰く、有馬、風見両君の意嚮が完全に一致し居ることはよく諒解するも、近衛公として必らず相談すべき木戸氏の意嚮は果して有馬、風見両君の意嚮に一致するや否やと。予曰く、一致するも一致せざるも有るべきものに非ず、苟くも今日の時局を念とするものならば尋ぬるまでも無く予等と同意見なるは必然なり、木戸氏に問ふまでも無く木戸氏も同意見なるに相違ない、随つて木戸氏に念を押すまでも無かるべし、加之ならず昨夜木戸氏は近衛、有馬両氏に会見したりと云ふに、先刻有馬氏は木戸氏に異論有ることを予に告げざりしが故に木戸氏に異論なきは勿論なりと。然るに太田氏も山崎氏も兎に角木戸氏に一度会はれ度しとの懇請につき、同夜八時半太田氏と共に木戸氏訪問を約して散会、予は夫れより斎藤茂一郎氏の事務所に至り木戸侯に電話し、昨夜有馬、木戸、近衛三氏会見の纏末は有馬氏より聴取したるが、今夜太田氏と訪問の際は政党問題と近衛公の出馬するや否やとは別問題にして、政党が若し国家の用に立たんと欲せば自から蹶起するを妥当とすべしとの意見を吐かれ度き旨を告げたるに、木戸氏快諾。午後八時半予は亀清に於ける真藤慎太郎氏の招宴（斎藤、緒方氏同席）より木戸邸に赴く。太田氏先着、予は先般久原氏と会見以来の纏末を簡単に述べ、仮令ひ近衛氏が政党のために出馬するとするも現在の如き政党を以てしては出馬無意味にして、今日の急務は政党夫れ自ら更生のために独自に奮起するに在りとの意見を開陳したるに、木戸氏曰く、予は完全に風見君に白紙委任状を差上げ置くと。九時少し過ぎ同邸辞去。

五月廿八日

午前九時半荻窪に近衛公訪問、有馬氏と会見し又木戸氏と会見したる纏末を報告し、さらに中島派をして

一、近衛公の出馬を俟つて解党すべしとの考

一、新党結成に関し、事前に党外のものに参加勧誘すべしとの考

一、暫らく情勢の推移を静観すべしとの考

等を精算せしめたるが故に、本日午後の山崎氏との会見に於て中島派に関する限り果たして自発的に蹶起するや否やを決定せしむべき旨を告げ同邸を辞す。午後三時往来倶楽部に山崎達之輔、太田正孝両氏と木舎氏を交ひて会談、中島派がとるべき態度に関し最後の決定を見、次の申合せを遂げたり。

申合事項

一、政党側は左の目標により自発的に運動を開始すること

イ、国防国家の完成

ロ、外交の振張

ハ、政治新体制の建設

一、諒解事項（秘密）

イ、既成陣営中参加せざるものに対しては対手とせざること

（民政党の主流及び久原の一部）

ロ、参加政党側の事実上の解党手続きは新体制結成準備次第直ちに行ふこと

ハ、広く人材を政党外にも求むること

五月廿九日

正午近衛公、桜内、往来倶楽部に於て会見、近衛公は政党問題に関しては予と全く同意見なる旨桜内氏に通告。この朝原田熊雄男より是非面会したしとの電話ありたるにつき、予は近衛公に何の用事なるか知れざれども、或は政党問題に関し予より情報を聴かんとするに非ざるやを忖度すと告げたるに、近衛公曰く、或は然るべし、昨夜秩父、高松宮等に招かれたる席上原田氏も同席、その際木戸氏政党問題に関し風見君に白紙委任状を渡したり云々の話を為し居たり。午後六時半原田邸に行き食事を共にしながら原田氏と会談、原田氏くど〳〵と内外の情勢に関し意見を述べ予に意見を徴したるも予は概ね答ひず、只だ次の二点に関し意見を述べたり。

一、原田氏曰く、内大臣に関し湯浅既に老齢なり、此れに替るべき人物有りやと。予曰く、人材無数に存す、然れども現在の情勢よりすれば尚ほ過去の経歴を以て人材の価値を云々する有様にて、予の見るところによれば過去の経歴に於て今日有名なる人材中一人も推賞するに足るもの認めず、おそらく君は旧人物中に適任者有りやとの質問ならむも、この意味に於ては予に一人の推賞するに足るもの無し。

一、原田氏曰く、予は先日政党問題に関し町田氏と会見したるが、近衛公出馬せば町田氏は欣然参加するの意嚮を洩らしたりと。予曰く、近衛公出馬せば解党して、その傘下に集るとは厚顔無恥も亦甚だし。政党が全く生れ変つたことを国民が納得する態度及行動に出でざる限り、近衛公ならずとも政党を対手に

五月卅日

午後二時往来俱楽部に於て永井柳太郎氏と会談、同氏に民政党解党の急務なるを説き、同氏并に桜内氏等がそのことに関し町田氏に献言するの得策なるを述ぶ。永井氏快諾。

五月卅一日

午後八時半桜内氏を自邸に訪問し、前日永井氏に語りたると同様の趣旨にて民政党解消の急務なるを勧告す。桜内氏曰く、その件に就ては六月二日永井氏と会見することに約束したりと。同夜十一時半近衛公より電話あり、公曰く、内大臣更迭の噂有りとて前田氏本日来訪、若し余が内大臣たるに至らば新党問題の前途閉息さるべしとて頻りに憂慮し居りたるが、余は何事も語らざりき。実は極秘なれども、内大臣は木戸氏に決定し居れり。故にこのことを胸に置きて前田氏その他にも折衝されたし。

六月一日

木戸氏内大臣に親任さる。

六月二日

午後八時永井氏より電話あり。この日午前桜内氏と大蔵大臣官邸に於て会見、大体意見の一致を見たり。よつて一両日中に町田氏と会見する予定なりと。その旨直ちに近衛公に報告す。

六月三日

する気持にはなれざるべしと。それより予は世相の既に極めて深刻なること、国内には所謂輿論の分袂漸く甚だしからむとすること、国民中乱を好むの風漸く盛んなること、官僚も軍も徒らに焦燥の念に駈らるゝのみにして共に国家の枢軸たる自信と気魄を失ひ、且つ又全く信頼を失ふに至れること、変化しつゝある国際情勢は益々日本に重圧を加ふるに至るべきこと等々の事態を巨細に説明し、今日にして政党自ら奮起するに非ずんば政党も亦無用の存在にして、国状の流れ行く処遠からずして戦慄すべき事態に到達すべきを指摘し、原田氏にして町田氏と懇意ならば町田氏に対し速かに解党更生の行動に出べきことを勧告すべきなりと慫慂す。その際の原田氏曰く、町田氏奮起せば、町田氏の力を以てしても大新党の結成を見ること困難ならざるべきかと。予曰く、町田氏が自ら立つて政党を統卒せんとするが如きは烏滸がましき次第にて、国民は斯の如き政党には苦笑を送るのみなるべし。町田氏の任務は民政党を解消せしむるだけが役割にして、夫れ以上の役割を買はんとするが如きは身の程を知らずと云はざるを得ず。民政党の解党と同時に、民政党今日までのだらし無かりし党情の責任を一身に背負ひ隠退してこそ公人たるの責任を果すものと云ふべし、この点に間違ひあるべからず。原田氏苦笑しつゝも納得す。八時同邸辞去、深更山崎達之輔氏より電話あり、前日の申合せの通り行動すべきことを中島氏完全に納得せりと。直ちに近衛、有馬、木戸三氏に電話し山崎氏の話を伝ひ、さらに原田氏の会見纏末を伝ふ。

午前十時荻窪の私邸に有馬伯訪問、政党解消の情勢頗る急を告げんとするを以て、善後のことに関し速に具体的考慮をめぐらすの必要なるを語り、四日近衛公と鼎座協議することに話を決め、十一時辞去。それより出井にて斎藤茂一郎、武井大助、緒方竹虎三氏と昼食を共にし、午後二時往来倶楽部にて後藤隆之助、三輪寿壮両氏と会見、後藤氏に今日までの経緯を説明す。

六月四日
午前九時荻窪の近衛邸に有馬氏と落合ひ、近衛公と三人にて十時半まで協議。十一時松岡洋右氏を千駄ケ谷の私邸に訪問、松岡氏頻りに近衛公速時蹶起すべしとの意見を述べたれども、余は只だ承り置く程度にて同氏邸を辞し、正午交詢社。午後一時産業組合中央会に有馬伯訪問、此日午前近衛公邸会談に於て事務所を設くべしとの話合ひに関し、現在事務所払底、容易く手に入るとも思はれず、情勢の推移急を告ぐるものあるが故に余はこの三四日交詢社、日本倶楽部、往来倶楽部又は自邸に在りて連絡計画を進むべしと約束して辞去。それより往来倶楽部に至り木舎氏に面会、余曰く、今朝近衛公邸会談に於て、世間稍々もすれば往来倶楽部を新党の策源地なりとして、この倶楽部を中心とする運動に対し感情的反感を抱くもの有るにより何れかに事務所を持たんとの議有りしも、事務所を手に入るゝこと時節柄困難なるため、余は今後自宅、交詢社、日本クラブ又は往来倶楽部を転々として連絡に当るべく、随つて前日までの如く往来倶楽部のみに居ることは為さざるべし。但し余自から近衛公を訪問するは却つて不便なるが故に、近衛公との連絡は木舎氏是に当ることを申渡し、三時交詢社に帰り横矢、牛場、西園寺公一氏その他多数の新聞記者と会見。午後七時往来倶楽部に至り松岡、横矢氏等との会見纏末を近衛公に伝ふることを木舎氏に依頼す。その折木舎氏曰く、午後三時より秋田清、山崎達之輔氏等往来倶楽部に参会したるが、事既に茲に至りたる以上風見氏に諸般の指揮を仰ぎたしとの意嚮なりしと。余諾否を答へず、午後八時半帰宅。
この日午前七時半小山亮氏来訪、別項近衛公に話たるが如き件を余に内報す。

（別項）此日近衛公邸に於ける会談の概略
一、極秘なれども今朝小山亮氏来りての話によれば、近来久原氏は小山氏にのみ相談するとのことにて、久原氏は明日米内首相に面会を申込み、
一、日本政界より親英派を一掃すること。随つて親英的政策を放棄すること。
一、速かに交戦権の発動を断行すること
一、高度国防国家の建設を完備すること
の三項を突付け速時にこれが断行を迫り、おそらく米内氏は速答し得ざるべきが故に、然る場合は直ちに参議の辞表を提出し右の纏末を天下に声明する決意なりと。
一、所謂政党の葬儀は案外早く行はるゝことゝなるべきが故に、それがため何処かに事務所を設くることにすること（この件は前段の如く中止）
一、往来倶楽部を策動本部と誤解するもの有るが故に、余が常住

同倶楽部に居ることは遠慮すること（この点は予より木舎氏に通告すること）

一、松岡氏の如く速時蹶起を要望するもの有るも、現在の情勢にては稍々もすれば襖も障子を取り除きたる姿にて新党を結成せむとするが如き極めて低劣なる政治意識しか政党の幹部も持ち合せざるが故に、譬へば民政党の如きは内紛を醸成せしめらくを以て却て得策とすべく、加之ならず現在の情勢より判断するに、政党は解消劇と新党思惑との為め右往左往して醜態を爆露することなるべきが、このことは結局政局の不安を招き内閣の倒壊を見るに至り、自然近衛公は大命を拝受したる後政党結成の工作を為すことゝなるべし。然る場合は政党の我儘を尽く蹂躙して新党を結成し得べきが故に速時蹶起は必要なかるべし。

一、原田熊雄氏は近衛公の正しき政党への出馬は拒否するものに非ずとの意嚮を町田氏に通告する模様なり。

六月五日

朝小山亮氏より電話。小山氏曰く、久原氏は米内氏に会見を申込みたるに、本日午前十時と予約したるも本日は都合悪しとて謝絶し来れるが故に明日会見することゝなり、久原氏は予定を変更し、明日米内氏に要求をつきつけ明後日午前十一時までに解答せむことを要求し、勿論米内氏は要求を容るゝ能はざるべきが故に、然る場合は速座に松野鉄道大臣并に党出身の政務官を辞職せしむる予定なりと。

〔編者註①〕本資料は志冨靱負の筆記。
〔編者註②〕墨書　無地和綴

12　新体制運動資料 1

〔昭和十五年六月〕

資料 1　「出馬方略」　昭和十五年六月十三日

出馬方略

一、政党解消の機運及び新党結成を速進すべき機運を醸成せしめつゝ適当の時期に枢密院議長を辞し、広く全国民に呼びかけて新党結成に着手すること。

世上この途を択ぶことを主張す、また理論的にはそれこそ新党結成の常道なれども、現実の政治情勢はこの途を採るを許さず、その理由左の如し。

（イ）内外の情勢刻々に深刻化しつゝ有るを以て政変の危機常に存在し、政変の理由奈何によつては既成政党を抱込みたる所謂軍部政権の成立を見ること無しとせず。この場合には近衛公は多かれ少なかれ、所謂反軍的気流に棹さす政治人以外を摑む能はざるべし。随つて政党の結成を断念せざるべからざるに至り立往生の危険余りに見易く、自然折角の素志を達成し得ざるべし。

（ロ）又実際上の問題として、近衛公が枢府議長を辞し、政党の結成に着手するとせば、政党結成まで現内閣の存続が必要なり。然れども近衛公が新党結成に着手せば、政党出身の閣僚は速座に退却の余儀無きに至るべく、斯くては内閣は直ちに倒潰すべし。

党出身閣僚の引退を喰ひ止め置くとするも、一方に新党結成の進行有りて政党解消の途上に在るにも不拘、党代表の資格にて入閣せるものゝ引退無きに於ては政情を甚だしく不明瞭ならしむるのみならず、行政府は結局政変有るを気構ひて事務自ら渋滞すべく、この間如何なる混乱が起るも測られざる情勢なるが故に自然民心を甚だしく不安ならしめ、延いて新党運動は国家の危局を等閑視して徒らに党の結成に心を奪はるゝものなりとの譏りを受け、その上既成の人物を用ひざるを得ざる現実の段階に在つては宛も新党運動は政権争奪者流又は大臣病患者の道具に利用されたるが如き印象を国民に与へ、折角の新党運動の意義を没却せしむる結果を招ぐべき危険頗る大なり。

（ハ）又実際問題としては、既成政党人は所謂党略的駈け引にのみ興味と熱意とを有する有様なれば、野に下りたる近衛公が新政治体制の推進力たるべき新党の結成を提唱する場合には党略的駈け引を行ふにのみ専念し、此れがため荏苒日を送るの結果となり、結成は急を要するに不拘、結成意の如くならずして却つて事を破るの結果を招くに至るべし。加之若し此くの如き情勢に立ち至らば政局は徒らに混乱するのみにして、夫れがため国家の危機を暴露するに至り、事一度び其処に至つては大命を拝受するもひとり組閣困難なるのみならず、新党の結成は愈々障害を多くし、国家の危局を爆発するの危険無しとせず。

随つてこの途を採るは甚だ危険なり。

一、組閣の大命降下するを待ち陛下の御許しを乞ひ、組閣工作に入るに先だち先づ国民に向ひ、(一)支那事変処理に有終の美果を収め、(二)世界の新情勢が要求する高度国防国家の完成を急ぐためには、(三)外は外交を一新し、(四)内は完く新しき国民政治体制の建設を必要とす、との所見を瞭らかにして、この所見に関する国民の協力を求むること。

(イ)右の協力受諾の表現は既存政党の解消宣言によつて行はるゝやう示唆すること。即ち例へば民政党の如き大政党が解消を宣言せざる場合は、協力せざるもの有りとして大命を拝辞する場合有るべきを示唆すること。この場合大政党が速座に解党の意思表示すべきことは(勿論裏面の工作により準備すべけれども)疑を容れず。

(ロ)政党の解消宣言を俟ち、この意思表示を以て国民は要請に応じたるものと認め、茲に完く新しき政治体制の実現を期しその推進力たるべき新たなる政党の結成を行ひつゝ、同時に政局を担当することにつき陛下の御許し有らば、茲に初めて組閣に着手する(この間両三日を経過するも差支無かるべし)。

(ハ)この場合の組閣は、総理、陸海軍両相、并に新党の中心たるべきもの二名にて組閣し、外務のみ首相の兼任とし、その他の各省大臣は右二名の大臣にて当分兼任することゝし、各省の事務は優秀なる次官を選抜して事務に当らしむること(書記官長を専任するか、書記官長をして国務大臣を兼任せしむることも一案として考慮に値すべし)。

(ニ)国務大臣にして政党結成の任に当るものは、速かに全力をその方面に傾倒すること。

(ホ)組閣と同時に内閣に参政官を置くの制度を定め(機密費にて手当することゝし、官制は枢密院に諮るを要せず)、新党結成工作完了までその事に当らしむ。

(ヘ)政党の結成は長くとも十五日間に完了すること。

(ト)政党結成の上は党中有為の人物を事務大臣たる建て前の下に入閣せしむること。

(チ)結党後は各省に参政官制度を設け(現在の政務官及び参官の制度を廃止す)、参政官に有為の新人代議士、及び次に代議士たらしむべき人材を選任して、党并に政府との連絡に当らしむること(一省十名に及ぶも可なるべし)。

(リ)内閣直属の情報部、企画院、法制局、興亜院の如き諸機関は、完く新しき企画の下に組織替ひさるべきものなるを以て組織替完了まで長官及び部長を選任せず、組織替あるまでは内閣直属の参政官を置き、夫れ等のものをして事務を執らしむるも一案なり。

一、閣僚にして政党結成の任に当りたる二人の中、一人は結党成立と同時に直ちに下野して党の幹事長たるべし。

意尽く尽さゞるも、大体に於て右の如き情勢判断の下には近衛公は新党問題に関しては飽くまで受身の態度に出で、第二の途を採るべき機会の到来まで動かざるを可とすべし。同時にその機会到来するまでは、長くとも一ケ月以上を出でざるべきが故に又はそれより短期間たるべしとの予想の下に新党結成の機運を醞醸せしむるため、計画的にあらゆる方面に働らきかくる事必要なり。その具体策、左の如し。
（一）既に新聞工作は古野、松本の線を通し、着手するの段取りに到達したり。
（二）直ちに、先づ所謂新党サークル運動を各方面に展開するの手順を講ずべし。
（三）新政治体制結成の前提条件として、既存政治結社解消の必要を明らかにする民衆的運動展開の準備に着手するを要す（右の計画并に実現の準備に関しては目下工作中なり）。

以上昭和十五年六月十三日

資料2　「新党結成方略　その一」　昭和十五年六月十三日

新党結成方略　その一

一、示すべき政策は高度国防国家の建設、外交の一新の二項目位に止め、この大目的を達成するため必要とする政策に関しては個々に実現の準備成りたるときに瞭らかにする方針を採り、従来の政党の如き紙上計画的政策羅列主義を為さゞる事。
一、党名は最も工夫を要す。
一、総裁の下に総務、顧問、評議員等を置くも、一切の党務は実質的には総裁の独裁を要するが故に、総裁、幹事長に命ずれば速座に党の活潑なる実践運動に展開し得るやう組織すること。
一、結党と同時に清党運動の活潑なる発展を必要とするが故に、政治指導部とその指導部の前衛隊を組織する事。
一、余の接触したる部面に於ては、新党問題に関し出発時の姿と完成されたる姿とを混同し、両者の間に極めて困難なる荆棘の道が存することに関し、未だ明確なる認識を欠くもの極めて多し。然れども実際の問題としては、出発時に於ける新党の体制は国民をして微かなる希望と期待をしか持たしめ得ざる程度のもの以上たらしむることは不可能に近し。これ以上を望むことは許されざるべし。随つて党は潑剌たる実践によつて、国民をしてその微かなる希望と期待とを日に〳〵強化し得しむるやう諸般の工夫を必要とす。就中党務の最も活潑なる活動を要する部面には新人を集結するの必要あり。
一、結成前より又は結成と同時に党の一切の能力を動員して、全国的遊説を実行し得るやう計画を樹て置く事。
一、結党の場合に副総裁設置を要求する声必らず起るべきも、此れを置くは置かざるの有利なるに如かず。

以上昭和十五年六月十三日

資料3　「新党結成方略　その二」　昭和十五年六月十五日

新党結成方略　その二

一、人材を清新ならしむるため、現存の政治的老大家は党組織に於ける第一線より後退せしめ、比較的若きものを第一線に配置するやう工夫すること。
一、創立委員は議会に足場を持つ小会派よりは議席数の大小に不拘各々一名とし、その他より即ち現在政党政派に属せざる方面よりは大体前者の場合と同数を推挙すること。実行案としては、民政、政友両派、社大、国同等に在りては筆頭総務又は幹事長を、東方会、第一議員クラブよりは中野正剛、秋田清両氏を推挙し、党外に在つては千石興太郎、末次信正、白鳥敏夫、橋本欣五郎、有馬頼寧、及び学界出身者、財界出身者、官僚出身者等より適当なる人材を推挙するを可とすべし。

一、創立委員として推挙すべき学界、財界、官僚出身の人材は貴族院内に求むるを便宜とすべし。

一、党組織の大要、次の如し。

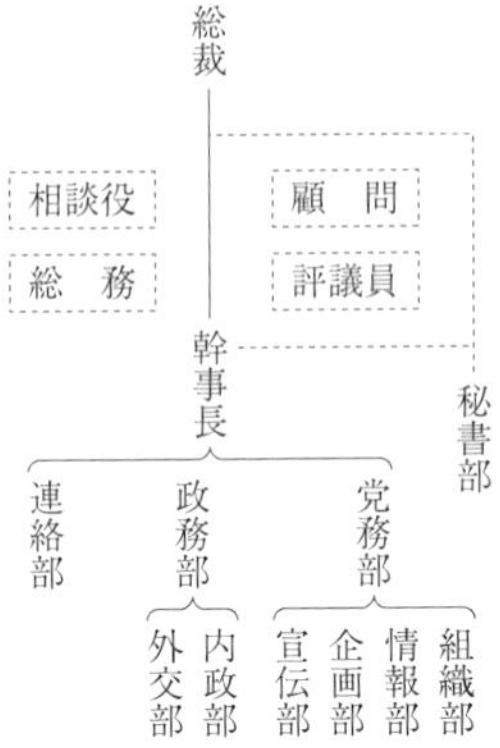

一、現下内外情勢の将来に於ける推移発展は容易に逆睹し得ざるも、七月下旬より八月にかけては容易ならざる国家的危機が内外情勢の圧力により爆発するの危険頗る大なることは一般の予期するところにして、斯の如き情勢下に国民にとりては微かなる希望をしか繋ぎ得ざるべき新党結成の工作にかゝることなれば、党の活動は最大限度に活潑ならざるべからず。この党の積極面の外に消極面に於ては党の活動を阻害し、又は障害となるべき一切の勢力に対し森厳なる克服の闘争を行はざるべからざるが故に、この事のため一種の組織を必要とすべし。具体的には一種の制裁組織なるを以て党制上の組織外に置き、その中心人物は総裁及び幹事長と連絡を持つ無名人を可とすべし。

一、大体右の如き形態の党組織とし、

（イ）所謂制裁組織は秘書部内に包含せしむること。

（ロ）党務部、政務部、連絡部の下部組織は実践運動の進展につれ、夫れ〲責任者をして分担区画の方法を定めしむること。

（ハ）相談役、顧問、総務、評議員等には政界の長老を収用し、この組織内の人々は、要するに党自体の実質的活動には縁遠き存在なるを以て、党活動発展の過程に於てその虚勢力は漸次に失はるゝに至るべし。

昭和十五年六月十五日

資料4「新党結成方略　その三」　昭和十五年六月十六日

新党結成方略　その三

一、飽くまで近衛私党たるの批判を避くるため、人的構成に於ては十分に注意するを要す。

一、国民精神総動員聯盟は速時に廃止すること。

一、結党完了までに、諸種の経済社会及び労働団体等に対し新党の支持団体として密接なる聯携を保つやう働らきかけ、この働きかけに応ぜざるものに対しては断乎解散を命ずること。この働らきかけは結党着手の声明により期待し得る人心興奮の時期に於て一気に呵成するを良好とすべし。即ちその時期を待ち、それ以前に働らきかけて徒らに是非兎角の論議を起さしむるは却つて不利なる情勢にあり。

一、目下の情勢よりすれば、如何なる政治団体も好むと好まざるとに不拘、新党の結成を必要とする情勢に押されて尽く参加するに至るべきは想像に難からず、新党の強さを示すためには寧ろ敢然として反対する勢力有りて、此れを撃破するの策戦に出づるを以て妙とするも、このことを期待し得ざる情勢たる以上、新党は如何なる分子をも最初に於ては無差別に吸収するの態度に出でざるべからず。随つて新党は現に問題とされる民政党総裁派主流、或は久原派中三土、鳩山の線に沿ふもの、又は安部磯雄、片山哲氏等の社大党より除名されたる人達をも一応吸収することを避け難かるべし。随つて最も困難なる結党後に於ける清党工作には最も苦心を要し、その困難頗る大なるを覚悟し置かざるべからざるなり。

一、従来の政党院外団を整理するため、特別の苦心を要す。但しこの方面は主として金銭の力によるものなるを以て困難は少かるべし。

一、性格、力量、将た又民衆の心を摑まんとする態度、并に考方に於ては、所謂右翼派は概ね所謂左翼派の敵に非ず。随つて論議に於て右翼派勝つとするも、行動に於ては到底左翼派に及ぶべくも非ず。ために此の両派を融合せしめ統一されたる体形を整ふるまでには苦難頗る多きを覚悟せざるべからず。両派指導の任に当るものに関しては特に人選を要す。松岡駒吉氏の如きは（果して適任なるや否や十分の研究を要することなれども）適任者の一人に非ざるべきか。

一、長くとも半年間に於て次の如き方法により総選挙を決行し得るやう、党の活動方針を決定し置くこと。

（イ）候補者公認詮衡委員会たるの実質を有する一委員会を構成せしめ、この委員会に於て次の総選挙に必らず当選せしむべき百名内外の能ふべくんば、それ以上に多数の新人を詮衡し置くこと。

（ロ）公認候補者の指名は総裁の独裁たること。従来の如き地方支部推薦の形式を採らず。

（ハ）諸般の情勢より推断して、総選挙は多くとも十日間に完了するを要するが故に、一度び総選挙を告示せば速時に新党絶対支持の気運を渦まき起し、反対するものゝ立候補はその余地無きやう諸般の準備を進めおく事。

（ニ）百名の有能なる新人候補者を公認して当選せしむるためには、百名の現議員をして立候補を断念せしめざるべからず。然るに選挙区の事情によりては飽くまで断念を拒否して反抗するものも少なからざるべく、夫れ等のものは要するに公人たるの地位に憧憬を感ずる人達なるを以て、単に断圧によりて断念せしめんとするも徒らに不平の徒を作る所以なるが故に、或は勅選議員に任命し、或は他の公職を宛行ひ得るやう施策するを要す。

（ホ）此の第一次の総選挙に於ては、貴族院改革を断行すべしとの国民的決定を表示するやう予め計画指導し置きて、総選挙後に於ては貴族院改革断行に着手すること。蓋し生活問題は益々深刻化すべき情勢下に在りて、国民の心を摑まんとする一政治的謀略としては国民的圧力により、上層特権的機構に痛撃の一棒を喰はすが如きは最も妙なるべし。
一、選挙法に適当なる改正を加ふること。
一、新党の基本的動向は、（一）印度、印度支那、タイ国、蘭領印度等々の広範囲に亘り、（二）夫れ等諸地方の民族自主運動を指導しつゝ、（三）世界新秩序を規定すべき東亜新秩序を建設することに非ざるべからざるを以て、本党の触手は朝鮮、台湾は勿論、満洲国共和会、支那国民党、共産党にまで、并に前述諸地方の民族運動にまで能ふ限り急速に伸張し得るやう規制さるべきこと、新党の基本性格はこの事に求められざるべからず。
一、新党結成を為すと同時に、言論界に協力を求むること。
一、内閣参議制はこれを存続し、但し旧参議の辞表は尽くこれを受付け、暫らく参議を選任せずして政界旧人物操縦の謀略に利用するを可とすべし。

昭和十五年六月十六日

資料5　「結党方略」　昭和十五年六月二十一日

結党方略
一、大命降下
一、（イ）完く新しき政治体制建設の必要なるを指摘したる声明書を発表し、（ロ）同時に議会に足場を置く各政党代表を招致して、新政治体制の建設方針を説明し、その賛同を求む（賛同の上は速かに各政党の解消宣言を要請す〔）〕。
一、只今の情勢よりすれば、民政党は解消要請に逡巡する場合無しとせず。然れども民政党を置き去りにするも大多数の賛同を得べきは瞭らかなるが故に、民政党の態度決定を俟つことなく、直ちに組閣に着手す。
一、大命拝受。
一、総理、陸、海三者にて組閣す。随つて各省大臣は三者にて兼任す。或は書記官長を国務大臣とし、総理は外務のみを兼任し、書記官長を兼任する国務大臣が外務以外の各省大臣を兼任し、又は書記官長と陸海三大臣にて他の各省大臣を兼任するも一案なり。
一、親任式終了後、直ちに結党工作の準備に着手する旨を声明し、同時に別項結党方略に掲げたる結党準備委員を指名す。
一、結党完了まで各省の大臣は此れを補充せず、優秀なる次官を選任して事務を執らしむ。
一、情報部、法政〔制〕局、企画院、興亜院等は改廃統合を要するを以て、その長官を一時書記官長兼任と為し置くを以て便宜とすべし。
一、組閣と同時に内閣に十人内外の参政官を置き、書記官長の下に在りて内閣のスポークスマン、結党工作との連絡、内閣関係の諸事務、各省との連絡等に当らしめ、書記官長を補佐せしむ。この参政官は岸、牛場両氏の外は代議士中より選任す。
一、参議の辞表は此れを受付け、参議制を存続するも参議の選任は結党後にこれを行ふ。参議制を廃止するも一案なれども、党の運営上この制度を当分利用するを可とすべし。
一、結党完了まで（長くとも約十五日間）は結党工作を円滑ならしむるため、有馬又は風見両氏の中、臨時にその職に就くを便宜とするやも知れず。
一、その場合は結党後、直ちに代議士中より適任者を選任す。出来得れば、最初より代議士中の適任者を選任するを可とすれども、従来党派間の摩擦深刻なりしが故に、結党前に政党出身者を選任せば、無用の摩擦起るの危険多かるべし。

昭和十五年六月廿一日

資料6　「結党方略」　昭和十五年六月二十二日

結党方略

一、親任式後、速時結党準備委員を指名す。議会に足場を置く会派に在つては、民政党三名（民政党が全部参加したる場合、又は民政党中より脱党して参加したるもの丶場合も同様なり）、久原派三名、中島派三名、社大三名、第一議員クラブ三名、国同二名、東方会派二名、無所属二名、并に貴族院及び議会外のもの十九名合計四十名とす。

一、右準備委員は速時に準備委員会を構成し、次の諸委員会を設く。

（イ）党名詮衡委員会
（ロ）党則準備委員会
（ハ）綱領審査委員会
（ニ）宣伝委員会
（ホ）地方支部設置準備委員会
（ヘ）経理委員会
（ト）結党式準備委員会

一、宣伝委員会は直ちに次の計画を樹立す。

（イ）総理の演説　東京又は東京、大阪

（ロ）全国各府県に及び朝鮮、台湾、諸地方に於て殆んど同時に結党式前の一大演説会を開催するため、直ちに準備すること（三十組乃至五十組の遊説隊を組織すること）

一、地方支部設置準備委員会は既存政党支部解散のため、并に新しき地方支部設置準備のため、夫れ〴〵関係代議士又は政治家を地方に派遣すること丶、この委員会は宣伝委員会の指令する演説会を準備し、且つ結党式に参列すべき地方代表を詮衡し、その他地方支部設置に関する百般の準備工作に当ること。

一、党の運営は総裁、理事長又は幹事長、并にその下部組織中組織部、政治指導の一線に中核を求め、有為なる少壮分子をこの線上に獲得すること、又経済、社会、学術等々の諸団体と連絡し、その活潑なる活動を刺戟し指導する役割もこの線上の人材に期待すること、随つてこの線上に居るべき人材の獲得に最も苦心を払ふこと。

一、国民精神総動員聯盟は速時廃止。

一、閣僚は結党完了後に補充し、補充閣僚に対しては、名目は国務大臣なるも実質的には総理の命を受け、内閣の方針に従ひ、忠実なる事務大臣としての役割に殉ずべきやう首肯せしむべし。随つて中枢閣僚会議は頻繁にこれを行ふも、従来の如き閣議は一週一回程度に止め、若し書記官長を国務大臣たらしめば、事務大臣会議は書記官長主宰の下に適宜開催せしむるを以て可とすべし。

閣僚の補充と同時に各省政務次官、参与官の制度を廃止し、各省に参政官制度を設け、一省少なくとも十名の参政官を置き、各省間及び各省と内閣、并に各省と政党との連絡に当らしめ、官僚群と国民との摩擦を緩和する役割を演ぜしむべし。

一、組閣と同時に内閣直属の興亜院、情報部、法政〔制〕局、企画院の改廃統合を行ふべき旨を宣告し（企画院、興亜院、法政局はこれを合併して内閣計画局となし、情報部はこれを拡大し）、その長官には代議士任命し得るやう制度を改む。然る後長官を詮衡すること、又この種機関には人材を自由に任用し得るやう制度を改むること。

一、法制、制度等適宜直ちに改廃するの必要あるを以て、この点に関しては枢密院も事後承諾にて是認するやう予め約束しおくこと。

昭和十五年六月廿二日

資料7「結党方略」

結党方略

一、党の組織に関しては一般に規格整然たる形式を要求すれども、斯の如きは結局観念の一遊戯に過ぎずと云ふべく、要は戦闘的実践に在るを以て党活動の中核となるべき組織は実践によつてのみ拡充し得るの建前により、最初は幹事長の下に組織部、政策部の二部を置くに止め、幹事長、組織部長、政策部長の三者をして総裁の手足たらしむるを可とすべし。

一、一種の革命的組織方法を採らざるを得ざるが故に、先づ中央に結成して然る後地方に及ぶの順序に依らざるを得ざるを以て、有能なる人材を地方に配置するの工夫を特別に講ずること。

一、地方新聞を機関紙たらしむる工作を速時に開始すること。

一、幹事長の下に清党運動并に党の活動の監視、又は党の活動を阻害する一切の勢力、及び個人に対する闘争等のため、一種の戦闘突撃部隊を中央地方を通じ組織するの必要有り（中川良長男の如きは適任者に非ざるか）

一、従来の政党に所属せる院外団の整理には特別の工夫を要す。

一、用意すべき文書

（イ）大命降下後新政治体制の必要につき国民に訴ふる文書。

（ロ）組閣完了後、内閣の方針について国民に訴ふる文書。

（ハ）政党結成の方針并にこれに着手することを国民に告ぐる文書。

一、予め用意すべき案文

（イ）党名

（ロ）党則

（ハ）党務処理規定

（ニ）党組織図解

（ホ）綱領

（ヘ）結党式上示すべき立党宣言

資料8「対議会工作」

対議会工作

一、衆議院議員聯盟に加入せざるもの、特に民政党に対しては同聯盟をして徹底的挑戦を為さしむること。

一、同聯盟はこれによりて党争の妙機を摑み、各員共同戦線に立つが故に自から内部融和の道を得べし。

一、同聯盟は先づ選挙法及び議院法の改正、并に結社法の制定に力を尽すやう指導すること。
一、選挙法の改正に当りては、道府県会議員、市町村会議員等の公職に在るものをして自から投票する以外選挙に関係する能はざることを規定し、既存政治勢力の地盤破壊に役立たしむること。
一、議会は十二月初旬これを召集し、選挙法、結社法、議院法の三法案を成立せしめ、来年一月を以て議会を解散し新選挙法により選挙を行ふか、若し新選挙法を成立せしむるも選挙の準備整はざる場合はこれを如何にするかは最も慎重なる研究を要す。
一、新選挙法による選挙が準備間に合はざる場合は、来議会に於ては従来の議会と全く異りたる新議院法の運用により来年四月に選挙を行ふも一案なり。
一、同議員聯盟中に少くとも四五十名の親衛的集団を秘密に結成せしめ、これを操縦して議員聯盟を指導せしむること。
一、右の指導には相当の機密費を要すること勿論なり。
一、右親衛的組織は所謂秘密結社なるが故に、五十名を数班に分けそれ〴〵の班も横には連絡無からしめ、たゞ縦にのみ連絡せしむること。
一、私見によれば、右の組織は次の如くするを可とすべし（この組織へ包含さるべきものは、智能的たるよりも実行的たるところに重きを置く）
（イ）小山亮を中心とする一団
（ロ）亀井貫一郎、三宅正一等を中心とする一団
（ハ）西方利馬、津雲国利等を中心とする一団
（ニ）中村三之丞、喜多壮一郎、原玉重等を中心とする一団
（ホ）往来クラブ関係のものゝ一団
一、既成政党院外団中有力なるものは、右の親衛組織をして活用せしむ。
一、右親衛組織の中心には麻生氏を可とすべし。

国家新体制建設の一部分として衆議院にをける新体制建設に関し種々の情勢を報告し、それ等のことに熱心なる議員諸君か独自の立場に於て自発的に議会新体制建設の気運に向ひつゝあることを語り、それ等の同志結合する場合は予もまた一衆議院議員として参加するの可否につき近衛総理の意見を徴したるに、総理は然る場合はその団体に参加すべきことを是認されたり。

〔編者註①〕本資料は志冨靭負の筆記。
〔編者註②〕墨書　罫紙和綴
〔編者註③〕原本中にタイトル及び日付があるものは、小見出しを付けた。

13　新体制運動資料 2

〔昭和十五年六月—十六年七月〕

少し道話めくが、他人の欠点が目につく間は自分の欠点がほんとうに解つてゐないのだ。自分の欠点が解つてくると……と云ふのは、つまり透徹した自己反省からは他人に関する限り欠点は目に入らないで、その長所だけが目に映つてくる。そうなつて来て初めて、自分が持つてゐるだけの力が臍の下に蓄積されてくるものだ。大いに為さんとするものは、常に力の蓄積が必要だ。

資料1　「中央本部の結成に就いて」

中央本部の結成に就いて

原則として総務は中央本部長の相談機関たるに止め、部長を兼任せざること。

一、但し議会部長、総務部長、東亜部長の如きは、例外として総務を兼任するも妨げず。

一、議会部長、青年部長、総務部長の如きは、中立的人物に非れば無用の嫉視反間、或は摩擦相剋を起さするが故に、つとめて中立的人物を物色すること。

一、総務には既成人物中の大物と、例へば小山亮、赤松克麿の如き政界の新人を配合して、旧人物のみに非ずとの印象を濃厚ならしむるを要す。

一、各部長に於ても、例へば議会部長を前田米蔵氏に振当て、総務部長に松本重治氏を置き、青年部長に三十台の人材を登用するが如き工夫を凝し、濫りに旧人を排斥せざるも特に新人登用に力を用ゆるの苦心をこの部面に於て実証するを要す。

一、副部長の登用においても、右と同一方針に則ること。

一、総務には次の如き構成を可とすべし。

（イ）議会関係　前田米蔵、山崎達之輔、岡田忠彦、砂田重政、永井柳太郎、桜内幸雄か或は桜井兵五郎、三輪寿壮、小山亮、赤松克麿、秋田清、金光庸夫、貴族院関係二三名（後藤文夫等）

（ロ）在野政治家　中野正剛、橋本欣五郎

（ハ）緒方竹虎、高石真五郎、正力松太郎、古野伊之助（新聞関係は特に総務級に採用して責任を持たしむるを可とすべし）

（ニ）議会関係において、若し太田正孝等の如き第二流の人物を総務とする場合には却つて聯絡において不便を感ずべきが故に、総務級には所謂督軍連を拉し来りおくを便宜とすべし。

資料2　「中央本部組織」

中央本部組織

一、副総裁はこれを抹殺す。

既に副総才の希望者有る以上、これを抹殺するは気の毒の感あれども、副総才選任の困難なることを思ひば、その職を置いてその人を求めざるは却つて運動の進展を阻害する危険有るが故に、これを抹殺するに如かず。

一、顧問は準備委員を含め、政界その他の方面より選任し、百名以内を設くるも差支無かるべし。

久原房之助、町田忠治、中島知久平、安達謙蔵、望月圭助〔介〕、島田俊雄、俵孫一、小泉又次郎、桜内幸雄、貴衆両院議長及副議長、山崎達之輔、田辺七六、貴族院より数名、財界学界より数名、技術関係者二三名（技術関係者の選任は有馬伯に依頼するを可とすべし）、貴族院側の顧問の中には千石興太郎氏を加ふるを可とすべし。

一、中央本部の部長は有馬伯を可とすべし。

一、総務を各部長とすることをやめ、有馬伯を筆頭総務として中央本部長を兼ねしめ、総務には政界の中流幹部、財界その他よりも選任するを可とすべし。常任総務は議会関係者より五名、議会外より三名、都合八名とし、試みにその人選を為せば次の如し。

旧久原系一名（砂田重政級）、旧中島系一名（田辺七六級）、旧民政系脱党組一名（山道襄一級）、旧民政系残留組一名（桜井兵五郎級）、その他の会派一名（小山亮又は赤松克麿……時に総務会を圧迫する必要有る場合、この両人の如きものを入れおくことは必要なるべし。且つ新人登用の意味においても意義有るべし）、東建聯側一名（橋本欣五郎又は中野正剛）、通信関係一名（同盟政治部長か或は松本編輯局長）、その他より一名。

一、各部長次の如し。各部長の人選に当りては、所謂大物小物を交錯せしめ、政治の実際運用に於て所謂実力本位に移りつゝある姿を示さゞるべからざるが故に、最も工夫を要す。

総務部長

政策部長

組織部長　松岡駒吉、若し松岡氏に難色あれば、これを副部長として、部長には三輪寿壮氏を可とすべし。

議会部長　前田米蔵、又は永井柳太郎

経済部長　笠信太郎

文化部長

青年部長

訓練部長

国民生活指導部長

宣伝部長

東亜部長

一、新体制中央協力会々議長は閣僚の一人これに当ること面白かるべし。

一、道府県協力会議長には、その地方出身代議士、革新的人物有らば、これを採用するを可とすべし。

資料３　「次の選挙に備ふべき準備施策」

次の選挙に備ふべき準備施策

一、議会が全権委任法を可決したる場合には、緊急勅令によりて新選挙法を成立せしむること。

一、若し全権委任法不成立の危険有る場合には、次の選挙に当選せしむるに足る同志議員を辞職せしめ、議会を自然消滅せしめて緊急勅令により選挙法の改正を行ふ。
一、右二つの場合不可能なるときは、解散を断行して新選挙法を定む。
一、対議会関係における急務は、次の点に在り。
（イ）新選挙法に於て定員を三百名とする場合には、百名以上の新議員を獲得する目標の下にこの新議員たるべきものを直ちに詮衡すると共に、旧議員中当選せしむるに足る二百名の同志を厳重詮衡すること。
（ロ）新選挙法の速時準備
一、旧議員中の同志を詮衡するに当りては、次の聯絡方法による。
（イ）旧民政系は永井、桜内氏等をして八十名を詮衡せしむ。
（ロ）旧久原、中島派は前田米蔵氏等をして八十名を詮衡せしむ。
（ハ）旧社大会系は三輪寿壮氏をして約廿名を詮衡せしむ。
（ニ）旧民政、政友、社大派以外に於ては、秋田清氏等をして約廿名を詮衡せしむ。
一、新候補百名については、一道府県二名標準にて速かに内務省をして当選可能なるものを物色せしめ、別に政界各方面に触覚を働らかして適当なる人材を詮衡すること、この仕事は主として中央本部長これに当る。
一、次の選挙のために要する選挙資金については、政界の督軍的存在を精算する必要有るが故に、資金を頒つものは中央本部長一人に限るの建前をとること。
一、最も警戒を要するは、右選挙資金が政界の督軍的存在に利便するを避けるに在りて、この見地よりは督軍的存在たらんことを常に計画工夫する政界旧親分連をして資金提供者たるの地位を失はしむるに在り。
一、中央本部長が政治的野心を有する者なるときは好ましからざる結果を招くべきが故に、この見地よりは中央本部長は大それた野心を持たざるものを絶対に必要とす。この意味において有馬伯を可とすべし。

資料4

一、新体制準備会は十日を以て組織案の審議を終ることゝし、綱領に関しては金曜日閣議後審議することゝし、大体右二日を以て準備会の任務を終了せしむること。
一、九月下旬準備委員会の審議を経たる故を以て、綱領組織の決定案を最後の準備委員会を招集してこれを提示し、準備会の終了を宣告すること。
一、右の行事を為せる日又はその翌日を期し、貴衆両院議員、在野政治家、財界、言論界等の代表者をできるだけ多く招待し、この席上において総理大臣は新体制建設運動に着手することを天下に声明すること。
一、右声明前に予め中央本部長及び総務を選任し置き、右の招待席上又はその翌日これを指名発表し、巨細の行動については中央本部にて速座に規定するやう右役員に指令すること。
一、右役員については割込み運動猛烈を極むべきが故に、予めこれを詮衡し置きて中央本部長は自から指名されたる直後、直ちに役員氏名を発表し得るやう準備しおくこと。

一、中央本部の活動については、総裁には余り面倒かけぬやうの心構へにて工夫施策すること。

一、各般の情勢より察するに、副総裁はこれを制度として存置せしむるは可なれども、当分空席の儘とすること。

一、総務は卅名以内とし、その人選私案次の如し。

衆議院側　前田米蔵、山崎達之輔、岡田忠彦、砂田重政、永井柳太郎、桜内幸雄、小山亮、赤松克麿、三輪寿壮

その他の方面　有馬頼寧、千石興太郎、八田嘉明、中野正剛、橋本欣五郎、後藤文夫、緒方竹虎、高石真五郎、正力松太郎、古野伊之助

閣僚中より二三名

一、各部長の詮衡は、中央本部長たるべきものと速かに詮衡を開始すること。

資料5　「運動開始順序」

運動開始順序

一、貴衆両院議員を含め、在野政治家、財界、学界、その他あらゆる方面の代表者をできるだけ多く招待し、その席上において総理大臣は運動開始の声明を為すこと。この声明は全国にラヂオ放送。

一、役員の割込み運動を阻止するため、右声明を行ふまでに予め中央本部長その他主要役員を詮衡しおき、右声明後直ちにこれを発表す。

一、右中央本部役員は予め宣伝工作に関する準備を進めおくこと。

一、総理大臣運動開始の声明後、できるだけ早き時機において国務大臣自から陣頭に立ち、全国的宣伝を行ふ。

一、右宣伝においては、予若し閣内に在らば進んで国務大臣として街頭に立つべし。

一、閣僚進んで自ら街頭に立つことは、運動を発展せしむる上に絶対に必要なり。

一、総理声明後三週間以内に、次の地区に於ては総理大臣若くは閣僚自ら出席して宣伝を行ふこと。

大阪、名古屋、広島、福岡又は熊本、山陰道の一個所、金沢、新潟、仙台、札幌

一、右を第一期工作として、その間中央本部においては各県郡市に至るまで全国的宣伝戦展開の準備を完了すること。

資料6　「代議士新候補者」

代議士新候補者

沢田廉三、橋本欣五郎、岸道三、松本重治、田畑東朝記者、林広吉、奥村喜和男、木原通雄〔隆〕、後藤勇、白鳥敏夫、羽生三七、佐々弘雄、笠信太郎、野中盛雄、有馬英次、鷲沢与四二、相馬御風、菊池寛、横光利一、斎藤重雄

資料7

一、所謂全権委任法なるものは成立つや。

一、衆議院議員何名辞職すれば衆議院は消滅するや。

一、衆議院消滅したる場合、総選挙を数ケ月延期することは法制上差支無きや。

資料8

一、現実諸般の情勢より推断するに、先づ総理、陸軍、海軍の三大臣を以て組閣し、組閣を完了すること。

一、或は暫定的に右三大臣の外、一国務大臣を選任し（即ち四相にて組閣し）、この大臣をして書記官長、法制局長官、企画院総才を兼任せしむること。

一、組閣後直ちに新政治体制結成の方針を瞭らかにし、この結成準備事務を委託すべき人選を為すこと。

一、右結成準備事務を委託すべきものは正副二名とし、この二名をして参画すべきものゝ人選を為さしめ、準備委員会を結成せしむるも一案なり。

一、然らずして最初に多数のものを選任し、直ちに準備委員会を結成せしむるも一案なり。

一、右何れの場合にせよ、準備委員に選任すべきものは大体次の如かるべし。

（イ）議会に足場をもつ（貴衆両院）各政派より二名づゝ（この場合議席数の如何に不拘、各派より二名づゝを選任す）。

（ロ）議会外に勢力をもつ政治家群のうちより、末次信正、橋本欣五郎、中野正剛（若し中野氏が議会内に東方会を持つと称する場合には、（イ）の部に取扱ふ）、白鳥敏夫、小林順一郎（大日本生産党を代表し得るや否やを確かめたる上の事）、松岡洋右。

一、議会内に足場を持つ各派に在つては、特に聯絡を主とするの建前としてできる限り少壮有為のものを選任すること。

一、右準備委員会は直ちに準備事務局を設け、結成の準備にとりかゝること。

一、一週間乃至十日間に結成を完了するの方針を以て、各方面に電撃的工作を行ふこと。

一、経済、学術、文化、社会、思想等々の最初に支持団体として利用すべき諸団体に対しては、結成完了前それ〴〵準備委員会において支持団体としての参加工作を為すこと。

一、スタートに於ては如何に工夫するも、その形態はいはゆる古材木を集むることとなれば、色彩を清新ならしむることは容易ならざれども、現在の客観的情勢に於ては已むを得ざることとなるが故にこれを忍び、その替り例へば体制組織の一部に区画さるべき政治指導局とも称すべき部門に少壮有為の人物を集め、これ等をして活潑なる政治闘争を開始せしむること。

一、新体制の生命は、右の政治指導部に存在することをあらゆる機会に宣伝し、新体制の活躍に注視する国民の目をこの部門に集中せしむるやう万全の工夫をこらすこと。

一、組閣と同時に全参議の辞表を受付け、新体制結成後に新たに参議を補充するの方針をとり、新体制結成の便宜のため必要とするものを参議に選任すること。

一、閣僚は新体制結成後に漸次又は同時に補充すること。

一、補充閣僚に対しては、選任する場合名は国務大臣なれども、実質的には行政長官たるの役割を果すやう約束しおくこと。

一、現在の次官中司法省の三宅次官の如きは、これを司法行政長官たる建前に於て結成後に司法大臣に選任するも宜しかるべく、岸商工次官の如きも現在の儘にても、又は商工事務長官たる内容に於て大臣に選任するも宜しかるべし。

一、内務、農林両次官は即時更迭すること。

一、他の諸次官は大臣選任の折更迭せしむるも可なるべし。

一、外務次官は伊藤述史氏可ならざるか。

一、組閣と同時に総理の手足となり、各方面に対する指示又は聯絡の用をつとむべきものを数人選任すること（総理幕僚）。

一、国民の政治的関心は常に内閣に対するよりも、新体制の活動に在るやう万全の工夫工作を怠らざること。この工作工夫に成功せば、結成後に於て閣僚補充に便宜多かるべし。何となれば、国民の関心は閣僚の人材如何にのみ向はざるべければなり。

資料9

軍部各省を問はず、所謂下剋上の風習は益々甚だしからんとする状態なるが、この状態を矯正するに非ずんば到底国務の迅速なる運営を為す能はざるが故に、これが矯正方法としては先づ次の如き方策をとるを可とすべし。

即ち左の図の如き接触により、絶えず連絡して国務閣僚又は事務大臣をロボット化するの傾向を防ぎ、漸次下剋上の風習を矯正すること。

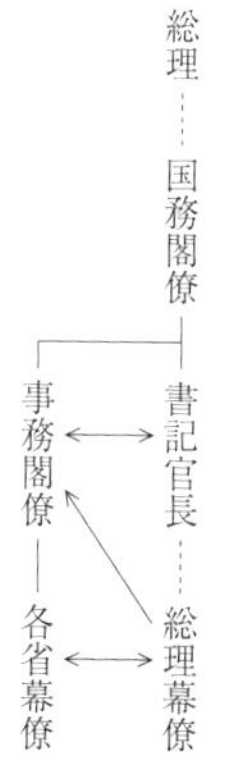

一、最も困難とするところは軍の統一なるが、思ふに軍の現状を以てしては軍にこれを統一するの力有るもの一人も無し。これを統一するの道は軍の上層、中層、下層をして新体制を背景とする内閣の政治力に信頼せしむるの外なしと信ず。

一、阿部全権の召還解任のこと。

資料10

一、須磨情報部長憲兵隊喚問の事実は容易ならざる政治情勢の展開を暗示するものにして、この事実によつて示唆されたる政局の前途を想像するに、国内新体制のスタートを切るに当つても今日までの工夫はこれを放棄して、創立委員その他体制組織の中心には（従来の尺度に於ては第三流以下と雖も）真の革新的人材を登用するに非れば、新体制運営の順調を期し難かるべし。

一、蓋し須磨情報部長問題は軍が意識的たるか又は無意識的たるか何れにしても、政治推進力として敢然一歩前進を余儀なくされしものと判断すべし。

一、故に新体制組織の中心を旧人物によつて組織せんか、結局新体制は軍が政治推進力として逞しき前進を行はんとする情勢を陰蔽するの煙幕たる役割をしか演ぜざるの結果に陥る危険甚だ大にして、新体制結成の目的は達成され得ざるべし。

一、察するに、政治意識低き軍としては単に内閣崩壊の原因を作らんがために須磨問題を取り上げたるものなるやも計られざれども、この事実は軍が好むと好まざるとに不拘、又は意識すると然らざるとに不拘、軍全体をして如何なる形式かにより、実質的には軍政への途を無軌道的に驀進せんとするに至りたるものと解釈せざるを得ず、実に戦慄すべき情勢の発展にして、所謂新体制は斯の如き情勢を喰ひ止めんとすることに意義有ることなれば、新体制をしてこの意義有らしむるためには、その中心組織が全く革新的存在なりとの強烈なる印象を内外に与ふるに足る実盾を持たざるべからざるなり。

一、尤も斯の如き途を選ぶ時は、今日の上層部は政界財界等を問はず冷笑的態度を以て新体制を批判し、或はこれを妨げ、一時各方面に混乱的状態を呈すべし。然れどもこの混乱の状態は、結局旧人物一掃のためには却つて有利なる事態を招致すべし。

一、右の如き建前を採るときは、新体制の中心人物を求むるに却つて便宜多かるべし。

資料11 「結成方略」

結成方略

一、中央指導部の結成。

一、この指導部の内容、次の如し。

イ　貴衆両院議員

ロ　貴衆両院議員に非ざる同志政治家

ハ　国民組織運動の前衛闘士たる熱意を持つ青年

一、経済諸団体、学術諸団体、社会事業諸団体、在郷軍人会、青年団等々の諸団体に対しては、支持勢力としてこれを充分に活用し得るやう密接なる聯絡をはかること。

一、代議士中に親衛隊的団体を結成せしめ、主として貴衆両議員中の過去の所謂既成政党的習性（例へば猟官、猟ボス的存在）に対し、牽制又は爆撃的役割を演ぜしむること。

備考　小山亮、今井新造、西岡竹次郎、赤松克磨等の如き、過去の政党に比較的因縁情実無きものを中心とするを可とすべし。

資料12　組閣後の新体制結成方略

組閣後の新体制結成方略

一、少数閣僚による組閣。

一、参議制は存すれども、参議は全部解任（新体制結成後に改めて選任すること）。

一、組閣後即座に許せば、内閣参政官制度を設け、又許されざれば内閣嘱託として新体制結成に有用なる少壮有為の政治家を十数名採用し、新体制結成計画と工作及び聯絡に当らしむること。

一、右参政官又は嘱託は、結成の役割を終らば一応全部解任のこと。

一、新体制の結成を妨ぐる又はこれに反対せんとする勢力に対しては、断乎として抑圧を加ふるの態度を明らかにすること。

一、最大限十五日間に新体制結成の中央指導部を完成するの電撃的方策を行ふこと。

一、内閣直属の参政官又は嘱託と為すべきものには、左の如き人材を可とすべし。

岸道三、牛場友彦、富田長野県知事

各政派よりは少壮有為の人物を推薦せしむること。尚ほ従来の経緯より見て、小山亮、犬養健、橋本欣五郎の三氏は、それぐの特長あるが故にこの内に加ふるを可とすべし。小山、犬養、橋本の三氏は対軍関係上利用し得る特長殊に大なるべし。対海軍関係はこれを処理するに自ら途有るべきが故に、この班に特別に関係者を含ましむる必要なかるべし。

資料13　「結成準備方略」

結成準備方略

一、懇意なる政治的友人を招きて六月廿四日に声明したる素志を実現するため、その実現の方法につき意見を聴き度しとの形式にて、次の人達〔ママ〕ちの参集を求むること。

イ　政友久原派代表

ロ　同中島派代表

ハ　同無所属代表

ニ　社大党代表

ホ　第一議員倶楽部代表

ヘ　国民同盟代表

ト　東方会代表

チ　大日本青年党代表

リ　無所属代表

ヌ　民政党代表

若し事前の工作によつて町田氏解党に賛同せば、民政党代表としては町田氏を加ふ。

若し町田氏が特に近衛公との会見を要求するが如き場合は、即ち民政党にだけ特殊の取扱を要求する場合は、民政党を二分する覚悟にて桜内、永井両氏に旨を含め、両氏を代表者の中に加ふること。

一、貴族院議員中各派代表各一名

一、在野党外政治家

平沼騏一郎氏を創立委員長とする場合は、事前に招きて賛同を求めこの会合に招くこと。

一、右の会合後（懇意なる政治的友人は）尽く賛同したるの故を以て、結成準備工作に着手する旨を声明す。

一、同時に結成すべき新政治体制の内容方針等につき、その概略を明らかにしたるものを発表す。

一、この会合を閉づるに先立ち参会者中より、「趣旨諒承、事は急を要す。取りあへず今日招かれたるもの全部は近衛公の意図を実現するため、率先準備委員たるの役割をつとめ度し」との動議を提出せしめ、適当なる人材をさらに準備委員として追加することを条件として、この動議を可決せしむること。

一、右動議可決後即座に創立委員長を定め、近衛公の意図を奉じ、即時結成準備に着手することを決議す。

一、予め決定したる場所に直ちに事務所を開設すること。

一、予め計画したる結成準備事務局を直ちに設置すること。

一、結成準備費は前田米蔵氏に依托すること。但しその係りとしては他に三四名を指名すること。
一、結成準備事務局は、その主任には三輪寿壮氏を可とすべし。
一、右事務局の構成は事前に事務局主任たるべきもの、及び事務局員たるべきものをして予め計画せしめおくこと。
一、参加全代議士はこれを創立委員とすること。尤もこの場合、大多数の代議士は選挙区に帰るべきが故に、創立委員の名称は与ふれども、実際には委員会に白紙委任状を差出さしめたると同様なるべし。
一、創立委員会と云ふも近衛公の指令の如く決定しゆく筈のものなるが故に、創立委員には如何程の人数、如何なる種類のものを推挙するも差支へ無かるべし。
一、事務局は最大限十五日間に結成準備を完了する方針を以て計画を立案すること。この計画中には、次の諸計画に重点をおくこと。

イ　結成前、東京、名古屋、大阪において大宣伝戦を行ふこと。

ロ　北海道、東北、関東、北陸、東海道、畿内、山陰、山陽、四国、九州、京城等の諸地方において適当なる地域を選び、能ふ限り多数の演説会を開催すること。

一、準備事務局を構成すべきものゝ主要人選は、速かにこれを行ひ事前に諸般の打合せを行ひおくことを必要とすべし。
一、この準備事務局の相談役に議会各派より三名宛、及びその他より数名を選任し得るやう予定しおくこと。
一、参加各派にはこの事務局と連絡委員を数名選任しおくこと。

創立委員長　平沼騏一郎

委員

民政党系　三名
中島派　三名
久原派　三名
社大党　三名
第一議員クラブ　三名
東方会　二名
国民同盟　二名
無所属　二名
橋本欣五郎
末次信正
松岡洋右
白鳥敏夫
小林順一郎
松井石根
富田又は安井
大日本生産党
経済界有志　五名
（東京、名古屋、大阪）
貴族院議員　五名
（有馬頼寧伯を含む）

資料14　「大政翼賛会改組方針」　昭和十六年三月十六日

大政翼賛会改組方針

一、本部組織を簡単化すること。

一、右の方針に基き現在の総務局を事務局と改めて、庶務、会計、連絡等の事務をこの局に綜合し、現在の企画局、政策局、組織局、議会局等はこれを廃止し、随つてこれ等廃止さるべき局の各部は全部廃止すること。

一、会の運営并に事務に関し、総裁に対し責任を負ふべき中枢機関（仮称総務委員）は十名内外とすること。

一、顧問の数を増加し、政界、財界、学界等の長老をこの内に収容すること。

一、貴衆両院議員は各委員会に配属せしめ、各委員会には政治家以外各方面より委員を選任し、軍官関係の現役在官者をも夫れ〴〵各委員会に配属せしむること。

一、各委員会には委員会の会務を処理するため委員会理事を置き、現在翼賛会内に在つて有能なる少壮人材はこれ等委員会の理事に採用すること。理事は事務員と共に有給たるを建前とす。

一、出来るならば、協力会議はこれを廃止すること。

一、委員会は各省別委員会に、情報委員会、生活指導委員会、宣伝委員会等を附加するも一案なり。

一、委員会の構成は所謂重点主義により、農産物増産対策委員会、国防力拡充委員会、思想対策委員会等々に大別し、夫れ〴〵の委員会にさらに小委員会を設け、これ等の小委員会をして、いはゆる専門的委員会たらしむるも一案なり。

一、委員長はできるだけ貴衆両院議員を以て充つること。

一、右の如き粗放なる組織より発足し、その運営の経験に照らして今後改善工夫するの道を講ずるとせば、改めて改組を問題にせざるも事態の必要に応じ如何様にも自由自在に改組し得て、改組問題を政治問題化せしむること無かるべし。

一、大体右の如き方針にて法制局の立法技術家に依頼し、会の規約を整理せしむること。

（昭和十六年三月十六日稿）

資料15　「改組の準備工作」　昭和十六年三月十六日

改組の準備工作

一、改組方針は遅くも四月上旬に発表するやう準備すること。

一、改組方針の発表と同時に顧問以下本部の全役員の辞表を差出し得るやう準備工作すること。

一、改組方針発表前に予め中枢役員詮衡のため、有馬頼寧、前田米蔵及び書記官長又は閣僚の一人を選び、秘密に相談せしめおくこと。

一、改組方針発表と同時に右三名にて予め決定しおきたるものを任命するため、十名内外の役員詮衡委員会を公けに設け、その委員会の責任において人選して総裁に推薦したるが如き形式をとること。

一、右の場合、詮衡委員としては有馬、前田氏の外は町田、中島、久原、安達の四参議（政界関係といふ意味において）、勝田、池田二参議（経済界関係と云ふ意味において）、平沼内相（官界及右翼関係と云ふ意味において）、内閣書記官長とするを妥当とすべし。

一、右詮衡委員会にて任命されたる中枢委員は総裁指令の改組方針に随ひ、直ちに他の役員の詮衡を行ふこと。

一、在野関係と云ふ意味において、右詮衡委員の内に末次大将及び林参議を加ふるも一案なり。

一、翼賛会の指導并に政府翼賛会聯絡のため、無任所大臣を置くことは最も便宜多かるべし。

昭和十六年三月十六日

資料16　「貴衆両院議員クラブ結成の件」　昭和十六年三月十六日

貴衆両院議員クラブ結成の件

今日の如き過渡的政治情勢の下に在つては、政治の運営においてその道単純ならざるが故に、その円滑を期するため、一の社交クラブを結成するを可とすべし。この議員クラブは大政翼賛会に反対したる衆議院議員を同会に収容すべからざるは勿論なるも、かくては好んで大政翼賛会の敵をつくるの譏りを免かれざるべきが故に、衆議院議員は全部収容するの方針を可とすべし。かくするときは大政翼賛会に反対したる代議士も、特に政党を結集するの勢をつくる能はざるべし。

一、貴族院議員は全部を網羅すること不可能なるべきも、この点は深く意に介するに足らざるべし。

一、議員外のものをこのクラブに収容するとせば、大政翼賛会の存在を不明瞭ならしむべきが故に、両院議員たるの公職を持つもののみのクラブと為しおくを妥当とすべし。

一、大政翼賛会の改組と共にクラブ結成の準備にかゝり、その発企人には、いはゆる中堅組を中心とする方針をとること、蓋しかくすることによつて、いはゆる政党督軍連のクラブに対する発言権を稀薄ならしめおく必要あればなり。かくすることによつて次の議会の運営に便宜多からしむることを得べし。

右の如き標準にてクラブ結成の発起人を選定するため、先づ発企人準備委員として、

（イロハ順）今井健彦、池崎忠孝、原惣兵衛、浜野徹太郎、西方利馬、大麻忠雄〔唯男〕、太田正孝、川島正次郎、川〔河〕上丈太郎、勝田永吉、多田満長、武智勇記、津雲国利、鶴見祐輔、中島弥団次、久山知之、真鍋儀十、松田竹千代、小池四郎、河野密、寺田市正、綾部健太郎、桜井兵五郎、木村正義、三浦虎雄、宮沢胤雄、志賀和多利

等を指名するを可とすべく、尤もこれ等指名は尚ほ検討を要するは勿論なり。

昭和十六年三月十六日

資料17

本法案は主観的には絶対に必要欠くべからざるものとして、前内閣以来議題となり居れるもその成立を見るに至らざりしが、現内閣となり組閣後間も無く内務、陸海の諸相と夫れ〲、或は政治的に或は事務的に連絡して先般成案を見るに至り、これを法制局に提出したりし次第なるが、最初に述べたる如く本法案は主観的

には今日までの時代に鑑み絶対的に必要なるが故に、本法案についてはこの意味に於て閣議の御承認を求めたる次第なるが、但し枢密院或は議会が間近に迫れること、并に諸般の客観的情勢より考ふるときは、今日この法案を緊急勅令として成立せしむるか、或は否やに関し慎重なる政治的考慮を要するものと信ずるが故に、本法案の取扱については総理大臣の御才断に御一任したいと思ひます。

資料18　「情勢展開の想定」　昭和十六年七月一日

情勢展開の想定

一、ソ聯敗戦の場合、

（イ）ソ聯共産主義的勢力は亜細亜に向つて集結さるべし。

（ロ）独逸の情勢如何によつては、独英米間に和議成立の可能性無しと見るべからず。この場合独英米講和のため、日本が犠牲に供せらるゝの危険無しとせず。

二、独ソ戦線膠着の場合、

（イ）英米及ソ聯間の提携愈々密を加ふるに至るべく、米国の対ソ援助路はウラジオを経由すべし。

（ロ）右の場合、吾国がこれを看過することは、所謂枢軸外交方針の放棄を必要とし、これを放棄することは東亜新秩序建設の方針をも放棄する結果となるべく、随つて日本としては断じてこれを看過する能はざるべし。

（ハ）寧ろこれを積極的に阻止するの方針を執らざるを得ざるべし。

三、独逸敗戦の場合、

この場合に於ける吾国の立場は説明を要せざるべし。

情勢の推移は右三つの場合の何れかを出でざるべく、その何れの場合たるを問はず、吾国としては所謂大東亜共栄圏建設の旗印の下に最も積極的にして活潑なる行動を要するは云ふまでも無く、而してこの行動は対米対ソ同時開戦の危機を包蔵し、この危機を恐れては必要とする行動に出ずる能はず、必要とする行動に出ずる能はざれば、大東亜共栄圏の建設固より不可能なるが故に、対ソ対米開戦を目標として速かに国内体制の確立を必要とす。

対ソ対米戦を行はんとせば、中南支の陸上占有地はこれを放棄し、汪政権を北京に移し、陸兵力を北支以北に集中する必要あるべし。策戦上のことは予固より門外漢にして知るべからざるも、日本戦はずとするも戦はざるを得ざるべき客観的情勢の展開しつゝあることは極めて明白なり。

新情勢に匹敵する国内体制の整備は何よりも先づ政治力の強化に存することとなるが、所謂政治力の強化は次の如き方法の速時決定を必要とすべし。

一、帝国議会を召集し、議会を通して内外の情勢を国民に瞭らかにすること。

二、右の場合、所謂全権委任法を採決せしむるも可なり。

三、国政の運用に新機軸を出すこと。例へば総理、陸、海、外四相の外は事務閣僚とし、その代り総理大臣の下に一種の政治局を設け、新政治力結集のためこの政治局に相当大なる権能を付与すること。

昭和十六年七月一日記

〔編者註①〕本資料は志冨靭負の筆記。
〔編者註②〕墨書　罫紙和綴
〔編者註③〕原本中にタイトル及び日付があるものは、小見出しを付けた。
〔編者註④〕本資料は原資料の綴をすべて翻刻したため、冒頭の六行もそのまま収録した。

14 手記

〔昭和十六年一月—春〕

昭和十六年一月　日

丸の内常盤に於て平沢千万人氏の招きにより、武井大助主計中将と共に昼食をとる。その折武井氏と語りたる結果、むしろ今日の情勢に於ては選挙を一個年延長するの得策なるべきに想到したるにつき、同日午後三時頃近衛首相を官邸日本間に訪ねて、

　選挙を一個年延長すること、

　議会には緊急止むを得ざる件のみを提出して、謂ゆる戦時議会の実を示すため審議期間を短縮すること、

につき懇談す。蓋し同年四月には議員の任期満了につき、選挙を行ふべき予定たりし也。

予は右の提案を首相になすに当り、次の理由を指摘す。

　選挙を前にしては、謂ゆる選挙のための議会として議員が無責任なる言論を試み、人気取りの討議に時を費すべき傾向に陥るは免れ難き勢ひにして、かくの如きは今日の場合害あつて利なし。

　且つ又選挙を行ふとせば、候補者の言論は当選を期する人気取りに堕するも免れざる数にして、その結果は徒らに人心を混迷

に陥らしむべき危険大ならずとせず。

よつて此の際は選挙を一個年間延長するを適当とすべし。

その上政党解消後日尚ほ浅くして政界は尚ほ新情勢に融和せざる有様にて、政府としても選挙対策に悩まざるを得べし。畢竟政界の新情勢に応ずべき新議員を多数に当選せしむるためには、尚ほ一個年の準備を要するものと思はる。

すでに選挙を延期する以上、議会の言論討議は自からこれを縮め得べし。


近衛首相即座に賛成す。よつて翼賛会本部に有馬伯を訪ねて、右首相と会談の模様を語る。有馬伯曰く、予は賛成なれども、陸軍は反対せざるべきかと。

予も亦それを憂ひ居りたること故、直ちに東条陸相を電話口に呼び出しその都合をたづねたるに、直ちに面会すべしとのことなりし故、即刻陸相官邸に赴き面会す。

予簡単に首相と相談のことを語る。陸相曰く、平沼は賛成かと。

予曰く、平沼には未だ相談せざるも、元より反対すまじと信ずと。

陸相曰く、然らば賛成すと。

その翌日久原房之助氏をたづねて首相と相談の結果を告げたるに、久原氏同意す。よつて久原氏に、町田忠治、中島知久平両氏説得を依頼す。久原氏快諾す。

それより数日を過ぎて外出中なり。その途中首相秘書官は首相より予にあてたる一通の書状を持参す。開封するに、
本日の閣議に於ては、選挙はこれを断行すべしと陸相より発言ありて何れもこれに賛成したるにつき、選挙の延期は行はざるに決す、
との意味の書状也。

たまたまその日正午衆議院の代表二三十名首相にその官邸に招かれ居りて予も招かれたる一人なる故、首相官邸に赴きて首相に面会す。首相曰く、手紙を見たるやと。

予曰く、披見せり、而してその決定は新聞紙に発表したるやと。

首相曰く、すでに発表済也と。

然れども予思ひらく、こは政治を知らざる陸軍の悪戯のみ、必ず所期の通り事をはこばしむるこそ国家のため也と。よつて画策をつゞけ、結局内閣も選挙一年延期案を提出するに至る。


昭和十六年の春の議会に於て代議士亀井貫一郎氏が、わが国の紀元は約二千年前なりとの説をドイツに紹介したとの理由により一部の代議士しきりに動き、亀井氏の責を問ふべしと騒ぐ。神武以来二千六百年は正しからず、六百年ほど懸値ありとは学者の定説なりといふに、かゝることを議会に於て騒ぎ立てるとは、時勢のいたすところとはいへ慨はしき事也。

〔編者註〕墨書　罫紙和綴

15　日記「備忘録　昭和十六年」

〔昭和十六年五月—十七年六月〕

備忘録　昭和十六年

〔昭和十六年〕五月

五月卅一日

松本行。浅万〔間〕温泉西石川一泊。

六月

六月一日

松本市教育会のため、杉浦重剛先生紀念講演。

午後三時松本発帰京。

八日

築地本願寺講演。

十二日

午後三時半官邸日本間にて総理と会見、有馬伯の善後処置につき相談。

十九日

午後三時発京都行。

二十六日発、帰京。

七月

六日

精二発熱卅九度三分。

八日

精二帝大病院佐々内科入院。

十三日

精二熱六度台に下る。

八月十日

精二退院。

九月

二十九日

落合寛茂氏同伴、午前九時発京都行。〔十月〕三日関ケ原。同夜名古屋一泊、同日帰京。

五日より井上雅男氏寄贈の印を揮毫に用ゆることとす。

十月
九日より十三日迄風邪引こもり。

廿六日
荻窪私邸に近衛公訪問。夕食を共にし、午後八時辞去。

十一月
四日
朝上田市行。別所温泉一泊。

五日
上小教育会講演。別所泊り。半田孝海氏来訪。六日帰京。

十五日
議会召集。夜喜文にて筑浦会出席。

十六日
開院式出席。今晩新聞記者国民懲〔徴〕用されたる事を知る。これも己が国最初の事也。六七十名に上るとの事也。

十七日
議会。

福岡村広瀬仁左衛門氏外十余名傍聴のため上京。朝おこわその他土産持参。

十九日
予算賛成演説問題となり、登壇の宮沢胤勇氏議員辞職し、翼賛議員同盟より脱退者出づ。

二十日
大連の堀江専一氏来訪。
議会終了す。

廿一日
閉院式。今回は御賜餐なし。
翼賛議員同盟動揺するに至り、総務会あり。発言せざるも出席。

廿三日
木村重氏、新井藤一郎氏来訪。新井氏中風漸く快く、単独にて来訪。

廿五日
中山忠造、金塚氏醤油業問題につき陳情の打合せのため上京来宅。
晩翠軒にて昼食。

廿六日

正午大和田、緒方、沢田廉三、真藤慎太郎、斎藤四氏と会食。木村富蔵氏長男死去につき弔問。

廿七日

中島司氏来訪。

正午竹葉にて岩倉男の招きにより、近衛公、前田米蔵氏と会食。

廿八日

大和田にて有馬伯と会食。同席東京朝日田畑、本多両氏。

夜来暴風雨、南風生温く吹く。

廿九日

対米問題に関し、今日重臣会議開かれたりとの話を聞く。

寒一時に加はる。茶の間にて夕刻十二度。

よし子、三郎父兄会に行く。

三十日

寒俄かに加はる。夕刻室内十度。横須賀市長及び南畝氏、伊藤武氏来訪。

十二月

二日

議員同盟総務会出席。

朝斎藤氏訪問。午後丸善にて新古書を買ふ。

結城郡名崎国民校長の沼尻茂氏奏任待遇となる。祝状。

三日

進氏とアラスカにて昼食す。名ばかりの肉コロツケの外は魚のみ也。

五日

朝斎藤氏訪問。

午後竹浪集造氏来訪。（理髪）。

六日

朝細川嘉六氏来訪。午後川崎市にて横尾氏と共に講演。

七日

正午大和田にて伊藤武氏のために一会す。同席佐々弘雄、田中惣五郎、伏見武夫、落合寛茂氏等。小磯甚三郎氏来宅一泊。

八日

午前六時二十分同盟通信の長島氏より電話あり、日英米開戦の報を受く。

朝斎藤氏訪問、翼賛議員同盟本部に行き、総務会出席。

九日

議員同盟総む会出席。

昨夜より警戒燈火管制に入る。
杉村源四郎氏来訪。
よし子ガラス窓の紙張り、その他防空設備に多忙。
精二帝大病院にて診断をうけたるに、血沈度二となりたること判明す。

十日
午後二時衆議院議長官舎にて衆議院出身の前閣僚会合に出席。

十一日
今井彦蔵氏来訪。
午後斎藤氏を事務所に訪問。

十二日
十四日朝放送する筈なりしも気が向かぬにつき、今日中止方申入れる。

十四日
翼賛議員同盟総会出席。
香港総督我方の降服勧告拒絶。

十五日
議会。十六日開院式。十七日終了。

十八日
飯田栄二郎、荒井作造二氏を大和田に招く。同席飯島、志冨両氏。

二十二日
大和田ひる、佐々、田畑両氏。

二十三日
久保清太氏と交詢社にて昼食。
温恭堂に立寄り、仏前焼香。
四時より江木武彦氏結婚式参列。

二十四日
議会召集日、出席。

廿五日
正午大和田にて塚原、森両同盟記者と会食。
午前昨日茂男氏長女出生につき祝辞を述ぶるため、斎藤氏訪問。
午後五時五十分香港英軍降伏申出、七時卅分停戦。

昭和十七年一月
四日
水海道行。この日展墓。増田兆五氏墓参。

五日

水海道講演。
六日
谷原村講演。
七日
帰京。
九日
出井、斎藤、緒方氏昼食。
十日
大和田にて有馬伯、佐々弘雄氏と昼食。
十二日
夜雪。
十三日
大和田にて斎藤、真藤、緒方、沢田廉三氏と昼食。
十五日
帰郷、水海道一泊。
十六日
下妻行。講演一泊。
十七日
午前山中貫一、飯村丈三郎、青山衆司博士の展墓。午後石下町講演一泊。
十八日
水海道一泊。
十九日
帰京。
二十二日
夜下痢を起し、暁まで三回なり。疲労甚し。二十四日まで臥床。
二十五日
離床。下痢とまる。
二十六日
全快。議会出席。丸善に行く。洋書漸減著し。
三十一日
水海道行。

二月一日
岩井講演。枡藤に一泊。大雪。

二日
帰京。

四日
結城町行。小篠雄二郎氏宅一泊。

五日
加藤平七氏を見舞ふ。国民学校、農学校、女学校にて講演、帰京。

十一日
間中令三郎氏娘結婚式参列。

十二日
朝諏訪市行、宮沢胤勇氏のため茅野、下諏訪、岡谷三所講演。

十三日
帰京。寒甚し。
杉浦先生命日会（軍人会館）出席。

十四日
議会終了す。

十五日
旧正月元旦也。夜来大雪となる。

十八日
華族会館にて午後五時近衛公と会談。帰宅後発熱三九度八分。阿万博士来診。

十九日
臥床。熱下る。

二十日
起床。

二十一日
雪なほ消えきらず。

二十二日
夜発熱八度七分。

二十三日
熱下がる。春気分俄に至る。

二十五日

前夜半より雪にて、朝までに四五寸つもる。

二十六日
終日雪ぞらにて寒きびし。

三月五日
始めて空襲警報あり。午前七時すぎより九時頃まで。但し敵機と味方機を間違ひたる旨発表さる。
但し四日朝南大島は空襲されたる旨、本日発表さる。

七日
西村三郎君来訪。児矢野やす子結婚式（上野静〔精〕養軒）。

九日
午後四時半上野発萩谷敬一郎、神林同行、水戸行。大洗ホテルに竹内勇之助氏の客となりて一泊。

十日
太田中、女学校講演。午後水戸にて知事、検事正、橘孝三郎氏を訪問。
鈴木屋一泊。

十一日
帰京。

十二日
議会開会。
此の日午後四時警戒警報発令。十三、十四、十五日にも警報発令継続。

十六日
引きつゞき警戒警報。

十七日
午後三時警戒警報解除。
浅草寺講演。
数日来鶯声しきり也。

十九日
飯田憲之助氏、関西旅行の帰途立ち寄らる。
十七日よりの下痢やうやくとまる。

二十二日
桜つぼみふくらむ。今夜十九度。

二十五日
議会終了。
桜ぽつ〳〵咲き初む。夜二十度。

二十六日
閉院式。これにて昭和十二年来の代議士任期満了となる。

四月一日
庭前の桜花満開なり。上田市堀江三五郎氏来訪。

二日
ちらほら花風に飛ぶを見る。
選挙挨拶状出来上る。公報所載原稿作成。

四日
立候補届出。此の夜推薦辞退。

五日
今井、小篠、飯田、神林上京、相談す。

六日
立候補断念に決す。
花ほとんど散りつくす。

七日
鈴木定次郎氏来る。夜増田寿太郎、斎藤栄一郎、秋場勇助、野村真馨四氏来訪一泊。

八日
菊田氏、中川房三氏午後来訪。夜平沢氏、緒方氏来訪。

九日
小篠氏立候補決意。

十日
斎藤氏帰京訪問。

十一日
大山義八氏、静野女将来訪。
大来氏結婚式。

十二日
大来氏第二次披露宴。

十四日
斎藤氏来訪、行事を相談す。

十五日
正午出井、緒方、沢田、斎藤三氏と会食。

十六日

夜武井大助氏来訪。
午後中川良長男来訪。
十八日発真藤氏見舞に行くに決す。
パス全部返戻す。
漸く片かた〔ママ〕つけ一段落也。

十八日
午前八時半警戒警報発令。
午後九時半の列車にて水海道行の予定なりしも中止。
午後〇時三十四分頃空襲あり、被害あり。今次戦争中最初のことなり。
桜井糾氏来訪。

十九日
午前二時より三時半迄空襲警報。
午後〇時五十分頃空襲警報、約一時間半。
木村重、飯村四郎両氏来訪。

二十日
午後九時四十分発水海道行。
午前八時頃警戒警報解除。

卅日
午前帰宅。

五月三日
萩谷敬一郎、飯田憲之助両氏来宅。

四日
朝八時十分警戒警報発令。
夕刻警戒警報は長野地区にも発令さる。
小雨。益谷豊嬉氏来訪。

五日
午後一時過警戒警報解除。
交詢社行、理髪。岩倉道倶氏と昼食。神林、志冨来宅、即日帰郷。

六日
午前八時前空襲警報、約四十五分間にて解除。
午後六時半警戒警報。
瀬崎憲氏来訪。
午後一時間散歩す。
博太郎下宿すとて昨日荷物を送り置きたるも、警戒警報と聞きて今夜は帰宅す。

七日
午後三時頃警戒警報解除。
山浦貫一氏来訪。

終日雨強し。終日家居。

八日
午前斎藤茂一郎氏来宅。身の処置を相談し、当分南昌洋行嘱托となることとす。

九日
火ほしき程に寒冷也。
林広吉、河盛安之助氏来訪。
蒲田に散歩す。半年ぶりに行きて店頭の異変、とくに目につく。
博太郎午後十時十分発呉へ出張。

十日
今井彦蔵、小篠雄二郎氏父、夫人、新井藤一郎、熊谷村司、喜多壮一郎氏等来訪。
快晴。

十一日
午前有馬伯訪問。午後聞人会に竹内克己氏訪問。
真藤慎太郎氏来宅、但し不在にて会はず。志富氏上京。

十二日
田畑東朝記者来訪。
午後有馬伯来宅。かつを節、パインアップル罐詰等を貰ふ。

二十三度むしあつし。

十三日
寺島三郎氏来訪。
斎藤氏訪問。
正午大和田、緒方、佐々、田畑、本多氏と会食。

十四日
午前湯川龍氏来訪。田口義夫氏来訪。
正午交詢社にて岸、牛場両氏と会食。飯島氏同席。
午後斎藤氏訪問。晩翠軒にて紙、筆を買ふ。
志富氏上京。

十五日
太田常次、風見勝次郎氏来訪。
終日家居。
博太郎帰宅。
内ヶ崎作三郎氏来訪。
今日午前午後の二回に亘りて大崎署の特高来る。身辺不穏の噂ありといふ心配から也。

十六日
熊谷村司氏来訪。
尾崎秀実問題、けふ発表さるといふので警官二名づゝ昼間監視に来る。やむなく当分家居することとして書斎の整理す。

十七日
雨。鹿島神宮々司来訪。
伊藤武、大久保猛氏来訪。

十八日
染野喜一郎氏来訪。

十九日
岡野幹造氏来訪。
終日雨、冷強し。十五度。

二十日
終日雨。朝十三度。正午十五度。
改造社相川氏来訪。
この日翼賛政治会成立す。
博太郎三日ほど風邪にて臥床。本日全快すとて元気なり。
精二海軍見習士官願書提出。

廿一日
午前六時十三度。夕刻十八度。
よく晴れ、四時間ほど日光浴しつゝ読書。
博太郎出勤開始。

廿二日
大島鋭雄氏午前、立田清辰、萩谷敬一郎氏午後、ともに来訪。
手紙整理す。

廿三日
終日書類整理。

廿四日
川崎市茨城県人会代表来訪。

廿五日
酒寄利左衛門、中村清一郎、池崎忠孝、小山亮、今井新造、小篠、福田代議士等来訪。
関山延氏来訪。

廿六日
木村皓一氏来訪。
夜亀清にて真藤氏当選祝賀会。米内大将、小磯大将、伊藤文吉、岩倉道倶、沢田廉三、中村清七郎、横山助成、緒方、斎藤、酒井忠正来会。

廿七日
正午大和田、木村皓一氏と木村進、飯島吉尭氏同席。

廿八日
石塚峻夫妻、益子逞輔氏、西村三郎氏、金子行徳氏、北川亀太郎氏等来訪。矢口武氏来訪。
夜山口にて河盛安之助氏招宴、武井大助、竹内勇之助、塙雄太郎氏等来会。
志冨氏上京、即日帰郷。

廿九日
江木武彦、岡田喜久治、松延房也氏等来訪。
此の日て護衛打切りとす。

三十日
正午出井、真藤、緒方、沢田三氏。
渡辺泰邦氏来訪。

卅一日
渡辺覚造、落合寛茂、竹尾弌氏来訪。

六月一日
午前斎藤氏訪問。

二日
三浦虎雄氏来訪。神林、志冨氏来訪。

三日
斎藤栄一郎、野村真馨、増田寿太郎三氏来訪。

四日
飯田憲之助氏来訪。終日雨。

八日
近衛公訪問（夜）。

九日
中野正剛氏来訪。夜喜文にて斎藤氏招宴、渡辺覚造氏主賓。

十日
夜京亭にて大来氏に招かる。
小沢正元氏来訪、久保村市男氏来訪。

十一日
淵氏、岸、牛場両氏来訪。

十二日
中川良長男、三木五郎氏来訪。
三郎阿万氏の診察をうく、鼻のため也。

十三日
午前よし子、三郎を伴れて済生会病院行。
十四日
三郎の病気をきくため、よし子午前中山崎医師訪問。
三郎午后四時頃発熱三十七度七分、夕刻三十七度九分。
十五日
山崎氏を早朝迎へに行き診察を乞ふ。
午後三時弘中氏来訪、入院に決し入院。七時半手術開始、約二時間かゝる。
十六日
三郎経過よろし。

〔編者註〕墨書　翰墨緑九華堂厚記罫紙和綴

第二部　アジア・太平洋戦争と敗戦

16 手記

〔昭和十七年一月—十八年七月〕

昭和十七年一月四日帰郷す。

同五日石下にて講演。同夜同地釜清〔仙〕旅館に一泊す。

六日岩井町にて講演。同夜同地川藤旅館一泊。六日午後より雪降り、七日朝まで続く。稀なる大雪也。

七日岩井より水海道に電話して自動車を求めしに、木炭車なる故故障生じて修理手間取り、発車不可能なりとのことに、乗合自動車にて水海道にかへる。

事務所にて小憩し、夜行車にて帰宅す。

同四日は増田兆五氏遺族を見舞ひ、更らに高野に赴き展墓。夜は福岡村の広瀬仁左衛門氏等豚肉を持参したるにつき、事務所二階にて食事を共にしつつ歓談す。

昭和十七年三月七日上野精養軒に於て、児矢野昌平三女やす子の結婚式あり。よし子と共に参列す。

同三月九日水戸に行き、竹内勇之助氏の招待にて大洗ホテルに一泊し、十日太田町に赴き同地中学校及び女学校にて講演。同夜帰京す。

同三月十五日夜日本橋其角にて、常総鉄道株式会社の重役連の招待に出席す。

同三月十七日午後一時浅草伝法院にて講演。

同四月十八日空襲あり。この日学習院父兄会ありて、よし子は午前十一時頃外出。予と精二と家に在り、とし子は土曜日とて十一時三十分頃帰宅す。まだ取り外さゞる炬燵の周囲にてとし子と昼食を共にし、それを終つて間もなく砲声らしき音響を耳にす。午前七時頃すでに警戒警報は発令され居りし也。

砲声は耳に入らずやと予が訊ねたるに、二人の女中は砲声なりやといひもあへず、空襲警報発令さる。

直ちに一同身仕度して三四分も経たる頃ならんか、品川沖の高射砲さかんに発砲を開始し、空中に於て炸裂する砲弾の煙はつきり眼に映る。と見る間に、米機一台その煙の間を飛びぬいて近づき、忽ち大井辺より二条の黄赤色の煙天に冲す。爆弾投下され、二個所にて爆発したる也。同時にガラス戸大いに震動す。

米機は大井辺より南下して川崎方面に飛び去る。

品川沖の高射砲が発射を始めし刹那也。身辺にとし子居らず、驚いてその名を呼ぶ。とし子息を切りつゝ予の傍に来る。とし子は女中達と共に井水を汲みつゝありし也。

午後一時半頃よし子帰宅。

この日日光に行く筈にて登校したる三郎も、課業終りて出発せんとせし折空襲ありたるため、日光行を中止したりとて午後二時頃帰宅。

午後三時頃小貫俊雄氏陸軍少尉の服装にて来訪す。よし子は紛れもなく空襲につき見舞に来りたるものと考へ御苦労様と挨拶したるに、実は見舞に非ずして、召集令状に接したるにつき告別に来訪したること判りて、その履き違ひに一同大笑ひす。

志富氏土曜日なれば例の如く上京来宅す。秋葉原駅にて空襲のため下車を命ぜられたりとのこと也。

大崎辺の病院は大井の罹災者のために満員となれる由也。

この日は稀なる快晴也。

昭和十七年四月二十日午後九時発上野より北海道に出向す。真藤慎太郎氏選挙応援のためなり。

二十一日夕刻函館着、直ちに同地湯の川の松の里旅館に投宿す。

二十九日函館発、三十日帰京す。

函館滞在中しば〻市内を散歩したるが、海産物統制のために何れの店頭にても海産物を見ず、又あちこちに店頭の行列を見る。一般旅館飲食店にては、謂ゆる豆めし也。大豆を交へて炊けるものの也。北海道名物の「バター」も、店頭にては今は全く手に入らず。

昭和十七年の七八月頃南方戦線より内地に帰還せる一軍医将校の談に、「内地にかへり、始めて心安く軍服の儘にて飲食店に赴くことが出来る。第一線に在つては兵士の気荒く将校を敵視する傾向あつて、将校の服にて飲食店などに居ると、時々兵士達が将校に対し乱暴を働くことがあるので安心が出来ない〔二〕」と。

今昭和十八年の春、北支に於ては将校兵士同席にて酒を飲みたるに、その折一少佐かゞ忠君愛国のことを説けるを一中年兵士は酔の勢ひを駆りて、「何をいふぞ。吾々こそは仕事を棄て親妻子を棄てゝ、一切を天皇に捧げて来て居るのだ。其方達の如く職業で軍人になつて居るのとは話が違ふのだぞ」と喰つてかゝれるに、将校達は一言も返す言葉なかりしといふ。

昭和十七年九月中旬、故増田兆五氏次男次郎氏明治学院に在学中〔三〕にて予その保証人なるが、思想問題の嫌疑にて神戸に拉致され収監さる。

同じ頃懇意なる細川嘉六氏、七八両月の改造に情報局が許可したる論文の故を以て検束さる。この論文は情報局に於て審査の折、陸軍関係のものは反対の色ありしも、海軍関係のものはその発表を許すべしとのことにて発表許可となりたるものとのことなるが、日本精神文化研究所とか称する右翼系の団体ありてこの方面のものが、細川は元来赤色人物なりとかねてより攻撃しつゝありて、その論文発表さるゝや、これまさに共産主義の宣伝なりと呼号して陸軍方面に呼びかけ、陸軍報道部長谷萩那華雄大佐の名により読売新聞に同論文を共産主義の宣伝なりとする論文を公表せしめ、その結果細川氏は検束さるゝに至りしとのこと也。

細川氏も次郎氏も十八年六月に入りて尚ほ検束されたる儘也。

昭和十八年春の米供出については到る処の農村に於て幾多の悲喜劇を生みたるが、猿島郡幸島村の江田仙氏よりの来書によれば、枕の中に米を匿したるを発見して、これを供出せしめたるもありとのこと也。

北相馬郡大井沢にては、わが子を殺して自殺をはかりたるが已れは助りたるあり。これも米の供出に食料の不足を苦慮せる結果、狂人となれるに由る。

火鉢の灰を取りその中に米を匿し、その上に灰を置きて供出を免れんとするが如き工夫は、到る処に於て行はれたる模様也。江田仙氏の手紙によれば、雪隠にかくしたるものも少なからざるが如し。

昭和十八年六月十一日正午に麻布六本木の大和田にて、近衛公、斎藤茂一郎、白洲次郎、牛場友彦、岸道三諸氏と昼食を共にして歓談す。

昭和十八年六月十九日、斎藤茂一郎氏の招待にて歌舞伎座裏の京亭にて昼食す。近衛公の外牛場友彦、岸道三、白洲次郎三氏も同席す。

近衛公曰く、尾崎秀実の公判には二十名ほどの特別傍聴人ありたるが、その中の一人より富田前内閣書記官長が伝聞したりとて語れる所によれば、尾崎は頗る冷静なる態度にて裁判長の訊問に答へ、且つ率直に共産党員たるを自認したる由なりと。

又曰く、尾崎は風見よりは何事をも探知し得ざりしことを言明したる由なりと。

この日京亭女将秘蔵の椿油にて天ぷらを調理す。今はこの椿油は珍中の珍となれる也。

昭和十八年六月中旬の農繁季に茨城県下に妃殿下が農事視察に赴けるが、農民連私語して曰く、犬猫の手も借りたきほどに忙しき最中を、殿下来臨といふので通路の草取り修繕などに引き出されて時間をつぶさねばなら〔ぬ〕とは、まことに難有迷惑なりと。

昭和十八年六月二十日、池崎忠孝代議士来訪し時事を語る。その談話中に曰く、北京の新民会の情報部長某氏の言に、今日の支那の情勢を見れば、抗日五割、残余の三割以上は恐日、一割以上は信日か。親日に至つては百人に一人位なるべし。しかも南支に在つては親日は零也。南京に於て百人に一人、北支に於て百人に二三人といふ割合ならんかと。

その談話中に曰く、大阪の陸軍被服廠の壁にアッツ敗戦を諷して、お前達は何をやつてる?とのビラを貼布したるものありと。

昭和十八年六月、人来りて語るを聴くに、中堅官吏会社員等の間には、漸く戦争への終止符を打つこと早かれと希望する傾向濃厚となりつゝありと。

地方に於ける米の暗相場一升二円、東京にては三円めづらしからざる由也。

昭和十八年六月、世間暗相場を国民相場と呼ぶ由。

全十七年の夏頃は、暗取引といふ代りに国策に順応すといふ由聞けり。

昭和十八年七月より、書籍店に新刊を知らす印刷物一部だけ配布され、書籍を買はんと欲するものはその印刷物を見て注文する仕組となる。

東京朝日新聞の伯林特派員守山氏の返信、十八年六月廿一日附の同新聞に掲載さる。すこぶる深刻にドイツの情勢を報道して、ドイツの対ソ観の変更を指摘す。独ソ戦開始以来の新記録也。

昭和十八年六月、三月頃以来一分つき米となりてより、都会地に於ては到る処謂ゆる瓶つきなる精白法流行し、この月下旬、それがために瓶つき棒なるものを売りて罰せられたるもあり。米屋自身摺鉢による精白法を行ひつゝありとのこと也。

茨城県結城郡菅原村の女子勤労報国隊員五名程上京したるが、昼食時となりし故上野公園の西郷銅像前にて握飯を噛りつゝありしに、紳士風の中年の男子が羨ましそうに彼女等の純白米の握飯を瞥見しては彼〔女〕等の前を往来するあり。何れも甚だ気味悪く思ひ居りしところ、軈てその男は慇懃に彼女等に挨拶してその握飯二三個の売却を懇願しければ、売る品には非ずとて四五個与へたるに、その男は無理やり五円紙幣を取らせて姿を消したりといふ。

農民運動にて且つは農村問題の理論家として知られたる伊藤律氏、十八年六月突然来訪したるが、間もなく「別荘」に赴くとのこと也。聞けば、実刑四年を宣告されて上告し、此の月の中に大審院の判決あることとなるが、その判決に於ても有罪の宣告は免れざること故服役する予定なりといふ。「戦ひに敗れたる也。敗者必然の運命なり」とて、すこぶる朗かなる態度なり。子も生れたりとのことなれば、その胸中の思ひは察するに余りあることとなるが毫もその色を示さゞるは、事の善悪は別として頼母しき気風也。男はかくありたきもの也。

昭和十八年六月、砂糖一貫目の暗相場三十四五円也。公定価の七八倍に当るべし。

毛筆は毛の不足にて、加ふるに良毛乏しきためその質量ともに下落し、書くに足るものますます乏し。

果物店頭、全く果物を見ず。

婦人連の国政に対する批判力は、物資欠乏によりてますます昂揚さるゝ傾向也。政治を身近に考ふるに至れることは、わが国の婦人としては今日に始まるといふべし。次代には女子に参政権を与ふるの必要あるべきは当然也。

昭和十八年六月、杉山、寺内両陸軍大将及永野海軍大将の三人、廿一日元帥となる。憾むらくは、一般の人この三人を元帥に値ひすとは尊敬し居らざること也。ガダルカナラ〔ル〕の転進事件、アッツ島の全滅事件などを以てせば、三者ともにその責めを問はるべきものと考へ居りたるに、逆に栄進すとは奇怪事といふの外なかるべし。且つ又三者ともにその責任を反省せば、かゝる栄進は辞退してこそ武人の名を辱かしめざる所以なるを知るべきに、そのこと無し。上にその責を反省するもの無くして、下にその責を取るを潔しとするの風潮を如何にして旺んならしめ得べきや。痛嘆事といはざるを得ざる也。これ果して何の兆ぞ、前途おそるべし。

十八年六月に入り、東京も場末などにては米不足やうやく深刻の度を加ふ。配給米の数量をへらさゞる代りに一両日間配給を遅延せしめ、それによつて自然節米をはかる方針なる故、実はそれがために配達を遅らすなりと。配達人が内密に洩らしたるところもある由也。

一日一食はかゆにて米不足を補ふ家庭少からずと聞く。

日本劇場前のそば屋店頭、依然として長蛇の列をなす。

場末の主婦連内職さかんにして、その理由は、食料不足につき昼めしなどを飲食店に赴きて取る必要あるに在り。

老婆がベソをかいた話

昭和十八年春の農村に於ける米供出については到る処に悲喜劇を生んだが、その一つに猿島郡幸島村では老婆ベソをかいた話がある。

米の供出が思はしくないといふので、村の駐在巡査を先頭に農事係の役場書記や翼賛壮年団の幹部や穀物検査吏員などが隊を組んで各戸虱つぶしに米の隠匿を探し廻つたが、或るものは雪隠小屋に隠したのを発見され、或るものは肥料の下にかくしたのを見出されなどして大騒ぎを演じ、或る家にては一老婆の枕が怪しいといふのでそれを取りあげ糸をほどくと中から米が出て来て、これを発見された老婆はベソをかいてしまつたそうだ。残酷にも程がある。出すぎた行動といはねばならぬ。
また或る村では、警官が一農家をたづねたる折に掃き溜に小便せんとしたところ、その近くに遊んで居た頑是なき小供等が、そこに小便してはいけないよ、大切なものが蔵つてあるからといつたので、警官はこの掃溜に米が匿されてあるのだなと気つきそれを調べたところ、果して米が三俵ほど隠匿されてあつたそうである。米をかくすためにはかほどに心を用ゆる農民なるものを、これをあばき散らしては農民をして米を作る熱意を失はしむる結果ともなるべきに、その心遣ひするものもなき世の有様である。

六月千葉県より東京市内に入りこむ食料販売の女行商人連の間には、暗相場取引のために暴利あり、思はぬ大金を獲ることとなりたる結果、謂ゆる男妾を抱へるものすらありといふ。

鶏一羽四十円の取引ありとのこと也。

砂糖は一貫目三十円といはれて世間その高値に驚きたるに、この頃は四十円の取引珍らしからずとのこと也。

東京に野犬そのあとを断つ。何れもその肉は食膳に上せられたりとのこと也。その皮が高値に取引さるといふ。

猫も漸次その数を減じつゝありとのこと也。

〔編者註〕墨書　罫紙

七月二日　正午六本木大和田にて、近衛公、沢田廉三氏と会食。
近衛談に曰く、参謀本部一幹部来訪して、戦争に自信を失へる口吻を洩せりと。
又曰く、鈴木企画院総裁来訪し、国状を楽観する話をなせり。真に楽観して然るか、抑も亦心あつて楽観説をなすか疑問なりと。
又曰く、東条氏が地方行政に新工夫を加へたるは、後藤文夫、河原田稼吉、横山助成三氏の進言に由るものなりと。
沢田氏は近くビルマ独立の産婆役として、全権大使に任命さるゝ筈也。

17　日記

〔昭和十七年七月―十八年七月〕

昭和十七年七月　周仏海氏来朝す。帰国の折、日本に関する感想を述べて曰く。来朝に当り汪兆銘氏より、「日本に行きては警官への心附を忘る勿れ。予が山下亀三郎氏の別荘に滞在の折、その心附を出さずとて警官に乱暴されたり」との注意を受けたが、果せるかな、帝国ホテル滞在に当り、日本の警官より心附を出せと強要された。凡そ長期戦に必要なるは国民の精神力の健全なるに在りて、その健全は道義の益々重んぜらるゝにあるべきに、官吏にしてかくの如き有様なるは、道義地に堕ちたるを証するものといふべく、日本に失望を感じたと。

この話は、谷萩大佐が緒方竹虎氏に語りたるを、緒方氏より伝聞。

新宿より長野行に乗車したるに満員にて足の踏み場もなかつたが、偶々傷病兵四名乗り組みたるに一人もたちて席を譲るものなし。或る人中央部に座席を占め居たが、見かねて自から起ち傷病兵に席を譲りたるも、周囲のもの一人も席を譲るものなかつたといふ。

有馬伯の知人の経験談の伝聞也。

四月十八日　空襲を受けたる折は東久邇宮は辞職を決意したりしも、そのことが他に累を及ぼすをおそれてこれを阻止したといはれる。また同宮は同日参内せんとしたるも、遮られて拝謁を許されなかつたさうである。

七月　佐々弘雄氏知人より酒を贈られたが、それを配達した人夫が配達料の代りに酒をわけて貰ひまいかと要請したさうである。金より物の時代の出現の一挿話である。

七月　東条首相新潟に旅行し、例の如く朝の散歩に出て小学生を捉へ、「よく書をよめよ」と訓へたるに、その子不機嫌さうに、「本はねいや」と答へたる由。地方にて本年度の教科書今尚ほ満足に配給されてゐない。印刷の遅延のためである。

八月五日　福田虎亀氏来訪。赤坂虎屋の娘は同氏夫人也。同氏談によれば、虎屋にては少数の顧客に往復ハガキにて注文されたしと希望したるにその話宣伝されて、注文二万余通に達したとの事である。随つて今年中の注文は打ち切つたさうだ。

東条首相九州に旅行し、早起して街頭に出である店頭に一老婦人の気なげに掃除するを見つけ、その心がけのよきを称揚して金一封を贈らんとせるに、その婦人は見ず知らずの他人より故なく物を貰ふわけなしと謝絶して受取らなかつたさうである。好話柄也。

旅行しては早起して市街を散歩し民情視察をなす東条首相を、新聞界にては不眠症とあだ名すとの話である。

静野主人水瓜二個持参来訪（八月九日）。その話に、水海道町の八月の米の配給には麦入れの米の外もち米を添えあり。これはもち米を混入せでは食べられぬからとのこと。尚ほうどんも米の分量をへらして配給される。

配給運搬等の組織欠陥のため、水海道町近在にては塩の不足もあり、茄子など棄てられたるところもめづらしからず。

地方にては動力用ベルトの盗み流行し、水海道町にても二個工場ほどそれを盗まれて作業不自由となつた由。

霞浦のわかさぎ死するもの多しといふ。

肥料の関係ならんとの事なるが、今夏はたにし、どじようなど、何れも田にそだゝず、手に入れ難しとの事也。

豚は醤油かすの不足のために飼養者漸減の傾向なる由。

シヤボンの不足のため、水海道辺にては洗濯石鹼を浴用に使用するもの少からずといふ。

服装の混乱甚しく又簡易化も急速に行はれつゝあるが、水海道町に於ける婦人大会には、列席者はゆかたがけ又はアツパツパと称する簡単衣にて出席するようとの通達ありたる由也。

八月十日　横浜に行く。街頭三軒ほど廃業の広告を店頭に貼るを見る。一は茶売店、二は洋品店也。

岸常二氏と八月廿六日大和田にて昼食。熊谷村司、宮司謙次、三木五郎三氏同席。

岸氏の談によれば、朝鮮にては大東亜戦開始以来、南方諸民族の独立が問題となれる結果、朝鮮も亦独立の機会来れりとて日本語を用ゐざるもの俄かに増加したる趣也。

朝鮮も目立ちて物資不足となりたる由。

又満洲穀物統制の結果、雑穀の朝鮮輸入困難となりたる結果、鮮人の米食者激増したる由。

因に、岸氏は現に朝鮮京城にあり。

八月末　書籍店頭漸く寂寥也。書棚の空きたる店少からず。ことに岩波文庫の如き俄かに減少し、古本屋などにては引きかへならでは売らぬ店も生じたる由。

ちり紙買の行列さかんとなる。

九月七日発斎藤茂一郎氏と同行京都に行き、吉富旅館に投じ、八日水尾寂暁師の亡霊を弔ひ、比叡山上にて昼食饗応をうけ、阿弥陀堂の追悼会にのぞみ帰る。此の夜安藤知事の案内にて裏千家家元にて茶と晩食のもてなしをうく。同席は偶来合せたる小篠、渡辺健両代議士。九日は修学院離宮を見、正午嵐山にて昼食。それより桂離宮、苔寺即ち西芳寺に行き帰宿。此の夜吉富にて安藤知事、天台宗の青木氏及び落合寛茂氏と晩食。斎藤氏の招宴也。十日朝京都発帰京。名古屋駅にて弁当を買ふ。外米内地米の混合米の中にカボチヤの炊きこみ也。三切ほどたきこみあり。

ホーリネス教会の関係者九十余名検挙されたる趣也。事情はユダヤの天国を来さしむべき世界戦争にて日本はそれをたすくるの戦争なれば、此の大東亜戦に力を傾注せざるべからずと説くに由るとの事也。

京都地方にては、税金納めのために公債額金の応募者めつきり減りたる由。

地方にては塩不足のため、且つは売り出し不便のため、野菜もの到るところにて棄てるに困るほどの有様也。

到る処手不足にて田の草とり十分ならず、車窓よりも田の草目くつく《〔ママ〕》ほど也。

九月　翼賛会の壮年団を民衆警察事務に利用する様、秘密指令発せられたる趣。

南方前線兵士の規律に関し種々の噂をきく。将校憲兵等の非業の死にあふものあり、又殺傷さるものありとの事也。

九月に入りてより、ことに大阪方面の人心が食糧問題等にからみ不穏の傾向ありとの事也。いたるところ空家生じ、路上人影まれなる町も生じたる趣也。

徴用労務者中には休養の名の下に欠勤して、不足の自由労務にやとはれてかせぐもの少なからず。川崎辺の工場にては、その数四割の多きに達する場合もありとの事也。

九月中旬　具島兼三郎、堀江邑一氏等共産党関係にて検挙されたる趣伝はる。

十月七八日頃より冷気とみに加はる。十日始めて間のシヤツを着る。

あまりあたゝかなりしため、大根菜などすべて虫つきて甚しき不作となりたる由也。

下館より来れる人の話に、塩不足のため殆んど塩気なき漬物を農村にては用ゆるもの少なからず。塩の暗相場一俵二十円程度也。

北海道は輸送難のために石炭過剰となり、石炭の配給多きに苦む状態也との事なり。

彼岸前後例年なく温度高かりしため、菜大根等虫つきて到る処大不作となり、田舎にても野菜に困る有様にて、十月中旬以来東京に於ける野菜不足愈甚しく、野菜買の行列一層はげしくなる。

十月廿四日　石岡町植木嘉之吉氏来訪、その談によれば、醤油、みそ等地方にても漸く不足の傾向にありとの事也。

菓子不足のため東京にて小学生の集団して菓子屋の倉庫を襲ひ、菓子をぬすめる事件あり。

　今の世は　星にいかりに　やみに顔
　　正直ものは　馬鹿を見るなり

といふ狂歌行はる。

此の冬はさかんに庭掃除す。寒きため無精して三月まで日記せず。

十八年三月　塀の金網をのぞきて竹垣となす。三妻村の染谷秋氏一手に引き受けて工事す。一間十四五円見当なるが、東京の請負にては一間三十円見当なる由。

精二一月十五日附中尉任官。青島十五日発、二十日中舞鶴鎮守府に着任。

三月　筑波郡小田村にては、鶏一羽十七円にて買ひ取れる東京人あり。鶏卵の暗相場一個二十銭以上は珍らしからずとの話也。

十九日午前九時東京発、よし子、三郎、とし子を伴れて、中舞鶴に精二に面会に行く。二十二日夜帰宅。

四月　謂ゆる徳利つきなる方法さかんに行はるゝ模様也。一升瓶に八分目程入れて棒にて三十分もつけば、半つき米位の精白となる。

四日
夜より警戒警報発令さる。月なき頃故、ことに毎日雨模様なるため夜暗甚し、為めにホタル電気を買ふ。一個十一円七十五銭也。

九日
午後三時すぎ警報解除。

八日
庭前の桜七分通り咲く。警戒警報依然解除されず。新聞紙は連日空襲の危険と切迫とを説き、人心自から緊張す。

とし子五日入学式、六日より始業。

米不足の声あちこちにさゝやかる。朝か夕かは親は粥にて辛棒する家庭漸く多くなりつゝあるものゝ如し。

九日

沼尻茂氏より来書。同氏四十七才の応召少尉として、去る四月一日宇都宮東部第四十部隊第三中隊に入隊す。

昨年末青島にては物価騰貴し、外套七八百円、上等のものは千七八百円との事なりしが、此の頃は北支中支一帯の物価騰貴同様となりし模様也。

結城郡豊加美村にては、米の供給にあたり割当量以外の分量を留保したることが発覚のおそれ生じたりとてそれを苦に病み、つひに発狂して自から家を焼き、且つその火焰中に身を投げて自殺したるものあり。

三月末　久しぶりにて銀座裏の出井に行き、朝鮮より上京の飯泉幹太氏を饗応す。その折出井曰く、米一合づゝ持参されたしと。謂ゆる業務用米の減配の結果也。

三月より交詢社にてもバターを一個に制限す。

市内の理髪店にて石鹼持参せざれば洗髪せず。

謂ゆる徳利つきなるもの到る処に行はるゝものゝ如く、一升瓶に入れたる米を勝手元に置きたるに、たまたま米を配達し来る青年それを目撃して、「お宅では徳利でやるか。それよりも擂鉢にて精白する方が便利なり。私のところではさうしてゐる」といふ。

四月十日

庭の花けふも満開にて、さきものこらず、散りも始めざる眺めなり。いつしか庭の芝生ほんのりと青みがゝる。

沓掛の三郎応召なりとて父親と共に別れに来る。

児矢野の嫁すま子氏に伴はれて来訪。椎名夫妻来訪。

めづらしき快晴。

十日は桝本卯平氏十三回忌の法要小金井にて営まる。但し欠席す。

十一日　日曜

書債二十余枚を書きあぐ。

三郎昨日午後発妙義行。夕刻帰宅。

木村皓一氏よりの来書によれば、香川県にては鶏の飼養九割減を指令され、同氏の居村大川郡丹生村にては十万羽が一万羽に削減さるゝ由。

十二日

午後丸善書店行。洋書甚しく払底也。

ノートブックも「顔」にあらざれば、半ダースとは売らず。司配人の厚意にて十冊ほど購ふ。

十三日

小沢正元氏来訪、二年禁錮五年間執行猶予の判決をうけたる由。

博太郎同僚と筑波山行。日帰り。

学生用ノートブック一人二冊だけしか売らず、自然学生の行列を見る。とし子の女学校の売店にても毎日行列ありといふ。

十四日

萩谷敬一郎、熊谷村司氏来訪。

よし子、斎藤氏訪問。

久しぶりに豆腐汁。豆腐屋の前は依然として長行列也。

十五日

精二けふにて舞鶴鎮守府に於ける見習期間を終了の予定也。

松崎猛氏、早川直瀬博士、午前来訪。

庭前桜花散りしきて、まことに好風景也。

　天地のなやみもよそに
　　庭さきのさくらの花は
　　咲きほこるなり

午後約一時半歩行。

十六日

交詢社にて理髪中食。それより大森駅より池上駅まで散歩。銀座菓子屋青柳の前に毎日の事なるが、今日も一町あまりの行列を見る。未だ売り出さゞるに開店を待ち、この行列也。

精二より手紙来る。但し十三日発のものにて任地未定の模様也。

十七日

結城高等女学校の校訓揮毫す。

卵田舎にても一ケ二十銭、但し公定価は六銭内外也。

東京より映画隊三妻村行の折、一俵百円にてよろしき故売つてもらひたしと農家に申込みたりといふ。

一時鳴き出したる鶯、この月の上旬より全く沈黙す。信州にても同様なりと熊谷氏語りたるが、水海道同面〔ママ〕にても同様の趣也。

十八日（日曜）

正午新富町きよ水にて真藤慎太郎、津雲国利氏と会食。

とし子母に伴はれて田村康子訪問。

十九日

正午大和田にて近衛公と会食。

夜築地治作にて茨城法曹会々合あり、出席。

この頃棺箱を厚紙にてつくれるものを使用する由也。

地方都会にても白米一俵百円、もち米一俵二百円にて闇取引行はるゝ噂専ら也。

此の頃卵一箇三十銭は普通の相場なりといふ。

二十一日

飯田憲之助氏来訪、同氏長男淳之助氏の媒酌人を引き受く。

桜の花、今日殆んど散り尽す。

二十二日

午前中改正道路より大森駅まで散歩、約一時間程也。

満洲の馬場治三郎氏来宅。

二十三日

佐々弘雄氏、加藤政治氏、塚原俊夫〔郎〕氏、川口美三夫氏来訪。

歯の治療開始。

二十四日

佐賀高校教授原田利三郎氏は青木治雄氏の義兄也。同道来訪。

寺田鉄太郎氏来訪。

精二より来書、舞鶴に在留と決定。

二十五日

池崎忠孝氏支那より帰りて来訪、支那事情を聴く。事依然として容易ならざる模様也。

朝鮮の一部には草根木皮を食ふて飢をしのぐといふ。

北支方面の食料事情甚だしく悪化したる模様也。

二十六日

理髪。交詢社行、古沢磯次郎、伏見武夫氏と会食。小田村より鴻巣、吉沼両氏苗を持参、上京。二十八日までかゝりて植付を了る。

二十七日

正午出井、平貞蔵、岸道三、牛場三氏。

新京浜道路を池上まで徒歩、約一時間二十分程也。

二十八日

正午大和田、石田礼助、武井大助、緒方竹虎、平沢千万人四氏。

桜井武雄氏来訪。

二十九日

正午大和田、武井氏老若両夫妻及びよし子同席。若夫婦は舞鶴より上京中也。

午後伊藤武、田中惣五郎両氏同道来訪。

三十日

交詢社行、歯治療。

南昌洋行訪問。

五月一日

沼尻茂氏に発信。

故中山忠次郎及び大橋定次郎両氏のために般若心経浄写す。

故梨本徳之助氏のためにも般若心経浄写完了。

交詢社にて茶を所望したるに、茶なくして海苔茶なるものを出す。白湯に海苔の粉を入れて塩にて味つけたるもの也。

庭に鶯声をきかざるも、散歩の途上籠中の鶯さいづるを耳にす。到るところ若葉燃ゆる許り也。日中は概ね二十度内外也。

軍需工場に於ける労力の不足、漸く顕著なるもの丶如し。結局学生の徴兵猶予は一時中止さるゝにいたるものと予測さる。

けふ午前三十分、午後一時間二十分程散歩す。

午後五時過ともなれば、到るところの酒場行列也。

夜新治郡の国民学校訓導の塚本明、萱谷暢夫両氏来訪。

二日
平貞蔵氏依頼の額面二送る。

萱谷暢夫氏に幅一枚送る。

古沢磯次郎氏来訪。

午後三妻村染谷秋、古矢十三雄氏等十名程東京に来りたりとて立ちよる。米供出問題の重大化しつゝある話を聞く。

水海道町にて牛乳大不足なるに、数里ともはなれぬ上郷の農学校にては牛乳あまりてその処分に困る有様なりとの事也。

地方の中女学生はノートブック入手困難のため、便箋をその代用としつゝある趣也。

五月一日より米の配給を受くるにいたれる農村、茨城県にも少なからずとの事也。

青壮年者の間に敗戦的思想芽出しつゝありとの話をちらほら耳にす。ことに農村に於ては米の問題にからみてその傾向の発生を見たるもの丶如し。

三日
正午出井にて染野喜一郎君のために送別の会を催す。同席吉田常次、新井藤一郎、渡辺藤吉三氏。
今日一時間散歩。

四日
正午大和田、喜多壮一郎、長島又男、平貞蔵三氏と会食。

三日吹き続きの南風やまず、温度も廿四度也。

相川、加藤両氏夜来訪。

子もちの産業戦士達は、酒の特配よりも子たちのために菓子の特配を希望するもの九割にも上るとの事也。

五日
理髪。
強風けふも休まず、砂塵雲の如し。

六日
夜来雨あり。午前やむ。草木一時に生きかへるが如く勢ひつく。
蓋し久しく雨なかりしため也。
正午大和田、近衛公、牛場、岸両氏同席。

七日
玉水嘉一氏来訪。
神奈川県にては米一俵百円、東京にては七八十円の取引ありとの事也。米不足漸く深刻也。
八日
腸をいため家居。
九日
夕刻峰間玄琢博士来訪。
故牛島省三氏長男正五郎氏死去につき告別式に行く。
十日
大麻唯男氏国務大臣就任の挨拶に来訪。但し不在にて逢はず。
夕刻雷雨。
十〔ママ〕日
歯医者行。
十一日
小野謙一、早川直瀬博士来訪。
十二日
飯島吉尭氏と共に交詢社にて昼食。この夜十時頃警戒警報発令。
十三日
午後平貞蔵氏来訪。
十四日
午前島氏来訪。
午後毎日新聞佐藤氏来訪。
精二より来書。
アッツ島に米兵上陸発表さる。
十五日
午後大来佐武郎氏来訪。
午後四時すぎ警戒警報解除。
今は冷気つよし。
十九日
飯田淳之助氏結婚式媒介人としてよし子と共に参列、大東亜会館。
この朝淳之助氏の父憲之助氏来訪。
精二より川棚へ転任の速達便到着。
二十一日
正午大和田にて目黒不動青木僧正、落合寛茂、田畑政治、飯島吉尭氏同席。
渡辺泰邦氏来訪。

二十二日
精二より来書によれば、今日特急富士にて川棚へ赴任との事なり。水海道地方にて、犬を葬れば必ずその翌日は墓をあばくとの事なり。死犬の肉を市に売るなり。
地方にても米一升一円とのことなり。東京にては一升二円乃至二円五十銭の由。卵はこの頃一個四十銭の取引ありといふ。
土浦航空隊に宮様赴任あり、それ以来同宮妃しば〳〵土浦に行く。それがために交通整理もしば〳〵行はれて人々の不便も多しとの事なるが、この頃ある日バスの運転手大声にて、「おつかあを伴れて来て、その上ガキまで伴れて来やがつて、うるさくて仕方がねい」と叫ぶにつき、何事かと聞くに、同宮妃に対する不平を公然口にせるものなりとの事なり。可怖。
ネルの売出しありとて、五反田の一呉服店の前に婦人の行列あり。店主二三時間に非れば売り出さぬ故、店頭の行列を解散されたしと懇請せるも婦人連耳をかさず、遂に混雑ありて同店のガラスを破壊するに至るといふ。可怖。

二十三日
午前池崎忠孝氏を訪問す。
三木五郎氏午後来訪。

二十四日
精二無事川棚着任の旨電報来る。

二十五日
歯治療。
卵のヤミ相場一ケ四十銭以上なりといふ。

二十六日
大和田正午、佐々、田畑両氏と昼食。

二十七日
斎藤茂一郎氏帰宅につき、朝訪問。
水海道中学出身経理学校生徒二名来訪す。

二十八日
翼賛会青木氏来訪。
青森県にては米の供出のために、壮年団員が一丈余の竹の端を斜めに切りたるものを持参して各農家を巡回したるが、これは高きところに米をかくしたることなきかをしらべるために用意したりとのことなるも、農民の方には竹槍持参と見えしため問題を起したりとの事也。

二十九日
夜来冷気つよく、シヤツに袷単衣と重ね着してもあつからず。
昨夜伊藤武、伏見武夫両氏来訪。
今日木村皓一氏午前来訪、香川県より陳情に上京との事。

この頃東鑑を耽読す。興味津々たるものあり。
沓掛の木村キミ方より机を貰ひに使者来る。鶏一羽持参。

三十日
大崎新旧署長あいさつに来る。
鴻巣氏来宅、畑にこやしをやる。
冷気相不変強し、冬仕度也。
火のほしきほど也。正午十八度也。
アッツ島の我が兵全滅の特別発表、午後五時行はる。

三十一日
冷つよし、冬シヤツを着る。
交詢社行理髪。
午後海軍々令部の史料係の島田俊彦氏来訪す。

六月一日
歯医者行。
とし子白服となる。

二日
とし子御嶽に遠足。
朝斎藤氏訪問、同邸にて久しぶりに大来修治氏と対面す。
漸く夏らしくなる。

三日
徳永、安藤信哉氏等来訪。
小森準三、菊地重三郎氏午後来訪。

四日
山浦貫一氏来訪。
正午京亭にて斎藤氏招宴、武井大助、緒方竹虎氏同席。緒方氏八日発南洋行〔の〕ため也。

六日
塚本明氏来訪。

七日
正午出井にて片山哲、松崎猛、飯島吉尭氏と昼食。

八日
交詢社行。新井藤一郎氏来訪、不在にて面会せず。

九日
竹尾弌、篠原来介氏等来訪。

十日
久しぶりに快晴、二十八度。
よし子腹痛、収床。

大和田にて竹尾氏と会食（正午）。

十一日
正午大和田、近衛公、白洲次郎、牛場友彦、岸道三、斎藤茂一郎同席。

十三日
萩谷敬一郎、伊藤武、河盛安之助氏等来訪す。
十一日より引きつゞき快晴也。
結城郡菅原村の女子青年団員勤労報告〔国〕のために上京し、上野公園西郷銅像の前にて純白色の握りめしを食し居たる所、その前を通りかゝりたる中年紳士態の男ほしさうにその握飯をのぞきつゝありしが、つひに二三個分与を乞ふ。これを与へたるに、五円紙幣を無理やりつかませて退散したりといふ。
土浦市に玄米食普及の講演ありしに、講演開始前たれいふとなく講師の弁当を見たしといひ出し、これをしらべたるに白米なりとの話也。

十三日
正午江木武彦氏亡母のための会合学士会館に在り、出席。

十四日
午前大雨。
平貞蔵氏来訪。

十六日
西村三郎氏来訪。
理髪。

十八日
雨。小篠、渡辺健、福田三代議士来訪。

十九日
正午京亭、斎藤氏招待。近衛公、牛場、岸、白洲同席。
午前斎藤氏訪問。

二十日
池崎忠孝、竹尾弌、篠原来介及び下館の玉水嘉一翁来訪。玉水翁は「自由の旗」紀念碑建立の件也。

二十一日
増田次郎起訴猶予にて神戸より帰る、一泊。

二十二日
蛯原凡平氏来訪。

二十三日
斎藤氏不快収床、見舞ひに行く。

二十四日
正午大和田、池崎、田畑二氏。
二十五日
萩谷敬一郎氏来訪。
二十六日
渡辺泰邦氏来訪。
二十八日
交詢社行。丸善行。朝斎藤氏訪問。
二十九日
正午交詢社、岸道三氏と面談。
午前田端氏来訪。
三十日
精二午後三時二十五分東京駅着、公用出張にて帰京す。よし子迎ひに行く。
七月一日
午前斎藤氏訪問。正午交詢社にて佐々弘雄氏と会食。
精二多賀日立工場行、同地一泊。
二日
大和田正午、近衛公、沢田廉三氏同席。
精二夕刻多賀より帰宅。
梨本しも女来訪。
三日
河盛安之助氏来訪。
夜大和田にて精二のために一家夕食す。但博太郎多忙にて参加不能。小石川の叔母同席。
斎藤氏渡満。
四日
伊藤健氏来訪。
五日
田畑政治氏来訪。
夜蜂龍にて豊福氏招待、有馬伯、千石興太郎氏同席。
六日
沓掛嘉助、平賢吉、大島鋭雄氏等来訪。
中島義男氏ふなぎ《〔ママ〕》を持参す。
八日

午前十時過ぎの列車にて、精二帰任す。

九日
今井彦蔵氏来訪。
正午大和田、佐々弘雄、伊藤武氏と会食す。

十一日
理髪。

十二日
永田正憲氏十一日急死につき、夕刻鎌倉に行き同氏宅弔問。

十三日
大和田正午、武井大助氏と会食。

十五日
真藤慎太郎、桜井武雄氏来訪。

十五、十六防空演習。

十七日
よし子鎌倉永田邸弔問。

十九日
正午大和田、木原通雄、後藤勇、牛場友彦、首藤四氏同席。

二十日
永田邸弔問。

二十一日
斎藤氏帰京出迎ふ。

二十二日
永田邸弔問。竹内氏見舞（済生会病院）。

二十三日
永田邸弔問。

二十四日
永田氏葬儀、よし子同道参列。

三十一日
夜帝国ホテル、平沢千万人氏招待。

二十八日
大和田正午、岸、牛場両氏と会食。

二十九日

大和田夜、佐々、田畑氏等と会食。

〔編者註〕ペン書　罫紙和綴

18　日記「閑居雑記　昭和十八年八月一日」

〔昭和十八年八月―十九年三月〕

閑居雑記　昭和十八年八月一日

八月一日　日曜

伊藤武、柳町精、香月保氏等来訪。

三日

よし子を伴れ、水海道行。

四日

萩谷敬一郎氏来訪、ともに済生会病院に竹内勇之助氏を見舞ひ、交詢社行。理髪。

久しぶりに雨あり。

小田村鴻巣氏外一名来り、庭の芝生を刈る。六日迄滞在、庭の畑に手入れす。

五日

田畑朝日記者、羽生三七、若林満日記者、大場格之助、田尻隼人氏等来訪。
市内の人道に待避壕さかんに構築され出す。
去る八月二十五日ムツソリーニ下野以来、欧洲の情勢すこぶる微妙となり、此の日ドイツ軍は東部戦線に於てオリヨールに撤退し、シチリヤ戦線に於てはカタニヤを撤退す。
南太平洋方面の戦局ます〳〵深刻化するにいたり、動員も亦頻繁にして此の日入営するもの多し。
夕刻凮見芳郎氏立ちよる。兵学校卒業前也。

六日
熱暑ことにきびし。

七日（土曜日）
篠原来介氏桃を持ちて来る。かんぴようを返す。かんぴよう今は市場に無し。売買禁止品也。

八日
榊原二郎、松崎猛氏来訪す。（日曜日也）。
所聴　漢口にて前線より帰れる部隊のため、同部隊の経理官たる一主計中尉が兵站部に赴きて酒及び食料等を要求した折、兵站部の係員は規定にしたがつて支給したるに、同中尉は不十分なりとして更らに多量を要求したるも、同係員は規定を楯にとつてこれに応ぜざりしところ、同中尉は大いに憤慨して機関銃隊を引率し来りて兵站部に銃口をむけ射撃を開始したるため、兵站部員は驚愕してその要求に応ぜしが、この事を伝聞したる憲兵隊はその行動不穏ゆるしがたしとして調査を開始し、同主計中尉を拘引せんとしたるに中尉所属の部隊長これを知り、憲兵こそ生意気千万なりとて憲兵隊をして機関銃隊を以て包囲せしめたるに由り、憲兵隊も如何ともする能はずして遂に事を不問に附するに決したりとの事也。

十一日
正午大和田にて上海の日森虎雄氏のために昼食す。波多野乾一、竹内克己両氏同席（とし子、民子同道帰郷）。

十日
正午人形町浜川にて緒方竹虎、真藤慎太郎、武井大助と共に斎藤茂一郎氏の饗応あり出席。

九日
正午山浦貫一氏と大和田にて昼食。

十二日
午前竹尾弌氏来訪。
三郎信州行。
砂糖一貫目五十円といふ。但し品不足にて入手困難との事也。
今朝米機北千島に来襲すと公表あり。

十四日
午前沼尻孝雄氏、石原道貫氏同道来訪。
正午築地錦水にて古野伊之助氏に招かる。同席緒方、柳町、白仁
四氏。
とし子より砂糖を送れとの手紙来る。水海道事む所に電話したる
に、神林氏より昨日届けたる手筈との事也。
十五日
精二午後七時東京着列車にて公用上京帰宅。
三郎旅行よりかへる。
柳町精氏、大来佐武郎氏来訪。
十六日
理髪。
正午築地治作にて石田氏に招かれ竹尾弌氏と同席昼食。
とし子夕刻帰宅す。
十七日
午前伊達源一郎氏、河盛安之助氏来訪。
ムンダはすでに抛棄せりとの事、一般に知れわたりたるも、未だ
公表なし。
キスカの撤退抛棄も、一般に知れわたりたるも公表なし。
十九日
正午大和田にて河盛安之助、萩谷敬一郎、飯田淳之助、飯島吉尭、
志冨、精二同席昼食。
午後済生会病院に竹内勇之助氏を見舞ふ。
二十日
朝斎藤氏訪問。
　朝鮮京城市内に「米英大勝利、朝鮮独立万歳」のビラを撒布せ
　るものありとの事也。
二十一日
夜斎藤氏頭部に怪我し、深夜阿万博士同道訪問、但し怪我軽微也。
廿二日
キスカ撤収公表さる。
午前小西平一郎氏来訪。
二十三日
午前斎藤氏見舞ふ。
正午大和田、大来佐武郎、桜井武雄、平貞蔵、渡辺法政大教授同
席。
二十四日
関山延氏来訪。
司法省荒川事む官来訪、講演の依頼也。承諾す。

二十五日
大槻敬三氏来訪。高野氏に揮毫十一枚渡す。
博太郎信州松原に旅して、夜帰宅。

二十六日
正午大和田、田中惣五郎、竹尾弌、丸山政男、石田氏等と会食。

二十七日
理髪。交詢社にて同盟森氏と午食。
午後飯田憲之助氏来訪。夜飯田淳之助、張替両氏来訪。張替氏はタイ国に働く。午後孝雄氏来訪、明日上海にかへるとの事也。

二十八日
故永田正憲氏四十九日につき鎌倉行。
落合寛茂氏来訪。

二十九日
池田穣氏来訪。

三十日
朝明治学院行、増田次郎復校の件に関して也。
十和村の羽生氏水瓜を持参、来訪。

三十一日
桜井武雄氏来訪。

九月一日
田畑政治氏来訪。熱暑激甚也。
夕刻木村進氏来訪。
午後六時三十分頃警戒警報発令さる。此の日未明南鳥島に米機来襲ありたること六時二十分頃臨時ニユースとして報道さる。

二日
二百十日也。但し荒れず。
午前池崎忠孝氏来訪。

三日
午後警戒警報解除。
三木五郎氏来訪。

四日
朝斎藤氏訪問。

五日
沢村克人、伊藤武氏等来訪。(日曜日)。

六日

理髪。

八日

斎藤茂一郎氏自動車にて怪我し見舞に行く。幸ひに肩の筋肉打撲だけにて事すみたり。

九日

正午大和田、田畑氏、益田豊彦氏同席。

午後斎藤氏を見舞ふ。経過よし。

八日夜イタリー無条件降伏せる旨午後三時のラヂオにて発表さる。けふ朝より此の事のために海軍大将達はそれ〴〵天機奉伺に参内の由。又在留イタリー人は日伊会館に大使館員は大使館にそれ〴〵保護監禁されたりとの事也。

夕刻飯島吉尭氏来り、始めて飯田憲之助氏夫人癌の疑ひにて入院加療の事を知る。

十日

萩谷敬一郎、岡田文夫、後藤勇、松崎猛諸氏来訪。

萩谷氏成田の羊かんを持参す。久しぶりに羊かんに接すとて、子等大よろこび也。

十一日

正午赤坂楽亭にて竹中工務官等と会食。

大久保猛氏来訪。

十三日

午前小篠代議士、植木清一氏等来訪。

午後小磯甚三郎氏、浜野氏新婦を伴れて来訪、十月三十一日挙式に決し、媒酌人承諾す。

十四日

仏性誠太郎氏来訪。

正午大和田、牛場、岸両氏。

十五日

午前大塚帝大分院に、飯田憲之助氏夫人癌手術を見舞ふ。執刀は予が旧知の福田保博士也。恰かも廊下にて同博士に面会す。

十六日

夕刻より喜文にて斎藤氏招宴、大来、岡田老、藤崎同席。

十七日

島田俊雄、江木武彦氏等来訪。

多賀町山本氏来訪。

けふはめつきり涼し。昨日までは酷熱也。

十八日

榊原二郎氏来訪。

正午大和田、岸、牛場、稲田内閣総務課長、飯島吉尭氏等同席。精二より来書、少しく病気したるも快癒との事也。俄に冷涼となる。

二十日

理髪。(月曜)。此の夜航空紀念日講演会に於て陸海両軍当局者初めて四辺形勢の不利なるを公けに言明して国民の自覚をもとむ。

二十一日

司法研究所講演の約束ありしも、腹具合悪しき理由にてこれを断る。松延豪也氏来訪。

二十九日

早朝発、永田正憲氏追善供養のため斎藤家一族と共に長野行。尾崎秀実死刑判決あり。相原千里博士訪問。午後五時の汽車にて斎藤氏と別れ軽井沢に赴き、つる屋一泊。

三十日

午前九時半近衛公訪問、十一時四十五分発列車にて帰京。

十月二日

正午大和田、岸道三、牛場友彦両氏満洲旅行につき一会、佐々弘雄氏同席。

五日

池崎氏女結婚式披露あり、出席。

六日

花井忠氏来訪、河盛代議士来訪。

七日

午後五時半築地錦水にて色川俊次郎氏招宴、出席津田信吾、斎藤茂一郎氏等同席。

八日

正午大和田、伊達源一郎、渋谷治助氏と会食。

九日

正午大和田、斎藤、緒方両氏と会食。

十四日

正午三宅正太郎、武井大助氏と大和田にて会食。

十六日

正午有馬伯を正午〔ママ〕大和田に招きたるも、神経痛の為欠席。豊福、田畑両氏と会食。
塚本明氏来訪。

十五日
大山義八、佐々弘雄、大久保猛氏来訪。
沓掛の木村きみ女来り一泊。

十七日
河盛氏、大来佐武郎氏来訪。
終日雨也。

二十日
帝国ホテルにて弓削田精一氏七回忌追悼会あり出席。弓削田未亡人、その女万寿美氏出席、頭山満、中野正剛、古島一雄、伊藤正徳、萱野長知、三木喜延、橋本実朗、大西斎、緒方竹虎氏出席。

二十二日
大和田正午、近衛公、中川良長男と会食。
この夕雷鳴大、雨大いにふる。

二十三日
中野正剛氏、去る二十一日早朝警視庁に拘引されたるをたしかめたるにより、正午同氏留守宅を見舞ふ。
今日より俄かに冷気加はる。

二十四日
午前斎藤氏訪問。

二十五日
雨、終日家居。

二十六日
正午すぎ、朝日新聞社に緒方氏をたづね、中野氏検束の事情を聴く。たゞし明かならず。

二十七日
午後一時頃木村進氏より電話あり、中野正剛氏自殺したりと。二時頃中野氏宅より「昨夜中野なくなられた」と電話あり、早速中野邸に赴く。聞くところによれば、中野氏昨日来の行動、次の如し。
午後一時半頃帰宅、憲兵二名同道、附添ひ居れり。
夕食は家人と共にとり、平生と異なるところなく、家人も何の怪むところなく就寝。
中野氏の隣室には附添の憲兵二名就寝。
中野氏は二階の書斎に入り、大西郷全集を披きたる模様也。
寝室にも同全集の一部ありて披見したる如し。
遺書の外に、「断十二時」としるせる一紙片あり。これによつて察するに、十二時に自殺を決行したるものなるべし。

遺書には、最初に刀の刃切れず、よつて時計の帯皮にて研ぎたるも思ふ様に研げず、よつて形式的に腹部を切る旨をしるして後に、「東方を九拝す。平静にして余裕綽々たり。自笑す。オレは日本を見守りながら成仏す」とあり、その次に、先輩友人同志の従来の厚誼に感謝する旨をしるしたりといふ。別に、答弁は無茶苦茶と書きちらしたる紙片もありたる由なり。腹に切傷をつけ、左の頸動脈を切りて、見事なる最後を遂げたる趣なり。

二十八日
中野邸弔問。二十八日、精二出張にて帰宅。

二十九日
代々幡火葬場にて火葬につき、朝七時中野邸着。火葬場行。

三十日
中野邸弔問。

三十一日
青山斎場にて中野氏葬儀。
この日午後四時浜野裕氏の結婚式に、媒酌人として出席。

十一月一日
中野邸弔問。朝斎藤氏訪問。

二日
精二多賀行、即日帰宅。
博太郎関西へ出張。
夜築地京亭にて石橋周也氏に招かる。武井大助氏同席。
中野氏七夜なりしも、所用ありて欠席す。

三日
快晴。
古沢磯次郎氏来訪。

四日
精二夜十時半発にて帰任す。

五日
午前朝日社に緒方竹虎氏訪問。
午後関根隆一郎氏梨を持参来訪。

七日
真藤慎太郎氏来訪、佃煮と塩鮭とを貰ふ。自作の南瓜を返す。

八日
正午大和田にて近衛公及有馬伯と会食す。
とし子けふより防空服装にて登校。

けふ十一時頃家を出て五反田に行く途中のそば屋の前に、主に婦人連の行列すでに四五十名なるを見る。一ケ月程前より目につき出したる現象也。何れも家の米を節約するための外食行列也。

九日
博太郎早朝旅行よりかへる。
正午大和田、牛場、白須〔洲〕、飯島三氏同席。
萩谷敬一郎氏来訪。
雨にて冷つよし。

十日
午前大来修治氏を日本気化器事む所に訪問、それより交詢社行。理髪。
木村杢之助氏餅持参上京、来宅一泊。

十一日
午前九時五十分上野発列車にて木村杢之助氏同道、水海道行。
この夜高野に一泊。

十二日
午前水海道中学にて五分ほど生徒に講演。
夕刻富村登氏訪問。
静野一泊。

十三日
午前十一時発帰宅。
十二日沓掛の木村きみが女中同伴上京。久しぶりに女中二人となる。

十四日
河盛代議士、今井彦蔵氏来訪。

十五日
午前児矢野氏訪問。

交詢社を廻り、帰宅す。

水海道にても煙草買は行列買ひ也。

フランネルの売出しありとて、水海道の呉服店頭に近村のものが前夜半よりむしろに坐りて開店を待つもの少からざりしといふ。

南瓜の実をくりぬきて、その中に米をつめて持参するものあり。それにては発覚のおそれありとて、此の頃は糸瓜の中をくりぬきて、その中に米をつめて持ち出すものもありとの事也。

婦人は帯あげに米を入れて持ち出すといふ。

蝗を食するの風、一般に行はるゝにいたる。動物質の食料不足に由る也。

地方にては、新聞の隣組配達各所に行はれ出したりとの事也。配達人の不足に由る也。

地方都会に於ける米の不足漸く深刻にして、水海道にては富豪を以て知らるゝ秋山藤左衛門家にても、三升五升と米の闇買ひを始めたりと噂さる。
水海道小学校にては傘の不足のために、雨の日には欠席児童倍加する旨教員より聞く。
去る十一日には上野駅に二十分前に到着して、二等車に一席しか空きなく、予の後に乗車せるものは何れも立ちのり也。取手にても乗車に行列にて、此の日は客少しといふに満員也。概ねは地方に物資あさりに行く連中也。
十二日の正午に福岡村の同志連、豚肉と赤飯とを持参し来りたるに由り、豚のカツレツを思ふ存分食す。まことに久しぶりの事也。
絹川にて獲たる鮭も、今年は一尾二十円三十円といふ相場にて、地方人の口には入らずといふ。

十六日
午前竹内勇之助氏を済生会病院に見舞ひ、山崎順氏をもたづね、その席賀川豊彦氏と面会す。
午後メキシコより交換船にて一昨日帰着したる鈴木玉之助氏来訪す。

十七日
首藤雄平、東則正氏等来訪。
中村宝水氏におくる歌一つ、
君はもよ道真たゞしく切り開《あ》くとたゝかひぬけり老はものかは
凛々しくも霜空照らす月の如骨たくましく君は生くるに
ひたむきに世を人をひきゐ導きてとし経てうまず偉し君はも

十九日
金子行徳、安藤信哉、池田穣氏等来訪。
俄かに冷気加はり、今日日中十度也。昨日より八度も低し。

二十二日
交詢社行。理髪。
岸道三氏と会談し、近衛公に大和田鰻払底の旨言伝をたのむ。

二十三日
水戸橘孝三郎氏より白米一升、例年の如く新嘗祭とて使ひのものにより届けらる。
防空演習の予行とて、終日それがために忙殺さる。

二十四日
正午大和田に久しぶりに鰻はいりたりとの事に、恰かも満洲国通信社の松方氏上京中とて同氏を招き、岸、牛場を交へ食事す。また岸氏に托し、鰻二人前、玉子焼二人前を帝大病院に入院中の近衛公に届く。

二十五日
青木静次郎氏その長男欽一氏、謂ゆる学徒出陣にて入営なりとて父子同道来訪。旗に署名す。
二十六日
長島又男氏南京より帰京中につき木村進同席、大和田にて昼食す。
午後柳川宗左衛門氏茨城第一区より立候補すとて、飯田憲之助、落合寛茂、豊崎昇氏同道来訪す。
モーニングコート闇にて千円也といふ。
砂糖一貫目は五六十円との事也。
二十七日
午前八時より二十八日午前八時まで防空演習也。
二十八日
小田村の鈴木定次郎氏、石下町の小林某来訪。
二十九日
とし子の学校の父兄会にてよし子出席。
三十日
交詢社行。理髪。
中野正剛氏三十五日忌なれば同家をたづねんと家を出でしも、明日の入営をひかへて送別の群多く電車雑沓につき途中にて思ひ止まり、後日にたづぬることとして帰宅す。
寒気俄かに加はる。

昨夜精二に家中にてたよりす。そのたよりの中に歌、
霜枯の庭の芝生の寒けきにとし子いたはりこたつあけけり
二十日ごろよりこたつあけたり。
十二月一日
午後故中野正剛氏邸弔問す。
四日
萩谷敬一郎氏来訪。
五日
夕刻西園寺公一氏来訪。
六日
手前五反田の通りにて、そば屋の店さきに「箸を持参されたし」のはり札あるを見る。
小石川の姉と梨本未亡人と一泊。
屋敷のすみに簡易貯水池をつくりたしと町会長来り、承諾。よし子、斎藤氏をたづねてその諒解をもとむ。午後貯水池の指定場所に測量行はれ、杙うつ。
寒甚也。
七日
江木武彦、高松敏雄、塚原俊郎氏等来訪。

八日
昨日は雨にて中止せし勤労報仕〔国〕隊班数十名の貯水池掘作業、今日は午前九時頃より開始す。隊員は概ね女子也。子を負ふたるもあり。

十日
今日よりツボン下に真綿製を用ゆ。寒漸く強ければ也。
正午大和田にて岸、牛場、白須三氏と会食。西園寺公一氏を主賓に招きたるも、旅行中にて不参。近衛公にうなぎを届く。
東京近郊より三升の白米炊飯を市内にめし櫃一杯持参すれば、五十円にて売れるといふ。米不足のため也。
小篠雄二郎氏よりハム届けらる。今の日本にては珍中の珍物也。

十一日
高田判事午後来訪し、尾崎秀実事件の全貌を説明してかへる。
夜西村三郎氏来訪。
そば屋にて、半月はさつま芋をそばの代りに提供すとの回覧板廻る。

十二日
簡易貯水池掘の仕事、今日午前十時頃にて完了す。
松田瑧氏来訪す。

十三日
午前近衛公を本郷帝大病院に見舞ふ。
帰路交詢社により理髪。
三妻村の染谷秋氏の許よりトラック来り、曽て塀としたる金網を持ち運び、そのかへりのトラックに米三斗、もち米五升、大根六本を積みて午後九時頃染谷氏来宅す。

十四日
午後亡中野正剛氏四十九日忌につき、同氏邸弔問。
吉田常次氏来訪、博太郎に嫁の話にて也。
Edger Snow 著 The battle for Asia 読了。その第七編「再び西北へ」の第一章「支那に逆まく潮流」の中に、
「支那を治める為めに携へて居らねばならぬものは論語である」と、風見章は彼が書記官長であつた当時の内閣に忠告したの一節あり。更らに、
風見の忠言、今や実行されつゝある。日本は支那を論語で支配しようとしつゝある
の一節がある。スノーは支那に於ては、ことに共産党の間では、孔子の思想が役に立たぬものとして葬られつゝあり、却つて孔子の思想は支那にあつては、反動的役割の好箇の防壁に使用されつゝあることを指摘した中に、右の二節を見るのであるが、予が右の如き忠言をこゝろみたといふのは訛伝である。
精二によせ書にて便りす。

十五日
毛皮のチヨツキ、和服用毛皮下衣（以上タヌキ毛）、羊毛チヨツキ三着購入、総計六百八十円也。

そば屋にてふかし芋一人前十銭だけづゝ売り出したといふので、午後二時頃五反田駅よりの帰途、そば屋の店頭行列雑沓を見る。

十六日
久しぶりに雨也。

正午大和田、佐々弘雄、田端政治両氏。

三郎発熱。夜阿万医師の診察をうく。

川崎市にては粥食のために、国民学校の児童が体力訓練中心臓まひのため急死したる事件あり。

十七日
三郎熱さがる。

平貞蔵氏午後来訪。

十八日
桜井武雄氏来訪。

旭二叙勲発表ありたりとて、朝日新聞記者来訪。

十九日
午前緒方竹虎氏来訪。

杉浦真鉄死去につき、代理に志冨氏を遣はし弔問。

高須四郎氏の戦死せる長男の葬儀には、飯島氏に代理依頼。

大来三〔佐武〕郎氏来訪。

隣りの組分担の小袋五十程、夜なべによし子はる。

二十日
午前十一時内閣の属官勲章持参、且つ参内御礼記帳のため自動車を連行したるにつき、それに乗りて参内。勲章の外賜金三千四百円也。

午後杉浦真鉄氏葬儀に参列。墓所は伝通院なる故、自動車をたのめぬ折とて茗荷谷の同氏邸より墓所まで徒歩也。同行す。

二十一日
午前松延豪氏来訪。

正午大和田、林広吉、沢村克人、伊藤武氏同席。

二十三〔二〕日
理髪。

正午大和田、緒方竹虎、武井大助、石橋周也、三宅正太郎氏同席。

午後近衛公を病院に見舞ふ。

徴兵年齢十九歳まで引き下げ、今夕発表さる。

二十三日
小篠雄二郎氏来訪。

摺鉢一ケ三十円の売買行はるとの事也。

千葉県にては、もち米一俵千円の取引ありたりといふ。
小野川村にても東京人の買ひあさりの結果、鶏卵一箇二十五銭は通り相場の由也。同地方にても摺鉢払底にて、一個十円十五円の値にて取引さるる話を耳にする由也。
午後二時よりそば屋にて売り出すふかし芋（一人十銭）買ひの行列、いよ〳〵ながし。

二十六日
茨城県より東京に米を三俵持参せば、千円の取引ありといふ。
小田村にては東京の買出部隊の或るものが鶏一羽を所望し値を問ふに、四円のつもりにて四本指を示したるところ四十円を差し出したりといふ。
二升三升ほどつゝ数人を使用して東京に持ちこみ、それを集めて一口に高価に闇取引するものもありとの事也。

三十一日
有馬頼寧伯、鮭持参来訪。

十九年一月一日
女中みよの兄、出征なりとて卅一日夜来り一泊し、元日みよは郷里へかへりたれば、今日は三郎、とし子何れも母親の手伝へす。
久しぶりに女中なき元日也。

三日
早起、掃除す。
早川直瀬博士、寺島三郎氏等来訪。
博太郎めづらしく休みにて、たま〳〵板橋の片岡健氏より贈られたる豚肉あり。一家水入らずにてすきやきの朝食をとる。
片岡健氏、もち、生小えび、小豆など持参す。返礼に書を贈る。

四日
伊藤武氏来訪。
　伊藤氏この頃昼めしの外食に不自由を感じて弁当を持参することとし、部下の人達にこのことを話したるに部下曰く、べんとう持参出来るといふはお偉い方々の事也、べんとうすら持参出来ぬほど吾等の米櫃は不足也と。
夕刻女中みよ帰り来る。

五日
永井良吉、新井藤一郎、三木喜延、児矢野若夫婦来訪。
大和田へ近衛公へ届けるうなぎを注文す。

十日
近衛公を病院に見舞ふ。

十一日
正午大和田、布施勝治、竹尾弌、石田氏同席。

十三日
牛場、岸、白須三氏を交へて、西園寺公一氏招待。正午大和田。
十四日
有馬伯と大和田正午。同席武井大助、緒方竹虎、真藤慎太郎、三木喜延四氏。この日短髪となる。十九年ぶり也。
十五日
柳川宗左衛門氏来訪。
十六日
下妻外山渥平等来訪。
十八日
午前済生会病院に赴き、餅一包づゝ山崎順、弘中、高橋、島田四氏に贈呈。四氏とも先年三郎入院当時に世話になりたる医師也。
砂糖闇相場一貫目百円也といふ。
白餅一斗分七十円の売買行はるといふ。
そば屋前の行列いよ〳〵多くして、概ね家庭人なり。家庭の不足を補はんとする也。
十九日
中島浩氏来訪。
二十日
精二午後出張にて帰宅。
正午大和田にて田畑、有竹両朝日記者と昼食。
二十一日
首藤雄平氏、大来修治氏来訪。大来氏より書籍代とて三千余円の小切手を贈らる。
名古屋辺の工場内の人心の動きを見るに、現在百人の中右翼五人左翼五人の割合にて、他の九十人は何れにてもよき連中なるが、然かも右翼は工場の幹部、政府等よりの援助後押しによるものなれば、その実力は五人にして、実は二人位しか無く、反之左翼は圧迫の下に存在するものにより、その実力は二三十人にあたるといふ有様なりといふ。
二十二日
正午大和田、山崎順、河盛安之介、萩谷敬一郎、飯島吉尭及び精二同席。
二十三日
桜井三郎氏来訪。
水海道辺にて卵一ケ二十五銭が通り相場の由。
商家は米持参の客には商品を提供する由也。
二十五日

一部の衣服倚子などトラックにて田舎へ送る。久しぶりに雨ふる。
精二夜行車にて帰任す。

二十六日
旧一月元旦也。
近衛公を帝大病院に見舞ふ。大来修治氏を会社に訪問す。

二十八日
萩谷敬一郎氏、小篠雄二郎氏来訪。
朝加藤次郎氏応召につき、斎藤茂一郎氏留守宅慰問。

二十七日
よし子、斎藤、児矢野両家訪問。

二月一日
マーシャル群島方面に米軍反攻の報あり。武井大助氏息治氏同方面にある由なれば、朝武井邸慰問に行く。然るに治氏は両日前重大任務を帯びて帰国せるとて在宅也。
斎藤邸訪問。

四日
正午大和田、平貞蔵氏招待。

六日
江田仙氏来訪。
三日、四日、五日と小田村の鴻巣、菊池両氏庭さきの畑の手入れして寒肥を入る。

七日
午前金子行徳氏来訪。
正午大和田、片山哲氏招待。
午後近衛公を病院に見舞ふ。不在につき、Turbulent Duchess 一部を同夫人に托して、面会せずにかへる。
山灰一俵闇値三十円にして米六升と交換さるといふ。自然米一升五円の勘定也。
もち一斗五升分価百五十円を払ひ、その上千円を与へたるものありといふ。
卵一ケ五十銭、高きは一円の売買ありといふ。
ことしは去る四日の節分にも豆まく家少き故、「福内鬼外」の叫びも殆んど耳にせず。

八日
池崎忠孝氏来訪。事態の重大を説いて新政治力結集の必要を力説してかへる。

九日
よし子、斎藤氏訪問。

十日
政界変調を呈すとて池崎忠孝氏をたづね、その模様を聴く。
鷲沢与四二氏、南昌洋行を訪問す。

十二日
石橋周也氏長男弥一郎氏の結婚披露会、大東亜会館にて行はる。
出席、挨拶す。

十四日
池崎忠孝氏来訪。十五日夜精二帰任。

十五日
森谷氏来訪、此の日女中かへる。
女中なしの生活に一家凝議す。

十六日
萩谷敬一郎、渡辺泰邦氏来訪。

十七日
岸、牛場両氏近衛公を湯ケ原に訪問するにより、東京駅にて両氏に面会し書状を托す。
翼政会内紛の経緯及び憲兵司令官が新政治力を結集して近衛公をかつぎ出し、東条内閣を支持せしむべしとの意見具申書を東条首相に提示したる事、及び鹿子木員信氏等が徳富蘇峰の使者として朝日の緒方氏をたづね、「国内にバドリオ政権を生み出さんとする動きあり。これを制圧するために、言論報国会として一大演説会をひらきたし」と申込める由等を報告す。

十八日
花見達二氏来訪。
中村護氏、除隊になりたりとて来訪。

十九日
夜来の雪一寸五分ほど積りて、庭一面の銀世界也。この冬にとりては、初めての大雪なり。
十七日朝トラックに米機動飛行部隊の来襲を報じて、今朝の新聞は一斉に困難来を強調す。

二十二日
岸道三氏来訪。

二十七日〔ママ〕
酒寄利左衛門氏来訪。

二十六日
貴志弥右衛門氏海軍主計見習尉官として芝浦の海軍主計在学中に病死し、今日校葬につき参列す。
理髪。二十七日朝桐ケ谷大葬場にて貴志氏骨あげに参列す。

二十七日
夕刻至急廻覧板にて、二十八、二十九両日間朝の用意を前晩にすべしとの通告あり。且つ二十八日には敵機来襲の危険濃厚なりとのことにつき、夕刻までに種々の準備を完了して就寝。

二十八日
大久保久逸氏来訪。
　卵一ケ七十銭の闇値生ずといふ。

三月五日
暁方より雪、終日降りつゞき夜半に及ぶ。

六日
田畑氏来訪。
（四日山田悌二郎氏、岸道三氏と同伴来訪）。

九日
朝小石川の姉脳溢血にて倒る。早朝よし子行き、午後予行く。軽症との事に愁眉をひらく。

十日
小石川を見舞ふ。めづらしく又夜雪ふる。

十一日
軽症の事判明す。よし子午前見舞ふ。
木村杢之助氏来訪、一泊。

十二日
草花の種蒔く。但し芽を吹くか如何、甚だ疑はし。

十四日
飯泉幹太氏上京、帝国ホテル滞在につき訪問。午後姉を見舞ふ。

十五日
岸道三、江田仙、成田毅雄氏等来訪。
斎藤茂一郎氏帰京、夜訪問。

十六日
色川俊次郎氏死去につき弔問。

十七日
近衛公午前訪問。

十八日
夕刻より雪ふる。

十九日

夜来の雪五六寸積る。近来の大雪也。
山田俊介氏来訪。
新井藤一郎氏来訪。

二十日
交詢社にて理髪。首藤、木原、後藤の三氏の事む所にて昼食。帰路斎藤氏訪問。精二突然帰宅。

二十一日
山浦貫一、茶原義雄氏、新井藤一郎氏等来訪。

二十二日
午前小石川姉を見舞ふ。経過よろし。

二十三日
精二夜行にて帰任。
武井大助氏来訪。

二十四日
桜井武雄氏来訪。

二十五日
小石川の姉を見舞ふ。

二十六日
河盛安之助、伊藤武、中山忠造、新井藤一郎氏等来訪。

二十七日
松延豪也氏来訪。

二十八日
斎藤氏訪問。雨。

二十九日
斎藤氏訪問、一〇、〇〇〇。
沓掛のベル公来宅、泊りこみてジヤガ芋を蒔く。

〔編者註〕ペン書　罫紙和綴

19　日記「昭和十九年四月起」

〔昭和十九年四月—十二月〕

四月一日

二月下旬俄かに新聞の編輯方針一変して、国難来と空襲必至とを紙面にあふれしめた結果、国民の間に浮き足たつ傾向生じて、二月二十九日の如きは朝より行李その他の小荷物を背負ひたるもの五反田駅頭に行列を始めて、夕刻に及ぶも陸続として殺到する有様である。ために三月一日は小荷物の受付を停止するにいたつたが、その結果チツキにて荷物を送らうとするもの続出し、ために乗車券買ひの行列各駅に雑沓するにいたる。次いで三月上旬旅客制限の事報ぜらるゝや連日乗車券買ひの行列はものすごき光景を呈し、二十四日に前年まで女中であつたよね女来り、此の夜は泊めてもらつて未明に五反田駅にて福島迄の乗車券を買ふつもりだとの事なりしも、午後三時半頃五反田駅前の公番にて行列の様子をたづねたるに、早くも明暁の切符売り出しを待ちて二十人も行列を始めたところなりと聞かされ、あきらめたとて夕刻かへりたる程也。

かくて三月は人、物ともに、疎開々々と騒ぎたてゝ日を送る有様也。

三月に於ける物価は卵一ケ一円以上、スフ入りの夏の国民服一着五百円の売買也といふ。

水海道よりのトラツク一台千円の相場を示す。

三月三十日午後三時頃、五反田駅前には椅子を持参して腰かけたるもの、座蒲団をむしろの上に置き坐せるものなどの行列あり。三十一日午前四時売り出しの切符を手に入れんがため也。

三月三十日

三郎中等科卒業式。直ちに高等科に進学す。

三月三十一日

三郎小石川へ見舞に行く。

とし子、石原とみ子の女学校入学祝ひに行く。

渡辺泰邦氏来訪。

好晴、まつたく春らしくなる。日中十一度也。

今日もまた、切符買ひの行列也。

沓掛の針谷弁吉、三十、三十一の両日、畑の手入れして一日朝かへる。曰く、金はあつても仕方なし。貰へるものなら、仕事衣のどんな古いのでもよいから一着欲しいと。即ち、よし子古仕事衣一着を与ふ。

書籍小売店今日より大縮減となり、閉店数六割以上に及ぶといふ。

〔四月〕二日

瀬崎憲三郎、新井藤一郎氏等来訪す。

列車の切符買の行列依然として止まず、今日の新宿駅頭の雑沓は物凄かりし由也。
冷気つよし。

三日
例年ならば開花の庭前桜、未だ開かず。
苺の植かへ及び畑作りに労働す。
終日家居。
よし子、敏子、小石川の姉を見舞ひに行く。

四日
帰郷、高野に泊る。

七日
帰京。

八日
緒方、斎藤両氏訪問。

九日
小石川姉を見舞ふ。依然腹に力なきか声細し。

十五、六日
桜始めて咲き揃ふ。

十三日
小石川姉を見舞ふ。声もと通りとなり、経過良好也。

十五日
今日より灸を始む。背五ケ所、脚部に六ケ所。

十六日
三郎今日より二週間入寮のため出発。
新々堂の若主人、店員、志冨三氏にて書籍整理に着手。夕刻かへる。
大久保久逸氏より山芋贈らる。
山田俊介氏より林檎一箱贈らる。林ご一ケ闇値一円也といふ。

二十日
貨物自動車来り荷物の一部を郷里に疎開につき、夕刻発帰郷。

二十三日
帰京。

二十四日
峯間玄琢氏死去につき通夜に行く。
小石川の姉を見舞ふ。

二十六日
河盛代議士来訪。

二十七日
新井藤一郎氏来訪。

二十八日
雨強し。進氏来訪。

三十日
真野郡中村の久下田紀念碑の近衛公揮毫の（流芳千載）届く。楢府甚四郎氏に手交す。

五月一日
漸く初夏らしき気象となる。
「ふさ」帰家す、又小勢となる。
食料事情愈深刻にして、四月までは腹一杯たべたいとの話題が賑かなりしも、今月は如何にして腹に入れるものを探さうかといふになる模様也。地方にても食料の値段うなぎ上りに高騰の勢ひにして、一袋公定価六円の小麦粉が二週間前は二十五円程のもの今は七十五円にまで引きあげられ、而かも手に入れるに困難なりとの事也。

四日
トラック来る。書籍及び雑具類を水海道に送り、午後五時の列車にて帰郷。
五日より十一日まで一週間、荷物の整理す。

十日
たんすなど書籍と共にトラックにて郷里に送り届ける。

十二日
帰京。

十三日
小石川の姉を見舞ふ、経過よろし。三郎軍事教練のため出張。

十四日
斎藤氏自動車寄附につき宇都宮師団司令部より受とりに上京につき、立会ひのため斎藤邸訪問。
十二日、十三日両日浦さん来り、立木の手入れす。

十五日
児矢野氏を帝大病院に見舞ふ。山査子一鉢を見舞に送る。理髪。

五月十九日
小田村の鴻巣、菊地両人、茄子苗その他を持参、植つけを了る。

小石川の姉を見舞ふ、経過よろし。今日は玄関まで歩行の練習をなしたりとの事也。帰途白木屋本店に立ちよりて、郷里へ持ちかへるダリヤの種を買ふ。
白米一升三十円、東京の配給米一升十円との事、小麦粉一袋公定価六円のもの、今は九十円との事也。又曾て三円五十銭にて売れるサントリーウイスキー一本百五十円の取引なりといふ。砂糖一貫目百八十円にて入手困難の趣也。
昨日来冷気加はり冬仕度となる。
今月一日精二大尉に昇進す。

二十三日
帰郷。

二十九日
上京。

六月七日
帰郷。

仝十五日
帰京。
此の日夕刻、警戒警報発令。

十八日
警戒警報解除。

二十三日
帰省。

二十九日
帰宅。

二十八日
精二出張にて帰宅。

二十七日よりとし子発熱臥床。

三十日
小石川の姉を見舞ふ。
午前有馬伯と帝水本社にて会見。

七月一日
渡辺泰邦、松崎猛、田畑氏等来訪。

二日
大来佐武郎氏夫妻、子を伴れて来訪。

三日

朝斎藤氏夫人訪問。

四日
午前九時頃警戒警報発令。

五日
とし子依然臥床。
午後警戒解除。

六日
黒田新一郎、梨本正太郎氏等来訪。とし子離床、但し学校は欠席。

七日
三木五郎氏来訪。
精二夜行にて帰任の筈のところ、新橋駅前荷物あつかり所にあつけたる小トランク盗難に遭へたるため帰任延期、深夜十二時近く帰宅。
とし子全快。

八日
精二海軍省に行き、あと始末して帰宅。

九日
精二午前出発帰任。

十一日
帰省。

十三日
帰宅。

十五日
竹内勇之助氏来訪。

十四日
よし子、児矢野氏を印刷局病院に見舞ふ。

十六日
小石川姉を見舞ふ。
夜斎藤氏帰京につき訪問。

十九日
朝児矢野昌平死亡。よし子印刷局病院に急行。

廿日
向島町屋火葬場にて児矢野昌平遺骸火葬につき、午前同所行。

二十一日

よし子、児矢野宅行。小坂武雄氏訪問。小石川姉帰省。

二十一日
児矢野宅弔問。

二十二日
夜斎藤氏訪問。

二十三日
児矢野葬儀、午前十一時より告別式。緒方氏より入閣につき、朝電話あり。斎藤氏の自動車に托し、数年前の到来ものたるボルドー葡萄酒半ダースの箱を贈る。

二十四日
午前九時近衛公を荻窪邸に訪問、会談約一時間。
帰路東中野に早川直瀬博士訪問。
土用中なれど冷涼たり。昨日は富士山に降雪ありたるとの事也。

二十五日
萩谷敬一郎、五十畑東邦氏等来訪。

二十六日
帰省。

二十七日
発熱排尿しきり也。やゝ疼痛を覚ゆ。

二十八日
熱気あり、排尿時の疼痛甚し。

二十九日
朝熱三十八度八分あり、下熱剤を服用。帰京、途中排尿時の苦痛深刻也。阿万医師の診察を乞ふ。

八月
四日まで臥床。

五日
離床。

六日
平常に復す。市古博士来診、結局腎臓結石か、膀胱結石の排出ありたるものならんとの診断也。
二十九日帰宅直後の尿中には血液交れり。

八日
午前斎藤氏訪問。
すま子来訪。

午後三浦代議士来訪。

小磯首相今日放送して、神助にすがる旨を言明す。前途知るべき耳也。

十日
交詢社行、理髪。

十一日
富岡鹿島神宮司来訪。

十二日
山崎順氏来訪。

十三日
朝真藤慎太郎氏来訪、あらまき及び生にしんを貰ふ。返しにベルモット一本を贈る。小石川姉の家より大矢〔谷〕石二十本を郷里へ運ぶため自動車来りたるにつき、序に種々の雑品を郷里に送る。
竹内勇之助氏より米三升、卵一箱、蜂蜜一瓶を病気見舞として届けらる。
鶴田亀二氏に写真送る。その手紙のはしに、

　人類の歴史の行方にらまへて
　白髪かきむしる男さぶしも

十六日
萩谷敬一郎、竹内勇之助、森山四郎氏等来訪。

十七日
日森氏来訪、上海の事情をきく。

十八日
松崎猛氏来訪、米三升貰ふ。

女土工一日四十円、荷上仲仕一日五十円也といふ。

信州佐久辺まで東京よりトラック一台千円也といふ。

馬鈴薯一貫目五円は普通にて、甚しきは十五円の売買ありといふ。

清掃施設不備のため、工場などにては清掃人夫達に二百円も包金するものありといふ事也。

大阪発の列車は、東京以北への旅行者にあらざれば弁当を売らずとの事也。

五反田より天現寺まで小荷物一ケ運搬に二十円の相場也。

大阪にては配給米一升十五円也といふ。

夕刻排尿に疼痛を感ず。

十九日
飯島氏来訪。
午後排尿に疼痛を感ず。

二十日
午前より排尿に疼痛甚し。臥床。

二十一日
午前斎藤氏来訪。午前中より排尿を催すしきりにて疼痛甚し。瓶にとりみるに、ボロ屑の如きもの排出す。阿万医師をたづねて注射して貰ふ。夕刻より疼痛やむ。

二十二日
重ねて注射して貰ふ。夜情報局総裁官邸にて緒方氏の饗応をうく。斎藤氏、真藤氏、武井氏同席。往復ともに斎藤氏の自動車に便乗す。
西村三郎氏来訪。

二十三日
歯医者に行く。

二十四日
終日臥床。
柳町精死去の電報あり、二十三日死去といふ。

二十五日
歯医者に行く。
糸賀信章氏応召なりとて暇乞に来る。

二十六日
こゝろみに一時間程散歩す。異状なし。

二十七日
排尿常態に復せるものゝ如く、元気また回復す。
田中惣五郎、伊藤武氏来訪。

二十八日
歯医者行。元気とみに回復。

二十九日
午後一時間散歩。

三十日
高倉テル氏来訪、「日本のことば」持参。
「柳町精君を憶ふ」の一文を白仁進氏まで送る。
白仁氏の依頼による也。

三十一日
午後二時交詢社に於て、緒方竹虎氏主催の中野正剛氏命日追悼会開催に関する相談会に出席。三木喜延、森田久、大西斎、中山優諸氏と久しぶりに会面す。

九月一日
歯手入終了。

理髪。

快晴、平穏也。

ソ聯より守島公使帰朝せるは、和平問題に関するものなりとの観測行はる。陸軍方面にあつてソ聯に依頼し、和平を求めんとする意向のものありとの噂あり。

二日　快晴
渡辺泰邦、竹尾弌氏来訪。

三郎数日の予定にて旅行に出かく。

千葉印幡〔旛〕沼附近にて、新米の先約取引は一俵百円也といふ。それも安き方也との事也。千葉県にて落花生一貫目八十円の取引也といふ。

各軍需工場に資材を九月中に使ひきつてよしとの指令飛びたりとて、戦争は十月頃は終るならんとの流言を聞く。

戦争の勝敗よりも国体を如何に維持すべきかの問題に直面するにいたれりとて、相当に慌て出したるものも少からざる模様なりと聞く。

三日
鶖沢与四二氏よりその自宅の午餐に招かれたるも、暑さはげしく臆劫なれば謝して行かず。池崎忠孝氏午前来訪、三時間ほど快談してかへる。病後なりとて娘さん附添也。

熱暑依然たり、旧七月十六日也。

池崎氏は海軍通也。氏の意見によれば、日本はすでにサイパンを失へる以上、純粋防禦の地位に居らざる可からず。然れ共此の地位は日本独特の自然的条件にめぐまれて頗る強し。故に頑張り通しさへすれば、謂ゆる negoc〔t〕iated peace 以下の平和なし。こゝに強味ありとて楽観也。

夕刻阿万医師をたづねて、病状につき種々聞きたゞす。

四日
引き続快晴にして熱暑甚し。

午後久しぶりに蒲田に行く。駅周囲の家屋とり除かれたるあとの光景、今猶ほ荒涼たり。炎熱の太陽の下、切符買の行列一二町も続くを見る。

野菜欠乏甚しく、買ひ出しの雑沓到るところ甚しきものゝ如し。

ドイツはフランス方面にて急敗退し乍ら、必勝の公算大なるを説くや愈々声高し。

世間には今月中にもドイツ危しとの観測さかんに行はる。

飯島氏来る。高須大将葬儀への代参を依頼す。

五日
大来佐武郎氏応召との事につき、早朝斎藤茂一郎氏同道、中野桜山町の大来修治氏邸訪問。

志冨氏上京。

女中帰り来る。

午後渋谷氏と会談のため交詢社行。渋谷氏の談によれば、宇垣大将は対蒋介石和平交渉のために渡支せりとの事也（後聞によれば、この事揣摩に過ぎざる模様也)。

此の快晴、炎熱甚し。

六日
沓掛喜助、佐藤進一郎氏来訪。

よし子、朝一番の汽車にて帰郷す。

七日
よし子午後一時頃帰宅。

夜あれ模様にて冷気俄かに加はり、雷雨あり。

江田仙氏女婿の三柴氏来訪。

信州北部地方にても米一升五円は普通の取引値なるが、一俵とまとめて買ひもとむるは困難なりといふ。

上田市にても野菜買は行列にて、その不足甚しき由也。

帝国ホテルにて何人前かをたべ、二十円程の勘定にては腹を充たし得ずといふ。

今日議会開かれ小磯総理の演説あり、第一に国体護持を云為す。かゝる言句が政治面に於て表現されるにいたれるは国体護持観念の薄きを肯定するに由るか、耳障り也とするもの多きものゝ如し。

去る七月八日の小磯総理の国民に告ぐる演説は、謂ゆる神がゝり的抽象的言句の羅列に過ぎざりしを以て、これを聴ける大阪人は、「あゝ、これはあかん」と直ちにあいそを尽かしたる由也。

八日
夜来雨あり、冷涼也。

来るべき新時代を建設する方針を明かにして、この方針に則れる政策の提示と実現への努力となくして戦意の昂揚を云為し国民の蹶起を求むるも、遂に口頭戯に終るべきや必然也。而してこのことについてあからさまにいふものもなし、まことにあさましき世態といふの外なし。

三郎夕刻旅行よりかへる。

九日
司法政務官となれる中井一夫氏、午前来訪。

飯田憲之助氏長男夫人昨日逝去の報あり、明日葬式の趣なるが旅行不便につき志冨氏に代参せしむ。同夫人は予が媒酌也。

小篠代議士、秋場勇助、石島護雄氏等来訪。

終日雷気にて、夕刻車軸を流すが如き大雨あり。

十日
秋晴の感あり。

平沢千万人氏来訪。

日森虎雄氏来訪。

夜築地魚留(水市場専属)にて真藤慎太郎氏招宴あり、出席。斎藤、武井、緒方、三好情報局次長同席。

牛車にて運搬中の疎開荷をトラックにて追ひかけ、それを運んでやるとて積みかへて掠奪せるものありといふ。

十一日
秋冷漸く来る。

大来佐武郎氏入隊后、二日目にて召集解除となりたりとて挨拶に来訪。

午前一時間程散歩す。道路の凹凸めだちて甚しくなり、歩行に甚だ不快也。

此の頃北支八路軍の日本人に対する態度頗る悪化し、先般も天津近くにて停車の標識を用ゐて列車を停車せしめ、二等車乗客中日本国民服を着けて短髪のもの、一見日本人と分明せるもの七八人を射殺せりといふ。

信州の松崎猛氏トラックの便ありたりとて、くるみ一俵、りんご一箱を届けらる。

大来氏の談によれば、入隊后渡されたる水筒は竹筒にして、又はんごうの代りに竹の皮一枚なりしといふ。

十二日
夜来雨蕭々。
三郎今日より勤労奉仕にて工場通ひ也。

十三日
午前河盛安之介代議士、松崎猛氏来訪。
秋冷来到、日光浴によろし。シヤツ一枚にては静かに居ては冷を覚ゆ。
飯島、木村進両〔氏〕来訪。

十四日
豊島周道氏来訪。同氏の談によれば、（谷原村）先月の配給三人家族にて米一斗、うどん三把なりといふ。

萩谷敬一郎氏来訪。

千葉市周辺にては釜の中の米をぬすみ、又は飯櫃の中の飯をぬすむものも出て来た由也。東京への野菜吸収のため千葉辺の野菜不足甚しく、茄子一ケ二十銭にて売買するもありといふ。

落花生五勺入一袋一円の売買也といふ。


十五日　雨。冷気強し。

木原通雄、後藤勇両氏来訪、近衛公一行書雙幅の箱書の依頼也。

首藤雄平及満鉄調査部長たりし伊藤氏来訪。

十六日
終日雨。
竹尾弌氏依頼の揮毫をなし、同氏に送る。
昨日パラオ及モロタイ両島に米軍上陸の報ラヂオにて公表。

十七日　日曜
浦さん上京、庭の枯松を伐り倒す。
めつきり日は短くなりて、六時ともなれば電燈の光なくては書も読めず。
電球払底、ために電球をぬすむものあり、上等のものは一箇百円の売買もありといふ。
かぼちや水海道辺にても一貫匁一円七十銭程の売買也。又配給の麦一升二円にて飛ぶ様に売れ、その取引もさかん也といふ。

十八日
朝斎藤氏明朝発渡満との事につき暇乞ひに行く。帰途飯島氏訪問、飯田淳之助氏と同氏宅に会す。同氏今日出発、渡支の由也。
快晴也。
杉浦益彦氏来訪。

十九日
飯島氏来訪。
午後〇時二十分頃警戒警報発令、午後二時解除。
落花生一升二十七八円の取引ある由。

二十日
長島又男氏来訪。
金子憲兵中尉来訪。

二十一日
理髪。

二十二日
平貞蔵、三輪寿壮両氏午後来訪。
木村進氏午前来訪。
よし子児矢野宅へ彼岸まゐりに行く。
朝夕単衣にては冷寒を覚ゆ。
高津正道氏昨日交詢社にて面会の節、ソ聯に関する一論文の読まれんことを希望して、提供したるものを今日よむ。
なぜソ聯は強いかを精神的方面よりとりあつかへるものにて、ソ聯民主々義の結晶といふところにその原因を求めたるもの也。よく書かれたり。

二十三日　彼岸中日。
岸道三氏来訪。
比律賓対米英宣戦布告。

二十四日　日曜
志冨氏の手伝へにて苺移植。
落合隆一氏その長男の学徒入営するを同伴来訪。
秋冷加はる。

二十五日
落合寛茂氏来訪。
すま子氏来宅、博太郎の縁談について也。

二十六日
柳町精氏同盟通信社屋にて告別式あり参列。

夕刻より大東亜会館の筑浦会に出席。武井大助、柴山陸軍次官、木村譲、平沢千万人、小島新一、平沢法人氏等出席。

二十七日
早朝発よし子帰郷す。

二十八日
塚原俊郎氏来訪。
今日はこゝろみに、庭さきのさつま芋を掘る。殆んど収穫なし。蔓のみそだちたるものゝ如し。
たばこ「光」二円の売買普通也といふ。
よし子夜帰宅。

二十九日
豊島周道氏その子恒道氏を伴れて来訪、新米二升ほど貰ふ。
小田村長の息青山師範卒業したりとて、米一升、卵など持ちてあいさつに来る。保証したるに由る。
松崎猛氏来訪。

三十日
理髪。

十月一日
雨。
中秋なれども月を見ず。
此の日より隣組長を引きうく。

二日
よし子小石川に姉を見舞ふ。

三日
滝孝三郎氏来訪。
木村杢之助氏来宅。

四日
雨つよし。
冷気強し。

五日
雨つよし。木村進氏来宅。

六日
雨つよし。

七日
雨いよ〳〵強し。今日にて四日間ふりつゞけ也。
あちこち出水多し。

八日
朝雨やむ。
九日
快晴につき、午前六時出発帰郷す。
飯田憲之助氏、坂野伊左衛門氏宅を訪問して悔みを述べ、飯岡源逸氏を訪ねて長女結婚につき祝儀を呈し高野に行く。
十日
高野滞在。
十一日
帰京す。
鶏水海道辺にて一羽二十円の値あり、卵は一ケ五十銭通り相場といふ。
栗一貫目七八円、但し市場になし。
闇値を「国民公定」相場と呼ぶ。
十日
頭山満氏葬儀あり、帰郷中のため不参。偉大なる存在なりしが、此の人と共に此の人の希望せる如き日本は、間もなくその終結を告ぐるに非るかと思はる。
小磯内閣出現以来闇値一段と暴騰を見せ、人心弛緩の兆著しと地方の有識者の観測也。

たばこ払底のため二ケ月来のことなるが、たばこ買の行列いよく甚し。石原道貫夫人十一日来訪、その談によれば、同氏宅前にたばこやありて気早なるは五時前すでに行列するため、その騒ぎに眼をさまさる程也といふ。

地方にてもたばこの不自由は甚しく、一日売り出せば四五日は売止めする例頻繁也。十一日帰京の折、高野に買ためありしものを二十箱ほど持ち帰る。併しあと入手の見込なきにつき、節煙の上廃煙をよぎなくさるべきを予想せざるを得ず。

水海道にて油揚げ一枚注文値五十二銭につきたるといふ。尤も豆一斗五升を提供してそれは無料の趣なれば、一枚の値段は実際にはそれ以上也。

きぬ川の鮭、米五升を提供して手に入れるに一尾五十円也の相場なりといふ。純米一升は十円の取引もあることなれば、実際の相場は百円にちかゝるべし。

菅原村の一医師は土地に縁故乏しきため、米を買ふに一俵二百五十円を支払ひ居れりといふ。

十和村辺はどぜうの本場なるが、此の数年来どぜうはなはだ少なし。理由は肥料の関係也といふ。

いなごの売行多く、ためにいなごとり流行す。これは馬鹿々々しきほどの高値也といふ。

いはゆる必勝の信念の動揺、地方にあつてもいよく大也。

地方の村落などには白金の所持者など殆んど絶無なるべきに、白金供出を隣組常会にて要求せよとの指令なり。ために常会にて何人も耳を傾くるものなきに此の事を云為し、物笑ひの種となり居れりといふ。千遍一律の官僚主義の弊といふべし。駅々に於ける警官の乗客荷物検査を以て、合法的掠奪を警官が行ふもの也との評判行はる。地方にては弓術を知るものに、敵の落下傘部隊来襲の場合を想定して、動員準備を開始したといふ。

十二日
よし子斎藤氏宅訪問。

十三日
よし子、岡くに子訪問。長男の戦死につき弔問の為也。精二に合服送る。

十四日
快晴となり、寒冷つよし。

十六日
増田次郎氏召集動員令状をうけた旨、増田千代子氏より電話あり、恰かも志冨氏上京につき餞別（二十円）と旗を同氏に托して増田宅へ届く。
朝夕手足つめたし。
十二、十三、十四の両日台湾に空襲あり。来襲せるミツチエル空母隊を追撃したる戦果の発表昨日に引きつゞき行はれて、今朝の新聞はこの事に埋めらる。尤も戦果を吹聴する一面に油断ならぬことを強調して、紙面には統一なし。
砂糖一貫目三百円乃至五百円の高値を呼ぶに至れりといふ。
夕刻多賀町の山本氏来る。その談によれば、同地方にても米一升五円は通り相場の由、さつま芋一貫目五円の相場にて取引行はるといふ。公定価の二十倍也。
茨城県稲敷郡馴柴村辺には、宮内省、警視庁、その他の官庁より公用自動車を出して買出しを行ふ由、しかも制服巡査を乗組ませてある故、地方警察官も取り締りは出来ぬとの事也。

十八日
六本木大和田、内密にてうなぎを食はすとの事につき、正午木原、後藤、首藤三氏を招いて会食す。

二十一日
夜大内兵衛博士等来り会食、歓談。
伊藤武氏来訪。

二十三日
歯の手入れ終る。
米東京にて一升二十円也といふ。
砂糖は一貫目六百円の値を聞くとの事也。
松本昇氏等の画会銀座資生堂にあり、立ちより久しぶりに松本氏に面会す。

二十五日
上海滝本三郎氏来訪。

梨本叔母来訪。

瀬崎憲徴用されて上京、一泊。

滝本氏は岩手県人、上海にあれ共しば〳〵帰国す。今度も郷里に一ケ月程滞在したといふ。先日岩手県は物資頗る豊富にて、それがため有閑東京人中には岩手県内を旅行して満腹を求むるものがあるとの話であつたので、その真偽を滝本氏にたづねると、以前のことは知らず、今は盛岡などにても雑炊食堂の前には行列さかんなりといふ。

けさ来訪せる市井人の談によれば、小箱マツチすこし前は五十銭、それが一円となり、今は二三円の取引すらありといふ。また煙草鵬翼の二十本入一箱は、定価七十五銭なるが五円の取引なりといふ。

米は一升二十円、糞尿取人夫の如きは一日十五円ほどの米を食ふ必要あり、これが人夫不足の原因なりといふ。

茨城県筑波郡葛城村出身の一市井人の談によれば、最近郷里にかへりたるに米一升十円、卵一ケ一円の高値なるにおどろきたりといふ。

東京郊外のさつま芋一貫匁の値、顔きゝて五円、然らざるは七八円もめづらしからざる由也。

汽車切符買ひの行列、またも大いに目立つ。五反田駅の如きも毎日午前中より一町ほどの行列を見る。

茶漸く不足を告げ、前月まではひき茶の如きは一度に二三百匁を買ふに不自由なかりしも、今月となりては二十匁三十匁位しか売らず。

一来訪者の談によれば、途中にて机や椅子をこわして薪としつゝあるものを目撃したりといふ。燃料不足のため也。

九州方面爆撃さる。川棚の精二に葉書を出す。

二十六日
よく晴れたり、日光浴す。瀬崎憲氏一先づ帰郷す。

二十七日
築地本願寺にて中野正剛氏追悼会あり、出席。朝より稍雨蕭々たり。

午後二時挙式。午後五時より帝国ホテルにて晩餐会あり、ともに出席す。

行列にて飲食する連中の間には自家の配給米をその儘全部高値にて譲り渡し、毎日行列して腹をみたすものもあり、それによりて月々何百円といふ利得をなすものもありといふ。

奥州方面に行けば、三円一升にて米を買ふことが出来るとて、同方面に買ひ出しに行くもの漸次増加の傾向にある由也。

東京近在の農民は東京人のたんすが空になるまでは買ひに来るならんとうそぶき居る由也。物を提供せざれば売らざる傾向つよく、ために買出人は何かの物を農民に提供するの風はずつと以前よりの事なりといふ。

久しぶりに田中養達氏と面会す。此の頃は滋賀県の郷里にて医業に専念との事也。

今日帰りは大来修治氏に自動車にて送つて貰ふ。

画せん紙三十枚手に入れる。一枚六円也。もとは二三十銭以下のもの也。

比島沖大勝利の報道あり、世間大よろこび也。如何せん、敵の進攻をくひとめたるに非ずと知らずしてのよろこび也。

二十八日
首藤雄平氏の日本政治史論一冊、近衛公に郵送。

二十九日
午後発帰郷す。

三十日、三十一日両日、倉庫内の書籍整理にとりかゝり、日本語書籍だけは大体の分類を終る。

十一月一日
朝家を出で帰京の途に就きたるに、事務所にて雑談中空襲警報発令あり（午後一時過）。唐突のこととて人々驚き騒ぐ。

一時間程にて解除、その後夕刻まで警戒警報連続につき、上京を見合せ事務所に一泊することとし、神林、新井氏等と会食。

午後九時過（五時頃一旦解除）、又もや警戒警報発令あり。

十時過東京よりかへりたりといふ運転手の談なりとて、銀座五丁目は爆撃されたりといふ。もとより虚報なれども、この噂忽ち四方に伝播す。

二日
午前十一時四十分発帰京。これよりさき警戒警報は解除さる。

車中にて伝聞せるところによれば、横須賀は空襲されたりとか千葉は空襲されたりとか、流言さかんに飛びたる由也。

又鉄道省の官吏などは郊外より通勤のものはバスがあるため、夕刻を待たずどしどし帰宅を急ぎたる旨、目撃者の談也。

水海道にてさつま芋一貫三円五十銭までの取引行はるといふ。

鶏は一羽二十五円の由。

大工一日二十円の賃銀也。

三日
明治節なれど、大雨也。女中かへる。

五日（日）
午後空襲警報発令さる。女中朝上京、すぐ又かへる。

六日
警戒警報発令ある。但し間もなく味方機誤認の旨放送あり。

七日
博太郎休む。午後零時過、ちようど三人にて昼めしを終りたる頃茶をのみ居たるに、警戒警報発令あり。五分程すぎて空襲警報発令。とし子未だかへらず、待避壕の中にて心配す。一時間ほどにて警報解除。壕中にてさかんに高射砲音及び機関銃声をきく。この日二機侵入。とし子は学校の帰途、清正公神社附近にて空襲警報にあひ、敵機を見たりといふ。
○日森虎雄氏来訪。
○児矢野昌年の夫人名古屋の実家に死亡。遺骨は五日夕刻品川着の予定につき出迎へたるも予定の列車にて到着せず、駅にて木村すま子と出会ひ二十分程待ちたるもつひに到着なく帰宅せるに、実に一列車早く着きたる旨電話あり。
六日朝はよし子児矢野宅弔問の筈のところ、午前中警戒警報発令のため中止。

八日　大雨
平貞蔵氏来訪。

九日　晴。

この朝の新聞は、スターリンが日本を侵略国と断定したる演説（六日の革命紀念日演説）を掲載す、而して何の論評もなし。対ソ感情を悪化に刺戟しようとするにあるのか随分と人をなめた演説なるに、これを特に掲載せしめたるは、日本よりスターリンに一矢むくひずば意味をなさず。政府として反駁するところなくして可なりといふ能ば《ママ》る也。

「光」一個五円の取引なりといふ。

三回米国機の侵入ありて偵察をゆるし、一機も撃墜し得ざりしと、空襲警報が侵入後に発せられたる経験は、国民として不安の念を一層大ならしめたるもの丶如し。

手不足につき三郎休む。

待避壕入り。

五日は日曜日にて三郎、とし子在宅也。そこへ警戒警報が出てそれ〴〵用意を終ると、間もなく空襲警報が出たのと待避信号の半鐘乱打がすぐ始まつたので一同待避壕に入る。但し高射砲の音も聞えず、たゞ味方飛行機の爆発が聞ゆるだけ。この間約一時間。あとで放送を聞くと、此の日は東海方面を偵察して退去したのだといふ。

七日は久しぶりに博太郎が仕事を休み日光浴をするとて、午前中は庭にむしろを敷き寝ころんでゐた。天気がいゝのでふとんを乾さうと全部庭さきに持ち出す。正午になる。女中は姉がお産したといふので帰つてゐないので三人で昼めしをたべ、天気がいゝから敵機が来はせぬかなど食卓で話しあつてゐると博太郎が先づ聞き耳をたて、警報が鳴つてゐるようだといふ。なるほど耳をすますとかすかに警報が聞こえる。食事は終つて茶をのんでゐたのだが、すぐに身支度の用意にかゝるとあちこちで警報が鳴り出す。警戒警報である。最初に聞いたのは、防衛司令部がベルを押して鳴らしたものだらう。防衛司令部でベルを押すと市内で何ケ所かのサイレンが鳴り出す。警視庁でベルを押して鳴らすのはサイレンの数も多いので間近に聞えるのである。この頃の経験では先づ防衛司令部の警報が鳴つて、それから一二分すぎて警視庁の警報が鳴り出すようである。

それから五分と経たぬ中に空襲警報である。殆ど同時に又はそれより少し以前からだつたかも知れぬ、砲声が聞え出し、すぐあとで待避信号の半鐘乱打である。待避々々と怒鳴る声が聞え出し、三人で待避壕に入る。砲撃と飛行機の爆音とが耳を打つ。三郎ととし子は学校へ行つてゐるのでその安否を気遣つてみるが、どうすることも出来ない。約一時間ほど壕の中にゐた。そこへバタ〳〵と靴の音が聞えてとし子が帰つて来て、もう出てもいゝのよといふので三人とも壕を出る。何しろ待避信号はあつても待避はやめていゝといふ信号は無いのだから、慣れぬこととて待避所を出る機会がまだはかりかねるのである。尤もとし子がかへつて来るずつと前から砲声は絶えた。たゞ飛行機の爆音が聞えるだけであつた。

六日の午後散歩に出て、とりつけの書籍店蘇山房に立ちよる。書棚は寂しくなる一方である。この頃めつたに目につかぬ露和辞典が一冊と英和辞典とを二冊とを買つてかへる。かへり際に書店の主人がいふ、「聞けば樺太には、二ケ年は優にまかなへるほどの紙のストックがあるのださうだ。ところが内地にはない。そこで間もなく新本は出せなくなつてしまふだらう。早く戦争が終つてくれぬとやりきれない」と。外にも客があるのに大びらにこんな話をするようになつたのもこの頃の事である。尚ほ此の一家では男の子が四人あつて一人は戦死し、三人は目下或ひは戦線に、或ひは兵営にゐる。

十一月から新聞は原則として毎日二頁になる。

十一月八日の謂ゆる大詔奉戴日の放送で、小磯首相はレート〔テ〕島の戦ひは天目山だといふ。

女中がゐなくなり、ふとんのあげおろしも自分でやり、坐敷も掃除する。妻が苦笑し乍らいふ、「六十の声を聞かうといふのに、ふとんの始末まで自分でしなければならぬ世の中か」と。併しこれが必要となつて来たのだ。必要の前にはたれでも屈服しなければならぬ。

客間はもう一週間も閉めきりである。

二階や客間などは、とき〴〵しか戸をあけぬ家が近所でもめづらしくない。隣組十軒ほどの中、今は女中が一人ゐるのは隣家の湯田口家だけである。

米には真赤く見えるほど、小麦が交つて配給される。

八日には青木治雄氏より甘鯛を数尾贈られ、久しぶりに舌鼓を打つ。

便所汲み人はこの春頃からめつきり不足になり、めつたに廻つて来ないので、どこの家でも自分で糞尿の始末をつけねばならなくなり、この三四ケ月間はよし子が奮ひ起つてとき〴〵糞尿くみをやる。何しろこればかりは慣れぬ仕事とて思ふように行かぬ。骨が折れる。そこで思ひついたのは、便所のすぐ前の柿の木のもとを掘つて、その穴に糞尿を入れることである。かうすれば、よほど助かる。三郎が穴を掘る。ところが素人のせいであらう、汲みとるには汲みとつたが、その臭気がいつまでも去らぬ。鼻をつまみ乍ら、一家、素人汲みとりはうまく行かぬものと大笑ひする。だがこれからどうしても自分で始末して行かねばならぬとなるのだから、糞尿のしまつで笑つてばかりもゐられぬ目に何度か出会ふだらう。といふのは、柿の木の下にばかり穴を掘って埋めるわけにも行かなくなるだらうから。

さつま芋の葉のゆでたのをごまあいにして食べる。菜のごまあいのような味がする。

十日

朝五時半起床。よし子は五時起床。博太郎が六時前の出勤だからである。

ふとんをたゝむ。坐敷を掃く。パレオローグの在露日記の一部翻訳は昨夜終つたので、けさは日記をつける。その翻訳に数日没頭したので日記を怠つてゐたからである。

曾て書記官長になつたり大臣になつたりした頃、祝ひとして貰つた鰹節をよし子がたんねんに貯蔵して置いたので鰹節の不足を告げず、だから朝のみそ汁はいつもうまい。自分で新聞を取つて来て、よみながら朝めしをたべる。ガスの使用量を節約しなければならないので、この数日間朝は呑湯を沸かさなかつたが、けさはよし子がわかさうよといふのでめづらしく朝茶をのむ。六月頃から抹茶を毎朝のんでゐたが、その抹茶も不足勝になつたのでけさは煎茶である。

小麦交りのボロ〳〵めしも、幸ひみそ汁だけは味がいゝのでうまくたべられるが、生きることの必要はそれを腹一杯つめこまねば承知させぬのが、可笑しくもあれば考へさせられもする。うまいまづいも今はいつてゐられない時勢だと思へば、どんなものでも別に気にならぬ。

新聞を読むと、昨朝掲載したスターリンの演説、即ち日本を侵略国と銘打つた演説に対して一行も批判したものがない。ルーズベルトが四回大統領に当選した事実を取りあげて、戦争の責任者は彼だと断定した記事を掲げてゐるが、スターリンが好戦国日本と断定したといふ昨日の新聞記事を真向から反駁した文字がないのは、右から罵られたのを聞き流すだけで、左の方に大声でけしからんと怒鳴つてゐるようなもので腑に落ちぬ話である。

昨夜博太郎が帰つて来て食事中、こちらは茶をのみ乍ら、どうだ、けさの新聞でスターリンの演説は、と聞くと、ぞつとしましたよとの返事である。心あるものならば、たれでも同感だつたらうと思ふ。随分人を馬鹿にした、なめた演説である。それを日本の新聞紙が掲載する以上は、公然政府が反駁するなり、新聞が大々的に反駁の論陣を張るのが当然である。それをしないといふのはどういふわけか、想像出来ない。それをしない位なら、掲載させぬことにした方がよかつたのではないか。たゞ単に真相を国民に知らして置くといふ方針に忠実なためだといふだけのことで掲載させることにしたといふのでは、どうにも腑に落ちぬ。それならそれで、批判とか反駁とかは大いにやらせなくては無意味である。反駁批判はソ聯を刺戟する、それがよくないといふのでは相手の無遠慮な批判の前に屈服を意味することで、それほどソ聯に屈服しなければならぬことであれば、この次はソ聯からたゝかれることにも屈服しなければならぬことになるわけで、事実あのスターリンの演説はいはゞ体裁のいゝ宣戦布告だとも取れる。それを黙つてたゞいはせ放題にして、こちらは一言も文句もつけられぬとあつては情けないかぎりである。何れにしてもソ聯の対日策は、あの演説で大変更が加へられたと見るべきである。日本を物の数とは思つてゐないようになつて来たことを実証するものである。プラウダかゞ先達つて、日本はもはや Hopeless だと書いたといふことだが、その考がソ聯の指導者の考となつてゐるのであることが読める。さうだとすると、対ソ外交の打つ手は無くなつたことを物語るものでもある。同時〔に〕、いつ何時、ソ聯は日本に圧迫を加ふるにいたるかも知れぬ。ぞつとするのは当然である。

朝食をとると、すぐに着かへる。人がたづねて来ても、自分で玄関に出て行かねばならぬからである。

煙草は一ケ月程前から節煙し始めてゐるが、一日六本の割当てゞはまだ不足である。その不足分は水海道のムラサキ店から貰ふことにして、上京毎にいくつかづゝ志冨氏が持つて来てくれる。併しこれも長くは続くまいと思ふ。

けさは朝早く児矢野宅へ弔問に出かけようと思つたが、九時過ぎに小林組のものがたづねて来ると昨日電話があつたのを思ひ出して児矢野宅行を中止する。

今月は月初から三度も空襲警報を聞いたので外出が臆くうである。髪の毛も伸びたが、交詢社の理髪部まで出かけて行くのも気が進まぬ。尤も二人きりなので、長時間は出るにも出られないのである。

博太郎の結婚を急がねばならぬとも考へるが、当人はいざ空襲ともなれば勤先の中島工場は真さきに爆撃されるだらうといふ心配もあつて、もう少し待たうといふ。何しろこの時勢なので他人の嫁の心配などして呉れるものも少なく、いゝ候補者が容易に見つからないのも致し方なく、博太郎にさういはれると待つより外はなくなるといふ次第である。

九州爆撃があつた後、精二から何の便りもなく、よし子が心配して児矢野の嫁が死んだのを機会に知らせの電報を打つた。さうすれば何とか返事があらう、消息がわからうといふ積りであつたのに、何の返事もなし。但し電報が戻つて来ないところを見ると無事でゐるに相違なからうと噂しあつてゐるところへ、三日程前に手紙が来て無事で勤めてゐることが判つた。その手紙によると、電報をなぜ打つたかは一向先方には通じてゐない。たゞ知らせをうけたとだけにしか取つてゐない。正に親の心子知らずである。

一服つけて思ひ出すのは、先月鳩山一郎氏と故中野正剛氏一周忌の集まりで築地の本願寺で出会つたとき、同氏曰く、「けさもかびのはいたウエストミンスターをのんで来た。外出のときは煙草を持たぬことにきめた」と。これは節煙の一方法である。これほど煙草払底とあつては、いかに欲しくもまさか他人に一本頂戴といはれた義理ではないから、持つてきてゐなければいやでも節煙になる。

先月の始め頃博太郎が電車に乗つてゐると、人品卑しからぬ臨席の一老紳士がしきりに世間話をしかける。相手になつてゐるとその紳士がきまり悪さうに、「時に君は持つてゐないかね。持つてゐるなら、二三本でもいゝから譲つてもらひまいか」といひ出したさうである。博太郎は煙草はのまないので持つてゐないと答へたが、気の毒だつたよと話してゐた。煙草が隣組配給になると新聞に出ると、水海道辺でも二日間に刻煙草が姿を消してしまったさうである。それまでは包紙が色変るほど店ざらしになつて刻煙草は山と積まれてゐたのに、忽ち買はれてしまつたのである。近所の竹内氏宅では、昨日よし子が隣組の用事でたづねると、その夫人が、「あなたの所では煙草は間にあひますか」と聞くので、「間に合せてゐる」と答へると、「それはいゝね、私のところではとても間に合はないので闇で買ふことにしてゐるが、光一個五円でなくては手にはいらないのよ」といつてこぼしてゐたさうである。煙草の闇値は隣組配給になつてから一時に上つたらしい。

この間水海道からかへるときに、鳥の股肉を骨のついた儘二本ほど貰つて来たのをたべたあとで、その骨を猫の椀の上にのせて置いた。それを近所のものが見かけたといふのでよし子に、「鳥など手にはいるの?」と聞くから、「あれは貰つたのよ。高いといふから買はれはしない」と答へると、「一羽五十円もする」といつたさうである。他人の勝手元の鳥の骨まで目につけずにはすまされぬ世の中かと思ふと、なさけなくもなる。

昨日居間で書きものをしてゐると、通りでしきりに軍隊式の号令の声が聞える。畑いぢりしてゐたよし子に、兵隊さんでも来たのかと聞くと、さうではない。西大崎の隣組で防空演習で前の阿万博士の夫人なども交つてさかんに活動してゐるのだといふ。防空団長が軍役に服したことがある人間なので、かういふ場合には伍長か軍曹なのだらうが、司令官気取りで号令するのであるらしい。老いた女達などを交へた防空群が軍隊式の号令で動かされる風景も、時局が時局なればこそ見られるといふものである。

朝電話を南昌洋行事む所から斎藤氏宅に移すために手続がいるといふので、小林組の男が印を捺して貰ひたい、運輸鉄道大臣の秘書官に紹介状が欲しいといふのでたづねて来た。たれが秘書官か知らないからしらべて勝手に書いて持つて行けと、名刺を二枚程渡してやる。

町会事務所へ出て行くよし子が防空頭巾を持つて行かうか行くまいかと思案してゐたが、持たずに出て行く。こんなことを思案する必要もある程、空襲が問題になつてゐるのである。来客も少ない。少いわけだ、私自身が出るのに臆くうなのだから、世間の人も同様だらう。

右の電話は書記官長当時必要あつて取りつけたのを、昨年であつたか二本置く必要もないので、斎藤氏の南昌洋行事務所に取りつけたのである。然るにその南昌洋行事務所の一部が斎藤邸に移つたので、その電話を「風見事む所」移転といふ名義でそこに移さうといふのである。

色川三男氏から明夜夕食の招待をうけてゐるのだが、行くのも面倒くさくなつて断りの電話をかける。

今日は水海道へかへる予定であつたが、女中がゐなくなつたので留守居がゐないのと、児矢野宅の葬儀が十二日に行はれ〔る〕ので中止する。

この間水海道へかへつたとき、ちようど足尾俘虜収容所長の沼尻茂氏が帰宅したといふのでたづねて来たところへ出会し夕食を共にしたが、その時の話に、先達っては支那の俘虜が足尾に送られて来たが、長途の困難な旅をつゞけて来たせいであらう、足尾駅に着くと十数名のものは半死半生で駅のホームにころがつてゐる。そこへどしやぶりの雨である。俘虜の仲間達に何とかしてやれといふが、たれも彼れも疲れきつてゐると見えて、たゞ見てゐるだけである。とう〳〵それ等の連中はそこで死んでしまつたさうだ。下の関に着いたときも何人か死んださうである。

去年から洗濯はすべてよし子がやる。疲れるからといふが、洗濯石鹸の倹約のためには自分がやるより外に方法はないといふので、それが一仕事である。風呂で毎晩の洗濯も並大抵の苦労でない。その洗濯石鹸も、遠からず無くなつてしまふだらう。絶対に手にはいらないし、配給されるのは極く小量なのだから。

曾て女中が三人づゝゐた当時の生活にくらぶると、何も彼も変化があり、たれかゞ旦那さんと奥さんの格はさがつてしまつたといつたが、うまいことをいふものと思ふ。全く格さがりである。どこの家でも、糞尿の始末から自分でせぬことには手はつけられぬ世の中である。これからの世の中では、女中を使つて生活するといふわけには、特別の場合の外は出来なくなるだらう。それがほんとうでもある。

風呂だけは、ほとんど毎晩欠かさずにはいれる。世間ではとうのむかしから燃料不足のために、風呂は一週間に一度もはいれば結構だといふのが普通である。燃料の不足はます〳〵甚しくなつて行くだらうから、風呂にはいるのは贅沢の一つとなつて行くことだらう。

田舎でも来る正月の酒は一升百円だらうと噂してゐる。ごま油は一升百円である。東京ではもつと高いさうである。油と酒の不足は甚しい模様である。

今日の昼めしはのこりの甘鯛を少と、この間たれからか貰つた白魚とですます。老夫婦二人きりである。よし子慨嘆して曰く、〔一〕このとしになつて、パン屋へパンの配給をとりに行く。郵便局へ使ひに行く。ひるめしはひるめしで、むかしならば犬や猫にくれたものを、魚の爪の垢ほどの肉も棄まいとして探し出して口に入れる。いやはや、変れば変りはてたものかな」と。

けふ外出したよし子の話によると、空襲の心配から市民たちも、どこか落ちつきを失つた模様ださうである。

郵便局では、切手も葉書も売れ切れだ〔と〕のこと。

午後渋谷氏来訪。同氏の談によれば、去る一日の空襲時には高射砲の不発弾一個銀座松坂屋裏の一民家に落ち、二階を突きぬいて地下室に達し、地下室の底がコンクリートなりしためそこで爆発し、四名ほど負傷者を出し、その一名は翌日死去したとの事である。

七日の空襲時に於ては、高射砲破片による負傷者及び死者を出したこと確実である。

重光外相はスターリンの演説について、新聞記者が会見を求めたる際はそれについて何事をも語らず、たゞ批判するなり、反駁するなり、勝手にやつたらいゝだらうと自暴自棄的にいひ放つたのみだといふ。然るに新聞紙が批判も反駁もなく過さゞるを得ざるは、情報局の指令に因るとの事だ。外交は対ソ関係に於てしか考へられず、そのソ聯をして日本を正しく諒解せしむることが外相の唯一の仕事といつてもいゝのに、スターリンをして日本を侵略国あつかひするが如き演説をなさしめたことは、重光外相は今日までたゞ無駄骨折をしてゐたことになり、外相の面目は丸つぶれである。察するに、スターリンの演説を発表せしめたのは、一種の倒閣運動が重光外相を目かけて行はれつゝあり、その魔手が演じたる芸当でもあらうか。それとも単に重光外相を排斥し去らんとする動きがいたさしめたるものか。何れにしても容易ならぬ事態が、対ソ関係の見地に於て察知出来る。

わが家にても電球不足漸く深刻である。六十燭光以下の電球不足して手には入らず、十五畳の客間の分は三十燭として、そこにあつた四十燭の分を居間に移す。四十燭はこれ一個となる。

午後三時過近くの誠文堂まで本買ひに行く。二三冊買つてかへる。道行く人、殆んど男はゲートルをまかざるはなく、女はモンぺならざるなし。空襲警報体験前とは風景一変也。

七日の空襲の日、日本の戦闘機一機追ひかけたるに、高度大であつたのを廻転の際酸素棒を落してしまひ、それがために三名ほど窒息死したとの話である。

或る学生は新宿にて空襲警報にあひ、路側の待避壕に入りたるに高射砲弾にて即死の由。

十一日

けさの新聞も、スターリンの演説にはちつとも触れてゐない。政府は正気の沙汰なのだらうか。

スターリンの演説を再読してみる。曰く、「吾等はドイツファッシストをその巣窟に於て撃破し、近い将来に於てベルリン上空にソヴイエトの国旗を掲ぐるであらう……。三国聯盟は勝利の前夜にあり、且つ勝利することは今や疑問の余地がない」。而して世界を侵略国と被侵略国とに分類し、日本の敵英米を平和愛好国として被侵略国に編入し、これに反して日本を侵略国家であり、「長期戦の準備を行つて戦力を蓄積し、新しい戦争に興味を有する」好戦国だと公然断定してゐる。まさに日本の戦争目的を無視したものである。これを黙視するとは腑に落ちない。

この演説は、日本に対する挑戦状である。やがてそのことがハッキリする時が来るであらう。今にして国民にそのことを暗示して置かないといふのは不親切である。

よし子、朝児矢野宅へ弔問に行く。一人で留守居也。火鉢ほしき日也。されど、元より火の気など望むべくもあらず。せい〴〵厚着して凌ぐ外はなし。

スターリンの演説に関する所感。

それは日本の戦争目的を否定する。当然詔書の否定である。この否定を甘受するのは詔書絶対性の否認である。詔書の絶対性を否認することは国体の絶対性の否認である。

当然国体絶対性の否認思想は、国体護持を標語とする小磯内閣の腹中に存在する。少くとも、それを否認せざるを得ざる場合あることを小磯内閣はみとむるものである。かくて小磯内閣こそは国体否認の第一歩をふみ出したことになる。

小磯内閣は元よりこのことは自覚してゐない。自覚してゐないから一層悲惨な存在である。

後世の史家もし眼あらば、国体の危機は小磯内閣の腹中に潜在したといふであらう。

けふも九州、山陰の一部爆撃さる。精二を心配す。

道行く人にも勤め人などの間には鉄兜を持参するもの多くなる。

博太郎の嫁に世話されたものゝ調査を電話にて興信所に依頼す。

もうそろ〳〵爆撃がありさうだといふので、人心平かならず。

鬱陶しき天候也。底冷えす。午後二時、居間にて十三度也。

どうだんの葉、さかんに散る。茶の花盛り過ぐ。

松本慎一氏夕刻来訪、尾崎秀実七日午前死刑執行されたる趣を聞知す。

刑務所長が茶とあんぱんをはなむけすると、茶はとてもうまいとて飲み、あんぱんをすゝめられると、いかに喰しんぼうでもこの場合はやめるとて従容たる態度を失はざりしといふ。

絞首台上にては最後に南無阿弥陀仏と唱へたる由也。

十八分間にて絶命。弁護士と夫人とにて落合火葬場にて荼毘に附し、同夫人一人にて持ちかへり、一夜を遺骨と共にひとりで過せる趣也。一女あれど岐阜市に疎開したる由にて一人住居也。附添の弁護士が、「あなた一人でかへすのは心元ないような気がするので送らう」といへるに、同夫人は、「何も心配ありませんから」とて省線の駅にて別れたる由也。

罪なき夫人には同情堪へず。ことに、その一女への同情の思ひは無限也。

人来りて語る、この間のスターリンの演説には、中学生程度ののすら憤慨す。然るに政府いはず、新聞語らずのために、憤慨の情の持つて行き場に困却すといふ傾向ありと。

又聞く、前後三回のB29の侵入に拘はらず、その偵察を遂ぐるを殆んど傍観するに終りたるは陸軍の無能によるとて憤慨するものあり、或ひはそれを傍観したるに非ずして、実は疎開と防空思想を昂揚するため味方機を敵機らしく見せかけたるもの、随つて高射砲弾もわざと飛行機に届かぬように打ちたるものにて心配するがものなし。もはや鉄兜持参の必要なしと独断してゐるものもある由也。但し概ねはサイレンらしき音響をきけば、すわ空襲に非ずやと人心洶々たるものゝ如し。

十二日（日）

志冨氏上京。辞書類一部郷里へ持参依頼。

児矢野宅近親のみの葬儀あり、されどゲートル持参、鉄兜持参の有様なれば、臆くうになりて不参す。

同盟深沢氏来訪、汪精衛氏死去につき同氏のことにつき聞きに来れる也。同氏の談によれば、政府首脳部はスターリンの演説をあまり問題にせざる態度の由也。蔣政権との和平交渉問題、またもくすぶり出したる由也。対ソ関係といへ、対蔣関係といへ、すべて希望的観測の上に立ち、甘くものごとを解釈するの傾向あるは甚だ危険といふべし。

桂林等の占領を機として今日支那派遣軍より声明発表されたるが、スターリンの演説をその儘に反駁も出来ないが如きは支那をして日本の対ソ態度の卑屈さを思はしむるものなれば、ラヂオにてそれを聞くもどこかもの足らざる感じあるを免れない。困つたものである。

今日揮毫六枚。

汪精衛氏死去、今日午後発表さる。南京国民政府の前途多難なるべし。

待避壕の掃除す。

十三日
信州の松崎猛氏りんごを二十程リユツクサツクに入れて持参す。
快晴。飯島吉尭氏来訪。

十四日
木村進氏、田畑政治氏来訪。
快晴也。
豚肉一貫目この間まで百二三十円なりしに、今は百七八十円に高騰せりといふ。
十三日夜児矢野昌年氏来り、亡父のかたみわけなりとてステツキとネクタイを持参す。

十五日
信州の清水謙一郎氏来訪。

あまりによく晴れたので空襲を心配し、とし子に学校を休ませる。

夕刻長島又男氏来訪。

翼政会はスターリンの演説に対し、その名に於て反駁する声明をふさんことを内閣と協議したるに、内閣はこれを許さずとの事也。今ごろ反駁するも謂ゆる五菖十菊なるが、それすら許せずとは内閣の因循姑息、たゞあきれるの外なし。

床屋でも風呂場でもスターリンの演説を問題とせざるはなしといふに、困つたこと也。尤も近く十個師程を動員してソ満国境に配備する方針を決定したる由。

豊福氏来訪。


十六日　雨。

三郎は今日より一個月間学校工場を去つて、蒲田近くの無電工場に勤労奉仕。

八つ手の花真盛り也。精二に手紙出す。

どうだんの紅葉ながめよし。

東京人は空襲に脅かされて、毎日配給ものを取りに行くにも怖々たる有様也。


十七日　快晴。

あまりよく晴れたといふので、とし子は学校を休ませる。

三郎の徴兵検査調書のことで志冨氏上京、三郎同道して帰郷す。

保養のため也。

玄関のベルが鳴るので出て行つてみると、巡査が立つてゐる。

「実は上司の命令でお伺ひしたのですが、すでに御手持の白金は御供出とは思ひますが、もし尚ほお手持があつたら、その上とも御供出を願ひたいと思つてまゐりました」といふ。由来贅沢品は持たぬことにしてゐるので白金製品は無し、その旨答へると帰つて行つた。

夕刻瀬崎憲氏徴用で、昨日から勤めることになつたとて来宅。古手カバンを一箇進呈す。これは上等なものを貰つたとよろこんでかへる。

博太郎は当直なので、今夜は三郎はゐず、三人きり也。

水海道で白菜一株五円、大根一本一円也といふ。

新聞の報道によると、今月十一日現在、日鮮合算通貨量は昨年の同日九十余億円であつたのが、七十余億円増の百六十余億円にも上つたとの事也。

十八日　終日雨。寒冷つよし。

十九日　快晴。あたゝかし。日曜日也。

清水謙一郎氏より来書。歌人だけありて、その葉書の末に曰く、
どよめきの中には入らず唯ひとり髪の白さを君なで給ふ
やがてくる冬よりも尚ほ山々のいたゞき白しさびしからずや
岸道三氏来訪。

マツチ小箱一ケ北京にては三円といふが、東京にても一円五十銭は普通にて、二円三円の取引すらめづらしからずといふ。

ほしもの台に竹簀を編む。

もろこし団子のしるこをつくる。まことに久しぶりの御馳走也。

近所の一木氏宅によし子用事ありて行くと、主人公どてらにたすきがけにて炊事中なりしといふ。かゝる家庭はこの頃めづらしからざるべし。

この頃たばこは半分に切り置きてのむ。けふ、河野、高野の両氏来り、庭さきにて面会す。その折半切のたばこをのむ。二人曰く、「あゝやつぱり半分に切つてのみますか。この頃みんなさうですよ」。

精二より葉書あり、元気の旨申し来る。


二十日　今朝霜多し。

東戸越の床屋が高野氏の世話で来て呉れ、久しぶりに理髪。この床屋は結城郡名崎村出身也。

炭一俵五十円の取引だといふ。

昨夜煙管を見つけ出し、それにて両切を三つ程に切りてのむことにする。この方が無駄なし。

今朝は風呂場に薪を持ちこむ。数日間分也。

サンダルを修繕し、且つ下駄の鼻緒を直す。何れも甚だ無器用なれど人にたのむわけにも行かず、いたし方なし。

待避壕中に炭を一かご入れる。湿気をいくらかでも吸はしめんとて也。

石炭の不足甚しきか、ガスの制限厳重にて少しでも規定量以外を消費すれば使用停止すといふ方針となりたるか、近所にもガスを止められたる家出来て、ガス使用には勝手元にては戦々兢々たる有様也。どこも同様なるべし。燃料不足の折柄とてガスを使用禁止されては大事也。

今日より一週間の位に必ず空襲されるに非ずやと予想するもの多く、けさの新聞は被襲時の用意などを書いたゝめ、空襲に対する神経はすこぶる尖り居る模様也。

小石川の姉はその家を貸して、石原氏宅に落ちつくことに一応きめた旨電話あり。

今日たばこの配給あり、鵬翼三箱の外は全部「きんし」也。無きにまさる。この前は光の外に、口つきもの二箱と「きんし」二箱也。十日分、博太郎名義の分を合するが故に百二十本也。

床屋と高野氏かたりて曰く、ビールなどにはお目にかゝれずと。この床屋酒好きなりといふに、よし子ビール一本を呉れる。大よろこび也。理髪は玄関前の広場に籐椅子を持ち出してやつて貰ふ。ひげそりには魔法缶《〔ママ〕》の湯を用ゆ。

昼めしは昨夜つくつた「けんちん」の汁かけ也。これすら珍中の珍なりといふ味を覚ゆ。

好天気なれど、けふはとし子登校す。

午後二時過よし子外出、留守居をつとむ。

午後竹の簀の子一枚つくる。

サンダルの修繕手際甚だ悪し。それを見て、よし子大いに笑ふ。笑はれるだけがものはあり。

旧暦にては十月五日頃か。細くとがれる月よし。

西部戦線に於ける英米側の総攻撃始まりたりとて、ヨーロッパ戦線活潑化する。ドイツ敗退依然たり。

太平洋にてはレーテ島戦いよ〳〵熾烈、今日より日本側は海陸共同反攻開始の由伝へらる。

三郎午後帰宅。

水海道辺にても炭一俵十七円の取引なりといふ。

さつま芋取手辺にて一貫目六円也といふ。東京にては十五円の取引ありとの事也。

今日あたりは列車の中にも鉄兜持参のもの少なからずとの事也。

夜同盟通信社の本社にて古野伊之助氏斡旋の下に、緒方竹虎氏、堂下大佐等立会にて、柳町精氏遺族への弔慰金の処分方に関し相談ありて出席す。

帰途の自動車の運転手は茨城県出身にて長く同盟に勤務すとの事なるが、途次述懐して曰く、勝つて早く戦さを終らせたいものだと。「早く」の一言こそ、政治家の耳に留めざる可からざる所也。

廿一日　曇。あたゝかし。

午前中は茶の屋の炬燵をつくる。

とし子は宮城前の土運びの勤労奉仕とて早朝より出かく。三郎も蒲田在の工場へ勤労奉仕也。

ガスを規定外に使用したものに対する制裁厳重となり、ために燃料問題深刻化し、今日の新聞には此の問題を重大視して報ずるもあり、朝日新聞とくに目立つ。読売報知は街路樹、公園の樹木、一般の庭木を切れと要求す。結局この読売報知紙の要求の如くなるに非るか。

食料問題の重大化に伴れて、農業問題に関し猫も杓子もさかんに論議する。元より概ねは見当ちがひ又はピントを外れたもので、農民から見れば他愛もない愚論であり、謬見である。それを聞かされる農民こそいゝ迷惑で、たゞ単に迷惑で済むんでゐる間はいゝが、やがて農民がふくれ出しかほをしかめ出し、つひにすね出さなければいゝが。すでに来年の減産は免れぬ数だと農民がきめてかゝつてゐるのは、すね出した一つの証拠では無からうか。まだ二毛作の出来る土地はいくらでもある、それをやらないのはけしからんなどといふが、二毛作することによつて農民の生活が一層苦くなるのだから無理な注文だ。戦線の兵士を見ろといふが、その戦線の兵士はいづれも農村では働きざかりの連中で、その連中がゐな〔い〕ので労力不足は甚しい。戦線の兵士以上にいろ〳〵と苦労してゐる現状を見れば、労力不足を辛棒してもつと働けといつてみたところで、人間の力に限度があり、その限度以上に働いてゐる今日、どうしたつて無理な注文といはざるを得ない。「他人の苦労はいくらでも辛棒出来る」底の政治では、国民はいぢけて行くばかりである。

鈴木氏来訪、精二縁談也（鈴木氏は瀬崎憲三郎氏知人也）。

二十二日　快晴也。あたゝかし。

昨夕博太郎風邪気味にて早退にて帰宅。今日は熱ありて休む。

とし子宮城前の芝刈りの奉仕。

落葉をかきあつめ、炭俵六杯つめこむ。

待避壕内の水筒取かへ。

森上氏よりつぐみを貰ふ。揮毫の礼也。

夕飯は五目ずし也。満腹す。

空襲時の用意のため、志冨氏に托したる水海道行切符三枚到着す。

昨日九州西部空襲ありとの事につき、精二を心配す。

今日の配給米は米ばかり也。麦等の配給なし。勝手元大よろこび。

七輪たきつけつくる。

箒直し。熊手直し。買ひないものばかりにつき、修繕に骨折れるも致し方なし。

あまりの快晴に却つて空襲をおもふて心配也。昨夕大雷雨ありたるせいか、一天片雲だに無し。夜も月光真昼の如し。

昨日散歩の序に広小路の茶店にて抹茶を購ふ。茶買も十人程行列也。そのあとにつきて買ふ。二十匁ほどを特別にとて売り呉れたり。一人前の方に居た五十許りの男、せん茶を二百匁買ひたしといふ。茶舗の女主人曰く、百匁しか売れません。あと百匁ほしくば、行列のあとについてもう一度お出でなさいと。番茶は品切にて、せん茶のみ也。一人百匁しか売らず。

百反の茶店はこの頃閉め切り也。品不足にて休店の模様也。

落葉大籠二つ分にて、薪二本位なくば風呂沸かず。落葉は火力乏し。

二十三日

博太郎阿万医師の診断をうく、流感也。休む。

三郎、とし子共に出勤也。

今日は曇にて寒冷也。

阿万医師マークを胸につけて来る。接骨医、看護、産婆なども同様のマークをつけることになつた由也。何れも空襲の準備也。

配給の一級酒三合ほど阿万医師に進呈し、重曹一箱貰ふ。この重曹は貴重品也。

朝庭はきす。きれいになつてさば〳〵したる気持也。前後二時間也。

金鶏一個十円の売買すらありといふ。酒は一升百六十円也といふ。

博太郎終日就寝。

午後信州出身の伊藤氏（?）〔ママ〕来訪す。同氏は北支方面に活動したる人物也。後朝鮮を見たりとて朝鮮の食事問題、燃料問題、住宅問題等より農民問題など二時〔間〕余まくしたてゝかへる。

夕刻快晴となる。

梨本しも氏来泊。

信州茅野辺にても米一俵二百円の取引なりといふ。食料問題は相当重大化しつゝあるものゝ如し。

今は落葉一籠しか無し。昨日よくさらへる為め也。

燃料不足のため、近所に古下駄までもやし尽せるものありとの事也。

阿万医師宅にては桐の葉の落ちたるをあつめて煮たきする日もありと。燃料不足のため也。

待避壕の手入れす。

学生などにも鉄兜持参のもの見受けらる。

とし子は宮城前の芝刈也。芝刈の必要ありやとの質問に、返事に窮す。何とか外に力の用ゐ所あるべしと思はる。


二十四日　快晴。

博太郎休む。朝阿万医師来診。

木村進氏来宅。

朝玄関から庭さき門まできれいに掃除す。更らに松の落葉をさらはんとて、恰かも正午となつたからラヂオのスウイツチを入れると同時に警戒警報である。直ちにラヂオ情報あり、曰く、敵機八機伊豆半島上空に入り北上中と。すぐに待避用意にとりかゝると、間もなく空襲警報である。殆んど同時に待避信号である。三郎、とし子は何れも勤労奉仕にて不在。梨本老媼在宅中につき、博太郎、よし子四人にて待避壕に入る。

キーンといふ音響、小豆を蒔くが如き響きが待避壕の上をなでる。それと同時にヅシーンといふ音、待避壕が崩れるかと思ふほどの震動である。その刹那、これは百年目だと思つた。

しばらく経つて待避壕の入口に顔を出すと、屋根向ふに殷々たる黒煙である。桐ケ谷駅の秋田工場が直撃弾をうけて焼け出したのだとは、あとで判つた。南東方面にも黒煙濛々である。これは園池製作所の寄宿舎に直撃弾が中つたので、それがため十名内外の女子勤労隊員が即死したこともあとで知つた。

近所の河野氏が見舞に来てくれたが、そのとき曰く、玄関までの道にどろがはねてゐる、玄関の戸にもどろが投げつけられてある、ひどい悪戯をかゝる際にやるものがあつたものと心中憤慨してよく見ると、実はさうではなくて、桐ケ〔谷〕駅に落ちた爆弾がはねあげたものであつたと。見に行くと、なるほどひどい。拳大の石がさかんに落ちてゐる。それは屋根にあたつて瓦が数ケ所破壊された。玄関の上框のガラス一枚、小石があたつたものかこわれてゐる。客間便所のガラス戸二枚はメチヤ〳〵、その下の方は小石があたつ〔た〕と見えて、板をめちや〳〵にこわして壁を突きぬいてゐる。玄関の戸や壁や腰板などには、粘土がちぎつてなげつけたようにあちこちに附着してゐる。□の天井ガラスが飛び来つた石のためにこわされてゐる。

その中に又待避信号、ヅシーンといふ地響きが耳を打つ。これは荏原方面へ落されたものとあとで判つた。河野氏も共に待避して、そのうちに引きあげる。

間もなく町会長と事む員とが二人で見廻りに来る。壕の外へ出て、あちこちの被害状況を聞いてゐると、またも待避信号である。町会長と事務員も待避壕に入る。ヅシン〳〵といふ音響をいくたびか耳にす。あとで知つたことだが、これは荏原方面が爆撃されたのである。

空襲警報解けたのは四時前後だつたように記憶する。邸内、家の廻りを一巡する。被害、屋根、窓等に多個所ある。玄関の戸についた泥をはがして水洗ひすると早くも暗くなりかけたので、待避壕の中を整頓し置くべくその中にはいつてゐると、お父さんは何処〳〵だといふ声が聞える。外へ出てみると立ちのきだといふ。聞けば、池上線踏切より北方の軌道側に不発弾あるためだとの事、立正大学へ立退けとの話。そこへ荏原に住む高野氏来り、それなら一層のこと私のところへといふが、隣組長の事とて、よし子、博太郎、三郎、とし子は立正へ町会のいふ通り立ち退くこととし、自分だけ高野氏宅に行く。

これよりさき、三郎はふう〳〵いひ乍ら、庭さきより茶の間の前にかけこんで来た。こんなに駈けたことはないといふ。蒲田在の工場の門を出ると空襲警報、それより途中まで電車、電車は下車させられ、それより一生懸命かけて来たのだ〔と〕のこと。そのとき宮城前の芝刈に行つたとし子は未だかへらず案じてゐると、夕景無事帰宅。

立正大学よりよし子は世田谷へ、とし子は河野氏に伴れられ高野氏宅へ来る。午後十時頃斎藤氏に電話すると、同氏宅より見舞に行つたものが博太郎に逢つたといふ話に家へ電話すると、なるほど八時頃三郎と共に帰宅した〔と〕の事につき、午後十一時頃とし子を同伴帰宅。

二十五日
博太郎休む。半晴。

午前九時頃か、昨夜の帰宅指令は間違ひであつたから再び大急ぎ立ちのけとの事。恰かも飯島吉尭氏見舞に来宅中なので、博太郎ととし子は同氏宅へ。よし子は立正大学へ。自分は河野氏宅へ。三郎は工場行。

午前十一時半頃警戒警報、早速帰宅。よし子も帰宅。増田二郎氏見舞に来る。警戒警報とけて又立ち退き。

午後五時頃か、不発弾処理終了。立退解除。

二十六日
博太郎休む。快晴。
河本幸村、伊藤武、河盛安之助、岸道三、三木喜延氏等見舞に来宅。三木氏より葱、大根貰ふ。
午後一時警戒警報、間もなく解除。

二十七日

昨夜遅く小田村の鈴木、上山、小林三氏豚肉持参来訪、一夜泊る。朝玄関前に待避壕をつくるため三氏に骨折りを乞ふ。三時間程にて完了。

正午すぎ空襲あり。午後三時頃解除。

志冨氏上京。瀬崎憲氏夕刻立ちよる。

博太郎今日より出勤。

夕刻より雨。

二十八日

岡尚義氏来訪、見舞也。

二十七日より斎藤邸のぢゝや来り、屋根その他の修繕してくれる。今日はすばらしき快晴也。

精二に手紙出す、無事を報ずるため也。

沓掛嘉助氏信州より上京、来訪。この沓掛氏は上野駅に到着すると警戒警報にて、直ちに浅草の親戚の家に行き、二階より空襲を見物したる由也。危険この上なし。

二十九日　快晴。

瀬崎憲氏来る。待避壕内に電灯がつくように設備してくれたので、午後は壕内の整理に没頭す。

よし子早朝児矢野宅行。

とし子休む。三郎も休む。

飯島氏来宅。

三十日

昨夜は昨日の快晴にも不拘、空襲なく稍安心気味にて就寝すると、十一時三十分頃寝いりばなの警戒警報也。早速飛び起きて用意。雨蕭々と降る。間もなく待避信号。四人入壕。電気ある故、気持ゆるやか也。三時頃空襲警報解く。家にはいる。雨強し。二階より見ると火焔東北方に見ゆ。四時頃又空襲警報也。とび起き入壕。五時過ぎ解除。博太郎は六時に出勤といふので、再び床に入らずに朝食の用意す。三郎は学校へ。とし子は十一時過ぎまでよく眠る。その間友人より電話あり、けふ、あすは学校休み也との事。

終日雨。午前中二時間ほどよし子就寝。

午後床屋来り、理髪す。それより五時頃まで眠る。

高野、平賢吉氏来訪。

寺島三郎氏より電話あり、神田、日本橋、千住方面の被害不鮮と聞く。

神田の温恭堂の主人昨夜電話あり、空襲見舞也。その節立ちのきの話したるに、この次はこちらへいらつしやいといふことであつたが、今日心配して電話すると、電話器はたしかに無事なことはわかるがつひに不通。多分立ちのいたのであらう。転変亦急である。

精二に手紙し、無事を報ず。つひこの間まで精二の方を心配してゐたのに、今度は精二がこちらの方を心配し出したことであらう。市内にはこの調子だと、あと一ケ月で東京は灰になるのではないかと心配する向き多くありつゝありとの事也。

今日昼、生れて始めて米を炊ぐ。出来栄え上等ならざるも生でなし。自信出来たり。萩谷敬一郎氏への書信のすみに、

霜の朝を前の大臣は釜洗ひ手ぶりほこれど妻うけがはず

朝来ガスとまる。随分と不自由する人多かるべし。

一昨夜博太郎帰宅して曰く、二十九日、三十日は危険也との話を聞くと。又昨日河野氏来り、真偽のほど不明なるも、二十九日サイパンを攻撃せりとの話也と。午後七時のニユースにて二十九日未明サイパン攻撃の発表あり。二十六日にもサイパン攻撃あり。二十七日の米機侵攻も三十日未明の夫れも、何れも報復の侵攻なるかと思はる。

今日は疎開者簇々たりと床屋の話也。

又各工場の出勤率甚だよろしからざる由也。

十二月一日
朝斎藤、飯島両邸訪問。先日見舞を受けたるお礼のため也。

穴沢清次郎、林正三氏等見舞に来る。

午前木村進氏来宅、博太郎縁談に関して也。

終日雨。待避壕座席をつくり、壕内手入れを終る。素人大工なれば思ふように行かず、一骨折也。

午前十一時四十分頃木村進氏より電話あり、曰く、敵の一編隊機父島母島を経て本土に向ひたるものゝ如く、果して然らば正午頃来襲の予定ならんとの事に急ぎ用意し、昼めしは握めしにて辛棒す。その後来襲せず、帰りたる模様なりといふに一安心す。

五反田駅前を午前中に通りたるに、切符買の行列ものすごし。何処の駅も同様の由。何れも空襲におそれをなして東京を出ようとするものらし。

五反田駅まで行く間にリヤカーに荷物を積みて郊外に赴くものを見る三四に止まらず、荷物の疎開をはからんとするものらし。

二日
午前快晴。午後曇。

横浜才判所石川予審判事より四日午後一時細川嘉六、相川博、治安維持法違反事件に関し証人として出頭せよとの通知来る。佐藤祥樹氏に電話し延期する様に石川氏に電話することを依頼し、その折飯島氏来宅。横浜才判所に電話して、六日午前九時出頭を約束す。

滝本三郎氏、りんごをさげ来訪。

大久保猛氏見舞として来訪。

小田村の鴻巣氏餅とねぎと大根とをさげて来訪。

砂糖一貫目八百円の闇値也といふ。

福島県にて油一斗六百円也といふ。

結城辺にて米一升十円也、大根一本五十銭以上、卵一ケ八十銭也との事也。小山より結城にかけ軍需工場が出来たゝめ、その従業員の買あさりのためなる由。

岸道三氏来訪。

よし子の友人堅田静江女史来訪。

博太郎昨夜は工場に泊る。

三十日一日両日間ガス使用出来ず、今日は使用可能也。

三日
快晴、本格的冬気配となる。

志冨氏上京、揮毫。

午後一時頃さつま芋掘りを始めてゐると同四十分頃警戒警報午後二時直前空襲警報四時頃解除。

志冨氏五時前帰途に就く。

日曜なれば、とし子は在宅、三郎は学校。

三郎は学校にて歩哨の役を引き受けてゐるので、けふの空襲時には不発機関銃弾がすぐ前に落ち、それをつかんで責任者の許に届けたるに、相手は驚いて真蒼になつたといふ。さもあるべし。武蔵境と中野の間電車不通、三郎は武蔵野方面爆撃されたりとの話に、博太郎の身を案じて一同心安からず。

午後八時半頃博太郎より電話あり、無事と。安心の胸をなで下ろして就寝。

四日
快晴。
滝本三郎、日森虎雄、松崎猛、野田蘭蔵四氏来訪。松崎氏よりは米一斗貰ふ。
昨日の空襲にては荻窪の中島飛行機工場が目標となりて爆撃されたる由也。
けさ寒強く、霜柱立ち氷はる。
精二夜帰宅。
博太郎は昨夜来工場に泊る。
とし子けふより十一時退け也。
待避壕内に棚つくる。棚上にものをのせ、壕内よほどひろくなりたる思ひす。

五日
快晴。
東大崎四丁目の去月二十四日爆死者合同葬あり、よし子隣組長として参列。十二名中男は二名のみ。女子の被害者多し。
博太郎帰宅。三日には三階の指揮所にありて空襲時を過し、筆紙に尽し難きものすごい体験をなめたる趣也。

六日
早朝飯島氏同道横浜才判所に行き、細川嘉六事件につき証人として予審判事の訊問に応ず。

細川氏検挙後生活困難ときゝて千円程援助したる事に関して也。

帰路飯島氏と蒲田にて分れ、池上線の途中にて警戒警報を聞く。

但し一機しか来らずとて空襲警報なし。

今日は半晴也。寒つよし。

七日
夜空襲警報。精二滞在。

八日

博太郎出勤。精二滞在。精二待避壕にラヂオ引込み。夜警報。

九日

午前警戒警報、間もなく解ける。昨夜博太郎かへらず。

七日東海道大地震、爾来列車不通也。

この夜夕食後間もなく空襲警報、やがて解除。その後なし。此の日午後理髪。

十日

志冨氏上京。快晴。

精二午後七時頃発、帰任の途につきしが、桐ケ谷駅にて警戒警報に出あひ直ちに帰宅。九時過警戒警報解除後出発。

十一日

午後二時半頃警戒警報。

飯島氏、高野氏、鈴木氏来訪。

快晴、午後曇天となる。

近所のへび屋に行く。「まむしの油」といふ、ひゞあかぎれ霜やけの薬を購ひ来る。右手拇指のあかぎれに早速こゝろみたるが、効果あるが如し。

玄関前の待避壕に腰かけをつくる。

十二日

午前零時頃と午前三時頃と警戒警報ありて、睡眠不足甚だし。

博太郎は昨夜工場移転終了とて帰宅。

三郎は連日の睡眠不足によりてか警戒警報を知らず、熟睡したりとて朝起き出づ。

昨日より朝風呂にいりて、ゆる〳〵あたゝまる事とす。けさも朝湯につかる。

正午伊藤武氏来訪。

午前午後昼寝して睡眠不足を補ふ。

昼間無事。夜七時半九時半両度警戒警報発令。

十三日

未明より雨後雪。午前四時頃警戒警報。五時頃解除さる。

午前天気よくなる。午後二時頃あひたしと有馬伯より電話ありたれども、何となく不安につき今日はやめて置かうと返事したるに、果然午後一時頃警戒警報、次いて空襲警報発令され、三時頃まで続く。但し中部四国方面が主力の攻撃目標となり、東京は少数機が来襲したるのみ也。

けふはとし子登校。

けふ帰郷の予定なりしも延期す。

十四日　快晴。

とし子登校。

午前一時半頃警戒警報、空襲二回。

十五日　曇。

木村進、飯島氏来訪。

午前三時警戒警報。

電車雑沓にてとし子休校。

此の日無事。

十六日
夜来無事。久しぶりに夜起されず、熟睡し得たり。
片山重利氏見舞に来らる。葱一把貰ふ。
昼間無事。
曇。雪模様の天候也。
よね来る。醤油一升二十円、みそ一貫目十円也といふ。
朝瀬崎憲氏ラヂオ持参、据つけてくれる。

十七日
一昨夜と昨夜と両夜警戒警報なく、よく眠る。
昨夜は久しぶりにヅボンをぬきて寝る。くつろぐ思ひ深し。
今日は大西風也。半晴。寒強くきびし。
志冨氏上京。この日も無事也。小坂順造氏より林ご送り来る。

十八日
青島豊島慎三氏経営の会社員木南氏、豊島氏次男同伴来訪。
朝矢口豊村氏来訪、卵、もち米など貰ふ。
寒猛烈也。午前九時茶の間にて摂氏一度也。
午後〇時半警戒警報。

十九日
昨夜午後十一時頃警戒警報、一時間程にて解除さる。一機といふに、自分の外は寝た儘也。

とし子休校す。

炭水海道辺にて一俵十七八円也。

昼間無事也。

寒酷甚也。薪の始末、待避壕坐席に藁むしろ敷きなどして日暮る。

けさはよし子風邪気味なるにより早起してめしをふかし、みそ汁をつくる。小供等も自分で弁当をつめて出かける。

宮下周氏のための揮毫、けふ松崎猛氏まで送る。

二十日
午前一時少し前警戒警報。

空襲警報なかりしも、西方及び東方に焼夷弾の落下を目撃し得たり。

午前斎藤氏訪問。帰途十時五十分頃大崎広小路少し手前にて警戒警報に出あひ、急ぎ帰宅。

夕刻塚原俊夫〔郎〕氏来訪。同氏は今防衛司令部にあり、警戒警報発令等の苦心談を聞く。

よく晴れたり、寒激甚也。

レーテの戦局漸く重大化し、小磯首相はこゝの戦ひを天目山と称したるも、それはいひ過ぎとして訂正の必要を軍当局もみとめ出したりなど噂さる。然るに世人の多数は特攻隊の威力を称讃する

〔編者註〕ペン書　ノート

あまりレーテの戦局を有望視し、いづれはサイパンを奪回するものと期待す。この期待が裏切らるゝに於ては、まことに国民の失望如何ばかりか想像に余りがある。

聞けば、炭一俵百円の取引すらありといふ。燃料不足の深刻さによる也。道傍の竹垣の竹を折りて持ち行くものあるも燃料不足の所為なるべし。

午後十時少し前警戒警報、一時間程にて解除。


二十一日　半晴。

精二より無事帰任の報到着。

よね女来り手伝ふ。よし子風邪にて臥床。

寒激甚也。

とし子登校、欠席者毎日不尠といふ。

午後無事らしきに郵便局へ行く。七銭、三銭の切手百枚づゝ買ふ。但し葉書は一人四枚にて、午前中売切れの由。水海道辺にては一人一日一枚しか売らずといふ。

かへりに広小路の茶舗により抹茶を求む。茶舗主人曰く、〔〕風見さんですね」と。そして曰く、実は抹茶一万貫ほど軍より注文あり、それが充たされるまで民需に配給なし、故に不足也と。しかし五十匁ほどわけてくれる。この次入荷せば電話すといふにより、名刺一枚置いてかへる。

うどん一把十円もすとの事。これは小供のおやつのために、かくも高価の取引也との事也。

理髪師来り理髪す。

20　論考「ソ聯と太平洋戦争との関聯についての若干の考察」

〔昭和十九年九月二十七日〕

ソ聯と太平洋戦争との関聯についての若干の考察

27th. Sep. 19 of Showa

十九年九月二十七日

ソ聯と太平洋戦争

一、独ソ戦争が存続する間は、ソ聯は必ずや太平洋戦争の圏外に居るであらう。

二、乍併ナチス政権崩壊して一たび独ソ戦争が終結を告ぐるに至らんか、ソ聯が英米に味方して太平洋戦争に参加するであらう公算は、今や頗る大きい。否、寧ろそれは必至の勢ひであると見るのが、至当であらう。

三、ナチス政権崩壊するに至らば、直ちにヨーロツパ戦後処理が問題になる。此の問題を繞つては、ソ聯と英米との間に紛争確執が、必ずや深刻化し劇甚化するに相違ない。その場合、ソ聯としてはその問題のために、他を顧みる暇は無くなるであらう。然かもソ聯に取つて、その場合最も有利な地位は、超然として独り戦列外に起ち、逸早く専念復興に努力する事である。さうすれば、ヨーロツパ処理問題に関するソ聯の発言権は権威を増す一方であらう。加ふるにソ聯としてみれば、ナチスドイツの崩壊は戦争目的の達成でもあるから、国民を指導して行く必要からも新たなる戦争の開始は差しひかへねばなるまい。随つて英米に味方して太平洋戦争に参加するやうなことは想像の外であると。

四、右の観測は、果して妥当であらうか。さうは思はれぬ。第一、ヨーロツパ処理の問題に於て、ソ聯と英米とは鎬をけづつて争はねばならぬほど確執対立を余儀なくされ、その結果ソ聯は他を顧みる暇を持てないことになるだらうかといふに、それほどの確執対立が起らうとは考へられないのである。英米側として見れば、太平洋戦争に主力を傾けねばならぬ必要から、また出来るだけの協力を太平洋戦争のためにソ聯に求めたいに相違ないから、ソ聯に対しては出来るだけ無理も忍んで聴かうとするであらうし、ソ聯側として見れば、戦争で荒廃したヨーロツパ大陸に於て勢力の一歩前進を争ふよりはソ聯復興のために出来るだけ多くの支援を米国より求むるを以て当面一層の急務とするであらうから、英米側に対して出来るだけ協調の態度に出るであらう。即ち両者双方ともに互ひに確執抗方を避けようとするであらうから、ソ聯をしてヨーロツパ処理問題のために他を顧みるの暇無きに至らしむべしとは思はれないのである。

五、第二に、なるほどソ聯としては独ソ戦争のために、物質的にも精神的にも疲労困憊は甚しきものあるに相違ない。併し乍ら、英米に味方してソ聯が太平洋戦争に参加するには、ソ聯自体に取つては大して力を必要としないのである。即ち消極的には、例へば極東防備軍を増大し、或ひは支那共産党を支援する等の方法によつて英米のために日本を牽制し、若くは日本の戦力消耗を図ることだけでも参戦の実を挙げることが出来る。積極的に参戦するにしても、露領を英米の軍事的利用に委ねるだけで大いに英米を助くることが出来、且つ大いに参戦の効力を英米側から買つて貰へるのである。然かもさうすることによつて、ソ聯としては多年の熱烈なる希望たる太平洋への発言権を獲得出来るのであり、他方に於ては戦後復興のための米国の大きい支援を確保することが出来るのであるから、その得るところは戦列外にあつて復興に努力し、依つて以てヨーロッパ処理問題に関する発言権の権威を増すなどの比ではないのである。

六、したがつて、ヨーロッパ処理問題の故に、而して又一応戦争目的を達成したことになるからといつた理由の故に、ソ聯が太平洋戦争に参加しないであらうと見るのは、いはゆる希望的観測であつて妥当ではないのである。

七、一たび独ソ戦が終結するに至らば、夫れがナチスドイツ政権の崩壊に由るものである限り、英米とソ聯との利害は世界的に全面的に衝突を来すに相違ない。しかも英米としてはソ聯の勢力拡大をこそ、英米それ自身の将来のために、最も怖れてゐるのであつて、対独戦の関係に於てこそ、背に腹はかへられぬ窮境からソ聯との提携を行ひ、ソ聯の復興にも大いに支援を与ふべしと約束はしたものゝ、独ソ戦終結とあらば、英米の対ソ態度は忽ち豹変して、為めに両者は互ひに反撥しあふことになるであらう。随つてソ聯は飽くまで太平洋戦列の外に居るであらう。ソ聯としてはさうすることによつて、日英米支の戦力が益々消耗するのを傍観することが出来るのであつて、それは延いてソ聯の勢力の権威を向上させて行くことであるから、ソ聯は坐らにして列強を凌ぐの地位を獲得することが出来る訳であり、即ち好んで太平洋戦争に参加するが如きは無意味であり、敢てそれを為さうとはしまいとの観測をなすものもある。

八、だがこの観測も当らないであらう。ソ聯はさきにコミンテルンの解消を断行したのであるが、このことは何を意味するであらうか。コミンテルンは社会主義世界革命の機運を促進するための枢軸機関であつた。然らばソ聯は、この機関の廃止によつて社会主義世界革命機運促進の運動から手をひいたことを意味するかといふに、元より然らずである。由来、今次の世界大戦は列国の社会秩序を多かれ少かれ、社会主義化しようとする趨勢の発芽とその成長とを約束してゐる。この見地からは、今次の世界大戦は、いふ所の社会主義世界革命の温床であることが認められねばならぬ。ソ聯の指導者達は逸早く此の情勢を認識してゐたのである。

而して既に此の認識を持つ以上は、コミンテルンがその存在の主要なる理由の大部分を喪失するに至つたことをも認識するのが当然である。かくて即ち、ソ聯の指導者達に取つては、コミンテルンは一個の無用の長物といふ以外の何ものでも無かつたのである。さればこそ彼等は英米との協調のために、それの抹殺が必要だと知るや、恰かも弊履を棄つるが如く何の未練愛着もなく無造作に、その解消を断行するを憚らなかつたのである。約言すれば、ソ聯の指導者達より見れば、ソ聯立国の最高理想たる社会主義世界革命の幕はすでに切つて落されたのである。謂ゆる赤化運動の機関たるコミンテルンも、今やその必要が無くなつたのである。赤化の趨勢は世界の到る処にむく〳〵と頭をもたげ出して来てゐるのであつて、しかもそれは春風に吹かれて草木の芽が萌え出すと同様の勢ひで成長が約束されるに至つたのである。随つて、もはや赤化区域の設定に力瘤を入れる必要もない、ソ聯としては自国の社会主義国家としての復興を心がけてゐさへすれば、その最高理想への途はおのづから開けて来るのであるから、全面的に英米と反撥しあふが如き政策を採る必要はないのである。此の際ソ聯として必要なことは、その自国復興のために出来るだけ大きな支援を米国から仰ぐことと、将来のために、太平洋に対する権威ある発言権を獲得することである。然かもこの二つのものを最も安価に手に入れる途は英米に味方して、太平洋戦争に参加するに如くはないのであるから、ことに現実に敏感なるを以て特徴とするソ聯の指導者達がその途を外らさうとは思はれないのである。

九、太平洋に於て日英米が疲れきるまで戦ふのを傍観するこそ、ソ聯にとつて賢明なる態度なるべしとするは、ナチスドイツ政権崩壊後に於ける日本の地位乃至戦争を、英米の夫れと同一標準のものとする仮定より出発する結論にして、かゝる仮定が無意味なるは論なく、即ち耳を傾くるに足らざるはいふまでもない。

一〇、なるほどソ聯としては、今日の機会に於て太平洋に対する有力なる発言権を獲得したいとも一応は考へるであらう。併し乍ら、更らに一歩掘りさげて考ふれば、ソ聯が英米に味方して太平洋戦争に参加したとすれば、その結果、ソ聯の眼前に展開されるのは米国の太平洋独占なる事態であつて、ソ聯が獲得するであらう発言権は一個の空手形に過ぎないことになるのであるから、ソ聯に取つては喜ぶに足る何ものをも求め得る所以でない。ソ聯は米国が太平洋独占によつてその威力を亜細亜に伸ばすことを防ぐ意味に於ても、米国に太平洋に於て対立し、米国の太平洋独占を不可能ならしむるための日本の海上勢力の鞏固なる存在を必要とするであらう。畢竟ソ聯としては、その存立の利益の為めに太平洋上の強き勢力としての日本の存在を歓迎こそすべけれ、嫌ふべき理由は無いのである。随つてソ聯が適当なる機会に日本と英米との間の和議の斡旋に乗り出すであらうことが期待出来る。かゝる期待の可能なるところに、ソ聯が英米に味方して太平洋戦争に参加せざるべきことも期待出来るのであると見るものもある。

一一、併し、ソ聯が太平洋上にその勢力を築くとして、その足場は西太平洋に先づこれを求めなければならぬ。この見地に於ては、日本の勢力と直ちに衝突する。一時は太平洋が米国に独占さるゝことありとするも、米国の足場が東部太平洋である以上、その存在が日本勢力の存在ほどにソ聯の伸びんとする力と劇しく摩擦し衝突するものとは思はれない。即ちソ聯が太平洋上に有力なる発言権を求めんとして最初に出会ふ障碍は米国の力ではなくて、日本の力であることが認められねばならぬ。さうである以上は、今は空手形しか手に入れかぬるとしても、西部太平洋に於ける日本の力を弱めて置きさへすれば、ソ聯としては将来その空手形に物をいはしむるに頗る便宜が多いのである。尤もソ聯がその自力によつて太平洋に力を伸ばすことが出来ないといふのであれば話は別であるが、ソ聯にはそれが可能であり、ソ聯の指導者達はそれの可能なることに就いて自信に満たされてゐるのであらう。その自信を一層力づけたものは今度の独ソ戦である。その戦争に於けるソ聯の戦力の豊富さについては、世界の何人も驚異の眼をみはつたことであらう。それほどの戦力をソ聯は廃墟の間に起ち上つて、僅かの年月の間に築きあげ得たのである。その経験とそれに根ざす自信とに想ひ到るならば、ソ聯の指導者としては米国の支援を得て戦後の復興を急ぎ、然る後自力によつて西部太平洋を足場に太平洋上への力を伸ばすために日本の力を弱め置くことの方が、日本の勢力を認めて置くよりも有利とするであらうことが察知出来るであらう。畢竟、西部太平洋上の一大勢力として日本が存在することのために斡旋するのと、西部太平洋に於ける日本の勢力を弱化せしむるために英米に味方して太平洋戦争に参加するのとその何れかを択ぶとして、ソ聯の指導者としては後者を採るであらう公算は頗る大なのである。かくてソ聯がその利益のために、日本と英米との間に和平を斡旋すべき用意があり、その可能性が実現するかの如く考へるのは、まことに失笑に値へする程の甘き希望的観測たるを失はないのである。

一二、すでにナチスドイツ政権崩壊して独ソ戦終結を告ぐるにいたらば、ソ聯は米英の味方として太平洋戦争に参加するとして、如何なる機会に、如何なる方途を以て参加を具体化するであらうか。さきにも少しく触れて置いた所であるが、ソ聯としては二つの途を持つであらう。その一つは、先づ消極的参加をなすことである。この場合には、直接戦争にはたづさはらない。例へば、極東に防備力を拡大し、日本をして後顧の憂ひ大なる〔を〕感ぜしめて、英米のために日本を牽制し、或ひは支那の共産党をたすけて日本の戦力消耗を図らしめ、或ひはその洗錬されたる煽動力又は宣伝力等を利用して、日本の占領地域の人心攪乱を行ひ、日本の軍事行動に支障を来さしむるが如き、約言すれば、間接に日本の戦力を弱化せしむるの策謀をなすであらう。かくて、たとへば日本の戦局漸く甚だ不利にして、国民の自信が失はれんとする機会をねらつて、米英に飛行基地を公然提供するが如き処置に出づるかも知れない。その二途、何れの場合にあつても、積極的に参加する場合には、先づ到底日本として容認し得ざる要求を日本に突きつけて、その拒絶を以て参戦の口実とするであらうことが予測出来る。独ソ戦が存続する間は、日ソ中立条約の利用価値は両国の間にほとんど区別はない。乍併、一たび独ソ戦が終結するにいたらば、日本にとつては同条約存在の価値は依然として大なるに拘はらず、ソ聯に取つてはその価値は絶無にひとしいであらう。何となれば、日本としては事の実際に鑑みて、ソ聯との和平を切望せざるを得ないのであつて、ソ聯の反抗を刺戟するが如き言動は、些少だもつゝしまねばならぬ程の境地に置かれるだらうからである。つまり、日本の現実から推して独ソ戦の終結後には、ソ聯に対するかぎり、日本は一方的に全く受身の立場に陥るであらうことは否定出来ないのである。

一三、日本の抗戦力に大きな余裕があつて、あくまで抗戦を続くることが出来るとして、交戦諸国民の間に同様に厭戦気分がみなぎるに至つたような場合、ソ聯が中立を守つてゐさへすれば、ソ聯としては世界無産階級の救主こそ吾れなりとして、和平斡旋の手をさしのべ得べく、それこそソ聯の存在は人類のために一段とその権威を増し、その権威は陸離たる光彩を放つことであらうかも知れぬが、遺憾乍らそれ程の抗戦力が日本に蓄積されてゐないことはさきにも指摘した通りで、日本としては悪魔ソ聯は発見し易く、人類の救世主としてのソ聯を見出すことが到底不可能なることを、吾々は認識する必要がある。

一四、かくの如き認識を基礎として対ソ関係を見、且つ太平洋戦争を考ふるので無ければ、正しき将来への見透しは出来ない。

一五、かゝる認識の下では、ナチスドイツ崩壊による独ソ戦の終結は、日本に取つて戦慄すべき禍機を包蔵することを否定出来ない。

一六、かくて又、日本としてはナチスドイツ政権崩壊の機会を捉へて、太平洋戦争に終止符を打つべき方策を講ずるの途なきや否やを深刻に考慮する必要がある。その途つひに見出し得ずとせば、英米に味方してのソ聯の参戦は、日本に取つて致命的打撃となるのであるから、前途まさに知るべき耳である。

〔編者註〕ペン書　原稿用紙和綴

21　論考「日ソ中立条約に関する若干の考察」

〔昭和十九年九月二十九日〕

日ソ中立条約に関する若干の考察

29th. Sep. 19 of Showa

日ソ中立条約に関する若干の考察

一、伝ふるもの曰く、モスクワに於ける松岡洋右スターリン会見の折、時間の九割がほどは松岡ひとり喋つてこれを占め、スターリンの言葉は僅かにその一割を充たしたに過ぎ〔ず〕して、日ソ中立条約の成立を見たと。この話は当時、ソ聯駐在大使たりし建川中将が洩した所であるといふ。

二、このエピソードは、日ソ中立条約の意義の本質を物語つてゐるものとして意味頗る深長である。この条約締結の当時、日本としては日独伊軍事同盟締結が招致したる英米の威圧を牽制するがために同中立条約の存在を必要とはしてゐたが、それは太平洋の平和確保をねらつて勢力の均衡をはからうといふのを第一義的な目的としてゐたのであつて、これに反してソ聯の指導者達としては独ソ中立〔マヽ〕条約は一片の空手形に過ぎず、何時ドイツの攻撃を受くるやも知れない、即ち独ソ開戦は必至の情勢であるとの認識から、独ソ戦の場合思ふ存分の戦ひをするため、後顧の憂ひを除いて置かねばならぬ必要の命ずる所として日ソ中立条約の成立をのぞんでゐたのであつて、畢竟「戦争遂行のため」を第一義的な目的としてゐたのである。約言すれば、同条約の必要は日本にとりては平和確保のためであり、ソ聯にとりては戦争遂行のためであつたのだ。このことは同条約成立を求むる切実さに於て、ソ聯の夫れは日本の夫れに九倍するほどでもあつたのである。おそらく当時のソ聯の指導者達にしてみれば、その条約の成立をもとめて日本に縋りつきたいほどの思ひであつたらう。随つて日ソ中立条約の締結に当り、その交渉に於てスターリンの語は一割、松岡の言は九割であつたといふのも、ひとり松岡多弁の僻の然らしむる所以とのみは解釈し去るべきでないのである。

三、大東亜戦争の勃発は、日本をして日ソ中立条約〔の〕存在を戦争遂行の意味に於て切実に要求せしむるに至つた。同じ意味に於ける同条約必要の切実さは、或る期間に亘つて日ソ間に径庭が無かつた。

四、併し、今日はどうだ？　依然として径庭が無いか。否である。それどころか、今や同条約の必要は日本にのみ存して、ソ聯に取つては無用化して了つてゐる。

五、いふまでも無く、現実を冷静に正しく直視するならば、ドイツの敗戦こそは日本の勝利への途を全く塞いて了ふことを否定しないであらう。ドイツが勝つことによつてのみ、日本が勝つべき確実性が始めて約束されるのであることは、今や説明を要しまい。それほどに日本としてはドイツが勝つことを必要とするのである。当然、日本としては出来るならば、ドイツのために今日に於てこそ、ソ聯の対独攻撃を牽制するに足る行動に出なければならぬ筈である。かかる行動に出ようとしないといふのは、結局日本自身、己れの勝利の確実性が失はれて行くのを袖手傍観することであり、自から敗戦の原因を造り出す所以でもある。それ然り而して、日本はドイツのためにソ聯牽制の行動に出ることが許されないのである。みす〳〵勝利の確実性が剝がれて行くのを見ながら、指一本それを喰ひとむるために動かせないのである。それ所ではない。いふも甚だ残念な次第だが、ソ聯の鼻息をうかゞふに汲々たらざるを得ないといふのが現実の事態なのである。この事はソ聯をして毫も後顧の憂ひなく、全力をドイツ攻撃のために傾け得しむる所以でもあるから、この見地からは、日本は間接にドイツの敗退を促してゐるとすらいひ得るであらう。独ソ戦に関する限りは、まさにさうである。

六、かほどまでに日ソ中立条約は日本に取つて、今やのつぴきならぬ必要な存在となつてゐるのであるが、ソ聯側に取つてみればどうであらう？

七、ドイツの敗退は日本にとつてひどい打撃である。それを知り乍ら、ドイツのためにソ聯を牽制するの挙に出で得ないといふことは、ソ聯を敵とすることによつて、ドイツの敗退による打撃よりも一層大きい打撃が忽ち加へらるゝことを知るからである。即ちソ聯が英米に味方して太平洋の戦列に加はるに至らば、日本の勝味はドイツの敗亡を待たずして即座に失はれるからである。さほどまでにソ聯に対する日本の立場は、今や弱化してしまつたのである。随つて、結局中立条約があらうがあるまいが、そんなことには関係なしに、日本としてはソ聯に手出しは出来ないといふのがはつきりした現実なのであつて、即ちソ聯の指導者達はこの現実を認識するに相違ないから、日ソ中立条約は彼等にとつては無用の存在化してしまつてゐることがみとめられねばならないのである。

八、但しそれだからといつて、ソ聯としても、まだそれを蹂み躙つて了つていゝとまでは立ち到つてゐない。

九、だが、一たびドイツ敗亡するにいたつた暁はどうだらうか。事態そこに至らば、それを蹂み躙つて了ふことに毫も躊躇しないであらうことが予想出来る。何となれば、ドイツ一たび敗退するに至らんか、日本に取つてソ聯の存在こそは怖るべき後顧の憂ひの種であるが、ソ聯にとつては日本の存在は後顧の憂ひとするに足らなくなるだらうからである。

一〇、況んやソ聯は西太平洋に於ける日本の勢力をたゝきつけて、これに取つて代るの地歩を確保せんとする野心を包蔵して、ドイツ敗退に至らば進んで英米に味方して太平洋戦に参加すべき公算漸く大となれる今日に於ておや。日本が日ソ中立条約によつてソ聯を縛るとするが如き妄信をいだくならば、悔を千載のあとに遺すべきはまさに必然である。

〔編者註〕ペン書　原稿用紙和綴

22 手記「随時随筆（一）昭和十九年十月起」

〔昭和十九年十月―十一月〕

随時随筆（一）

昭和十九年十月起

古来日本の民衆は司配権力に対し、つねに「盲従の美徳」を守り続けて来た。此の点では明治維新後もちつとも変らなかつた。民衆がかゝる存在である限りは、到底権威ある国家の発展は望まれないといふので、明治の初期、一部の指導者達は謂ゆる自由民権運動を起して民衆を「盲従の美徳」から解放するために随分骨折つた。併し民衆はその笛に踊らうとはしなかつた。たゞそれだけではない。政府がその運動を弾圧するにいたるや、盲従を「美徳」とする彼等から見れば、かゝる運動に参加することは「お上」をないがしろにする所以であつて許しがたき曲事であり、同時にかゝる運動を提唱するものは乱臣賊子の類に外ならなかつた。そこで、民衆の友を以て自任する同運動の提唱者達を却つて擯斥した程である。

議会制度が開設されても、民衆は自から進んで選挙権を要求しようとはしなかつた。

大正時代となつて、一部少数の民衆は盲従を否定して民衆を盲従から解放しなければならぬといふので、活潑な「民衆解放運動」を展開させた。普選運動、無産者解放運動などがそれだ。この結果、普通選挙制度が実現された。併し民衆の大多数は依然として盲従を肯定し、それから離脱しようとはしなかつた。

普通選挙制度の下で、すでに六回総選挙が行はれたが、いつの選挙でも民衆の大多数者は如何なる候補者の買収にも応ずる用意を欠かさなかつた。盲従の否定、それからの解放を約束する所の選挙権も彼等にあつては茄子胡瓜と同様、一種の商品として役立たす以外の値打がのみこめなかつたからである。

明治時代の選挙にあつては、権力の干渉は往々逆作用をしか起さなかつた。当時の選挙民は極めて少数であつた代りに、何れもすでに盲従を否定してゐた連中だつたからである。

その後選挙権が拡張さるゝに伴れて、権力の選挙干渉は一層効果を増すにいたつた。これはなぜであるか。干渉の方法が巧妙になつたといふのも、一つの理由である。併しそれは理由の小部分にしか過ぎない。理由の大部分は選挙権が拡張さるゝと同時に選挙権の意義を解せざる有権者の数率が増大し、それ等の有権者は権力への盲従性を発揮して、その干渉に迎合するを辞しなかつたといふ事実に在る。政府党は必ず勝つといふ経験がその事を実証する。

大東亜戦争が始まつてから間もなく行はれた昭和十七年度の総選挙こそは、議会制度が布かれて以来、未だ曾て見ざる程の重大なる意義を持つものであつた。ところがこの選挙の実相はどうであつたらう？　普選実施以来最も露骨な、加ふるに最も拙劣な選挙干渉が権力によつて行はれた。そしてその干渉は空前の効果を収め得たのである。選挙の意義いよ〳〵重大にして、有権者たる民衆の大部分は権力への「盲従の美徳」を益々発揮し、それへの迎合に一層努めたといはざるを得まい。

民衆の大多数は、かほどに盲従を習性とし、それを守り続けて来たのである。

ところが今は別だ。彼等の古来盲従の歴史に、今や終止符が打たれようとしてゐる。まさに空前の新事態である。驚嘆に値ひする、すばらしい新事実である。

どうしてかゝる新事態が発生するにいたつたか。戦局の不利に脅され、政治の貧困に悩まされて、大多数の民衆も今は「盲従の美徳」に深刻なる反省をよぎなくさるゝに至つたからである。かくて彼等は盲従が美徳でないばかりか、悪行でもある所以を痛切に自覚し始めてゐる。

国民に盲従を求むるものに取つては、戦慄に値ひすべき新傾向の擡頭である。

盲従して来たことについて、やるせなき悔恨の情に胸をふさがれ、盲従への深刻なる反省を持ち始めたといふことが、どんな行動によつて結実されるかは、今逆睹しがたい。だが、どんな行動にせよ、それを一貫して流るゝ所のものが盲従の否定であり、盲従を要求するものを反撥し、それを排除せずんば止まずとする傾向であることに間違ひはない。だから民衆に盲従を要求するものは、今後、民衆の敵としてしか存在の余地を見出し得ないであらう。

民衆の生き方としては、まことに驚くべき大変化である。「美徳」が「悪行」となり、まさに表裏の顚倒である。彼等にあつては紛れもなき思想革命である。

かゝる深刻なる反省が民衆の間に始まつたのは、昭和十九年である。この年の春から戦局の不利があざやかに民衆の眼に映り出した。同時に政治の貧困は愈々甚しく、ために民衆の生活に対する「ぎごちなき」圧迫はます〳〵加はるに至つた。これ等の事こそ、その反省を刺戟したのである。かくて昭和十九年は日本民衆思想史上、一新紀元を区画することがみとめられねばなるまい。（十月十四日）

○

徳川時代にあつては、民衆と皇室とは互ひに繋がりを持たなかつた。民衆は幕府と領主の存在はみとめてゐたが、皇室の存在はこれを眼に入れてゐなかつたのである。家康こそ、「神君」として彼等の前に立ちはだかつてゐたのだ。

明治維新によつて皇室の存在は彼等の眼に映り出した。だが徳川幕府の崩壊も明治維新の誕生も、彼等が皇室を眼に入れ出した結果でなかつたことは、いふまでもない。彼等はその何れにも全く没交渉の存在であつた。随つて皇室の存在が彼等の眼に映り出したといふのは、彼等がそれを願つたからではない。たゞ映り出したから映さぬわけに行かぬ、だから眼に映すのだといふに過ぎなかつたのだ。つまり皇室の存在に対する彼等の態度は、進んでそれを肯定しようとする積極的なものではなくて、たゞ肯定せざるを得ないから肯定するといふ消極的なものでしか無かつたのである。

明治の前半期の中頃、謂ゆる自由民権運動が活潑に行はれ出した当時である。フランスに游学して、そこの革命の空気を吸つて来た西園寺公望は、その運動に加担して熱心に奔走を続けてゐたが、ある日大阪で演壇に起つた折、天皇何するものぞと叫んで、その写真を壇下に抛つてみせた。ところが聴衆はそれを黙つて見てゐるだけであつたさうだ。此の事は当時皇室の存在に対する民衆の態度が、如何に消極的なものであつたかを示す恰好の一事例である。

皇室の存在を民衆の眼底にやきつかせるために、明治維新以来、政府は努力あます所が無かつた。しかも徳富蘆花が大正元年の暮に書いた「故人に」の中には、次の一節がある。

儂の家族は……儂等親子三人の外に女中が一人。阿翁が天理教に凝つて資産を無くし、母に死別れて、八歳から農家の奉公に出て、今年二十歳だが、碌にイロハも読めぬ女だ。東郷大将の名は知つてゐるが、天皇陛下を知らぬ。明治天皇崩御の際、妻は天皇陛下の概念を其の原始的頭脳に打込むべく大骨折つた。天皇陛下を知らぬほどだから、無論皇后陛下や皇太子殿下を知る筈がない。明治天皇崩御の合点が行くと、曰くだ、ムスコさんでもありますかい、おかみさんが嘸困るでしようネエ。御維新後四十五年。帝都を離るゝ唯三里。加之、二十歳の若い女に、まだ斯様な葛天氏無懐氏の氏が居る云々。

大正時代から昭和時代にかけて、謂ゆる無産階級運動が熱湯のた何れも姿勢を正しうする。天皇の通行には頭を俛れて仰ぎ見ようとしない。皇居の前を通るときは脱帽して敬礼する。たれが一番あり難いかと問はるれば、言下に天皇陛下だと答へる。外観はまさにかくの如くである。

この外観はその内容と一致してゐるだらうか、それとも表面をさういふように繕つてゐるに過ぎないのであるか。さうしなければ叱られる、さうしなければ権力あるものからにらまれる。又はたれかに不届ものと呼ばれはしないかを虞れるといつた気持から、さういふ外観を示すに過ぎないのではないか。つまり何かをはゞかるところあつて、形式だけ天皇尊崇の態度を示してゐるに過ぎないのではないか。大多数の民衆にあつては、まさにさうなのである。その誰でもが親と自分との切つても切れぬ因縁は、よくこれを知つてゐる。だが天皇と自分とが司配者と被司配者の関係にあるといふ以外に、何の縁故あるかを知つてはゐない。そして天皇尊崇の態度を示すのは忠誠心からではなくて、司配者への「盲従の美徳」の一表現に外ならないのだ。それはちようど、徳川時代の民衆が将軍に対して示した態度と全く同一なのである。

昭和十三年の或る夕刻である。何かの事で多数の民衆が二重橋外に群集した。その時天皇が乗馬の儘、宮城内の群集の眼につく辺にひよつこり姿を現はすと、これを仰ぎ見た群集は一瞬忽ち水を打つたように静まりかへつた。この光景を目撃して、天皇の存在が民衆にとり如何に崇厳なものであるかを知つた。そして天皇あつてこそ、日本の存在が考へられ〔る〕のだといふことをしみ〴〵痛感したと、人はよく語つたものである。併し彼等が天皇の外観のみを以て律すれば、皇室に対する民衆の忠誠心は、その骨の髄までも浸みこんでゐるとしか思はれない。勅語捧読といへば、ぎるが如き勢ひを以て沸きたつた頃である。皇室の存在を否定する共産主義運動が民衆の間に足場をひろげかけた。此の傾向を阻止するためには権力の弾圧を以てする以外には途が無かつた。このことは昭和時代に入つても、民衆の大多数は皇室の存在を肯定するに依然として積極的でなかつたことを最も雄弁に物語つてゐる。何となれば、彼等にしてさうで無かつたならば、権力の弾圧を待つまでもなく、民衆自身がかゝる運動の喰ひ入る余地を与へなかつたであらうから。

大正時代、御真影奉安殿建立は各学校を通じて一つの風潮であつた。此の風潮を以て皇室の存在を民衆が積極的に肯定し始めた結果だと見るのは当らない。学校に火事が起きた場合、御真影を焼くようなことがあつてはならないといふのが、学校当事者に課せられたる一規律である。此の規律を守る責任を果し得なかつたといふので、その罪を償ふために自殺した校長があつた。この事実こそ、御真影奉安殿建立の風潮を発生せしめた理由であることは、世相を達観するものゝひとしく認むる所であるに相違ない。即ち、かゝる風潮をさかんならしめたのは、御真影を焼くが如き不注意は許されずとする規律に背いた場合の責任に対する、学校当事者の恐怖心に由るのであつた。民衆のあづかり知る所ではなかつたのである。学校当事者がこぞつてその建立をはかつたのは、御真影を粗末にしないためといふ名分を藉りて、責任に対する恐怖心を除かうとするにあつたことは紛れもない事実である。

姿を仰ぎ見て静まりかへつたといふのは、たゞかゝる場合、到底見るべからずと心得てゐた所のものを偶然見ることが出来たといふので惹き起された衝動の一表現に外ならない。たゞそれだけなのである。これ等の民衆は、徳川時代に同様の場合があつて、将軍の姿を目撃したとして必ずや同様の態度に出でたことであらう。彼等が平素観音を信仰し、その像が思ひもかけず眼前に現はれたとしてその場合に受ける衝動とは、その衝動は類を異にする。賽銭をあげてご利益を求むる観音への信仰と同じ信仰を、彼等が天皇にも持つてゐるのではないからである。また、彼等をして徳川時代にあらしめば、現に彼等が天皇に崇厳さを感ずると同じ程度の崇厳さを将軍に感じたに相違ない。彼等にあつては最高司配者に対して、いづも感じて来た所の崇厳さを、たゞ今日なるが故に天皇に対して感ずるといふだけの事に過ぎないのだ。随つてその事の故に、直ちに天皇なき日本は考へられぬと結論するのは早計である。

由来、盲従を習性とする民衆は如何なる司配者にも、通則として従順である。同時に彼等の「盲従の美徳」をひどく裏切りでもしない限り、司配者の更迭には毫も介しない。たれが司配者にならうと、たゞ盲従するだけである。かゝればこそ、二百有余年の久しきに亘つて彼等を司配して来た徳川幕府が倒れても、別に悲しいともしなければ、又それを倒した明治政府の下に直に「盲従の美徳」を発揮することに屈託は覚えなかつたのである。

その事を実証する他の一事例は、ロシア革命の場合に発見出来る。ちようど一九一七年にロシアに革命が起つた折、レーニン一派を除いては、ロシア人は元より世界一般はザーなきロシアの存在は考へられぬとして、やがてザーの地位は復活するだらうと期待したものだ。ケレンスキーは、レーニン一派を除けば、いはば極左派の重鎮であつたが、そのケレンスキーでさへ革命が起つてからでも、ザーなくしてロシアの存在なしと述懐したほどである。事実ロシアの民衆が何百年の久しきに亘つてザーを「わが父」とあがめ、羊の如く従順にザーに仕へて来た歴史からはさう思ふのに不思議は無かつたとして、併し事の実際はどうであつたか。彼等はそれほどまでに敬愛してゐたといふザーをけろりと忘れはてゝ、忽ち新しい政権に忠勤を励み出したのである。この事は彼等が「盲従を美徳」とする存在でしか無かつたために外ならない。ロシアの民衆はザーを敬愛してゐたといふ。だがそれは彼等の魂の所為ではなかつたのだ。魂の判断にもとづく敬愛の念である以上、さらりと忘れはてゝ、ザーを見ること路傍の如くではあり得るものでない。結局、敬愛せよと指令されて、その指令に盲従してゐたまでの事に過ぎなかつたのである。敬愛しなければおそろしい目にあふといふ恐怖が、敬愛の形をとつて表面化してゐたまでのことに過ぎなかつたればこそ、けろりと敬愛の念を棄て去ることが出来たのである。

明治維新後、一時廃仏運動が起つた。浦上キリシタン弾圧事件が起つた。どちらも騒いだゞけで、目的は達し得なかつた。司配者の更迭には無関心であつた民衆も、事一たび宗教信仰の問題となれば、変更の強要には応じなかつたからである。ロシアでも民衆は司配者の更迭には直ちに応ずることを辞しなかつたが、宗教信仰の否定にはものすごい反宗教運動が行はれて来たに拘はらず、大部分は今尚ほその否定を肯んじない。洗礼、葬儀ともに僧侶の手を煩はし、教会堂に礼拝する。

これ等の事実は盲従的民衆の場合、司配者にも神仏にも、形に於ては同じ態度を示しながら、その実、内容を全く異にするものだといふことを物語るものである。即ち前者に対しては己が魂の指令によるのでなくて、逆に後者に対してはその指令によるのである。随つて前者に対しては、いつでも態度の変更が出来る。けれども後者に対しては、それは出来ないのだ。

右の事実からは、また盲従的民衆にあつては崇厳さをみとむることに於て、司配者の場合も神仏の場合も同様ではあるが、前者の場合は司配者でありさへすればたれでも構はぬに反し、後者の場合には己が信仰する特定不変のものでなくてはならないのだとの差別が儼存することも知らねばならぬ。

即ち盲従的民衆である以上、彼等が司配者を崇厳視すること彼等の信仰する神仏を崇厳視すると同様だからといつても、それは彼等が信仰する神仏の場合の如く司配者の更迭を許さないことを意味するのだといふ結論へ、直ちに急ぐべきではないのだ。

民衆が神仏を崇敬するのは、これを崇敬することによつて、生前には己れの存在が安泰であり幸福であり、死後には極楽に行けるとか、又は目前の不幸を除いて貰へるだらうとか、切実な念願の達成のためにすがることが出来るとの依頼と期待とからである。徳川時代の将軍やザーが民衆から崇敬されはしたが、併しその崇敬は神仏崇敬の場合の如き信頼と期待とからでは無かつた。将軍やザーの場合は、崇敬せざれば此の国に置かれないといふ恐怖心に根ざす「盲従の美徳」の一表現なのである。崇敬せざることを許されないから、崇敬してゐたといふまでの話であつて、さうであればこそ、相手が居なくなれば直ちに崇敬を止めることも出来たのである。だからその崇敬態度の中には、忠誠心の如きは片鱗だも見出し得るものではないのだ。

将軍と民衆、ザーと民衆、これ等の関係以上に天皇と民衆との関係が今日考へられるだらうか。考へたいとするものはあらう。併し考へたいといふことは、直ちに考へられることを意味しない。外観では考へられるとして、その内実ではどうであらうか。さうは考へられないのである。今後は別である。盲従を美徳だと心得て来た存在たることに於て、従来の日本民衆と、徳川時代の日本民衆と、ザーの下のロシア民衆との間に、どんな区別があるか。差別があらうとは思はれない。果して然らば天皇と民衆との関係も、ザーとロシア民衆、将軍と徳川時代の民衆との関係と区別は認められないのである。天皇を尊崇することを以て「盲従の美徳」の一表現といふ以外には考へられないのである。だからいつでも中止出来る尊崇の態度であつて、忠誠心に根ざす所の尊崇だとは考へられない。

己が魂の指令によつて言動するものは盲従を肯じない。盲従を「美徳」とするのは、己が魂の指令によつて律する能力を持たないからである。真の忠誠心はかゝる能力なきものが持ち得るものでない。随つて盲従を美徳とするほどの民衆に、忠誠心を期待するものは間違ひである。　十月十五日。

○

前世界大戦の場合、戦局は不利、国内の人心は動揺、もはや到底戦争は続けられないといふので、ドイツが敵側に和を求めた折である。カイザーの退位が問題になつて、これをどうするかは特にカイザー周囲のものによつて深刻に考慮された。皇太子は戦線からカイザーの許にかけつけて退位すべからざること、国内の動揺の如きは軍隊を差し向けて鎮定すべきことをしきりに進言した。皇太子の観測では、カイザーに対する兵士の忠誠心は依然として信頼するに足るから、軍隊の一部を人心の動揺してゐる地方に派遣して、それを鎮定するのは造作もないといふのであつた。皇太子がカイザーにかゝる進言をなして戦線に帰るべく大本営を出る際、たま〳〵大本営守衛の軍隊には曾て皇太子も勤務したことがあるといふ縁故があつたので、彼は同隊の将士に「あくまでカイザーに忠誠なれよ」と訓示した。この訓示をうけた将士達は破れんばかりの拍手を送り、皇太子とカイザーの万歳を叫んでその訓示にむくひ、その光景から見れば、カイザーや皇太子と此の軍隊の将士達とは同生共死の紐で固く結ばれゐるとしか思はれなかつた。

ところがどうだらう、カイザーに最も忠実であつた筈の此の軍隊の兵士達は、それから一日も経たぬ間にカイザーへ叛き出したのだ。そしてカイザーをして和蘭落を余儀なからしめたのである。どれほど国内銃後の人心が動揺したにしても、この近衛兵士が叛き出すまでは、カイザーは軍隊だけは決して自分にそむかぬものと信じてゐた。そこで彼は軍隊を引きつれて伯林にかへるといひ出したが、その時側近の一人、多分パーペンだつたと記憶するが、カイザーは軍隊と伴れだつて散歩すべからずといつて、カイザーを諫めてそのことを中止させた。軍隊に対するカイザーの期待が実ははかなき幻想に過ぎなかつたことを、それから間もなく軍隊が総崩れに崩れ出したことによつて、カイザーも思ひ知らされたのである。

水はその沸騰点にいたるまでは平静である。沸きたぎらない。だがそこへ達した刹那忽ち平静を破り、俄然として沸きたぎりたつ。人心も同様である。それが爆発点に到るまでは平静を失はず、爆発しさうにも思はれないが、一たびそこに達すると平静忽ち破れ、俄然として爆発し、混乱、収拾を許さゞるに至る。寸前の平静、寸後の混乱、同一人の事とは思はれぬほど事態は変化して了ふ。寸前忠誠の人も寸後不忠誠の人となりて怪まず、寸前戦ひの外は念頭になかりし人が寸後は戦ひを忘れはてゝすこしも不思議とせず、寸前拍手して歓迎した人を、寸後、今は百年の仇敵の如くあしらつて何の撞着をも感じないといつた情景を呈する。吾々は前大戦に於けるドイツ敗亡当時に於て、人心はかくの如きものであることを切実に見出すことが出来た。

同じ事実はロシア革命の折にも展開された。革命前のロシアの民衆にとつては、ザーは「敬愛する父」であつて、ザーに対する彼等尊信の念は彼等の骨の髄までも浸みこんでゐるといふのが一般の観測であり、民衆自身もさうだと考へてゐたほどである。勿論ザー自身もさうだと堅く信じて疑ふ所は無かつた。

革命が起つてから十日程経つてトロツキーが仲間と語り合つたとき、しみ〴〵とザーのないロシアは考へられぬと述懐したといふ記録がのこつてゐる。トロツキーといへば、当時のロシアにあつては革命の指導者であるとまでもてはやされたほどである。そのトロツキーがかく述懐したことからも、革命前のロシアに於てはザーと民衆との繋がりは、いはゞ膠漆もたゞならずと思はれてゐたことが判る。

戦争のために物資の窮乏はいよ〳〵甚しく、国民生活は極度に圧迫されて民衆は息もつけぬかと思はれる程の苦涯に陥つてゐたが、それでも貧しい銃後の人達ですら、ザーのお召で戦線に出向いて行つた夫や兄弟の苦労を思へば何の辛棒出来ぬことがあるものかといつた調子で、自分達の苦労を苦労ともしなかつたといふ事実も記録にのこされてゐる。

また、革命が起るまでザーの存在をのろひ、又は排斥するといつたような兆候は、ロシア民衆の間では何処にも発見出来なかつた。政治の貧困は極度にまでひどかつたが、民衆から見ればそれはザーの周囲の責任であつて、ザーがよろしくないなどとは彼等は夢にも想はうとはしなかつた。

革命の鐘が鳴り出すまで、政界も民間もザーの周囲を改革することによつてよき政治の実現と希望こそしたれ、ザーそのものの地位が万代不易のものでないなどとはおもひ及べなかつたのである。ロシアのある所必ずザーあり、ザーのある所にこそロシアは存在するのだといふ［の］が、誰れ彼れの区別なしにいだいてゐた思想であつた。無理もない話である。ザーと民衆とは、ひとり政治的のみならず、宗教的にもがつちりと結びあつた仲であつた筈であり、帝室の地位としては世界無比に堅固なものと、たれもが認めてゐたのだから。

それほど固く結びあはされてゐた筈のロシアの民衆がどうだらう、行列しなければならないのと腹が満たされないのとに業を煮やし、疳が昂ぶつたあげ句、一人の老婆が或るパン配給店々さきのガラス戸を叩き破つたといふのがきつかけとなつて人心が動揺し始め、それが瞬く間に革命の巨焔にまで発展し出したのだが、事こゝに及ぶや、民衆はザーのことなどはそつちのけで、革命を燃えあがらせる薪の役をよろこんで引き受けてしまつたのである。同一の民衆である。然かも、昨日と今日とでは全く別人である。昨日まで敬虔に拝んでゐたし、拝がねばならぬものとして、先祖以来一度だつて疑つてもみなかつた所の彼等の偶像であつたザーを、今日は路傍の人扱ひであるばかりか、のゝしり、ふみつけ、つばまでひつかけようとするにいたつたのであるから、まことにひどい変り方である。然かも他人から見れば、正気の沙汰とも思はれぬ此の変り方を、当人達はちつともおかしいと感ぜぬばかりではない。先祖以来今し方まで、一度でもザーに服従したことはなかつたような顔つきをするのに、何のこだはりをも覚えないといふ有様であつたのだ。

人心の翻覆、まさに測り知り難しといひたくなる。

だが併し、往時をかへりみて静かに考へてみると、ドイツのカイザーの場合でもロシアのザーの場合でも同様だが、戦争が始まつてから間もなく、民衆が結局は叛き出して、国家を必ずや革命の坩堝の中になげこむに至るべき情勢が動き出してはゐたのである。ローマは一日にして成らず、革命も一日の間に出来上るものではない。表面、もと通りとしか思はれないに拘はらず、人の目につかぬ底には、いつか革命となつて爆発せずには事すまぬ所の新しい流れが日に月にその速度を増し、その流域をひろげつゝあつたのだ。

当時のドイツは緒戦に於て敵に徹底的な打撃が与へられぬ限り、勝味は無かつたのである。果然、持久戦の必要に迫られるや、国内ではいつしか勝つための戦ひでなく守るための戦ひとなり、国民は自から戦争に対して消極的にしか力を入れなくなつた。当初は間もなく敵をして膝を屈し和を乞ふに至らしむべしと、光栄ある戦勝の期待に民衆はその胸をはちきれんばかりふくらましてゐたのである。それだけにこの期待が裏切られたことは彼等をひどく悄気させた。その上元来が盲従的であつたドイツ国民の事とて、机上案出の戦時経済統制も始めのほどはいくらか役立つたものゝ、そのうちに破綻続出、ために糊塗彌縫を重ぬることになり、この政治の貧困は国民の生活窮乏を甚しからしめたのみならず、国民をしてぎごちなき統制の框の中で呻吟せざるを得ざるにいたらしめ、それが為に国民は気を腐らし、厭戦的傾向は知らず〳〵の間に芽生え出してゐた。

尤も民衆の心の底に巣くひ始めたこの傾向が、終には革命にまで発展することを約束するものだとは、革命が暴発するまで民衆もその指導階級も、気が付きはしなかつた。気が付いてゐたものがあつたにしても、いつ革命にまで其の厭戦気分が暴発するかは予測出来なかつたに相違ない。

戦後イギリスの諜報機関に勤めてゐた一軍人は、随分と骨折つてドイツの内情を探つてゐたのだが、まさかあの時、あゝいふ経緯でドイツに革命が起らうとは夢にも想像出来なかつたと述懐したといふ記録ものこつてゐる。

結局戦争は続く。だが勝つための戦争ではなくて、敗れては大変だといふ意味だけの戦争になり、即ち戦争目的が積極的なもので無くて消極的なものとなつてしまつたこと、その上に政治の貧困は加はる一方であつたこと、かくて内外の事情ともに厭戦的傾向を発生させ、且つそれを促進するにいたつたため、つひに革命の暴発を見るに至つたのである。

約言すれば、あれほどの戦ひをなすには己れの力未だ足らざることに気がつかな〔か〕つたこと、それを裏面から見れば、敵の力を甘く見てゐたこと、つまり敵を知らず、己れを知らずして無理な戦争を始めたといふことが、結果として革命を生み出したのである。

ロシアの場合も同じ経路をたどつて革命の暴発を見るにいたつたのだ。

こゝで忘れてならないのは、両者の場合、ともにその司配権力は国民の盲従の上に足場を置いてゐたといふ事実である。この事からは何れの国民も戦争の責任を己がものとしてゐなかつたといふ事情が発見さるべきだ。盲従者は如何なる場合でも、己れに責任ありとは自覚しないものなのである。これは怪むに足らない。何となれば、責任を自覚するものはつねに盲従を肯んじないし、盲従は責任を自覚しなければこそ出来るのだから。

かういふように見て来ると、次の定義が許される、即ち盲従を習性とする民衆を以て埋められる国家が戦争を始めたとして、戦局不利となり、戦争の継続の目的に消極的意義しか求められなくなる一方に於て、政治の貧困が加はつて行くとすれば、いつかは革命の勃発が免れない。その場合、昨日までは共生同死の運命を托してゐた司配者に対し、今日は百年仇敵の間柄であつたような態度すら民衆は平気で示すであらう。

かくて盲従を事とする民衆はまつたく頼りになるもので無いといふことを、まざ〳〵と見せつけられるであらう。司配者としてはそれまでまことに始末のいゝ、世話のやけぬ羊の如く従順な、随つてまことに可愛いと思つてゐた民衆が、一瞬にして手に負へぬ、いふことをきかぬ狼の如く獰猛な、憎みても憎みきれぬほどの無礼千万な存在と化してしまつて、泣いても泣ききれぬ悲歎にさいなまれるであらう。（十月十六日）

○

ソ聯が英米との協調を緊密化するためにコミンテルンを解消したり、戦争遂行の必要から宗教の権威をみとむるにいたつたなどは、ソ聯内部情勢の大きな変化だといつたような見方が今尚ほ行はれてゐる。

とんでもない見当違ひである。なるほどコミンテルンの解消は英米との協調を緊密化するに大いに役立つたに相違ない。しかもソ聯の腹ではコミンテルンの存在を、もはや必要だとは考へなくなつてゐたのである。コミンテルンは世界的に共産主義革命の機運を促進するのが眼目であつたのだ。ところが戦争はコミンテルンに代つてその役割を十分に果たしてくれることになつた。即ち戦争の圧力は全世界に無産階級革命の機運をもえあがらせつゝあるのである。かゝる見地からは、ソ聯としてはコミンテルンの解消によつて英米との協調を緊密化し得るとせば、これはまさに期限切れの小切手を渡すだけで、多くの物を手に入れることが出来るようなもので、こんなうまい話は無いのである。さればこそ、その解消は弊履を棄つるが如く無造作に断行してみせることが出来たので、これを以てソ聯内部情勢の変化の一証とするなどは錯覚も甚しい。

宗教の問題は一九三六年の憲法によつてすでに解決されてゐるのであつて、その憲法の何処にも信教の自由を否定してはゐない。同憲法の指示する通りに、今も宗教問題を取り扱つてゐるだけのことで、特に戦争のためにどうのかうのといふことも無いのであるから、この問題にからむ新事実が眼にうつつたからとて、ソ聯内部情勢の変化などととりあげるのは錯覚でしか無いのである。（十月十六日）

○

政治の貧困は実にひどい。

何とかならぬだらうか。たれでもがこれを口にする。といつて、名案はないようだ。無いのに無理はない、政治を豊富ならしむに足る畑が出来あがつてゐないのだから。

どんな結構な政策でも、国民が責任を以て進んでその運営に協力するので無ければ実効があがるものでない。ところが国民がかゝる責任に自覚するといふには、彼等自身、先づ謂ゆる「盲従の美徳」から解放されることが必要である。

己が言動は己れの魂の指令に待つといふのであれば、盲従は出来ない。己が魂の指令によつて己が言動を律すべしとするのは、己が言動に関しては己れが責任を取らねばならぬとの自覚の所産である。この自覚は盲従を許さないのである。

此の自覚あるものは、服従するに足らぬとすれば服従を肯んじない。その代り服従に値ひするとなれば、責任を取つて服従する。かゝる国民を対象とする場合、彼等が納得出来る政策ならば、運営に支障を来たさない。国民自身が進んで自己の責任に於てその運営に協力する。随つて支障を来す筈もないのである。勿論、かゝる国民は納得出来ぬ政策は断乎直ちにこれを反撥するに相違ない。当然、為政者は国民をして納得せしむるに足る政策に非ざれば、実施は出来ない。またよ〔ママ〕く正しき政策には国民が必ず責任ある協力を吝まぬに相違ないから、かゝる政策の実施にあたつては、その効果を十分に発揮せしむることが出来る。

盲従を「美徳」とする国民の場合は、これと全く別である。盲従と責任の無自覚とは一致する。己が言動を律するに、己が魂に頼らうとしない。己が魂は封じた儘である。そして他人の指令を待つといふのだから、盲従が出来るのである。盲従せぬわけに行かないのである。すでに他人の指令に待つといふのであるから、言動の責任は他人にこれを託するのであつて、自からこれを己れに取らうとしないのは当然である。かゝる国民は退いて指令を待つだけで、進んで協力することを為ない。為ないのではなくて、出来ないのである。封じられた魂の持主である以上はどこまでも受動的であつて、能動的ではあり得ないからだ。

どんなに正しく良い政策であつても、国民が進んでこれに協力することなしには効果を十分に発揮出来ないのはいふまでも無い。当然、盲従を「美徳」とするが如き国民の場合、政治の貧困は免れ得ないのである。

わが国の政治はもと〱ひどく貧困であつたのだ。今日に始まつたことでない。それが従来あまり問題とならなかつたのは、盲従を美徳とする国民だけに、それが尚ほ辛棒出来てゐたからである。ところが戦争が生んだ厳しい現実に圧迫されて、如何に盲従を美徳とする国民でも、今は辛棒が出来なくなつた。そこで政治の貧困が国民の前に大きな問題となつて姿を現はすに至つたのである。たゞ国民がそれを問題にし出したからといつても、その事の故に国民は盲従の美徳に反省を持ち始めたといふだけで、まだそれから解放されたといふのではない。そこで政治の貧困を積極的に反撥しようとするまでには立ちいたつてゐないから、消極的に司配権力が実施する政策の裏をかいて、いくらかでも政治の貧困の圧迫を外らさうとする位が精々である。実はさうすることが政治の貧困を一層甚しくするのだが、その貧困を取りのぞくためには国民自身が進んで積極的に反撥すべきだとまでは、自覚してゐない以上、日々の生活のために国民としてはさうする外の途を探し出せないのである。

現に国民がかゝるものであるといふことは、例へば価格公定政策の場合でも明かである。

この政策が必要なことには何人も同意するに相違ない。ところがそれは今、根底から崩れかけてゐる。原因はどこに在るか。公定価格が適正でないといふのも一つの原因ではある。だが根本の原因は闇取引の横行である。このことが国民の生活を圧迫し、その苦痛を大ならしむる所以であることは、国民の誰でもがよく知つてゐる。随つて彼等に進んで此の政策に協力する意向がありとすれば、彼等お互ひ同志の間で闇取引を排斥しあひ、制裁しあふといふ行動に出なければならぬ筈である。また価格が適正でないとすれば、それの訂正を要求するに躊躇しない筈である。さうすることによつて国民は互ひに助かるのだから。

ところが実際はどうであるか。その逆である。互ひに闇取引の巧妙さをひそかにほこりあふといふのが実情ではないか。かくて価格公定政策は国民によつて裏をかゝれ、ために崩れかけてゐるのである。かくて又、それだけ政治を一層貧困ならしめてゐる。そしてその貧困の圧迫を外らさうとして、更らに闇取引を一層巧妙に行はうとする。かくの如きは己が手で己が首をしめて行くのと同様であつて、畢竟自殺的行為なのだが、かゝる行為が国民の間でさかんにくり返へされつゝあることは、まさに紛れもない現実なのだ。

概観して、現に行はれつゝある政策は、それ自体何れも時の要求を外れてはゐないのだ。それにも拘はらず、どうして政治は貧困なのであるか。それ等の政策がよく芽生えて十分に生育するに足る畑が無いからなのだ。相手が盲従を美徳とする国民だからなのである。

政治の貧困はつひに国民が盲従の美徳から解放されるまでは続くであらう。それまでは、どうにもなるものではないのだ。

人は政治の貧困の罪を拙劣なる官僚政治に帰し、又は政治家の無能に帰する。それ等もその原因でないことはない。だが何れも副次的原因に過ぎぬ。その根本的な原因は国民が今尚ほ「盲従を美徳」とする封建的存在たることは求めらるべきである。

国民がかゝる存在であればこそ、無能なる政治家又は官僚政治に存在の余地を与へるのだ。


（十月十六日夜）

〔編者註〕ペン書　ノート

23　手記「随時随想（二）　昭和十九年十月」

〔昭和十九年十月—十一月〕

随時随想（二）　昭和十九年十月

後日の参考の為めに

滝孝三郎氏とは三十年近くの知合である。「荒城の月」の作曲で名高い滝氏の弟である。孝三郎氏は電気学を修めて、今は京都で工場を経営してゐる。昭和十九年十月上旬の或る日、ひよつこり久しぶりで訪ねて来た。

雑談の折、同氏の住む近所では、過般大風大雨の夜に畑一杯作つた野菜を茎一つ残さず盗まれてしまつたといふ話を同氏から聴いた。多分蓑笠といふ装束で隊を組んで掠奪に来たものだらうと、滝氏は想像してゐた。かういふ話は昔話としては耳にせぬことも無かつたが、今の世のものとして聴くのは今が始めてである。隊を組んで盗みに来るといふのは、普通の盗僻からの出来心がさせた業とは受取れない。人間として生きて行くがための物資獲得の一経済的行為と解釈すべきではなからうか。それは客観的には、たしかに盗賊的行為である。しかし主観的には、生きて行くに外に方法がないといふので、いはゞ生命線を確保するための必要にもとづく当然の行為だとするだらう。随つて盗むことには相違ないが、良心に対する苛責は普通の盗みの場合とくらべものにならぬほど軽いに相違ない。当事者自身としては、道徳や世の中を、規律をふみにじつてしまはうといふほどの図太い考へでなく、ちよつとばかりそれに抵触してみる位の軽い考へなので、法の処罰さへ無いとすれば、真昼間公然とやり出すかも知れないのだ。かうまでの世の中になつて来たかと思ふと、このさきが案ぜられぬでもない。物はだん〳〵詰まつて行くに相違なく、それに伴れて己れの生命線を維持するためには盗み掠奪はあたりまへだとして、良心これを許すとするものが漸次ふえて行くだらう。現にこの春にも小石川の何処かでは小児用の衣類を盗んだものがあり、それを警官が捕へて調べようとするとその盗人は、たゞ欲しくて取つたのではない。わが児が裸でゐるのは見るに見かねる、親として忍び得ない。金は持つてゐるのだから買つてやりたいが、買はうにも物がない。いたし方なく悪いとは知り乍ら無断で取つたゞけの事。金はこゝに十分持つてゐるから、これで買つたことにして貰ひまいかと歎願したさうである。かういふのは怪しからぬと憤る前に気の毒になる。たゞの盗人と同様に憎むわけにも行くまいではないか。子を可愛いと思ふせつぱつまつた考が、つひ他人の迷惑を失念させたといつた程度の軽い気持が盗行為と具体化したに過ぎまいから。

かういふのがだん〳〵ふえて行くとしたら、結局どうなる？　持つものは持たざるものから見れば、自分達の必要とする物資のあつかり人としか見えなくなるだらう。持つものにとつてはおそろしい話である。だが持つものは少く、持たざるものは多い。小勢はつひに大勢の敵ではない。反抗出来ぬ。それが出来なければ、屈服以外に途なしである。持つものも、持たざる階級へ引き下ろされて行かずはなるまい。つまり裸にされてしまうだらう。

なるほど、それを許さぬとする法律はある。併し人の生命財産の安全を保障する法律であつてみれば、財産よりも生命が大切であることに異論のあらう筈はなく、その大切な生命を維持するための行為だとあつては、物の安全のためにを理由として法律の権威をふり廻してみても、権威の値打はあがらぬばかりか、さがるだけであらう。人の生命の安全を保障することと物の安全を保障することとが一致を欠いて来れば、後者を守る法律は否応なしに前者を守る法律のために傍へよけなければならぬであらうことは当然である。

どんな軽い気持からでも法律を破つてならぬとする以上は、法律は人の生命の安全のために必要〔と〕する物資は、これを盗まずとも掠奪せずとも手に入れるよう取りはからつてやるだけの義務があらう。さうなると法律は、持たざるものゝために持つものゝ物資を取りあげることが必要になる。つまり個人〱の非合法的掠奪や盗みを抑制するために、国家の名に於て合法的奪掠を行ふのでなくては、法律の権威は維持出来まい。

さういふように法律の威力を発揮させることが出来るだらうか。出来さうもない。出来ないとなれば、どうなる？　人々は暴力による物資獲得へといら立つより外はなくなるだらう。さきが案ぜられるではないか。（十月二十六日）

○

来る人ごとに、概ね闇取引をする奴があるから困るといつて憤慨する。だが平貞蔵氏だけは面白いことをいつた。曰く、自分はその志に於ては楠正成にも後れは取らぬと考へてゐる。然るに如何せん、毎日の生活では高師直の亜流になつてしまうと。蓋し生きて行くためには闇で買ふことをよぎなくされるといふ意味である。

○

水海道で聞いた話だが、町家には鼠が少くなり、その代り猫が米を噛るにいたつたさうだ。鼠は食べもの不足のため野良に走つたらしいといつてゐた。農民に聞くと、畑などに鼠が多くなつたさうである。

○

六七月頃までは銀座の資生堂や千疋屋などの商品棚に、まだ万年筆はならべられてゐた。十月になつて両店をのぞいてみたが、一本も売つてゐない。

○

燃料の不足は茶の生産量を減ぜしめ、製茶業者からいへば、廉価なる晩茶〔な〕どを製造するよりも高級茶をつくる方が利益が多いので、すでに久しい以前から茶不足は来してゐたが、それでも抹茶などは九月頃までどこの店でも欲しいだけ買へたものである。ところが十月になると、その抹茶すらも二十匁か三十匁位しか売らなくなつてしまつた。生産減と、外にのむものもないので、抹茶の需要が増したゝめらしい。予も亦三ケ月程前からほとんど毎日、みづから茶をたてゝ飲むことにしてゐる。但し茶せんはほとんど何処にも売つてゐない。顔見知りのものにでなければ売らうとしないのである。これも生産減で、その上公定価がやすいため、顔見知りのものに闇値で売るのでなくては引き合はぬからである。

〇

六本木の大和田は鰻では東京第一の称があり、徳川時代以来ののれんである。それが去る三月以来、飲食店整理のためにずつと休業続きである。ところが各方面からの要望もあり、当局でも出来るなら開業しろとすゝめるので、やつとの事でいろ〳〵工夫をこらして鰻を手に入れることが出来るようになつたので、まだ開店の手続きはすまないのだが、内々で特別の顧客連に蒲焼を出すといふことになり、案内をうけた。そこで十月十八日正午に、久しぶりで大和田のうなぎを味ふことが出来た。十人前で百円である。同席した連中は三百円でも高くないといつてゐた。それほど飲食店の闇値は高くなつてゐるのである。一人前五十円といふのは、通り相場になつてゐるさうである。

〇

徴用労務者中出勤成績の思はしくないものを調べあげて、これを炭坑の方に差し向ける工作が二三ケ月前より当局によつて行はれ出した。

〇

めつきり新刊書が減じて、新本屋はどこも書棚がガラ空である。

〇

十月下旬比島東海に於ける海戦の大勝利が続々発表されて、民衆はホッとした気持である。併したゞホッとしたといふだけで、戦争が早くやめばいゝといふ気持は、依然としてしつこく胸底に喰ひ入つてゐるらしく、電車に乗つて周囲の口にする所を聴いてみても、街行く人達の舌に上る話を耳にしてみても、戦意の昂揚はちつとも見うけられない。あと一二週間も経てば、このホッとした気持も拭ふが如く忘られて、勝つのか勝たないのか、どうやら勝てさうもないといふ考に焦々すると同時に、目前の生活問題に追はれて戦意は益々低下して行くのではないかと思はれる。

この春、真壁郡紫尾村の酒寄利左衛門氏が訪ねて来た折、口に出していふべきことではないが内密に聴いて貰ひたい。実は村内九割まではその心の中では、戦さはどうならうと自分達の知つたことでない。勝つても敗けても、自分達には同じことだと考へてゐる。これが偽らざる実情であるが、こんなことで戦さは勝てるだらうかと、しみ〴〵述懐してゐた。いふまでもなく、彼等をしてかゝる考をいだかしめるのは、生活が苦しいからである。

この間、結城郡岡田村で麦の供出割当に関する協議会をひらいた折、地方事務所の官吏や警察署長なども同席してゐたが、一人の老人は小児にさへ満足に食べさせられないといふ有様では、戦争などやめてしまつた方がいゝと公然叫んださうだ。割当量が多過ぎるといふ憤慨からであるのはいふまでもないが、それにしても、ことに警官などの前では心ではどうあらうとも、口さきでは一かど楠正成の中し子でもあるような言句を吐いて頼しさを誇示するといふのが一般の習性であるから、警察署長同席の会合などでは、かくもぶしつけに大びらにいつてのけるといふようなことは、従来曾て無かつたことである。しかもその言葉を聞いて、同座の一同たれも不当だとたしなめようともしない。それ所か、自分達の代弁者が出てくれてよかつたといふ顔色を見せて、何れも同感の意を暗黙裡に物語つてゐたといふのである。警察署長等の立会ひの官吏なども、その雰囲気に圧せられて黙つてゐざるを得なかつたさうだ。

人々は戦争に疲れ出したのである。一戦一敗に心を動かすなとよく呼びかけるが、彼等自身は戦争の成行などは深く念頭に置いてゐないのである。日々の生活の問題に追はれて、その成行などはあまり問題にしてゐないのだ。それを問題にするほどの心のゆとりを無くしてしまつてゐるのである。出征してゐる自分の子なり、弟なり、兄なりが無事でありさへすれば、戦局の一勝一敗などはどうでもいゝとしてゐるのである。それに心を動かさうとはしないのだから、動かすなと呼びかけられても彼等の場合、いはゆる馬耳東風なのだ。

戦争が長引けば長引くほど、人々はます〳〵戦争に無関心になつて行くだらう。戦意は低下して行く一方であるに相違ない。その結果はどうなるか。いふまでもなく自暴自棄的風潮が、ます〳〵加はつて行くだらう。それは内部崩壊の危機の増大である。

○

二百余年間も鎖国して、然かも独特の文化を高度に発展させることが出来たといふ国は世界史上類例が無からう。しかもその間、全く平和を保ち得たのであるから、これも類例乏しいであらう。かゝる経験がふるいことで無いだけに、日本人の国際的性格はすこぶる貧弱であるといふのに不思議はないが、一国としても一個人としてもその存在が国際的であらねばならぬ時代に処するには、そのことが日本及日本人の大きな短所となることは否めない。

何かといへば、とかく鎖国時代のひとりよがりに還元されて、万国万人ともに生きるといふ量見を気がつかずに失ひ易い傾向がある。日本人の間でなくば通用しない一種の神秘主義を外国人にまで通用させようとし、通用が思はしくないと憤慨したり、不必要な罵声を発したりせずには居られないといふのも、さうした傾向のあらはれに外ならぬ。

外国のもの、その可なるものは何でも取り入れるといふ大きい量見、融通無碍の量見こそ必要であり、かゝる量見からは日本のもので取り入れたくないものは取り入れぬがよし、取り入れたいものは遠慮なく取り入れなさいといつた態度を外国に示すが当然であつて、外国にむかつて取り入れたくないものまで取り入れろと強要するといふが如きは、決して採るべき途でない。それでは国も人も真実に大きくなれるものでない。

○

法文科は学生の一割位しかこれを修めぬといふような時代が一刻も早く実現されねばならぬ。わが男の子三人とも理工科にむかつたのは、自分としては本懐である。

○

従来の如き政治組織は、この戦争で払拭されるに相違ない。新しき社会秩序の誕生がこの戦争によつて約束される以上、新しい政治組織の発生もまた、この戦争が約束する筈である。

この見地からは今ふるき制度の代議士をやめてゐるといふことは、私にとつてさびしさをもたらさぬばかりか、いゝ事だと考へられる。ふるき制度の糸につながれてゐるものは、その制度の崩壊と同時にその存在の足場をも失はねばならぬであらう。

○

豊福保次氏がたづねて来て、有馬頼寧伯を再び貴族院議員にしたい、それには近衛公の斡旋が必要だから、それについて近衛公に依頼して呉れとの話であつた。同氏は有馬伯が農林大臣当時の秘書官である。

こゝろよく私はその依頼を引きうけたが、併しそれは貴族院議員になしたいといふ豊福氏の気持を察しての話であつて、たゞそれだけの事である。貴族院議員などいふものは、戦争がもたらすべき新事態の下では抹消さるべきものだといふ考を棄てたからではない。かゝる考を持てと要求するに足らぬ場合、それもよからうとして引きうけるのが相手に対する一つの友情だといふまでの話である。

○

十月二十七日、比島沖海空戦の綜合戦果が発表された。まことにすばらしい戦果である。まさに誇示するに足るが、併し戦局は依然として重大である。ところがそのことには一般は無関心である。レイテ島に上陸した敵軍を追ひ払つたといふのではないから、それが追ひ払ひ得るまでは勝つたといへぬ。結局押されつゝあることは否定出来ない。沈みきつた人心をいくらかでも引きたてようとするためもあるか、戦果をさかんに吹聴する。これも止むを得ないことであらうが、何となく消えんとする灯火がその一歩手前で燃えさかつたような感じがするといふ気持を、多くの人々が胸の底の何処かにひそめてゐるのは争はれぬようだ。上層部がよろこびにはしやいでゐるほど、下層部ははしやいでゐないのが特に目立つ。

○

瀬崎憲が電気技術者として日本無線会社の工場に徴用されることになつて、十月二十八日体格検査をうけるため上京して夕刻立ちよる。そのときの話に、同工場の一従業員の一主婦はたんすの中のものを出して、それを持参しなければ農家へ買ひ出しに行つても物は売つてくれず、といつて買はずには生きて行かれず、ために持ちものをだん〳〵減らして行かねばならないので、さきゆきどうなるかと心配でならぬとこぼしてゐたさうである。

どこかでは農村へ買ひ出しに行つて、金だけでは売らないといはれて困りはてゝゐると、売手の方では、はいてゐる足袋でもいゝからぬいて置いて行きなさい、さうすれば売つて上げようといつたさうである。

東京近在の農村に買ひ出しに行くには、高い闇値を支払ふ外に、何か物を提供しなければ買ひつけが出来ないといふ話は昨年の秋ごろからよく聞かされたことだが、この頃はその風潮いよ〳〵はなはだしく、東京の人々のたんすやかばんが、そのうち空になつてしまうだらうと、農村では噂しあつてゐるさうだ。

群馬県から出て来てたづねて来た一村会議員の話によると、同地方では賃金の代りに自家生産の物資を提供して労力を求むるものが漸次多くなりつゝありといふ。通貨に対する信用がうすらぎつゝある証拠である。

戦局よりも国内情勢の方が重大化しつゝありといふことが、一般の人達の神経をつよく刺戟し出して来たようだ。国内が崩壊しはしないかといふ危惧の念がきざしかけて来たのは、注目すべき現象である。

糞尿の処置すら東京ではどうにも手がつか〔なく〕なつて、あちこちでこれがために民衆同志の間で喧嘩などもめづらしくない模様で、昨日たづねて来た人の話によると、どこかの寄宿舎の便所があふれ出し、近所のものがそれを問題にして、つひにひどい口喧嘩してゐる光景を今日撃して来たばかりだといつてゐた。(十月廿八日)

○

酒一升百円、ごま油一升百円は通り相場也。

○

比島沖の大戦果さかんに宣伝されたが、一般の人心は一向に引きたつてゐないことが、十月末帰郷してまざ〱と見せつけられた。生活の困難に心を奪はれて、戦果をたゞうはの空で聞くのみである。

水海道の事務所の前の新妻理髪店の主人公は海軍工廠に徴用されてゐるが、遅刻したといつてはなぐられ、仕事の出来が思はしくないといつてはなぐられ、子供の四五人もあつてこの有様は目もあてられぬ惨さだとこぼしてゐたさうだが、その上生活も随分苦しい模様だから、戦果を聞かされても感激が湧くどころか、戦争を早くやめて貰ひたいと心ひそかに願つてゐるだらうことは想像に難しとしない。

同じく水海道で水海道の一製材工場に徴用されたものは、事業主の悪辣な営利行為にあいそをつかして、こんな事で戦が勝てるだらうかと鬱憤をもらしたといふ話も聞いた。その話によると、事業主は徴用工に賃金の支払ひを渋り、製材屑などを闇値で流し、その他不正行為によりてさかんに暴利をむさぼり、それがため事業主側の雇人も頗る憤慨の有様にて、徴用工達にひそかに、「こんなことで戦さが勝てるわけはない。何れは吾々の手で問題を起してやるから」と告げたといふ。

○

地方紙不足甚しく、便所用塵紙の代りに柿の葉を用意する農家も出て来た由。

○

石下町に疎開せる学童連が、

　縁故疎開はよいけれど
　集団疎開はつらいもの

など、日暮など宿舎の窓にたちて口ずさみ居る由也。

○

十一月六日、ソ聯革命記念日に於けるスターリンの演説が九日附新聞で報道された。日本を侵略国だと断定してゐる。それから三日目の今日になつても、この演説に当局も新聞も一言一句の批評、又は反駁すら加へてゐない。ソ聯関係は悪くなつたと自認してゐるのか。

まつたく腑に落ちぬことである。（十一月十一日）

〔編者註〕ペン書　ノート

24　論考「一九四四年（昭和十九年）十一月六日ソ聯革命記念日に於けるスターリンの演説に関する若干の考察」

〔昭和十九年十一月十五日〕

一九四四年（昭和十九年）十一月六日　ソ聯革命記念日に於けるスターリンの演説に関する若干の考察

一

この演説の中でスターリンは、世界を被侵略国と侵略国とに分類し、英米は平和愛好国としてこれを被侵略国群の中に編入し、これに反し日本は「長期間戦争の準備を行つて戦力を蓄積し、新しい戦争に興味を有する」ことドイツ同様であり、即ち侵略国であると断定した。

これは公然、日本の戦争目的の正義性を否定したものだ。この見地から、意義頗る重大である。日本に対してひどい侮辱だ。まさに一個の挑戦的言辞である。

二

この言辞の裏には、反感を持ちたくば勝手に持つがいゝ、かゝりたくばかゝつて来い、何時でも相手になつてやるぞといふ不遜な意図が匿されてゐる。即ちソ聯は、今や日本を嘗めきつてゐる。日本の向背の如きは問題とするに足らぬとしてゐることが明白に看取出来る。

日ソ中立条約はこの演説によつて、ソ聯により実質的に破棄されたのである。ソ聯の対日方針は、すでに百八十度の廻転を遂げたことが認識さるべきである。

去る九月の臨時議会に於て重光外相は、日ソ国交は好調だと言明した。この言明から日ソ関係は安心出来ると考へてゐた人達は、今その安心を抛棄すべきである。

三

西部ヨーロッパに於ける謂ゆる第二戦線結成の成功とその作戦の進捗とは、ドイツの戦力に対するソ聯の戦力の比重を著しく増大せしめたのはたしかだ。それがためにソ聯は遠からずドイツを撃砕することが可能だとの自信を持つにいたつた。スターリンは同じ演説の中で豪語して曰く、「吾等はドイツ・フアツシストをその巣窟に於て撃砕し、近い将来ベルリンの上空にソヴィエトの国旗を掲ぐるであらう……三国聯盟は勝利の前夜にあり、且つ勝利することは今や全く疑問の余地がない」と。

其のドイツが敗亡したとすれば、それによつて日本が蒙る打撃の甚大なるべきは、いふまでもない。

一方、今春来の太平洋戦域に於ける米国反攻作戦の進捗は、日本の対ソ威力を殆んど零に帰せしめてゐることも否定出来ない。即ちソ聯はその対独戦に於て日本を後顧の憂ひとする必要から、今は全く解放されてゐるのである。

かくてソ聯は日本の向背問題とするに足らずとの認識を持つに至つたのだ。併し元よりたゞそれだけの認識に過ぎぬとすれば、日本に挑戦的言辞を投げかける必要はない。それを投げつけたといふのには、別の認識をその認識から引き出してゐるからだといふことが判断さるべきである。

四

別の認識とは何であるか。ソ聯が太平洋に対する有力な発言権を獲得すべき絶好の機会は到来したといふ認識である。

太平洋に強力な発言権を把握したい、それがために太平洋岸に強固な足場を築きたいといふ希望は、ソ聯にとつて新しいことでない。だが日本の東亜に対する威力が儼乎として存在する限り、ソ聯のその希望は達成されない。ところがソ聯から見れば、ドイツの敗亡に次ぐものは日本の敗亡である。随つてソ聯としては、太平洋に関する多年の希望を達成するに足る条件が整へかけたと見てゐるのだ。最近ソ聯当局が太平洋に関する国民の注意を喚起するために旺んに働きかけ出したのは、そのことの最も明白な証拠だといつていゝ。

ソ聯が予測する如く日本の敗亡が必然だとすれば、ソ聯としては太平洋に関する多年の希望の順調なる達成を期するためには、積極的に日本攻撃に参加することが必要である。さうでないと、太平洋を英米の独占するに任せなければならず、ソ聯は太平洋への発言権を主張する足場を持ち得ない。犠牲なき収穫はあり得ないから、それは当然である。

知るべし、ソ聯は適当なる機会をねらつて英米の味方として太平洋戦争に参加し、日本を攻撃しようとする用意に取りかゝつてゐるのである。スターリンが日本を侵略国だと公然断定したのは、その用意の一端に外ならない。これは一つには、以て対日宣戦の場合の名分を明かにして置かうといふのであり、他には以て対日戦の必要を国民に予告しようといふのだと解釈さるべきである。ルーマニアやブルガリアが日本に断交したといふことは、やがてソ聯が日本に断交を宣告すべき前兆だと見るに於て意義重大である。それ等の不具国共が何の断交ぞやと笑つて見すごせる事柄ではない。

今尚ほソ聯が日本を攻撃するやうなことはするまいと考へてゐるものもある。或ひは曰く、「太平洋に関してソ聯が野心満々であることは認める。それ故にソ聯は太平洋に於て、日米両国がその戦力を消耗し尽すのを希望するだらう。随つて日米間の太平洋戦争には傍観の態度を棄てないだらう」と。かゝる見解は、遠からず日本は敗亡すとのソ聯の認識と一致しない。ソ聯は日米相戦ふことによつて、米国の戦力が大いに消耗をよぎなくされるだらうとは考へてゐないのだ。それどころか、日本の戦力はまさに尽きようとしてゐる、随つて米国の戦力は余りいためられずに済むだらうと見てゐるのである。

或ひは曰く、「ドイツ一たび敗亡せば、ヨーロツパ戦後処理の問題を繞つて英米とソ聯とは深刻な対立抗争をよぎなくされるであらう。そのことから、ソ聯としては日本をして英米を牽制せしむるを必要だとするだらう。そこでソ聯は自から求めて日本を敵とするやうなことは極力避けるに相違ない。随つてスターリンが日本を侵略国だと断定したからといつて、それを挑戦するものと取るのは早計だ」と。

この見解も謂ゆる希望的判断の域を出でない。ヨーロツパ戦後処理問題のために犠牲に供していゝとする程、太平洋問題はソ聯に取つて小さいものではない。事実はその逆である。ソ聯としては太平洋に有力有効なる発言権が把握出来るならば、ヨーロツパ戦後処理の問題では或る程度までは英米に譲歩することも辞せぬとするであらう。このことは大ざつぱに未来世界の人類史が太平洋を中心に旋廻するであらうことを思ふだけでも、たやすく了解出来るであらう。

日本人としてはソ聯が英米の味方となつて日本を攻撃するだらうといふことは、考へるだけでも戦慄を禁じ得ぬに相違ない。併しそれだからといつて、ソ聯との国交が今後も好調だらうと期待するに足る理由は、どこにも見当らないのである。

五

不自然なものは、いつか必ず自然なものに還元されねばならぬ。日ソ中立関係が維持出来たといふのは、この上なき「不自然」であつたのだ。英米の敗亡は、ソ聯に取つて致命的打撃である。然るに日本はその英米をたゝきつけようといふのである。一方、日本にとつては、ドイツに勝つてくれなくては困るのである。ところがソ聯は、そのドイツを破らねばならぬといふのである。随つて日ソ両国自然の関係から見れば、とうに互ひに敵国として撃ちあつてゐるのが当然である。だがこの自然の関係をゆがめて、両国互ひに相撃たずといふ不自然な関係の下に起たねばならぬ事情が実在した。ドイツと戦ふソ聯は日本を、英米を敵とする日本はソ聯を、互ひに同じ程度に於て後顧の憂ひとしたからである。つまり戦局の推移が両国相互の威圧力に平衡を保たせてゐたからである。ところが今、ソ聯はその平衡は破れたと認識するに至つた。ソ聯から見れば、日本のソ聯に対する威圧力は零に帰したのである。しかもドイツに完勝することは間近しと期待するのであるから、日本に対するソ聯の威圧力は無限大的に増進されつゝあるものと、ソ聯は見てゐるのである。当然ソ聯から見れば、日ソ間の不自然な関係は、今や自然な関係に還元されてよし、さうしなければならぬとの認識こそ正しいのである。スターリンの日本に関する言辞はかゝる認識の所産だと解釈しなくては正鵠を得ない。日ソの国境には、今や戦神マルスがその翼をひろげて空高く舞ひあがらうとしてゐるのだ。併し現在なほ、両国は共に中立を守つてゐるのではないかといふので、戦神の羽ばたきの音には強いて耳を塞ぎ、両国々交が破れるようなことはあるまいと期待して、その破綻が必ずもたらすに相違ない戦慄すべき事態の発生を思ふの苦痛から遠ざからうとするものが日本人中に少くないのも事実である。勿論、かゝる期待は現実を游離したもので、一つの幻想に外ならない。ソ聯は日本にむけ、戦神をして羽ばたからしめつゝある。戦神マルスは日本人の思惑などにはちつとも気にかけずに、何れは日ソ国境の中天高く舞ひあがることであらう。

六

日本政府はスターリンの演説に対し、即刻、断乎反駁すべきであつた。少くとも新聞紙をして直ちに忌憚なく批判論評せしめ、以て国民はスターリンの不遜なる言辞に憤激することを明かにし、ソ聯の反省を促さねばならぬとする国民的思向を表示すべきであつた。

或ひは曰く、「さうすることはソ聯の感情を刺戟し、却つて日ソ関係を悪化せしむるのみだ」と。とんでもない錯覚である。挑戦的言辞を大びらに無遠慮に事もなげに吐きつけたことは何を意味してゐるか。ソ聯から見れば、日ソ関係は中立条約の外皮は尚ほ着けてゐるとはいへ、実質的には断交の一歩手前に迫つてゐることを物語るものである。即ち日ソ関係はソ聯の見解では、悪化の頂点にまで到達してゐるのだ。この上に悪化の余地は無いのである。この現実を認識するならば、今更ら悪化させるなど考へるのは馬鹿げきつてゐることが判らねばならぬ。

加之、政府も国民も反駁しないといふのは、反駁出来ないといふ卑屈さを相手に暴露することである。自から己に意気地なしと銘打つようなものだ。相手をして図に乗らしむる所以である。

ところが政府は沈黙を守るのみである。国民の名に於ても反駁をゆるさない。認識不足にして、反駁でもしなければ日ソ関係の好調を維持することが出来るとでも思つてゐるのか。それともたゞふるひあがつて度を失つてしまひ、つひに為すべき術を知らないとでもいふのか。

反駁するには時機がある。そこで今は沈黙を守るのだとでもいふか。かゝる演説に対しては、反駁の時機はそれを聞き知つた直後を措いては他にあるものでない。しつぺ返しに反駁してこそ反駁に意義があり、効果がある。日を経ての反駁は謂ゆる五菖十菊であつて、全くナンセンスである。これしきの事が判らぬとすれば、その暗愚や及ぶべからずといふ外はない。

七

由来小磯内閣は、自から国体護持を標榜してゐる。

国体護持は同時に詔書護持であらねばならぬ。詔書を本心から護持しなければならぬとする以上、日本の戦争目的の正義性を否定し、随つて宣戦詔書の精神を否定したるスターリンの演説を断乎公然反駁しないといふのは、甚しき自家撞着である。

一つの大きな問題が此の自家撞着の間に潜んでゐる。国体護持や詔書護持はその本質に鑑みて、本来、一切の便宜から超越しなければならぬ。便宜によつて緩急冷熱の区別があつてはならないのである。便宜によつて左右される国体護持や詔書護持であるならば、いふまでもなく、それは便宜主義的なものであつて、その延長は結局、国体抛棄や詔書蹂躙の精神と一致する。

小磯内閣はかゝる便宜主義的国体護持者であることを否定するに相違ない。併し、スターリンの演説を黙過することがソ聯の感情を刺戟しまいとする便宜によるものであり、この便宜のためには詔書の精神が否定されるのも忍ぶべしとするのであれば、便宜主義的国体護持者であることを否定する資格はない。かくても尚ほそれを否定する資格ありとするならば、それは畢竟便宜主義的国体護持の精神を非便宜主義的同精神とはきちがへてゐるのである。思弁の混乱、あはれむべしといはざるを得ない。

若し夫れ、小磯内閣は国体護持を空念仏として唱ふるのみだといふのであれば、また何をかいはんやである。

八

伝聞する所によれば、ソ聯放送局はスターリンが日本侮辱の演説を行つたその日に、在ソ聯朝鮮人が祖国解放軍を組織した旨を放送したといふ。ソ聯が今、日本に対し何を考へつゝあるかは、この一事からもおのづから明白であらねばならぬ。

小磯内閣が事の真相を出来るだけ国民に知らしむるといふ方針は正しい。スターリンの演説内容を国民に知らしたのは、この意味だけでいへばよろしい。だが、たゞ知らしたといふだけで批判も論評も許さず、政府もたゞ黙過するのみであるのは、国民に対して甚しく不親切だといはざるを得ない。さきに政府は重光外相をして、日ソ関係は好調だと臨時議会に於て言明せしめた。スターリンの演説がこの言明を裏切るものであることは、三尺の童児でも怪むまい。国民は重光外相の言明を信じてゐたが故に、スターリンの演説を読んで、何れもゾツとしたといつてゐる。国民のかゝる印象に対しても政府としては、或ひは自からの発言により、或ひは新聞の如き機関をして批判論評せしめ、以てこれに応《こた》へるの処置を講じないのは不当である。不親切である。国民を迷はし惑はすものである。悪政の甚しきものであることは否定出来ない。最小限度に於ても、ソ聯が日本に対し如何に考へつゝあるか、重光外相のさきの言明が如何に裏切られつゝあるかに関し、国民に暗示する所がなくてはならぬ筈である。

更らに、日本の盟邦として存在する東亜新生諸国家の民衆が、果して日本と共死同生の精神を守るものだとすれば、日本政府が堂々スターリンの演説を反駁しないことによつて歯痒さを感じ、失望の念をいだき、肩身狭しとするであらう。事実、それ等諸盟邦にとつては、盟主を以て自他ともに許す日本が中立国たるソ聯から侵略国の烙印を捺されて、然かもこれを黙過するを余儀なくされてゐるとあつては、盟主日本の存在がまことに頼りなく思はれるであらう。同時に自分達にとり、迷惑千万だとも考えるであらう。若しも彼等が心に日本を排斥し、日本に反感を懐いてゐるとすれば、何たる意気地なしぞ。これも日本敗亡の一兆だとして、益々日本を侮り、愈々日本を排斥し日本に反感をいだくことをこゝろよしとするであらう。何れにしても、異邦の人心を日本に傾かしむる所以ではない。その逆である。日本から離れしむる所以である。

九

ソ聯が日本と断交するだらう。英米の味方となつて日本を攻めて来るだらう。さうなるとその結果はどうなる？　日本の敗亡は直ちに決定される。これほど怖ろしいことはない。考へるだけでも戦慄を禁じ得ないのは当然である。そこで動もすれば、人はさう考へたくないのである。さうは考へずに済むだらうといふ理由を、どこかに探し出さうとする。探し出さずには不安でゐたゝまらないからである。さうなると、事態を真正面から簡明直截に見る眼は自からくらんでしまう。反駁でもしなければ、相手は何とか思ひ直して呉れる〔ママ〕はしないかといつたような因循姑息な考は、かうして頭を擡げて来るのである。何でも彼でも相手のことは忘れて、自分にだけ都合のいゝように解釈したくなる。謂ゆる希望的観測乃至判断に心を托して己が心を安めようとかゝる。

かうなると、物事は総て「いすか」の嘴と喰ひ違つて来る。用意すべきことも用意せず、謂ゆる一日苟安をむさぼるに外ならず、気がついた時は何事も間に合はずで、のだれ死の悲惨な運命を背負はされた時である。

スターリンの演説に対する小磯内閣の態度は、まさに希望的観測と判断とを基準として定められてゐるとしか思はれない。九仞の絶壁の上に立たされてゐるといふ現実に眼を掩ふて心臓の動悸を鎮めようとしてゐるらしいが、結局は心臓を破裂せしむるが如き事態の発生に直面するを遠からず余儀なくされるであらう。

一〇

ソ聯は何時、日本にのしかゝつて来るだらうか。スターリンの期待する如く、ドイツの敗亡近しとせば、その敗亡の尖先は最も戒心を要する時であらう。或ひは又、ソ聯が比島戦を重大視してゐることはたしかである。レーテ島に於て日本が頗る優勢となり、米国あやうしとなれば、米国に恩を売る意味に於て日本を後方より牽制する行動に出るかも知れぬ。日本が不利の立場に陥るとなれば、この一戦こそ、日本の運命を決するのであるから、この機会こそ、ソ聯に取り太平洋への発言権の足場を獲得するに絶好なものとして、日本にのしかゝつて来るかも知れぬ。畢竟ソ聯が日本にのしかゝるとして、対独戦とレーテの日米決戦と、この二つの情勢を睨み合せて、その時機を決定するだらうが、さうだとすれば、あまり遠からざる時機に於てソ聯が対日断交を行ふであらうことは予測出来る。

想像されるのは、ソ聯が支那よりの撤兵と満洲の開放と朝鮮の独立とを日本に勧奨するの態度に先づ出づるだらうことである。勿論、難題の吹きかけである。当然日本は承知出来ない。それを口実として、日本の侵略的方針をこらさねばならぬとし、英米と共に日本を攻むることにならう。

或ひは延安政権のために外蒙方面を提供して、同政権を外皮とし、内実はソ聯の戦力によつて満洲を脅かし、朝鮮を攪乱し、日本本土への空襲を行ふが如き方針を取るかも知れぬ。米空軍のために沿海洲方面に基地を提供するだらうことは勿論である（一九、一一、一五）

〔編者註〕ペン書　原稿用紙和綴

25　日記「雑記　2605　昭和二十年一月　1945」

〔昭和十九年十二月―二十年五月〕

雑記　2605　昭和二十年一月　1945

昭和十九年十二月二十一日、家兄吉雄軽度の中風にて、突然右指不自由右腕不自由を覚えたるが病気とは気づかず、何かの拍子に一寸かくなりたるものと最初は気もかけざりしが、二十二日、不自由依然〔な〕るに中屋敷の沼尻祐三郎老人の切なるすゝめによりて、富村医師の診断を求む。軽度の溢血と診断。志富氏より正午頃その知らせあり、偶々空襲あるらしき情勢故午後四時過の列車にて帰郷する旨志富氏に告げたるが、果然間もなく警戒警報となり、為めに東京来襲かと心配したるも、敵機は百機内外にて名古屋を襲ふ。午後六時前警報解除、よつて取るものも取あへず上野駅に向ふ。それより三十日朝まで滞在。その日午前五時水海道列車にて上京す。恰かも二十九日午後八時頃と三十日の午前一時頃と、更らに午前三時頃と警戒警報発令とて午前二時頃より起床。炊事も間にあはざれば、そばかきをたべて午前四時十五分頃出立。沼尻、浦吉氏停車場まで見送るとて午前四時頃来宅、伴れたちて駅に向ふ。高野北坪の南端まで行きたる折、浦吉氏が「あれ、火事だ」と叫ぶ。見ると、南方遠く火の手のあがるを見る。浅草が焼夷弾で焼けたのだと、あとで知つた。八時前家に到着。午後四時間程昼寝す。

三十一日午前中一時間ほど散歩す。たまに見うける松飾は指ほどの松枝を入口につけたるのみ。それも極めて稀。

めづらしく三十日夜は無事。三十一日も昼間は無事。

三十日夜緒方竹虎氏より電話ありて、一月十九日その娘の結婚式をあぐる故媒介人をたのむとの事也。快諾す。

三十一日夜は博太郎は宿直也。

よし子、三郎、とし子等と四人にて夕食をとる。うどんのにうめんに舌鼓を打つ。よし子とし子と予とは午前中に風呂に入り、三郎だけ入らず。どうしようかと話しあつたが、結局新年を迎へるのだから新しく水を取りかへてはいらうといふこと〔に〕なり、七時頃風呂水とりかへ、八時たきつく。

朝から日光うすく午後は薄曇りとなり、いくらか寒さ和らぎ雪になるかと話しあつてゐたが、夜に入ると雲うすらぎて十七夜かの月が煌々と照り出す。

萩谷敬一郎氏と鶴田亀二氏とに書信する末尾に、

あすよりは六十の坂路か

尻からげ草鞋のひもしめ直さばや

三郎二十、とし子十六、博太郎三十、精二は二十六を迎ふることになる。

女中なしの年末は始めての事也。

庭の芝生を焼く。焼夷弾でも落ちたとき焼いて置かぬと危険だからである。

自から手を下して玄関内玄関など掃除す。これも面白し。

昨朝来警報を聞かず、僅か三十余時間の無事にも何となく気持のんびりするのも、人間のどもと過ぐれば熱さ忘るの類なるべし。

末次信正大将逝去につき、名刺に敬弔と書いて遺族に手紙差し出す。いつもの如し。謂ゆる名士の訃には弔問者も賑ふことなれば、いつもの如く出かけての弔問は遠慮す。

三日前より背上の灸を再び始め、今日はとし子にすいて貰ふ。餅一枚配給となる。粟色也。粟もはいつてゐると思はるゝ味也。たんざく形に切りて四五十程也。これだけしかもちには有りつけぬ家庭をおもふと心痛し。

福田重清氏より山芋、竹内勇之助氏よりつくだ煮を送り来る。河盛代議士より醬油二升。有馬伯より塩鮭一尾。この暮塩鮭にありつける家庭いくばくも無かるべし。

今日散歩の折に着物屋をのぞくと、瀬戸ものの煙管を売つてゐる。金属製のものが払底したゝめである。たれか雁首だけの煙管を古物店頭で見つけていひ値で買つて来たといふ話を聞いたが、なるほどとうなづける。

午後九時頃風呂沸く。ゆつくり湯にひたる。然るに漸く風呂を出て着物を着け始めると警戒警報、十時少し前也。三十分程にて解除さる。

精二に葉書を書く。高野の老人の病気を知らせる為め也。

今十九年の記事終る。

〔昭和二十年〕

一月元旦
昭和二十年は警報と共に始まる。即ち午前〇時前後警報発令、約四五十分続く。次いて午前五時頃又発令、約二十分間続く。焼夷弾のみを投下して脱去。下谷竹町附近相当に焼けたる趣也。

午后理髪師来り理髪。

午後木村進氏来訪。約束の西洋酒一本及び福田重清氏より送り来れる山芋を進呈す。

午前真壁郡中村の鷺谷勝三郎氏の息来り、去年久下田紀念碑の題辞を近衛公に依頼しそれが出来あがりたるにつき、お礼なりとて花瓶一ケ持参、別に近衛公に届けてくれとて同じく焼もの一個持参。

薄曇りなり。日中無事。夕刻晴れる。

今夜も亦敵機来襲かと人々神経をとがらすこと、元旦の今日も異ならず。昨夜午前五時頃の警報を熟睡中のとし子が真先きに聞きつけて、警報よと絶叫す。しかもすぐに眠つて了ふ。それほど警報は問題也。

昼間無事。

二日
めづらしく夜来無事。博太郎遅出にてよしとの事に、一家五人そろつて朝めしをたべる。
高野、後藤氏等午前中来訪。画せん紙を後藤氏より貰ふ。高野氏よりは鳥一羽貰ふ。高野氏には山芋を返礼に進呈す。

快晴。

二階にバケツ二つ常置す。水一杯みたす。

夜灸、去月二十八日以来の事也。肩の灸也。

けふは風つよく、その風膚を裂くの思ひあり。

博太郎は宿直にてかへらず。

三日

午前牛場友彦、岸道三、寺島三郎氏等来訪。

昨夜無事、よく眠る。

快晴、但し極寒也。今冬来、第一の寒さらし。

敵機はこの日名古屋を中心に大阪方面を空襲す。

四日

昨夜来無事、よく眠る。

午前早水氏上海より上京、来訪。

曇。寒ことにきびし。

昨朝は武蔵野境〔ママ〕辺にては零下八度なりしといふ、ために宿直したる博太郎は朝顔を洗ふに、水手の甲にて氷れる程なりしとの事也。

午後川島統計局長来訪。川島氏は予が輸長当時半歳余総務課長たりし人也。

午後七時過警戒警報、二三十分間にして解除さる。

真藤慎太郎氏より鮭とかづの子とを貰ふ。

五日

午前五時頃警戒警報、三十分程にて解除さる。夜中安眠を破る程度の地震二回。

午前大島鋭雄昨年暮急死とてその遺族来り、刀剣、画幅の処分をたのまる、竹内勇之助氏に紹介す。

午前大来佐武郎氏来訪。

晴れ。寒は甚し。朝縁側を拭くそばから氷る。

「午前五時」来襲は最初也。

昨日志冨氏より電話あり、家兄の病気経過よろしく、不自由になつた手指も大分自由になつた趣也。一安心す。

下級酒にても一升百二十円の取引なりといふ。

昨日小磯総理閣議にて発言しレーテの戦局可ならずと言明し、且つ海軍の消耗も軽視しがたきを指摘したる旨、今朝の新聞一斉に報道す。

博太郎今夜は宿直也。

三郎昨日品川区役所にて体力検査。

とし子昨日より登校。

夕刻一時曇り雪模様なりしも、夜とともに満天雲なく星光きびし。

六指頭あかぎれ、いたし。膏薬をつける。

元旦より毛皮チヨツキを用ゆ。冬外套は着用せず、外出の折は少しあつ手の合外套を用ゆ。冬外套を着用しては不便なる世の中なれば也。帽子は十二月以来、つねにスキー帽を用ゆ。これが一番便利也。

元旦より相不変着た儘寝る。寝衣はつひに不用となる。

ビール一本十円以上といふ。先月初め頃は五円と聞けり。

六日
志富氏上京、老兄経過よしとの事に一安心。

午前青木治雄氏来訪。

午後緒方氏夫人来訪、媒酌に関して也。

二階を片つけ、玄関の衝立を片つく。防火のため也。

今夜より靴は各自枕もとに置く用意す。暗夜の不便を緩和するため也。

昨夜午後九時頃敵機来襲。今日午前五時すぎ同様。東大崎に不発焼夷弾落下との事にて、朝おどろかさる。よし子早速邸内探査、無事。但し霜の上に焼けたる紙様のものあり、二三枚かさねてふれば金属的小音響あり。焼夷弾のものか。

博太郎六時前に帰宅、一家そろつて夕食す。

八時頃博太郎、とし子入浴中警戒警報。

七日
昨夜は久しぶりに風呂に入りて寝る。ヅボンなしにてねむる。午前五時頃警戒警報。

上野村一氏来訪。

渡部子之助氏来訪。

八日
午前七時五分上野発列車にて帰省。昨夜無事。めづらしく桐谷駅より水海道まで坐席あり。

十二日
午前十一時四十五分水海道発帰京。このときもめづらしく、水海道より五反田まで坐席あり。
十一日
尾崎秀実夫人来訪、よし子応待。
十三日
午前大橋忠一氏来訪。
夜中西敏憲代議士来訪。
十二日、十三日両夜無事。よく眠る。
三郎風邪気味にて正午帰宅。発熱三十九度二分也。夜阿万医師より薬を貰ふ。
よし子も風邪気味。流感らしく、三郎もよし子も腰骨の痛むになやむ。
博太郎宿直。精二より来書。無事。
十四日
日森虎雄氏来訪（日曜日也）。
三郎、よし子ともに快方にむかふ。
十五日
三木五郎、鈴形三郎、木原通雄、後藤勇氏等来訪。

緒方氏秘書浅村氏来訪し、緒方家結婚式の打合せす。

病める小石川の叔母、今日より家へ来る。

昨夜精二より十五日夜かへる旨の電報到着す。

昨夜も無事。

三郎起き出す。

博太郎夕刻かへり、宿直とて又出かける。

十六日
昨夜も無事。

精二帰京。十五日夜到着といふに深更まで待てど来らず、多分列車遅延のせいならんなど噂してゐるところへ、午前七時半過ひよつこり到着。

朝斎藤夫人及び飯島吉尭氏訪問。飯島宅にて警報に出あひ、大急ぎにて帰宅す。

依然天気晴朗也。

池田山辺一両日前、女中にして若きものは総て動員されたる趣にて、斎藤宅も同様也。

三郎今日より登校。

よし子も全快也。

午後高野氏、沼崎氏同伴来訪、後藤氏も同道也。

午後昼寝二時間。

炭一俵八十円、普通相場。米一石一万円にて取引したるものもある由。また地方にても米一俵千円は遠からじと見込をつけてゐる由也。


敵機動海軍部隊南支那海に出現すとラヂオ報ず。事態重大也。

精二は一日静養すとて在宅、十畳及び壕内のラヂオを修理す。

今日志冨氏より電話あり、筑波郡板橋村に女中に行つてもいゝといふものがあるがどうしようかとの話也。併し女中動員の行はるゝ今日なれば、よし子と相談の結果、女中なし生活を続くることに談合す。

東洋経済新報新年号を読む。レーテは天王山にて、これに勝ちて前進の足場をつくるべしと論ず。然るにこの新年号が配達された頃は、レーテは敗戦と決す。戦局の推移急也。頽勢も亦急也。重大時局の感いよ〳〵深し。

十七日
三郎又臥床発熱。
伊藤武、田畑政治氏等来訪。平貞蔵氏来訪。

十八日
早朝発結城行。小篠雄二郎氏父の葬儀参列のため也。夜帰京。

十九日
緒方竹虎氏娘結婚式、媒酌人として参列。
午后二時警戒警報、三時解除。

二十日
三郎、阿万医師の診察をうく。黄疸と決す。

博太郎当直也。

無事。

二十一日
無事。

精二午后三時発列車にて川棚に帰任。

二十二日
快晴。

昨夜来無事。無事三日続く。ために鮮からずのんびりした気分也。

久しぶりに蘇山房書店に行き、三四冊購入す。書棚寂寥たり。

燃料不足愈々深刻にして、阿万医師宅にてはヴエランダを焚かうと思ふとの話也。蘇山房にては古雑誌をさかんに焚いたとの事也。

ビール一本十七円の取引ありといふ。

博太郎持参の酒一升程、阿万医師に進呈す。

三郎今日は登校す。

午後七時半頃警戒警報。三郎直ちに監視にたつ。八時すぎ解除さる。

緒方竹虎氏長兄大象氏、緒方氏婚儀に列席。その節大象氏は鶴田亀二氏と懇意の趣を聞き、今日鶴田氏に書信す。

今日松枝を切り落して、これを薪とす。

二十三日
藤崎三郎助氏夫人逝去につき、午前四谷本塩町の同氏邸弔問。

阿万医師にヴイタミンCの注射依頼、二十一日と今日と二回也。先般来何の痕跡なくて、然かも痒き所多きによる。同医師はヴイタミンCの欠乏に由るとて注射しくれたる也。昨日博太郎持参の酒を進呈したるを同医師よろこぶ事大也。

二十四日
昨夜無事。昨夜おそく風呂につかり眠る。熟眠久しぶりに、今朝八時迄眠る。

下妻の外山涅平氏、萩谷敬一郎氏等来訪。

寒ことにきびし、雪模様也。

昨日小坂順造氏より面会したしとの電話ありたるも、午後の外出不便とて断りたるにつき今日書面を送る。

二十五日
朝七時五分上野発帰省。

二十九日
午前十一時四十分水海道発帰京。

二十七日
夕刻より最上屋にて飯田憲之助、斎藤栄一郎、野村真馨、秋場勇助氏等と会食。

二十九日

小石川の姉関口台町の自宅へかへる。田中氏同道。この数日来寒気ことにきびし。六十年来の酷寒なりといふものあり。

三十日
昨夜無事。

野田蘭蔵氏来訪。

今日は寒さいくらかゆるむ。茶の間にて昼頃約八度也。

精二に便りす。

道途伝ふ、日比谷公園内に去る二十七日爆死して身許不明のものゝ屍体陳列しありと。

有楽町駅のガード下に待避したるものゝ被害もつとも甚大なりしものゝ如し。全市にて死傷二千に達すといふ。有楽町駅辺には、一時手足などほこりにまみれてゴロ〳〵ころがり居たる由也。

浅草にては、父親は外で見張りし、その妻と一人の子とは屋内にありて敵機をのぞき見居たるに高射砲弾落下し、妻は粉みぢんになりて消し飛ばされ、その子は両脚を失ふ。父親は直ちにその子を抱へて病院にとびこんだところ、面喰つてゐた医師がなくした脚を持つて来いと命じたゝめ、父親はすつとんで脚を探しに帰宅す。その間その子は出血のため死亡した由也。

とし子の一学友は上野駅にて空襲に出あへ、帰宅は午後七時すぎ。その途中首や手足の飛び散りたるを目撃した由也。

けふ阿万博士夫人、桜の枯枝をはこびに来る。その折煙草を貰ふ。夫人曰く、生きたそらもない有様ですねと。

今夕ガスほとんど出ず、ために七輪にて炊事す。炭なき家庭の苦痛、察するにあまりあり。

卅一日
朝安藤信哉氏来訪、画会をひらくについての相談也。

今日も晴。雨なきこと、すでに五十余日也。但し薄曇也。

正午茶の間にて八度、朝は零度也。

昨夜も無事。

ガスほとんど役立たず、細々と燃えるのみ也。

ソ聯軍伯林へ百数十キロの地点に迫る。ドイツ東部戦線重大化す。

夕刻寺島三郎氏来訪。

昼間無事。

午後緒方氏の女婿たる園田夫妻来訪。まさの通つた男駒下駄を貰ふ。今のかゝる下駄は貴重品也。

去る二十七日の東京中心部爆撃をうけたるあとを視たる寺島氏の談によれば、銀座服部時計店隣りの木村パン店より教文館隣りまで家屋消滅。松屋裏通り大被害。鳩居堂辺全滅。泰明小学校被害。帝国ホテル隣りの山水楼全滅。こゝでは偶々軍需省関係のもの集会中にて全部爆死の趣也。本郷千駄木町辺はその夜の一機来襲により千戸近く焼けたる由也。

二月一日
昨夜無事。博太郎宿直につき久しぶりに風呂を出るとすぐに寝て、午後七時半頃より今朝七時頃まで眠る。朝寝まきを着て起る。十二月初旬以来絶えてなき姿なれば、「おや、どうしたの？　田舎にゐると勘ちがひしたのではないの？」と、驚いて目をみはる。新聞は先月始め以来隣組配達なれば順々に己が分を取りて隣りへと順送りのこととて、こちらは最後なれば午前九時過とならざれば配布し来らず。

ガスの出方乏しく、けさも炭にてめしをたく。

飯島吉尭氏午前来宅。

午後平賢吉氏来訪、郷里柿岡町に疎開すとの事也。

昼間無事。

夕刻木村進氏より、敵機三十ほど来襲の可能ありとの電話あり、早目に夕めしを終る。

午後七時頃木村杢之助氏来宅、一泊。身体の調子悪く、東京にて然るべき病院にて診察を受くるため上京せりと。

同氏の談によれば、児矢野宅にて荷物疎開のため岩井町にて自動車をたのみたるに一台六百円、それに三百五十円のチップ、加ふるに炭十五俵を要求せりと。その炭は沓掛辺にても一俵二十五円也といふ。

ガスいよ〳〵用をなさず、ほそ〴〵と出るだけ也。

けふは曇。

二月二日

昨夜零時半頃警戒警報、但し敵機東京に来らず。

夜あけ頃より雪ふり、午前十時頃まで続く。五六分つもる。

理髪。

木村杢之助氏午後児矢野宅へ赴く。

夕刻より寒烈風となる。庭の雪消えず氷る。

木村氏の依頼により田口静六氏を花井忠弁護士に紹介す。

ソ聯軍ベルリンより六十余キロの地点まで進出すとのラヂオニュースあり。

又比島戦にて日本軍陣地一部撤収の大本営発表あり。

ほう丁とぎのため、右親ゆびあかぎれ。

午後八時警戒警報。東部軍情報にて帝都に侵入しつゝありといふ折は、すでに殆んど頭上近くにあることをよし子逸早く発見す。何本となきサーチライトにつかまれて白色に敵機映る。今夜の経験にても、敵機帝都に向ひつゝありといふ折は待避壕に入るの安全なるを話しあふ。

けふ三郎の学年考課状郵便にて到着。甚だ香しからざれど、当人悄気もせず。

来る人逢ふ人ごとに、ガスの供給甚だ貧弱なるを問題にす。燃料の闇値定めて暴騰せるならむ。

午後八時二十五分頃警報解除。

サイパンよりの対日放送聞く可からざる事は承知の上にて、ひそかに聴取しつゝあるもの鮮からざる模様也。大磯辺にては、ことによく聞ゆとの事也。

夜になるに伴れ、風いよ〳〵強し。

本郷千駄木町の先夜の焼夷弾はエレクトロンのため防ぎ得ずして、二三時間にして二百戸ほど焼失せる由也。

二十七日の空襲の折、山水楼が直撃弾を受け、そのため帝国ホテルにても五名ほど爆死したる由也。

三日

晴、但し風烈しく寒膚を裂く。

雪消えず。節分。豆まきの声も聞えず。

昼間無事。

午前土浦の矢口豊司氏来訪、もち米二升、炭など貰ふ。同行の早大工科専門部入学志望の青年は、ふなのあめ煮と炭を持参。けふは炭切りをやる。

三日ぶりで寝室掃除をやる。ふとんをほす。

博太郎は宿直とてかへらず。

関口泰氏に書信す。同氏上海に赴き須田禎一氏の書物をあつかり、不在中来宅せるにつき礼状也。須田氏より印も贈らる。

四日

昨夜無事。

寒強し。風呂場以外の水道口全部氷結、ために今日は米とぎも洗滌も風呂場也。

水道の出悪し。

ガス依然細々也。

日曜につき志冨氏上京。

河盛代議士来訪す。堺市辺にて米一升二十円が普通相場なりといふ。

児矢野宅より電話あり、昨日木村杢之助氏が市古博士の診察をうけたるに、幽門狭窄にて癌腫胃の三分の一をむしばみ、手術して腸と胃をつなぐとしても長くて半歳か一年の寿命にして、手術せざれば二三ケ月の間に非常な苦しみを覚えて命をとらるべしとの診断なりといふ。然るに此の事は当人に明白にせざるを以て、木村氏は明日是非帰郷して更めて上京、手術をうけて全快を待つとの事につき、志冨氏の復り切符を同氏にふりむける事として児矢野昌年氏夕刻その切符をとりに立ちよる。

午後木村進氏より警戒を要すとの電話ありたるにつき、ほしたる蒲団などを壕に入れたるに敵機は中部に向ひ神戸及び三重県松坂市を爆撃す、為めに東京は警戒警報無し。

五日

快晴。

寒ことにきびしく、水道の氷結依然。けさは風呂の温湯も外に散れば、忽ち氷る。午前八時茶の間にて零度也。近来稀有の寒気也。

よし子博太郎の嫁の件につき斎藤夫人訪問。同夫人より候補者二人を示されたるに由る。

益子逞輔氏来訪。飯島氏来訪。飯島氏よりもちを貰ふ。

夕刻よし子或ひは癌腫生じつゝあるに非ずやといひ出す。冷水を浴せられたる思ひ也。杢之助氏が癌腫と診断されたるに由り神経的にさう思ふとのみも受け取れず、両親ともに癌腫にて歿せるに由る。よつて至急権威ある医師の診断をうくることに相談す。気を紛らすため、夜も箱の紙はりに時を費やす。

博太郎は宿直にてかへらず。

昼間無事。

戦局悲観するもの口にこそいはね、漸く増しつゝあるものゝ如し。

三郎一昨日来薬をやむ。よくなつた結果也。

六日（火）

午後曇る。空気いくらかゆるむ。

けさはよし子を寝せて置き、三郎と共に朝の炊事す。尤もめしは昨夕炊く。これがこの頃の習ひ也。それを蒸すだけ也。三郎、よし子のために恰かも昨日元ゐた女中のしのが持参のほうれん草の味そ汁をつくる。

夕刻よし子阿万医師の診察をうく。癌腫が出来たかどうかは未だ判らずとてヴイタミンCB剤の注射をうけ、且つ散薬を貰つてかへる。よし子九時頃まで寝る。

昨夜も無事。今日も昼間無事。

二三日来水道は風呂場以外は出ず、しかも細々と出るのみにて風呂のたてかへを不可能ならしめてゐたが、けさは思ひきつて古湯を棄て、半日がゝりにて風呂水をみたす。

三日米軍マニラ侵出の事、けさ発表さる。

よね女午前来る。遠慮もなく四杯も山もりにたべて了ふ。ために炊事の方に大狂ひを生じて夕刻大笑ひす。

七日
午前八時半頃と九時半頃と一機づゝ敵来襲とて警戒警報。

とし子は大崎広小路より徒歩にて警戒警報と共に帰宅。

高野氏来訪。

米価東京にて一升二十円といふ。

燃料問題いよ〳〵深刻也。洗足池辺には森林多きため、枯枝拾ひ多しとの事也。又相当の家庭のものにても燃料を問題にし出し、結局ふすまから燃やして行かうなどと語りあつてゐる由。

こんなことでは暴動でも起りはせぬかと心配するものも多し。

水道もろくに出ず、水不足も亦深刻也。今日は朝水出たので気をゆるしてゐると、夕刻になるや一滴も出ず、七時すぎになりて漸く出始む。

昨夜来温度は日中にても五六度に拘はらず、気象春気配なるか寒さの身にこたへる程度いくらか低くなる。

マニラに米軍侵出、而してつひこの間天王山と銘打てるレート〔テ〕島の消息ふつつり絶えたるため、戦局に対する悲観気分漸く濃厚なるものゝ如し。

この夜は久しぶりに純白米飯也。その色目のいたきを覚ゆるほど也。

博太郎今夜は宿直。

八日
昨夜も無事。
昨夜午後八時前後より降り出したる雪、けさまでに二三寸つもる。
七時すぎ降りやむ。晴れるかと思ふと曇り、午後は一時雨ふる。
夕刻西空赤し。晴模様となる。
大来佐武郎氏来訪。

昼間無事。

九日
快晴。風も春来を思はしむ。但し雪日かげは消えず、日当りよからざる所にも残雪あり。

午前木村進氏来宅。もちはめづらしといふに、それをふるまふ。

午後警戒警報、約一時間。

とし子は休み。

けふ配給米めづらしく白米也。

ガス、水道依然細々たり。

夜天谷一郎氏長男理一郎氏拓大入試落第、何とか及第の途なきかと来訪。

十日
昨夜無事。快晴。
午前警戒警報、午後空襲警報。夜十二時までに二回警戒警報。
夕めし赤飯。
林広吉氏昨日上海より航空便にて帰国せりとて来訪。
理髪。
とし子けふも休む。

十一日
紀元節。但し旗は見えず。この頃たてさるが習ひ也。敵機の目標となるをおそれて也との事也。

快晴なれども北風つよく寒厳也。

志冨氏上京、揮毫十数枚。

斎藤茂一郎氏夫人の紹介にて、第六高女先生の桜井女史、博太郎の縁談にて夕刻来訪。

喜多壮一郎氏午後来訪。

午前警戒警報一回。

志冨氏談によれば、昨日の敵機編隊群馬太田爆撃の折に水海道上空にて空中戦行はれ、ために銃弾あちこちに落下したる由。

博太郎は宿直にてかへらず。

十二日
昨夜無事。よく眠る。半晴。

午前十時少し前警戒警報。

朝木村進氏来宅す。

風つよくつめたし。庭の残雪尚ほ多し。

水道いくらか出よくなる。早朝四日ぶりに風呂の水を新らしくす。

ガスの出は依然細々。

けふは己れのバースデーなれど、何のこともなし。たゞ塩鮭のもらつたのを自分で洗つてよし子これを切り、夕食の菜とす。舌鼓を打つ。

午前よし子は博太郎の縁談につき、第六高女校長の常田氏を訪問す。出かけようとすると警戒警報で一時中止したが、間もなく解除となり出かける。午後一時帰宅。

近所の河野氏来訪、ほし柿八個ほど貰ふ。これが今は珍品也。

朝木村進氏来訪、昨日志冨氏が同氏夫妻帰郷との事に水海道より往復切符を持参したるを取りに来れる也。

風ひどく冷けれど、気温は高く貯水槽の氷もごくうすし。

十三日
半晴。時々しぐれ模様。風つめたし。正午茶の間八度近し。

博太郎けさは七時すぎに家を出るといふので、めづらしく一家五人そろつて朝食を取る。とし子は昨日より学校工場入りとなつて、七時少しすぎには登校也。

庭の残雪はなほ消えず、但し昨夜は外の水も氷らず。

昨夜は午後七時頃警戒警報、間もなく解除となる。あと無事。但し警戒してこたつに火を入れて寝る。

聞くところによれば、去る十日には艦載機が四十ほど内地に近づき、但し侵入せずしてかへれる模様也との事。

けさは昨日怠つたので、全部の縁に雑巾をかける。度かさなることとて、いくらか要領よく掃除が出来るようになつたのも可笑しい。

けさのひるめしは昨夜塩鮭でいつもより誰れも彼れも食が進んだので、残飯不足。あづきを煮てさつま芋を入れ、こち〳〵になつた古もちを少しばかり入れたのと、そばかきを作りて腹を充たす。このそば粉は三年前に、水戸方面の誰れからか十年位は大丈夫だといつて送つて来たもの也。少しかび臭はあるが、たべられぬこともなし。

今日も朝からこたつに錬炭を入れる。その上であづきを煮、湯を沸かす。

けふの日本産業経済の連続小説の勝海舟をよんでゐると、勝が幕臣はやがて乞丐になるのだぞといつたことが書いてある。日本の現在の司配階級が同じような運命を背負はされる日も遠くないことだらう。あれよ〳〵と物の本で読んで驚いたり感歎したりしたことが、現実に眼の前に展開され出したのである。おどろくべき時勢である。

心がけて風呂焚きし乍ら取つたけし炭が、大きい火鉢の灰を除いたのに一杯になる。このけし炭が大切な世の中になつたのだ。

けふは勝手元の水道口からも、ちよろ〳〵ではあるが水が出る。出ない時期もあるが、ひるめしのあと始末は勝手元で出来た。この十日ほどはそれが出来ず、一々風呂場でやつてゐたのである。

風呂場だけは幸ひ少しづゝでも水が出るのである。

ガスは依然細々、殆んど用を為さず。

けふは杉浦重剛先生第二十二回忌日にして、小石川表の光雲寺に於て法要ありとの通知状を受けたるも、その到着は法要時と同時刻なれば出席も出来ず、はるかに敬意を表す。

昨日けふの分の米をとぐ。今日はあすの分のをとぐ。数日前まではこの米とぎには一度であかぎれが出来たものだが、昨日今日は然らず、気温あがりて水の冷度いくらかでも薄くなれると乾燥度も亦雪のためうすらげるに由ることとなるか。この数日来、あかぎれ膏の必要をみとめず。無女中時代とてあかぎれになやまされたる旦那様は到る処にこれあるべし。旦那様と奥様などの顚落も亦甚しといふべし。

青木治雄氏その郷里の松江市にかへり静養の旨通知あり。かゝる時勢なれば大に成すあらんとせば、あせらず急がず、ゆつくり静養するにこしたことなしと返事してやる。

午後こたつにあたり乍ら二時間ほどうたゝねす。

昨夜来真綿の股引の下に二枚のズボン下をはきゐたるを薄い方を一枚ぬぐ。身軽き思ひす。シヤツは依然三枚着用。毛皮チヨツキ着用。昨夜もあぶなからうと思はれたので、ズボンをはいた儘寝る。

十四日
午前三時過警戒警報。五時起床。五時半食事。六時少し前出発、帰省す。七時五分上野発高萩列車はこれまで二三回利用し、二十分程前に行けば座席を占め得たりしが、けふは三十分前なれどすでに満員にて取手まで立ち通し也。池上線、山の手線にては座席を占め得たるも、取手よりの常総線も満員にて立ち通し也。けふは旧正月二日にて帰省者多きにもよることならん。

老人病気経過よろし。

藤柄の川口姉見舞とてそばを持参。即日帰宅す。

この夜は七時より翌朝八時まで眠る。

十五日
九時頃家を出で静野に立ちより、そこに疎開したる静野女将の兄椎名氏と会談。それより事務所に行き、飯田、秋場、富田、川口諸氏と会談。

ひるは秋場氏持参のそば粉にてそばかきをたべて腹をみたす。

午後四時十分発帰京。上り列車遅着にて、取手にて一時間ほど待つ。帰宅午後八時。列車の混雑甚しく、立錐の余地なき有様也。

帰宅後間もなく警戒警報。伊豆方面に投弾して退去との事。

十六日
午前七時頃朝食を終りたるところへ警戒警報、間もなく艦載機編隊の来襲あきらかにさる。志冨氏昨夜一泊。とし子は登校前。三郎も在宅。午前空襲警報解除となり、直ちに急ぎ昼食をとる。そこへ土浦の内田氏早大理工科入学は失敗したるもお世話になつたお礼だとて、白菜と炭とを持参来訪。志冨氏その受つけに玄関に赴いてゐると空襲警報となる。急ぎの事とてその青年内田氏をば一時玄関前の壕に入れたるも、間もなく志冨氏を迎へにやり家族壕に案内す。その中同警報解除につき、内田氏にどんぶり一杯の昼めしを出す。午後五時頃情報によれば、すでに危険去れりと判断して、志冨氏、内田氏を伴れて帰郷の途につく。

警戒警報は解除されず。

精二に無事の葉書を出す。

博太郎は早朝出勤。今夜は宿直也。

半晴。冷気はつよし。

情報によれば明日も危険との事に、夕食を急ぎしたゝめたる後よし子は豆を煎り、予はするめを焼きなどして壕内にてのたべものの用意などす。

今は茨城県がことに被害多かりし模様とて志冨氏は帰郷を急ぐ。

茨城県下にはビラを撒布せる旨ラヂオにて知る。

内田氏は土浦五時発列車に上京したるに上野にて警戒警報に出あへ、それより電車にて五反田に直行するを得ず、下車待避などの必要ありて正午すぎ始めてきりケ谷駅まで到達せりとの事也。帰省の折は今日の水海道一番列車にて土浦五時発の列車に連絡し上京する予定なりしを、その列車に間に合はすには女中をして三時に起床せしめざるべからず、それが気の毒さに予定を変更して昨夕帰京したる事なるが、それが却つてよかつたなど壕内にて語り合ふ。その代り同行の志冨氏は一泊をよぎなくされて却つて大いに心配をよぎなくされたるわけ也。

十七日
昨夜十一時過警戒警報。それより上下とも着た儘ねむる。

博太郎は昨夜宿直。

朝めしをたべかけた七時頃警戒警報、間もなく空襲警報。空襲解除十二時近く也。

午後四時過警戒警報解除。

あさ風呂の水をとりかへる。明日は三郎の検査日なれば、警報解除と同時に火を焚く。前夜は風呂なし。

あすの三郎の徴兵検査の前祝とて、よし子赤飯をたき茶わんむしをつくり、更らにけんちんを煮る。夕食思はず食ひ過す。

精二に無事の手紙を書く。

夕刻高野氏来訪。

小石川の姉に電話す。身体の調子頗るよくなつたとの事也。


今日正午茶の間十度也。めつきり春のいぶきを感ず。風も軟かし。

午後八時すぎ警戒警報、十時近くまでつゞく。その間壕入り。ものすごき爆音らしきもの一度耳を打つ。とし子は思はず頭を抱へたる程の震動あり。

今夜は錬炭に火をつけずともよからんと談合し居りたるも、尚ほ警戒を要する情勢との東部軍情報により、十時頃錬炭に火をつける。

博太郎は十一時近くなれど帰宅せず。折角用意したる御馳走あくびするのみ也。

十八日
昨夜十二時近くと三時少し前と警戒警報。十二時近くには壕内のとし子が思はず頭をかゝへた程の音響あり、近くに高射砲弾か爆弾でも落ちたるに非ずやと思はれたり。

三時少し前の場合は起き出でたるも、こたつに入りてその儘ラヂオを聞き乍ら眠つて了ふ。

けふは三郎の徴兵検査日なれば四時半に起きて朝食の用意にかゝり、五時三郎起床。五時半三郎家を出る。春らしき気配にて午前中は風もなく検査もらくならんなど噂してゐるところへ、午前十時過ぎ三郎甲種合格だといひ乍ら帰宅。到底甲種にはあるまじと予測し居たる事なれば、本人は元より母のよろこび一方ならず。

直ちにこの事を精二に知らす。

三郎出たあと二時間程こたつにて眠る。

表玄関を掃除す。

午前篠原来介氏来宅。きんし一個を無心す。頒与す。よろこんでかへる。

午後風出て冷寒となる。但し風あたらぬところはあたゝかし。

朝博太郎無事の電話あり。

正午茶の間八度也。昨日より二度程低し。

午後沢田外務次官来訪。対ソ方策は手を打ちつゝあり、ソ聯の出方を知らんとして苦心しつゝあるが、それにしても国内の態勢のよき存在を切望すとの事也。

米機動部隊は房総半島八十キロの沖合まで侵攻との事也。現在旅客制限は房総半島に軍隊輸送のため也との事。

民族の存在を求むるか、国体の存続をみとむるか。この二つの岐路に起ちて悩み苦み、且つ種々の犠牲を払はねばならぬ時代は遠きに非るものとしか思はれず。超重大時局といふべし。

機動部隊去るとの事。けふは午前中無事也。

十九日（月曜）

ふとんをほす。

風つめたし。

午後Ｂ29の大編隊来襲。

一同無事也。

志冨氏より安否をたづねて電話あり、その折三郎の徴兵延期願ひと幹候志願の手続を依頼す。

二十日
夜来冷寒也。うす氷はる。
松崎猛、大山義八、伊藤武、小山亮、大来佐武郎氏等来訪。
博太郎は宿直。
昼間無事。
風つよくつめたし。

二十一日
荒井作造氏二男生れたるにつき命名を依頼すとの速達便昨夕到着につき、けさ文夫と命名して志冨氏に電話し、祝儀と共にその命名を伝達するようたのむ。

朝冷寒つよく茶の間零度。あつ氷はる。

午前四時半頃警戒警報。昼すぎ警戒警報。

午前緒方竹虎夫人来訪、警報が恐ろしいとて玄関さきにて立話し。

先日の仲人の礼に来られたのである。どうにも方法ないとて現金二百円持参。貰ふべきで無いが返すも出来ず、ありがたく頂戴する。

三郎済生会病院の山崎医師訪問。その折先日のＢ29来襲当時青山六丁目の小竹歯科医宅に被害あり、夫人死亡。主人顔面負傷の事を伝聞したりと報ず。

二十二日
木村進氏来訪。昼少し前警戒警報。
未明より吹雪となる。寒冷酷烈也。
三郎先般来山崎順氏の治療をうけつゝあつたが、右眼のまぶたに昨日も注射、今日も注射。

吹雪午後十時頃まで続き、それよりからりと空はれて月光稜々たり。積ること一尺内外也。

八枚ほど揮毫す。指頭あまりつめたきため、その外にも約束あれど中止す。

高野藤衛氏、岡野郵便局長同伴来訪、米三升程と葱を貰ふ。この頃まるで葱づくめにて、それがため風呂水も葱臭き程也。併し野菜払底の折柄とて葱に飽きる事もなし。

塚田節氏死亡の電話水海道事む所より電話あり。葬儀に参列不可能につき、適当に処置するよう志冨氏に依頼す。

博太郎かへる筈なるも、雪に妨げられてか十一時迄待てどかへらず、就寝。

二十三日
昨夜は雪の中を起されはせぬかと心配し乍ら就床せるも無事。

博太郎は昨夜つひにかへらず。

快晴。午前九時六度に上る。

未明に起きて雪かきす。吹きたまりは一尺五寸以上の雪也。一汗かく。

薪不足し出したので、今日から風呂にとつて置きの石炭をもやすことにする。そろ〳〵と木の枝切り下ろしにかゝらうと相談す。

雪尚ほうづ高し。夕刻より寒冷酷烈也。

揮毫六枚。

昼間無事。

三郎今日も済生会病院行き。

硫黄島の戦況、愈々酷烈とラヂオ報ず。

ガス相不変細々也。但し水道の方は順調に近し。尤ももとの如く勢ひよくは出ず。

夜は十二夜の月、雪にてりはへて真昼の如し。

夕刻風呂火口に石炭置場をつくり、石炭を物置より運ぶ。少から ず疲る。

読売報知新聞、学校閉鎖論を社説として掲載す。この論漸くさかん也。

翼賛政治会所属代議士、今日の新聞も十数名同会脱退を報ず。小磯内閣の謂ゆる大和一致はその与党より破算し始む。

夜思ふ。幸ひに錬炭のストックあり、毎夜これに火を入れてあたる。日中も特に寒き日は破損しかけたのを択びて火をつけ、これをこたつに入れる。併し錬炭なき家多かるべし。さる家庭の今夜の如きは如何にして凌ぐべきか。しかもこの錬炭のストックも入手至難なれば、補給なく此の歳の冬は錬炭なき冬也。その寒けさ、想ふだに慄然。

自分の事は自分でせよといふが久しい習慣にて、最初はとかく他力を使ひたがり、自分の事を自分でするに甚だ面倒を覚えたるも此の頃は然らず、自分の事は自分でする以外に途なき事なれば面倒ともいつて居られず、それに慣れ出したか、自分の事を自分でするに苦痛もすくなからず緩和されたのにかへりみて吹き出したくなることもあるといふのは、白髪の老人となつて拭き掃除までみづから手を下さねばならぬ場合など可笑しくも思ふ也。

二十四日　土曜日
午前四時頃警戒警報。身仕度してこたつにはいる。東京に来らずとの事にこたつにうづ伏して睡る。五時に起きて火を起す。雪うづ高くのこるため、寒骨に徹するの思ひす。

飯島吉尭氏来訪、むらさき主人が持参の山芋を届けてくれる。

午後野田蘭蔵氏来訪。

昼間無事。午後四時頃まで快晴。その後雲出づ。庭の雪夕刻に至るも依然うづ高し。日かけの吹きたまりは尚ほ二尺に近きもあり。

皇太后銀の供出をなし、大蔵大臣恐懼して拝受したとラヂオ報ず。国民は未だ出さずに置いたかと怪むことだらう。周囲に士人無きに因り、かゝる次第となりたるか。

午後七時半頃と九時過ぎに警戒警報。この頃空全くはれ、十三夜の月は皎々たり。

十時頃就寝。

二十五日
昨夜零時頃警戒警報。解除後、着た儘ねる。よく眠り、朝博太郎の出勤を知らず。七時半頃起床、戸をあけ顔をあらひ一服してゐると警戒警報。よし子は再就寝。三郎もとし子も日曜とて就寝中也。身仕度してゐると、志冨氏上京到着。直ちに空襲警報也。機動部隊の来襲。空はどんよりとくもり雪模様にて、寒さきびし。

待避壕に入る。三郎がめしをむして釜毎持参。志冨氏持参のもちの弁当をたべ、更らにめしをとる。朝めし也。

少し危険去りたる模様につき室をざつと掃除し、それより十畳東側の縁側に七輪をもち出しめしをたく。

昼前空襲警報解除さる。ひるめしをとる。三郎は空警解除と共に在学証明書を貰ふため登校。

午後二時頃より雪ふり出す。間もなく空襲警報となり入壕。四時少し前解除。

三郎は帰宅の途中空襲に出あひ、新大久保より徒歩にてかへれりとて四時半頃帰着。

志冨氏かへる。

雪夕刻までに二寸近くつもる。

博太郎は今日は宿直也。

日中終日二度を越えず。

二十六日
吹雪今日の未明まで続きたりと見え、積雪、吹きたまりは縁よりも高し。

寒激甚也。但し快晴。

精二に無事を報ず。

昨夜は三度警報出る。

志冨氏より電話あり、今暁三時やつとの事で水海道へかへつたと。

大雪とて来客もなく、志冨氏によりて始めて神田、南千住、巣鴨方面に昨日の空襲で大被害あつたことを知る。

市電不通、とし子休校。

二十七日
昨夜警戒警報二回。快晴。

午前九時頃警戒警報。

あけ方より温度上昇す。九時七度也。快晴。

雪さかんととけ始める。

午前中理髪師来り理髪。理髪中敵機爆弾を投下したる音響を耳にす。

昨日も今日も、よし子第六高女校へ博太郎の嫁さがしの相談に出かける筈であつたのが、朝の間より情勢険悪といふので出られず。

社会経済史学は去年の十一月号が、文芸は一月号がけふ届く。出版界の異変も深刻だと見える。

屋根の雪落ちて、玄関横は四尺以上雪塚也。いくらかはとけて低まりたるも、庭一面尚ほ白皚々たり。

二十八日
快晴。夜は無事。けさは外は依然一面の銀世界なるも温度たかく、どの水道口も氷らず。

午前十三日ぶりに外出。蘇山房まで行つて月末の書籍代勘定をすまし、郵便局に廻つて松崎猛氏と矢口豊司氏とに揮毫を送り、倉持治海氏にその父死去との事に香奠三十円の小為替を送り帰宅。

今日は昨日よりもあたゝかく、午前十一時には九度に上る。風もなく快晴なれば、外出に外套が邪魔になる程也。昨夜は貯水槽の水も氷らず。朝の間から屋根の雪とけ初めて点滴の音かまびすし。

硫黄島の戦局漸く不利なること、新聞紙の記事にてよく判る。マニラの戦況も同様也。

午後高野藤衛氏、甲州の禅老師同伴来訪。

終日九度、雪大いにとけたるも、庭一面尚ほ銀世界也。

終日無事。

三月一日
未明より気温落ち、朝二度。十時頃六度。
昨日よりシヤツ一枚ぬく。
昨夜無事。
朝土浦の内田青年、鯉、りんご、炭とを持参。何よりのもの也。
朝から曇、冷寒也。
昨夜は錬炭の用意せざりしも、今朝はそれに火を入れこたつに入れる。
終日無事。

二日
朝みぞれ、後雨となる。寒酷。

昨夜無事。

終日無事。

夕刻木村進氏来宅。一昨日土浦の内田氏持参の鯉をよし子が料理し、鯉こくと鯉のあらひを作りご馳走す。そのあとで木村氏より時局極めて重大化し容易ならざる情勢に陥つてゐることが明かにされ、貴族院方面の空気甚だ硬化したる旨を聞く。更らに同氏夫人の沓掛疎開について相談をうけ、賛成す。

三日

けふは桃の節句なれど何事もなし。

とし子は昨日は途中でころんで引返し休校したるも、けふは登校也。

昨夜無事。

午前平賢吉氏来訪、柿岡町に疎開したる由。

朝雨やみ、その後日光もれ始め、午後はすつかり春らしき日光空に充つ。風もつめたからず。但し雪は庭面を覆ふこと、昨日同様也。

玄関わきは屋根から落ちた雪もつもりて四尺を下らず。

午後二時十三度あり、ことしの春となりて最高温度也。午後八時頃尚ほ十度を上廻る。

徳永氏、首藤雄平氏等来訪。

平賢吉氏来訪。

昼間無事。博太郎今夜は宿直。

屋内より屋外の方があたゝかし。春風南方より来るため也。

梅干一個八十銭の取引ある由。

昨夕木村氏談に曰く、先般の地方協議会長会議に於て、陸軍よりは参謀本部第一部長出席して戦局を説明す。その要領はレーテ島といへ硫黄島といへ、日本軍としては最も進歩したる兵器と精英とを投じたるに、それを以てして遂に米軍の兵器物量には到底敵せぬことが明かにされた。当然今後は内地への敵上陸が予想されねばならぬといふにあり。海軍武官は同じく戦局に関し説明したるが、その要領は一切の艦艇をふくめて現に行動し得るものは十二隻に過ぎず、この力を以てしては敵の機動部隊にあたる能はずといふにあり。この説明の情報を耳にしたる貴族院議員等は事態容易ならずとして緊急各派交渉委員会を開催し、貴族院より選出されたる陸軍政務官を招いて右の説明の果して真相なるや否やをたゞしたるに、その通りとの事。更らに緒方情報局総裁を招いて駄目を押したるに同様の返答也。かくて一日に事態容易ならずとして、右各派交渉委員会は首相よりその対処方針を聴取するに決したと。

首藤雄平氏曰く、戦争はカラ駄目、関東平野と濃尾平原位は一応敵手にゆだねる覚悟にて後図を策する外なしと。

徳永氏曰く、比島もどこも切こみ戦術以外なくなつた。内地上陸は必至である。これに対抗する用意を今の間に講ずるに非れば、重慶軍の司配下に置かるゝに至るべしと。

松崎猛氏よりりんご一箱到着。

四日

朝より曇、午後みぞれとなり、夜は雨。

朝の間に大空襲あり。

志富氏上京。飯田憲之助氏よりかきもちを貰ふ。志富氏持参。

落合隆一氏夫人来訪。

雪尚ほとけず、庭のあちこち残雪うづ高し。それに午後よりのみぞれ五六分つもり、又一面の雪となる。

首藤雄平氏今日も来訪、うなぎを貰ふ。恰かも空襲警報発令中待避の信号もあり、待避壕内にて会談す。警報解除後は庭さきにて会談す。

けふは池袋辺に大被害ありとの由伝聞。

外山渥平氏依頼の黒川操氏、落合隆一氏夫人依頼の宮内孝之氏、久保村氏次男隆氏の東京農専入学志願につき、飯岡源逸氏に依頼の書状をしたゝむ。

日中六度也。

五日

午前零時頃警戒警報。三時近くまで寝られず、ためにこたつに入り、着た儘ねむる。

その零時頃は月光冴えわたる。昼の如し。

黎明の旭光東天紅ことにすばらし。但しその後曇天となる。冷気つよし。

昨夜は一機づゝ十機近くも来襲。新戦法を敵は採用か。

けさは毛皮チヨツキをぬく。冷気つよけれど、すでに春也。日中はそれでよろし。

精二に無事を報ず。

隣りの北湯口宅の鶏一羽、庭さきに犬に咬みころされてあり。犬飢えたるに由るらし。

終日曇天にて昨日庭を埋めたる雪とけやらず。

郵便局まで外出す。

首藤氏招待の晩餐会に出席をことわりて行かず。

博太郎今夜宿直。

午後七時前警戒警報一回。

精二より来状、無事也。

梅干一ケ八十銭也といふ。

六日

昨夜無事。九時ぶつとほしによくねむる。

朝起きると、雨しと〳〵と降る。昨夕まで庭一面の雪もとけて、雨声も春のいぶきを覚えしむ。

妻朝食のあとを片つけ乍ら述懐していふ。味噌汁の味噌は田舎から持参のもの、紫蘇の実もつけものゝ大根も私がつくつたもの、汁の実は博太郎が買つて来た葱、梅干はむかしから保存したもの、醬油も心がけて貯へて置いたもの。かう見て来ると、米以外は配給もの一つもなし。配給のみでは、けさあたり何一つなし。配給のみとしては何一つあるわけなし、世間ではどうしてゐるだらうと。

博太郎の嫁いまだにきまらず、妻も自分も頭痛の種の一つ也。額をあつめて話しあつてもこればかりはどうにもならず、十日以来妻は第〔六〕高女校長をその件についてたづねたいといひ乍ら、空襲の危険にはゞまれて未だ果さず、わが子の嫁の話にさへこの有様なれば、他人が他人の子のために出あるいたり考へたりしてゐるゆとりなきは当然の事にて、自分達が一生懸命奔走しなければならぬ筈で、然かもこの事ばかりはあてなしにも奔走出来ず、頭痛の種とならざるを得ないのだ。

卵三ケ十円は東京の普通相場なりといふ。

午前飯島吉尭氏来訪。正午警戒警報。三十分後解除となる。

正午七度也。

七日
木村進氏午前来訪。十時同道外出。斎藤邸訪問。飯島宅訪問。
正午すぎ警戒警報。
曇りにて寒冷也。風もつよし。
夕刻寺島三郎氏来訪、食用油一升程貰ふ。
庭の残雪、木の下、家のかげなどに、なほうづ高し。

八日
昨夜無事。よく睡る。

午前警戒警報。

田中惣五郎氏来訪、近衛篤麿公伝を書くにつき史料を見たしとの事に、水谷川男に紹介状を書いて手交す。

正午九度也。

午後理髪。

岸道三氏来訪。

風甚だつめたし。但し温度は午後五時八度也。

警察より高倉輝氏立ち廻りはせぬだらうかと聞きに来る。これは一昨日夜警視庁特高課よりの依頼とて大崎署の巡査夜分に来り、留置中の同氏（治安維持法抵触の嫌疑）脱走自殺のおそれありて、こゝへ立ち廻るかも知れぬから、その節は知らしてくれと申し出でたる件の続き也。


家のかげ、木の下の残雪なほ消えず。

飯田憲之助氏より醤油一樽到着。

九日
昨夜無事。けさ寒冷きびし。朝三度也。氷はる。霜深し。

一昨日附の毎日紙と昨日の朝日紙は、大々的に敵の本土上陸の予測を暗示して国民の覚悟を促す。けふの読売報知はその論説に説いて曰く、硫黄島の事態は益々急を告げてゐる。もう好機とか神機とかいつてゐる時ではない。正直にいへば、吾々は遂にこゝまで追ひこまれたのだ。……今は敵の上陸に備へる真実の用意を整へるべき時である。又昨日新党結成準備委員会に於て小磯首相の挨拶の一端に曰く、或ひは最も近き将来に於て、直接わが本土を目ざして盲進し来るが如き事態の発生をも当然覚悟して置かねばならぬ云々。此の記事の標題に毎日紙は、「最も近い将来に本土侵寇を覚悟」と三段ぬきで載せてゐる。

正午九度、但し風甚だ冷寒也。快晴。

午前飯島氏来宅。首藤雄平氏友人片山氏が首藤氏の著書持参。読売記者羽中田誠氏来訪。

今夜の陸軍報道部長某少将も、ラヂオで本土決戦の必然を説く。

昼間無事。

十日
午前零時頃より三時迄空襲待避、壕内の電灯もラヂオも停電のため用をなさず。敵機いくたびか頭上を通過す。火災の焔雲をよび、それに反射して庭面昼の如し。時計の針を読むことが出来る。道向ふの銀杏の大樹が、その反射光にあやしげに銀色をして立つを眺むるは凄壮の感あり。一機、目測三尺ほどの大きさにて、火災上空を飛ぶを目撃す。水族館の水中大魚のひれを伸ばして急泳するを見るの概あり。

火焔の反射三時半となるも庭をあかるくし、茶の間に引きあげて後、あまりのくらさに戸を二寸ほどあけたるに、夜あけの思ひする程に室をあかるくす。

博太郎殆んど一人にて見はりす。

風つよく樹枝をうごかす音は敵機下降かと思はるゝほどにて、寒さ身にしむ。

朝精二に無事を知らす手紙を書く。

朝七時少し前に停電解消、ラヂオ鳴り出す。

博太郎は六時半頃出勤。

精二にあてた葉書出しに外出した序に、桐谷駅より五反田駅〔ま〕で気車に乗る。車窓より眺めると、芝区方面に燃えのこりの燃えさかるに由る白煙空高く流れ、一帯の白雲の如し。

朝とし子が友人に電話して、聖心女学院も被害あり焼けたとの事に、友人と伴れたちマザーの立退きさきへ見舞に行くといふので卵二十個を持参す。

外出の帰途五反田より徒歩にてかへる。ロータリー近所のそば屋を目あての行列午前九時十五分といふに、すでに三十人を算ふ。

老人女小供等也。

けふも風つよく快晴なれど、冷寒つよし。但し温度は正午八度。


午後たのみつけの理髪師立木を切りに来たので、火の木四五本、その他桜の枝落しなどをたのむ。ビール一本与ふ。その理髪師がけさ早く被害の一部を見て来たとて、司法省なども被害を蒙り、銀座汐留駅などもひどい被害だとの話を聞く。

博太郎がいつもよりも早く七時少しすぎに帰宅。夕めしをすましてから昨夜の被害状況などを語りあつてから風呂にはいり又雑談してゐると、九時のニユース最中甲駿地区警戒警報が報ぜられる。それツといふので、博太郎が先づ十畳前の戸をあけて身仕度にかゝる。そして外へ出て待避壕にはいる。間もなく呼ぶので壕まで行つてみると、博太郎が怪訝の顔つきで壕内を見廻してゐたが、泥棒がはいつたのではなからうかといふ。見ると成る程缶詰をつめた箱が二つと、とし子の大事な着がへ身の廻り品を入れたリユツクサツクと雨合羽などを入れたボストンバツクと、よし子がいざといふ場合にはかう〔と〕して入れて置いたあみ上げ靴と罐入れビスケツト一箱、及び精二が中学時代に着てゐた外套とが無くなつてゐる。そこでよし子が警察へ電話する。間もなく巡査一名来り実地を見る。このことで十二時頃まで寝ず。

十一日
首藤雄平氏、高野藤衛氏、松崎猛氏等来訪。
塚原理髪師来り、樹枝を下ろす。
午前二回、午後一回警戒警報。午後は空襲警報出る。午前四時の警報にて起床。
日曜なれど常磐線不通のため志冨氏上京せず。

首藤氏近衛公を訪問との事に手紙を托す。

夕刻木村進氏来訪す。夕めしを共にし、ビール一本を馳走す。被害状況を聞く。焼失戸数二十七万余也との事也。

博太郎武蔵野境に一間を借り来る。そこへ一応の着かへを置くこととし、カバンにつめる。

快晴、但し風強烈寒冷也。

十二日
博太郎いつもより一時間ほど早く三郎を伴れてカバン二個をさげ、武蔵野境の菊池文治なる家に間借りしたる室へ持ちはこぶ。

快晴、但し寒すこぶる冷寒也。昨夜無事。

増田一氏来宅、卵と米を貰ふ。この昼同氏宅より使ひのもの、ねぎその他一束とゞけてくれる。

今暁来名古屋大空襲を受く。被害甚大の模様也。

午後九時頃警戒警報。

信州の神田賢一なるものより、りんご一箱到着。

とし子はやけのこりたる学校へ行く。

十三日
曇り。冷寒。昨夜及び昼間無事。

首藤氏依頼の色紙十枚ほど書く。

博太郎がはきものを入れた箱包一ケ、使ひのものが衣類等入れた包一ケ、武蔵野境の借室へ運ぶ。

ひる少し前、瀬崎憲氏来宅。ラヂオにスウイツチをつけて貰ふ。

また電気スタンドを修繕して貰ふ。序に支那製ステツキ一本獅子頭彫刻のものを小磯甚三郎氏に贈るよう依頼す。同氏村長就任当時何か贈らうと思つてゐて忘れてゐたのを今日思ひ出して、外に贈るものもなき故ステツキを進呈することにしたのである。

山川時郎氏来訪。

博太郎さつま芋が手にはいつたとて三貫匁ほどさげてかへる。早速ゆでゝたべる。

川棚の海軍工廠東京出張所より電話あり、安否を気遣つての事也。精二より依頼されたるものらし。

午後十時頃飯島氏より電話ありて、明暁敵機来襲の公算大なりとの事につき警戒して就寝。

十四日
曇。風なし。

正午九度。

午前飯島氏来訪。

前夜九十機大阪盲爆。十万余戸焼失との事也。

榊原二郎、大来佐武郎、鏑木忠正氏等来訪。鏑木氏は多額議員立候補、その応援を依頼に来れる也。大由氏同伴。

昨夜無事。昼間無事。

博太郎は宿直にてかへらず。

木村進氏来る。自転車にて沓掛まで行つて来るとて三郎の自転車を持つて行く。

庭に尚ほ残雪あり、ことに玄関わき三郎の室の前には二尺余もうづ高くつもつた儘也。北側四畳半前の雪も消え尽さず。冷寒知るべし。但しよほどあたゝかくなり、一昨日より真綿の股引をぬきすてゝ凌ぎがたきことなし。毛皮のチヨツキは着たまゝ也。

とし子昨日同様学校やけあと処理に出かく。学友疎開するもの多しとの事に、とし子の疎開問題も漸く深刻にとりあげねばならなくなる。

十五日
曇。

志冨氏上京す。来る二十日より水海道近在に一個大隊駐在の話を聞く。

昨夜待避壕のふとん二枚ぬすまる。

朝警報、午後三時近くまで続く。航空母艦を伴はざる大艦隊の近接によるとの事也。

警報解除後斎藤夫人訪問、疎開をすゝむ。すゝむる迄もなく疎開に決定したる由にて安心す。

汽車の切符まだ発売なし。

とし子は警報にて休校。

精二にたよりす。

博太郎帰宅後、よし子がとし子同伴にて郷里に疎開するの可否につき相談す。この情勢にては結局疎開するを可とするに決して、それ〴〵手配する相談す。

十六日暁方には敵機来襲ありとの噂とび、然かも新宿渋谷辺といひ或は品川といひ、人々大騒ぎす。


事む所費として三千円志冨氏に托し、飯田憲之助氏に届ける。いつも一年分なれど、此の時勢なれば半年分とする旨書状を添えて置く。

日華クラブ三百円送金す。

十六日
曇。風強し。正午十度なれど冷寒也。

高野藤衛氏の斡旋にて川本鉱次郎氏より軍刀二本手に入れる。価一本九百円也。川本氏は三友電機の常務取締役にて刀道楽の人也。この人より好意にて買ひとりたるもの、市価なれば一本二千円位もすべし。

博太郎午前中休みて疎開のための荷づくりをなす。

とし子は休校。

昼間長野地区、甲駿地方警戒警報をラヂオにて知りたるも、関東地区は無事也。

疎開につき電話にて志冨氏に打ち合はす。

夜に入るや、十日未明夜間大空襲ありたると同様の空模様の上、風つよく突風戸を叩く。薄気味悪し。

盗まれたと思つてゐた角砂糖小箱四ケ、十畳の押入のすみに見出す。いつか壕内の箱より博太郎が取り出したもの也。小供等大いによろこぶ。

精二に疎開決定について通知の手紙を出す。

上海の梨本精氏より来電、曰く、疎開きまつた家族かへる、母稲毛に居るかすぐ知らせ乞ふと。明日博太郎にたのんで返電する筈。

十七日
午前一時少しすぎ警戒警報。数編隊との事に一同起床。博太郎は外へ出る。壕に手廻りのものを入れる。予は壕内整理。阪神方面にむかつたといふ情報なので他はこたつ入り。三時すぎ警報解除。こたつの側に着た儘眠る。

曇。風あり、つめたし。正午六度。

西川甲七氏より梨一箱届く。同氏は毎日新聞新潟支局長也。

とし子けふは登校。

十八日
午前八時頃強制家屋疎開の通告あり、それより家中ごつた返す。
早速斎藤夫人に通告す。

十九日
斎藤宅訪問。

二十日
博太郎の部下手伝へに来り、荷造り序につく。

二十三日
午後五時すぎの列車にて、あと始末を博太郎、三郎に托し、よし子、敏子を伴れ帰郷す。

二十四日より毎日荷ほどきやら片つけやらにて、二週間ほどは夢の如く過す。

四月一日
とし子母親につれられて、午后六時水海道高女校に出頭。転校許可になりたるに由る。

四日
雨。冷寒つよし。けふは晴れたるも冷寒也。
浦さん来り、ごぼうたねまき。山いもを掘る。

四日
朝部会の集合ありて畳供出の相談あり、前の主人にたのみ欠席。

午前中班長連来り、たゝみを東京から持参の由なれば寄附して貰ひまいかとの話也。結局十五枚ほど供出することとす。午後部落長、班長打ちそろへ、その礼に来る。

沼尻滝蔵氏来宅。

午前二時頃より敵機来襲。大地ゆらぐほどの爆撃あり、一弾破裂する毎に家ゆれる。

江戸つ子の敏子が田舎ものとなる第一歩は、けふの転学許可による登校也。夜は大急ぎにてもんぺを縫ふ。当人も感慨無量の態也。

当然の事。

よし子はかへりに増田千代子、瀬崎憲氏宅などをおとづれて帰宅。

けふ十八日以来始めてペンを執る。

ラヂオにて小磯内閣総辞職を知る。

六日
春寒つよし。
朝はよし子と共に焚火してあたゝまる。
とし子初登校。かへり来つて甚だ不機嫌也。なぐさめようもなし。
けふも片つけ。
老兄はさむいとて寝た儘也。元気甚だ乏し。
錬炭も炭もふんだんに使用することに、老兄も妻も賛成す。
小磯内閣昨日総辞職。鈴木貫太郎男組閣に着手す。
ソ聯中立条約不継続を通告し来る。
大橋忠一氏に「朽木はほるべからず」と書信す。
ひるは志冨氏、中山氏来宅中とて、そばかきをつくつてもらつてたべる。

七日
飯田憲之助氏来訪。
午前敵機百余来襲。爆弾の破裂毎に家屋の震動甚し。頭上大編隊通過。味方機一機谷原村に墜落するを目撃す。

八日
勝手前の木戸の扉をつくる。

九日
寺田蔵人郎氏来訪。
志冨氏に博太郎のもとへ上京して貰ふ。
棚つくりに終日くらす。
春雨霏々。あたゝかし。

十日
雨。志冨氏上京の報告をもたらし午前来宅。三郎発熱ありしも、今は全快之趣。
精二より敏子にあて来信。疎開を知りたる後の発信也。

十一日
午前みそ倉の二階の板はり。午後事む所行。
飯田謙吉、飯田誠氏と会談。
風強し。但し雨やむ。
よし子は敏子の父兄会にて午前学校行。

十二日
快晴。みそ倉と勝手の棚つくりに終日くらす。空襲警報中なれども、仕事を休むほどの事もなし。
一昨日夜よりヅボン下なしにて寝る。まこと快適也。旧三月一日也。
帰郷后始めて精二にたよりす。
桜花二三日前より満開也。

十三日
あすは大掃除日だといふので、一家それに力を傾く。

前の家の芳郎中尉戦死の公報到着。新宅の作治氏が知らせてくれたので、早速見舞に行く。

ルーズヴエルト脳溢血にて死去とラヂオ報道す。

北の次男氏に昨日古茶タンスを与へたる折、そば粉を無心したところ夕刻持参、四時にホーレン草をも持参。

安藤氏来宅。地代は滝蔵氏の貸地代と同額。くぬぎ株は見積り百五十円といひ渡す。

森下の片野の若主人来宅。緑〔荷〕城氏筆の画を一幅進呈し、その代りにそば粉を無心す。

けふはごみ取りを二つほどつくる。勿論廃物利用にて箱を直したもの。

中山氏配給の米を持参してくれる。

精二に第二信を書く。

博太郎と三郎に書信す。

けふはくた〳〵につかれる。午後三時頃までは六月頃の熱度也。

それより大東北風となり、冷気俄かに来る。

敏子は海老原工場へ入所式をやらせられるとて、学校より守谷行。

これもくた〳〵につかれてかへつて来る。夕刻とし子と先日事む所に届いた本を引きとつたのを倉で片つける。

十四日
午前零時頃警戒警報だと呼ばれて眼さめる。ラヂオの情報によれば大空襲らしいので、間もなく床をはなれ外に出る。星あかりをたよりに堤防に出てみると、西南方の東京の空は相当の広範囲に亘つて火光空を焦してゐる。

三郎より来書。

勝手元の棚の前に扉つけに終日くらす。

朝前の家へ行く。

十五日
昨夜警戒警報二回ありたりといふにすこしも気づかず、朝まで熟睡。

とし子転校以来最初の日曜休日也。

沼尻茂氏帰郷したりとて来宅。

瀬崎憲三郎氏午後来訪。

一昨夜の空襲にて十三万戸ほど罹災したる由を聞く。

けふはみそ倉の二階整理に終日くらす。

十六日
午前磯山氏、上野中学校長飯泉教頭等来訪。

前夜十時過より今日午前二時頃まで帝都に大空襲あり。

十七日
倉の書棚つくり。

寺田蔵太郎氏来訪。

夕刻森下の片野氏、そば粉、うどん粉を持参。

広瀬仁左衛門氏より米一俵到着、浦さんに事む所よりはこんで貰ふ。

十八日
書庫整理。
神谷僧侶鶏一羽持つて来訪。
浦さんと前の家とからほうれん草を貰ふ。
午後南強風。
浦さんの家のものが上京との事に、切符と米とを博太郎と三郎のもとに届けて貰ふ。
石原文子上京との事に三郎へ伝言をたのむ。又金をたのむ。
池田成彬宅など焼けたとの事に見舞状を出す。

十九日
三郎正午頃帰宅。
P51始めて東京へ来襲。

二十日
夜おそく博太郎帰宅。

二十一日
博太郎帰京。
この日より次男、浦吉の両氏をたのみて石を敷き、井の北側に風呂の据つけにかゝる。

二十二日
風呂据えつけ終る。

二十三日
中学の創立紀念日につき、午前十時学校に行き講演。それより事む所に赴く。旭村の杉田徳之助、荒井作造、飯田憲之助氏等と会談。
三郎帰京。

二十四日
朝敵機大来襲。

二十五日
落合寛茂、今井隆助氏等来訪。

二十六日
物ほし竿かけをつくる。
午前中浦さん手伝へに来たので、野天風呂の入口に更らに石を二枚はこんで貰ふ。便所を汲んで貰ふ。更らにみそ小屋の裏の薪をかたつけて貰ふ。
旧三月十五日といふので、昨日いわは生家にかへり勝一人也。障子を洗はせる。志冨氏にはつて貰ふ。
とし子東京恋しに頗る機嫌悪し。田舎生活にほと〳〵こりたる模様なれど、なぐさめようも無し。

増田一氏来宅。めづらしく鶯餅を貰ふ。但し甘からざるに非ずという程度の甘あん也。これすら珍重もの也。

前の家より朝早く草もちを貰ふ。

今日は半晴也。昼間一度も警報なし。近頃めづらしき事也。

今日も新聞届かず。この頃届いたり届かなかつたり也。ラヂオによれば、ドイツの形勢いよ〳〵危急、伯林の大半はソ聯軍によつて占拠されたる模様也。

二十七日(金)
志冨氏障子はり終る。
広瀬仁左衛門氏、石島徳一氏、松丸芳美氏来訪。
夕刻雷雨。
めづらしく昨日も今日も警報なし。

二十八日
二回警報。
倉の前に大卓子を持ち出し、大鉄瓶を出して応接所をつくる。
ムラサキ氏来り、廊下のスウイツチ及び井戸への点燈を工事してくれる。
けふは倉の前の掃除や手入れなどに終日くらす。
老兄昨日来寝た儘也。病勢昂進かと心配す。
快晴也。
ぼたんけさは一時に十五六開花。つゝじもつぼみ目立つ。

二十九日
午前真瀬村の飯田老人、志冨氏同伴自転車にて来訪。八十一才なりといふに、まさに壮者を凌ぐ概あり。
午後石原道貫氏来訪。倉の前にて卵をにて御馳走す。
新々堂の次郎氏来訪。毎日東京通ひといふに、三郎へ薬とシヤボンを届けるよう托す。

三十日
午前大空襲。

夕刻七時のニユースにて、ヒムラーが英米に無条件降伏を申出でたる旨報道さる。

板橋村の片岡氏贈与の米を志冨氏と中山氏と運んでくれる。

宿の石塚来る。大豆持参故手打にて豆腐をたのむ。夕刻ちようどあつたとて届けてくれる。久しぶりに豆腐汁を食ふ。

精二より二十二日附の葉書到着。

倉の周囲を掃除し、鉄のくさりを見つけて鉄瓶つりをつくる。

絨たんを切つてデツキチエアを修繕す。

宿の石塚、杉苗松苗持参。松苗は流作に植ゆ。杉苗は屋敷内のさきに伐りたる杉片つけまで一時前庭に植えて置くことにする。

ぼたんの花三十近く咲く。満開也。

つゝじの花さき始む。

昨日たけの子を掘る。今年始めて也。

五月
一日
南風強烈、黄塵万丈也。
志冨氏倉の雨とひを竹をきりて作る。
倉前の草とりなどす。
大工庄作来る。

二日
雨。
終日書籍整理のために倉の書棚補修。
旧廿一日にて大師祭だとの事に朝は赤飯。
夕刻はそばを打ちて食ふ。
老兄依然寝たきり也。
けふは警報なし。
ヒツトラー薨去とラヂオ報ず。

三日
ムラサキ氏ラヂオを持参してくれる。
中学校庭で駐屯部隊の軍旗祭があるといふので、午後はねいや二人それを見に行く。

四日
朝神林氏うなぎを持参。山芋をあげる。
宿の老人豆腐を持つて来てくれる。
信濃屋夫人ソースを持つて来てくれる。
峯下の田村氏ます半尾を老人の見舞に持参。
午後三郎帰宅。

五日
一番列車にて三郎帰宅。
屋敷掃除を始める。

六日
終日屋敷掃除。
老兄けふは午後久しぶりに床をはなれ、屋敷内をあるく。
雷雨あり。警報二回。

七日
朝霜を見る。快晴。
屋敷掃除。
午前おいよさんといふ婆さん来り、川又出身の栗原信一氏がたづねたいとの伝言をもたらす。
午後野田蘭蔵氏かまくらより来訪。
大工辰之助罹災帰郷とてあいさつに来る。今日小貝川向ふへ行つたかへりみちに、米機がまいたビラを拾つたとて携行、警察にとゞけに行くとの事也。
倉のうしろの掃除に大に疲労す。
午前中警報三回。

八日
宿と浦さんと来り、材木片つけを始む。
終日屋敷掃除。
東側の畑の池に敵のビラ落下しありたるを、後の秀雄氏拾つて持参。恰かも空襲警報にて浦さん警察行につき、托して警察署に届けさす。
博太郎より十一日帰るとの電報到着す。

九日、十日、十一日
宿と浦さんとは材木片つけ。ねいや二人は屋敷掃除。

十一日
三郎、博太郎帰宅。

十二日
けふは雨。材木片つけも終りて、宿も浦さんも用済みにて来らず。

十三日
朝一番にて博太郎、三郎上京。
午前九時頃家を出て事む所行。

十四日
快晴。

十五日
朝中山義彦氏来訪。赤めしをもらふ。
昨夕は染谷秋氏より「どぜう」三升程貰ふ。
夕刻より大雨。
竹林に腰かけなどつくり日をくらす。

十六日
ムラサキ氏来る。

十七日
志冨氏植木二本手入れ。
午後空襲警報。
ムラサキ氏鯉一尾持参。前の家より鮒を貰ふ。夜北の沼尻滝蔵氏せがれ、なまづを持参。ねいや達陸稲の種まき。種は浦さんから分けて貰つたもの也。

十八日
事む所の塀修理のため、浦さん材木を朝運びに来る。
朝警戒警報発令。
ざくろの枝を整理す。
午前妻にやすりを探し出させ、老兄にやり方を教はつて鋸の目立なるものをやつてみる。うまくは行かざれどもやらぬよりはまし也。

けふは朝くもりなりしが、午前九時頃より快晴となる。

せんべいと鶏の飼と配給あり、鎌は配給なし。

浦さん麦を一斗ほど新麦にて返還を条件に借りたしといふ。よろこんで貸すことにする。浦さんの親戚のものが困つてゐるためだとのこと。

昨日午後空襲警報の最中に、後ろの秀雄氏が百姓すがたに鉄兜でやつて来る。煙草の配給問題で千部塚の家内にむこと養母との間に紛紜が生じた話、東坪部落の一天理教信者が配給の係のものに不正ありとていのりころしてやるといきまいてゐる話などして、大笑ひさせられる。そのときの話に、昨年の秋に高野部落の太右衛門宅の牛を盗み出し曳いて行く途中警戒警報となつたので、小絹村の或る杉の樹につないで逃げたといふ犯人が四名ほど此の間捕へられて、盗牛実演を太右衛門宅でやらせられたといふ話を聞かされた。これ等の犯人は、一夜の間に鶏を七十羽以上も盗み出したこともある由。

先日来蛙声日ねもす夜通し耳をうつ。また一風情也。

植木二本手入れ。

喜右衛門当主疎開しらべに来る。長尻にて閉口す。

精二より来状、無事也。

夕刻浦さん、秋場勇助氏宅より米一俵と鳥の飼かます半分ほど持参。

十九日
旧四月八日とて農村は休日也。ねいや達は昨夕よりうどんをうち、今朝は暇をやる。

あちこちにてもちつく音す。草もちの最後として、けさ舂くとの習はしといふ。前の家よりその草もちを貰ふ。

朝庭はきす。骨折れる仕事也。

午前空襲警報。

午後箒つくりをやる。無器用なれば相撲とりの使用するようなものをつくり、ひとり微苦笑す。

平輪光造〔三〕、草間常四郎氏来訪。

夕刻より雨となる。冷寒也。

二十日
雨しと〳〵と降る。雨声をきゝつゝ、めづらしく六時近くまで寝る。倉の前の湯をわかし、抹茶一服。しみ〴〵と思ふ、一切の過去は夢と化したのだ。すべては新しく出発しなければならぬ。では、どう新しく出発するか、苦慮煩慮。いたし方なく屋敷掃除に時を過さんかなど思ふてもみる。

八時頃より雨はれ出す。

とし子は休み。けふは日曜日也。

明後日頃木村進氏夫妻来訪の予報あり。妻はとし子を伴れて上京したしといふ。それもよからう。彼女達の前途には、間もなく惨めな境涯が展開されるのだ。思ふ儘の事をやるがいゝ。すでにひどい顚落だが、もつとひどい顚落が待つてゐるのだと思ふと、今の間に思ふ存分の生き方をと思つてもやるが、出来ぬことばかり多いのがあはれでもある。

終日雨。

書籍整理に終始す。

老兄は寝たきり。冷寒つよし。

警報一回。

二十一日（月）

時々日の光をみる。

けふは椿の垣根の手入れを始める。

大は世界の、小は一身の過去と別離しつゝあるが、間も無く全く絶縁される日が来るだらうことを予測し乍ら、椿の枯枝や新芽などを木ばさみで切りすてる。

警戒警報日中一度。

訪ねるものもなし。垣根など手入れし乍ら、物思ふもよろし。

二十二日
雨模様なれど雨なし。
志冨氏箒用の竹きりをやる。
鶴岡画師、高野藤衛氏来訪。
木村進氏夫妻、児矢野未亡人を幸島に送り届けたる帰途立ちよる。
四時十分発列車にて帰京。
沓掛辺米一俵七百円を称すとの事也。
冷寒依然つよし。
茄子苗だめになる。よつてあちこちに分与をたのめど好報なし。
けふはめづらしく警報なし。

草間常四郎氏より焼豆腐を貰ふ。

二十三日
朝より雨ふる。正午頃までふりつゞく。

さきにつくれる箒すべてだめ也。それのつくり直しをやる。

昨日の朝よめる歌、
　たくはへのシヤボンとり出しほゝえみて妻いひけらく昔こゝにあり
これは香気たかき石鹸を持ち出して、ありし日を偲び乍ら風呂にはいると妻がいへるに即興にてよめる也。

午後日照る。但し冷気去らず。百姓仕事にはまことに面白からぬ天候なりと部落の人達しきりに憂慮の声を放つ。らくだの冬シヤツ、その上に毛糸のスウエーターを羽織り、更に単衣国民服を着て尚ほ冷気を覚ゆ。

午前中夜来の雨、大いに降りつゞく。

ひる頃より日の光さし、あたゝかくなる。よつてよし子は敏子の先生宅へあいさつに出むく。

午後石原ふみ子来訪、疎開人のなやみを一くさり語る。同情に余りあり。

なす事もなく日をくらし、夕方門前の木こくの手入れす。

森下の片野若主人来宅、来年は大いにそばをつくつてくれるとの事に、老人に画幅進呈を約束す。茄子苗をわけて貰ふことになる。

二十四日

午前一時すぎより、帝都大空襲をうく。起き出して堤防上に行く。火色高空に反映す。大被害ありたる模様と判断さる。

けふは半晴なれど、朝よりあたゝかし。但し依然冬のラクダシヤツ上下、毛糸のスウエーターにて、あつからざる程度の温度也。

昨夕よし子帰途石原夫人に出会ひたる節、老兄がよし子は魚の煮方も粥のつくり方も知らずといつたとの噂部落中に飛び居る旨を聞かされて来り、大いに憤慨す。味覚の相違より来ることなれば、馬鹿々々しき行きちがひ、こちらの味覚にて彼の味覚を訂正してやる以外に途なき事なれど、但し訂正の可能なるやは疑問也。

朝回覧板来る。六十五才迄は男子は国民義勇隊たる義務ある旨と米の配給減の知らせ也。

飯岡源逸氏来訪。

次男氏醤油こうじ用の大豆を取りに来てくれる。

米の配給量へるとて到る処騒々し。

菅原村辺米一俵五百円との事也。

浦吉氏熊手一本買つてきてくれる。三円也。

二十五日
快晴。真の五月晴也。
野村真馨氏より炭三俵貰ふ。礼状の末に、
　炭貰へりといへば妻はもろ手あげ眼細くしてうなりよろこべり
児矢野昌年氏に書信す。岐阜県中津町に工場疎開にて同時に疎開せる也。
浦さん杉皮の片つけに午後来る。
夕刻小石川の姉を同伴帰郷。但し今夜はムラサキ氏宅に一泊とムラサキ氏来宅。
とし子の愛猫今日姿を消す。ために猫を中心に一問題。味気なき世也。

二十六日
昨夜十時過より今暁一時すぎまで三時間にわたり帝都大空襲うく。けさ起きてみると庭面焼け紙などあちこちに散在。昨夜の火災に南風にて帝都より飛び来れるもの。あとで聞けば、警戒警報解除の頃は此の焼灰のため眼もあけられぬ程であつたとのこと也。

朝あちこちより拾つたとて百円中国聯銀券六枚印刷の紙片や日本銀行発行の五銭紙幣など持参、処分をたづねに来る。志冨氏に托して警察に届けて貰ふ。

浦さん午後下肥あげに来る。畑側のつゝじを十本ほど抜いて貰ふ。おもとを整理してあちこちに植えかへる。

小石川の姉夕刻到着。

常会へは前の主人に代理をたのむ。

二十七日
朝事む所行。野口米次郎氏を招き、結城文化協会坐談会出席のため也。
飯島吉尭氏来訪、鶏とたばこを貰ふ。鶏は一羽八十円の相場也といふ。
とし了けふは休み。日曜日也。

夕刻大雷雨。

二十八日（月）

午後落合寛茂氏来訪。

浦さん来り、一日はたらいてくれる。飯岡源逸氏より寄贈し来れる茄子苗三十本を植える。

正午すぎP51来襲。土浦方面に黒煙濛々とあがるを望見す。

夜とし子泣いて疎開の悲哀を訴ふ。心かきむしらるゝ思ひす。梅の枝をきる。三本すみ。

快晴。

二十九日
朝竹をきり、これを割りて勝手元の雨とひをつくる。甚だ無恰好也。

前の家よりきうりの苗を貰ふ。

朝早くより警戒警報。八時前後早くも空襲警報也。B29五百機来襲、多数来襲の新記録也。加之P51百機同伴、間もなく南方の空黒雲濛々として起り、その上部は薄赤に染めらる。忽ち天日ともに暗闇となる。正午ひるめしには電灯をともしたる程也。その頃より灰降り始め、午後三時となるも降灰やまず。

石原夫人東京の主人公を心配して来訪。落合隆一氏午後塩にしん持参。山芋を進呈す。

志冨氏聞知する所によれば、食料事情漸く窮屈となりて、物との取りかへも困難となりつゝありとの事也。

三十日
快晴。

昨日波多野乾一氏より、日森虎雄氏が去る二十三日焼夷弾のため死去の旨来報あり、同氏に返信。

昨夕坂手の石塚よりさつま芋苗千本とゝけてくれる。六十円程支払ふ。元より礼をかねての支払ひにて、一般は公定価の三倍、即ち百本三円也との事。けふはねいや達はその苗植也。

昨夕は倉の前にてコーヒーを沸かし、敏ちやんが取つて置きの角砂糖を持ち出し、小石川の姉と三人にて久しぶりに砂糖を入れてコーヒーをのむ。

土信田秀雄氏国民義勇隊の事につき調査に来る。該当者は自分と女中二人きり也。

夕刻千葉氏来訪、曾て水海道中学の教師たり。岸道三氏と同窓。

夕刻蛯原凡平氏浦上氏と共に二十五日爆死の旨、結城町の斎藤事む所より至急電報到着。蛯原氏は先般住宅疎開のため、一時南昌洋行社員浦上氏宅（渋谷）に同居せる也。同日の爆撃は渋谷区もつとも甚しかりしものゝ如く、その犠牲となれる也。

よし子大下痢を起す。

警戒警報一回。

三十一日
快晴。
昨夕志冨氏、博太郎、三郎の安否をたしかめに上京すべきかとの相談をうけたるも、旅行危険の折なればこれを謝絶す。今朝まで何の便りもなき事なれば無事と思ふ。事あらば中島工場の方より昨日までに何とかたよりある筈也。

朝志冨氏結城の小篠氏に電話して蛯原氏災死の模様を聞く。同氏は浦上氏と共に二階にあり、ために災死。その女ひろ子氏も傷つきたるが、生命に別条なく、浦上氏遺族と共に焼けのこりの材木にて現場にて火葬し、加藤重徳氏宅に避難したとの事也。

宿の石塚氏来る。この二ケ月ほど女中二人をかへす話をす。

さつま芋闇百本七円が通り相場となつた由。

伝聞によれば、去る二十五日の空襲あつた折、松平伯（?）《〔ママ〕》邸に押しかけた避難民は家令のあいさつ気にいらずと感情を苛だて、よごさぬようにとの注意を受くるや一層いきりたちて屋内に大小便をたれ流して不潔にしたる趣。

〔編者註〕ペン書　ノート

26　手記「覚え帳」〔抄録〕

〔昭和十九年十二月—二十年二月〕

十二月二十二日

昭和十九年十二月二十二日午前、水海道の志冨氏から老家兄病むとの電話あり、どうやら軽度の中風症らしとの事に警戒警報が午後二時少し前解除されたので、四時二十分上野発の列車に乗るため午後三時頃出立す。翌二十三日早朝には帰省する予定で、志冨氏から往復切符を水海道駅で買つて送つて貰つてゐたので出立出来た訳である。さうでないと切符を手に入れるのに甚だ面倒な手数を必要とする折柄だから、この日の帰省も思ひも及ばなかつた。生得寝つくほどの病気をした記憶が無いといふ位、平素頗る健全であつた此の七十四歳の老人が今は全く孤独な境涯なので、病んで床に就いたとあつては心痛同情に堪へぬ。若し切符が無くて此の日に帰省出来ぬとしたら随分と気を揉まねばならなかつたらうと思ふと、往復切符を送つて貰つて置いたのに救はれた気持がして、ひたすら老人の身の上を案じ乍ら省線電車に乗つた。大崎駅に着くとすぐ前の座席にゐたものが下車したので、早速そこに腰かける。すると直ぐ前の座席に腰かけてゐた中年の一女性がぢろ〳〵とこちらの顔を見入つてゐるように思はれたが、顔容の所為か、かうしたことはつね日頃よく経験させられるので別に気にも留めず、持参の雑誌を読み始めた。ちようど品川駅に着いた折である。こゝは何時も乗降客が雑沓する場所で、この時も降車客がどつと出入口へつめよせて俄かに車内がざわつき出したので、雑誌から眼を離して顔をあげると、さきに此方の顔を凝視した女性も起ち上る。その時ちらと頭の中で見覚えのある顔だがと思つたが、たゞそれだけのことで、また雑誌に眼をうつしてゐると、発車と同時に私の前の吊皮を手にして、間違ひましたらお許し下さい、風見先生ではありませんかと、呼びかけたものがある。顔をあげると、その女性である。さうだが、あなたは？と反問すると、尾崎ですといふ答。それを聴いた瞬間、さきに死刑に処せられた尾崎秀実氏夫人であることがすぐ判つた。見覚えがあると思つたのは不思議でなかつたのだ。死刑が執行されてから、けふで五十日目だとのこと。但し車中の事故、一通り親や子供の消息などをたづねたゞけでその外の話題には触れず、彼女が有楽町駅で降りるといふのでそこで別れの挨拶をした。数奇な運命の尾崎秀実氏であつた。今は亡き人。過去帳裡では、行蔵の善悪は問ふだけ野暮。たゞその夫人の身の上と心事とを想ふと、深き同情に堪へぬ。ことにその一人子、まだ十六だといふ娘さんのことに想ひ及ぶと胸のふさがる思ひである。この痛心想は病兄の床辺に近づくまで、脳裡の往来を休めようとはしなかつた。現存する二十億内外の人間の中でも、この娘さんほど深刻なる人生経験をなめるものは暁の星よりも稀であらうと想ふと、親としての体験を持つものに取つては堪へられぬほどの同情心が湧かざるを得まい。人の子総てのものに幸ひあれ。この一人娘からも、幸ひが奪はれぬことを切願したことであつた。

昭和二十年一月元旦

警戒警報にこの元旦は始まる。午前零時すぎと午前五時過ぎとに二回敵機来襲である。三十一日の午後九時過ぎに一回来襲したから、警戒警報裡に旧年を送り、警戒警報裡に新年を迎へたわけである。

三度とも外へ出て見張りしたが、最後の場合は再び床に就かうとも思へず、寒さ退治のため一層のこと風呂にひたらうと早速焚きつける。ついでに妻に代つてめし釜のガスに火をつけ火消し壺をのぞくと、消し炭がふんだんにあつたのでこん炉に火を起す。勝手元の窓を開くと午前五時半頃だから、十七夜か十八夜の月が煌々と寒空に照りわたつて、一天霜月骨稜々の句を思ひ出さす。元旦匆々風呂焚き、めしたき、こん炉の火起しをするといふ体験も、すべて非常時の所産だ。

風呂焚きの方は去年の春以来女中がゐたりゐなかつたりで、ゐない時はよくそれを受け持つたし、ことに去年の十一月初めに女中が去り、それを機会に無女中生活を続けようといふことになり、爾来夕刻家にゐさへすれば来客でもあつて、その頃の時間が塞がれたといふ場合を除きこの仕事はずつと担任して来てゐるから、これは苦労にならぬ。ところがめしたきの方はさうは行かぬ。一月ほど前、俺が炊いてやると釜のガスに火をつけたまではよかつたが、その火力の処理がうまく行かず、つひに七分通り焦がしてしまつて大失敗を演じた事がある。そこでけさはガスに火をつけたものゝその後の処置が気になり、何度もまだ寝てゐる妻に相談に行く。とう〳〵妻が起き出して来て火加減を見てくれる。おかげで焦げつかすといふ失敗は繰り返さずに済んだ。

三郎は零時頃の敵機来襲は睡りこんで知らなかつたさうだが、その次の折には身仕度して外に出て、屋根にあがつてしばらく見張りした。五時半頃警戒警報解除になると、けさは登校しなければならないが、一時間ほどまた寝るといつて床の中にもぐりこんでしまつた。

とし子は五時頃の警戒警報の折は警報よと絶叫し、私も妻もその声で眼ざめたほどだが、実は耳だけが目ざめてゐてその外は熟睡状態であつたらしく、三郎や私が飛び起きて見張りに外へ出たのはちつとも知らずであつた。それほど警報はこの小娘の神経を尖らせてゐるのだ。

博太郎は昨夜宿直なので、けさは親子四人で食卓をかこむ。主な話題は昨夜の敵機来襲である。

昨日もこの頃の例で、朝もたてかへしの風呂を沸かしてひたる。三郎だけはその時ひたらなかつた。そこで昨夕晩めしを取つたあとで、風呂をどうしようといふことが話題に上り、結局世間の人達は二十日に一度も風呂に有りつけば有り難いといつてゐるほどださうだから、毎日二度もはいるといふのは贅沢の骨頂だ、今夜は風呂なしで辛棒しよう、その代り今夜の間に風呂を掃除して置いて、あす元旦の朝に新水の湯を沸かさうといふことに一応話をきめた。併し考へてみると、警戒警報でも出ると風呂は沸かせない、一層のこと今夜風呂掃除のあとで新湯を沸かさうと思ひたち、早速その用意にかゝる。七時半頃焚きつけて八時すぎには沸いた。そこでゆつくり湯にひたり、九時頃まであたゝまつて風呂を出る。三郎に、あとすぐはいるように言つてシヤツを着はじめ、三郎は三郎でシヤツをぬぎかけると、かすかに防衛司令部の警報が耳に入る。三郎は今更ら中止も馬鹿らしいといふので、真くらやみの中で風呂にひたる。だがおかげで、去年の垢を去年の間に落してけさ登校出来るのだからよかつたといふのが朗らかな一話題である。

一昨三十日私が帰宅の折、同伴の志冨氏が持参した谷原餅に舌鼓を打つ。ねばり気のない茶色の配給の餅にくらべると舌触りは前者は白米めしで、後者は小麦交りの玄米めしといつていゝ。

けふは元旦なので午前中からこたつをあたゝかにして置かうといふので、朝、三郎、とし子が学校へ出かけたあと、すぐに錬炭に火をつける。その間に昨夜精二へ書いた葉書へ妻が添書きをする。隣組の用事をかねて葉書出しに妻が外出する頃は、二人で風呂もすまし室掃除も終つてゐたので、私はあたゝかくなりかけた炬燵に足を入れる。夜来の睡眠不足からたちまちうと〳〵となり、小一時間も前後不覚でねむりこけた。

玄関のベルがけたゝましく鳴つたので眼がさめる。出て行くと、下館在の中村在住の鷺谷勝三郎氏の長男である。去年同村の保坂伝一郎氏等が久下田記念碑を建てるので、近衛公の題辞が欲しいから何とか手に入れて呉れと頼まれ、それを引き受けて近衛公に書いて貰つた。先般その碑が出来上つたといふのでその謝礼にと焼ものを二包み、父親に代つて持参したとの事である。一包みは近衛公に差しあげて呉れとの話である。

午後に木村進氏が自転車でやつて来た。去年その夫人の須磨子さんに約束したベルモット一本と、日立の福田重清氏から送つて来た山芋とを持ちかへつて貰ふ。進氏は三四日前に家財道具の一部を沓掛村の生家へ疎開させたが、リヤカー二台四百円の運賃だつたさうだ。

その外に来客なし。

博太郎が早目に帰つて来たので、入浴後、この頃食堂にしてゐる旧女中部屋の四畳半で、みつ豆だの、とつて置きの栗羊かんの缶などをひらいて元旦を祝ふ。この羊かんはブリキ缶入りのもので、今は手に入れようにも絶対不可能の代ものとて、それを見ると博太郎も三郎も、「これはすげいや」と感嘆久しうする。

今夜は無事であれかしと祈り乍らも無事であるまいとの予感の方が脳底にこびりついてゐるので、身仕度の用意は欠かさず十時前に床に就いた。

細川嘉六事件の証人

昵懇の細川嘉六氏が改造に掲載した論文が問題となつて検挙されたのは、昭和十七年九月中旬である。その後同十八年の春、同氏周囲のものが続々検挙されるに至り、当時伝聞する所によると細川氏は再建共産党の大御所だといふので検察当局から問題にされ、単なる筆禍犯人でなく、治安維持法上、重大なる犯人視さるゝに至つたのだとのことであつた。

昭和十七年の暮に山浦貫一氏が訪ねて来た折であつたか、又同氏と何処かで出会つたのであつたかは忘れたが、同氏から細川夫人が年の瀬を越すに越しかねてゐる模様なので手伝つてやらうではないかとの相談を受けた。年の瀬を越すに越しかねる苦い経験は飽きるほどなめさせられて来てゐるのでさういふ話を聞くと、めくら滅法に同情心が湧いて来るのが習性とすらなつてゐる程なので一も二もなく賛成し、いくら許り出せばいゝかと聞くと二百円もあれば結構だといふので、その時であつたか又は別の機会であつたか、何れにしろ百円札二枚を封筒に入れて山浦氏に手交した。

細川氏に問題の論文を書くことをねだり、それを掲載した責任者は改造編輯記者の相川博氏である。この相川氏はよく私の許にも訪ねて来たことがあり、細川氏とは住所も近く、格別に昵懇の間柄であつたようだ。昭和十八年一月の何日かである。その相川氏がたづねて来て、山浦氏に手交した二百円を細川夫人が有り難く頂戴したから、代つてそのお礼に参上したとの挨拶であつた。その節細川氏その後の消息と細川氏夫人の生活事情とをたづねると、細川氏は留置所でも大元気だが、夫人の方はひどく困つてゐる様子なので、長いことは約束出来ぬが当分毎月二百円程を援助しようう、それには相川氏が仲介の労を執つてくれるようにと依頼した。相川氏は細川夫人の苦しい立場には同情してもたゞ同情するだけで具体的に援助するといふ力も無い所から、私の申出でをひどくよろこんで、是非さうして貰ひたい、月末に都合を伺つて自分が戴きに来るからとの話であつた。この時相川氏はたれかの周旋で河田烈氏が社長である交通運輸関係の半官紙の編輯長に就任したことと、細川氏の問題は単なる筆禍事件に過ぎない模様だといふ情報を聴かされた。

それから三四ケ月の間、相川氏が細川夫人への贈呈物を毎月取りに来たように記憶する。

昭和十八年の何時頃であつたか、とに角相川氏が検挙されてから後の事である。一夕昵懇の伊藤武氏が伏見武夫氏と突然たづねて来て、相川氏が検挙され、その節家宅捜査が行はれて、同氏あての私の書信なども押収されたといふ話を聴かされた。当時伏見氏は東京新聞の論説記者で、同氏が同新聞に推薦して採用された政治担当記者の加藤氏も同日に検挙された所から、相川氏の消息をも知つたのだとの事であつた。この加藤氏も上大崎辺に住んでゐて、よく私を訪ねて来た新聞人の一人である。

それから間も無くであつたように記憶する。もと満鉄調査局に働いてゐた伊藤律氏がひよつこりたづねて来た。一面の識はあるが、たゞそれだけの知りあひであつた。

伊藤氏は久闊をのべた後、相川氏が検挙されてしまつたから、これからは自分が時折たづねて細川氏の消息を伝へようとの話であつた。この伊藤氏から細川氏が筆禍事件以外の嫌疑をかけられ、その結果相川氏等まで検挙されることになつたらしいとの消息を聴いた。

この伊藤氏は岐阜県出身で高等学校在学時代農民運動に身を投じ、学校は自分から退学したか追ひ出されたかは知らないが、とに角学窓を棄てゝ同運動に専念し深刻な体験をなめて来た男で、聞けば数年前に検挙され、懲役四年の判決言ひ渡しがあり、大審院に上告はしたが棄却になるとしか思はれぬから、それが決定したら服罪することになるとの事であつた。「いはゞ戦さに敗けたのだから、しつかり勤めて来ますよ」とけろりとしてゐるあたり、さすが農民運動の闘士として鳴らした人物だけに言動人を打つものがある。

尾崎秀実氏とも深い交渉を持つてゐたので、同氏その後の消息もこの伊藤氏から聞くことが出来た。

それからは伊藤氏が昭和十八年末刑務所入りをする頃まで細川夫人への毎月の援助はこの伊藤氏を煩はして届けて貰つたが、何時までも面倒を見ることも出来ないので伊藤氏にその旨を告げ、伊藤氏の刑務所入りを前に細川夫人援助は断つた。尤もその頃は細川夫人も親戚のものに間貸して、どうやら独力で生活が出来るようになつてゐたことを伊藤氏から聴かされたので、断るにも気軽に事は済んだ。

昭和十九年十二月初めである。学校からの帰りにポストの中の郵便物を取つて来た三郎が、「お父さん、大変な葉書が舞ひこんだよ」といふのでどれと手に取つてみると、横浜地方裁判所の一予審判事から治安維持法による被告細川嘉六及び同被告相川博の証人として、来る十二月四日午後一時予審廷まで出頭せよとの通告である。

少しく胃腸をいためてゐたので延期をたのむため、横浜地方裁判所の同判事に電話したが判事は不在、但し同判事附の書記が電話口に出たので事情をはなすと、それでは六日の午前九時ならよろしいとの返事である。ちようどその時、司法大臣当時の秘書官であつた飯島吉尭氏が来てゐて、六日には横浜まで同行してくれること〔と〕なつた。

六日午前九時飯島吉尭氏同伴、横浜地方裁判所着。まだ相手予審判事は出勤してゐず、小一時間ほど証人待合室で待つた。十時頃予審判事室に呼び出される。そこで細川氏との関係、相川氏との関係、山浦氏との関係、更らに細川夫人援助のため、山浦氏と相川氏とを仲介に千円ほど支出した事について訊問があり、それで済んだ。

予審判事が調書を読むのを聞くと、相川氏は細川氏が風見を大いに尊信してゐるといふ事実を力強く語つたとの事である。

大阪商大の名和教授も昭和十八年の何時頃からか検挙されてゐるさうだが、その名和教授が同十八年の春に私をたづねて来たことについても訊問があつた。また国際共産党員である一朝鮮青年が相川氏達と私をたづねて激励されたことを自白してゐるとの話も、予審判事から聞かされた。青年に対しては激励するのが老人の勤めで、青年の来客には激励は通例の事だからどんな激励をやつたか記憶してもゐないが、それよりもその朝鮮人の名も忘れてしまつてゐるのでその旨を答へる外なかつた。

一時間ほどで訊問終了。型の如く宣誓書に署名捺印して辞去した。

一月八日
午前六時出発帰省。時刻が早いせいか、桐ケ谷駅から水海道まで坐席があつたので助かつた。

午前九時過事務所到着。新井藤一郎氏と雑談して後、徒歩で高野へ赴く。家に着いたのは午前十一時頃。老人の病気もそろ〳〵よくなる傾向にあつて、坐倚子に凭つて日向ぼつこしてゐた。舌は相変らず重いが、話に不自由はない。

ちようど坂手村の宿の石塚滝蔵が来てゐたので、三月まで差配を頼むことを相談すると快く引き受けて呉れた。序に女中のきんをもう一年たのむように相談を依頼した。

この夜は無事。

九日
帝都大空襲である。四機編隊の敵機が頭上を西進するのがはつきり見えた。

十日
石塚が大崎の家を知つて置くようにと、志冨氏同道上京させた。九日についたもちと前の家から貰つた大根の切りぼしと葱などを持参。午前五時水海道発の列車にて上京。日帰りである。

十一日
夕刻より小雪、小雨。寒厳也。

十二日
午前十一時四十五分発帰京。新々堂増田未亡人が小田原に行くのと同道。日暮里で別れる。

大橋忠一氏来訪。

昭和二十年一月十三日午前十時半頃大橋忠一氏来訪、聞けば同氏は昨日私に面会を求めて水海道まで行つたが行きちがひとなり、昨夜帰京したとの事。

大橋氏は外務省官吏として多年活動、松岡洋右氏外相当時の外務次官也。

大橋氏曰く。先般来大垣市外に疎開して殆んど東京とは無縁の生活を送つてゐたが、所用あつて上京し種々見聞するに時事見るに忍びず、この儘にて推移せんか、皇室はロシアのロマノフ王朝の轍をふむ外に途なかるべし。日本民族にとつてこれは絶大の不祥事である。かゝる情勢を喰ひとめ、かゝる不祥事の起らざらん事を希望するためには、何よりも先づ粛軍が急務である。その粛軍のためには板垣内閣を実現せしむる外に良策なし。速かに小磯内閣を退陣せしめて板垣征四郎大将をして組閣せしむることこそ、刻下の最大急務である。就いてはこの事のために近衛公は極力尽力することこそ、重臣として将た又五摂家の筆頭にありて準皇族たるの身分上当然の筋道と信ずる。近衛公は果して此の意見に賛同せざるであらうか、その内意を貴下によりて知りたいがため逢ひたかつたのだと。

大橋氏は敷衍して曰く。民衆の思想は悪化の一路を辿つてゐる。ラヂオにて皇室関係の報道を行ふ場合、「畏こくも」といふを例とするが、民衆はこれを聞いて、何が畏こしだと憤慨するといふ有様である。軍部に対する信頼は今や零に帰した。口にこそいはね、腹の中には反軍侮軍蔑軍の思想があふれ出んばかりである。かゝる情勢は内部崩壊への第一歩である。戦慄なしには目もむけられぬ事態が吾等の眼前に展開しつゝあるものを、重臣などがこの際、宇垣内閣などを云為してゐるといふ噂を聞くが、果して然らば万事休すである。再び東京に来ようとは思はぬ、大垣在の一野民として生涯を送るより外、生き甲斐あるを知らずであると。

大橋氏は外交官界の一変り種である。同氏の説によれば、この苦難の国情の下、板垣征四郎以外に時局担当の人材なし。その板垣ですら少々時代後れと思はるゝ程なれど、中間的存在として板垣を出すことこそ、歴史の好転のための一礎石であらうといふのである。

何れ近い中に近衛公に逢ひたいと思つてゐる旨を告げて別れた。結局出来る相談でなからうし、板垣が出たからどうなるといふほど生易しい時局とは思はれない。

中西敏憲氏来訪

昭和二十年一月十三日夜、代議士大東亜省参与官中西敏憲氏来訪。その談に曰く。参与官として支那を一巡して来たが、事態容易ならずである。これに対処するには第一に、蔣介石政権を相手にせずとの方針を一拋し、対支関係を白紙に還元することが必要である。第二に、和平地区、即ち日本軍勢力下の民衆把握のため、迷信的な無智な彼等を巧みに手に入れる方策を講ずることが必要である。例へば白蓮教の如きものを彼等の間に植えつけて、彼等を手に入れることである。第三に、学生と文人とを手に入れる方策を講ずることである。第四に、在支日本機関を強力に統制して現在迄の如き支離滅裂なる施設乃至行動を一掃し、支那民衆の信頼を博するに足る施設乃至行動を推進すること。それ等のためには近衛公が支那への特派大使たる以外に途なしと信ずるが、かゝる途は実現の可能性ありや否や、それを聞きたしと。

否とのみ答ふるも気の毒なれば否とははつきりいはなかつたが、事態今日にいたらしめたる経緯のあとを一顧すれば、一近衛公の力を以てしてどうにもなるものでないと思ふ。大厦の覆へらんとするや、一木のよく支ふる所ではない。

仇おそろし

一月十四日、敵機は伊勢の神宮を爆撃す。内相大達氏の謹話なるもの、十五日附の各新聞紙に掲載さる。その一節に曰く、まことにおそれ多い極みであります……驕敵、遂に神域を侵し奉つた暴戻に対しましては痛憤に堪へぬところであります云々。

侵したるものを責むるはよしとするも、侵さしめたる無力の責に一言も触れずして可なるべきか。

道途の人曰く、オレの家に落ちなくてよかつた。神宮で先づ〳〵助かつたと、山田の市民は胸を撫でたことであらうと。それ然り、夫れ然るか。

〔略〕

二月八日九日

昨夜の午後八時頃から降り出した雪が、小やみもなく降り続いたと見えて、朝起きてみると三寸近くも積つてゐる。東京としては珍らしい大雪である。降りやんだのが午前七時前後である。

昨日は午前中に二回も一機づゝだが敵機本土侵入で警戒警報が発令されたので、夜中に起されはせぬかと心配しつゝ寝床にはいつたが、何の事もなくこの朝を迎へた。

朝めしを蒸すのにけさはガス火を用ゐてみたが、細々としかガスが出ないので手間がとれること夥しい。その間によし子が起き出して来て、こんな細い火では蒸しあがるまでには粥のようになつてしまふだらうといふ。それでは大変だといふので、すぐに七輪に火を起して蒸し釜をかけかへる。

ガスがろく〳〵出なくなつたのは前月末以来の事である。ひどい石炭不足の所為だ。爾来毎夕、めしは七輪でたいてゐるのである。燃料問題は漸く深刻化して来たようだ。幸ひ私の家だけはよし子が前々から心がけて木炭の貯ひがあるので、今のところつかへば今日明日困るといふほどの事もないが、倹約しての阿万博士宅を訪れると二階の物見台を壊して燃料にするといふので、それほどなら私のとこの庭の落枝を拾ひなさいとすゝめて置いた。それから二三日後である。来客を見送り乍ら門前へ出ると、阿万博士夫人がそこを掃いてくれてゐる。これは〳〵と挨拶すると、その代り落ち枝を頂戴いたしますとの返事である。女中がゐなくなつてからはや三月あまり、門前は一度も掃除したことが無いのでごみだらけである。阿万夫人がそれを見かねて掃除してくれたのであるに相違ない。それから後日曜日に、三郎が運動のためだといつて庭の落枝をあつめて、平生世話になる御礼心にそれを二束ほど阿万夫人に届けると、こちらが面喰ふほど感謝されたさうだ。

かほどに燃料不足なので、木炭一俵今や百円もするといふ噂を耳にする。買へるものはいゝとして、そんなに高価木炭は買へぬものが大部分なのだから、大衆生活に於ける燃料問題は想像以上に深刻だと見ていゝ。昨夕もよし子が同じ隣組の竹内宅を所用あつて訪れるとその竹内夫人が燃料不足を問題にして、こんなことでは暴動でも起きはしないだらうかと述懐したさうであるが、炊事担当の女性達から見れば、此の頃の燃料不足は到底堪へられぬ苦痛であるに相違ない。

昨日たづねて来た男も、燃料問題は深刻ですよ、相当な家庭ですらガスがこんな有様では、間もなく家財道具類を壊して焚かねばなるまい、それには襖からでも焚き始めるかなどと話しあつてゐる程だと語つてゐた。

中西敏憲代議士が来訪の途中、机や倚子をたゝき壊して燃料化してゐるのを見うけたといつて驚いて話したのは、昨年の十月頃であつたと記憶する。その頃から燃料不足に困つてゐた連中の家庭では、今となつてはその困却並大抵でなからう。

十月末中野正剛氏一周忌を築地の本願寺で営んだ折に出席の真崎大将が、オレなども積んであつた書類や不用と思ふ書籍はとうに焚きつくしたよと語つてゐた。

燃料不足はひとり東京だけではない。前月下旬、高野に滞在してゐた折、日曜日の午前、町の大師山の雑木林の間には薪拾ひの小供達が雑沓してゐたといふ話を聞いた。流作地に持つてゐる松林が毎年冬になると町の細民達によつて枯枝や落葉をさらはれるのだが、昨年まではさらう方もこそ〳〵とさらつてゐたのに、ことしは大威張りでさらつてゐるといふ。買はうにも買ひないのだから、落ちてゐるのをさらふに遠慮はいらぬ、生では食べられぬ、文句をいふのは非道だといふ心構へになつてゐるので、ことしはこそ〳〵さらふといふ態度を棄てゝしまつたのだと、裏の秀雄氏が話してゐた。木炭などもひどい欠乏で、その結果闇値はあがる許り。数日前上京した木村杢之助氏の話によると、沓掛村あたりでも五貫入れの一俵二十五円だといふ。炭一貫目と米一升とが同値ださうである。田舎ですらさうなのだから、東京の百円は高くないといふものすらある程だ。

それはさうと、けさのめしは純白米である。これは麦入りのめしがどうも身体にあはぬ、けふは一つとつて置きの白米を炊かうといふので、昨夕よし子が奮発して炊い〔た〕のである。白米めしだと、どうしても食ひこむのが例で、昨夜は博太郎が宿直で不在に拘はらずいつも通りの分量を炊いて、けさは残り少なである。

夕刻には水道が一滴も出ない。そこで昨日の夕めしは取つて置きのかに缶を一つあける。一人一缶づゝたべてみたいナアと私が述懐すると、よし子も三郎も敏子も、あはゝゝと笑ひ出してしまつた。そんな話は今は夢としか考へられぬからであらう。

鰹節だけは十分に貯へがあるので、けさも鰹節の削つたのに醤油をたんぶんにかけておかずとする。これが今日では大贅沢である。といふのは、鰹節が払底である。それに醤油が不足である。鰹節は水海道辺でも十ケ月も前に一本四五十円の取引だつたさうだから、今はそれ以上驚く程高値になつてゐるだらう。普通には到底手に入らぬ代ものである。それが今、十分にあるといふのは、往年よく人から貰つたのをよし子が丹念に保存して置いたおかげである。醬油の不足も昨日今日始まつたのではなく、二三年来不足つゞきで、その不足の度が月々に加はるばかりである。幸ひこれも人から貰つたのが保存してあつたのと、ときたま貰ふこともあるので、配給の醬油は他に分けてやつてゐる位だから醬油をたんぶんに使ふことも出来るといふわけだ。不足は醬油だけでなく、味噌も同様である。この方は高野から届けてくれたのがあるので、味噌とは名ばかりの配給ものは出来るだけ知人や近所の不足を訴へてゐるものに分けてやることにしてゐるが、二三日前はよし子が配給の味噌を阿万博士宅に進呈することにして、とし子が夕刻それを持つて行つた。すると阿万夫人は大いによろこんで貰ふために勝手元の方に持つて行つたが、包んで行つた風呂敷を返して貰ふためにとし子が玄関に立つてゐると奥の方で阿万博士が、味噌が手にはいつたか、それは素敵といつたらしい。すると夫人の方は、その声が玄関に聞えるのを気遣つて、しツ〳〵と博士の口を封じたさうである。とし子が帰つて来てその話をしたので一同大笑ひした。三郎ととし子の今日の弁当は純白米なので、よし子がゴマ塩をつくつてそれをふりかける。純白米をさうでないように見せようといふ苦心からである。時勢への遠慮がさせる業だ。無理もない話である。大多数の東京人は純白米の味と、そのいふにいはれぬ一種の食欲をそゝる香りとはとうに忘れてしまつたほどそれとは縁遠い存在たるや、すでに数年にも及んでゐる〔の〕だから。一分か二分つきの米に、豆だの小麦だの大麦だのを混合したものを毎日〳〵たべてゐた口では、純白米だと梅干の一つもあれば他に何もいらぬと思はれる程である。小麦にしろ大麦にしろ、馬や牛に与へると同様のろく〳〵つきもしないものなのだから、精麦の場合のような香りと味とはちつともしない。よし子がとき〴〵それを眺めて、何とかもつと食べよいようにする工夫はないものかと慨嘆するのも怪むには足らないのである。たれも彼れもかういふのを食べてゐる折なので、純白米めしとなると、それをその儘人前で食べるのは気がねしなければならぬ。そこでゴマ塩でもふりかけるといふ工夫がいるのである。

この純白米は信州の松崎猛氏から贈られたのや、たまに不足分を補ふとて志冨氏が水海道から運んだものなどで、この数年来農村の人達と縁故を持つものでなくば、闇の不正買をするのでないかぎり純白米を手に入れる途はないのである。農村では場所にもよらうが、茨城県あたりでは何れも純白米をたべてゐる。

こんな話を聞かされたことがある。昨年のことだが、猿島郡の或る村の駐在巡査がその村では純白米をたべてゐるものが多いといふので、それは怪しからぬと各戸毎にめし櫃をしらべてあるかうと先づ手始めに某宅へ出むいたが、果然めし櫃の中は純白米であつた。そこで大いに訓戒を与へたことであつたが、その某がそれを遺恨に思ひ、且つは巡査にしろ他人に文句はつけても、きつと白米めしをたべてゐるに相違あるまいと見当をつけ、その日ちようど夕めし時を見計つて案内もなしに駐在所に乗りこみ、食事の場所に踏みこんで行つた。期待にたがはずそこでは白米めしであつたので、某は物もいはずいきなりそのめし櫃を抱えこみ、その上で、よしツ、これから本署までこれを持参して署長に見せてやると威猛高になつてどなつた。面喰つたのは駐在巡査である。何しろ白米めしを口に入れてゐる所と、そのめし櫃とを押さへられたのだから一言も無い次第で、今はその男に事を荒たてずに見のがして貰ふ外に途も無く、たゞ平あやまりにあやまつて勘弁して貰ひたいと哀願懇望したといふのである。

朝めし後一服つけるととし子がいふには、道をあるいてゐると煙草の吸がらを血眼になつて探してゐるのに出会すのもめづらしくないとのこと。すると三郎が、さうだよ、たれかが棄てた煙草の吸がらを乞丐でもないのに、ちつとも気まり〔悪〕さうもなく大事さうに拾つてゐるのをよく見受けると相槌を打つ。煙草不足が生んだ一情景である。

朝めし後よし子と共に、いつもの如くふき掃除を終つてから雪かきをやる。信州生活時代を想ひ出す。そこでは時折、面白半分に雪かきの手伝へをやつたものだ。今は元より面白半分にではない。自分でやるより外にやり手が無いからである。自分でやるといへば今は女中なき生活だから、勝手元の仕事でも風呂焚きでも、掃除から雑巾がけまで何でも彼でも自分でやらねばならぬので、その方の修業も大分積んだ。そればかりではない。家財道具が破損しても買ひ足す途はないし修繕してくれるものもない世の中なので、出来るかぎりは大工の真似、経師屋の真似等々何でも自分でやつてのけねばならぬ。けふは粉炭を〔ママ〕火鉢をとるに厚紙片をよし子が用ゐてゐるのを見て、栗羊かんがはいつてゐたブリキ缶に細工して粉炭かきをつくつてみた。その出来の無器用なのに自分でもあいそが尽きる程だが、紙片よりは便利なのに骨折つて工夫した甲斐はあつたかと自から慰めてもみた。

その栗羊かんの缶といふのは、缶の製造がまだ自由であつた頃にたれかから貰つたのをよし子が保存して置いたといふので、つひ此の間それをあけて一家舌鼓を打つたのである。

此の日午後大来佐武郎氏来訪。そのとき同氏から、外務省その他の少壮官吏達が何十名か署名して老人退却せよといふ建白書を総理大臣に突きつけたことから、それ等の官吏中二十名内外のものが懲戒の意味で免官になつたといふ話を聞いた。

大来氏来訪の要件は、戦局の将来を推測するに、日本の本土だけで戦つて行けるかどうかを種々の物的条件から検討し研究し始めてゐるのだが、やり様によつてはそれが不可能でないといふ結論を生み出せさうだ。然るに折角さうして研究してみても、実行が伴はぬとあつては意味をなさぬ。そこでその研究の結果を実行に移すとして、どんな途があるかを知りたいといふのであつた。

その研究は結構だ、大いにやるべしである。だがその結果を実行に移すためには力強い国民の支持が無くては駄目だ。つまりその研究結果とそれを実現せんとする国民の熱意とが渾然融和しなければ駄目だが、そのことに関して国民の熱意を凝結せしむること、即ちその実現のための国民運動の発展が必要であり、時局はその発展を待つてゐてくれるだらうか、待つてくれぬほど深刻に急テンポで動いて行くとすればどうにもならぬと返事すると、大来氏は憂鬱な顔色であつた。同氏も時局あまりにも緊迫で、今こゝにそのために国民運動を有効に発展せしむるが如き余裕を与へまいといふことを知りぬいてゐるからである。

その夜は無事。博太郎は宿直でかへらず。当然いつもより早起する必要がないので六時頃起床。よし子には休ませるため起きるなといひ置いて先づ火を起し、めしをふかす。湯を沸かす。戸をあける。みんなが起きて朝めしをすますと、いつも通り茶の間の掃除、縁拭きをやる。寒いので錬炭をこたつに入れる。快晴なので日当りはあたゝかいが、室の中ではこたつが何よりのものである。空襲心配から、けふはとし子は休校。こたつであたゝまつてゐると、そこへ木村進氏が来宅。九時頃である。進氏にもちを御馳走する。同氏は去る一月二十七日の都心被爆撃の折はちようど丸の内にゐて敵機退散後有楽町駅の被害状況を目撃したが、手は手だけ、脚は脚だけ、頭は頭だけちぎれて散乱してゐて、その惨状とても目もあてられなかつたさうだ。またある男は有楽町駅で不思議と生命は助かつたが、爆撃された刹那、キヤツと叫んで背に飛びついたものがあり、それを無意識に負つた儘逃げのびたが、助かつたと気がついて背に負つたものを下ろしたところ、両脚ちぎれて無くすでに死んでゐたので、それを知るとその男は殆んど失神し、爾来気が変になつてしまつたさうだ。

進氏がかへると間も無く警戒警報が出て、とし子の休校がよかつたと一安堵する。

進氏に、大来佐武郎氏がたづねて来て、甲州の田舎に疎開した同氏夫人には早く百姓の仕事を覚えるようにいひつけたといつてゐたといふ話をすると、児矢野昌年氏も今は王子製紙につとめてゐるのだが、一層のこと、つとめをやめて幸島村に引つこんで百姓にならうかと、進氏が昌年氏からけさ思ひつめた相談を受けたといふ話である。

進氏に元の女中部屋、今の食堂たる四畳半で餅をご馳走し乍ら、よし子が述懐する。「かういふ情勢の行く末を考へると思ひきつて東京を去り、水海道へ引つこむ外ないようになるとしか思はれない。三郎は間もなく入隊志願だといふし、博太郎もいゝ縁談があれば新家庭を持たさる事になるし、さうなると一家三人といふ訳で東京に住んでゐる必要もなくなるから」と。

二月十一日

けふは昭和二十年の紀元節。いつもならば門前に国旗を樹てるところだが、今はさうしない。妻の話だと、敵機の目標になるといふので樹てないことにしたのださうだ。旗たてるにもそれを引つこめるにも、それだけ手数がかゝるのだから何かと手不足な折とて面倒が省けて有り難い。

博太郎はいつも通り、朝六時少し過ぎには家を出なければならないので、遅くも五時少し過ぎには食事の用意に取りかゝらねばならぬ。昨夜は三度も敵機来襲で、二度目がちようど零時少し前に警報解除である。そこでその折に錬炭に火をつけ炬燵に入れて、私だけはそこに着た儘外套をかぶつてごろ寝してゐたが、午前二時頃又もや警報である。そんなわけで五時頃から食事の用意を受け持つ。妻が起き出さうとするのをいくらかでもその過労状態からすくはねばならぬことだから、無理にそれを制止して、先づ昨夜たべのこしのすきやき鍋を七輪にかけ、洗ひ置きの葱を切つてそれに入れる。ガスに火をつけてみたが、相変らず出方が細々である。そこでそれには湯沸しをかける。昨夜すつて置いた味噌をザルで鍋に漉し入れて、湯沸しの代りにガス火にかける。実は葱であある。そこまで事を運ぶと、ふと鰹節のだしの用意を忘れてゐたのに気がついたが、こゝで鰹節を削つてゐる暇はなく、仕方なく削り細つたのを小鍋に入れてそれを味噌汁鍋と取りかへてガスにかける。ガス口は二つあるのだが、一方の口をあけて置くと他の一つはガスが出ないので、結局一つしか無いのと同様である。さうかうしてゐる間に七輪の火もかん〳〵に起つて来て、すきやき鍋の方は沸騰し出し、葱もいゝあんばいに煮え出したので味噌汁鍋を七輪にかけかへる。その間三十分程である。そこまで運んだとき妻が起き出して来たので、味噌汁の方は妻に任せて顔を洗つて煙草を一服味ふ。けさは昨夜ふかした赤飯なので冷えた儘たべることにしたから、めしふかしの手間は省けたわけだ。

博太郎が出かけると間もなく三郎が起き出して、いつものように茶の間の前の戸をあける。けふは登校しなければならぬといふので、すぐに朝めし。とし子だけは日曜でもあり、昨夜何度も眼をさまさせられたので起き出さない。

三郎が出かけたあと、元の女中部屋、今の食堂の四畳半で灸をすへ終つた頃、茶の間の前でお早うといふ声がする。妻がハイと答へて飛び出して行く。「あゝ志富さんですか」といつたので、何時も日曜には上京する志富氏が、けさは一番列車が都合よく動いたので早く着いたのだと判る。内玄関の方はこの頃遅くしか開けないので庭を廻つて茶の間の前に出て来たのである。

残雪があり風があり、日曜ではありするので、けさは早くから錬炭を炬燵に入れて置いたし、茶の間は三郎が戸をあけると妻が食事の用意の間に私が掃除して置いたので、四畳半を早速引きあげて茶の間の炬燵にはいる。志富氏も足を炬燵に入れ、「いやもう、昨日は水海道は大変でしたよ」といふ前置きでその語る所を聞くと、上空で空中戦が行はれ、それがためにあちこちに敵味方の弾丸が落下し、待避壕の必要が痛切に感ぜられたといふ。

志富氏から妻と二人で水海道上空の空中戦の模様を聞いてゐると、襖一重へだてた隣室の八畳に寝てゐるとし子が、突然「警戒警報ッ」と叫んだのできゝ耳をたてると、それらしい音響が聞えない。襖をあけてみると、当のとし子はよく眠つてゐる。昨夜三度も警報で起されたので、夢にもそれに脅かされ寝言をいつたものらしい。

久しぶりに客間の方を掃除しようと、志富氏と共にそれに取りかゝる。終ると、たまつてゐた揮毫の依頼を果さうと毛せんを二階から下におろし、十二畳の間で十五六枚書きなぐる。まだ外にもあるのだが、けふはそれだけでやめる。

揮毫を終つて一服つけてゐると警戒警報である。早速身仕度して貯水桶の氷を割つて廻る。敵機は一機で、東京上空には侵入せずとの東部軍情報に、どろだらけになつた長靴に油をぬつてはけをかける。「自分ではく靴をきれいにして置くには自分で清掃する外に途はないよ」と志富氏にいひかけると、同氏も微苦笑してゐた。三郎は学校からかへつて、金槌や錐などまで持ち出して自分の靴の修繕である。靴の修繕が容易でなくなつた今日では、自分で手入れの出来るだけは自分でやるより外に方法はない。それが終ると今度は、三郎はズボンに自分でアイロンをかけ出す。博太郎や精二が同じ年ごろには夢にも手を出さなかつた仕事に、三郎はふだんに手足を動かさねばならぬ。とし子も三郎のあと、少々いたみかゝつた靴を一生懸命みがき出す。

警報が解けたので昼めしにする。三郎ととし子が去つたあとで、妻と志冨氏と三人で時局談をし乍ら、いざといふ場合、一応は水海道へ引きあげねばなるまい、その折には物々交換以外に生きて行けなくなる。ところが完全消費階級の境涯にある私などは、今こゝにある家財道具などの外に交換すべき物を持たない。そこで出来れば、ソフアーや倚子や机なども不用のものは水海道へ運んで置きたいと思ふから、出来れば貨物自動車を一台か二台都合して貰ふように取りはからつて呉れと志冨氏に依頼する。そこへ玄関のベルが鳴つたので志冨氏が受持に出かけると、代議士の喜多壮一郎氏の来訪である。玄関の階段わきに案内する。客間は一度あけたのだが、ひる前にそれは志冨氏がしめてしまつたので、この頃いつもの応接所である階段わきに案内したといふわけである。平生はたれが訪ねて来ても茶を運ぶものがゐないので茶を出したことはないのだが、けふは志冨氏がゐたので茶を同氏がはこんでくれた。

喜多氏は永井柳太郎氏門下の第一人者である。そこで久闊をのべあつた後、永井君の死には驚いたよといふと、喜多氏曰く、結核性腹膜炎なのだから、寿命は尽きてゐたといつていゝ。助からう筈はなかつたのだ。それはそれとして、永井氏は死んでよかつたよ。告別式が出来る間に死んだのは幸福だよ。間もなく、それも出来なくなるだらうと。

「時に、君は時局の前途をどうみてゐるか。大変な時局ではないか」と話をもちかけると、喜多氏曰く、いゝことは何もない。新党運動などと騒いでゐるが、金光や山崎達之輔や三好英之輩の音頭で何が出来ようぞ。出来たにしろ、それはきたない表面をかくして、虱のわいてゐる裏面をさらけ出すだけの事ですよ。今犠牲を出来るだけ少くするには最悪の条件を鵜呑みにして、ソ聯にすがつて和平の途を求むることだらうが、それは現在の如き政府の場合相手が承知しまいから、戦争の責任なき民衆の力による政府の出現を待たなければならぬ。ところがさういふ政府は、鉢植えの花や温室の植物同様の現在の既成政治家の力で出来あがらうとも思はれぬ。それ等のものゝ顛落は約束されてゐる。ふまれても千切られても、尚ほ伸びて行ける雑草の如き旺盛なる生活力を持つ民衆が頭をもたげ来ることが予想できる。この予想が外れぬ場合は一種の革命である。それが遠くはあるまい、遅くとも六ケ月より後れまいと。

喜多氏又語りて曰く、燃料不足は甚だしい。この間も皇族と各外国大使館公使館分として石炭の運搬を要求して来たが、その要求には応じられぬと断つたところ、どこでどう工夫したか運んで行つたと。喜多氏は荷物運搬夫を対象とする統制会社の責任者なのである。

この間議会では、しきりに国民に戦局の真相を伝へよといふ要求が出たように新聞に見えてゐたが、この事は軍に対する国民の信頼が動揺して来たといふ事実の表面化したものとして大いに注意すべき現象だと思ふがと話しかけてみると、喜多氏曰く、全くその通り。而して秘密会で真田軍務局長が語つたところでは、比島への補給は今や杜絶の状態である。南支那海に有力なる敵機動部隊が出動しかけたといふことは、前例に徴して支那大陸への敵の上陸作戦計画が進行しつゝあるものと解釈出来る。但しこれ等の事実は国民の前に示すわけに行かないといふのである。また一つあきらかにされたことは内地沿岸防禦の施設が進行しつゝあるといふ点である云々。

一時間ほど雑談した後喜多氏は、「けふ、あすをはかられぬこと、一身も然り、政局も然り、時局も戦局も然り。そこでかうやつてぴん〳〵動ける間に、御無沙汰してゐる知りあひの顔を機会ある毎に見に廻らうといふわけだ」といつて帰つて行つた。

茶の間へもどると、志冨氏はかへり仕度をしてゐた。夏のモーニング一包みを托して高野へ届けて貰ふ。

揮毫後すぐにふとんほしをやつたので、志冨氏がかへるとそれを持ちこむ。故山下亀三郎氏から数年前に貰つた酒があるので、それを一口のんで昼寝する。ほしたふとんの中ではあるし、空はよく晴れてゐるし、風はつめたいが寝床の中はまことにぽか〳〵と気持よく、五時過ぎまでぐつすり寝こんでしまう。

一ケ月前にくらぶれば日も大分伸びて、六時までは暗くならない。だが昼寝のあとなのでどことなく力ぬけがしてゐるので、けふは風呂焚きはやめる。その代り炬燵で温まつて寝ようといふ相談を妻に持ちかけると、結構といふので風呂はたてぬことにした。

夕めし後、錬炭に火をつける。とし子にそれを炬燵に入れさせる。二三通の手紙を四畳半で書いてそれから炬燵入りする。

今夜は博太郎が宿直なので一家四人。三郎は自分の室で勉強。とし子もあすからは学校工場に出るので、いつもより朝早く出かけるといふのでこたつの側に床をのべて、十時すぎには就床。

昨日大爆撃があつたばかりなので今夜あたりは大したこともあるまいと、久しぶりにヅボンはぬいで就床。

〔編者註〕ペン書　原稿用紙

27　手記「落穂録」〔抄録〕

〔昭和二十年二月―三月〕

○

去る二月十七日、東京郊外武蔵野の中島飛行機工場が、艦載機の爆撃を受けた折である。ある男は第一編隊の急降下爆撃の際、逃げる暇なく、突《〔ママ〕》さに机の下にもぐりこんで、耳と目を抑へ乍ら、うつ伏してゐた。すると、どうやら机が押しひしがれて、背を圧迫するらしいので、もはや助かるまいと観念はしてみたものゝ、あきらめきれず、そつと手をあげて背を圧する物に触つてみると、何と、それはボール紙一枚だつたが、それと気がついてからあとは無我夢中で、それから五十秒後の第二編隊の急降下爆撃が終つたときは、地下室にうつ伏してゐる自分を発見して、どうして此所へ降りてゐたらうと、自から驚いたさうだ。

○

二月二十一日、中央線の電車の中で、こんなことなら戦さにまけてもいゝぢやないかと、あたり構はず大声でしやべつてゐる男があつたさうだ。

○

昨日たづねて来た小山亮代議士がいふには、群馬の太田の中島工場が爆撃された折も、百台ほどの機体が完成間際であつたのを粉砕されてしまつた、兵庫県の一大飛行機工場でも、百何台かゞ完成しかけてゐる所をめちや〳〵に爆撃されてしまつた、これはたゞ事でない、どうしたつて幹部級のものゝ間にスパイでも潜んでゐるのだらうとの事であつたが、この頃スパイ談義が市井の間で相当に賑かになつたらしい。例へば、ある駅に不発弾が落下したのを駅員達が危険を冒して、それを駅郊外に持ち出さうとしたところ、それを見て駅長が慌てゝ止めに来た。どうもおかしなことだと駅員は不思議がつたが、あとでその爆弾は形だけのもので、中には紙幣が一杯つめられてあるのが発見され、その駅長はスパイだつたことが判つたといつたような話も飛んでゐる。またある国民学校在学中の一生徒は大工場の幹部が父親だが、ある日その生徒の綴方に、父は空襲警報が鳴り出すと、ピアノを弾くと書いてあつたので、これは妙な話だと教師が不思議がり、いぶかしがつたといふのがきつかけとなり、その父親といふのは実はスパイで、そのピアノといふのは敵機誘導の無線電機であることが判つたなどの話も横行してゐる。

○

房総沿岸や東海道の海岸地区に重砲が据えつけられたといふ話が二月中旬頃から、ふつ〳〵噂に上つて来た。

○

愛知県は養鶏の本場。茨城県の農家の雛は概ね同地方より購入の例なのだが、地震と空襲のためであらう、予約解除の通知が来たので、今年は雛飢饉である。

○

昨年の十一月頃は水海道近在の農村に於ける卵一個の値段は五十銭内外であつたのが、その後鰻上りにつりあがつて、今年の二月になると一円以下は無い。東京では一個二円が通り相場だとの事である。

○

近所のものゝ話に、鰯一尾一円五十銭。

○

米兵が硫黄島に上陸して以来、一般国民の戦争に関する自信が俄かに崩れたちたる傾向漸く著しい。レーテ島戦を天王山戦だと呼号し、然かもその後ふつつりレート〔テ〕戦に関する報道絶え、しかもルソン島戦を天王山戦だなどといひ出したので、国民が軍部に対して深刻なる疑惑の念を持ち始めたのは、おそろしい傾向である。

○

敵兵の本土上陸は必至だと軍当局が機会ある毎にいひ出したので、民衆の憂色は深い。二月帰省した折に、たれかゞ水海道の町の人達は敵兵上陸来襲の場合は、県道である岩井道を避けて坂手の森林の中に逃げかくれる外はあるまいなどと、しきりに取り沙汰してゐるといふ話をしてゐた。

○

一月二十七日B29の都心爆撃の折、日比谷の山水楼に爆弾が落下し、そこに会合飲食中の軍需省の幹部達が何名か爆死した。ところが軍需省では、それ等の犠牲者のために軍需省葬を営んだ。これを知つた心ある民衆は待避もせず、真昼間飲食店で酒をくらい、御馳走を頬ばり乍ら、爆死したものに省葬とはふざけてゐる、信賞必罰などかけ声だけではないか、それでゐて国民に無用の外出をやめろの、待避しろのと号令するとは何たるざまだと憤慨してゐる。この会食中爆死の事実は知らざるものなしといつてゐゝ程である。聞くところによると、その山水楼では、つね日頃軍人や官吏などがリヤカーなどで酒や料理資材を大ぴらに持ちこんで宴会をやるので、近所のものをけしからぬと憤慨させてゐたさうで、山水楼爆撃さると聞いた近所のものは、気の毒と同情せず、却つていゝ気味だと心に喝采した程ださうだ。

○

煙草不足から、いろ〳〵の喜劇が見られる。五反田駅頭、一人の若者が肩で風を切つて堂々とあるいてゐたが、ふとかゞんで落ちてゐた吸がらを拾つてきまり悪げもなく、サッサと威張つて歩いて行くのを目撃したと、三郎の話である。近所の本郷夫人の話にも、紳士らしい相当な身なりの一老人が道に落ちてゐた吸ひがらを拾つてゐたさうだ。酒は行列すれば飲めぬことも無いが、たばこだけは、さうは行かず、ためにたばこの闇値は相当に高いさうである。三郎が済生会病院の眼科部長の山崎順氏に以前から世話になつてゐるが、この頃もまたその診療を受けてゐる。その山崎氏がたばこ不足で困つてゐると、三郎が聞いて来たので、朝日や両切など七十本ほどを妻が三郎に托して届けてやると、とてもよろこんださうだ。三郎の話によると、山崎氏は穴の大きいパイプを用ゐて、朝日のやうな太まきのものをそれにさして吸ひ、全部が灰になつてしまふまで吸ふので、細い針金を用意してゐて吸つたあとで、その針金でパイプの穴掃除をするとの事。配給なので品種のえり好みは出来ず、刻煙草なども配給されるが、煙管が売つてゐないので、ある男は古物屋をあさり、雁首だけを見つけて、それで用をたしてゐるさうだが、荒物屋の店頭には、時々瀬戸物の煙草〔管〕がならんでゐるのを見かける。この方はあまり買手がないと見えて、此の頃何でも売れてしまふのに、この瀬戸のきせるだけは店ざらしになつて店前を賑はしてゐる。

○

二月二十三日は昨日の大雪で、到る処、街路にはかいた雪の山が築かれた。その雪がこの日はすばらしい好日和とてヂク〱溶け出し、泥水が流れる。靴不足の世の中とて、靴を大切にしなければならぬからだらう、雪どけで悪路の場所に差しかゝると靴をぬぎ、靴下をとつて裸足で其所だけをあるき越すものを見かけたと外出してかへつて来た三郎の話である。

○

野田蘭蔵氏来訪の折の談に曰く。先般の機動部隊来襲の折、東京湾近くの一灯台よりその部隊を無電にして誘導したる一兵曹長逮捕され、現にそのものを取調べ中であるが、同兵曹長の供述より、このことは最高級の海軍々人が背後に居ることほゞ想像され、驚くべき政治的陰謀の手先として、同兵曹長は利をくらはせられ、渡らされたるものらしとの事であると。昨年十一月中旬、九州大村の海軍工廠がB29の爆撃により全滅的打撃を受けた当時も、同地方の一帰還兵が敵と内通し、無電を用ゐて敵機を誘導したること判明、そのものは銃殺されたとの噂を耳にしたことがある。かゝる事は果して真実なるか。想像の外なるも、語るものは信じて疑はざるものゝ如し。

○

飯島吉尭氏は先日慶應幼稚部在学中のその長男の疎開先なる修善寺に長男に面会に行つたが、その折同地方にては、たばこ「光」一個七円にて取引されるといふ話を聞かされたさうだ。尚ほ同幼稚部疎開さきへドラム缶一杯の餡をとゞけたる父兄、また全生徒に行きわたる程多量のカステラを届けたる父兄もあるとの事。今どき、どうしてそんな事が出来たか、怪まれさへする行為である。

○

ある人曰く、親ソ政策によつて局面打開をはからんとする一派と、英米と直接交渉して局面打開を工夫せんとする一派と、徹底抗戦を主張する一派と、現在の戦局の重圧によつて、それ〲暗躍明躍をこゝろみつゝありと。真偽元より不明なるも、かゝる噂あるだけでも、容易ならぬ情勢であることが判る。

○

二十五日志冨氏上京。その折の話に、下妻辺では、鶏一羽四十五円、乾燥さつま芋一貫匁四十円との事也。

○

別に同氏談に曰く。筑波郡の福岡村あたりでは、米供出完了せざるに業を煮やした役人が、その完了不能ならば農業要員たるを取り消し、北海道方面の鉱山に徴用すると脅迫したゝめ、飯米まで供出したものもあり、ために人心甚だ不穏であるとの事。

〔略〕

○

二月二十七日、理髪師来る。理髪す。この日朝から警戒警報発令中であつた。理髪中に敵一機東京上空に来襲、爆弾投下らしい音響と高射砲弾が発射されるのを聞いた。あまり遠くないらしい。その折理髪がいふ。「こうたび〳〵の敵機来襲だとやりきれない。商売も出来ない。どうしても早くサイパンを取りかへさなくては駄目だ。一体海軍はどうしてゐるのだらう？　愚図々々してゐると、こちらが灰にされて了ふぢやないか。海軍は駄目になつちまつたのぢや、あるまいネ」。蓋しこれ一般民の声。

○

二月十日附の東洋経済新報の社論に、「国民を信じ真実を語る要」と題して、「帝国議会において最も注目されることは、各大臣の答弁が極めて楽観的であることだ」と。冒頭の下に、首相、外相、蔵相、内相等の言説を引用した後、「責任ある当局から発された公式声明を卒然と聞けば、我国の現状は一から十まで、殆んど総てが旨くいつて居り、憂慮すべき点はないかのようだ。戦争、外交、軍需、食糧、国内秩序等何れの問題についても、仮に面白くないことはあつてもそれは例外で、大筋としては全部順調に取り運んでゐるといふのが政府言明の結論だ。そんなに旨くいつてゐるのならば、小磯首相は何故に、一方に於いて皇国の興廃だの、生死の関頭などと絶叫するのかとの皮肉な疑問すらも起らないものでもない」と指摘して、「戦局の実相が示すように、今や国民は全く総力を挙げて起たざるべからざる時だ。この時に政府当局があり来たりの形容詞をならべて、安易なる責任回避にふけることが許されるであらうか。国民は真実を待ち望んでゐるのである。国民がこの美しき祖国を絶対的に護りぬかんとする厳粛なる決意は、内閣や政府や官吏やによつて与へられたものではない。……この愛国の至誠が議会の報告演説の内容によつて動揺すると考ふる如きものあらば、それは日本国民自身を侮辱するものだ。それだけに信じられざることに対する憤懣を持つ。そしてさうした空気がかなり濃厚であることは、政府当局者が虚心反省せねばならぬところである。まづ日本国民を信ぜよ。真実を語れ。重大時局の隘路は、斯くて切開されるのである」と、結んでゐる。

たしかに一般国民が真実を語られてゐないと考へ出したのは事実だ。さう考へ出さゞるを得ないのである。つひ此の間までレーテ島戦こそ天王山の戦だと、飽きるほど国民は聞かされてゐた。ところが今は、その天王山戦がどこでどうなつたのか、まったく消息不明である。あれほど国民に重大関心を持たせた天王山戦を、いつの間にか行方不明にしてしまつたのでは、真実を語られてゐるとは、どうしたつて考へられぬのが当然である。

議会の政府側答弁によると、航空機生産にしても、大して心配は無さゝうである。そのくせ、毎日の新聞は航空機が不足だ、一機でも多くとわめき叫んでゐる。

過去のどの戦局面でも大なる戦果をあげてゐるといふ。そのくせ、戦線は後退する一方である。善戦勇闘敵をふるひあがらせてゐるといひ乍ら、戦線の後退があるのでは、何が何であるか、さつぱり訳が判らぬと考へ出すのも無理のない話である。

この間、沢田外務次官が来訪の折に、「一体木戸（内大臣）は真実を陛下に申上げてゐるのかしら」と述懐してゐた。来訪するもの、偶ニ陛下の事に及ぶと、一体政府なり軍当局なりは、ありの儘に事情を奏上してゐるのか知らと述懐せざるは無しである。陛下にすら、真実は伝へられてゐないのだらうと、国民は己が身にひきくらべてつひ考へたくなるのであらう。

二十六日附の新聞紙面を読むと、二十五日のB29の都心爆撃で遭難した民衆が悉く敵米英に対する憤激を新たにしたと、一斉に書きたてゝゐる。同じ日に大達内相は参内して、被害情況を陛下に奏上したとの事だが、この新聞記事のようなことが奏上されてゐるのだとすれば、陛下も真実を語られてゐないといふことになる。遭難者の大多数が早く戦さをやめてくれゝばいゝとの思ひを胸底に深刻に懐き出してゐるのは、紛れもない事実である。それどころか、大宮御所や主馬寮が爆撃されたといつて、首相は内閣を代表しておわび言上に参内したと聞かされて、腹の中ではそれもよからう、そちらへおわび言上するなら大切な子や兄弟を戦場に送り出してゐる此方達のところへも一言挨拶に来たらどうだ位に考へてゐる程であるのも、紛れもない話だ。真実を語るとすれば、現状の儘では爆撃毎に軍に対する信頼感は失はれ、政府への反感はそゝられ、ひいては累を皇室にも及ぼす危険があることも奏上されなくてはうそだ。現に民間の識者間では、事態このまゝに推移せば、ロマノフ王朝以上の悲劇を生みはせぬ〔か〕と心ひそかに憂慮してゐる向きが鮮くないのである。

○

此の間二月の大雪の日である。九段靖国神社側を僅かに人ひとり通れる程の道が開いた頃、五十がらみの一婦人が雪に足をとられ乍らとぼ〱あるいて行く。そこへ星章をつけた軍用乗用自動車が前方から進んで来てさかんに警笛を鳴らすので、その婦人は道をよけようとすると雪だまりの溝でもあつたと見えて、たちまち腰まで雪に埋れて倒れてしまつた。それを目撃した一通人が、何てい〔ふ〕ひどいことをしやがる自動車だ、国民の子をだまして伴れて行つて殺してしまつてるくせに、少しは遠慮しろと叫んで、その婦人をたすけ起してゐたといふ。これは一貴族院議員の目撃談である。

○

大阪ではこんな戦争を始めた軍の責任者を処罰せよといふビラを空襲時の混雑を利用して撒布したものがある由。

○

飯島吉尭氏談に曰く、昨夜は隣家の夫婦がそろつてたづねて来た。すこぶる深刻な又真剣な顔つきで、是非相談に乗つて貰ひたいと思つてお邪魔に出たといふ。何事かと思つて用件をたゞすと、お子さんのゐる前では話が出来ませんといふから、ナニ此の子はまだ国民学校の低学年生徒だから心配はいらない、子供に聞かせて悪いようなところは六つかしい言葉でいつて貰へば結構だといつてやると、それではといふので語り出したが、話といふのはかうだ、三井鉱山かに勤めてゐる親友がたづねて来て、これは極秘だが、近く十五才以下の子供は全部疎開させる方針を政府は決定した、もしそれに応じない場合は、その子を虐殺してしまふ、そして帝都防衛隊を布くことになるから、君の家でも早く子供を疎開させるがいゝといふのである。これにはおどろいてしまつた、どうすればいゝかと夫婦額をあつめて相談してみるが、いゝ分別も出ない。一体それが真実なのかどうか、真実とすればどうすればいゝか智慧を貸して貰ひたいと思つて、思案にあまつてたづねて来たのだといふ。かういふデマが飛んでゐるのを始めて知つたが、その隣人といふのは、高等教育をうけた壮年紳士であり、ある大きい会社の課長級の地位にゐるのだと。

○

田中惣五郎氏、三月八日午前来訪。警戒警報発令中なれば、茶の間の前の芝生の上に籐椅子を持ち出して、そこで面会する。田中氏曰く、この間人から赤飯とラツキヨを一切貰つた。それをたべると、敵の弾丸や爆弾にあたらないといふのださうだ。何ういふわけでそんなことになつたのだと聞いてみると、どこかの病院で四ケ月でお産したものがある。ところが生れた子といふのが二貫匁も体重があつて、胸には毛がはいてゐたが、これから敵弾が身近に来る、その場合に弾丸をよけるのには赤飯とラツキヨを一つたべてゐれば弾丸はあたりつこなしと母親に告げると息は絶えた、といふのである。そこで赤飯とラツキヨ一つが敵弾よけのまじないにされ出したのださうだが、おかげで僕も赤飯とラツキヨにありつけたわけだ。話はまだある。警察で、そんな流言を発すのは怪しからぬといふのでその子の墓をあばいてみたところ、すでに姿を消してゐたといはれ、そのまじないが一層流行し出してゐるのだとのことだ。

○

浜松辺では、敵機の来襲を物干竿にほすものゝ数や色あひなどで誘導してゐるものがあると噂しあつてゐる由。

○

三月十日の敵機大来襲

警戒警報が出たのが九日の午後十一時過ぎである。ラヂオによる東部軍情報では、一機づゝ三機ほど本土侵入だが、房総海上に脱去し、そこを旋回中とのことに、それならば先づ〳〵無事かと思つてゐると、十日午前零時少し過ぎである。空襲警報が耳を打つ。身仕度はしてゐたこととてすぐに外へ出て、先づ待避壕へ電灯のスウイツチを入れる。東方北よりの空があかいので、その方面に火災が起つたのが判つた。それから間もなくである。多数の敵機が順ぐりに東京へ侵入しつゝあることが報道され、高射砲弾がうなり出したので、博太郎を除く全員が壕に急いで待避する。博太郎は外で見張りである。

ひどい風だ。それに相間〳〵に突風が起つて、ゴーツ〳〵とうなりをたてゝは家や樹木を物すごい勢ひでゆさぶり過ぎて行く。壕内でそれを聞いてゐると、敵機の大編隊が頭上低空で通過するのではないかと錯覚を覚える程である。

見張りは博太郎に任せて、壕内で時を過す。とし子も三郎もねむりこんでしまふ。缶詰を一つ出してあけようとしたが、缶切りが見あたらぬ。どこにあるか探さうとしてゐると停電である。かれこれ一時間も経つたかと思ふ頃、博太郎が高射砲弾が屋根に落下したようだと壕の入口から知らせる。間近らしい高射砲声が間断なしに耳を打つ。それから一時間も経つてからだらう。高射砲声も遠のいたので外へ出てみようと思つて壕の暗幕をよけると、薄明りがサツと流れこんで来た。星あかりしかない夜中なのに怪しいと思つて外へ出ると、庭の芝生が黄色の布でも敷きつめたように眼に映る。北の空をのぞむと、ちぎれとぶ雲が火焰のように真紅である。それを芝生面が反射してこの光景なのだ。これはひどい、これは大火事になつたぞと博太郎に呼びかけると、いくらか下火になつたのですよ、さつきは時計の針が読めた程だといふ。とても風がつめたい。ひえきつてしまつたといふので、博太郎を壕内に休ませて、今度は私が見張り番をする。

半鐘が鳴り出す。待避信号である。すぐに壕の入口に身を入れる。しばらく経つて外へ出る。隣のアパートの玄関さきあたりの方向だから北よりの東方だが、その方面で黒煙が渦をまいて東へ流れ、その煙に切れ目が出来るごとに紅れんの焰が空を焼いて立ちのぼる。凄壮である。そこへ敵機一つ、超低空で飛んで来る。地上の火焰が純白の機体に映つたところは水族館などでガラス越しに大魚の水中を急泳するのを見る思ひがした。焼夷弾を投下したのだらう、すぐに新しい黒煙の渦巻がもりあがり出す。屋敷すみの外に立つ銀杏の大木が、その新しい火焰に照らされて、うす銀色にぼんやりと眼にうつり出す。妖しい光景である。

停電でラヂオの情報は聞けないから、まことに不安である。三時すぎだらう、敵機らしい一機が高々度で頭上を通り過ぎたのを見送ると、間もなく空襲警報解除のサイレンが鳴り出した。一同壕から出て来る。妻は始めて壕外の光景を見て、あれつと、たゞ驚くばかりである。幸ひ錬炭は昨夜火をつけて炬燵に入れて置いたので、一同早速こたつ入りしたが、停電なので真暗である。そこで妻が雨戸を二寸ばかりあけると、その隙間から冴へた満月の光ほどのあかりがサツと流れこんで、室が顔を識別できるほどにあかるくなる。ちようど炬燵の錬炭が上部の方へ火が廻つてあつくなりかけてゐたので、すぐにあたゝまることが出来た。そこで間もなく私以外は床にはいる。私だけはこたつに足を入れた儘横になる。風はちつともその勢ひを減じない。

ふと目ざめると、五時頃である。そろ〳〵朝の食事の用意に取りかゝる時刻なので起きてしまふ。一同今はぐつすりと眠りこんでゐるので、それを起すまいと、そつと四畳半へ行つて七輪に火をつける。顔を洗ふ。湯を沸かす。たべのこりの汁をあたゝめる。三十分程で用意は整つたので、博太郎を呼び起す。

博太郎が飛び起きて洗面所へ行く足音で、妻も眼をさましたらしい。間もなく睡さうにして起き出して来る。

博太郎が出て行つたのが七時少し前である。それから直ぐラヂオが鳴り出した。停電が復旧したのである。

八時頃になつて斎藤氏と飯島氏とへ電話をかけてみる。すぐに通じたが、何れも無事である。小石川の姉のところへも電話をかけてみたが、これは不通である。

飯島氏の話によると、風向きが変れば池田山はあぶないといふので、立退きの準備をして待機してゐたとのことなので、とし子の聖心女学院なども焼けはしなかつたらうかなどと噂してゐると、そこへとし子が起き出して来て、それは大変だと学校近くの友人に電話すると、はたして焼けてゐることが判つた。その上とし子達が世話になるマザーが着のみ着の儘で学校近くの同級生の宅へ待避してゐることも判つたので、とし子は卵を二十程持参して見舞ひに出かける。三郎も学校へ出かける。

朝精二に無事を知らせる葉書をしたゝめたので、九時頃それをポストに入れるため外出した。その序に桐ケ谷から五反田まで電車に乗つた。駅の入口には省線は田町から日暮里まで不通だと掲示されてあつた。

電車の窓から外をのぞくと、芝方面から東方一帯に入道雲さながらの白煙が流れてゐる。余燼が出す煙である。五反田からは徒歩で引き返す。途中広小路のロータリー近くのそば屋を目あてに、はやくも行列してゐるのが目につく。試みに勘定してみると、すでに四十人程である。何れも老人か婦女子であるが、小鍋や大丼らしいのを風呂敷につゝんで提げてゐるのもある。これはそばやではたべずに、家へ持つてかへらうといふのである。この間十一時過ぎに同じ場所を通つて、ながい〳〵行列を見たが、食糧事情はよほど逼迫して来たことが、こんな光景からも判る。

午後いつも来る理髪師が、けふから一つ樹を伐りませうといつてやつて来た。その理髪師は、けさからあちこち被害地を見て来たさうで、この男から始めて司法省が焼けたことや、汐留駅に大被害があつたことなどを始めて聞かされた。

午後は思ふ存分昼寝した。

夕刻三郎が帰つて来て、被害は大きいぞと学校で聞き込んだ話を取り次ぐ。罹災者が電車に乗つてゐる姿を見て、外套を呉れてやらうかと思つた程で、惨状目もあてられぬと述懐する。博太郎もいつもよりはやく、午後七時少し過ぎに帰宅。被害の甚大なることは意想の外だと深刻な顔つきである。博太郎の工場にも、家は焼かれ、親兄弟には別れてしまひ、途方に暮れてとぼ〳〵と工場へたどりついた十五六の女学生があつたさうだ。その工場に勤労動員されてゐたからである。本所深川浅草辺の被害も深刻で、死傷者も少くないといふ噂を博太郎が聞いて来たが、はつきりしたことはまだ判らない。

博太郎が工場に勤めてゐる被害者の話を聞いて来て語る所によると、昭和通りを火を避けて北へ〳〵と逃げる折、その通りの裏側だけが焼けてゐるのに、火焔は昭和通りをなめて、かぶつてゐた頭巾の左側の方が焼けてしまつたさうだ。始めは無我夢中で走るだけで、左側の頬があついのは、たゞ火の余温とばかり考へてゐたが、あとから走つて来る人達に、頭巾に火がついてゐるといはれて始めて気がついて、よく見ると、成る程頭巾が焼けきらうとしてゐる。その時は火傷をしてゐたとの事である。そしてその注意してくれた人達を見ると、自分の頭巾にも火がついてゐるのは気づかずにゐたさうだ。また油脂焼夷弾も今度は密集的に投下して来るので、とても防火の途はなく、それどころか身体一つを逃げ出すのにやつとのことだといふので、博太郎が心配して、何処か工場近くの郊外で一室借りて、そこへ衣料などを一部移して置くがいゝといふ。それもさうだと一同賛成した。

午後九時少し過ぎである。ニユースの真最中にブザーが鳴つて、甲駿地区警戒警報発令の東部軍管区情報が伝へられた。それツといふので、博太郎は直ぐに十畳前の雨戸を四五枚あけ放してから身仕度にかゝる。まだ関東地区警戒警報は出ないが、間もなく出るだらうといふので博太郎は外へ出る。やゝあつて、お父さん〳〵と博太郎の呼ぶ声が聞こえ出したが、多分電灯の光が何処から洩るとでも注意しようとしてゐるのではないかと思つたので、何だ〳〵と応答するが、それは耳にはいらぬらしく、又してもお父さん〳〵と連呼する。何事かと靴をはいて外へ出ると、待避壕まで来てくれといふ。早速博太郎のあとに続いて中へはいると、これはどうした事か、壕内につるして置いたとし子のリユツクサツクやボスバツク、棚の上の缶詰を入れたみかん箱などが見えない。予備出口の方へさげて置いた暗幕は一方へ引きよせられて、その向ふ側の隅に置いた缶詰入の箱が見えぬ。その箱の上に置いた水入れかめだけが、場所をかへて置かれてある。これは泥棒がはいつたに相違ないと、更らにしらべてみると、妻がいざといふ場合にはくことにして入れて置いた皮の編上靴がない。坐席の上にはボストンバツク内のものを一に出してみたのだらう、とし子所有の蟇口や靴下が片方だけ置かれてある。はきふるされた中歯の下駄が一足ころがつてゐる。電灯を設備する前に用心のために入れて置いたカンテラが壊されて放り出されてある。その中にあつた蠟燭が、博太郎がはいつて来た折にはまだ点火されてあつたさうだが、マツチの空箱が棄てゝあつた所から見ると、博太郎がはいつた折、すでに電灯はついてゐたとのことだから、最初は蠟燭を見つけてそれに火をつけ、それによつて電灯があることを知り、ちようど此の夜は球をひねつて消した儘で置いたので、それをひねつて電灯をつけ一仕事したものだらう。しかるに待避壕内のラヂオで甲駿地区警戒警報を知り、同時に雨戸がガラ〳〵あけられるのを知つて、仕事途中で逃げ出したのではあるまいか。その証拠には、奥の方へ入れて置いた非常米入れの缶は出口の方へころがしたまゝであつた。想像するに、泥棒は一人でなく、外に受け取るものがあつて、出す方は一人である。順々にリレー式に持ち逃げした仲間があつたであらう。といふのは、缶を入れた箱の一つは、みかん箱よりも大きく相当に重かつたので、一人でいくつも持つて逃げられるものではないからである。私はすぐに壕を出て来て茶の間のこたつにはいつてゐた妻ととし子と三郎とにそのことを報告し、一応妻は大崎署に電話で届出でをする。関東地方には侵入せずに敵機退散で、こちらには警報はでなかつた。そこで一同こたつの中で、泥棒談に十二時近くまでも時を過してしまふ。第一、とし子は雨外套を二枚も盗まれてしまひ、その外着がへの下衣やら靴下やら手巾だの、その他二度と手に入らぬものを失つてしまつたのだから、被害最大である。缶詰は大事に〳〵保存して置いたものなので、恨みは長しである。だがすべては後の祭りで、今更らどうにもならず、寝に就く。

十一日は快晴である。だが風は依然やまず、物すごい突風のうなりが襲ひ来るごとに、一昨夜のことが思ひ出され、うす気味悪い思ひがする。盗難の件について検証に来た巡査氏から、浅草の観音堂も焼けて消えてしまつたことを聞かされた。

九時頃たづねて来る筈であつた首藤雄平氏が十時近になつてやつて来た。聞けば、省線電車は切符を売らないので、市電を利用して来たので遅くなつたのだといふ。けふ近衛公を小田原にたづねるといふので、同公にあて、無沙汰をわび、且つ国際管理といつたような不幸をさへ避け得ば、日本の前途おのづからよき開拓路あるべき旨をしるした手紙を大急ぎでしたゝめ、これを首藤氏に托して届けて貰ふことにした。

首藤氏と対談中、一度警戒警報となつたが、一機だといふので首藤氏は辞去した。小田急で小田原に行くとの事であつた。省線は軍人か公用あるもの、又は緊急止むを得ざるもの以外には切符売止めなのである。

首藤氏が帰つてから間もなく、高野藤衛氏がたづねて来て、あちこちの被害状況の甚大なのを聞いた。昼少しすぎに信州の松崎猛氏が白米を五升ほど持つてたづねて来た。トラックに乗つて昨日上京したのださうだ。途中罹災者が流民となつて陸続として埼玉県方面へ流れ出る光景を目撃して、ひどく憂鬱になつてしまつたと述懐してゐた。相当の家の娘らしいのが、靴と下駄とを一つヅヽ履いて行くあはれな姿、壊れた人力車に焼けたふとんを三枚ほど積んで力なげに引いて行くもの、釜一個だけを唯一の持ものとしてさげてゐるもの等々、まさに此の世に餓鬼の行列を見る思ひがしたさうだ。

東京へはいつて日本橋の大通りを三越前から白木屋前へ差しかゝらうとすると、夕刻だといふのに窓々からさかんに火をふいてゐたさうだ。

対談中に警戒警報である。外ならぬ松崎氏なのですぐに十畳前に案内し、籐倚子を日当りに持ち出して雑談する。ところが、そのうちに解除となつたので、同氏はこの機会にと辞去した。

夕刻木村進氏がたづねて来た。自転車で九段から神田へ、神田から新橋へと一わたり、焼あとを視察したさうだが、惨状言語に絶すとの事である。同氏から昨日の午後四時までの官庁報告では、焼失家屋二十七万余、罹災者百二十万名位、死者二万七八千名であつたが、その後たとへば明治座の地下室で三千人ほどがむれ死んだのなどは、その報告以後に判明したことであり、区役所警察署の焼失が少くないので、報告も正確を期し難いから、実際は死者も三万以上であり、焼失家屋数罹災者数もそれ以上だらうといふ話を聞かされた。

妻の兄の木村杢之助氏が、先般身体の調子が思はしくないといふので上京し市古博士の診察を受けたところ胃癌と判つたので手術して貰ふことにしてゐたところ、当人には真実を語ってゐないのであまり手術をよろこばぬ様子である。そこで先日、木村進氏夫妻が帰郷して手術をすゝめたのであつたが、その後の戦情から見て市古博士も、上京手術は却つて不便だらうといふし、当人も亦東京の事情から見て上京したくないといふ意向である上、実際問題として今日以後上京するだに容易でなく、ましてや安全な病院もない訳だから、気の毒だが手術は断念させ、その代り当人の希望する薬をやることにしようと木村氏の申出でゝある。妻も賛成する。この不治の病ひのため手術せざるが故に苦まねばならないのを見てゐるのは、情に於て忍びがたいところだが、今日の場合どうにも他にいゝ方便もないので、さうする外どうにもならぬ。そこで木村氏は自転車で行つて来ようと思ふが自分のは木製の部分が多く、とても長途の乗用には役に立たぬから、三郎の自転車を借りたいといふ。よろこんで使つて貰ふことにする。二三日の間に出かけるとの事だ。

博太郎がかへつて来て、今度の夜間爆撃の被害者の話と被害の模様とをよく聞いてみると、どうしても一部の衣料ふとんなどをどこかへ疎開して置く必要があると考へたから、今日武蔵野境の方で一間借りることに約束して来た、ついては明朝からその疎開荷物を少しづゝ運ばうといふ。それもよからうといふので、先づカバンに博太郎の軍服短剣など一そろへを入れ、その外大小のカバン三ツに出来るだけつめこむ。

十二日の朝は四時に妻が起きて朝食の用意をする。五時少し過ぎに博太郎が三郎を伴れてカバン三個をさげて出かける。三郎に借りた室のある家を教へて置かうといふのである。もう一つは博太郎の部下のものが八時半頃立ちよつて持つて行つて呉れる。けふは洋服入れの紙ばこ二つに、靴や下駄などのはきものを入れて荷造りする。これは十三日の朝博太郎が持つて行つた。

夕刻増田一氏がたづねて来た。尤もひる頃増田氏の使ひだといつて、葱や人参牛蒡などを持つて来てくれたものがあつたが、その人から下谷にある東京事務所を閉鎖するため、けふ一氏が上京したことは聞いてゐた。

その増田氏の話によると、同氏は十日の早朝上京した、ところが松戸で列車不通となり引つかへさうかと思つたが、折角こゝまで来たのだからといふので、そこから徒歩で東京まで来た、途中で罹災者が陸続として地方へ出て行くのに出会すので、どんな様子ですかとある男に機会を見つけてたづねてみたところ、手をふつて聞いてくれるなとの意味をその顔色に示してゐる、誰れも彼れも焼けた顔で、焼けちぎれた衣服をつけたり、頭巾をかぶつたり、とても二目と見られぬ惨めな様子だつたさうだ。同氏は昨日も今日も被害地をあちこちと視察したが、まだ到る処に死骸がごろ〳〵してゐる。待避壕の中で死んだ儘うづくまつてゐるのをいくつか目撃したさうである。同氏から卵二十個と米一升とを貰つた。

同氏の親戚に深川に磯山丑蔵氏が住んでゐたのでその安否をたづねると、磯山氏方では中学生の子息と女中とを残してとうに水海道へ疎開したのださうだが、その子息といふのがわづかに身を以て遭難を免れたさうだ。聞くと次第はかうである。焼夷弾がまかれるから屋根にあがれと警防団員からいはれたので屋根にあがつてゐると、はたせる哉、焼夷弾落下である。三ツほどは下に蹴落したが、見ると物干台に火焔がめろ〳〵とあがりかけてゐる。これはあぶないと思つて屋根から下りようとすると、梯子が風にあふられて倒れてしまつたので仕方なく飛び下りたが、幸ひ怪我もしないのですぐ傍の橋の下にまたも飛び下りた。ところが火焔は水面をなでゝ猛烈に伸して来る。ために船は立どころに焼ける。その火焔におそれをなして、水中に飛びこんだものは、その火焔に焼きころされて了ふといふ有様なので、おどろいて無我夢中で橋の上に飛び上つた。ところが折よく、そこへ顔見知りの警官が通りかゝつて、こんな所にうろ〳〵してゐては死んで了ふ、警察の背後に早く行けといふので、それではとまつしぐらにその指示された場所へかけつけた。そこには三千人も避難者が群れ集つてゐたが、警察当局はかうなつては手のつけようがない、とも角この三千人を救はうといふので、出来るだけ多くのポンプをその周囲にあつめて消火に努めたので、何れも幸ひに九死に一生を得、増〔磯〕山氏も助かつたのだといふ。

博太郎がかへつて来ての話に、その知人の宅でも十日の夜に待避壕内のものを盗まれてしまつたさうだ。十日未明の災禍で、たれも彼れも大事なものは一先づ待避壕へ入れようといふ気になつたのは当然で、泥棒の方はそこを見こんで跳梁したものであらう。

三郎がかへつて来ての話に、罹災者をとめた家では、あとで是がなくなつた、彼れがなくなつたと、物が無くなつたのにあきれかへつてゐるのが少くないさうだ。罹災者の方は無事な家が憎らしく、無断で物をわがものとして良心にとがめられることもないといふほど気持がすさんでゐるからだらう。おそろしい傾向である。

十三日ひる少し前に、ムラサキ電気店主瀬崎憲氏がひよつこりたづねて来た。深川の親戚の安否を気遣つて、けふは徴用された工場の方を休んで深川まで行方さがしに出かけて来たのださうである。どうだつた?と聞くと、焼野原の深川である。やうやく家あとを探しあてゝそこへ行つてみたが、隣り近所のものは何れも行き先なり安否なりが知れるように手配してあるのに、同氏の親戚の家あとには何もない。そこでその辺のものへ消息が判る筈だといふ国民学校々舎に出むいてみたところ、その周囲にはトタン板ややけ板などを覆へとして焼死体を積みあげてある。どの死体も着てゐた衣服は焼けてしまひ、髪の毛も焼けてなくなつてゐるから、黒く煤けた焼け姿からは男女の区別もつけかねる。中には腹だけが焼けのこつたのなどもある。惨状目もあてられぬ。その光景を思ひ出すと、めしを食ふ気にもなれぬほどだ。それをその儘にして校内には、やけいたんだ蒲団などをもちこんで真黒にすゝけた顔で三々五々焚火などしてゐた。係りのものといふのに面会して親戚の行方をたづねてみたが、すでに三日間も経つてゐるのにそこに収容されたものゝ氏名表さへまだつくつてゐない程の無秩序無整理状態で、尋ね人があると一々その名を呼んで聞き廻るといふ有様で、手間のとれることはひどい。結局行方不明である。他〔多〕分死んでしまつたのだらうといふ。

同じ瀬崎氏から聞いた事だが、ある工場には罹災従業員で赤児だけが生きのこり、それを背負つて出勤してゐるのもあるさうだ。

死体の処分などは一刻も早く片づけてしまふべきで、それにはかういふ場合は軍隊の出動こそ最も適当だと思ふが、それをしないといふのは兵士達をしてその惨状に目をむけしむるのは士気を沮喪させるとでもいふのであらうか。それとも別に理由があつてのことか。或はそこへ気がつかぬといふのか。何れにしてもその多数の犠牲者を目もあてられぬ酸鼻の姿その儘で三日間も放置して置くようなことでは実にひどい政治の貧困だとあきれざるを得ない。困つたものである。

十日夜の大空襲とその被害とが劇しい衝動を都民達に与へたのは当然だが、そのためにたれも彼れも仕事が手につかぬといふ有様らしい。謂ゆる上中流階級の疎開は急ピッチに行はれ出した模様だ。

博太郎が目撃した事実。家へ帰りに池上線に乗ると、廿前後の姉と十四五のその弟とが何れも顔を繃帯で覆ふて目だけを出してゐた。罹災者なのだ。坐席が一つが空いてゐるとその弟が姉をそこへ坐らせて、姉ちやん、やけどだからすぐ癒るよ、心配ないよと話しかける。姉の方は顔をふせて、たゞしよんぼりとうなづいてみせるだけだつたさうだ。

とし子が五反田駅で目撃した事実。省線の切符売口の前には多勢行列してゐたが、大きい荷物を背負つてゐた一少年がその行列の途中へわりこまうとしたら、罹災者は手前ばかりぢやねいと、大人達がなぐりつけてしまつたさうだ。

飯島氏が大崎署長から聞いた話。深川住の一国民学校生徒が、十四日朝ひとりとぼ〳〵と大崎警察前を通る。聞くと、両親からお前は先きへ早く逃げろ〳〵と追ひたてるように急がせられ飛び出したが、その後両親の消息不明なので大崎署で保護してゐるさうだ。

世間の噂では、死者十万を下るまいとの話である。

とし子の学友も、どし〳〵疎開して行く。

深川本所方面の被害状況を十四日に視察して来たものゝ話に曰く、まだ死体はその儘のものが多く、ことに待避壕内に死んだ儘であるのは真黒こげであるのが鮮くなく、それが眼をあけた儘のもあつて不動明王像そつくりの物凄さ、とても二た目とは見られずと。

榊原二郎氏十四日に来訪。その折の話に曰く、十日には疎開さきの土浦から朝早く出て来たが、松戸で列車停止。但し都合よく北千住までは電車に乗れた。そこからは徒歩で役所まで来たが、沿道の光景酸鼻の程、形容の言葉もない有様であつた。南千住から日暮里の間では、鉄道堤の下の溝に三人の小供を上からかばつた母親の姿を見た。勿論、母子ともに死んでゐた。レールの側に若い娘が頭巾で顔を包んだ儘大地に俯つて死んでゐるのも目撃した云々。

〔略〕

児矢野の姉

三月六日。けさは昨夜来の雨がよこなぐりの風にあふられ乍ら降りつゞいてゐるので、朝の間に池田山の斎藤邸を訪問しようと思つたのも中止してしまふ。いつものように廊下を拭いて一服する。妻は隣組の用事で雨の中を出かけて行ったので、その間に米をとぐ。朝の食器を洗ふ。どうやら寒くなりさうにも思はれたので、錬炭に火をつけ始める。そこへ朝六時少し過ぎに、応召の世話になつた教師の出立を見送りに出かけた三郎が帰つて来て、朝めしである。

錬炭を炬燵に入れたのは九時。その炬燵のある茶の間を妻が徹底的に掃除してやつたといふので、この機会に雑巾をかけてやることにする。本棚の整理もやる。それからこたつにはいつて一服してゐると、そこへ飯島吉尭氏の来訪である。こたつの中で雑談に時を過してゐると、警戒警報が聞え出した。時計を見ると正午である。情報を聞くと一機だといふので、飯島氏は大急ぎでかへる。三人で昼めしをたべてゐると、今日新聞の届くのが遅く、その折やつと配られた。食事後こたつの中で新聞を読み始めてゐると、内玄関で女の声がする。三郎が出て行くと、児矢野未亡人である。すぐに炬燵にお招きする。ところが、おゝあついと、顔の汗を拭いてゐる。厚衣の所為もあるが、寒暖計を見ると正午頃までは五度しかなかつたのが、今一時半頃は十度近くになつてゐる。風むきが変つて暖風が吹き始めたゝめだ。

久闊の情を陳べあつた後、児矢野未亡人はいふ。どんなものでせう、現金を持つてゐた方がいゝでせうか、それとも銀行へあづけて置いた方がいゝでせうかと。この質問にはよく出会すが、一二年間は差支へないといふだけの現金を置いて、あとは銀行にあづけてしまつて置いたらいゝでせうと答へて置いた。

とても想像も出来ぬほどの変調子な世の中が間もなく眼前に展開され出すだらう。そんなことで東京を立ち退かねばならぬ折は、いつでも私のところへゐらつしやい、何とかする。水海道へ一先づ落ちつく途も考へて置くからといふと、それは有り難いといつてよろこぶ。その末女の音楽家田村五郎氏にとついだ康子氏は、幼児を抱えて亡父の郷里である猿島郡の幸島村に疎開してゐる。そこでピアニストの同女氏が縄を綯つたり、馬の飼料を切り刻んだりして、亡父生家の手伝ひし乍ら毎日を送つてゐるといふ話を聞かされた。ピアノたゝいた手で藁を切つたり、縄を綯つたり、とき折は石うす挽きの手伝へだとは、変れば変つたものと、妻が感慨深げに述懐する。元来、故児矢野昌平氏は長男に生れたのを、帝大を出て官吏になつたので、生家の方は妹に婿をとつてあとを嗣がせたので、同氏の父が同じ屋敷内に建てゝ住んでゐた都会風建築の二階家が、同氏のものであつた所から、康子氏はその家に疎開したのであるが、亡父が疎開したのなら兎も角、さうではなくて他家へ縁づいた末娘といふのだから、自然田舎の児矢野家あとつぎのものとも縁は薄いわけで、それだけに康子氏の方に遠慮もあり気がねもあり、ピアノたゝいた手で押切りで馬糧切りまでもやらねば、疎開先きの生活が堪えられぬ程、ぎこちないものになつてしまふのだらう。聞けば村の諸川区、即ち一里もある部落まで自分の分の米は自分で背負つて持ち返らねばならず、しかもかゝへてゐる幼児の分は無配給であり、それ許りか、地方では配給は米が主で、外のものは殆んど無いので、隣近所から種々と物を譲つて貰はねばならな〔い〕ところから、持ち返つた半襟だの、何や彼やと、こつそりそれを与へて、隣近所の好意歓心を買つて置く必要があり、その苦労は並大抵のものではない模様である。

といつて、それが嫌だとしたら東京に帰らねばならず、東京では気苦労は少くとも幼児伴れては到底生活は覚束なからうから、いたし方もない。ピアノたゝいた手で縄も綯ふといふのはきびしい現実相の一具体的表現だといふべきであり、剣をつかんだ手でまきわりを握り、筆をつかんだ指で棉くり器をあやつるといつた世態が必然到来の一先駆現象でもあらう。

恒平氏の消息も昨年初夏以来全く不明だとのことで、もう駄目なんでせうと母親の児矢野未亡人は口でこそいへ、あきらめきれる筈もなく、苦衷案するに余りがある。

何事かあつて東京に居られなくなり、俄かに一切を棄てゝ東京を立ちのかねばならぬような折は、こちらへいらつしやい、必ず郷里まで案内するからと約束すると、どうぞお願ひしますといつて、三時ごろかへつて行つた。

四時頃になつても十度を下らず、空は曇りだが、そのあたゝかさにそゝられて手紙を出しかた〴〵近所を散歩する。とある雑貨店で麻と藁草履と包丁とを買つてかへる。今頃包丁を売つてゐるとはめづらしいので、買つて来たのだが、妻に示すと、よく売つてゐたものネと不審顔である。手にとつてみて、菓〔果〕物の皮位むけさうだといふ。さうだらう、それ以上のものが店頭にならんでゐる筈もない世の中だ。

晩めしをたべ了つた頃、玄関のベルが鳴り出す。三郎が出て行くと、東大崎公番の巡査が、高倉輝といふ男が今夜こゝへ立ち廻りさうだから、その折は密告してくれといふ話だといふ。早速自分で玄関へ出むいて、それはどういふことかと聞き糺してみたが、たゞ大崎署の方から電話で、風見宅へそのことを依頼せよと命ぜられたので、出かけて来たといふだけで要領を得ない。そこで大崎署の方へ電話すると、情報係りの三浦氏が電話口へ出たので、高倉云々の件は、一体どういふことかとたづねると、実は警視庁の特高係りからいつて来たことを取り次いだまでゝ、詳しいことは何も判らないが、たゞ治安維持法違反事件の関係者だといふことだけは判つてゐるとの話である。それはそれとして、仮りに高倉氏が来たとしても密告はいやだ、それ程なら警察の方で私の家へ出張つてゐて貰ひたいと所望したので、三浦氏が出向いて来た。高倉氏の関係事件がどうであるかは知る所でないが、二十余年来知つた間柄である、そのものがたづねて来たといふのに密告はひどい、法を破つたものなら自首するよう勧告しよう、警視庁に留置中であつたと聞えてゐるから、脱走でもしたのだらうか、いゝとしをして何度も警察の世話になつた経験のある高倉ともあらうものが、脱走しきれるとは思つてゐまいから、脱走とも思はれぬ。釈放されたものとせば、釈放後に又逮捕の必要が生じたか、それにしても密告はいやだ、それよりも高倉氏としても私の許に立ち廻るとも限るまいし、夜おそくは雪でベルが壊れてしまつてゐるから、誰が来てもどうにもならずといつてやると、三浦氏は午後九時半頃かへつて行つた。間もなく同氏からの電話で、高倉氏は警視庁を一文も銭を持たず、着た儘で脱走したが、自殺の虞れがあるといつて警視庁の特高係りは心配してゐるとの事であつた。警視庁から脱走出来たとは想像も出来ぬことだ、ことに高倉氏の事であるから、簡単に脱走しようなどとは考へもしまい、或ひは警視庁内に高倉氏と密通するものでもあつて脱走を手伝ひ、どこかへかくまつたといふような怪奇な事柄があるのでもあらうかなどと想像したりした。

つひに高倉氏は姿を見せなかつた。あくれば七日である。木村進氏がたづねて来て、二百万以上の大動員と東京の防備のため人家の大疎開を軍令によつて行ふらしいとの話を聞かされた。

昨夜は十一時半頃警戒警報が出て、どうやら夜間大爆撃があるらしいと一般に憂慮されてゐる事とて、それから後は着た儘寝てゐたので、けふは睡眠不足である。

敵機動部隊が近づいてゐるといふので、一昨日頃から警戒厳重で、海軍の報道班員はすでにいつもの集合所たる香取へ、一昨日から召集されてゐるとの話である。そこで外出も遠くへは出来ないとあきらめてゐたが、木村氏が同盟通信社へ電話をかけると、今のところ変つた情報もないといふので、十時頃五反田池田山の斎藤邸を久しぶりに訪ねた。無事である。かへりに飯島吉尭氏宅に立ちよつて、主人が不在だつたから、夫人にお宅の旦那さんは大丈夫と思ふが、近く大動員があるらしいからと耳打して帰宅した。

行きもかへりもあるいたが、広小路のロータリーの近くのそば屋と甲州家や、西洋軒の前には、風呂敷で容器をつゝんだのを抱へた小供や老人小娘など大行列である。これはひどいと、行きには同行の木村氏と話しあつたことであるが、十一時頃帰宅の折に通りすがると、行列の人数はすでに倍となつてゐた。二三人づゝならんで、どこも一町以上続いてゐる。これ等飢えた連中にとつては、いつ空襲があるかも知れぬといふ心配よりは、昼めしに早くありつかう、ありつきそこねては困るといふ心配の方が深刻なのだ。

帰途、西大崎一丁目のロータリーまで来ると、行きにも見た配給薪受取りの人達が、依然群がりあつまつてゐる。受け取る方は何れも主婦や娘達で、幼児を背負つたものや老婆もめづらしくない。配給する方は男一人である。分配がはか行かないので、待つてゐる時間は自然長くなる。たれも彼れも待ちくたびれた表情である。配給先は判つてゐるのだから、たれか責任ある立会人を一人きめて、それ〴〵に分けて置いたところへ受け取りに来させたら、双方とも無駄な時間や言葉を費さずに事すむだらうに、昨日今日のことでないのを依然かくも無駄なやり方を続けてゐるところに、何事もひどく非能率的な日本の姿の一端を見せつけられたように思はれて、とほりすがるのも心いたかつた。配給を受けとりに来た方はうば車をひいてゐるもの、リヤカーを押してゐるもの、不完全なもつこを持つて来たものなどまち〳〵で、そのもつこの一組は女達が五六人もかゝつて積んだ荷をもてあまし、お互ひに仏頂面でもみあつてゐた。

外出中何事もなくて、まあよかつたと門内にはいる。ふと高倉氏の事をおもひ出して急ぎ家にはいり、高倉氏は来なかつたかと妻にたづねると、たれも来ないといふ。

三郎は試験中で早ひけなので、こたつにはいつてゐた。早速私もこたつにはいつて新聞の読み直しにかゝる。間もなく正午。ニユースを聞いてゐると、警戒警報である。急いで昼めしをすます。警報が解けてから、こたつで二時間ほど昼寝する。庭には家かげや木の下に未だ残雪があるのと、空は曇りなので冷寒が身にしみる。一つは風が吹いてゐるせいでもある。

夜博太郎が帰つて来て、昨夜は敵機動部隊かB29の大来襲があるかも知れぬといふので、工場員は夜中に逸早く疎開したとの事に、今夜あたりはあぶないぞといふので、一同用意を整へて床にはいる。

〔以下略〕

〔編者註〕ペン書　ノート

28　日記「田園日記抄　一九四五年」

（昭和二十年三月―八月）

田園日記抄　一九四五年

一九四五年

三月二十五日

強制疎開地と指定されて東京の住宅は取り払はれることになり、多年すみなれた家をあとに郷里へ引きあげる。こゝは常盤線利根川べりの取手駅で、私設の常総鉄道水海道駅下車、そこから徒歩三十分程の農家部落である。鬼怒川べりで、川上三里ほどに長塚節氏の生家があり、「土」は同氏がそこで書いたのだ。

草深い田舎である。こんな土地でも歴史の歯車のきしる音が、かすかではあるが耳を打つ。それも一つの歴史の素材にならうものと、この日から日記をしるすことにする。

落ちついたところは、私の生家である。うつそうとしげつてゐた杉の大木が供出できりはらはれて、今はまばらにしかはえてゐない。きづものだけが、のこされたのである。けやきの大木は切りたをされたまゝで、まだ地面にころがされたまゝである。

着くと間もなく二三のものがたづねて来て、戦さは負けでなからうかと心配顔である。この辺は交戦地帯になるといふので、一旦こゝへ疎開した連中で、またも群馬県や長野県の方へ逃げ出したものも少くないとの話。

五月二十六日

夜中に東京が大空襲をうけて、紙幣の印刷したばかりのものがあちこちに落ちる。それを拾つてどうしたらいゝかと、部落のものが相談に来る。屋敷のすみには、どこかの大学のスポーツ記録で三十頁ほどのものが半分こげて落ちてゐる。

部落の人達は昨夜、Ｂ二十九の編隊がいく組となく頭上をすぎて東の方に去るのを目撃したので、いづれも不安に昂奮してゐる。二三人あつまつてゐるところへは、すぐに寄りたかつて忽ち多勢となり、戦局の前途の観測やらお互ひの生活のくるしい話や、話頭百端がや〳〵と話しあつてゐて、仕事も手につかぬといふ有様。一人がいふ、「いよ〳〵アメリカ軍が上陸して、この辺へ来るとなつたら、ワシは車へ家のものをのせて、日光の山奥へ逃げることにきめたよ。途中と行くさきの食料も、いつでも持つて行けるように箱へ入れて、ちやんと用意した」。「オレンとこも、さうすべい」とあいづちをうつものが多い。相手が自動車であることなど気にもかけず、大真面目で牛車逃避行が出来るものときめてゐるのだから、うれしい話である。

「町の方では、鼠が少くなつたさうだ。たべものが無いからさ」。「道理でこの頃野良に鼠が多くなつたよ」。「この間は町のものが猫をすてに来た。いゝ猫だとほめたら、たべさせられないからすてに来たので、貰つてくれとたのまれたツケ」。「卵一つ五十銭ださうだ。たまげた値段でねいか」。「酒一升百円になつたつてサ。のめねいな」。「ごま油一升も百円で売買だとよ。天ぷらはたべられねい」。「この間、東京の疎開学童達が泊つてゐる宿屋の前を通つたら、小ども等が大きい声で、縁故疎開はよいけれど、集団疎開はつらいものとうたつてゐたよ。ろくでもないものしか食はせいねいから、むりもねいや」。

「聞いたかよ、この間岡田村で麦の供出割当で協議会をやつて、地方事務所の役人と警察署長も出席してゐたさうだ。そのとき老人が一人、小どもにさへ満足に食はせられないようでは、戦争などやめてしまつた方がいゝと、でかい声でわめき出したさうだ。ところが一同たれ一人文句もいはず、それどころか、さうだともと賛成する気色がたれの顔にも出てゐるので、立あいの警察署長もその勢ひに押され、だまつてゐたさうだよ」。「まつたくだ！今度オラが方でも、役人や警察署の連中が立ちあふといふなら、その前でさういつてやるべい」。「あいつ等は、ほんとにひでい野郎どもだよ。この間谷原村では、亭主が出征してゐるで手不足で、収穫が思ふように行かねいから供出量をまけてくれといつたら、役人め、何をぬかす、そんなに働きがねいなら出征してゐる亭主にすむめい。生れた家へかへつてしまへとほざいたさうだ」。「いんや、もつとひでい話を聞いたよ。その谷原村でよ、女房に逃げられた男があつて、それが供出不良なんださうだ。それを役場へ呼び出して、大勢人のゐる前で、貴様は供出も満足に出来ねいほどだから、女房にまであいそつかされんだと、きめつけたつちう話だ。おとなしい男だから、顔を赤くしたゞけでだまつて聞いてゐたさうだが、いくら何でもこんなことまでいふとは、むごい仕方ぢやねいか」。「オラア、ハア、戦争なんざ、どうなつてもいゝだよ。せがれさへ無事にかへつてくれりや、それが何よりだ」。

「どこかぢや、地方事務所の役人が、オレは天皇陛下の命令で、供出のさいそくに来たのだといひやがつたさうだ。天皇があんな木ツ葉役人にまで命令すんのかなあ」。「いくら天皇陛下の命令だつてヨ、こちと等の税金のおかげで給料もらへる役人がオレ達を家来あつかひは、ふざけてゐるでねいかヨ」。「天皇陛下だつて、オレ達のつくる米で生きてゐるヨ」。「たれの命令でも、おらあ食へなくなるのはまつぴら御免だ」。「天皇陛下より、わが身の方が可愛いからなあ」。「コレサ、いゝかげんにしろよ。そんなこといふのを巡査にでも聞かれてみろ、大事だぞ」。「ナアーに、かもふものか。巡査だつて腹の中ぢや、考へは同じだんべい。この間もよ、とこ屋のおつかあが、こんな戦争おつぱぢめたなあ、どこの馬鹿野郎だ？　天皇なんて、ろくでもねい男だつて気狂ひのように大声でがなりちらしてゐるんだよ。あのおつかあと来たら、みんな知つてる通り、亭主は出征で随分前から弱りきつてゐるもんだから、それによ、気の勝つた女だから、男と組打喧嘩だつてやりかねねい方だし、人から何といはれようとどう思はれようと、そんなことはちつとも気にかけねい方だから、いひ出したらたれがとめたつて聞きやしねいやネ。そこへ巡査が通りかゝつたんだよ。これは困つたことだと、オレははら〳〵してゐると、巡査の方は聞くまいつたつて聞いたに相違ねいが、聞えねいふりしてだまつて行つてしまつたツケ」。

六月十五日

隣村の村長秋場勇助氏がたづねて来た。村長の話、「私の村にも、米軍迎ひうちに出るといふ兵隊が駐屯してゐる。だが鉄も剣も大部分の兵士は持つてゐない。練兵には竹の棒をつかつてゐる。自然休みが多い。そこで村の農事を手伝つたり、たにし探しや魚とりなどに日をくらしてゐる。雑魚さへゐなくなつてしまつたと、村の連中がこぼしてゐる」。

そこへ来合せた近所のものゝ話、「昨日は隣部落の女達が峯下で、兵隊さんからひどく叱られつちまつたヨ。ひげむぢやの、いゝ歳した兵隊さん達が畑の中で、小どものおもちやの機関銃で汗だくで、大真面目で練兵してゐたんださうだ。通りかゝつてそれをみると、どうにもおかしくつて、たまりかねて吹き出してしまつたんだとサ。するとその兵隊さんの一人が、オレ達だつてすきや戯談に、こんなまねしてるんぢやねエヤ、もつものも持たせられねエから、仕方なし、かうやつてるんだ。それを笑ふとは何事だと、今にもくひつきさうな勢ひでどなりつけたさうだ。そこで女達はびつくりしてあをくなり、駆け出して逃げたんださうだ」。

六月二十日

近所のものが防空壕を頑丈なものにつくりかへようと思ふが、どんなものだらうと相談に来た。どうとも返事しかねてゐると、「先生のところの防空壕は、やくに立たねいようだ」といふ。「さうか、オレの方はそれでも構はぬ」と答へる。

こゝは純農家部落だから、空襲警報が出たからといつて壕にはいるものなどは、今まで一人もゐない。たれかが花火でも見るつもりで、見物である。ラヂオで東京が空襲されると知ると、夜中の場合は見物気分で鬼怒川の堤防の上に群れあつまる。何しろ、こゝから東京までは一面の平野つゞきだから、東京で投下された爆裂弾の炸裂音が、戸障子をビリ〳〵と震動させるほどで、東京の空で炸裂する高射砲弾の光が、はつきり眼にうつるのである。一旦東京で火事が起つたとなると、その火の手のひろがるのが火勢空にうつつてよくわかる。太平洋方面に飛んで行くB二十九の編隊が、いつでも頭上を通るのである。それをかぞへたり評判したりして、頭をさげるものすらない。昼間の艦載機の来襲でも田畑の中に起つて、あれよ〳〵と見物してゐる。もつとも昼間は頭上に来ると、適当の遮蔽物をさがしてかくれもするが、防空壕へとびこむのはよく〳〵の苦労性のものだけで、大抵の家ではそれは無用の長物化してゐる。

七月一日

野を見ると、働いてゐるのは老人か婦人か小供等だけである。壮丁といふ壮丁はほとんど全く出つくしてゐるので、農業労力の不足は甚しい。たれの顔にも、ひどい疲労の色が出てゐる。自然ことしも田植をやらなかつたり、折角田植はやつても手入れが不十分で、醜草が稲を圧倒してしまつたのも、めづらしくない。だから出征敗戦必至とは、今はすでに一人でも疑ふものはない。だから出征したせがれや兄弟のことに心は奪はれ〔る〕のみで、ラヂオでどんな景気のいゝ戦果の発表があつても、そんなことは馬耳東風と聞き流すだけである。国民を激励する言葉が送られても、尤も終始一貫、楠正成の申し子でもあるかのように、焦土決戦論を吐きちらしてゐるものもたまにはゐる。たづねて来た近所のものに、さういふ村の男の一人についてどんなんだと聞くと、「男の子はなしで、あの男の家からも一人も出征してゐない。それに小作米で食つて行けるんだものなア、どんな議論でも、やつてゐられるサ」とポソリとさゝやいて、如何にもうらやまし気である。

七月二十二日

長男の結婚式をこゝでやる。嫁も東京在住だが、空襲がはげしい折柄とて田舎でやることにしたのである。時節柄とて双方の親達と媒酌人だけで式をすまし、披露会などもちろんやらず。うなぎを手に入れて食膳に出したのを、一同これはめづらしいと珍重してくれる。

うなぎ釣る人も少くなつて、手に入れるには容易でなかつたのである。こんなときでもなかつたら、結婚式をこんなに簡単にすますとは親戚縁者からも随分苦情が出たらうに、たれ一人文句もいはずである。たれも彼れも自身の心配やら苦労やらで精一杯で、他人事にはかゝはつてもゐられないのである。長男は応召免除の役柄で、東京ではたらいてゐる。二三日やすむのも遠慮が必要だとあつて、明日は嫁とつれたつて上京の予定。新婚旅行どころの話でない。夜空襲警報。

八月　日

近衛文麿氏の秘書官であつた牛場友彦、岸道三両氏つれだつて来訪。牛場氏から、ソ聯を通して講和の途をひらかうと政府が交渉を開始したことを知る。三月、私が強制疎開で東京を去ると知つて別れにたづねて来てくれた人々の中に、林広吉氏や朝日新聞編輯局長の香月保氏の両氏とは、幸ひ引きあげ準備が終つた折だつたので、ゆつくり話が出来た。その折今や日本としては、どうすれば国際管理を免れ得るかだけが唯一の政治課題だとかたりあつたものだが、ソ聯の仲介でその問題が日本に有利に解決されるかどうか、甚だ疑問である。

対ソ交渉のため近衛氏を特派しようといふことになり、即刻参内せよとの話であつたが、近衛氏はつめ襟服で外出中だつたので着かへてからと答へると、そのまゝでいゝ、一刻もはやくといふので、そのまゝ参内したほどだといふ話も牛場氏から聞く。

八月　日

片山哲氏東京から来訪。あつい日なので竹林の中に倚子をはこんで、そこで会談す。もてなすに何もないので、手づくりのトマトを出す。

片山氏曰く、事態こゝに及んでは、一刻もすみやかに講和政権をつくらねばならぬ、それには近衛氏に中心になつて貰ふのが一番いゝと思ふ、ついては君によつて近衛氏の奮起を促して貰ひたいから、即刻君の上京を希望する、今や万死を覚悟して、このことに当るこそ、お互ひ政治家の責任であると確信する。

返答、「貴説にはまつたく同感である。だがもう少し情勢の推移を見てからにしたい。その上で、私も及ばず乍ら必ず驥尾に附いて、そのことのために奮闘するつもりである」。

すでに講和交渉が始められたことは、たれにも洩らさぬ約束で牛場氏から聞いたことなので、片山氏には相すまぬと思ひながら、つひにそれを打ちあけかねた。交渉の推移如何によつては、講和政権樹立の必要もなくなるので、右の如く答へざるを得なかつたのである。

片山氏が辞去すると間もなく、ラヂオにてソ聯の宣戦布告を知る。政府の講和計画は水泡に帰したのである。片山氏との約束を果す日も遠からずと考へ近く上京を覚悟し、この夜より身辺の整理に着手す。同時に講和政権樹立の方策に関し構想を練り始む。

八月十五日
この朝早く空襲警報を聞く。

〔編者註〕ペン書　原稿用紙和綴

29　日記「備忘　昭和二十年六月一日」

〔昭和二十年六月―七月〕

六月一日（金曜日）

曇。冷つよし。昨日までぬいでゐたラクダの冬シヤツをけさは着用。

猫花子四五日行方不明のところ、昨夕ひよつこりと帰り来る。とし子よろこぶこと限りなし。

昨日宿の石塚来る。女中二人忙しい間だけ手伝へにかへすことを相談す。ために病老兄甚だ不機嫌なれどいたし方もなし。

とし子運動靴入手の途なし。この頃毎日はだしにて作業との事。みじめさを思ふと腸をちぎられる思ひあれど如何ともしがたし。こればかりは手づくりも出来ず。もつとみじめな前途あるを予想してひとり自からなぐさむる外はない。

自転車一台中古上等もの五千円の取引といふ。これは東京にて交通機関の弱化によるもの也との事。

次男氏醤油こうじを持参してくれる。野菜畑の手入れをたのむ。快諾してくれる。

煙草の配給日なりと土信田氏来てくれる。

万年筆田舎にて一本二十五円以上。

塩不足のため先般まで塩一俵米一俵といへるを、この頃は米二俵塩一俵の相場なりといふ。

石原氏夫人来宅。昨日上京、即日帰る。石原氏の工場住宅無事なるを見届けたりとて報告に来れる也。

西側林中の供木用の大けやき、これだけ伐り倒されたる儘に放置されありて甚だ迷惑のところ、けふ運搬さる。

老兄寝た儘也。

次男氏曰く、巻煙草一本五十銭は通り相場と。その次男氏午後に再来、大根を持参。午後モビール一升と煙草盆一ケ進呈す。

浦さん来る。午後薪片づけ。浦さんに藤柄の川口家へ手伝へのことを依頼す。

午後十時頃三郎帰宅す。新々堂の次郎氏が見舞に立ちよつてくれたので、同道せる趣也。

岸道三氏罹災の通知を受く。

二日

雨。

三郎滞在。

前の家より十和村田へ養子に行つた飯泉亀之助氏の長男のために、「武運長久」と書いた布片を前の家に届ける。

いわ実家へかへる。

三郎の話の断片。

東京にてはタイヤなし自転車がガラ〳〵音をたてゝ大威張りに走つてゐる。

物置きぐらしは焼けた場所では極楽境也。

焼けてくれた方がいゝ、さうすれば疎開出来ると念願するもの頗る多し。

電灯とガスとラヂオとに絶縁されてすでに数日。自然くらくならぬ間に寝てしまふ。

学習院中等科の生徒が廿五日富士裾野の演習より帰京。己が家のやけたも知らず、とぼ〳〵と家路を急ぐ情景は見るに忍びず。

児矢野邸庭さきには焼夷弾一発落下。幸ひ三人がゝりにて消しとめ得た（博太郎、三郎、木村進）。

五反田駅に立ち、前住宅の方をのぞむ。満目たゞ焼あと。前住宅地に赴く。材木がいゝといふので防空壕つくりの資材にと積まれてあつた前住宅の木材も全部焼けて灰と化す。たゞ居間の前の百日紅の樹はもとのまゝ繁りかけて焼けもせず。庭樹も南西客間前の方は何の被害もなし。

午後浦さん藤柄の川口宅へ行つてくれる。浦さんが手伝へに行くための打合せをなす用事也。キヤベツ四個を貰つてかへる。一ケは浦さんに進呈。同宅に罹災後滞在の温恭堂一家はけふ帰京したとの事也。

めづらしく終日終夜警報なし。

三郎滞在。

三日　日曜

晴。

とし子休みなし。登校。

けふより半ズボンとなる。夏気配也。

精二にたよりす。

仲屋敷の老人来る。

石原道貫氏来宅。

飯田淳之助氏来宅。

三郎十一時すぎの列車にて上京。

飯田氏談。北陸線にて上京、列車遅延につき高崎辺まで来た頃、東京に宿屋の便ありやとたづねたところ、今時そんなものはありませんといふ。上野駅に到着は午後十一時過、止むなく停車場にて一夜をあかすこととし駅の改札口を出ると、そこにはごろ〳〵と人が寝てゐる。それをまたがずにはあるけぬ有様。少し空間があつたので、そこへカバン、トランクを置いて横になる。一服つけて吸いがらを捨てると、四五本の手が周囲からそれを拾ひに伸びて来る。上海の停車場の苦力の生活を思ひ出させられた。そこへ寝たゝめ虱を五六匹背負ひこんでしまつたのには閉口した。

阪神地方にてはみそも醤油もなし、塩汁である。

因に同氏は東亜海運社員。大阪出帆南航の途上神戸沖にて船に触雷、九死に一生を得たるが、それがため下船、帰郷したるため来訪せる也。

内閣属成島氏来宅、かつて書記官長当時一時身辺にありしもの。北条町出身。ひる頃神林氏と共に来宅也。そばがきをつくりてひるめし代りに馳走す。

その談によれば、廿五日の空襲にて首相官邸の本館をのぞく外、その周囲の書記官長書記官二舎など総て焼失。外相官邸焼失。赤坂溜池辺全部焼失。議事堂は無事にて、そこにて執務との事也。

水海道にて米一升二十円の取引ありといふ。雛一羽二十円との事。卵一ケ一円五十銭。煙草きんし十本一箱と米一升の交換行はるゝ由。

けふも新聞不配達。

夕刻浦さん来る。剣道をその長男に仕こみたいとの事にて道具を貸してくれとかねてたのまれてゐたので、精二が学校時代に用ゐたのを三郎と相談の上貸してやることにしたのを取りに来たのである。その浦さん明日は藤柄の川口宅へ手伝へに行つてくれるといふことである。

四日

昨日三郎が博太郎のために帰省の切符を買つて持参したので、今日あたりは博太郎が来るかなど予測し乍ら起きる。半ズボン、薄上衣一枚にて冷からず。垣のバラの花この間より咲き出づ。芍薬はすでに散れるもあり。

大阪辺にては生活のため、婦女子にして貞操を提供し始めたものもある由。

浦さんが此の間の話に、峯下の床屋で女が、「一体こんな戦さをたれが始めやがつたんだ?」と大声で叫んでゐたさうだ。女が眼をつりあげてこんなことを口にするのを聞くのは初めてだと、浦さんも述懐してゐた。

そろ〳〵蚊が出始めたので、蚊帳つりの用意を整へる。

藤柄へ手伝へに行つた浦さんが、かへりに茄子苗五十本ほど貰つて来てくれる。

小石川の姉、中屋敷よりコスモスを貰つて来てあちこちへ植える。

五日
半晴。

増田一、有松氏来訪。

ムラサキ氏山べを釣つたとて持参。

浦さん茄子苗植に来てくれる。あまつたので浦さんと志冨氏とに分ける。

安藤誠氏死去、けふ火葬との事。志冨氏に挨拶に行くことをたのむ。

とし子不快とて休校。

かつ江けふより実家へ手伝へに行く。

倉の前に麦藁にて日よけをつくる。三時間ほどかゝる。くたぶれる。

土信田平房の次男けふ出発応召。いわが送りに行く。

博太郎昨夜不来、けふは心に待ち乍ら日暮れる。

浦さん藤柄で聞いたといふ話に、成田不動は全焼消滅との事也。

温恭堂主人藤柄にて手伝へに日を過しつゝありと浦さんから聞く。

この人も亦顚落激甚。

東風つめたく強し。但し半ズボン、単上衣にて寒からず。

麦の色そろ〳〵黄ばみ出す。

けふ甘酒をのむ。何年ぶりの珍味也。

博太郎が着かへにかへるのだらう、それは着かへを出して置かねばなるまいと、夕刻二階や倉など探したが、探さうと思ふカシミヤの上衣は出て来ず、そのうち夕食といふので探すのをあきらめかけてゐると、信濃屋君が肥料を入れに来たと立ちよつたので立話してゐると、そこへひよつこり博太郎が事む所の自転車で乗りこんで来た。

めづらしく警報なし。

夕刻石原とみ子が小石川の姉同伴、草花を持つて来てくれる。コーヒーをわかして御馳走する。

六日
曇。冷気つよし。

とし子登校。

午前曇、午後日光を見る。

博太郎滞在。

前の家の電力を借りて米つく。

精二より来書。

磯山丑蔵氏来訪。

昨日水海道町にて四十余人の動員あり、増田三郎氏もその一人也。

暇乞ひに来る。

前の家の電動力にて米を舂いて貰ふ。一俵だけ仕上げる。

七日
博太郎五時の一番列車にて帰京。

沖縄の戦況不利に部落の人達にも憂色深し。

博太郎より東京の近況について聞いた話。

日本刀を提げて隊を組んで、壕生活者の間を掠奪し廻るものもあり。

一夕博太郎が自転車にて児矢野宅へかへる途上、リユツ〔ク〕サツクを背負ひ女子供を伴れて続々郊外に急ぐ群衆と遭遇す。よつて何事か起れるやとたゞすと、大編隊の敵機来襲だとて昂奮してゐる。且つ今頃東京へ入るのは危険千万だと注意されたが、とに角一刻も早く児矢野宅へ着かうと自転車のペタルを一生懸命ふみ乍ら下北沢駅まで来ると、構内の電燈が煌々とかゞやいてゐる。そこで駅長に模様を聞くと、警戒警報も出てゐないとのことに安心して帰宅すると、そこでも木村氏夫妻、三郎などが大編隊の来襲だと大騒ぎである。そんなことはないと駅長に聞いた話をすると、やつと落ちついたが、その敵機来襲の報はラヂオはなし、電灯はなしで、ために流言が飛んだものらしい。

すべてを焼け失つた結果、あらたに危険区域に家を借りて、動産保険をかけ焼けるのを待つものもあり。

世田谷辺、二十五日の空襲以来電気停止、ガス停止、水道停止、ために日が暮れると寝る外なし。

野田蘭蔵氏の子分の中川氏来訪。

多賀の山本勝雄氏来訪。

午後より嵐模様となる。

米三俵つきあげる。

今夕は紅茶を出して、とし子のために煮る。

山本氏よりりんごを貰ふ。自からは食はず、とし子のためにのこす。

八日
夜来大雷雨。暁方より雨やみたるも尚ほ冷気つよく、冬の上衣を羽織りて暑からず。

幸島村の谷生家に疎開中の田村康子にたよりする。書信の末に、
　ありし日はゆめなりしかや手拭をかぶりて妻は水仕事する
部落のお寺の例のもとの酒屋に疎開したものゝ、子が死んだと後の主人公が知らせに来る。部落つきあひの香奠五銭を包んで、小石川の姉が仲屋敷へ行く途中あいさつしてもらふことにする。

午前十時頃より雨雲うすらぎ日光をみる。薄上衣一枚にて冷からざるにつき、冬上衣はぬき棄てる。

靴に油をぬる。

けふは志冨氏不来。

四時頃より雷雨となる。

山口いばらき新聞支局長来訪。

東坪の塚原喜一よつぱらつて来る。沖縄がだめだといはれたので配給の酒を四合一気にのみほし、どうなるかきゝに来たと勝手にしやべり散らす。

後の秀雄氏来る。街道ぶちのジヤガ芋畑では、いつの間にかジヤガ芋が掘られてゐるとの事。また東坪の文左衛門宅では一番上等の鍬をぬすまれてしまつたさうだ。

ゴム底靴をこわしてそのゴム底をとし子の下駄の歯につけてみる。

警戒警報二回。

鬼怒川増水。水門とめに部落の人一騒ぎす。

もち米半俵ほど舂く。これにて当分米舂きの心配なし。前の家の電動舂也。

八時頃風呂。まだ薄明りあり。蛙声太古を偲ばしむ。

落花生の芽そだち始む。その周囲の草をとる。

九日
つゆ草よく咲く。また一風情也。

梨本正太郎氏に書信す。

ざくろの蕾大きくなる。

八時頃より日光ときぐ〱あらはる。

けさはコーヒー。もとより砂糖なし。但し味自から格別也。

警察署長麻生に転任だとて別れの挨拶に来る。

午前十時頃より雨雲去り、日光さん〱と降る。

昼前はもの思ひに終始す。世の行く末を予想して慄然たり。

前ぶれなしに、けさ議会開院式挙行のことをラヂオにて知る。敵に知らせまいとして予報なかりしか。

静野、中村材木店などのせがれ達入営とてあいさつに来る。コーヒーを沸かして御馳走してやる。

浦さん用事あつて来たのをつかまへて、福田孝氏より貰つた芋苗を植えて貰ふ。

顔洗台をつくる。

十日（日）

昨夜九時三郎帰宅、博太郎よりバターと角砂糖とタバコとを届けてくれる。三郎の学校学習院高等科は間もなく猪苗代湖畔に疎開との事也。

朝七時前より十時頃まで空襲警報。如例敵機の編隊頭上通過、しば〱空中戦の銃声を間近に聞く。

博太郎心づくしの贈ものたるSugerを入れて、けさはコーヒーを三杯ほど飲む。又格別の味也。

十時頃よりあつくなる。夏気配也。

午後浦さん麦刈りに来てくれる。

紅茶をわかして、とし子と遊びに来た富子氏にごちさうする。

新々堂の二郎氏、三郎氏入営のせんべつの返しだとておこわ持参。

ムラサキ氏来る。義兄保釈の件について尽力をたのむとの事也。

弁ご士と相談してよろしきようにやれと印を貸してやる。

三郎滞在。恰かも来てゐた浦さんにバリカンで髪を刈つて貰ふ。

けさ錬炭に火につけてみる。終日火に困らず、便利也。但し木を焚いて火をつけたので、火のつくまで二時間もかゝる。

志冨氏の尽力で、博太郎の水海道までの定期乗車券手に入る。三郎持参の筈。

あす上京出来るかどうかは疑問だが、妻は三郎が土産にするといふ玉ねぎと小かぶとを用意する。梅干も持参の筈。

風呂へはいり乍ら野面を眺めると、麦はすべて色づいて来た。今日浦さんといわが刈つた麦畑のそばを通る部落の人達が、焼夷カードでもまかれぬ間に刈ることだよと話す声が聞える。県道を疎開のたんすなどを積んだ荷馬車が一台通る。大空襲のあつた日だが、こゝは何処にも平和な空気がみだされた様子もない自然に包まれてゐてのんびりした情調である。

一昨日大増水の鬼怒川の水も減つて来た。

夕刻信濃屋君が畑に来たとて立ちよる。コーヒーをご馳走する。

十一日（月）

三郎一番列車にて出発といふので、午前三時半頃目ざめ四時少し前起床。倉の前の火鉢に火を焚き、妻が昨夜用意したる汁をあたゝめてやる。四時半三郎発途。四時ともなれば薄あかるくなる時候也。三郎が出たあと門前を掃き更らに東側の大欅の周囲を清掃す。妻は懸命に庭の草とり。野鳩の鳴く声いとのどか也。蛙鳴耳をふさぐ。

朝峯間信吉氏来訪。鯉淵豊貞氏、中山藤吉氏にリヤカーにてはこばれて来訪。鯉淵氏口甚だ重く、顔の肉ぶくれは病状すでに重きを物語る。或ひは最後の面会か。峯間氏は焼き出されの一人也。同氏曰く、宮本茶村編述の常陸資料によれば、風見、青木、石井の三者曾て常総の野に大いに勢威を示せる時代あり、それを筆写して君に贈らんとせるに、遺憾ながら原本烏有に帰すと。

落合寛茂氏来宅。画をかいて貰ふ。恰かも空襲警報発令。そばがきをつくりて昼めし代りに馳走す。

信濃屋君畑に芋苗植に来た序に、ありし頃よく販売せる甘味入れのコーヒー一缶を持参してくれる。おやつ頃おやつはなけれど、西の林の中に設備したる湯わかし所にて抹茶をたてゝ馳走す。こゝで茶をのむは今日が最初也。

精二にたよりす。

十二日
晴らしく思はれたる空、俄に雨をふらす。とし子傘持たずに出かけ、途中雨にあひたるべしと思へど傘とゞけてやる術もなし。午前十時頃より半晴となる。梅雨季に入れるためなるべし。天気うつとうし。

田植始まる。

麦刈も漸くしきり也。

昨日勝手元の塩壺をみつけ来り、バラ一枝をきりて寛茂氏活けてくれる。それを倉前の机上に置く。けさ倉前の倚子により、この一風情に心自から清浄を覚ゆ。

けさ鉄瓶を掃除して火を倉前にて焚くことをやめる。火は無くもがなの季節となれる故也。その代り錬炭入れを用ゐ、けし炭にて湯をわかすことにする。火鉢も片づける。

朝婦人会の回覧板を持つて、後ろの主人秀雄氏来る。しきりに沖縄戦局不利の結果を憂慮して、「田植だが米は食へるだらうか」と、一般が危惧の念に駆られてゐると語る。同氏伝聞によれば、静岡沼津辺では米一俵六百円から高きは千二三百円の取引ある由也。

茶不足のため、上等の茶一貫匁三百円の取引すらある由。

朝箒の竹枝を一部整理す。

居間と寝間の整理を手伝ふ。

峯下出身の田村氏来宅、今は静岡県にありて土方の親分也。同地方にては煙草一本一円也といふ。此の男少々学問あり。曰く、日本は今、夜見の国也、いたるところ闇取引のみと。

老妻しきりに腰痛を訴ふ。過労のため謂ゆるキヤリ病なるべし。手当の途もなし。

高野坪にて国民学校に通学する家庭のものは何れも虱のために困却、そのわけは市街地の児童は風呂にはいれぬため虱を持たざるもの殆んどなく、それが伝播して児童が家庭に持ちこむためとの事也。

ムラサキ氏来る。

寛茂氏画くところのバラの色紙をとし子の室にかけてやる。

午後三時すぎ雨ふり出す。甚だむしあつくして雷模様也。畑に来た信の屋さんが雨にふられて立ちよる。その折へツドを進呈すべしといふ。かつをぶしがないとの事にそれと交換にて貰ふことにする。そこで夕刻同氏がかへる折、かつをぶし十本を包みて進呈。

めづらしく終日警報なし。

十三日
夜来ふり続きの雨やまず。朝は冷気つよし。

けさはかた炭を出し錬炭をつける。

雨なれど雲雀さかんに鳴く。

刈つた麦。快晴なくして雨。畑にて腐る心配生じたるも、今日は施す術なし。天候回復するかせざるかを見て術を考える外なし。

昨夕竹にてつけもの切台をつくる。けさ妻とねいやとそれを使用す。無きにまさる便利あるらし。こんなものをつくりて時を費すも亦一興也。

香水一本を口あけ、あちこちにふりかける。

倉前を夏むきに片づける。朝の一仕事。

九時頃雨やむ。但し雨雲去らず。

正午頃一時晴れ気味となり日光を見たるも、再び雨雲低くたれこみ時々霖雨となる。但しひばりは終日さへづりをやめず。

疎開記を起草し始む。

石原夫人正午過ぎミシンかけに来る。コーヒーを沸かして御馳走する。

正午少し前警戒警報。

バラの枝を剪り土にさしこむ。四本程也。

倉の前の南天枯れたるにつき、午後鶏舎裏の一株をそのあとに移植。

ざくろの花数日来咲き初む。

露草の花十数日来咲き出して、花姿まことに可憐。

ぐみすべて熟す。

箒竹にとて、さきに切りとりたる竹枝を倉後の竹林中にこもをかぶせて置きたるを、けふ午後少しばかり整理す。こもをかぶせ置けるは葉をくさらすためにて、下積の方は引きぬくに伴れ葉こと〴〵く脱離す。

南天二本程植えかふ。一本は玄関わきの塀前に植ゆ。

けふは来客なし。仏壇の間のタンス一竿をはなれに移すのを手伝ふ。昨日も床の間のを一竿同じ場所にうつす。あと一竿あり、それは明日移すことにする。

昨日どぜうを水槽に入れる。ぼうふら退治のため也。これは妻の思ひつき。まだ蚊帳つらず。尤も老人と姉とは数日前よりつる。

錬炭に火を入れたる故、今夕も昨夕同様コーヒーを沸かして敏子のかへりを待つ。

昨日始めて親しい高野六郎博士が遭災入院加療中のことを聞かさる。但し生命に別条なしとの事也。

同盟通信の海外情報、先月二十五日六日分けふ到着す。二十五日の爆撃の祟り也。

福岡村の広瀬仁左衛門氏がそこの農業会事む所に西洋画の額が欲しいといふので、佐々弘雄氏の弟が書いたのを志冨氏に托して贈呈す。

夕刻は冷気つよく、冬上衣はをりてあつからず。

昨日とし子が学校にて、今年はのみが多いから洪水があるだらうとの話を聞いて来る。

燃料不足のため、高野坪内にも風呂は三日に一度のものある由。

姉が昨夕ムラサキ持参のますの塩づけの切味を中屋敷に持って行く。そのかへりに寺の側のもとの酒屋の家に疎開してゐる婦人があいさつした折、東京恋しとて涙をためて語ってゐたさうだ。東京が恋しいといふのは疎開生活の苦痛の余情である。つまり東京思慕の情は上皮で、その根幹は疎開生活苦のなやみに外ならない。

波多野乾一氏より、去る二十三日災死の日森虎雄氏の告別式を明十四日銀座の聞人会事務所にて開催の旨通報し来る。元より参加する能はず。

洋画家の松本昇氏より安否を問ふて来書。同氏は今長野県松本市に居住。

夕刻信濃屋さんがわざ〳〵ヘッドと胡椒とを届けてくれる。

十四日

正午少し前より雨となる。

今日は旧暦の五月五日端午の節句に当るといふので、農民にとりては休日なれば野良に人影稀也。

昨夜は十一時すぎ警戒警報、次いで千葉茨城区だけ空襲警報となりたるため、妻と自分とだけいざといふ場合の用意して横になり模様を見る。そのうち佐渡島方面へ敵機行きたりとの事に、その儘ねむってしまふ。

日立多賀方面先日空襲され、日立ことに甚しかりしとの話につき、多賀町の山本勝雄氏に見舞状を出す。

昨夜は蚊少し出でたり。のみ甚だ多し。けふはムシケンを撒布す。

昨夜とし子しきりに、一家を構へ親子水入らずの生活をいつになったら出来るだらうかと切願して止まず。答ふるに言葉なし。親子ちり〴〵ばら〳〵になる危険こそ多き世の中也。

ひばりさかんにさへづれども、天候相変らず不良。

かしわ餅は思ひも及ばず、ねいやうどんを打つ。昨年も同様なるが、ことしも柏の葉を貰ひに来るもの一人もなし。砂糖不足のため也。かくし持つものもかしわ餅つくりたりとはいはれたくなく、自然例年なれば部落のものが柏葉くれと押しかけて来るのに、昨年来はその事なき也。柏の樹は此の部落には、うちの一本と他にどこかに一本位しか無いのである。

倉前のみかんの樹甚だ威勢悪くなる。枯れさうも也。

午前中仏壇の間に置いた古たんすを倉に持ちこみ、少しばかり倉内の整理。

志冨氏タバコなしとてへこたれてゐるので、支那タバコ十本、きんし五六本を分けてやる。

正午すぎ警戒警報。正午頃雨やみ、あたゝかくなる。青空見え初む。日てる。

稲敷郡舟島村の一部落は、先日爆撃をうけて全部潰滅せる由。

さつき、つゝじ花真盛也。

竹箒用竹枝二把ツクル。昨日二把。

宿の石塚氏豆腐を持つてきて呉れる。大豆をあつけて坂手の豆腐屋にたのんで置いた分也。かつ江に一先づかへるよう伝言をたのむ。

午後三時頃より青空またかくれてしまふ。

前の家では田植を始めたとの事也。

倉の用紙類を整理中、短冊数十枚出て来る。事む所に置いて欲しいものに進呈することとして志冨氏に托す。

肩の灸を始め、すでに数日。

農事最も多忙季に入る。

今夕もコーヒーをわかしてとし子を待つ。その我儘見るに見かねることとあれど、その前途に待つ一層惨めなる生活を想像すると許してやれといふ気持の方がつよく、小言いふ気にもなれず。妻しきりにこの事を気にやめど、時がとし子に何を教へてくれるかを待つ外なしと観念して妻をなぐさむるだけ也。

梅の実は落してもいゝ頃だといふので、一両日中にそれにとりかゝる予定也。けふ妻は落ちたのを拾ふ。

真竹の筍すく〳〵と伸び始む。

門際の水槽セメント製なのが又も水をもらす。そこであらためてまた木綿をつめて置く。先日つめたのが駄目になつたのだから、今度つめたのもいつまで有効かは疑問だが、コンクリート屋が来てくれないのだから、さうして置くより外に致し方もない。

夕方小石川の姉が一つ北の方へ行つて柏餅もあつたらたべて来るかといつて出かけたが、今日は節句なのと、とし子が材料不足で早びけだといつて五時頃かへつて来たので、六時頃夕めしをすましたところへその姉がかへつて来て、柏もちを五ツ六ツ貰つて来た。

夕刻志冨氏のむすこさんが郵便物を持参。杉浦重剛進講録一部を進呈する。

日がくれた頃から月うす雲の中に出て来る。五日月也。

三木五郎氏来書、丸やけとの事也。

精二より来書、無事也。

十五日（金曜日）
曇なれど雨なし。
今日は卯の日だといふが、この日は田にはいらぬといふ習慣とかで農民は畑にはたらく。そこで麦刈がさかんだ。前の家には農兵が来て麦刈の手伝へである。

かつえがかへつて来た。

買置きの筆三四十本を事務所に持つて行き、欲しいものに呉れてやることにする。筆不足で筆入用のものはなやんでゐるからである。

神大実に爆弾投下があつて以来、朝鮮人がスパイだといふ噂が飛び始めたさうだ。一問題起きはせぬかと憂慮される。そんなことがあるためだらう、とし子が学校の行きかへりに市街地にはあちこちに流言に惑はされるなといふビラが貼り出されてあるさうだ。

午後荒井作造氏柏餅とさくら餅とを持つて来てくれる。これは此の春同氏に男の子生れ、その名づけ親となつて文夫と命名せるによる縁故から也。同氏の子達には全部名づけ親たる縁故あり。

水海道にていくらかでも乗れるといふ自転車が一台千円、少し堅固なのは二千円の相場なりといふ。

水海道に疎開したもので、雨外套と米四升との交換を希望しあちこち相談してみたが、自転車用の雨合羽ならば兎も角、普通の雨外套は不用とて相談まとま〔ら〕ざる由。

傘と米四升の交換行はるゝ由。

とし子が柏もちをほしがつてゐた折とて、けふの荒井氏の贈りものはまことに有り難し。けふは紅茶を煎じて帰りを待つてやる。

荒井氏曰く、以前東京から水海道まで五人乗つて円タク一台四円で来たことがある。これは夜だから四円なので、昼だと三円でもたのめたものだ。

水海道新署長阿久井氏新着任の挨拶に来る。

夜四辺の情景と小説土とをくらべて、妻と抱腹大笑。

十六日

寺島三郎氏罹災の通知あり。

飯岡源逸氏その次〔男〕健二氏と自転車をならべて来訪、酢を一升ほど持つて来てくれる。健二氏に杉浦重剛進講録と幼学綱要とを、又別にかつをぶし二本、ウーロン茶一缶を進呈す。

荒井作造氏昨日持参の柏もちの返礼にかつをぶし三本を進呈、志冨氏に托す。

飯田憲之助氏三男入営のあいさつに来る。その折米一斗ほど、外に野菜、メリケン粉などを貰ふ。飯田氏番頭同伴持参也。その番頭昨日空襲罹災見舞に土浦郊外の村の親戚をたづねたが、先日の爆撃にて全部落殆んど跡方もなく潰滅の実況を目撃し来れりとて語りて曰く、
八畳か十畳程の範囲に爆弾四五個も落されたといふのだから、とても助かりつこはねいやナ。それに此の十五、十六日は茨城県をバリカン刈りにやつつけるといふ噂があつたんださうだ。

こちとらは、そんなことは知んねいから平気で出かけて行つたんだが、ひるめしをたべてからけいらうと思つてたら、けふといふけふと、あしたといふあしたは大変な日なんだから、めしなどくつてゐずに、すぐけいつてくれろといふ騒ぎさ。だから行つてみたら、たれもかれもぼんやりあつちこつちにかたまつて、気のぬけたやうな顔して空襲の話をくりけへす外、手につかねいといふわけさ。あと片づけどころか、まだ掘り出さねい

死骸があるんで、くさくつてしようがねいといつてゐたよ。けへりに、霞浦の航空隊のところを通つてみたら、すつぱだかで兵隊がはたらいてゐたツケ。今時は兵隊になんのが一番だ。上のもんでも見てゐねいと、小田（小田原評議の意味）ばかりやつてゐて、ちつとばかり働いてゐれば、三度の食事は心ぺいなし。たまに盗んで食つても兵隊だからで通るツてんぢや、やれ供出、それ配給、下駄が減つちやつた、どこで買ふべいなんテ心配はいらねいと来てるんだから、兵隊ほどいゝものはねいや。一層の事、兵隊にとつて貰ひてぃもんだ。

山本勝雄氏より来書。多賀は無事なれど、日立の工場は全滅との事也。

タイヤ一本、米一俵の交換だとの事。但しそのタイヤは絶無に近し。

けふはタバコの配給あり。

かつ江午後前の家の田植の手伝ひ也。

昨夕はとし子学校工場から酢の配給をうけてかへる。それで寿司をつくる。帰郷以来始めての事也。

次男氏キヤベツ二つ、大根数本持つて来てくれる。

昨夜半空襲警報あり。けふ正午頃警戒警報。

寺島氏の葉書、八日出して昨日事む所まで到着、一週間かゝつたわけ。

後ろの秀雄氏来る。曰く、わくやが米の配給を受けべいツてんで農業会へ行つたら、米は出せねい、じやがいもでもたべるんだといひやがつたてんで、ゆんべの常会ぢや、わくやがとても腹たてゝたツケ。糞ツ、麦の供出しろなんて来たら、竹やりで突つこくつてやツからと、眼の色けへてゐたツケや。そんなわけぢやねいんだから、むりもねいや。農業会なんテ野郎等は一匹のこらず、とんでもねい馬鹿野郎等だよ。いまに見てろ、アメリカの野郎やつつけるツていふ竹槍で、味方を突つつすから。

昨夜は午後八時より国民義勇隊の件につき部落常会が寺で催されるといふことであつたが、よろしくたのむと後ろの秀雄氏にねいやを使ひにやつて欠席する。

竹でこしらへた台を西の林の中の茶のみ所に一つ配置する。

ひる頃より青空となり日照る。夕刻は又曇る。

冷気つよく厚手のワイシヤツの上に冬の上衣一枚羽織りて暑からず。

川口家へ縁づいた姉夕刻来る。一泊。

飯島吉尭氏夫人、生家たる豊岡の飯田憲之助邸にかへり、母親に死んでもいゝから東京へかへりたいと訴へたる由。こゝでも長塚節氏の「土」の中に出て来る人物を、大きくしたか小さくしたかだけの同類種型の人間のみを以て埋められたる村への疎開生活の如何に深刻に疎開者の神経を刺戟し、且ついためつけてゐるかの一証拠が見出されるわけだ。だが、もつと深刻な試錬が人々の上には来ることがあまりにも明かだ。なぐさめようもない世の中である。

十七日（日曜）

朝かねを叩く音聞ゆ。戦勝祈願念仏を老人達が修するため、その呼集のかね也。旧八日にて此の日は定例念仏日なりとの事也。

冷気つよく朝曇りにて厚手ワイシヤツの上に冬の上衣を羽織る。

九時前青空いくらか見え始めたるも冷き東風つよく天候思はしからず、雨ならば田植、晴ならば麦あげとの事なるが、どつちつかずの天候とて農民達朝思案に暮す。

けふは日曜なれど、とし子登校也。

ひる頃より日光さん〳〵とふり出す。その頃警戒警報発令。

ねいや達午後麦あげ。

川口の姉から温恭堂の消息をきく。

かんじんの毛筆の毛を焼いてしまつたのが何よりの損失。今は一応東京に引きあげたが、滞在中は毎日農事手伝へなどで日を消した由。

谷原村でも疎開児童に対する村童の圧迫は甚しく、むしろ迫害にちかし。川口宅に疎開の河野氏のむすめが弁当のお菜に少し変つたものを持つて行くと、隣席の男の子達が、「それをよこせ、こなまあ（このあまの略）、よこさねとぶつぞ」といふので与へぬわけに行かず、この頃は漬物だけ持つて行くことにしてゐるさうだ。またその節は国民学校一年に入学したが、疎開々々と虐待され往々故なくなぐられたりして、ひどい迫害を受けてゐる由。この頃は谷原村辺でもどぜうなど手に入らず、なまづは勿論姿も見られず、魚には大不足の由。

午後日は照れど、冷気朝と同様。

夕刻箒竹枝の整理了る。

よし子倉前のトマトに灰をかける。

川口の姉かへるわけだつたのが、すゝめてもう一晩泊ることにする。

ずつと以前に染谷秋氏から貰つたどぜうがまだ残つてゐたので、妻が数日前各水槽に何尾かづゝそれを入れた。ボーフラ退治のためである。そのせいか、水槽内のボーフラよほど減つた模様也。

西の林の中に蒔いた落花生の芽スク〳〵とのび出す。

東風冷く、夕刻になりても止まず。

谷原村辺にても卵を買ひに来るものは一個一円の割にて支払ふ由、但し川口家にてはそれを取らず、ずつとやすく売りたるに、近所にて問題にする模様との話也。

谷原村の古川に女医一人あり、そこに患者押しかく。リヤカーに乗せてくるのはいゝ方で、多くは亭主の病気なのであるけないのはその妻が、妻が病気であるけないのはその夫が何れも荷車にのせて引いて来るといふ有様。

温恭堂の主人この間田舎へ来た折は草鞋なりし由、あるきいゝとよろこんでゐたとの話。道中草鞋仲間あつたかとたづねると、サア、先づ見渡したところ、汽車の中ではオレ一人だつたような気がするといつてゐたさうだ。

疎開者異口同音の述懐。曰く、田舎のものは何て意地悪で、こすくて、ずるくて、ひがんでゐて、相手にしにくいのだらう！

十八日（月）

昨日か一昨日には、博太郎か三郎かかへつて来るだらうと心待ちに待つたが、つひに来らず。

昨夜は一天雲なく、けさあけ方は風もなくよく晴れさうだつたのに、午前七時頃から雲天をうづめ、冷き東風吹き出し、相不変あつ手のワイシヤツの上に冬の上衣を羽織る。尤も半ズボンにても凌げるので、ズボンは相不変半ズボン也。但しけさは靴下をはかずには居られぬ程つめたし。風冷き也。

ボルドー葡萄酒一本を飯田憲之助氏に、その三男入営につき乾杯用として進呈、志冨氏に托して届けて貰ふ。

朝川口の姉梅を持つてかへる。

ひる頃大宝の岡田朝太郎未亡人そのせがれ同伴来訪、卵を貰ふ。

その話に、大宝八幡に頭山満翁寄進の刀が盗まれてしまつたと〔の〕事。

大久保猛氏午後東京より来訪。中央の政情を聴く。

大久保氏曰く、先般の議会は国民には突如開会の事故一人の傍聴者なし。よつて傍聴人をかりあつめたが、その一人に某代議士の運転手あり、その運転手主人をのせてのかへりに述懐すらく、総理大臣に私が代つてやりたい位でした。あの光景を見ては、あすから働くせいもなくなりました。こんなことぢやだめですよと。而してその運転手果せるかな、その翌日より出勤せずと。以て一般を察すべし。

秋場勇助氏うなぎを持つて来てくれる。その折、とし子の下駄が手にはいらぬかを相談し、骨折を頼む。

けふ日中めづらしく警報なし。

冷気夕刻も同様。

前の家のとし雄氏今年検査甲種合格なるが、けふ入営召集の令状来る。

びわ色づき始めたるもあり。

梅も熟しかく。

前の家に夕刻利雄氏入営につきあいさつに行き、旗をおくる。旗入手難の折なれば、大いによろこばる。別にくつ下代として三十円つゝむ。ところが夕刻、あす早朝これを持つて旗かひに行かうと思つてゐたところであつたのが不用になつたとて、さやえんどう一かごほど持参。別に利雄氏蚕事手伝へにてねこんでゐるといふので、サロメチール一ケ進呈す。

秋場氏曰く、いはゆるジヤガ芋兵のジヤガ芋栽培は、二俵の種を蒔いて収穫は一俵也と。

十九日

朝より晴。

昨夜は蚊多かりしも、蚊いぶしをもやして蚊帳まだ吊らず。今夜からは吊ることにする。

ねいや二人は前の家の田植手伝へに行く。

とし子は今日はやすみ。材料不足と海老原工場の休み日たるとに由るとの事也。

蚤多きにくるしむ。退治の途もなし。

青磁の香炉を持ち出して机上に置き香を焚く。

煙草甚だ不足の時代なれども、博太郎よりの補給と昨日もムラサキ氏百本ほど持参してくれて何とか間に合ふ。

昨日秋場氏にとし子の下駄を買ひ入れて貰ふようにたのんだが、

今朝志冨氏三足ほど秋場氏の好意により入手したものを届けてくれる。これで当分下駄の心配無用となる。

昨日大久保猛氏は水海道で下駄の鼻緒を買つてかへつたさうだが、一足分八円との事。またセルロイドの小つぽけな手洗器を一個十八円で買つた由也。

水海道の大道で売つてゐる針、五本五円也。

昨日聞いた話、
十日の爆撃で死傷者を多数出した日立では、そのあと始末に一骨折であつたが、その折被害地の道傍に真黒な等身大の一立像があり、これは地蔵様であらうと誰れもそれに深く留意しなかつたが、あとで黒焦になつた人間の屍体とわかり驚いたさうだ。

ひばりさかんにさへづる。

けふは小石川の姉も手伝つてパンつくり。

ワイシヤツ一枚にてつめたからず。時々雲日光をさへぎれども、日光浴には以て来いの日和也。

午前は庭の草とりなどして時を過す。

ムラサキ氏来り倉に電灯をひいてくれる。疎開記念に巻タバコ用セツト一、菓子盆及び小盆一セツトケース入のものを進呈す。

農繁季とてひる過頃は部落に人声なし、何れも野良にあれば也。

聞ゆるものは鳥の声とさゝやかなる松風の音とのみ也。

二十日
昨夜半警戒警報。ためにけさは何時もより一時間ほど遅く六時十分前起床。

倉に電灯が点火される事になつたので終日書籍整理。

ムラサキ氏川口家まで行つてくれるといふので、少々こわれた座り倚子と菓子皿一セツトとを川口老夫婦に進呈す。かへりにキヤベツとそらまめとをもらつて来る。そらまめは倉前に煮る。

ねいや達は前の家の田植手伝ひ也。

半晴なれど冷気つよし。

飯田憲之助氏三男けさ出発入営、志冨氏に代つて送つて貰ふ。赤飯とキヤベツとを飯田氏より貰ふ。

びわの実日に色づき始む。

午後九時すぎ、博太郎三郎同道帰宅。

二十一日
晴。
博太郎は午前十時頃の汽車、三郎は午後〇時すぎの汽車にてかへる。
終日書籍整理。
ねいや達は前の家の田植手伝ひ也。
終日警報なし。

二十二日
晴。
数日前よりトマト花もつ。
東京にては政府を信頼する能はずとの思想やうやく濃厚の度を加へつゝある模様也。

東京にては野盗追はぎの徒頻々出現、人心ために洶々たる模様也。東京の米の相場、一俵との交換はふとん二組と現金一千円。而してふとん一組は約千円の取引との事也。

かやはつれども朝夕尚ほ冷かにして、ふとんは必要也。まだ単衣にては凌げず。

とし子蚊と蚤とに攻められ、まだその方の免疫とならざるため、ふき出ものの如く食はれたるあとたゞれて苦むこと甚し。尤も何れは免疫となるべし。石原とみ子も同様の由。都会よりの疎開者共同の苦悩也。尤もこの数日来どこの家にも蚤俄かにふえたる模様、かゝるとしは水害ありと故老の言。

終日倉二階整理。鼠穴をふさぐ。電灯点火のため、始めて二階はつきりとものの見える為め也。

かりん材の茶卓一ケのりはげて壊れたるを見つけたるにつき、カゼインを溶かしてつけてみる。

薪水海道にて一本五十銭強。三本たばねたるもの一円五十二銭なりといふ。

常総鉄道の切符を手に入れるには前日午後七時より行列、朝入手。午前三時頃の行列にては買ふにむづかしとの事也。

小石川の姉、七左衛門の子の入営につき、一家代理あいさつに行つてくれる。

萩谷敬一郎氏千葉市にて四月五日投函のはがき今日到着、まさに四十余日目也。

警戒警報一回。

よし子、精二に書信。

かつえ生家の田植忙しとの事に手伝つて貰ひたいと妹むかひに来り、手伝ひに行く。

二十三日

晴。風つよし。むしあつし。

さつま芋苗の配給ありと、早朝後ろの秀雄氏来る。

昨日あたりで植えらるゝ田は、高野では田植すみたる模様也。

早朝警戒警報。

とし子曰く、この間学友の一人があそびに行くが御はんをたべさせる?といふ。以て食料問題の重大化を知るべし。

わくや、すでに麦の脱穀を始めたりといふ、たべるための急ぎ仕事也。

土浦方面P51の来襲あり。茨城県下空襲と報ぜられ、精二心配すべきを思ひ無事を報ず。

倉うしろの林の草少し刈る。

終日書籍整理。

二十四日

昨夜十一時すぎより今晩にかけ警戒警報。

あけ方より雨となる。ときに小ぶりとなるも殆んど終日やまず。

風すこぶる強し。

増田一氏来訪。

石下の山中直次郎氏より鮮魚一尾、結城の伊東重吉氏より卵とするめとを貰ふ。夕食膳賑ふ。

午後より停電。日ぐれと共に寝る。寝る外にみちなし。

倉庫上下とも整理ほゞ成る。

浦さん、内守谷へ稲苗をもらひに行つたかへりだとて立ちよる。

竹刀及び木刀一本づゝ進呈す。

けふは新聞不着。

二十五日
四時頃起きる。倉の下に水ざうきんをかける。

夜来の雨、あけ方より風やみ一層強く降る。

午前九時頃雨やむ。けふは事む所にて、先月二十五日蛯原凡平氏災死せるにつき、その追悼会を催すので九時すぎ事む所行。斎藤隆三博士も守谷より参加。大生村長秋場勇助氏、福岡の広瀬仁左衛門氏、静野の女将、増田夫人など手伝ひくれて昼の料理をつくる。

たまらなくむしあつし。

夕刻小磯甚三郎氏立ちよる。銅製花瓶一ケ、タバコ用セツト一を贈る。

警報なし。正午頃停電回復。

事む所にて聞いた話。

　キヤベツ一ケ五円。

　玉ねぎ一貫目十円。

　卵一ケ一円二十銭となる。

とし子けふは休む。裁縫のため也。

沖縄戦敗れたること発表さる。

二十六日
晴。

さかんにひばりさへづる。

信濃屋氏麦刈りに来る。

大日田の共同植つけとて、いわ子参加。午前十時頃かへる。

小磯家より梅とりに来る。落して持つて行つて貰ふことにする。

小磯氏よりうどんを貰ふ。手打なれば味ことによろし。

とし子けふも休学。

日森氏遺族に香奠五十円送る。竹内夏積氏に為替を起り《ママ》伝達を依頼す。

すつかり夏気配、あつさ身にせまる。

午後曇天。

日中警報一回。

綴こみの破れたる書籍に紙などはりて修繕し、日をくらす。

倉前のトマトに志冨氏竹をたてる。

老兄女中いわの問題にて昨日来甚だ機嫌悪く、ために一家の空気和かならず。これも疎開が生める一事象也。困つたことなれども如何ともし難し。

ありし日なれば見むきもせぬ品の配給をめぐりて、あちこちにて眼の色かへ眼玉つりあげての騒動すくなからず。あさましき世也。

びわ色づきたるも未だ酸味多し。

夕刻三郎でもかへりはせぬかと期待したると、とし子の無聊をなぐさめやらんとびわの色づきたるを一かごほどとる。うまし。

二十七日（水曜日）

曇。むしあつし。

信濃屋氏に有田焼大型花瓶一個進呈。

三郎午後帰宅。

信濃屋氏畑にはたらきに来て、午後梅をもぎつてくれる。その代りその一部進呈。

とし子登校。けふは農場行だつたとて疲れてかへる。びわをとつてやる。

昼間警報二回。

よし子前の家へあいさつに行く。利雄氏入営近づけるため也。

倉前のトマト実なる。

終日書籍整理。

夕刻青空見ゆ、天候回復か。但し二十七日夜空襲とグアム島より放送ありたりとて、東京の人心は洶々たる趣、三郎より伝聞。

信濃屋氏より粉末ミール二缶を貰ふ。ありし日ならば売らうとして売れなかつたものだとの事也。それを今は珍重せねばならぬ世の中也。とし子の弁当の必要物也。

今までは勝利を夢にも疑はなかつた前のばあさんが、沖縄戦不利の結果に了れることが発表されて後は、「戦争どうなるんだんべ」と、すこぶる憂色を示す。

すつかり夏気配、蝿も多くなり蚊も同様也。

二十八日（木曜日）

快晴。

とし子朝めしもとらずに登校。味気なき都落ちよりたのしからざる生活までの経緯は、此の子をも神経異常たらしめたる結果、こんないざこざも生ずる也。併し如何ともするなし。

三郎けふは滞在との事に、博太郎の結婚問題に関しすま子氏と博太郎にまとまるよう希望したる手紙を書く。

信の屋氏けふも畑に来て、その序に亀の子たわしときうりとを持参してくれる。どちらも珍品也。

中学の塚田教師けふは生徒を伴れて高野に農業勤労奉仕に来たとて立ちよる。二時間ほど語りてかへる。

かつ江昨夕かへり来り、けふはねいや達は前の家の動力を借りて大麦の始末也。

快晴なれば、暑さきびし。夏也。

志冨氏けふ沓掛の木村杢之助氏を見舞つてくれる。病勢昂進し余命いくばくも無き模様也。但し世間の余命あるものは、余命なきをうらやむほど逆同情するほどの浅ましき世の中也。

三郎がけふは滞在ときめて、夕刻自からホツトケーキをつくりて待つ。予はびわをもぎつて置いてやる。

次男氏来る。日本気化器製作所寄贈のシガレツトケースを贈呈す。同氏弟同製作所に勤務すれば也。尤も只今は応召中也。野菜を朝早く、時々見てくれるよう依頼す。

昨日の敵機は沓掛、岡田、三妻村等にもさかんにビラを撒布したる由。

けふ警報二回。

昨夜も警報ありたりとの事なるが睡りさめず、知らずに熟睡す。とつて置きの蜂蜜の缶をひらく。とし子ホットケーキにつけるため也。

二十九日
けさ一番列車五時発にて三郎帰京につき四時起床。三郎のため昨夜つくり置きたるにぎりめしをたべて三郎出発。

中山藤吉氏来訪。その子息長野へ入営につき、これを見送るため信州行。よつて宿屋への紹介をたのみに来る也。恰かも志冨氏びわをもぎり居る最中とてびわを御馳走し、且ついくつかを袋に入れて進呈す。

半晴。むしあつし。

岩波文庫類の整理終る。

昨夜びわさかんに盗まる。

警戒警報一回。三郎着京後なれば一安心。

三十日
いわは生家へ手伝ひに行く。

かづ江は前の家へ入営のため手伝ひに行く。

浦さん来る。リヤカーを三百円で買つたといふので三百円を与へて、種ごと用達し〔ママ〕することをたのむ。

朝来雨つよし。

博太郎の縁談まとまつた旨木村進氏より来電、一安心。

よし子気散じかた〴〵峯下まで塩の配給をうけに行く、但し塩はもらへず。

冷気つよし。夕刻雨やめども雨雲去らず。

不用の墨、全部志冨氏に贈る。

七月一日（日）
かつえは午前二時から前の家へ手伝へに行く。
午前四時前の家へ行く。四時三十分利雄氏出発、それを見送りてかへる。
長田屋中山藤吉氏に島崎藤村の書の額を進呈す。
沼尻滝蔵氏に疎開記念として、タバコ入一セットを志冨氏に届けて貰ふ。
雨やみ、昼頃より日光を見る。但し又三時頃より曇る。
中屋敷の老人来る。
博太郎のかへりを待つて、よし子びわをもぎる。但し博太郎姿を見せず。
とし子米一合の特配をうけてかへる。

七月二日（月）
朝小雨。但しむしあつし。九時頃より雨やみたるも冷気加はる。
午後は上衣を羽織る。
母屋二階の茶器類を倉の二階に移す。
くるみ一箱を持ち出し、ひま〳〵にくるみを食べることにする。
「静かなドン」三冊を改造文庫整理中見出し、これを読み始む。
倉前のトマトの実、小指さき位までにふくらむ。

落花生も五六寸に伸びる。

無花実《いちじく》なり始む。小指大也。

ま竹さかんに伸び出す。竹の皮落つること多し。その中拾はうと思ふ。

今は妻なく子なくして、而して老いて中風となれる老兄、甚だひねくれた性質をむき出しにするため周囲甚だ困却す。八十近くの老人の事なれば注意も出来ず。たゞ苦笑して見てゐる外なきは辛しとも辛し。

とし子キリスト教の讃美歌の本がほしいといふので志冨氏に購入を依頼す。そのとし子今日は石けんの特別配給があるといふので、一合瓶とブリキ製小容器を持つて登校す。

夕刻とし子とかへるかも知れぬ博太郎のためにびわをもぎる。その序に一かごほど余計にもぎりて前の家に自分で届ける。娘の子の読書の声につられて也。ばあさん大いによろこんでくれる。

午後六時半頃より雨ふり出す。冷気去らず。

米の配給券を塚原喜右衛門が持つてきてくれる。

博太郎午后九時過ぎ帰宅。とし子へのみやげ、さくらんぼ。


三日。

夜来の雨やまず。

博太郎午前八時八分発にて帰京、みやげはびわ。

とし子休校。

昨日くるみをたべすぎたか夕刻一回下痢につき、けさは力なし。ひる過ぎ間違つて配達された葉書を持つて大工庄作氏来る。びわをやるからもぎつてくれとたのみ、沢山もぎつてくれたので、恰かも来た志冨氏に托し新々堂と静野と荒井作造氏とに届けて貰ふ。中屋敷からも小供等二人来てびわをもぎつてかへる。その序に老人に文箱一ケ贈る。

十一時頃より一時雨やみ少しばかり日光を見たるも、午後三時頃よりまた雨となる。冷気つよく上衣を羽織る。

花ざくろの花散り又咲く。

トマトけふは栂指頭大となる。

四日
曇。

朝、浦さん来り、藤柄の川口家へ玉ねぎをもらひに行つてくれる。とに角百円だけ届けて置く。但し三貫匁ほどしかわけて貰へず。

志冨氏、中山氏と共に配給の米をとつて来てくれる。四十キロ程也。六人一ケ月分。一人一日一合六勺ほどの割。

ちようど手がそろつたので、物置に置いた大書棚を倉に入れて貰ふ。その前に浦さんにたのんで米六俵ほどを倉から出し、「さげ」の穀入所にはこんで貰ふ。

朝鮮人たまご買ひに来る。一ケ一円五十銭で買はうといふ。もちろん売りはせぬが、このことでたまごが値上りしたことを知る。

雨やみたれど天気ぐづつき、からりとせず。

大谷家蔵版の新西域記をよみ始む。まことに豪華版也。

とし子けふは農事勤労とて坂手村の学校農場行。

五日

昨夕来雨大いに降る。暁まで続く。

早朝後ろの主人来り。松の油とりの件と蚊帳を駐屯兵に貸してもらひたいとの相談である。松の油の件は今夜寺によりあひがあるとの事につき、よきように依頼し欠席することにする。蚊帳の方は承知する。

谷原のかとう部落には、戦局の前途を悲観して自殺せる四十五才の農家の主人ありといふ。

飯岡源逸氏子息びわもらひに来る。

ムラサキ氏に志冨氏に托しびわを届ける。

松延豪也氏大阪の平島氏を同伴来訪、平島氏を安井英二氏に紹介す。

午後晴れわたる。たゞし尚ほ冷気あり。

かや六畳づりのものを土信田与次右衛門宅へ届ける。

六日

けふは朝曇れるも後はれ。あつくなる。蚊蝿ともに多くなる。

昨夜十時頃三郎帰宅。めしを新炊して十一時頃たべてゐると警戒警報。

けさ八時八分発にて三郎帰京。同僚にやれよと、朝早くびわを一かごほどもぎつてやる。コーヒーもわかしてやる。

午後伊藤武氏、増田一氏に案内されて来訪。

谷原の沼尻平氏来訪。

大阪にてはタバコ一箱十本入すべて廿五円。東京にては光一箱十五円だとの事。

ムラサキ氏来る。びわを持つてかへる。

蚊帳一はり八畳間づり千円との事也。

書庫整理ほゞ片づく。

清水政視氏母堂災死。香奠五十円送る。

正午すぎ空襲警報。

七日

昨夕はとし子学校よりかへり、今夜は大空襲があるとの警告がその筋より達示あつたと聞かされて来たといふので夕めしもはやくすます。果然夜間の大空襲である。

今日志冨氏が来ての話に、水海道の市街地では、昨夜は荷づくりやら車の心配やらで大さわぎしたさうである。

朝雨、間もなくはれる。冷気つよし。上衣を羽織る程也。

高野部落の青年が今夜集会するといふので、びわをもらひに来る。

小野村某といふ一老女、神戸からやけ出されて疎開したが、たべものに困却し、むかし出入したことあるといふ縁故を告げて、何とかなるまいかと懇願しに来たが、これは断る。

精二に手紙を書く。博太郎の嫁きまつたことを知らせる。

新妻理髪師来り理髪。びわをもぎつてもちかへらす。

八日

昨夜九時頃三郎かへる。びわをみやげに、けふ午後六時の汽車にて東京行。

精二より来書、ながい手紙はこれが最後なるべしとて整理を依頼し来る。

晴れ。夏らしくなる。夕刻雷。

倉二階の整理に一日を費す。

昼間空襲警報。

志冨氏びわをもぎり、飯田憲之助氏宅に届けてくれる。

夕刻木村進氏自転車にて東京より到着、一泊。博太郎の結婚につき一切を同氏に委ぬ。

九日
快晴。

木村氏昼食後自転車にて沓掛行、びわをもぎり持参して貰ふ。その節大池真氏及仲つぎ斡旋しくれたる内田明氏に手紙を托し、且つ現金五千円を自由に処分して事を運んで貰ふため寄托す。

斎藤茂一郎氏夫人に博太郎の嫁きまつた旨を知らせる手紙を書く。

精二にもこの事を知らせてやる。

十日
快晴。

早朝警戒警報鳴りひゞく。間もなく空襲警報となり、銃砲声爆弾の破裂らしい音響さかんにひゞき出す。例の如く煉炭に火を入れ、且つ昨日用意した唐獅子の香炉に香を焚く。とし子には学校を休ませる。

けふの来襲は艦載機との事に無気味也。八時半より再びさかんなる空中炸裂の銃砲声らしき音響耳朶を打つ。

めづらしく晴れて穏かなる日和也。銃砲声杜絶えたる間は天地の間すこぶる和平の思ひ深し。

午後一時二十五分頃空襲警報解除さる。

精二に博太郎の嫁の件くわしく報告する手紙を書く。

荒井千代作氏来宅。

幡恒春氏画くところの絵一幅、秋場勇助氏に贈ることを志冨氏に托す。

障子紙一本二十五円の取引なりといふ。

大根一本五十銭。

午後四時半頃沓掛より使ひのものが来る。杢之助氏危篤との知せなり。だが話の模様が変なので死んだのではないかと聞くともぢ〳〵してゐたが、実は今朝九時頃に息を引きとりましたとの事。そこで十一時頃自転車で出かけたところ飯島村で自転車がパンクしてしまひ、ためにそれから車を押して来たのでこんなに遅くなつてしまつたのだと困却顔である。何でも水海道へたどりついてあちこち四軒ほど自転車店によつて修繕をたのんでみたが、どこも休みで受けつけてくれなかつたさうだ。そこで志冨氏に手紙を書きその修繕方を依頼し、もぎりたてのびわを御馳走し、みやげに袋一杯のびわを与へてかへしてやつた。

午後二時前後空襲警報夕刻まで続く。

志冨氏が沓掛の使ひに代つて峯下の田村寛六郎氏に杢之助氏の死去を知らせてくれ、その帰りによつてくれる。妻が明日沓掛行について相談する。

十一日
午前七時発妻沓掛行。八時すぎ水海道発列車にて石下行、それより徒歩で行くといふ道順也。交通機関の不備から止むなくかゝるコースをとる。

とし子休校。

いわ生家へ手伝へにかへる。

朝早く浦さんが川又ウラの田植をすましたといつてきてくれて、朱ぬりの茶ぶだいと西洋かやと籐の寝倚子とを事む所にはこんで貰ふ。

午前十一時頃雨ふり出し冷気つよし。

磯山氏より昼めしの招待あり、増田四郎氏その使ひに来る。雨なれば断る。その代りびわを三四十もぎつて四郎氏に托し届けて貰ふ。

十二日
朝雨しと〳〵と降る。夜来ふりつゞき也。

けふは沓掛の葬式予定日らしいが、此の雨にてはさぞかし困ることならんと想ふ。

ひる頃より雨やむ。

とし子休校。

午後藤柄の川口姉その長孫女病みてびわをほしいといふといふので、びわをもらひに来る。もぎつてやる。即日かへる。

石原夫人来る。節氏の「土」を貸してやる。

終日読書。けふは岩波本のバーナード・シヨウの「人と超人」を読む。興味深し。

ひる過ぎ部落会長案内にて中山藤吉氏等来り、物資分散貯蔵のため物置を貸してくれとの事なりしも土間を必要とし、その土間はふさがつてゐるので貸すわけに行かず、むなしくかへる。

十三日
昨夕は晴れ気味なりしが夜半より風つよく雨さかんに降り、暁方よりの降りことにつよし。冷気きびし。

夜半空襲警報四時間近くに及ぶ。この間つひに睡らず。

シヨーの「人と超人」をよみつゝ、空襲警報の終るを待つ。

朝、浦さんがこふもりの直したのを持参してくれる、三本也。

とし子けふも休校さす。

けふはジイドのソヴイエト旅行記を読む。

午前十時頃より雨やむ。午后はれる。

午后浦さんがその長男を伴れて竹切りにきてくれる。その竹で倉前に日よけひさしをつくり直さうため也。

けふもホツトケーキを小石川の叔母がつくつてくれる。

夕刻妻沓掛の葬儀を終りて帰宅。

十四日(土)
けふは曇。冷気去らず。
とし子登校す。
志冨氏郷里へかへるとの事に、びわをもぎりて土産に持参して貰ふ。

艦載機東北攻襲。

きうり三本一円。

米一升三十円。

　但し沓掛辺にては、それより低廉なる模様也。

倉前の日よけを高くしたので気持よし。

ジードのソヴイエト旅行を昨夜読了、興深し。

電気のコードに自から細工して、寝乍らラヂオの開閉が出来るようにする。朝の一仕事。

夕刻いわかへり来る。

ムラサキ氏光を二十箱ほど持参。娘病気とてびわをもぎつてかへる。

十五日（日曜日）

とし子休みなし。

曇。朝小雨。

前の家よりそらまめを貰ふ。

最後に近きびわ一かご朝の間にかきとる。

志冨氏は昨日午後郷里にかへるとの事にて、けふは来らず。

片山哲氏より面会したしとの来状に返書す。

くちなしの花真盛り也。

麦の秋はとうに過ぎて、野良一面青色也。

昨夕はひぐらしの鳴くを聴く。とし子これをきいてしきりに東京を恋しがる。

無花果ぐん〳〵大きくなる。きうり、茄子など一週間前より食膳を賑はす。

長谷川進一氏増田次郎氏に案内されて来訪。

秋場勇助氏来訪。

終日曇天。時々小雨ふる。

よし子が昨夜は精二ばかり夢に現はれたとの事に、何となく案ぜらる。但し元より迷信からにあらず、精二が危険な境涯にあるを思ひ出しての事也。

志冨氏子息ひる少し前、手紙と同時に博太郎より母へあてた手紙持参。ひらくと梨本未亡人が一人で水海道到着、事む所に居るとの事に、よし子早速にぎりめし二個を用意して事む所に出かけて行く。三時頃石下行の列車に見送つて帰宅。

梨本精氏夫人帰国の途上釜山に一泊、六百円の宿料をとられたとの事也。

午後十時頃博太郎、三郎同行帰宅。

博太郎持参の木村氏の手紙にて、来る二十二日大池真氏親子及び内田明氏、木村氏等来訪の事を申し来る。

十六日
博太郎午前八時八分発列車にて帰京。
三郎は滞在。
内海丁三氏来訪。
終日曇天。冬のラクダ毛のシヤツを一枚着てあつからず。冷気五月頃にひとし。

ムラサキ氏最後のびわをもぎりに来る。

十七日
早朝より艦載機来襲。

冷気昨日にひとし。薄い下着、単衣の上衣、それにラクダの長シヤツを羽織りてあつからず。ズボンは冬のもの也。

朝より雨、終日さかんに降る。風は東北模様也。

三郎滞在。

とし子けふは定休日也。

ヂツクンスの二都物語を読む、興深し。必須読の一書也。

十八日
三郎八時八分発列車にて上京。

沼尻茂氏昨夜帰郷したとてけさ来宅。

朝雨やむ。但し冷気如昨日。

浦さん朝来る。庭掃除をたのむ。

志冨氏昨夜帰宅したとて朝来る。二十二日大池氏一行来訪につき種々用意をたのむ。

午後はれ出す。

ひるめし後門前で部落の小供たちさわぐ。出てみると、敵機の急降下爆撃を見てゐる也。共にこれを見る。肉眼によく映る。吉沼、谷田部辺らし。

午後六時頃木村進氏東京より自転車にて到着。博太郎の結婚に関して種々打合せのため来てくれたもの也。

十九日
木村氏午前八時頃出発、自転車にて沓掛行。

とし子休校。

晴なれど冷気如昨日。ラクダのシヤツを羽織りて暑からず。

浦さん来り午前中倉裏の掃除。ねいや達は前庭の草とり。きれいになる。

けふは三郎の海軍の体格検査日也。どうなつたか案ぜらる。

志冨氏二十二日の用意のため石下沓掛行。石下の斉藤栄一郎氏に佐藤一斎の書を贈つて砂糖を貰ふことにする。山中直次郎氏には幡恒春の画を贈つて酒を無心す。


二十日。

冷気如前日。

冷甚しけれど二十二日の用意のため、けふすだれを下ろし母屋の八畳の障子ととりかへる。

とし子休校。

午後より何程か温度あがりたるも、ラクダのシヤツにてあつからず。

鶏一羽八十円内外の取引也。

坂手村にては農家にて雑炊粥のものも少からずとの事也。

〔編者註〕ノート　ペン書

30 手記〔抄録〕

〔昭和二十年七月—八月〕

昭和二十年七月七日

六日の夕刻に学校から帰つた敏子君が、「今夜は大空襲がある」とその筋から学校へ示達があつたさうだと知らせたので、いつもよりは早目に夕飯を済まして床に就いた。

果せる哉、午後十時前であつたらうか、警戒警報のサイレンが鳴り出し早速ラヂオのスウイツチをひねると、どうやら大空襲らしい模様である。

尤も五日の夜遅くかへつて来た三郎君が、六日の朝八時少し過ぎの列車で上京するといふので四時半頃起床、びわをもぎつたり、コーヒーを沸かしたりしてやつたため寝不足してゐたから、私はラヂオのブザーごとに眼は覚ましはするが、ぼんやりと情報を耳にするだけで、空襲警報のサイレンも夢心地で聞いたに過ぎなかつた。

七日の午前志富氏が来ての話で、前夜水海道の市街地では大騒ぎしたことが始めて判つた。女学校へ通つてゐる生徒達が敏子君のように、家へかへつてその筋の示達を知らせたので、そのことが忽ち全町に喧伝された一方、警察では工場や学校の責任者をあつめて、「今夜は大空襲がある模様だからそれ〴〵適宜の対応処置を講ぜよ、責任者は学校又は工場に詰めきつて居るがいゝ」と示達したといふので、その話もすぐに町民の間に伝はり、さては今夜こそ此の市街地も灰になるかと憂慮し出し、それがために家々で、荷造りやら避難の用意やらで、眼玉をつりあげ乍ら大混雑を起したといふのである。気のはやい、手廻しのいゝ輩は車までとゝのへて、いつでも荷を積んで逃げ出す用意までしたさうだ。周章狼狽の状はお話にもならぬほどさと、志富氏は述懐してゐた。

木村杢之助君

昭和二十年七月十日午前九時頃、杢之助氏は永眠した。私にとつては中学時代同窓同級の友人であり、且つ妻の兄である。享年六十で、私とは同年生れだ。

二三年前にひどい赤痢病にかゝり、それが愈つてからも、どうやら胃腸の調子がよろしくないとこぼしてゐたが、それは癌腫の所為であることが、この二月頃市古博士の診断によつて始めて判つた。だがこの真相は当人には明かにせず、市古博士の見る所では、手術してもしなくとも、六七月頃までは生きられまいとの事であつたので、田舎で静養するがよからうと、みんなですゝめて田舎へかへした。尤も当人は癌腫がすでに手術不可能と思はれる程に大きくなつてゐるなどとは夢にも想はないで、東京の然るべき病院で手当てをして貰つたなら、健康を回復することは困難でないと思ひこんでゐたから、一旦田舎へかへりはしたものゝ東京で治療したいとの考へを棄て切れず、かゝる情勢では東京へ出て来るのは甚だ危険だからと上京を思ひ止まらせようとしたのもきゝめが無く、つひに四月であつたかリヤカーで上京し、早速市古博士が主宰する印刷局病院へ入院した。ところが運が悪いといはうか、その入院した日の夜に敵機の大来襲で、その病院はめちやくちやにいためつけられてしまつたので手術どころの話でなく、当人も命から〴〵、やつと生命をひろつた程のひどい目にあつたので、すぐにその翌日、田舎へかへつてしまつた。そしてそれから、ずつとそこで静養してゐたのである。

七月八日の夕刻、木村進氏が自転車で東京からやつて来て一泊し、九日午後に沓掛へ出むいて行つた。その折木村氏の話で、横須賀海軍部隊に応召の杢之助氏長男慎一氏が父の病気見舞のため三日間の外泊をゆるされ、八日の朝沓掛へかへつたことを知つた。十日は暁方から艦載機の来襲で、空襲警報は夕刻まで続いた。その夕刻である。倉の中で読書してゐると、妻が沓掛から使ひのものが来たといふので外へ出ると、母屋の縁側で妻がゲートルばきの男と話をしてゐる。そこへ行くとその男は、「沓掛の旦那が危篤なので使ひの知らせに来ました」とのことである。聞けば、午前十一時頃沓掛を出かけたのだが、飯島村で自転車がパンクしてしまつたので、それからは自転車を推し乍ら水海道までたどりついた。そして水海道で自転車を修繕しようと思つて四軒ほど自転車店に頼んでみたが、どこもお断りである。そんなわけで、こゝまで自転車を推し乍ら来たので遅くなつてしまつたのだといふ。また空襲警報下とて電信も電話も不通、そこで自分が一番たしかな自転車を持つてゐるのと、先の旦那がなくなつた折もこちらへ知らせに来たことがあるといふので、こちらへ来ることを頼まれたのですとの話でもあつた。だが危篤を知らせに来たといふ口状に何処か不審の口調があつたからだらう、妻が「実は死んだのではないの？」と口をさしはさむと、しばらく口をもぐ〳〵させてゐたが、「さうなんです。けさ九時頃いきを引き取つたのです」との返事。

ちようど倉の前では折よく湯が沸いてゐたので、とに角こちらへおいでと、その使ひのものを倉前に招き、茶を一杯ふるまつてから、慎一氏はまだゐますかと聞いてみると、父親の死を見届けて更らに休暇を貰ふため診断書を持参、けふ横須賀の原隊へ急行したとの事。進さんはと聞くと、けさ早く上京したとの事。どうやら前夜来容態が急転悪化したものらしい。かへるには自転車を修繕しなければならないといふので、取り敢へず、風見事む所に立ちより、その手配を頼むようにと志冨氏に手紙を書いてもたせてやることにし、びわをもぎつてそれを袋に入れて、途中でおあがりと渡してやつた。自転車の修繕を急がねばならないので、夕めしをたべて行かせる暇がない。峯下の田村寛六郎氏へも杢之助氏危篤を知らせねばならぬとのことなので、その方へはたれか事む所の方から代つて行つて貰ふからと約束して、事む所行を急がせた。田村氏宅へは志冨氏が代つて知らせてくれてそのかへりに立ちよつたので、十一日に妻の沓掛行のコースについて相談する。無理をすれば自動車をたのめぬこともないが、あすも艦載機の来襲だとなると自動車は却つて危険だとも思はれるので、結局石下まで汽車で行き、もしバスに乗れゝばそれを利用する、乗れなくばあるくといふことに話をきめる。そこで朝八時過発の汽車に乗ることにした。

この夜大いそぎでモンペを縫ひあげた妻は十一日朝出発。十三日の夕刻に葬儀をすまして帰つて来た。十日に艦載機の大空襲があつたこととて、十一日も再来襲がありはしないかと心配したが、この日は無事。葬儀は十二日に営まれたが、この日も無事。但し十二日の夜半、十三日の暁方にかけて、しの衝く雨の中をB29の大来襲があり、空襲警報が発令された。

沓掛辺はまだのんびりしたもので、葬儀も僧侶の数が少ないといふ以外はもと通りに営まれたさうだ。

妻の話によると、杢之助氏は長男の慎一氏がかへると俄かに元気ついて、床を出て火鉢の前に坐り元気に話をしたさうだが、その夜から容態が悪化し出したものらしい。そしてその翌日は悪化の一路を辿り、十日の朝息を引き取つたのだといふ。

どこも此所も疎開者の悩みはたゞごとでない。沓掛でも、焼け出されてそこへ疎開した木村靖氏だの木村幾五郎氏などが何れも郷里であるに拘はらず、こんな不愉快な土地にゐられるかと憤慨して、間もなく別な土地へ立ち退くといつてゐたさうだ。生活の内容も様式も全く異なつてゐる場所での生活だから、土地の居つきものから見れば異端者であり、当然白眼視するだらうし、またさうしなくては自分達の腹の虫が納まらぬと思ふだらう。一方疎開者の方から見れば、この田舎もの奴らが度し難い代物だと、見るにつけ聞くにつけ反感をいだくことであらうから、両者の間はしつくり行くわけもない。

妻が木村一郎宅にたのんで小麦を二俵ほど買ひつけて来たさうだ。これはよかつた。役に立つ日がきつと来るだらう。それは木村宅にあづかつて貰ふことにしたさうだ。

妻が帰途バスに乗ると、他国もので沓掛出身のものに片づいてそこへ疎開したのが、亭主の許へ戻るのだといふ中年の主婦ものつてゐて、しきりに、疎開先の沓掛の人間ときたら、薄情でろくでなしであきれかへつてしまつたと、大びらに憤慨してゐたさうだ。沓掛辺では紙の不足、やうやく深刻。柿の葉を塵紙代用に用ゐ出したものも少くない模様だとのことだ。

杢之助氏の葬儀には梨本未亡人が参列しなかつたとの事に、どうした事かと案じてゐたところ、十五日の昼少し前に志冨氏の子息が博太郎から妻へあてた手紙持参。更らに梨本さんといふ人が事む所に来て待つてゐるとの話である。博太郎の手紙をひらいてみると、梨本のおばさんが事む所へ行く、大分衰弱してゐるようだと書いてある。妻は大急ぎで昼めしをすまし、握めし二個を梨本未亡人分としてねいやにつくらせて、それを持つて事む所まで駆けつけて行く。

梨本未亡人を石下行の列車に送りこんで三時頃帰宅した妻の話だと、葬儀に列席しないのは杢之助氏の死を知らなかつたからで、せめて看病でもしてやらうと思つてけふ出かけて来たといふ次第で、妻からその死を聞いてびつくりしてしまつたとの事である。進氏は十日の早朝、沓掛から幸島村の児矢野未亡人をたづねて上京するとて出かけたのだが、臨終前の事であつたから定めて直ちにその死を予知し、出直して来る積りで上京したのだらう、それなのに進氏が葬儀に間にあはなかつたのは、自転車旅行を強行したので病気でもしてゐるのではなからうかと案じてゐたところ、これも案に相違で、実は李之助氏の死を、今日もまだ知らずにゐるとの事である。東京へは速達便でも早くて五六日はかゝる。電報は打てず電話はかゝらず、といつて使ひを出すにも不便な世の中なので、こんな場合も出て来るのである。進氏は、まさかその日が臨終とは気がつかずに出かけてしまつたので、こんな事になつたのだ。

梨本未亡人はおどろいて、石下からのバスを利用して沓掛へ急行。

農村小景

麦の秋も過ぎて、野は見渡す限り青色だ。生垣の中に交るくちなしの花も漸く盛りを越して、ひぐらしの鳴く声が耳を騒がす。ちようど此の頃は田植を中心とする農繁季の末で、土用農繁季までの間の農民にとつては少しばかり身体がやすまる時期である。

けふは朝からひどい降りで、道行く人も稀である。そこへ北坪の久兵衛どんの後とり婿の浦吉君が、かうもり傘の修繕が出来上つたといつて持つて来て呉れた。これは同君の叔母で東京のかうもり店へ縁づいた未亡人が、三月の空襲で焼け出されて同君宅へ疎開してきてゐる吉岡某に、先だつて修繕を依頼して置いたのである。聞けば、浦吉君の兄が内守谷村に縁づいてゐてその兄をたづねた折、そこに針金を所持してゐるものがあることが判つたので、それを譲つて貰つてやつたから修繕が出来るようになつたのださうだ。このかうもり修繕に役立つ針金といふのは、今は容易に手に入れかねる代物なので随分とあちこちへ手を廻して探してみたが、とても手にはいりさうもないので、吉岡某女をしてかうもり修繕で何程かでも稼がせてやらうと思つた計画も実現不可能かと半ばあきらめかけてゐたところへ、偶然その品が思ひもつかぬ内守谷方面で手にはいつたといふので、ある所にはよくあるもんですよと浦吉君が述懐してゐた。この内守谷村といふのは、現に、私の従兄弟にあたる小磯甚三郎氏が村長をつとめてゐる村だが、この村へ行くには小絹村から渡船で鬼怒川を渡らねばならず、自動車で行くとすれば小絹村の対岸の村であるに拘はらず、水海道町へ出て豊水橋を渡つて、岩井街道を突つ走つて猿島郡地籍からはいつて行かねばならぬほどのへんぴな土地なので、外で探しあぐねた品もこの村には蔵つてあつたものだらう。

雨傘の不足は数年前からで、その頃から雨の日には国民学校の児童の欠席率がグンとあがるのは雨傘が無いためだといはれてゐたが、それだけにこの頃の雨具の不足は甚しい。かうもりを手に入れるのは不可能でないにしても、白米でも相当に持参せねば話にならないといふのだから、かうもりの修繕が可能になつたのは何よりの事である。

浦吉君が帰つたあとは、例の如く、火をつけた煉炭でフツ〳〵沸き出した湯で抹茶一杯のんで、雨声をきゝ乍ら読書に時を過す。びわがすでに盛りを過ぎて、とり残りの熟したのがあちこちの枝に目につく。びわもあと二三日でおしまひかと思ふと、熟したのが虫に食はれたり落ちてしまふのは惜しいと思ふのが〔ママ〕、ひどい雨なので手がつけられず、たゞさう思ふだけである。

胡瓜と茄子が出始めたので、昼めしの菜はその糠づけだが、さすがに季節ものとて味はとても好い。

その翌朝である。土信田平房君がキヤベツの大きいのを一つ、如何にもつまらぬもので恥しといはんばかりの態度で持つて来てくれた。どうして〳〵、つまらぬどころかこれは作つてゐないので、大した獲ものである。玉ねぎとまぜてヘツドであげて夕食の膳に上せたが、肥料もたつぷりと与へたせいだらう、そのキヤベツの味はまた格別であつた。

鮹隠元といふのが数日前からたべられるようになつて、それがさかんに出る。これの味もいゝ。みそ汁の実にしてよし、ごまあひにしてよし。

無花果も、孩児のこぶし位の大きさになつて来た。トマトもあと二十日と経たぬ中にたべられさうである。その何方も熟するのが待ち遠い思ひがする。

寿命の長いざくろの花は相変らず咲きほこつてゐる。だが散るのも多くなつて、ざくろの樹の下の雑草の間にそのあかい花びらが撒かれてあるのは、棄てがたい一風景だ。

菖ぶも咲き出した。

竹の皮がさかんに落ち出したので、それを拾ふのも一仕事である。らつきよは今が最後の収穫時期なので、一両日間に掘りつくしてしまはねばなるまい。

たれであつたか田舎に疎開して、「こゝでは鶏同様、朝起きたらはだしで飛び出すんだよ」といはれたといつてゐたが、時節も仕事の都合も、はだしを便利とするのであらう。部落の人でたづねて来るほどのものは、ほとんど皆がはだしである。慣れないとだめだが、慣れてみると今頃ははだしほど気持のいゝものはないさうだ。

この辺では、らちもない話に時を過すことを「小田する」といふ。小田原評議を略してそれを動詞化したのである。配給がある毎に部落のものがより集つて、その「小田して」配給そのものが、少からず手間とれる。さうしないと話があつけなくて、物足りぬらしいのだ。たづねて来る部落人の謂ゆる尻が重く、それがために時間を空費しなければならないのも、その習性の所為らしい。一時間や二時間経つても容易に去らうとしないのが普通である。これには少からず閉口する。

出征兵士を持たぬ家庭は殆んど無いといつていゝ程に稀だが、わが子弟の安否については勿論ひどく敏感であるものゝ、戦局そのものについては無智識無関心もまた甚しい。勝たなければならぬといふはげましの言葉も、敗れては大変だぞといふ警告も、彼等にとつては一応の挨拶としてしか受取れぬらしく、うつろに耳を藉すだけである。自分の子弟さへ無事であるなら勝つても敗けても何方にしても大した問題ではなく、むしろ何方でもいゝから早く戦争をやめてくれた方が助かるといふのが、偽らぬ腹であるとしか思はれない。国家そのものを構成する一分子、国家を支ふる一つの柱としての彼等だとして、実にたよりない存在であることは否定出来さうもないといふのが真相である。此の民族が構成する現在の国家が外形では整然たる存在だが、その内容はかくも貧弱なものであることにおもひをいたすとき、現在の国家が眼前に出あつてゐる危局を乗り切ることが出来ようとは、どうしても考へられぬ。

猫がくしやみしたのまで、たちまち部落中の評判となるほど狭い世間、話題の乏しい世間である。それだけに一々気にかけてゐては、うるさくて住まれぬ土地である。こゝでは人間を相手と思つては一日もたのしい生活は営まれない。自然を相手だと思ふことによつてのみ、生活の余地は自から見出せるといふものだ。

ことしは年初から気候不順だが、今は七月も半ばすぎだといふのにひどい冷気が襲つて来て、十六日の夕刻には下着一枚、それに単衣の上衣だけでは寒くてふるひあがつてしまふのでラクダの長袖チヨツキを羽織つたが、それでも汗ばまず、十七日も同様である。十六日の冷気は北東の風が持つて来たが十七日は無風で、しかも冷気は同様である。こんな調子だから、庭さきに作つたトマトも一時はとてもよく育ち出したが、今ははか〴〵しく生長しないようだ。

二十日は土用入りだといふのに冷気ことに甚しく、人々は綿入れを着出し夜はふとんなしには寝られず、稀な悪気象である。

〔略〕

昭和二十年八月一日
ことしは気候はなはだ不順で、土用にはいつても暑さ知らず、それどころか夜は毛布を被て寝なければならず、昼の間もどうかすると綿入れを被てゐたい程の冷気が襲つて来る有様なので、農家の人達はこの気候不順が農作物をいためはせぬかと気が気でない様子である。

七月二十二日、博太郎の内祝言をやつた日だけは暑かつた。この日だけは上衣を着てゐると汗が出たが、これで時候も立ち直つたかと人々は期待したのにその夜から再び冷気が襲来して、七月一杯、折々は下衣と厚手の単上衣とその上にラクダの長袖チヨツキを着けて、尚ほひえる思ひをした程である。

いくらかでも夏らしくなつたのは七月三十日と三十一日の両日だが、それとても下衣と厚手の上衣と厚手のラシヤのズボンをはいてゐて、汗知らずであつた。朝からけふは夏らしいと思はれたのは八月一日である。といつて、昨日と同じ服装で汗ばまない。

たゞ帚をとつて倉うしろを掃除したら、いくらか汗ばんだ。

この間森下の片野氏が訪ねて来ての話によると、十七八年に綿入ちやん〳〵こを羽織つて田の草を取つた経験があるさうだ。今はちようど田の草とりの季節である。ことしも同じ装束で、田の草とりをする訳だ。

昨日谷原村の沼尻平氏がたづねて来ての話だと、その地方では冷気のために稲にいもち病が発生しかけたさうである。

そのくせ蝿と蚊は夥しい。ものすごい勢ひで攻めよせる。尤も今年は東京でもこの両者は堪えられぬほど優勢だそうだ。屋敷内の貯水槽には六月にどぜうを入れてボーフラ退治を心がけたのだが、何しろ一軒だけでかうやつてみてもどうにもなるものでなく、夜になると蚊帳の外で、蚊の声がサイレンではないかと聞きちがへるほどものすごいのには閉口する。

蝿退治も到底力及ばずである。

うれしいのは、トマトが熟しかけたことである。この間は大生の秋場村長からもらつた。昨日は飯島吉尭君が栄村から自転車で持つて来てくれた。屋敷内に作つたのは、まだ真青である。雨が続いたのと、天候不順とのせいだらう。真黒くなつて、腐つて落ちてしまつたのもある。聞けば、ことしはトマトははづれたさうだ。

桔梗の花が咲き出してから一週間ほどになる。いゝ花だ。

昨日はとうもろこしが一ケだけ熟して、としちゃんが焼いてたべた。

無花果も、一つ二つはたべられるようになつた。わたんきよが熟しかけてゐる。

鶏が四羽ほどゐて毎日二つ位は卵を生む。これは妻が鶏の飼〔料〕を丹念によく与へるせいでもあらう。

ふと、さきに戯れによんだ歌を思ひ出し、それを訂正す。

　もの哀れさきの大臣の老妻も
　手拭かぶり水仕事する

たばこが配給制となつてからは大いに節煙しなければならぬ筈のところを、とりわけ博ちゃんが工面して来てくれるので毎日十本余づゝ吸つて来たが、その工面もどうやら不可能になつて来たらしく、しかも一方では宇都宮の煙草工場が焼失したゝめ、今月からは配給がグツと減るだらうとの噂もあるので、いよ〳〵大節煙のほぞをかためねばならなくなつた。ありし日、一つの机に一つづゝ置いた煙草容器が、今は夏の火鉢同様、かざりものにもならなくなつてしまつた。

としちやん、けふで七日間休校。けさは出かける筈であつたのを俄かに行く気が殺がれて又休校である。だがこの頃の情勢では、行けとすゝめる気持にもならぬ。といつて当人甚だふさぎこんでゐるので、恰かも熟しかけたわたんきよが一個あつたので、それをもぎつてやつてなぐさめてやる。

三十日と三十一日と倉前の煉炭火で野菜スープを煮た。昨日はちようど煮えかゝつたところへ飯島吉尭君がたづねて来たので、それをご馳走した。けふもそれを煮ることにする。老妻、人参ほりに一骨折である。これ位の料理は自分でも出来るとは思ふが、老妻の手腕に及ぶとの自信もないので老妻の疲労は察するに余りあるが、やはり老妻の骨折りに待つことにする。

三月疎開以来、書籍は一冊も買ふ便宜を失つてしまつた。尤も買ふに足る書籍も無いかも知れぬが、書籍店との交渉が絶えたのには一抹のさびしさがある。だが幸ひ去年の初夏に疎開して置いた書籍が相当にあるので、それを引き出しては毎日、あれこれと眼を通すことにしてゐる。だが、二度よんでみたいと思ふものはめつたに無い。

けふは米の配給があるといふので、浦吉君が自転車で取りに行つて呉れる。

下館の直井六三〔江〕郎博士と大山義八氏とが、自転車を水海道で借りたとてたづねて来てくれた。両人とも便当持参なので、恰かも倉前の煉炭火にかけて置いた野菜スープをご馳走する。この間は藤柄の姉にご馳走したところ、これはいゝ、帰つたら早速つくつて孫達にご馳走してやらうといつてゐたが、直井博士もこれはいゝ思ひつきだから、僕の家でも早速真似ようといつてゐた。午後三時過ぎまで歓談してかへつた。その折の話に、下館辺でも米一俵千円、ジヤガ芋一貫匁五円から七円、高きは十円の取引があるさうだ。またその近村のものが畑のジヤガ芋を盗むものがあるので、一夜見はりしてゐると下館駐屯の兵士達がその犯人とわかり、それでは問題に出来ぬと見て見ぬふりをしたとの事。軍隊の給養もひどく貧弱なものになつたことが、この一事からも判る。

けふ、たばこの配給。二人分でみのり二個（刻み）、巻煙草七十五本、十五日分。いよ〳〵節煙の必要が痛切だ。

小麦との交換に時計がいゝといふので、けふ買ひ置きの時計一個、志冨君に託す。ものになるかならぬかは、実現出来てみねば判らない話ではある。

後ろの香椎君が朝たづねてきての話に、谷田部辺では海軍の兵士達が農家の牛を盗んで掘つて置いた穴に突き落し、牛が体の自由を喪つたところを剣で突き刺してこれを殺し、それをたべるといつたのもあるさうだ。

或る部隊の主計官が筑波郡の十和村へ来て鶏百羽の提供を申し出たが、交換にはあめをやるといふので、この申し出は早速承け容れられたさうである。

水戸近在の或る駐屯部隊では、部隊長が気をきかせて部下に浪花節かたりがあるのをこれ幸ひと、その男を毎夜近村に出張させて浪花節をかたらせ、村の聴衆には、けふは一人卵一ケづゝとか、あすは一人大根一本づゝとかの供出を求むることにしたところ到るところ好評で、その部隊だけは物に余り不自由しないさうである。かうまでして不自由を緩和しなければならぬ事の是非曲直はしばらく別として、臨機応変の処置としては当意即妙といつていゝだらう。

昨夜はちようど風呂へはいり際に警戒警報発令で、皆風呂にはいりそこねた。そこでけふは昼の間に風呂へはいる。この頃宇都宮が爆撃された折は、警戒警報のサイレンが間にあはなかつた程であつたといふのと、その折真岡町で火をもらしたものがあつて、それがために敵機は後もどりして焼夷弾を投下して行つたといふ話のため、警戒警報発令されたら真闇にしてしまへといふのがこの頃の土地の風習なので、夜一たび警報発令となると電灯を消してしまふのである。水海道の市街地では、警戒警報発令後電灯の光をもらした家の電球は取りあげてしまふといつた申合せをやつてゐる場所もある程で、すでに神経を尖らし出し始めた情勢なのだから、電灯の光が洩れぬにしても消してしまふのが安全だとみんなが考へ出したのである。

昨日は後の半蔵どんの家で、夕刻小供を伴れた女性が泣いて、卵を頒けて貰ひたいとうつたへてゐたさうだ。峯下高野と殆んど軒別に卵を売つてくれとたのんでみたがどこでも断られてしまひ、実は家に病人があつて卵が欲しいのだが、それが手にはいらぬとすると病人のためどうにも困るのだとの事であつたさうだ。この間まで一個一円四五十銭の卵の取引が最高だといはれてゐたが、昨今は二円の取引も稀でないさうだ。

八月四日　五日　六日

まつたくの土用日和。此の三日間は暑熱猛烈である。

三日打電の岸道三、牛場友彦両氏が四日夜来るといふ電報が四日ひるすぎに到着。志冨氏がそれを持参。早速両氏のために出来るだけの御馳走してやらうと、志冨氏に用意をたのむ。油、みそ、醬油、ボルドー一本など、それに蚊帳の大きいのと夏かけふとん二枚とを志冨氏が自転車で事む所へ運ぶ。

夕刻はや目に夕食をとつて事む所に出〔か〕ける。両氏を待つてゐると、三郎が八時すぎ着の列車で着いて事む所へ立ちよる。この列車では両氏不着。

終列車で両氏は到着。早速一風呂あびてもらつて夕食にする。うなぎを少しば〔か〕りとゝのへる事が出来たので、それで食膳に賑はした。

この夜は事む所に泊る。

五日は朝はやく下館の直江六三郎氏に電話して、岸、牛場両氏が来たから、出来ればこちらへ出かけて来ないかと相談すると、それなら出かけようとの返事である。この三人は学校時代ボートの選手として別懇の間柄なのである。

直江氏は空襲にさまたげられたといつて、午後三時頃到着。おこわをおやつにといつて持参してくれた。

この日は夕めしを共にして後帰宅するつもりでゐたところ、九時少しすぎ、内海丁三氏が到着。のこりもので夕めしをすゝめる。内海氏が、それは難有いと箸を持つ間もなく警戒警報となり、間もなく空襲警報となる。それがために、くらやみで蚊帳を吊つて一同ざこねして一泊。

六日朝早く直江氏かへる。岸、牛場両氏は八時八分発の列車でかへる筈のところ、空襲警報が出たので延期。警報が解除されたので十時五十八分発で帰るといふので、駅まで見送つて静野へ立ちよつて、また事む所へかへると両氏が茶をのんでゐる。どうしたの？と聞くと、下妻駅とかゞ空襲されたとかで列車延着。そこで十二時発の列車にのることにしたとの話。

昭和二十年八月の食糧問題

食糧問題の深刻化は、元より昨日今日の事柄ではないが、此の頃その程度が急速に増大して来た。どこへ行つても話の種はたべもの ゝ問題だけだとは数年来のことであるが、此の頃際だつて目立つのは、この問題のために多くの人々が眼の色をかへて騒ぎ出したことである。

近頃、軽井沢へ行つた牛場友彦君の話によると、同地住居の尾崎行雄君の老娘は、たべもの入手困難から、つひに気が狂つてしまつたさうだ。乞丐の如く、家々をたべもの貰ひにさまよひあるき、それを土地の人々が、馬鹿にしたり、からかつたりする有様は、眼を蔽はずにはゐられぬと、牛場君は述懐してゐた。また、同地滞住の川崎財閥の当主は、毎日自分でリユクサックを背負つて、たべものゝ買ひ出しに出かけて行くが、何分、土地の農民達も、紙幣では売らなくなつてしまつたので、欲しいものを手に入れようとすれば、いやでも応でも、物を引きかへに差し出さねばならず、しかも相手は何が欲しいとはいつて呉れず、紙幣ではお断りだといふだけなので、結局、衣類とか下衣類とか又は取つて置きのスウエーターまで持ち出して、値不相応のものでも、これを提供しなければならぬところから、すでに提供物に事欠き出したと、こぼしてゐるさうだ。この頃、軽井沢での生活費は、腹一杯たべてゐよう〔と〕すれば、月一万円はかゝるさうである。卵一ケ二十円の取引は、めづらしくないさうだ。

牛場君や岸道三君なども、昼の弁当は、じゃがいもにきまつてゐるとのことで、米の配給量がひどく減つたのと、豆麦などが多く配給されるのとで、腹をいためるものが多く、一度いためると、回復が容易でないと、両人ともこぼしてゐた。

小田部紀康君は、牛込区の大地主である。去年来、結城郡大花羽村の草間常四郎氏宅に疎開してゐる。草間氏来訪の折語るところによると、食料事情の緊迫から、炊事を別にすることにしたが、小田部氏家族は、一食はじやが芋にて腹を充たしてゐるさうだ。

東京方面では、工場の出勤率は概ね五割が上々の口で、甚しきは二割三割といつた調子だが、これは総て食料事情のためださうだ。ぢやが芋は、先月すでに一貫匁買ひは一貫匁十円、十五貫俵一俵百円の取引だと聞いたが、工場などでは一俵百二十円程で買ひ取つてゐた。どこでも同様の相場らしい。尤も場所によつては一貫匁五円の取引もあるといふが、これは縁故による特別の取引で、例外らしい模様である。

玉葱一貫匁五円、かぼちゃ一個五円は、先月の取引である。今月は、もつと上むいてゐるようだ。

食料品の値段がうなぎ上りなので、一般庶民階級の生活難は、日に〱深刻化してゐる。夫婦共かせぎの家庭などでは、亭主に弁当を出来るだけ多量に持たせてやらうといふ心遣ひから、女房は休みをとつて昼めしぬきで家に居残るといつた話は、水海道町でも、めづらしくないとの事だ。

来る人が、ちようど空襲時に上り列車にのつてゐたところ、さういふ場合閉めきる筈のよろい戸を閉さぬものがあるので、閉めたらいゝだらうと、誰かゞ注意すると、いゝぢやないか、俺達には戦さは勝つても敗けてもどつちにしたつて同じ事だよ、まけたつて、今より悪くはなるまいぢやないかと、高らかに語つて、閉めようともせず、けろりとしてゐるのを、直接目撃したと語つてゐた。

いたるところ、やけくそ的言辞が耳にはいるようになつたが、それもこれも、一に、食料の不足に根ざしてゐるのは、たしかだ。

軍隊の給養もひどいようだ。そこで、あちこちに、たべもの集めに出かける。時折りは無断で持つて行く。そんなところから「軍どろ」といふ言葉が、用ゐられるようになつたらしい。下館在でも、畑のじやが芋が盗まれるといふので、夜番をしてゐたら、盗みに来たのは、兵士達なので、捕へるわけにも行かずと、見ぬふりして、かへつたといふ話である。

民衆は、表面はとに角、その内心では、軍隊の駐屯を嫌ふこと、すこぶる深刻である。ある男は、兵士だといふことになれば、足らぬ分は大威張りで盗んで来られるから、一層のこと、兵士になつてしまひたいと、いつか述懐してゐた。

七月、米一升の値段、大阪では七十円、東京では五十円と聞いたが、水海道町で、近ごろ一升三十円乃至二十五円の売買があつたさうだ。併し、ちかごろは、米の売買はめつたに無い。それほど、米が何処でも不足を感じ出したのである。

小麦一俵三百円は通り相場である。

入隊中の兵士に対し、上官が米一斗ならば一週間酒一升ならば三日間といつたように休暇を与へて、物資あつめする由也。前の主人が来ての話に、その三男は目下入隊中だが、空腹でたまらぬとの事に、小使ひは十分に持たせてやつた。だが、同様の近所のものが、現に生家へかへつてゐて、いろ〳〵の食料物資を近所の同隊のものゝ生家から集めて行くといふので、そこへ何程かを持つて行つて来たが、これではやりきれたものでないと、こぼしてゐる。その兵士の仲間の一人は、猿島郡の長須村出身であるところから、「お前の方では茶が出来るだらう、その茶が無くて困つてゐるのだから、お前は茶を持つて来い」といつて郷里へかへされたさうだ。

食料の不足は、軍紀の弛廃の最も重要な原因の一つである。下士官級は将校級の好意を求むるがために兵士を食料あつめにこきつかふ。兵士等は毎日ひどい飢え思ひし乍ら、上官の酒をのみ満腹にたべるのを、指をくわいて見てゐなければならぬ。自然上長への反感となり、軍紀弛緩の原因となる。

世田ケ谷の砲兵隊に応召の兵士達は、靴もなく地下足袋もなし、馬はあらず、武器は明治年代の旧式砲である。それに食料不足といふので、脱営者が稀でなく、中には、脱営して来たせがれに、そんな有様なら再び入隊の必要なしと、帰営を思ひ止まらせた親もあるさうである。尤もこの兵士は捕へられて軍法会議により長年の懲役を課せられたさうだ。

支那戦線では、中隊長などに、手榴弾を投げて、殺害した例がめづらしくない模様である。

結城郡の謂ゆる農兵の馬鈴薯栽培は、平均して、種を三俵つかつて、収穫一俵の割だとのことである。

〔編者註〕ペン書　原稿用紙和綴

31　日記「備忘　昭和二十年七月二十一日」

〔昭和二十年七月―十二月〕

備忘　昭和二十年七月二十一日

七月二十一日
今日は土用に入りて二日目といふに温度低く、下衣の上に単衣の服、その上にラクダの長袖、スウエーターを羽織りて暑からざる事昨日と同様也。朝より雨、午後になるや嵐気配となり、雨量頗る多く、夕刻には豪雨。但し風は東より南に向く。

明日は大池氏夫妻及び節子氏が内田夫妻及び木村進氏夫妻同伴来て下るといふので、事む所にてもてなすため、ひるすぎ浦さんを頼みて、みそ、醬油、油、かつをぶし、米、メリケン粉、薪などを事む所にはこんで貰ふ。また家の片づけに終日くらす。

とし子づぶぬれになつてかへつて来る。もんぺ、水にひたしたるも同然也。

とし子の机を倉に入れる。

沼尻滝蔵氏、倉持次郎氏等来宅。

正午頃敵機頭上通過、ビラを散布す。ちようど浦さんが出かけたと思つたらすぐに引つ返して来て、先生〳〵と呼ぶので、倉の二階に片つけしてゐたのをすぐに降りて行くと、いま、つひそこで、こんなものを見つけたといつて二枚の紙を差し出したので、手にとつて読むと敵機散布のビラである。上等の紙質のもので、このノートの一頁大位のもの。猫談義から軍閥へと話を持つて行つたもので、謂ゆる軍民離間のビラ也。表面には猫が寝てゐる女性の喉笛にかみついた絵――徳川時代草双紙の挿絵をその儘とつたものらしい――をかゝげて猫の話をすゝめ、裏面に読むに及んで始めて敵の伝たんと気がついた程のものである。そこに読みいたるまでは、朝鮮人の小作人の畑（うちの小作人）のふちで拾つたといふので、朝鮮人が塵紙に買つた本の一部をなくした儘去つたのかと思つたほどだ。

夕刻雷鳴劇甚。

今夜は博太郎がかへる予定なのに、夕刻より二時間ほど車軸を流さんばかりの大雨。裏庭の如きは水一面にたゝへられて、折角沸かした風呂の火たき所は水で一杯になり、つひに風呂にはいる事は中止。困つたこと。これでは博太郎もかへるにかへれないのではないかと案じてゐたが、八時頃より雨やむ。十時すぎ博太郎帰宅。

二十二日
けふは朝より晴。
事む所にて内祝言の予定にて先日来準備をすゝめてゐたが、天候を案じてゐたところ快晴。今日は昨日と異なり暑熱つよし。幸先よしと一同よろこぶ。

午後十時《〔ママ〕》すぎ着の列車にて大池真氏夫妻、仲人の内田明氏夫妻、木村進氏夫妻が節子氏を同伴くることになつてゐるので、幸ひ自動車の都合がついたので、十時までに自動車にて博太郎、とし子と四人にて事む所行。如予定一同到着。ひるめしの後、高野へ一同案内。自動車也。午後六時半より食卓につきて、これを内祝言とす。その前写真をとる。志冨氏の撮影也。

博太郎新夫妻と一同は野村屋にとまる。

三郎はけさ到着。三郎ととし子とを同伴、ぶら〱あるき乍ら帰宅。

二十三日
博太郎新夫妻と高野にてひるめしをとる。
この日他の一行は十二時発帰京。博太郎等は午後三時過の列車にて帰京。
けふはとし子登校、ひるめしを共にせず。
冷気またも甚し。

二十四日
三郎滞在。

腹の具合悪く、終日臥床。但し午後三郎と小絹の堤防上を散歩す。

冷寒、四五月頃の如し。三枚重ね着して毛布をきて寝て日中あつからず。足袋ほしき程也。

単衣三枚を重ね、その上ラクダのスウエーターを羽織りて散歩して、汗一滴なし。


けふは旧暦十六日。終日の曇天。夜になつて月色きよし。

二十五日
晴れ。温度やゝあがれ共、朝はラクダのスウエーターの外二枚を重ねてあつからず。

午後三時頃より温度上り、スウエーターを脱す。

かすかべの鈴木氏来訪、菅生村に疎開したとの事。鶏を一羽もらふ。

三郎滞在。はなれの畳をあげて新聞紙を敷き、のみとり粉をまく。

三郎の骨折也。

とし子は休校。精二より来書。ほゝひげをはやすといひ来る。四本精二に速達にて発信。一通は予也。他の三通は博、三、とし子分也。

右鈴木氏電気冷蔵庫を見て、これはどこかへ据えつけてやらうといふので、倉の階段下に据えつけて貰ふ。早速役に立つ。


二十六日　晴後曇。

三郎滞在。

飯野義一郎氏来宅。

とし子休校。

けさは温度あがり、半ズボンとなる。但し汗ばむ程にあらず。

夕めしは久しぶりにライスカレー。

茗荷のすまし汁、これは今年の初もの也。

二十七日　晴。金曜日。

三郎朝一番にて上京す。

とし子休校。

前の主人、腸を悪くしたとて棉入れの厚い絆天を着て来る。博太郎結婚の祝ひだとて、五十円つゝみて差し出す。うけ取る。

午後昼寝二時間。

英国総選挙にて労働党圧倒的勝利を獲得したる事、ラヂオにて報道さる。東亜問題これによつて重大深刻さを一層加ふるに至るべし。

昨日午後ぎをん祭りだと生家へかへり、今朝かへつて来たかつえの話だと坂手辺では馬鈴薯一貫目十円、一俵（十五貫）まとまつてならば百円との事也。

午前中日光浴三時間、しかも汗ばまざる程の温度也。

ヒンデンブルグの悲劇を読む。これは木原通雄氏訳。その原著は予が同氏に寄贈したもの。数年前のものなるが、読みて感興ことに深し。その中にグレーネル将軍に関する記事あり。戦後、負ふべからざる責任をしきりに負はされたるに一言も弁明せず、意に介せず、見あげたる人物也。

磯山丑蔵氏画帖持参。揮毫してやる。

磯山氏の談によると、沼田照義氏、西村文則氏と共に水海道に来り高野に予を訪問するとの事であつたが、両人とも事務所までなら兎も角、あまり遠いとて立よらずに帰つたとの事也。

とし子上京を切望して止まず。けふ志冨氏とも角もとて、切符を用意して来てくれる。

兵藤益男氏来書。消印は七月十日。到着は今日。二週間以上かゝりたる訳也。東京からの速達便も一週間で到着は早い方也。電話は殆んど不通。郵便かくの如し。消息を通ずるも不容易。この間大池真氏の手紙は十四日投函にて、到着は二十五日也。その間二十二日には大池氏此の地に来る。まことに不便千万なれ共、この不便は日と共に加はる事必然。

二十八日（土）

朝の温度、昨朝より高し。但し昨夜は毛布二枚重ねにして着て暑からず。けさの服装、半ズボン、下衣一枚、その上に厚手の単上衣一枚。例の如く煉炭を起すのに炭火かん〳〵に起りて、そのわきにゐて暑しとも思はず。六月上旬頃の気候に匹敵す。空に無雲。

日光あまねくして、かくの如し。

とし子どうしても上京するとてきかず。元来いつこくの性、とめることもきかず。よつてけさメリケン粉にてパンをつくつてやる。

東京にて米一升五十円。大阪は七十円。卵一ケ東京にて三円。大阪五円。

古本屋にて本を売るに、米、醤油など食料品を要求するとの事也。

午前石原氏来宅。

秋田県の農村にても米一俵千円の取引也との事。

空襲警報のためとし子上京見合せ。

米一俵入手と志冨氏より報告あり。交換の蚊帳を志冨氏持参。そのかやは一枚二三千円の取引也といふ。

腸の具合よろしからず、すでに十数日来の事也。一昨日来中山胃腸薬を服用す。冷気あたりか。

夕刻沓掛のとし子、守谷の挺身隊勤むを打ち切りに来たかへりとて立より一泊。

午後九時すぎ三郎書物持参帰宅。


二十九日　半晴。温度昨日よりやゝ上る。

昨夜東北及び東海方面に大空襲あり。夜ろく〳〵眠らず。精二にたよりす。

三郎は午前八時八分発列車にて上京。

午前木村進氏来宅。昼食後かへる。

とし子休校す。上京は断念す。

水海道にても、米一升三十円の取引也との事。

沓掛のとし子、夕刻かへる。

藤柄の川口姉、かぼちや一ケを持参。かぼちや買ひつけについて相談に来てくれる。一泊。

アルミ供出のもの、秀雄氏宅に届けてやる。

三十日
早朝より艦載機来襲。とし子休校。

けさは曇、但し温度は昨日より稍あがる。尾長鳥さかんに鳴く。

これが鳴くと雨だとて、部落の人達は天気悪くなるだらうといふ。

けさ後の秀雄氏来りいふ、高野辺にても、じやが芋高きは一貫匁十円、やすきも七八円也と。

谷原辺にて卵一ケ一円の取引。


川口姉今夜も一泊。

夕刻はれあがる。日ぐらしの声、耳を打つことしきり也。

いくたびか空襲警報、夕刻に及ぶ。

けふは倉前の煉炭にて終日野菜スープを煮る。秋場氏より貰つたトマト、ジヤガイモ、玉ねぎ、きうり、人参を入れる。これは夕食を賑はさんとて也。

夕刻梨本未亡人沓掛に滞在中のところ上京すとて来宅、一泊。

三十一日
昨夜雨少し降る。曇。温度ひくし。

川口姉朝かへる。

とし子休校。

けふも尾長鳥さかんに鳴く。

飯島吉尭氏午前来訪、自転車にて栄村より来れる也。ひるめしには、ちようど煮えかゝつてゐた野菜スープをご馳走する。

梨本未亡人一泊。

夕刻沼尻平氏米を持つてきてくれる。蚊帳一帖との交換也。

八月一日
梨本未亡人稲毛へかへるとて、けさ出発。
とし子けふも休校。
直江六三郎、大山義八両氏下館より来訪。
温度あがる。半晴。
浦吉君配給米を取つてきてくれる。

また麦の供出の俵入れを浦吉君が片つけてくれる。

八月二日

とし子登校。

昨夜早くより長時間の空襲警報のため、今日はたれも彼れも睡眠不足也。

けさは夏らしく明ける。薄雲の空はどんよりとしてゐるが、ジー〳〵と蟬の声しきりにして、むしあつし。

昨夜の空襲警報では妻は大いに緊張して、もんぺをはいて寝るには寝たが、いつの間にか眠つてしまふ。やはり土地がらだけに、緊張してみてからが東京にゐたときとは話が違ふのである。

菅生に疎開の鈴木定氏来訪、野良用麦わら帽半ダースと茶二貫匁持参。孔明の前後出師表石摺の表装したのを二巻返礼に贈る。

三日　晴。暑熱つよし。

とし子登校、但し空襲警報にて午前一旦帰宅。解除につき再び登校。

前の家からよくものを貰ふので、野良麦わら帽二ケと風呂敷とを進呈するため、よし子が朝の間に行く。

浦さん午後来り、肥料をあげてくれる。

大池真氏に書信す。その余白に、

　のび〳〵といとほがらかに若めをと
　語らふ見ればほほゑましかり
　世はゆゝしたゞ一皿のじやが芋の
　外にもてなす術もあらなくに
　うまし嫁に言の葉の外引出物
　何一つなき心さぶしも
　世はゆゝしすさまじ親の祈らくは
　たゞたくましく生きぬけとこそ

浦吉氏曰く、けふは兵隊が二三人で東坪の方へじやが芋を買ひに来て持つてかへるところを見かけた。兵隊だと売つてくれといはれるといくらかでも出してやらねばならず、といつて度重つては請負ひきれなくなる。兵隊自身の買ひ出しはやめた方がよくなからうかと。

四日（土）

とし子登校。

国民学校の生徒からは、アルミ又はアルマイドの弁当箱を供出させたので、水海道国民学校では八月一日から毎日ひるめしは家庭へかへすことにしたさうだ。

菅生村の国民学校の疎開児童には弁当を持参せぬものがめづらしからず、学校当局もそれ等の児童には労力をあまり出さずにすむよう心遣ひしてゐるとの事である。

夏らしき朝也。但しまだ、ことしはあつさで寝つかれぬといふ事もなし。下衣一枚、その上に開襟シヤツ一枚を羽織り、運動しなければ汗ばむこともなし。

志富氏岩間まで一昨日行つて昨夕かへる。けさ来宅。水戸の被害状況を聞く。

かぼちゃ百貫以上事む所へ着いたといふので、それをあちこちに進呈するよう志冨氏に托す。

水戸近在には二個師団も軍隊駐屯し食料不足のため村々をあらし廻るので、「兵隊さん」といふ代りに「兵隊め」といふようになつたとの事也。

夏気配順調化す。頗るむしあつし。

永井恭太郎氏のために揮毫発送。

この頃「軍どろ」なる言葉あり、兵士が食料不足のために止むを得ずジヤガ芋などを無断で掘り取る事多きが為めに生れたるもの也。

午後岸、牛場両氏今夜来訪する旨の二日発の至急電報到着。夕刻事む所行。

八時すぎ着、列車にて三郎かへる。

九時すぎ着、牛場、岸両氏到着。

事む所にとまる。

五日　晴。

朝直江六三郎氏に、岸、牛場両氏来訪を電話にてしらす。直江氏午後到着。夜内海丁三氏来訪。一同事む所にとまる。

落合氏も来り、同氏は夜かへる。

六日　晴。

三郎一番列車にて上京。

岸、牛場両氏は十二時発上京。

直江氏は午前五時半発下館へかへる。

七日　暑熱きびし。

とし子四十度以上の発熱。浦さんをたのみ、志冨氏と連絡をとり、医師の来診を求む。払〔折〕よく片見医師都合つき夕刻来診。へんとう腺、腸及び脚部の蚊にかまれたあとの化膿にて、りんぱ腺がはれたの〔ママ〕との発熱と診断。ひまし油をのます。夜半脱糞多量。

昼の間は電気冷蔵庫使用出来たるも、夕刻より駄目になる。如何ともしがたし。いたし方なく夜はひんぱんに井水を汲み来つて、とし子の頭部をひやしてやる。谷田部まで行かねば氷を手に入れる能はざる事とて手のつけようもなし。

夕刻藤柄の川口家の次女、姉容態悪し、葡萄糖液手に入らぬかと相談に来る。相談にのることも出来ず、遺憾也。

八日
とし子、けさは七度八分。快方に向ふ。

朝浦吉君に藤柄の川口家の病人を見舞つて貰ふ。

寺田蔵太郎氏来訪。

北川亀太郎氏来訪。

冷蔵庫役に立たなくなる。いたしかたもなし。

暑熱つよし。

夕刻草間常四郎氏白米三升程持参してくれる。米不足と聞いて心配して持つて来て呉れたのである。

ざくろ結実。

九日
早朝より警戒警報。

正午少し前片山哲氏事む所到着との知らせを中山氏が持つて来てくれる。そこで早ひるめしで出かけようとしたら浦さんがとんで来て、けふは数千機の来襲があるかもしれぬとて、水海道駐屯の部隊が今毛布などの疎開を始めたと知らせてくれる。恰かも警戒警報発令なので、それなら一層のこと片山氏に高野まで来てもらつた方がお互ひに安全だと思はれるので、浦さんに事む所まで自転車で一走りして貰つた。そこで一時頃片山氏到着。三時まで政治を語り、かへる。

とし子臥床中なれど熱は下がる。

志冨氏三日程静養、けふはよくなつたとて来宅。

四時頃前の主人来り、三時のラヂオでソ聯軍が国境で日本軍に挑戦したとあつたが、これは大変だ、どうなるだらうと心配して語る。

けふの水海道は大空襲があるだらうとの予測から、荷物疎開で大騒ぎださうだ。

昨日は取手が空襲されるだらうと、誰いふとなくいひふらされた結果、同地の東晃工場の従業員は大部分欠勤ださうである。

午后七時のニユースの放送にあたり、ソ聯は八日夜、九日より日本と交戦状態に入る旨の通告を発せるものなることを明かにす。

とし子はすでに薬不用との事に、けふ浦さんに自分の胃酸過多の療薬だけを片見医師より貰つて来させる。この薬のむこと、すでに二日間也。

ムラサキ氏魚を持つて来てくれる。雷魚と鮒。

ソ聯開戦の報に、此の部落にても人々昂奮異常也。


十日　酷暑。

とし子依然臥床、休校。

朝ひよつこり博太郎夫妻帰宅、あさめし前とて共に朝食。昨夜事む所に泊りたる也。

午後六時すぎの列車にて二人上京。

とし子、博太郎の帰宅にて起床。

朝飯田憲之助氏来訪、時局を心配して也。


十一日　酷暑。

浦さん来り、米つきに行つてくれる。

三郎ひるすぎ帰宅。昨十日午前八時発飛行機にて、サイパンへ休戦使節出向の重大ニユースを持参。直ちに志富、飯田両氏へは知らせる。片見医師にも薬をもらひに浦さんに行つて貰ふので、その旨をもらす。

寺田蔵太郎氏来訪。

この夜深更警報。

十二日（日曜）
三郎持参の博太郎あて七月十五日発の精二の手紙けさ披見。ひげをはやしたとあり。

ソ聯開戦以来、農村の供出意欲とみに沈滞し、殆んど供出を急ぐものなしとの事。

中山二郎氏来訪、そのやせたる別人の如し。

武藤久兵衛、北川亀太郎両氏、結城安次氏より和平交渉開始の話を聞きたりとて来訪。

ソ聯開戦以来急に物価昂騰、かぼちゃ一ケ十円との事也。

卵一ケ一円五十銭の売買あり。じやがいも一貫四十五円のもあるとの事。

十三日
めづらしく昨夜警報なし。

早朝より艦載機来襲、夕刻まで続く。

とし子依然休校。

今に及んで対ソ戦に関する政府の発言なし。一般の人達も割りきれぬ気持にて、殊に前途悲観の思潮刻々にみなぎりつゝあり。和平を冀はざるもの無しといつていゝ程の有様也。

朝飯田憲之助氏その末女婿長野監治氏同伴来訪、長野氏入営との事にて旗持参。「雄心日千里」と揮毫してやる。

酷暑也。

三郎滞在。

十四日
昨夜警報一回、但しねむりて不知。

とし子休校。三郎滞在。

朝二十二度。正午頃二十六度。夕刻二十六度。けふはいつもより頗る涼し。

ソ聯攻撃開始以来すでに六日目也。けさは政府から何か意思表示がありはせぬかと期待して五時のラヂオニユースを聞いたが、相不変何もなし。六時のニユースの折も同様也。

けふは三郎上京したしとの事なるも、情勢の如何によつては前途気遣はれる所多きにつき見合はさす。

旧暦七月七日にて、いはゆるたなばた也。

午前島名村の室町正三郎氏来宅。

此の夜九時、明十五日正午重大放送ある旨予告。七時より九時まで放送なし。三郎が先づこれに気づいて容易ならざる事といひ出す。それによつて九時のニユースに特に注意したるに、右の如き放送あり。


十五日（水）朝二十四度。

前夜敵機大挙来襲、早朝より又来襲あり。

午前七時二十分過ぎ、今日正午天皇みづからマイクの前にたち、重大放送する旨予告あり。

とし子休校。病気回復后、蚊蚤にさゝれたるあとをとがめ、脚部に繃帯中なり。但し登校不可能といふ程ならねど、今日の日あるを予期して休んでいゝと休ませ置きたる也。

十六日
落合寛茂、斎藤栄一郎、秋場勇助、荒井作造、広瀬仁左衛門氏等来訪。

十七日
鈴木高女校長来訪。
野田蘭蔵氏弟子及び高野藤衛氏来訪。

十八日
古矢真吾氏来訪、茶を貰ふ。
午後三十度。酷暑也。
片見医師にお礼す。かつをぶし三本進呈、外に車代五十円也。

十九日
夕刻増田一氏来訪。
内海フミ氏来訪。

二十日
昨夕よりの下痢にて終日臥床。
夜三郎かへり、東京の事情を聞く。

二十一日　旧盆也。
下痢とまる。
志冨氏来り、昨夜牛場、岸、白須〔洲〕三氏、明二十二日夕来訪との電話ありたる旨也。よつてごち走の相談す。

二十二日
十九日木原通雄氏より上京を促す電報ありたるも、上京せずと返電。更らに書状を届くるため、増田次郎氏二十一日托したるに同日帰郷、けさ増田氏が木原氏より托されたる返書と肉とを志冨氏持参してくれる。
この朝米軍二十二日米軍〔ママ〕進駐の事発表さる。
精二に書信す。解除になつたら直ちに水海道へかへる事をいひやる。
昨日小磯甚三郎、神林鎮男氏来宅。神林氏より鮒を少し貰ふ。また昨夕新々堂よりおはぎを貰ふ。
けふより天気予報復活。
木原氏への手紙の末に、
　老いらくの白髪かきむしり肘はりて
　吾も歴史の行方にらまふ
夕刻事む所行。岸、牛場両氏九時すぎ着。白須氏は不参。事む所一泊。

二十三日
岸、牛場氏かへる。
よし子、片見医院にて診察をうけ注射して貰ふ。いはゆるキヤリ病。過労のため也。
夕刻増田宅訪問、帰宅。

〔二十四日　二十五日　二十六日〕

下痢臥床。

二十六〔ママ〕日

室町正三郎氏来宅。

二十五日

藤柄の川口姉来り一泊。ジヤガ芋、カボチヤ、小麦買いつけたのむ。千円寄托。

二十六日

三郎上京す。

二十三日より天気ぐづつく。二十五、六両日風強く、雨も亦やみてはふり、ふりてはやむ。

軟べん下痢不止。終日臥床。

二十七日

飯島吉尭、辻東京朝日水戸支局長来訪。

沓掛の木村きみ女来訪。

博太郎、三郎帰宅。

二十八日

室町正三郎氏来訪。

二十九日

斎藤茂一郎夫人来訪につき、よし子同伴事む所行。博太郎上京。

富村登氏訪問。

三十日

中村歯科にて歯の治療開始。

三十一日

二十九、三十日両夜事む所に泊る。この日夕刻かへる。

〔九月〕一日

腸の調子回復。三郎に手伝つて貰つて書籍整理。

二日

萩谷氏への手紙の末に、

　かゝる世を何をかいはん空仰ぎ
　野面眺めて物思ふ也

真藤慎太郎、犬養健氏より上京を促す電報到着、何れも数日前の打電也。返事する気にもなれず、その儘に放置す。

けふ午前八時降伏条約調印也。憂鬱限りなき日也。

午前中晴、午後曇也。

夕刻伊藤武氏来訪。

三日

三郎一番列車にて上京す。

十三日
夜博太郎、節子帰宅。十四日朝上京。同夜又帰宅。
十五日滞在。十六日午後とし子同伴、午後の列車にて上京。
三郎はずつと在宅也。
歯は十四日に全部手入ずみ。

十五日
精二より葉書到着。

十六日
河盛安之助代議士来訪。

十四日
細川嘉六氏より来書。この日午後よし子同伴事む所。予は事む所に二泊す。

十五日
浦さんにたのみ、藤柄の川口宅より鶏二羽わけて貰ふ。

十六日
浦さんにたのみ、小作地返還を小作者に内示して貰ふ。
数日間へんとうせん炎と下痢とにて不快なりしため、その間の記述は乏しき也。

十四日
沼田照義氏のために、事む所にて揮毫十数枚。

十六日
とし子の上京は三月下旬疎開後最初也。

十七日　曇。
三郎昨夜来発熱。
午前事む所行。静野に椎名氏を訪ふ。夕刻帰宅。
けふは結城より自動車来り、斎藤氏、小篠氏訪問の後、幸島村に児矢野氏をたづねてかへる予定にて用意したるも自動車の都合つかず、ために中止。

十八日
夜来大暴風、終日不止。但、雨朝ありたるのみにて、自然木の枝などあちこち折れたるも被害少し。
精二より来書、九月八日出速達にて、けふ到着。月末迄にかへるとの事也。
志冨氏多賀行、山本氏よりモーターを分けて貰ふ為め也。

十八日
昨日玉ねぎの種入手、今が蒔時との事也。

三郎熱さがる。起床。

十九日

大風一過、けふは風なく快晴。好秋日和也。

午前瀬崎憲三郎氏来訪。

午前室町正三郎氏来訪、栗を貰ふ。

午前静野より魚を貰ふ。

三郎全快、勉強に没頭。

とし子、博太郎に伴れられて帰宅。小石川の叔母帰宅。

午後事む所行一泊。

二十日

斎藤夫人、小林敬次郎氏と共に来訪。よし子も事む所に行く。

小田の鈴木氏等来訪。

今高氏来訪。

旧暦の十五夜也。よくはれて月色清し。

瀬崎憲三郎氏事む所へ立ちよる。夕刻同道して帰宅す。

二十一日

三郎関本行。

大橋武大郎、野田蘭蔵両氏死去の報に接す。

刀の供出との事につき、その刀にてなたをつくるため、けふ浦吉氏にたのみ、野木崎のかぢ屋さんに七本ほど持つて行つて貰ふ。

尚ほ、やり二本、その穂先きを切りとりて柄を棒として使用することにする。

長刀も柄だけのこし、その刃の方はなたつくりに利用することにする。

玉ねぎのたね一合十五円、昨年は三十銭であつたとて、老人おどろきあきれる。

じやがいもとかぼちやとを事む所より浦さんにはこんで貰ふ。

三郎かへらず、関本の堀田宅へとまれるか、それとも上京か。

二十二日

午前中より事む所行。

岩井の中村清一郎氏来訪。

夕刻雨。雨合羽は中村氏に貸してかへる。

増田一氏に聞く、大阪には餓死者を見るにいたれりと。

早稲は刈り始む。

二十三日

博太郎伊是名氏同伴帰宅、即日上京。

夕刻ひよつこり細川嘉六氏来る。夕めしをたべて事む所行一泊。

三郎夕刻東京よりかへる。同道帰宅。雷雨。づぶぬれになる。

二十四日

細川氏、午後かへる。

中村森戸村長、染谷長須村長同伴来訪、開発事業につき千石農相に紹介状を書く。

とし子転校手続、水海道高女の分は完了也。

二十五日　秋晴れ。

家居。箒づくり。風呂下敷修理。

とし子の転校手続につき博太郎に電報す。

二十六日
寺田蔵太郎氏来訪。

とし子の復校につき、聖心女子学院より速達にて許可の通知来る。

博太郎より二十八日帰宅の旨来電。

二十七日
博太郎に二十八日帰郷を促す打電のため、午前事む所行。

精二のかへりを待てど、けふもかへらず。

二十八日
味気なき敗亡国の悲哀、日に切実也。

けふは夜来の雨続き也。午後霽れる。

俄に冷気加はる。

大池氏に長文の手紙を書く。博太郎に托して送る。

斎藤夫人に手紙を書き、哲夫氏の身のふり方について注意す。

午後博太郎夫妻来る。伊是名氏も来る筈のところ、列車を間違へたか、つひに来らず。

博太郎夫妻は三十日迄滞在につき、事む所に寝泊りすることにする。

博太郎も農事専念勉強と決意して来る。

二十九日（土）

田中惣五郎、伊藤武両氏大生村の講演のため来れるにつき、午後事む所行一泊。

三十日
博太郎、節子、三郎、午後四時すぎの列車にて上京す。田中、伊藤両氏も同列車にて上京、駅に見送る。
二十九、三十日ともにはれ也。合着にては歩行すれば汗ばむ。
伊是名氏は草かり也。
十月一日
朝秋場、落合寛茂、志冨氏同道、谷原村行。座談会臨席。
夜木村進氏夫妻来訪、この夜は事む所にとまるとて九時すぎ事む所行。
二日
朝木村夫妻来る。山羊の乳をごちそうす。同道して午前事む所行。
萩谷敬一郎氏来訪、事む所一泊。
博夫妻、夜帰宅。
三日

朝松田孟博士を訪ふ。

博夫妻上京。

精二にいつかへるか照会の打電。

四日
朝大雷雨、停電す。

雷雨車軸を流すが如く、午後にいたるも不止。

有馬頼寧、西村三郎、熊谷村司氏に書信。

五日
終日雨。車軸を流すが如し。

伊是名氏上京す。

停電つゞく。

六日
朝小貝の堤防決潰との事に、浸水を心配〔し〕たるも、その事なし。

夕刻精二突然帰宅。母親は夢かと疑ふほど突然也。

沼尻茂氏夫人に見舞す（五百円）。これは茂氏が俘虜収容所長たりしにより、品川区の前の収容所に軟禁足されあるため也。

七日
大雨のため風呂の火焚穴水びたしにて、三日ほど風呂なし。午前中水をかひ出して風呂をわかす。

昨日、今日は晴也。

けふは藤柄川口家の戦死した金司氏の葬儀。ムラサキ氏に代理たのむ。

理髪。夕刻沼尻茂氏来訪。

八日
夜来雨。終日雨。

早朝浦吉氏来る。山羊手に入りさう也と。一頭米一斗金にて三百五十円ほどの由。手に入れるよう頼む。

稲冠水、心配也。

九日
伊是名氏早朝かへり来る。

博太郎帰宅、節子同道。夕刻事む所行一泊。

浦さん山羊一匹手に入れて持つて来てくれる。三百五十円也。米ならば一斗との事。

十日
朝三郎、とし子、伊是名氏上京。博太郎夫妻は事む所より同道上京。

雨、暴風雨警報出る。

午前林広吉氏京都より松たけを土産に来訪、雨を冒して同道事む所行。

林氏午后かへる。同氏は昨夜来、事む所に一泊せる也。

此の夜事む所泊り。三郎帰宅。

十一日

雨。夕刻小やみとなる。帰宅。

十二日

連日の雨にて風呂の火焚場水びたし。

朝精二、三郎と三人にて水かひだし。火をつけて風呂をわかす。

七日以来風呂なし也。尤も東京にては、大池氏宅なども殆んど風呂なしと〔の〕事也。

大池氏は十日衆議院書記官長正式任命。十日博太郎がかへる折、ウイスキー小びん一本送る。

午後大久保猛氏水海道より出て来て来訪、帰養せる也。心ばかりの餞別す。

けふは博太郎の荷を積んだトラックが着く筈なので、午後浦さんに来てゐてもらつたが、つひに不着。

三郎上京。精二のため、ひるは赤飯を炊く。

十三日

けふも秋晴れ也。

精二は朝から風呂沸しだとて溜り水のかひ出し。

県道の水たまり、なほ引かず。夕刻に至り、泉水あとの水漸く少くなる。

博太郎の荷物はこびのトラック、待てども〳〵つひに来らず。それの到着を予定して手伝ひに来た浦吉氏には、大豆の始末やら木材のかたづけなどをたのむ。

精二によつて品川で使つてゐたラヂオの修理成り、午後三時のニユースから、はなれのラヂオはそれにする。ひゞき、なつかし。

昨日倉の二階の火鉢三ケを浦吉氏に下ろして貰ふ。その一つは母屋の八畳にそなへつける。

稲水びたしとなり、不作甚だし。米不足、他人事ならず。

午前菅生村の長妻安三郎氏、粉食問題について相談に来る。

夕刻三郎、とし子帰宅す。

十四日　日曜日。晴。

精二、三郎風呂をわかす。朝より風呂の用意也。火焚口の溜り水、けさは三寸程也。

岸道三氏前夜事む所へ来たといふので午前事む所行。伊藤武氏も来る。一泊。

博太郎来り、即日上京。

十五日

朝とし子上京。

真瀬の富田氏鶏二羽持参。一羽は岸、伊藤氏等と昼めしにうどんの汁に入れて食ふ。うどんは秋場氏より貰ふ。

真瀬の飯田老人より栗を貰ふ。

落合寛茂氏事む所に来る。

博太郎十六日節子氏と信州行の汽車の切符を伊藤氏に托しとゞけ

て貰ふ。

夕刻帰宅。

斎藤氏無事の旨、済南の加藤次郎氏より電報ありたる旨、斎藤夫人より来書。


十六日　晴。

博太郎はけさ早く節子同伴信州へ赴く予定也。

博太郎荷物運搬のトラック、けふは到着の予定にて、朝から待てど来らず。昼すぎ荷物運搬のため手伝ひにたのんだ浦さんには、手があいてゐるので米つき（一俵）に峰下まで行つて貰ひ、そのあとでは陸稲刈の手伝ひをたのむ。

ミツワ屋中野喜太郎さんから牛肉を貰ふ。シチユーにするため夕刻より煮始める。

三日程は晴れつゞきなれど土乾かず。先日の雨量の如何に多かりしかを示すものといふべし。

高倉テル氏来信につき返書す。

風戸元愛氏に返書。

マツカーサーの世界むけ放送の内容要旨を三時のニユースにて伝ふ。聞くもしやくの種也。されど如何ともするなし。亡国を亡国らしからず見せかけようとする従来の指導層のきたなき態度への憤りなき能はざる也。

午後四時半トラツク伊是名氏同乗やつと到着す。道悪く大骨折りたる由也。伊是名氏迄に五名同行。今夜は一泊也。精二、三郎汗を流して手伝ひ也。

トラツクが県道より門までの間で泥濘のため手間どり、荷はこびは夜となる。幸ひ八日頃の月明で助つたが、一骨折である。

とし子夕刻までにかへる筈のところかへつて来ず、心配也。夜浦吉氏に事む所まで消息を聞きに行つてもらつたが不明。つひにかへらず。

十七日
トラツク同伴者四名一泊。

けふは片づけに浦吉氏に来て貰ふ。

トラツク容易に動かず、あきれかへつた話。これで戦争しようと思つたといふのか、その気の強いのにあきれて了ふ。

快晴。秋ばれ、気味爽か也。

とし子午前中帰宅。


十八日　半晴。夕刻通り雨。

三郎、とし子上京。

三郎は夕刻帰宅。

十九日
精二宇都宮まで荷物とりに出て行く。石下の野村氏のオート三輪車にて行く也。ところが水海道の事む所へ今日は故障だとて電話あり引つ返す。
けふは夜来の雨、朝はあがりたれど曇也。
朝沓掛きみ女の長女小麦を持参してくれる。その折鴨一羽貰ふ。

これは梅沢氏に贈る。

三郎在宅。

小山羊一昨日来下痢せしが、昨日げんのしようこを食はせたせいか、よくなる。

曇天。とき〴〵雨あり。書籍整理。

木村十郎氏よりもらへる鴨は梅沢氏へ届ける。この間わかさぎ持参来訪の返し也。

須沢武四郎氏より沓掛の木村氏小作の件の返事あり、早速故李之助氏夫人かく子氏あてその書状を転送す。

阿万惣次郎博士に書信す。

夕刻とし子帰宅。

二十日（土）
飯田憲之助氏に伊藤公憲法稿本一冊進呈、古典也。
とし子、三郎滞在。精二は昨日よりラヂオづくり。
三日目にて風呂わかす。
片岡忠三、松崎猛氏に書信。
中野喜太郎氏より、この間牛肉もらへるにつき、けふかつをぶし一本返戻す。
午後事む所行。

二十一日
長島又男氏来宅。
雨。農村の人々は溜息ばかり也。
博太郎より廿三日朝かへる旨来電。

二十二日
三郎は昨夜事む所にとまり、今朝上京。とし子は雨のため上京見合せ。
精二と共力にて料理台をつくる。
伊是名氏といわと作治氏宅稲かりの手伝へす。
終日雨ふりつゞく。湿気甚だし。
三郎夜帰宅。

二十三日
今日もふり続く。梅雨型の気流配置との事也。麦まきつひに不能の土地も多くなる模様也。

三郎、とし子ともに休み、滞在。

福田栄次郎、鈴木定次郎両氏に書信。鈴木氏には米の心配をたのむ。

博太郎夫妻昼少し前に帰宅、今度はかへりきり也。

二十四日
三郎上京。けさのラヂオにて、学習院は結局廃止となる模様也。
とし子休校。
朝雨。
有馬頼寧氏に書信。

二十五日　晴。
三郎休校。精二宇都宮へ荷もつとりに行く。悪路とて石下に泊り、
二十六日朝帰宅。

二十六日
とし子上京。此の夜木村宅一泊。

二十七日
中結城村助役青木覚氏茶を持参、為我井倭一氏代理にて来訪。
この夜もとの南茨青年同盟の幹部十氏の招待をうけ、事む所行。
精二朝上京、夜帰宅。

二十八日
岸、牛場両氏来るとの事につき、早朝事む所行。用意して待てど
来らず、事む所に泊る。此の朝博太郎夫妻、とし子同伴上京。

二十九日
朝岸氏の使ひにて中村氏来る。岸氏は病気、牛場氏は父逝去のた
め不参の事情を知る。
岩井の中山氏来訪、広瀬仁左衛門氏依頼のうどんを運んでくれる。
多賀の山本氏モーターを持つて来てくれる。
下妻の外山涅平氏死去、けふ葬儀につき志冨氏に代理にて行つて
貰ふ。

三十日
朝夕冷気つよし。足袋なしにて足さき甚だつめたし。
精二上京、即日かへる。
とし子かへる。
博太郎夫妻、朝かへる。
事む所行。小川寛氏来訪。羽生信一郎氏に米の工面たのむ。
小石川の叔母帰宅、茂氏同伴してくれる。

三十一日
博太郎は東京に用事ありて単身午前上京。
三郎は昨夜事む所までかへり一泊のところ熱を出したらしいので、
精二食事その他を用意し事む所行。
とし子は休校。
ムラサキ氏来り、伊是名氏の室へ電灯を引つぱつて呉れる。
雨につき事む所行中止也。
浦さんに米つきに行つて貰ふ。

十一月一日
夜来の雨カラリと晴れて九時頃より日本晴也。シヤツ一枚にても
あつさを覚ゆる程也。
博太郎、部下達より贈られた農具を持参し、午前帰宅。
三郎、とし子ともに在宅也。
浜野氏来訪、肉と柿とを貰ふ。復員のあいさつ也。早大理工科化
学科出身なるが、農業することとなり帰郷との事。小磯氏に手紙

をたのむ。

二日
赤城宗徳代議士来訪。
博太郎は田の小作地返還を求めて奔走。
よし子は節子を伴れて、新々堂、梅沢宅など紹介に廻る。
とし子は取手まで行つて混雑のため引返す。
快晴。あたゝかし。
三郎も休校也。

三日　快晴。

正午寺田蔵太郎氏等中学の先生達がひるめしを用意すとの招きにより事む所行。鳥うどん也。事む所の二階にて会食。

飯田老人（真瀬村）中村歯科医来訪。

夜は増田一氏結婚式参列。

内海丁三氏来る。

事む所一泊。

山羊の飼料引きとる。


四日　快晴。

真瀬の富田氏来る。

夕刻名崎村の山川豊太郎氏来訪、あさりを貰ふ。


五日　快晴。

とし子上京。博太郎夫妻上京。

午前事む所行。

佐々弘雄氏座談会に来り、事む所に立ちよる。

博太郎、節子上京。博太郎だけ夜かへる。

事む所一泊。

六日
節子夕刻かへる。
快晴也。

七日
志富氏小田村行、米の相談也。
快晴。
とし子上京。

八日
精二上京。
午後山田俊介氏来訪につき事む所行一泊。麦まきあらかた終了。
芋ほり終了。

九日
よし子事む所行一泊。
三郎休校。
伊是名氏上京。

木村進氏昨日来訪、事む所一泊。今朝五時の列車にて上京。

とし子かへる。精二かへる。

十日
めづらしくまぐろの配給。
とし子休校。

十一日
椎名氏留別の昼食会を元三大師にて行ふ。野口米次郎、飯田憲之助氏等参会。
よし子事む所行一泊。

十二日
博太郎夫妻上京。
とし子依然休校。

十三日
引きつゞき快晴。今朝大霜也。
よし子今夜も事む所とまり。
杉田氏来訪、立候補用意のためなりといふ。応援をたのまれたるも拒絶す。
快晴今日もつゞく。
鶴田氏夫妻原子爆弾にて死去の旨速達到着。

十四日
博太郎夫妻かへる。
下飯坂大審院判事、増田未亡人来宅。

十五日　雨。

とし子登校。

よし子正午帰宅。


十六日　快晴。

精二芋ほし台場を朝からつくる。

秋場勇助氏、高野藤衛氏等来訪。


十七日　快晴。

芋ほしに終日。

志冨氏、小泉氏同伴多賀行、山本氏より塩を貰ふ為也。梅田雲浜の書幅とちりめん一反を同氏に贈る。

沓掛の木村高次氏来訪、茶を貰ふ。


十八日　快晴。日曜。

とし子昨夜かへる。

終日芋ほし。

飯田淳之助氏、張替氏同伴来訪。

十九日　快晴。

とし子朝早く上京につき、精二駅まで送る。ところが取手にて乗車出来ず、かへり来る。

今日も引き続き芋の切ぼし。

けふは満月、昼の如し。

二十日
博太郎夫妻上京、とし子同道。

よし子は事む所行、二泊の予定也。

けふは曇り勝。天気変りさうなので、一番早くほしたのを精二箱に入れて一応かたづける。

女中達は昨日早朝から休みとて不在。けふかへる。そばの処理。

石原夫人立ちより呉れる。

二十一日
よし子事む所滞在。

二十二日　雨。

博太郎夫妻昨夜かへる。

製材所より材木到着。

二十三日
芋ほし。
飯田憲之助、瀬崎憲三郎氏来訪。

二十四日
凡平氏葬儀、不参。志富氏に代理たのむ。

二十五日
精二、大生村アンゴラ事む所にて講義開始。
川べりの竹やぶを切りひらきにかゝる。よし子事む所一泊。

二十六日
江木武彦氏来訪。
小泉氏竹やぶ切り手伝へに来る。

二十七日　雨。
博太郎夫妻上京。

二十八日　雨。

土浦出身の平本寿氏来訪につき、午後事務所行。

さつま芋、ねいや達に洗はせて、生切りぼしの用意す。

二十九日　朝もや深し。快晴也。
昨夜精二は事務所泊り。

三十日　晴。

小泉氏けふも竹きり。

増田一氏来訪。

十二月一日　晴。
精二上京。
芋ほし。
小泉氏竹きり。
伊是名氏病気のため農事断念との事に博太郎心配す。致し方なし。
別に用意することとす。

二日　日曜。快晴。
三郎帰宅。
博太郎麦の作きり。女中達も同様。
小泉氏竹きり。大池よし子事む所に来る、一泊。
首藤雄平氏よりこんぶなど送り来る。

三日　大霜寒厳也。快晴。
小泉氏竹きり。大根ほりなどを手伝へ。
後ろのばあさん脳溢血にて臥床。昨夕は自身で、けさは妻が見舞に行く。
拇指に赤ぎれ出来て痛し。
鹿野氏来訪。
飯田憲之助氏入院の知らせあり、志冨氏留守宅に見舞に行く。

四日
博太郎上京。即日かへる。
三郎昨夜一泊。
尾崎秀実氏未亡人来訪。

五日
桜井武雄氏来訪。

六日
三宅伴次郎氏来訪。

七日
岩井中山氏来訪。

八日
三郎発熱との事に、よし子事む所行。

九日
よし子かへる。

十日
精二上京すとて、夜事む所行。

十一日
精二上京。
夜後ろのばあさん死去。十一時頃より三時半まで後の家に行く。

十二日

博太郎上京。

〔編者註〕ペン書　ノート

32　日記〔抄録〕

〔昭和二十年十二月―二十一年二月〕

昭和二十年十二月十二日

昨日に引き続き、寒さことにきびし。庭も日かげのところは凍土ガチ〳〵也。

昨夜後の秀雄宅の老母死去を「わく屋」が夜半知らせに来たので、毛のチヨツキに身をかためて出かける。組合中の事とて今日の午前三時半頃まで組合中のものと葬儀の打合せやら雑談に時を過す。四時から六時半頃まで眠る。

二日に有馬伯、六日に近衛公、緒方氏等戦争犯罪人として逮捕命令をうく。けふは人の身、あすは己が身かの思ひ深刻也。早朝真瀬の飯田老人自転車にて来宅。早速倉前に火をたいて面会。「戦犯」に心配して来訪せる也。

とし子昨夜はこゝにとまり、夕刻事む所行。昨日上京した精ちやんが、夜帰宅。ヤスリを買つて来る。マヽにほしパーシモンを土産に持参。

博太郎夫妻上京、即日かへる。

十三日

三郎、とし子上京。

けふは正午に谷原村の福田孝、沼尻平、中村静次郎の三氏が昼めしを提供するといふので事む所行。いづれは戦争犯罪人として逮捕されるだらうとて、予をなぐさめるための催しとの事也。神林鎮男、五木田新一、志冨氏同席。記念写真をとる。

とし子は節子と伴れだち上京。当分世田谷の木村宅に寄寓。

この夕刻、岸道三氏来訪。すでに就床後であつたが、事む所留守居の小泉が岸氏来訪を知らせに来たので、直ちに起床出かける。

十日の月、空に照りはえ、ひるの如し。

精二が母に代りて上京すといふので、あとから事む所に来る。岸氏と三人にて夜半まで語りあふ。

博太郎は後の家の葬儀で忙し。節子は東京泊りといふので、今夜は母とともに寝る。

岐阜県方面より依頼の揮毫九枚。

十四日
朝五時の列車にて精二上京。

午前九時頃竹尾弌氏が来訪、鴨一羽を貰ふ。早速志冨氏に料理してもらひ、かもめしを用意し、岸氏、神林氏、竹尾氏、志冨氏同席ひるめしをたべる。岸、竹尾両氏は正午の列車にてかへる。

岸氏も竹尾氏も、前日何れも電報したといふのに、何れも不着。

精二即日かへる。たゞし事む所どまり。

節子かへる。

昨日浦吉氏大根を持つて来てくれる。此の方は土に埋めて貰ふ。

十五日
引き続き快晴。但し引き続き寒さ頗るきびし。毛皮チヨツキ上下ともまわた着を着る。

志冨氏が来てゐるところへ君が友写真館主来訪。両氏宅へかぼちやを贈る。ついでにムラサキ氏と神林宅へも一筒づゝ届けて貰ふ。

博太郎は夕刻後ろの家の葬儀あと片づけ終了。

此の間富村登氏より一度あひたしとの手紙あり、そのうちたづねる旨返事を出す。

終日いもにて水あめつくりにとりかゝる。但しけふはまだ成否未定也。

昨日精二が東京にて見て来た話。かつをぶし一本百四五十円の正札つきにて売つてゐる由。

今夜は寝乍ら岸氏からもらつたリンゴをマヽにむいて貰つてたべる。胃もよろこぶべし。

近衛公に逮捕令が下つてから、予も亦必ず間がなく逮捕さるべしとの噂、この地方にてもつぱら也。早くも逮捕されたとの噂が飛んでゐるとの事である。近き将来に「戦争犯罪人」を打倒せよといつた調子の混乱時代が来るだらうとも思はれるので、よんどころなき用事でも無きかぎりは外出しないことにしようと思ふ。逮捕される場合に持参すべき身の廻りのものなどを、とうに用意ずみである。

石炭不足のため、けふより列車へらさる。常総鉄道も四五本へらしたる由也。

夜一ねむりして九時頃めざむ。枕もとの火鉢に火猶ほあり。ほし芋をやいて精二と共に床中にて味はふ。ついでにひき茶をたて一服づゝのむ。便所にたち窓外を眺む。十二日の月が寒空に皎々凛々。「二天霜月骨稜々」の句を思ひ出す。

昨日岸氏から聞いた話。

北海道では鮮人が威張り出し、汽車中臨席のものが鮮人の足を踏んだといふのでその鮮人から頰をなぐられ、何をする？と立ちあがらうとすると仲間の鮮人が走せつけ来り、半殺しの目にあひ、平あやま〔り〕にあやまつて漸く虎口を脱した。また三等切符で二等車の坐席を占拠し、車掌の注意も耳に入れず手がつけられぬ有様である。

炭坑の女房達が団結して農村を襲ひ食糧を掠奪したが、この掠奪群の大部分は途中この女房達の一行に加はつたもので、炭坑人だけではなかつた。

十六日
正午のニユースにて、近衛公今暁服毒自殺の報を聴く。感無量也。

寺田蔵太郎、沼尻茂、土浦の内田節氏来訪。内田青年を川田茂一、寿両兄弟に紹介す。

午後久しぶりに曇る。寒さいくらかうすらぐ。

志冨氏、近衛公自殺につき上京するかとたづねに来たが、今晩考へて返事することにする。

毎日「戦犯」問題が心にかゝり、ニユースを必ず聞くことにしてゐるが、今夜は近衛公の事あり、ニユースへの関心特に深刻也。


博太郎は風邪気味だとて早目に事む所へ引きあげる。

精二は堆肥ためとて、しきりに林掃除也。

十七日
朝から雨。倉前で火をたき乍らのこぎりの目立す。

正午頃谷原村の沼尻平氏が「戦犯」としてつれて行かれる心配からと、もちをつきたてのもの持つて来てくれる。雨中自転車で持参。その友情感謝の外なし。事む所に置いてあつた籐製寝倚子を一脚進呈す。

午後四時頃雨あがる。志冨氏上京するやとたづねに来たが、行かないことにする。近衛家慰問のために上京しようとも思つたのであるが、中止した。

近衛公葬儀委員長より、近衛公薨去の至急電報到着。

博太郎夫妻上京。沼尻氏からもらつたもちを、とし子に届けさす。

十四日の月空に照り、夜尚ほひるの如し。

空気はきびし。よし子はこたつばいり。こたつは今日が最初也。

近衛夫人にあて手紙を書かうと思へども筆進まず、あすに延ばす。

戦犯指名、けふも無いかと六時頃就寝。いつもの如く寝乍らニユースを聴く。壇の浦戦役の平家一門と運命を同じうすとの思ひ深刻也。

十八日
けふは快晴。但し風強く寒酷烈。
朝早く三郎帰宅。明日上京すとて夕刻事む所行。

落合寛茂氏立候補すとて来訪。

のこぎりの目たて。あめつくり（かぼちゃ）。

静野へかぼちゃ二つとゞける。

沼尻茂氏麦芽をとゞけてくれる。

東京にては、卵一ケ十二円との事也。

今日も小泉手伝ひに来る。今月今までに六日ほど休む。

三郎大池氏より聞いてきたとて、来る二十五日に三百名による戦争犯罪容疑者の逮捕令下るべしと伝ふ。それまでは無事か。田舎住ひとて白髪とかく汚れがちにつき、風呂にはいる毎に頭髪だけは洗ふ事にして、すでに十日余り也。但し容易によごれは除かれず。

篠原来介氏夫人同伴にて、たべものあさりに事む所迄来る。但し志冨氏に相手して貰つて面会せず。

岸氏にあて、「行けぬ、そなへものよろしく頼む」と打電し、且つ百円送る。近衛公邸弔問不能のため也。行かでは事すまぬ気持もすれど、行つたところでどうにもならずとも思はれ、行くに心進まず、行かぬことにきめたる也。

十九日
岸、牛場両氏にあて手紙を書く。出京せざる事を申送れる也。その末に、

　山羊の乳手づからしぼり亡き人の
　　御霊にさゝげ奉りけり

博太郎夫妻昨夜かへり、今夜は高野泊り。

寒厳。快晴也。

倉の雨とひをつくる。

二十日
快晴。風なし。
午前二時間ほど竹きり。疲労甚し。
精二風邪気味とて臥床。
落合寛茂氏来訪。

二十一日
晴。あたゝかし。
一時間ほど竹きりす。
富村登氏三男来る。その父の書状持参也。
明日夕飯の招待也。快諾。かぼちゃ二つほど持つて行つて貰ふ。
小泉風邪にて来らず。
かまど屋大工けふより来る。
あめにてゆであつきをたべてみる。
三郎学休にてかへり来る。但し事む所泊り也。
精二けふも終日臥床。

二十二日
午後富村登氏訪問、夕めしをごちさうになる。
午後八時頃同氏宅辞去。事む所行一泊。
博太郎早朝出京、夜おそく休暇となつたとし子を伴れてかへる。

この夜ひどい下痢。

富村氏へ行く途中、静野に椎名氏をたづねる。

三郎わらじばきにて、午後麦ふみ。一人で七畝ほどふんだ由。よし子、節子も麦ふみをやる。

二十三日
夜来雪。午前九時頃やむ。下痢尚ほやまず。事む所にてひるめしを少しとり、家にかへる。途中甚だしく苦し。帰宅後直に臥床。

二十四日（月）

昨夜三回大下痢。朝は欠食。但し梅干がたべたくなり、十ほどたべる。終日臥床。午後はいくらかよくなる。

小篠雄二郎氏事む所まで来訪。但し臥床中につき面会せず。椎たけ一かご貰ふ。

天気よし。

大工来る。先づ風呂場つくり。

博太郎福岡村行き。小牛を買ふため也。

三千三百円といふ。買約す。

博太郎夫妻こちらに一泊。

三郎は堤防の竹やぶきり。

夕刻より腸の調子よくなる。

二十五日
晴。西風つよし。

けふは謂ゆる戦犯逮捕令出づるやも知れずとかねて噂されてゐたので、ラヂオを特に注意してゐたが、その事なし。

博太郎、三郎とともに林掃除、午後は節子もその手伝ひ也。

精二は風呂場つくりの手伝ひ。

腸の調子快復にむかふ。起床。

馬鈴薯にてあめつくり。

福岡村より買つた牛到着。三千三百円也。

寒厳甚也。二十三日朝降つた雪、日かげにては尚ほとけず。

二十六日
半晴。

梨本しも女事む所に来たといふので、よし子午後事む所行。今夜一泊。

博太郎夫妻前の蚕室の下の部屋に寝るといふので、その用意す。便所なきところなればとてとめたれど、それでよしと夫妻ともいふのでその儘にす。

五木田新一氏とムラサキ氏とが製粉機用モーター据つけのため配電設備の下検分に来てくれる。かつをぶし二本づゝ進呈す。

二十七日
曇。夕刻より雨。
風呂場かこひ出来上る。一安心。
よし子今夜も事む所泊り。
小石川の叔母は中屋敷泊り。

博太郎風邪気味にて、午後臥床。

理髪師来る。博太郎以外全部理髪。

昨日より精ちやんが鬼怒川の水を汲みに行き茶用とす。けふも二度汲みに行く。

寝乍ら林広吉、細川嘉六両氏に書信す。

二十八日
朝小泉氏来り、よし子は下痢にて困つてゐるとの事。とし子、精二すぐに事む所行。午後かへる。

今夜は三郎事む所へ行く。

風呂場掃除。

森下の片野氏より豆腐を貰ふ。かつをぶしを返す。

博太郎よくなり、午後起床。

北条町の稲葉太兵衛氏来訪。

快晴。あめつくり成功。

よし子今夜も事む所泊り。

二十九日
晴。
よし子帰宅。
博、三、川又ウラの林行。昨日と同様也。
精二とひの竹つくり。
磯山氏来宅。

三十日
博太郎夫妻今夜より玄関の四畳へ寝る。
精二朝の間、博太郎と共に川又ウラの薪を車にのせて曳いて来る。
三郎は休養也。
みそ倉などのかぎつくり。

三十一日
製粉機を廻し始む。但しベルトとプーリと間に合せものとてうまく行かず。しかし約二升ほどはひく。
箒三本つくる。古熊手二本を修理。火鉢二本。

昭和二十一年一月
一日
快晴。

六時のニユースにて最初のものはマツカーサーの声明也。

午前板橋村の片岡氏三輪自動車にて小麦を持つて来てくれる。同村の増田氏長男同乗し来り、同氏よりは炭を約一俵ほど貰ふ。

福田孝、中村静次郎氏藁を持つて来た馬車同道にて来宅。

寒気ことに激甚也。女中達が明日は年季あけてかへるといふので、けふはうどんを打つてたべる。

箱に紙はり。粉入れにするため也。

博太郎は午後坂手の本郷の親戚の葬儀に行く。

二日

よく晴れたり。寒甚。

けふは女中二人かへる。旧十二月一日也。

けふより宿の石塚、竹のかきねに新竹さしに来る。

広瀬仁左衛門氏、秋場勇助氏等来訪。

午後三島村の高橋文太郎氏、餅を持参来訪。

博太郎、三郎は川又ウラの林整理。

今夜より三郎が老人の枕もとに寝る。

三日
午後雨模様となる。

博太郎、三郎ともに川又ウラの林整理。精二も手伝ふ筈のところ、大生村の秋場氏より依頼あり、同村の電気施設視察のため、午前中出かける。

夜小雨。

よし子風気味。

久しぶりに夜天ぷら也。一同たらふく食ふ。

夕刻谷原村の沼尻平氏来り、餅を貰ふ。

四日
晴。あたゝかし。
博太郎、精二、節子ともに小泉氏と麦ふみ。三郎はかきね修理の手伝へ。
朝早く後ろのわく屋に伴れられて、博太郎は牛の爪きりに水海道町まで出かける。
あす上京すとて、博太郎夫妻は夜事む所行。
精二昨夜は大生村の川崎泊り。
けさはとし子めしをたく。上出来也。

五日
晴。
昨夜より朝まで大下痢。但し午後回復。
故豊島周道氏長男正道氏夕刻来宅。谷原村にかへりて医師開業。もちを貰ふ。
西北風つよく、寒きびし。

六日
曇。寒きびし。
夜来また下痢、午前中臥床。午後は起き出でゝ箱はりなどやる。
精二、三郎は午前中川又ウラの林へ。午後は麦ふみ。
とし子大いにはたらく。
寒いあまり風呂にはいり、あたゝまりすぎて脳貧血を起し、大いに苦む。

七日
快晴。
健康回復。起床。
古沢磯次郎、橋本登美三郎、大徳氏、小田村の菊池氏等来訪。菊池氏は出征中の子息無事かへりたりとて、その知らせ旁自転車にて米を持参、来訪也。
とし子さかんにはたらく。牛の飼料まで心配す。
宿の石塚と小泉とは、けふも垣根結び。
東京は今朝零下五度といふ。近来まれなる寒気也。

八日
午前中曇。午後晴天。
博太郎夫妻午前中かへる。博、精、三ともに終日川又ウラの薪とり。
久しぶりに夜は白米めし。大池氏より貰つた牛肉汁。
小泉氏やすみ。
後ろの主人来り、牛を見て虱わいたと教へてくれる。虱とりに一苦労也。
寒気やゝうすらぐ。

九日
快晴。
博太郎、節子、とし子三人で志冨氏に案内され、新宿まで山羊の種かけに出かける。但し、謂ゆるサカリが来てゐないとて無駄足す。
精、三は川又ウラの林きり。
小泉やすみ。

十日
快晴。
小泉やすみ。
風つよし。林切りやすみ。

十一日
快晴。
博太郎ウシのしらみとり。
けふは午後、博、節、三の三人にて麦畑の手入れ。
朝豊島法作氏来訪。鮒十尾程貰ふ。
梅沢夫人来る。ひらめを二尾貰ふ。久しぶりに夕食の膳を賑はす。

十二日
晴。
博太郎、精二は前の家へ米つき。
三郎は林行。

十三日
晴。
博太郎夫妻、とし子と伴れたち、夕刻事む所行。明日上京のため也。とし子、明日より登校、当分木村進氏宅に世話になることにする。
大徳正一氏来宅。

十四日

晴。無風あたゝかし。
博太郎夫妻とし子上京。
古島一雄氏への返事の手紙の末に、
　西風の窓うつ音にめさめては
　今をうつゝと思ひかねつも
今夜も紙箱つくり。
　書読む事を思ふもものうきに
　文箱などつくり夜を更かしけり

十五日
曇後晴。
ぬり板にかきつけた歌
　落ちぶれて此の村里に送る日も
　子等し共にあれば心ゆたかなり
浦吉氏軍靴持参、仕事衣と交換す。

十六日
半晴。あたゝかし。
博太郎夫妻午前帰宅。

十七日
曇後晴。
精二は元三大師の落合寛茂氏のもとに行く。電気の講義也。
博太郎、三郎、小泉と共に、午前中川又ウラの林行。午後は麦畑の手入れ。
　都落ちなれぬたつきにめけもせず
　はげみあふ子等に幸あれとこそ

十八日
快晴。寒激甚也。
落合寛茂氏来訪。
小泉は休み。
精二は昨夜落合氏宅に一泊、正午頃かへる。とし子のため用品を携へて、明朝上京のため三郎と共に夜事む所行。三郎も事む所泊り。
午前博、三、川又ウラ林行。
　牛小屋に敷く枯葉かくと出て行ける
　子等のかへり待ち湯沸しけり
　山羊のちゝしぼりて子等が枯葉かき
　よりかゝり来るをけふも待ちけり
　乏しきを乏しともせでむつましく
　まどゐする子等に幸あれとこそ
午後五時のニユースにて戦犯百十名の指名ありたる旨発表。ハツとして聞き耳たてたるも、三名の将軍の名をあげたるのみにて他の名はいはず、まだ無事かとホツと胸なで下ろせども、但し少しは気がゝり也。「お父さまがはいつてゐれば名をあげるだらう」と案じ、親の子等の顔見るもつらし。
けさは床上一時間程行く末を案じてみたれども、たゞ現状を維持するより外無しとしか思はれず。
　生き甲斐のある世ならねど子等のため
　生きぬくとする心さぶしも
　老つまの疲れはてたる姿にも
　落ちぶれにける吾をしぞ思ふ
今夜は三郎不在につき、十畳老人の枕元に寝る。めづらしく一家六人也。
けふは牛なべのつるのこわれたるを直し、また他日鎌などの柄にせんものと、先日来浦吉氏にたのんできり倒せる杉の枝の真直ぐなるを探しあるく。
夜は例により紙はり。今夜はちりとり一ケ作り、更に洋服箱直し。

十九日
晴。寒強し。
東京は零下七度との事也。この地方はそれより二三度低かるべし。
　物思ひ思ひつのればつのるほど
　心狂ほし物な思はじ
午後大来佐武郎氏同僚の後藤氏同伴、ひよつこり来訪。ロシア革命に関する書三冊ほど貸す。
三郎事む所より十時頃帰宅。精二は午前五時五十分の列車にて上京。
鎌の柄にせんものと、先日来浦吉氏が切り倒したる杉の樹の枝ぶりよきを昨日に引きつゞき探し出して、合計三十本ほど皮をむき保存す。こんな事でもしてゐないと日を消すに骨折れる。といふのは、物思ふまじとすれば也。
三四日前より一首少くとも一番の歌をよまうと思つて、今日前掲のもの外数首よむ。
　ひたぶるに子等のためとて老いをすら
　忘れはたらく尊し母は

二十日
曇。あたゝかし。
大徳氏来訪。
　倉前のたき火にけふもまどゐして
　くらしのしくみかたりあひけり
博太郎は午後は砂原のわくやの指導にて牛つかひ稽古。ために三郎は小泉と共に川又ウラの枯葉ひき。
沼尻茂氏戦犯容疑者と決定との事につき、博太郎夕刻見舞に行く。
夕刻森下の片野氏来り、三妻の小貫三郎氏の長男比島にて戦死の通知ありたりと知らせに来てくれる。
鶏たまごを生みはじめて数日、今日は二つ生めりとて節子大いによろこぶ。

二十一日
夜来雨、午前中やむ。
午後博太郎は三妻の小貫三郎氏宅へ、その長男の戦死のくやみに行く。
増田一氏来訪。

雨読の日と三郎よろこぶ。
野良仕事なしとよろこぶ雨の日の
子等は読書に物もいはずあり

二十二日
夜来の雨、暁と共にやみ快晴。あたゝかし。
午後木村進氏夫妻来宅。今夜は事む所に一泊。
三郎、節子午前中上京。
わくやに茶ぶだいをくれてやる。午後わくや来て肥をあげてくれる。
梨本未亡人、心臓弁まく症なりとの話を木村夫妻より聞く。

二十三日
晴。
利量宅の出征者戦死遺骨到着とて、博太郎はその出迎へに行く。
浦吉氏にたのみ、麦つきに四俵余峰下の精米場へ持参。
へっつい屋より「さゝらつくり」の要領を聞き、早速二つほどつくつてみる。
長き夜のつれ〴〵のまゝさゝらなど
つくりて時を過してもみつ

二十四日
晴。

博太郎一番列車にて上京。

増田千代子女史来訪。

夜おそく精二、三郎帰宅。就寝夜十二時。

「へっつい」出来上る。工賃一日八十円の勘定也。もし米一斗を出せば一日十円にてよろしとの事なるが、金にて支払ふ。

二十五日
博太郎朝かへる。
今日は三輪寿壮氏有馬伯家の自動車にて来訪するとの話なりしも、遂に不参。自動車の故障にもよるか。
此の部落にても卵一ケ二円五十銭となる。
夕刻節子、とし子帰宅。
かゝる世の末は如何にと革命の
歴史ひもときよみふけりけり

廿六日
曇。あたゝかし。

木原通雄、後藤勇両氏坐談会のため自動車にて水海道に来り、その自動車にて迎へに来たので夕刻事む所行、一泊。この夜増田廉氏来訪。同氏は在米四十五年、終戦後かへれる也。

けふは茶の間大掃除す。神棚も掃除。正月の用意にと也。

薪運搬終る。

けさ下痢、但し一回。

廿七日

曇時々雨。
午前中事む所にて、木原、後藤両氏と語り、昼めしをたべて両氏の自動車に同乗帰宅。
けふはもちつき。一家総動員也。
理髪師来り、一家理髪。
今日も下痢二回。但し食欲旺盛也。
夜は紙函はり。

二十八日
曇。あたゝかし。
博太郎炊事場大掃除。これを手伝ふ。殆んど終日これにかゝる。終つて博太郎はとし子を伴れ、上京のため夕刻事む所行。節子同伴。
志冨氏にたのみ、ひらめを手に入れ、夕食には二切づゝたべる。
大工午後より来る。
かまど火を入れ始む。但し使用はせず。
　旧暦の正月近し人並に
　すゝ払ひして顔よごしけり
夜は例の如くはこはり也。

二十九日
博太郎、とし子をつれて上京。
志冨氏、飯田氏見舞のため博太郎と同行。
浦吉氏来り、川べりの竹やぶ整理、大いに進捗。
節子は夕刻、博太郎のかへりを待つため事む所行。
三郎は論文かきに数日来多忙。
麦畑人糞代支払ふ。けふ十六車分施肥ずみ也。代金二千四百円也。

三十日
博太郎朝かへる。昨夜節子と事む所泊り也。とし子の寄宿問題うまい解決の途なく、結局木村進氏の家を借りて一応そこに落ちつくことにする。それがため母親と精二とで交替に在京といふ方針にきめる。
三郎今夜から事む所泊り。明日より事む所から登校の計画也。
旧正月のため午後からその用意にかゝり、きんぴらごぼう切りを手伝ふ。
朝わく屋が女中があると来てくれる。志冨氏に取りしらべをたのむ。
今日はくもり。
　あたらしきくらしの途はかくぞとて
　きんぴらごぼう切り手伝へり
けふも小供等と此の里の生活の不愉快さについてかたりあふ。何しろ最高度の文化人生活をやつて来た一家が、文化に最も後れた土地に生活するといふのだから、いやなことが多いのも無理はないとあきらめるより外はないとの結論に到達する。
　時折りは此の村里を棄て去るも
　よしと思はずゐられぬ日もあり
　きんぴらごぼう切りなどに手伝へて

いつしかけふの日もくれにけり
博太郎は炊事場の竹の雨とひをあたらしくする。
志冨氏昨日飯田氏見舞の報告を聞く。
戦死したらうと想像されてゐた張替高世氏より来書。
三郎不在につき、今夜から老人の枕もとに寝る。
米一俵千七百円となる。
ねぎ一貫匁二十五円との事也。
ふな一貫目百円の相場也。
うどん粉一貫匁百円也。
人参一貫匁二十円の相場もあり。
ごぼう一貫匁五十円の相場といふ。
牛一頭一万円の取引ありたる由。

三十一日
半晴。無風。三月の如き温さ也。

午前午後に亘り、十畳六畳博太郎主となり大掃除。

よし子、節子は正月の料理に多忙。

予報の如く一時頃三輪寿壮氏が有馬氏秘書と民論社の広瀬氏とを同伴、東京より自動車にて来訪。有馬氏の弁護資料をあつむる為め也。五時去る。有馬氏宅へメリケン粉を進呈を托す。

三郎寝すぎて上京し、なかつたとて夕刻ひよつこりかへり来り、風呂にはいると夕めしをとらず事む所行。

福田孝氏よりもちとゞく。節子氏早速切る。夕めしにそれを賞味す。

二月一日
水海道教会の有松牧師来訪。
旧大晦日とて博太郎が主となり、十畳と老人の寝室とを大掃除す。
精二は「しめ」をあちこちにはりあるく。
夕刻より雨となり、後みぞれとなる。但し寒さはきびしからず。
夜は停電。早寝す。

二月二日（土）
旧正月元旦。朝風呂をみづからわかす。
沼尻茂氏昨日公けに逮捕状水海道警察に届きたるため、昨日来警察署に留置されたることを志冨氏より知り、博太郎その留守宅をたづねて見舞ふ。
夕刻ひよつこりとし子かへる。
三郎は夕刻事む所行。
終日晴れたり降つたり。気温は春の如し。
午後三時すぎ停電漸く回復す。
夜浦吉氏来宅。沼尻茂氏の件を知らせに来てくれたる也。
夜食にもちをやき、とし子に馳走す。
　かしきする老いたる妻と新嫁の
　ためにたきつけつくれりけふも
とし子煙草をみやげに持参。何よりのもの也。
お父様にみやげありとてうれしげに
　煙草さし出す娘いぢらし

かゝる父もてる娘のいかばかり
なやむことかと思ふ日多し

三日
快晴。風つよく寒きびし。
藤柄の川口のばあさん、沼尻茂氏宅見舞の途次立ちよる。
とし子、三郎、夕刻事む所行。よし子同じく事む所行、一泊。
精二は谷原福田孝氏宅行。夕刻かへる。
博太郎は水海道警察署に沼尻茂氏をたづぬ。
けふも早起、朝湯。
かしきする老いたる妻と新嫁を
手助けすとてたきつけつくる
緒方竹虎氏より来書。いまだ巣鴨に出頭せずとの事。
節分。博太郎豆まきす。

四日
よし子身体の調子悪しとて朝帰宅。癌でないかと心配する。風呂をわかしてやる。午後起床す。但し元気なし。

よし子、けさ沼尻茂氏を見送る。とし子、三郎上京。

精二上京。木村進氏宅留守居のため也。

浦さん、あさ酒を持つてきてくれる。

快晴。寒厳也。

門前の木戸修理。

夜相不変はこに紙はり。

大徳氏来訪。

阿久井警察署長、境署長に転任とて挨拶に来る。

国破れ尚ほ山河ありとから人の
いへる言葉を思ひ出しけり
筑波山に雪多し。

朝風つよし。

博太郎、老人につれられて畑に鍬入れをやる。農行事の一也。

けふは陰暦正月三日。これでうるさき正月行事も一かたつき也。

張替高世氏に手紙かく。昭和十四年入営して、今度帰還し入院中也。

後ろの主人来りいふ、この間此の部落の小供等が酒宴を催して大騒ぎしたと。

五日
曇後晴。あたゝかし。
博太郎午後飯田憲之助氏留守宅訪問。
桜井三郎氏夫人来訪。みかんと豆を貰ふ。
牛小屋前のもちの木の手入れ始む。その葉は牛と山羊に与へる。
もの忘れ残れる歳を惜しとせで
此の村里にはてんとぞ思ふ

六日
曇後晴れ。
豊島慎三氏来訪。

秋場勇助氏来訪、赤飯を貰ふ。

博太郎朝一番列車にて上京。夜かへる。

三郎夜かへり泊る。

よし子は今日児矢野昌年氏が梅沢氏娘との見合にて、木村進氏夫妻と同道当地に来れるによりて事む所行。同所一泊。

朝まだき先づ門あけて庭はきて
牛の飼のわらきりいそぎけり

七日
曇後雪。一寸ほどつもる。夕刻やむ。
朝日新聞記者水海道支局の中島氏、飯田淳之助氏来訪。飯田氏よりかも一羽もらふ。
よし子はけさ事む所より沓掛行。
木村夫妻朝帰京。

庭はきて牛のわら切りうがひして
後のあさげはこよなくうまし

三郎明日登校とて夕刻事む所行。

ねぎ一貫匁この間は二十五円なりしが、今は三十五円となるとの話を聞く。

下妻あたりでは卵一ケ五円の相場ある由。

先日三千三百円で買つた牛が、今は一万円でいつでも引きとるとの話。

山羊一匹乳の出るのは千五百円以上とのこと。

母屋の東南隅のもちの木の手入れ一昨日に始め、けふ終る。その切枝は牛と山羊さかんに食ふ。

けふは博太郎炊事場の煙筒の笠をつける。同時に煙筒を掃除す。

午前博太郎は小泉に手伝はせて、切り倒したる杉の枝の処理。

節子さかんに炊事に専念。

かゝる世は何も望まじ願はくは
たゞすこやかに生きたしとこそ

一筋に此の世すくはんこゝろざし
消えはせざれどなすすべもなし

倉前の梅二輪ほど花ひらく。

八日
曇。

夕刻よし子かへる。梨本未亡人病状思はしからずとの事。

大徳氏よりまぐろ半身もらふ。久しぶりにさしみをたべる。

旧七日正月とて、昼にもち雑炊をたべる。

昨日飯田氏よりもらつた鴨、今日猫にしてやらる。博太郎大にふんがいすれど、後のまつり也。

雪とけきらず。

井戸小屋の雨とひをとりかへる。

水海道新警察署長あいさつに来る。

九日
はれたり曇つたり。
朝小雪。昨夜も小雪。

精二かへる。

夕刻とし子かへる。

十日
晴れたり曇つたり也。
松田臻氏来訪。
節子風邪にて臥床。
博、精、大来佐武郎氏を招き、事む所にて座談会につき同所行。
岸、牛場両氏夜来訪につき、夕刻事む所行一泊。両氏八時頃到着。
近衛公臨終談を聴く。
落合寛茂氏も夜事む所に立ちよる。立候補断念を知る。
岸氏よりあらまき一尾貰ふ。

十一日
はれたり曇つたり。
岸、牛場両氏十二時の列車にて帰京。
午後帰宅。東京新聞の幹部来訪。
今井隆助、草間常四郎氏来訪。

十二日
午後晴。あたゝかし。
　風呂の外たのしみもなきくらしとて
　　竹やぶ切りて薪つくりけり
節子起床。博太郎風邪にて臥床。但し夕刻起床。

十三日
快晴。春めける温度也。火を忘る。
終日東側の生垣手入れ。
島根の田中氏夫妻、子をつれて来訪。
浦吉氏来り、よつて昨日に引きつゞき薪整理。
博太郎終日臥床。
　かれたけのたきつけつくりかしきする
　　老いたる妻をいたはりにけり
先日の歌の訂正也。
　身のはてにおもひをよせて指さきの
　　あかぎれぢつとうちながめけり
今日は大工来る。

十四日
快晴。春風来る。

東側の生垣手入れ。

多賀の山本勝雄氏来訪。多賀工場に前の監督官たりし将校が守衛長を志願し来り、断られたる話を聞く。

飯田嘉兵衛氏葬儀。志冨氏代理参列。

博太郎起床。わくや来り、午前中牛小屋の寝枯葉とり出し、堆肥とする。

白米なくなり、北の甚兵衛宅へ博太郎米つきに行く。

昨夜来下痢気味。昼めしぬき。

生き甲斐もあらじとなげく人々の
ほゝ春風のなで吹くにくし
かれ枝をあつめたきつけつくりては
老いたるつまのかしき手伝ふ
野面なで春風吹き来双手あげ
老いも忘れてせをのばしけり

十五日
春風来到。快晴。
午前今井隆介氏来り、大鯉一尾貰ふ。
垣根手入れ。筆立つくり。
博太郎は甚兵衛宅へ米つき。
今日は旧の正月十四日。あちこちに野火あがる。
一般家庭にては「しめ」とり外して焼く日也。

十六日
夜来の雨日ねもす止まず。あたゝかし。
午前老梅沢氏同伴、慶應大学教授吉田寛氏、加藤武男氏紹介状持参来訪。立候補の相談也。
博太郎夫妻明朝上京すとて夕刻事む所行。
今日は三郎来らず。ひるに鯉こくをつくりて待ちたるも無駄となる。但し余人は満腹也。
　野面なで春風吹き来さり乍ら
心うきたつ日もあらなくに

けふ吉田寛氏より、モラトリウムを実施する旨伝聞す。

今夜八時前サイレンを聞く。火事かと怪み外へ出て見たれども、火の手は何処にも見えず。

とし子の下宿問題で一波瀾。いくらでもよき場所をと考へ乍ら、現実にはより悪き条件しか考へられず。ために問題はよりよき途への解決を求め得ざるによる也。かゝる波瀾は同様の境涯にある家庭のどこにもある事なるべし。顚落し行く家庭の必然的波瀾にて如何ともするなし。

十通ほどあちこちへ手紙書く。倉前にて火なくも、寒さを覚えず。日ものびて梅花ちらほらどの樹にも眼につく。

志冨氏は昨日よりその郷里に行く。けふは雨にて事む所より誰も来らず、新聞も来らず。

大工雨なれど来る。

作治宅よりうどん、前の家よりそばを貰ふ。

竹きりて、筆立やはし立などつくる。

　竹きりて筆たてつくり筆さして
けふのくらしのうるほひとしつ
青竹を手づから切りて筆立を
つくりなどして時すごしけり

十七日
晴。あたゝかし。
今朝よりモラトリウム。
夜東京新聞の加藤政治氏同僚と共に来訪。十時頃まで語る。事む所に泊るよう手配す。
博太郎、節子今朝上京。博太郎夜かへる。

十八日
半晴。あたゝかし。
西村三郎氏来訪。粟もち、卵、納豆、黒豆をもらふ。
早暁沓掛のまもる氏、作男と共に来宅。梨本未亡人危篤を知らす。
よし子その自転車の尻にのりて同地急行。
志冨氏昨夜かへり、今日来宅。
博太郎は杉枝整理。
昼、夜食はとし子主となり、精二助手となつて用意す。
今日より建具屋来る。
夜は古炭ばこの底を直して、その紙ばり。

十九日（火）
半晴。
建具屋今日は西側の雨戸入れる。
三郎今夜はこゝに一泊。
朝めしたきする。失敗してまごついてゐる所へ、昨夜事む所まで
かへつた節子ひよつこりかへり来り助けてくれる。
春風なれど寒し。
終日風呂の薪つくり。
二三日調子狂じる腸いくらかよくなる。
みそこしざるを大釜にて煮る。

二十日
晴。あたゝかし。
土浦の栗原有氏の末男章氏外語卒業とて就職以来《ママ》に来宅。大来氏
に紹介状を渡す。かへりに藤柄の川口宅に立ちよるといふので、
正夫氏に見舞としてかつをぶし二本を持つて行くことをたのむ。
大工前の長屋の室つくりあぐ。よつて畳をほして引きこむ。
精二、三郎にて、二階より法事用の膳椀など持ち出す。
三郎夕刻事む所行。
博太郎朝一番にて上京。夜かへる。
よし子依然かへらず。
　かゝる父もてる苦労に一度だも
愚痴をこぼさずいとしこの子等

二十一日
朝小雪あり、後晴。
梨本未亡人本日未明、終に死去。葬儀を了つて夕刻よし子かへる。
今日は畳屋の一室に、博太郎のものを主として倚子、その他の家
財を引越す。これに終日かゝる。
稲敷の根本氏立候補とて豊島氏等同道来訪。
博太郎は夕刻ごみためあげ。
大工けふより来らず。但し他の用事ありて来たといふので二千五
百円を払ふ。二十人手間は先払ひ勘定也。
　かゝる父もてる苦労をいひもせず

はたらく子等しいとしいぢらし
博太郎夫婦今夜より前の室に寝る。

二十二日

晴。風甚だつめたし。

前の家の故芳郎氏の遺骨到着の日とて、昨夜より来てゐたいわが手伝ひに行く。

雨戸入れ終了す。

谷原より藁とゞく。牛車をひいて来たのが豊島氏にて、あとより福田氏来てくれ、二十五日より仕事に来てくれる事となる。福田氏に一年分として五千円を手渡す。

博太郎は前の家の事にて出たりはいつたり。午前小絹まで節子同道にて山羊のたねかけに行つたが、まだ駄目だと断られてしよげてかへる。

下痢やまず、力なし。よつて風呂の薪つくり。

節子牛のわらを切る。

わくや上郷まで女中の交渉に行つてくれる。午後糞尿あげをやつてくれる。

二十三日

快晴。風さむし。

梨本精氏、その長女と共にひよつこり来宅。上海の模様を聞かさる。夕刻事む所行。一泊の予定也。

午後前の芳郎氏の墓標を書いてやる。

博太郎、節子、小山羊のたねかけに小絹行。今日はかけてかへる。

風呂場わきの風防ぎの塀をつくる。

牛小屋の戸をつくりかける。

建具屋はガラス戸の車つけだけ終る。

菅生村の□□〔二字欠〕氏来り、卵十貰ふ。

今夜は老人前の家にて夕食。何ケ月ぶりに親子だけにて打ちくつろいて夕食。

宿の石塚来る。大豆二升渡し、豆ふ注文を依頼す。

建具代四千五百円程支払ふ。

夜は相不変はこはり。

博太郎は前の家に通夜に行く。

西風つよくあかぎれいたし。

二十四日

午後曇。朝寒きびし。

前の家の芳郎氏葬儀とて、老人と博太郎は終日その方にかゝりきり也。その親戚の石島徳一氏たちよらる。

牛小屋の前戸敷居を直し、古い戸を用ゐて開閉自由となす。一仕事也。

前の物置き片つけ。

小泉、福岡へ小麦一俵持参。うどんを引きとりに行く。

精二は午前中墓場掃除、更らに北の甚兵衛宅まで米つきに行く。

節子人参ほり。精二芋あらひ。

三郎午後帰宅。夕刻とし子と共に事む所行。とし子明日上京の予定也。
法事近づいたので、諸道具とりそろへにかゝる。
ムラサキ氏生花持参、たちよる。
鈴木県議来訪。
　野面なで人面かすめふきすぐる
　春風にくし腹空く身には

二十五日
夜来の雨あがり快晴となり、あたゝかし。
前の家より赤飯を貰ふ。
とし子取手にて乗車出来なかつたとて正午頃帰宅、夕刻事む所行。
明日上京の予定也。
一同法事の用意に没頭。
中野喜太郎氏来訪、馬肉を貰ふ。
牛わらを切つてゐると、春風ほゝをなでる。
　かばひあひいたはりあひてもろともに
　なれぬたつきにはげみあふ子等
今日は下の便所の落ちたる板をあげて、これをつくらふ。二時間ほど牛わら切り。
博太郎仏だん掃除、精二は炭切りなどやる。
法事用諸道具概ね用意了る。

二十六日
曇。
あす法事とて、今日は住員、家内片つけやら料理やらに大骨折。
下の便所を修理す。大工仕事也。
門の竹塀むすびをやる。
障子の穴ふさぎをやる。
十和の羽生氏来訪。
志冨氏へ飯田憲之助氏見舞に行くことを依頼。
博太郎午前中隣組会出席。新円証券を七百円分貰つて来る。
二分の一馬力モーター手に入る。
沼尻滝蔵宅より、牛わらきり器を昨夕博太郎が借りて来る。今日より使ひ始む。力はいるが能率は高し。
　いつしかに大工の真似も一通り
　事かゝぬ身となりにけるはよ
　あかぎれの絶える間もなきくらしにも
　いつしかなれて心ゆたかなり
とし子今日は上京す。

二十七日
くもり。あたゝかし。
老兄の亡妻の七年忌、無事に終る。
藤柄の川口叔母法事に来り、一泊。
手伝ひには前の家の母をたのむ。
今日は博太郎が主役。むらさき主人朝より来り、一切の手配してくれる。
　味気なき日々のくらしも子等しみな

すこやかなるに心安かり
味気なくくらしはすれど子等みなが
共にある日は心ゆたか也

二十八日
晴。
節子朝八時の列車にて上京。長野へ着ものとりのため也。
早朝とし子自転車にてかけつけ、月謝二ケ年分支払ひの必要ありとて六百円持参上京。
井戸はらひ屋来り、午前中作業終了。
井戸蓋を竹にて、精二とともにつくる。
川口の叔母今夜も一泊す。
亀井貫一郎氏弟県下にて立候補すとて来訪。
〔以下略〕

〔編者註〕ペン書　ノート

33　手記「昭和二十一〔二〕年二月末（一九四七年）G・H・Q行」・「余録」

〔昭和二十二年二月―三月〕

G・H・Q行

昭和二十二年二月二十四日午後三時すぎである。水海道警察署員が自転車で飛んで来て、一通の書きつけを提示。読むと、茨城県警察部長あて、「元内閣書記官長風見章、この週の木土以外の日に、第一相互館二十六号室のミスター・コルトンの許に出頭方取計はれたし〔」〕といふ意味の通達である。

二十六日水曜日の午前十一時に出頭する旨、先方へ通告を依頼して署員をかへす。

すぐに倉の鼠退治をやつてゐたよし子と博太郎と、玄関で裁縫してゐた節子とに、出頭要求の通達があつたことを告げ、離れから出て来た精二にもそれを知らせる。

博太郎は汽車の切符の手配と出頭通告があつたことを、大池氏と斎藤茂一郎氏とに知らせる電話をかけること、並びにあす新妻理髪店主に理髪に来て貰ふよう依頼するため、事務所へ出かけて行く。

よし子は着て行くものや持参すべき手廻品などのとりそろひに、直ちに着手。

第一相互館といへば、聯合軍総司令部がある場所。そこへこちらの都合がよい日に出て来いといふのだから何の用事かは判らぬものゝ、戦犯人として出頭を要求されてゐるのではなからうと想像はしてみるものゝ、出頭そのことが愉快なことではもちろんないので、家中一同浮かぬ顔色である。

戦犯としての呼び出しなら、橋田邦彦氏や近衛公の自殺以来、M・Pが護送に来る筈。そんなことはないのだから、戦犯者としての呼び出しではなからうとは考へてみても、昭和十二年第一次近衛内閣の内閣書記官長であつたことや、謂ゆる新体制運動の立役者であつたり、第二次近衛内閣の司法大臣として日独伊三国同盟に署名してゐることなど、政治経歴からいへば戦争犯罪人として摘発される可能性は到底否定出来ぬ立場にあるので、今度の呼び出しがその摘発の前提にならぬとは保障し難いなどと想像も出来、家中の誰れにも一抹の不安はぬぐひかねるのも怪むに足らぬ。

終戦後間もなく、戦犯者としての逮捕を予想して、その場合の着るものや持参すべき手廻り品などは、すつかり用意して風呂敷に包んだまゝ、今だにそれを解かずにある。かうして警戒の気持は一日もゆるめずには来たものゝ、さていよ〱出頭の要求があつてみると経歴が経歴だけに、警戒の神経はおのづから尖らざるを得ないのも致し方なく、よし子と博太郎には万一の場合を予想して、後事を頼む旨をあらためていひ置く。

電力不足のため停電が頻繁、そこであかるい中にゆつくり風呂にひたるようにと精二が早目に風呂を沸かす。久しぶりに頭髪を洗ふ。みすぼらしい風貌は、みせたくないからである。

夕めし前に博太郎が帰宅。その話によると、切符の用意もよし、理髪屋の手筈もよし、たゞ電話だけは大池氏の方へは通じたが、斎藤氏の方は容易に出さうもないので志冨氏に頼んで来たとのこと。大池氏宅には、ちようど三郎が居あはせて電話口へ出たさうだ。

博太郎が事務所へ行つた折、結城町の小篠雄二郎氏がそこに来合せて、「先生をおたづねしたいのだが、汽車の都合でそれが出来ずよろしく伝へてくれ。またこれは心ばかりの品、さしあげてくれ」といはれたとかで、菓子折らしい箱を一つ持ちかへつた。早速その箱をひらいてみると、餅菓子が一杯つまつてゐる。これは夕めしのデザートにみんなでたべる。たゞ三郎がすでに電話で、父出頭と知つた上は、或ひは心配して明日あたり帰つて来ぬともかぎらぬとの心遣ひから、そのうち二つだけは三郎のために残して置いた。

夕めしのあとで精二が、明日は一番で上京し、白洲氏にでも逢つて何のための出頭要求かをたしかめて来ようかといひ出したので、そこへは今まで気がつかなかつた、それはよからうと一同賛成し、精二は上京することになり、早速よし子と節子とが精二の弁当の用意にとりかゝる。懇意の白洲氏は、現在中央連絡事務局次長の職にあつて、さういふ事情をたしかめるには以て来いの立場に居るし、また精二は曾てパン焼きかまどを築かうとした折、牛場友彦氏の紹介で同氏に面会したことがあるので、精二が同氏をたづねるのは一番恰好の役割なのだ。

この日より二三日前に、山崎斌氏主宰の「月明」誌から原稿をたのまれてゐたので、それを書かうと夜こたつの中で筆をとつてみたが、途中でやめて床にもぐる。

あとで聞いたことだが、博太郎の電話を受けた三郎は、大池氏にコルトン氏とはどんな係りのもので、どんな人間かを聴いてくれと博太郎にたのまれたので、それを大池氏にたゞしたところ、同氏はC・I・S即ち Civil Intelligence Service〔ママ〕民間情報局の政治係りのもので悪い感じを与へぬ人物だといふことが判り、早速水海道の事む所の方へ電話を申こんだところ、志冨氏がそれを受けた。ところで志冨氏は斎藤氏宅へ申込んだ電話がどうしても出さうもないので、その折三郎に斎藤氏へ事情を電話するように頼んだ。そこでその夜、斎藤氏〔へ〕は三郎から電話したのださうである。

二十五日　精二が一番列車で上京するのを見送るため、よし子は午前四時起床。

午前十時頃伊藤武氏がたづねて来たので雑談、午後に及ぶ。かへつたあと、出立の用意にとりかゝる。

二時頃あせだく〳〵で精二が帰つて来る。その報告によると、ちようど都合よく白洲氏に面会が出来て、同氏からC・I・Sの隊長らしいのに電話をかけて事情を聞いたが心配なことではないのが判り、どうせ一時間位で話は片づくだらうから、折よく明日はひるに築地の蜂龍といふ場所で、故原田熊雄の追悼会を西園寺公一や牛場友彦等も出席してやるので、そこへ出席してくれとの話があつたといふ。

この報告で家人の不安も少からず和げられる。

それから間もなく、理髪師の新妻氏が来てくれたので、頭髪をかつて貰ふ。三年ごし油はつけたことがないのだが、けふは家人のすゝめでチックをつける。新円不足とて、新妻氏にはさつまいもと人参とをやつて、理髪代にして貰ふ。

もしや三郎がかへつて来はせぬかと終列車まで待つたが、つひにかへつて来ず、あすは一番といふので床にもぐる。その間博太郎はよし子や節子と共に、あすの弁当やら東京へ持参のゆで玉子、米などの用意をする。

二十六日　三時起床。よし子がめしをたく。間もなく博太郎と節子とが起きて来る。四時にあさめし。四時半博太郎同道で家を出る。空は一面に曇つてゐて、四辺真闇。懐中電灯で足もとを照らし乍ら、停車場へ急ぐ。

見送る家人が、どうせ上京した序だからゆつくり滞在して、逢ひたい人には逢つて来たがいゝといふ。だがその言葉の調子にも、けさの門出のさきに、どんな運命が待つてゐるかは判つたものでないといふ一抹の不安が家人の胸にこびりついてゐることは、おのづからかくせない。ふりかへりみれば、屋敷の木立は何れをそれと見わけ得ぬほどの真闇暗。けふの連絡、あすの連絡などかたりあひ乍ら、足を進めて案外早く道をはかどり、発車十五分程前に停車場に着く。

尤も博太郎は持参のものを自転車に積んで行つたので、その自転車を事む所に置いてくるため、大師山下の道を過ぎ町家続きの場所へ行きついたころ停車場で出逢ふことにして、そこで別れた。いよ〳〵改札が始まる。ところがこの一番列車は元来通勤者専用のもので、一般切符のものは乗せないから改札出来ぬと断られてしまふ。そんな筈はない、昨日警察の方から特別の扱ひがあるように通告してある筈だと博太郎が抗議を申こむと、然らば助役に相談してくれとの答へなので、とにかく構内にはいり博太郎が助役を探し廻つたが、停電中で容易にみつからず。やつと発車間際になり助役をみつけ出して、改札して貰つた。

足かけ三年ぶりに始めて乗る汽車。先づその車体が、見るかげもなくみすぼらしくなつてゐるのにおどろかされる。破損窓ガラスの補給がつかぬ所為に相違ない。いくつかの窓は木の板で塞がれてゐる。窓からの飛びのり飛びおりを防ぐためとかで、窓の中程に頑丈な横木がうちつけられてある。ありし日ならば、豚でものせるにしか使はなかつたであらうと思はれるほどのきたない車である。

取手からは貨車で松戸まで連絡するのだといふので、最終の貨車の中に席を占める。その入口の隅の方に、細い鉄製の框みたいなのがあつたのでそれに腰かけたから、取手まで立ち通しの脚のつかれがいくらかへらされる。

博太郎は相変らず立ち通しである。車内は案外空いてゐた。これは予等の乗つて来た列車と殆んど同時に、土浦駅発の列車が取手構内にはいつたので、さうでなくばこの貨物列車にのりこむ筈の連中がその列車に乗りこんだためだと、博太郎が説明してくれた。さう聞けば、なるほど線路へとび下りて、その土浦発の上り列車へくひさがつてのりこまうと、ひどい混雑を呈してゐた。

博太郎が乗り合はせた鉄道吏員としきりに話しこんでゐたが、その吏員のすゝめで我孫子で下車し、成田線の上り列車にのりこむことにする。

その我孫子駅のプラットホームで、成田線の列車を待つてゐる間に、一緒に下りて同じコースで上京するといふその吏員から、いろ〳〵と鉄道に関する話を聞かされた。その一つは、鉄道と道路との交叉点には、どんな細い道路の場合でも危険注意の立札をたてる事になつたが、これは聯合軍の命令によるものだとの事だが、村のばあさんが一週一度さつまいもの籠でもかついで通る外は、たれも通るまいと思はれる小道と鉄道との交叉点にまで、そんな立札を置く必要がどうしてあらう、そんなことに費用をかける程なら枕木のとりかへこそ急務だと、その吏員は憤慨してゐた。日本の鉄道当局は、そんな立札のためにも何億といふ金がかゝる、それだけの金を先づ枕木の修理更新のために使用したいと懇請したところだめだと断はられて、仕方なくその立札をたてることになつたのだと、嘘か真実か知らぬがその吏員は説明してゐた。

他の一つ。ちようど石炭を積んだ貨物列車が構内にはいつて来たが、それを指してその吏員がいふ。

「ごらんなさい、あれが石炭ですよ。あれでも石炭かといひたい代物でせう。これで列車を運転するといふのだから、満足に運転出来るわけはありませんよ。そこで以前とはちがって、列車が水戸まで行く間に、このあびこ駅で一度汽罐車に水をのませないと動けなくなつてしまふんです。ひどい話さ。それにひきかへ、聯合軍用の車がついてゐる列車となると、ほんとうに黒ダイヤモンドといひたい石炭をふんだんにたくのだから、その方は運転もらくでさあ。スチームもよく通る。そして大きい車の中に僅かばかり、あちらの人間さまがのりこんでゐて、この寒い日にも上衣をぬいで、あたゝかさうにトランプなどやつてゐる光景をみせつけられると、いやになつちまいますよ。」

さういはれて見る石炭は、なるほど石炭とよぶには烏滸がましき代物。まるで石炭の焼灰同様である。眼をあげて四方をみれば、山川草木もとの姿である。この辺も爆撃されなかつたから、眼にうつる家並もむかし通り。だが人の世は何といふ変り方であらう。聞くにつけ、見るにつけ、敗戦国のみじめさが身にしみるばかりである。

こんな感傷にふけつてゐると、そこへ成田線の上り列車がはいつて来たので、早速それにのりこむ。なるほどひどい混雑でもない。取手発の貨物列車では、松戸で省線にのりかへるのだが、この列車は上野まで直行するといふ便利がある。幸ひベンチのひぢかけに腰を下ろすことが出来たので、大した苦労もなしに上野駅へ着くことが出来た。

昨日精二が大池氏にたのんで、同氏の自動車を上野駅に廻して貰ふことにしてあつたので、上野駅からはその車で、先づ大池氏宅へ赴く。

車は上野公園前に出て万世橋まで行き、そこで右折して水道橋に出る。それから市ケ谷の元陸軍省下に出て右折し、四谷塩町に出て内藤町行。

車窓から眺めると、上野公園前から万世橋までの両側は見渡すかぎりの焼あと。その上をマッチ箱をバラまいたように、小つぽけなバラックが不規則に立ちならんでゐる。神田明神の社屋だけは焼けのこつて、地膚の見える高台によき〳〵と立つてゐるのが一種妖しき情景をたゞよはせてゐる。

万世橋から右折して坂路にさしかゝつたところに、孔子廟がある。これは無事だが、その塀のところ〴〵がくづれてゐるのは、爆撃のなごりであらう。

内閣書記官長の職にあつたころ、一時この坂の上の歯科専門学校の治療室に通つたことがあるが、それ等はすべてあとかたもなく焼き払はれて、コンクリート建の校舎だけが残つてゐる。

順天堂病院もその産院だけが無事で、その余は全滅。

飯田橋から市ケ谷まで、右方の台地は曾て木立しげき屋敷街であつたが、今は一帯の焼け原。神楽坂の繁華街もあとかたもなく、どこがそこであつたかの見当すらつけかぬるほどである。

屋敷街の焼けあとには、コンクリートや煉瓦の塀がところ〴〵に残つて居り、その合間〳〵には、石燈籠があちこち、ポツネンと道はたの石地蔵のようにさびしげに立つてゐる。

元陸軍省あとは、今の軍事裁判法廷である。M・I・P〔ママ〕がいかめしく門前を護衛してゐる。建物もすつかり塗りかへられて、颯爽と高台にたちはだかつてはゐるが、構内の崖の下部には、枯草の間に曾ての防空壕の入口が塀の外からほの見える。

それからさきは一面に焼き払はれたあととて、ありし日の目じるしになつたものは皆無に近く、ここがどこと も見当がつかぬ。無事であつた大池氏宅の茶の間で茶をすゝつてゐると、今通つて来た道ぞひの情景が、ゆめで見たのではなかつたかとの幻想が湧きさうな気持にさへなる。

大池氏が出勤する自動車に便乗して、博太郎と共に白洲氏が勤務する日産館まで送つて貰ふ。

その沿道で特に心をひかれたのは、大宮御所の護衛がM・Pなのと、焼き払はれた閑院宮邸あとに進駐軍用の住宅が新築されたこと、総理官邸の周囲が全部やき払はれ、虎の門ではよく筆や紙を買つたなじみの晩翠軒が敷石をのこしたゞけで、灰燼に帰した儘であることなど。往年の面かげは、どこにも探し出せなかつた。

日産館で車をかへし、その建物内にある終戦連絡事む局の白洲次長室に行つたが、けふは午前中は出て来ないとの話。すると博太郎が此所に大来佐武郎氏も居る筈だといふので、同建物内の外務省賠償部の室をさがし廻る。やつと大来氏の室を見つけて面会をもとむると、その下僚らしいのが、けふは欠勤だといふ。まだ時刻は九時半頃で、第一相互館のコルトン氏との約束時間までは一時間半のゆとりがある。そこで手カバンを交詢社の受付にでも頼むことにしようと、博太郎と共に銀座の方へあるいて行く。

その途中、道傍に佇立する一青年が、通りすがりに小さい声で何かさゝやいてゐるようなので立ち止まらうとすると、博太郎が袖をひいて、これが煙草の闇売りですよといふ。よく聞きとれなかつたが、博太郎に聞くと、きんしはどうですか、と煙草の名をさゝ〔や〕いたのださうだ。

途中でふと、電通ビルに西園寺公一氏の事務所や木原通雄氏等の新日本社があることを思ひ出し、交詢社に行く前にそこを訪れることにし、電通ビルへ行く。

西園寺氏の事務所の室番号を受付のものに聞いたがよく判らないので、先づ新日本社の扉を叩く。出て来た給士娘に、木原さんはおいでかと聞くと、不在だといふ。帰らうとすると、どなたですかといふので、「風見だ」と答へると、「あ、それでは一寸お待ち下さい、風見さんが来たら、すぐ電話するようにと、けさいはれました」との話。そして何処かに電話したが、すぐ木原氏との連絡はとれて急いで帰つてくるといふので、その事務所に待つことにした。

間もなく後藤勇氏と伴れたつて姿を現はした木原氏がいふには、同氏の弟が白洲氏のもとに働いてゐて、昨日白洲氏がその弟に、けふ風見が上京すると木原氏への伝言をたのんだとの話。

博太郎とは、こゝで別れる。博太郎はけふ上京した序に、とし子の寄宿舎への異動手続きをやることにしたので、こゝから三郎の下宿してゐる田中氏宅を行く。別れる前に、三時頃蜂龍へ電話して連絡をとることにした。

こゝで木原氏達と雑談してゐる間に時間が経つたので、交詢社へ立ちよることはやめて、弁当入りのカバンをこゝにたのみ、第一相互館へ行くことにする。

電通ビルを出る前に、エレベーターの中で、西園寺氏の事む所は受付の後ろの室らしいといふ話を耳にしたので、その室をのぞいてみると、はたしてさうであつた。西園寺氏は居なかつたが越氏がゐたので、同氏に上京した旨と尾崎秀実未亡人によろしくと伝へてくれるよう頼んで辞去す。

第一相互館の横までは、木原氏等の自動車で送つて貰ふ。十一時に三分程前、聯合総司令部の第一相互館の玄関に足を入れる。

受付に、コルトン氏のもとへたづねて来た旨を告げると、一枚の受付票を出して、右方の室へ行くよう指示してくれたのでそこへ行くと、その入口にも受付がある。混血の日本人らしい娘がそこの受付である。

受付票を出すと、すぐに卓上電話でコルトン氏に連絡して、どうぞ、しばらくその倚子でお待ち下さいと、たど〳〵しい日本語でいふ。

間もなくコルトン氏が姿をあらはして、こちらへと通訳を伴れて案内するのでそのあとについて行くと、二三十人が雑居する室の一隅にコルトン氏の机があつて、その横に倚子を持つて来て、こゝへかけるようにとの事である。

この室は、C・I・S即ちCivil Intelligence Sectionの一部である。すぐにコルトン氏が口を開く。通訳がそれを日本語に翻訳する。

この日、問答の大要次の如し。

コルトン氏曰く、風見サンが出頭するといふことを知らせて来たのが、十時四十五分頃なので、おたづねしたいことにつき、まだ何の用意もしてゐないのだが、一体風見サンは、近衛内閣の書記官長になる前、近衛サンとどういふ関係だつたのですか。

答、友人であつた。

問、近衛サンが内閣を組織する折は、内閣書記官長になることを、前々から予期してゐたのですか。

答、近衛サンのために常に蔭になつて尽力してゐた志賀直方といふ人がゐて、前々から近衛サンが内閣を組織するような場合には、是非たすけてやつてくれといつてゐたが、予もたすけるつもりでゐたものゝ、内閣の内でたすけるもよし、その外でたすけるもよし、書記官長にならうと予期してゐたわけではない。たゞ組閣の折、始めは農林大臣を頼まうと思つたが、書記官長に適任者が見つからないので、その方をやつてくれまいかといふことであつたから、よろこんでそれを引きうけたといふわけ。

問、第一次近衛内閣では、あなたの外に代議士は参加しなかつたのですか。

答、参加してゐる。政友会を代表して中島知久平氏、民政党を代表して永井柳太郎氏が参加した。

問、近衛サンのブレーンといふのは、どんな人達ですか。昭和研究会は、そのブレーンではなかつたのですか。

答、昭和研究会はブレーンでない。当時よく、あれはブレーンだなどといはれたものだが、それは謂ゆる自称ブレーンで、近衛サンは何度も予に断言したことだが、閣僚こそ総理のブレーンであり、それ以外にブレーンはないとしてゐた。事実近衛サンは、特にどの集りをも近衛のブレーンとして待遇したことはない。

問、尾崎秀実氏はどんな関係にあつたのですか。

答、尾崎氏は予のブレーンとして、内閣の嘱託としたのである。

問、西園寺公一氏と近衛サンとの関係は？

答、西園寺公一氏は、近衛サンの最もよきadviserの一人であつたことに相違ない。

問、あさめし会は、どんな存在でしたか。

答、あさめし会は、秘書官の牛場、岸両氏が各方面の人と接触して、近衛サンの参考になる政治資料をあつめようとしたもので、参会者は一定したものでなく、予も時に出席したことがあるが、随つてその集りは牛場、岸両氏のブレーンであつたとはいひ得るでせう。だが牛場、岸両氏は近衛のブレーンであつたといひ得るが、近衛はそのあさめし会をブレーンだなどとは考へたこともなかつたのである。

問、昭和研究会とは、どんな関係ですか。

答、その会員の一人であるといふだけで、たとへば支那問題の研究会などへは出来るだけ出席してゐた。

問、どんなことが研究されてゐましたか。

答、予はその問題の中でも、農業問題といつたようなものに多く出席したゞけで、外にいろ〳〵の研究があつたようだが、その方はよく知らない。

問、どんな人が出席しましたか。

答、忘れてしまつたが、尾崎秀実氏はよく出席してゐたのを記憶してゐる。

問、国策研究会との関係は？

答、一会員であつた外、理事の一人ではあつたが、あまり出席はしなかつた。

問、どういふわけで、支那農業問題は研究されたのですか。

答、支那は大体農業国である。その農業経済の変化が、或ひは幣制統一に於て見られる通り、支那それ自体の内容に大きな質的変化を来し、それが延いては甚だ六かしい問題になるのだが、支那の民族資本と日本の資本との衝突ともなつたりして、抗日運動の原因ともなつて行つた。日支和平の途をきりひらいて行くためには、支那の農業問題を閑却してはならないし、それを知らずには支那の本質を明かにすることが出来ず、それが出来なくては、日支関係の調整に正しい方途を発見出来ないからである。これは簡単に説明しつくし得ないこみ入つた問題なので、こんな説明では了解して貰ふのに無理な話だが、とに角日支国交の調整に正しい途を発見するためには、支那農業問題を正確に認識する必要ありといふのが予の考へであつたから、支那農業問題の研究には出来るだけ力を割いたといふわけです。

問、最初にいつたように、けふはお話を承るに用意がないのだが、他は別の機会にこゝへ来て貰ひまいか。

答、実は老人だし、身体も弱し、ことに今は田舎に引つこんでゐるので、東京へ出て来るのはたまつたことでないから、明日都合よかつたら、明日の時間は約束してもよい。二三日東京に滞在するから、その間にして貰ひたい。

問、では、あすの午後一時半から二時間ほど、時間をさいてもらへるだらうか。

答、それは約束出来る。たゞ交通難の折だから、出来るだけ約束の時間に来るつもりだが、いくらか遅れるかも知れぬ。それは前以て、ご承知を願ひたい。

その間コルトン氏は、日本の政治事情を正確に明かにしたいために話を聞きたいのだから、こゝでの話が引きあひに出された人達に何の迷惑をかけるわけでなく、さういふ心配なしに語つて欲しいと、二三度くりかへした。また現在の日本の政界の情勢に関する感想を聞きたいとの事であつたが、田舎に引つこんでゐて事情は判らないし、且つ政治に興味を失つてゐるので、日頃注意して政治情勢を知らうとも思つてはゐず、当然批判してみようとも思つたこともなし、感想をのべる資格なしだといつて断つた。

会談終了が十二時二十分頃であつたらう。それからすぐにそこを出て、原田熊雄氏の一周忌追悼会があるといふ蜂龍へ出かけた。朝日新聞の前から数寄屋橋の四ツ辻を右に折れて、二つ目の横通りから銀座に出る。それから銀座の東裏通りへ出て蜂龍へと志すのだが、その辺はやけ跡になつてゐて、以前に目じるしになつたものがほとんど残つてゐない。曾て何度も行つたことのある蜂龍への見当が、まつたくつかないのである。致し方なく蜂龍のある場所へ見当をつけて行つて、やつとその近所までたどりついて、その在所が判つた。そのあたりだけは、焼けずにのこつてゐた。さて蜂龍の玄関をあけて中にはいり、出て来た女中に、けふこゝで白洲さんの会があるだらうとたづねると、さあ、さういふ人は来てゐませんといふ。では原田熊雄さんの追悼会がある、その会の集まりはあるだらうと聞き返すと、そんな話も承つてゐませんとの返事。さては行く先を間違ひたかと合点して出ようとすると、廊下を通りかゝつた一女性が、アラツと叫んで出て来たので、ふりかへつてみると斎藤茂一郎氏の愛妾豊千代ねいさんである。五六年ぶりの再会である。

まあ、おかけ下さいといふので、玄関に腰かける。実はあなた様が、けふ東京へ来るといふことは、斎藤から承つたのですよ。今朝その電話があつて、夕めしまでに牛肉を届けろといふことであつたから、その用意してゐる所なのです。それはそれと、どうしてこゝへ?といふので、原田熊雄追悼会がこゝにあることと思つて来たのだと説明すると、それこその集りは白蜂龍といふ場所だと聞きかじつてゐるが、とに角たしかめませうといつて電話をかけてくれた。そしてその場所は、白蜂龍だと判る。

実は精二から、昨日白洲氏からの伝言として聞かされた折、地図まで添えて場所を示してあつたのを、蜂龍とばかり早合点しての この失策である。

下足番に案内してもらつて、白蜂龍に行く。この店は蜂龍の女中が、つひこの間、白蜂龍といふ屋号で開業したのださうだ。

集つたのは、牛場、白洲、西園寺の三名。松本重治氏も来る筈であつたが、つひに姿を見せなかつた。それに原田氏生前ひいきにしたといふ老妓が二名ほど参会してゐた。おどろいたのは、出されるご馳走がむかし通りのりつぱなもの。どこに敗戦国の惨さがあるかと、疑ひたくなるほどに、そろつた材料の豪華な料理である。

この席で聞いた話だが、ある新興財産家は、その応接間用の装飾にするため、シエクスピヤーの原書の叢書を八万円で買ひ入れたさうだ。もちろん装飾用だから、読むためでない。読まうにも読む力がないのは、いふまでもない。またある人は、新興財産家に骨董を売りつけようとして値を聞かれ、二千円といふつもりで、二本の指を出してみせると、あにはからんや、相手はあゝよしといつて二万円の札束をポンと投げ出したさうだ。

三時少し前、白洲氏が役所へかへるといふので、その自動車に同乗して退席。同氏の室の電話をかけて大池氏宅をよび出し、博太郎が居るかと聞くと、朝出たきり姿を見せぬとの話。さきに博太郎とは、三時頃蜂龍に電話して連絡をとるよう約束して別れたのだが、その蜂龍には電話連絡があることはいひ置かずに出てしまつたのと、蜂龍で気をきかして、博太郎に白蜂龍の方へ行つたと知らせてくれても、かんじんの白蜂龍の方では電話不通といふのだから、博太郎が心配してゐることだらうと案じはするものゝ、外に連絡の途もないので大池夫人に、もし博太郎が来たら心配するようなことはないとの伝言を依頼して電話を切る。あとで判つたことだが、この日、博太郎は蜂龍の電話番号がいくら探しても判らないので、自分で蜂龍まででかけて行き、白蜂龍の方へ行つたといふので、そこへ行くとすでにかへつたあとだといふので、心配し乍ら大池氏に電話をかけると、ちようど私の電話があつた後なので、その儘帰路についたのだといふ。

白洲氏の自動車で、五反田の斎藤茂一郎氏宅まで送つて貰ふ。朝大池氏宅から斎藤氏宅へ電話したのだがどうしても通ぜず、ために突然たづねたのだが、斎藤氏在宅ですぐに逢ふことが出来た。斎藤氏は深く心配してくれて、万一の場合を慮り、弁護士依頼のことまで内々考慮してゐてくれたさうで、まつたく感謝のおもひをいひ現はすに言葉もない程である。

この夜は斎藤氏宅にとめて貰ふ。三郎が心配して、午前中斎藤氏宅に来て三時頃まで待つたさうだが、おそくなるからとてかへつたことを斎藤氏から聞かされた。

伊藤武氏が心配して、斎藤宅に電話してくれる。

午後十一時頃まで四方山のはなしにふける。

斎藤氏の満洲における財産は、月に百円の収入でも生活が成り立つた頃の見積りですら一億円を算へたといふから、現在の評価では何十億、或ひは百億といつても過大でなからう。それが全部零に帰して、新しい生活の途をきりひらかねばならないといふのだから、敗戦の負担はこの人の場合、はかり知れぬものがある。その日〳〵の生活と、新しい仕事の開始を工夫するための資金調達の必要とから、家財道具から衣類、骨董書画の類まで、どし〳〵売り払ひつゝあるとの話には、胸がうずくのを覚える。

斎藤夫人は栃木市の出身で、同地にある親戚は味噌製造業者もあり、前には良質の味噌に不自由することもなかつたが、この頃は大豆を味噌に使用することが禁止された結果、さつまいもの味噌しかつくれなくなつたので、味噌らしい味噌はなめられませんと、こぼしてゐた。

予がためには、夕食にはさしみや焼き魚を出してくれたり、めしも白米であつたが、あとで三郎から老主人夫婦だけが白米めしで、外の家族のものは粥であることを聞かされ、東京の食料事情が如何に難渋なものであるかを思はずにはゐられなかつた。

あくれば二十七日。けふは午前中に近衛公宅をたづねる心算であつたところ、ひる頃まで五反田辺一帯が電話不通で、大池氏か白洲氏に自転車を都合して貰はうと思つてゐた計画が水泡に帰し、午前中の近衛邸訪問は断念して了ふ。

その代り昨夜斎藤氏が電話してくれたので、緒方竹虎氏が午前十時頃斎藤氏宅まで来てくれたので、同氏にはゆつくり会ふことが出来た。

ひる頃やうやく電話が開通したので、先づ白洲氏に電話をかける。ところがこの日は自動車があかないといふので、大池氏に電話し、夕刻荻窪まで自動車を借りたい旨を申込むとこゝろよく承諾してくれたので、四時頃までに交詢社へ自動車を廻して貰ふように依頼する。

ひるめしにはすきやきを、緒方氏と共にご馳走になる。肉はむかしでも上等の部類に属するもの。何年ぶりかですきやきにありついたわけである。

午後一時半までに第一相互銀へ行かねばならぬが、自動車の便宜は得られないので電車で行くことにし、ちようど緒方氏もお茶の水の歯科専門学校へ歯の治療に行くといふので同道することになり、十二時半頃同氏と共に斎藤邸を辞去。

これより少し前に、精二が斎藤邸へ来る。精二はけさ一番で上京。出立前に近衛公の霊前には白米を供へるから、あとで持つて来るようにといひ置いたので、精二がその白米を持参、大池氏宅で聞くと、けさは近衛邸へ行つた筈だといふので同邸へ行つたが、待てどくらせど予が姿をみせないのでどうしたことかと心配し、こゝへ廻つたのだといふ。

精二には明日上京する折は、あめ、ひしほなどを斎藤氏が経営するツクバといふ店まで届けるよう告げて、斎藤邸でわかれる。このツクバといふ店は銀座の交詢社わきにあつて、五反田よりも届けるに便宜が多いからである。

緒方氏とは五反田で共に省線に乗つて新宿まで行き、そこで袂をわかつ。交詢社にたちより受付に、四時頃自動車が迎へに来る筈だから、もしその時刻までに予がこゝへかへつて来なかつたら待たして置くようにと依頼して、それから第一相互銀まで徒歩で出かける。

約束の時間より二三分前に、第一相互館へ到着する。昨日と同様の手続をふんで、C・I・Sの受付へ行く。すぐにコルトン氏が出て来て、けふは二階の図書室へ案内する。直ちに会談に入る。

問、昭和十三年一月の内閣の対支声明以後も、近衛公は和平交渉の実現を希望してゐたであらうか。

答、然り。熱心に希望してゐた。

問、その希望を実現するために努〔力〕されたか。

答、然り。たとへば宇垣大将を外相に起用した如きは、その希望の一所産である。

問、支那側からも、和平交渉を希望して種々の人物が日本に来た事実に関し、どんな態度をとられたか。

答、さういふ人物が来たといふ噂は幾度か聞いたが、はたして信頼するに足るものであるとしても、総理大臣が直接会見するのは不穏当なので、外務大臣にその処置を任せてあつたと思ふ。多分近衛公が直接それ等の人物に会見したことはなかつたらう。

問、貴下はそれ等の人物が信頼するに足るかどうかを、内閣書記官長として確認する手段をとられたか。

答、さういふ噂のあるたびに、事実の有無、または果して信頼するに足る人物であるかどうかにつき、出来るだけ確認するに足る方途を講じはしたが、概ね信頼するに足らぬとの結論しか見出せなかつた。

問、昭和十三年十二月二十二日の近衛声明は、汪精衛の重慶脱出に呼応して出したものかどうか。

答、同声明は日本の対支政策の根本精神はつねにかくあらねばならぬといふ原則を明かにしたものであつて、汪精衛の脱出の有無如何に拘らずこの原則に変りは無く、これをあきらかにすることによつて、世界並び支那の民衆に日本の真意を闡明し、よつて以て日支関係調整の途を発見する一方途としてこの声明は出されたとするのが正しい見解である。

問、この声明の起草はたれか。閣議にはかつて出されたのか。

答、執筆者がたれであつたかは忘れたが、近衛公が内容を執筆者に告げて起草させ、その原稿を公自身仔細に検討して修正したものであるから、近衛公自身が執筆したも同様である。またかゝる内容の声明をやることについては、閣僚より文章については委任されてゐたので、その案文を閣議にははからなかつた。はかる必要が無かつたのである。

問、近衛公はそれほど和平を切望しても、実現し得なかつた理由は？

答、歴史がそれを明かにするでせう。たゞ一つ、如何に熱心に近衛公がその実現を希望してゐたかは、十四年の一月総辞職するに当り、若し大命降下とあらば、現役の軍人と雖も内閣の方針に反する行動を敢てするものは内閣がこれを退職せしめ得るといふ権能を天皇から委ねてもらはねばならぬと決意してゐたことでも判ると思ふ。

問、なぜ一月四日に総辞職したのですか。

答、近衛公から辞表の草案をつくるよう予が依頼されたのは、十三年十一月である。その頃公の辞意は決定してゐたが、諸般の政治情勢からのび〳〵になつた。十二月末にとも考慮されたが、経済界等に悪影響するをおそれて、一月四日と決定したのである。

問、貴下はなぜ、昭和十七年の総選挙には立候補しなかつたか。

答、東洋には、狂人走れば不狂人もまた走るといふ諺があるが、狂人と共に走るは人間として恥だからである。

問、現在の日本の政局に対する所感如何。

答、「奔車之上無仲尼」といふ支那の昔の一学者の警句がある。この一字を思ひ出すだけである。

問、現在活動してゐる政治家の間にも、随分知人は多いでせう。

答、予を知るものは多いでせう。併し予が知れるものは極めて少数である。

その他取りたてゝいふ程の会談もなくて、四時少し前に終了。すぐに交詢社に向ふ。

待ちあはせてゐてくれた運転手が、岸氏が新橋際の事む所で待つてゐるといふのでそこへ廻り、岸氏同乗、一路近衛邸へむかふ。荻窪近くなると、雨しと〳〵とふり出す。

やがて近衛邸に着く。表門はとざしたまゝなので、岸氏が門側の小門をあけてはいり扉をひらく。表門はめつたに開かぬと見えて、扉の開閉のあともついてゐない。

玄関のベル押せどもたれも出て来ないので、岸氏がひらいて中へはいる。人の気はいもなし。致し方なく、案内知つたことゝて靴をぬいであがる。

客間前の廊下を進んで、岸氏が「風見さんが来ましたよ」と二度ほど大声でどなると、始めて未亡人があたふたと奥の方から姿を現はし、「まあ、ようこそ」と、さきに立つて公が生前の居間であつた奥の部屋へ案内する。挨拶を交した後、その部屋の窓際に置かれた茶卓の前に席を与へられる。

この室は、最初は洋間になつてゐて公の寝室であつた。予が内閣書記官長であつた頃は、公が病気臥床の折には毎日のようにこの室を訪れて、政治に関し相談したものである。その頃公は鉄製の質素な寝台を用ゐてゐた。こゝは予にとつては、かぎりなく思ひ出の多い室である。

昭和十五年の六月、予が謂ゆる新体制運動に没頭してゐた頃である。一夜病気臥床中の公をこの室に訪れて会談したことがある。その折であつた。京都の木戸侯からの電話だといふので、公は寝台わきに置いてあつた卓上電話をとりあげたが、この電話は木戸侯が新体制運動のその後の模様について知りたいとてかけたものであつた。電話がすんで受話器を置くと、近衛公は予にむかつて曰く、「天皇が新体制運動を大変心にかけられて、毎日木戸に経過を聴かれるのだそうだ。そこで時折木戸から電話があるんだよ。」

数々の思ひ出が、走馬燈のように胸中に去来する。

未亡人を前に、二言四言はなしてから、先づ公の霊前へと案内を乞ふ。霊は応接間のとなりにつくつた六畳程の部屋にまつられてあつた。精二がけさ持参した米の袋が供へられてある。

もとの室にかへつて会談ほゞ一時間。文隆氏夫人や次男の通隆氏も出て来てあいさつする。夕めしを用意したといふので、その次の室で未亡人と文隆氏夫人と岸氏と都合四人で食卓をかこむ。

この室こそ、公が自決した室である。この室も、以前は洋間になつてゐて、公の書斎であつた。後に日本間につくりかへたが、公が自決した折は、この室の一隅に蒲団をしいて寝たのださうである。

近衛公が青酸加里を用意したといふ噂は、昭和十九年の春頃、新聞社の誰れからか聞かされたことがあつたが、自決の前夜、どうやら態度が普通でないと見てとつた周囲の人達が、或ひは青酸加里か又は毒薬を用意してゐはせぬかと心配から、公が風呂にはいつた折、次男の通隆氏がぬぎすてた公の着衣や寝室のあちこちなど内密に探してみたが、つひに見つけ得なかつたのだと未亡人から聞かされた。未亡人は通隆氏と共に探すようすゝめられたが、どうせ見つかる筈もあるまいと探さなかつたさうだが、察するに、未亡人は公の意思のまゝに任せようとしたのであらう。さうであつてこそ、ほんとうに公のよき半分でなければならぬ。さう思ふにつけても、当時の未亡人がその断腸の思ひをむねにおさめて、どれほど苦労したことかと、聞く予自身も断腸のおもひがする。

この邸では、木々の枝葉にも、ふむ廊下の板にも、予にとつては一つとして深刻なる思ひ出の種ならざるはない。ひさしを打つ雨の音が、その思ひ出をひときわ切実ならしめる。

さらでだに滅入り勝の心をまぎらさうと、恰かも未亡人が豆腐つくりの方法を教へてくれといふので、そんな話にも時を過す。

曾て公の応接室であつた室は、未亡人の実妹たる近衛秀麿氏の夫人が速記を教へる場所に使用してゐるとの事で、その室は公の霊前にぬかついた折通つたゞけであつたが、その室こそ昭和十五年の夏、第二次近衛内閣を組織するに当り、陸海両相と外務大臣候補の松岡洋右氏と公が日独伊三国締結の内決定した場所であり、その折の組閣本部であつて、組閣工作前後の夜、司法大臣候補として予が公を訪問し会談した紀念の場所もこゝである。

その歳の秋、大政翼賛会結成の準備が漸く整つて、その方の最高責任者を誰にすべきかを相談するため、公と有馬伯と予と三人にて鼎坐熟談し、従来の行きがゝりから考へても、予こそ司法大臣を辞してその責任をとるべきだといふのを、公がやゝしばらく考へた後に、「新体制運動は組閣以前からの事で今始まつた話でなく、しかも君がその運動の中心にゐたことは世間周知の事実である。然るに今直ちに司法大臣をやめてその運動の方の責任者になるとすると、国務大臣の地位を如何にも軽率にとりあつかふといふそしりを免れぬであらうと思ふ」といつたので、結局有馬伯がその責任者となることに話をきめたのも、まさにこの応接室であつたのだ。有馬伯はかうして大政翼賛会の初代最高責任者となつたればこそ、終戦後戦犯者として、昨秋釈放され〔る〕まで巣鴨拘置所に監禁されるといふ憂き目を見たのである。

第一次内閣当時はこの応接室で、国政上の種々の問題に関し、予はいくたび公と二人きりで内談したことか。新体制問題が動き出し〔て〕からも、この室でいろ〳〵と画策の打合せをしたことであつた。

かゝる思ひ出が去来する間にも、未亡人から聞く話のはし〴〵には、敗戦後の苦しい生活の波動がこの家庭をも避けずにゆりうごかしてゐることが読みとれる。

たとへば食卓をかこみ乍ら、未亡人が苦笑しながら語る。「通隆が食ひざかりなので、通隆に腹一杯たべさせるためには、男女同権の世の中なのは、百も承知乍ら、嫁には辛抱してもらつて、私と同様代用食を毎日一度は取ることにしてゐますよ」と。

夕食の膳は塩鮭と、その外は汁ものもそひものも、すべて野菜。あとで岸氏に塩鮭はめづらしかつたといつたら、「ナニ、あれはこの間、私が届けたものだよ」といふ話であつた。

今はこの近衛邸が未亡人と文隆氏夫人と通隆氏との外は、老女一人に、としとつた料理番一人といふ寂しさである。この料理番は、公在世当時以来のもの。ありし日の賑はしさにくらべて、大変なかはり方である。

無量の感慨に胸を塞がれ乍ら、辞去するにあたり玄関まで見送つてくれた未亡人が廊下を指して、「こゝにあつた絨たんは、進駐軍に取られてしまひましたよ」といふ。はいつたときには気がつかなかつたが、いはれてみると、なるほど前にはそこにりつぱな絨たんが敷かれてあつたのに、今はたゞの板の床である。電気節約のためもあらう、またはめつたに夜たづねるものもないので、不要といふ理由からでもあらう、玄関の外を照らす電燈は消されてある。

まだふりやまぬ小雨に、外は真暗闇。一歩玄関を出て思ひ出したのは、昭和十五年七月の第二次近衛内閣組閣準備中、予がこゝへ来た折の事である。

その日予は銀座裏の出井と呼ぶ店で、緒方竹虎氏と昼めしをたべた。その折緒方氏が予に入閣の有無をたづねたので、必要とあらば入閣もしようが、予自身としては、新体制運動に重大な責任あることを思ふので、出来るならば野に在つてこの方の仕事に没頭したいと考へてゐる、また実際には近衛氏も組閣をほゞ完了したようだから、予に入閣を要求しないだらうと答へたのであつた。緒方氏も野に在つてその責任を尽す方がよからうと賛成したが、この友人の意見は、予としてはつねに尊敬してゐたので、その賛成に一層はげまされて、野にあつて新体制運動に没頭する決意を一層かため乍ら、午後三時頃帰宅したのである。

帰宅すると妻が、ちようどいま、近衛さんから電話がかゝつてゐるところだといふ。さては入閣の交渉ではなからうか、さうだつたらどうしよう、これは一つその電話にかゝる前に一思案しなければならぬと考へたので、近衛さんの方へは、只今どこかへ散歩に出かけたので間もなく帰りませうから、帰つたらこちらから電話をさしあげますとことわつて、一応電話を切らせた。

ちようど木村進氏が来てゐたので同氏の意見をも徴したが、結局もしも入閣の交渉あらば断るわけに行くまいと腹をきめた。といふのは、組閣は順調にすゝみつゝあつたらしいが、スローモーションだとの噂がとび始め、且つは支那事変中とてその噂はいゝ意味には伝へられず、けふにも組閣完了が必要になつてゐる情勢なのにこゝで断ることになれば、組閣を更らに延引させる結果ともなる、それでは近衛公に相すまぬ、近衛公は予にとつて得やすからぬ知己の一人である、その知己の要請にそむくことは忍び得ない、尤も一応断つてみてそれをきいてくれるなら別だが、さうでなかつたら断らぬが道だと考へたからである。

そこで二十分ほど経つて近衛公に電話した。ところが法相として入閣してもらひたいとの話である。予は第一、法律の智識を持たない、第二に新体制運動に没頭すべき責任があるといふ理由から入閣を希望しないので、出来るなら野に在つて助けたいと返事すると、公は法律を知らなくとも国務大臣としての法相であつてほしいから差支ひなからうと思ふ、且つ新体制運動の方も入閣して貰つた方が都合よいとの意見である。加之「実は貴下を司法大臣にする旨を陛下に申上げたところ、風見は新体制運動の立役者ではないか、まさか司法権をその運動に濫用するようなことはあるまいなと念を押されたので、断じて左様なことをする人間ではありませんとお答へして置いたわけで、入閣してほしい」と、公はつけ加へた。そこで予は入閣を承諾したのである。

新聞界では予の入閣があるものと予期して、前日までは予の身辺に注目ししきりに訪問して来たが、その後の組閣工作で、新聞界ではもはや予にふりあてらるべき閣僚の椅子は全部ふさがれたものとみとめ、けふは毎日新聞の野□〔一字欠〕といふ記者がたゞ一人のりつけた自動車を門内の木かげにとめて、予が帰宅した折はその自動車の中でねむりこけてゐた。

予は電話がすむと、五反田池田山の斎藤茂一郎氏邸に行つた。主人公は渡満中なので夫人に、入閣することになつたから、電話の序もあつたら満洲の主人公にその旨伝へてもらひと依頼して、すぐに帰路についた。このときは自動車を呼ぶことが出来なかつたのであるいて行つたのだが、もしや不在中に入閣の事を聞き知つて新聞記者がつめかけてゐはせぬかと案じ乍ら、自宅に近づくと、案の定自動車が二三台来てゐるらしい。そこで歩をかへして二三十分間近所の本屋をのぞき、一二冊の本を買つてかへつて行くと、今度は自動車のかげもないので早速門をはいつた。聞けば、新聞社の連中はまだ予の入閣を知らず、予の不在と聞いて何れもすぐに帰つてしまつたとの事である。

かくて夜になる。九時頃である。近衛公からすぐに来宅してほしいとの電話である。恰かもどんな用事が出来るかも知れぬとの心遣ひから、妻が自動車を一台呼んで置いたので、直ちに同邸にむけ出かけた。

近衛邸に到着して玄関前で車を降りると、ワアツと喚めて、そこにつめかけてゐた新聞記者達が忽ち車側につめよせ、人垣をつくつてしまう。写真班はさかんに映写用の光線を放射する。異口同音に入閣ですか、との質問責めをする。そんなことは知らないよと答へて、やうやくその人垣をわけて玄関にはいつたが、この折のこの玄関前は煌々たる電燈に、夜もひるをあざむく許り、新聞社の自動車は長蛇の列をつくり、新聞記者は百名以上もつめかけてゐて、その賑かさはどこか神社の夏盛りを思はせる程であつた。

予が応接間に通ると、そこで公は予を待つてゐて、「来て貰はずともいゝようなものゝ、やはり来て貰つた方がきまりをつけるのに都合がいゝので」と挨拶され、二言三言はなしてゐると、そこへ今の未亡人が姿を現はし、予には黙礼しただけで、今は公の霊を祀る室の窓辺に急ぐ。その窓から玄関前の広場が見通せるのである。間もなく「風見さん、こゝへ来てごらんなさい」と呼ぶので、夫人の方をふりかへると、しきりに手招きしてゐる。公も立ちあがつて夫人の方に行く。予もそのあとについて夫人の傍に立ち、夫人が指さす窓外をながめると、今まさに玄関前雑踏する新聞記者達に、公の秘書が予の入閣を報告しようとしてゐるのである。

間もなく秘書が最後の入閣交渉完了と叫び、すぐに一段と声をはりあげて、「風見章氏、司法大臣」と叫ぶ。すると、ワアツ〳〵と喚声があがつたかと思ふと、蜘蛛の子が散る如く新聞記者達は八方に走り出す。あるものは組閣ニユース用に玄関近くへすえつけた電話器にとりつく。あるものは本社へ飛んでかへらうといふのだらう、暗闇の中へ走り出す。たちまち自動車の警笛がけたゝましく鳴り出す。自動車のエンヂンの響きがかまびすしい騒音となつて、耳を打ち始める。

もとの席に戻ると、公はまだ随分沢山のものが居残つて貴下の出るのを待つてゐるらしいから、しばらく話をして時を過しませう、ちようど夜食をたべようとしてゐるところですから食堂へ行きませんかといふので、その応接間から廊下一つ隔てた食堂にはいり、組閣の手伝ひに来てゐた西園寺公一、犬養健の両氏をも交へて、一時間ほど夜食のすしとサンドウイッチなどをたべ乍ら語りあつて、その夜は辞去したのであつた。

今此の玄関さきの土をふんで、かうした在りし日の情景が髣髴として眼前に湧き浮んで来る。

雨の中を傘さすことも忘れて玄関前の樹の下にしばしたゝずめば、聞ゆるものとては樹の葉よりしたゝり落つる雫の音と、かすかなる葉のすれあふひゞきとだけ。四辺は無住の寺の境内か荒野のはてでもなくば、味ひ得まじと思はるゝ程の寂寞さ。こゝに立つ木々達も、この邸が近衛家のものであるかぎりは、四季を通じてこの寂寞をたゞしのばねばな〔ら〕ぬことを思ふにつけ、その下を通る一歩々々に、哀傷の情こも〴〵至り、尽くるところなしである。

門まで来ると、扉があいたまゝである。岸氏が、自動車は返してしまつたから扉をしめて置けといつたのにといふので、手が足らぬからだよ、しめて行かうと岸氏を促して扉をしめ、門外に出る。あすは有馬伯を訪問する予定なので、その夜は岸氏のもとに一泊する。同氏の家は杉並区成宗町なので、近衛邸から近く、有馬伯邸にも遠くはなくて、どちらへもあるいて行けるからである。

その夜岸氏から、近衛家の財産は今尚ほ聯合国の管理下に置かれてあること、何れは今の邸宅を処分しなければなるまいが、未亡人は文隆氏のかへつて来るまではその儘にして置きたいと希望してゐること、現在財産税のために随分と面倒臭い手続きや交渉が必要なのだが、たれもその手伝ひをしてやらうといふものが無いので、みるにみかねて岸氏が出来るだけの暇をつくり、一人でその世話をやいてやつてゐることなどを聞かされた。

あくれば二十八日、岸氏と伴れだつて杉並区関根町の有馬頼寧伯宅に行く。

荻窪駅前の道路には、三重に乗客が長蛇の列をつくつてゐる。「交通地獄」といはれるのも無理でないと思ふ。

有馬邸へはいる横通りの少し手前に、もとの中島飛行機製作所がある。今は富士産業株式会社といふ看板がかゝげてあつたが、こゝは聯合軍の管理下に置かれてあるのだらう、M・Pが門の歩哨に立つてゐた。

九時少し過ぎたころ、有馬邸に着く。表玄関のベルを岸氏が押したがたれも出て来ない。先日の有馬氏の手紙で、女中も置かぬことにしたとあつたから、内玄関の方で案内を乞ふがよからうと岸氏に注意し、内玄関の戸をあける。岸氏があたりをゆるがす大声で、ご免なさいツと二三度どなると、やつと一人の老婦人があたふたと出て来て、何の御用ですかといふ。風見が来たと伯爵に取りついで下さいと答へると、間もなく若い女性が出て来て、どうぞ表玄関の方へといふ。岸氏とそこへ廻る。その女性に案内されて、応接室へ通る。すぐに有馬伯がそこへ姿を現はす。そして案内した女性を伯の娘で、夫とともにこゝへ同居してゐるのだと紹介してくれた。

どうして有馬氏は戦犯容疑者として指名されたのであつたらうかとたづねると、同氏は、取調べを受けた点から察して、大政翼賛会関係であつたと思ふとのことであつた。

数々の同氏の話の中で心をひかれたのは、財産税の捻出やら、新しい生活の途を設計する必要から、現在の住宅を農業中央金庫の寄宿舎に買つて貰ふことにしたので、間もなく家令などを住まはせて置いた邸内の長屋に引き移ること、新しい生活設計としては、四千坪ほどやしきの土地が確保できるので、そこで草花をつくつたり養鶏でもやつて、日本橋辺に小さい売店を持ち、そこで売りさばくことにしたいと工夫してゐること、長男は出版業をやりたがつてゐたが、紙不足のためその希望が実現出来ないので、今は知人と共にガラス掃き請負ひの仕事を始めて、その方で収入をあげてゐることなど、ありし日ならば夢にも浮ばなかつたであらう話材であつた。

同氏の夫人は北白川宮家の出である。今は女中も置かないのでみづから茶をはこび、娘さんとともにつくつたらしい手軽なパンケーキをみづから持参して、もてなしてくれた。

かういふ世の中となつては、見栄や外聞に拘泥してはゐられない、すべて実質的に内容を豊富にした生活をいとまねばならぬ、それには長屋住ひでいゝ、その代り営養の方に出来るだけ多くの経費を廻すことに心がけて行くつもりだとも語つてゐた。

貴重な書籍類は八王子の方に疎開させて置いたが、同地が爆撃された折焼き失はれてしまつた、併し文学に関する書籍だけは疎開しなかつたので、まだ相当に多くの手持がある、そこで日本橋の方に店を持つことになつたらそれを二階建にして、下は店、上は文学書閲覧室にして、一種の図書館営業をやつてみるつもりだとも語つてゐた。

この人とも、曽てはともに手を携へてこの国の政界を馳駆したことであつたが、今は互ひにしがなきその日〳〵の味気なき存在。まこと壇の浦戦後の平家一門にも匹敵する境涯への沈淪であることを思ふて、感慨ははてしもなく、胸にあふれて来る。

暇を告げて出かけに、ふと次の室が眼につく。そこには大きいテーブルの上に種々の骨董品らしいのが沢山、秩序よくならべられてあつた。それを見てすぐ思ひ出したのは、予が岸氏とともに案内された応接間のガラス戸棚の中には、乱雑に桐の箱が詰められてあつたことである。この応接間は以前に何度か通されたところだが、その頃はこのガラス戸棚の中には、この室の装飾としての品がきちんと整理されて置かれてあつたものだ。察するに、今はそれ等の品々を始め、売つてしまつていゝ品ものを好事者に見せて売り捌いてゐるものらしい。

徳川時代には久留米藩主であつた有馬家、つひのこの間までは近衛、木戸の両氏とならんで、華冑界出の政客として一世に時めいたこの人の今のこの境涯。己が身の境涯もさる事ながら、さびしさに心うち砕るゝ思ひである。

ありし日、自動車の便宜が多かつた頃は、いつも車を走らしてたづねたので、その後あるいて同邸を一二度たづねた折は、車で行つた道しか知らず荻窪駅で下車してあるいたものだが、けふは有馬氏から西荻窪駅こそ一番近いと教へられ、岸氏と伴れだつて同駅に出る。

仕合せにも、電車は立ちこんでゐず、岸氏も予も腰かけることが出来た。こんな場合はめづらしいと、岸氏が述懐してゐた。

中野駅近くになつて窓外を見渡すと、はてしもなき焼野原で、ところどころに小つぽけなバラツク式住宅がぽつりぽつりと眼に映る。ありし日のぎつしりと建てつめた住宅街の風景は、どこにもその俤をのこしてゐない。

東京駅でのりかへのため下車。むかしとくらべて、ちがつてゐると第一に気がついたのは、プラツトホームが土ほこりをたてゝゐて、甚だ汚いことである。爆撃でこつぱ微塵に破壊されたといふドームのあとには、新しい稜形の屋根が、いま出来あがりかけてゐた。

この東京駅楼上のステーシヨンホテルは、ありし日、予が政治行動の便宜から、ときには一ケ月もの長きに亘つて室を借りきつたこともあり、いくたびかこゝに寝起して、種々と政治的画策をやつたことが、このプラツトホームに起つと思ひ出された。予にとつてこのホテルには、思ひ出の種が数々ある。

政友会でももつとも活発な分子であつた森恪氏が、変名でこのホテルの一室を借りて置いて秘密な政治活動本部としてゐた頃、この森氏とは個人的には親しかつたが、政治的には反対の立場にあつた予も亦変名で、こゝに一室を借りきつて、同じく秘密の政治行動本部として置いた。互ひにうすうすと相手のことは知つてゐたが、といつてはつきりさうだとはまだ知らずにゐたところ、あるとき夜ふけにともに帰つて来て、廊下でばつたり出会つてしまひ、ヤアヤア君もこゝを本拠としてゐるかと互ひにいひかはし、次の日には相談したわけでなく、互ひにこのホテルを引きはらつてしまつたことなども思ひ出されて、感慨は尽きない。

建川中将や橋本欣五郎氏や、その他謂ゆる右翼団体の頭梁を以て任ずる連中と大いに国事を語つて、意見が合致した上は共同戦線を張り、政界に大いに馳駆しようではないかとて、中野正剛氏から熱心な申入れがあつたが、予自身はそれにちつとも興味を感ぜざるどころか、それ等の人達の政治的性格には好感を持てなかつたので、さうとはいはぬが、予定された会合の日には、東京を立つて茨城県の行方郡の香澄村といふのへ講演に出かけるので出席出来ぬと断つた。ところが中野氏は、そんなことをいはずに何とか都合してくれ、集る連中の多くは貴下を知らないので、是非一度あひたいと切望してゐるばかりか、その会合は貴下が欠席だとなると意味がなくなるわけで、是非とも出席してほしい、一寸顔を出してくれたゞけでもいゝ、さうでないと貴下をきつとつれて来るといつた予の顔がたゝないのだとしつこく要請するので、何しろ多年の親友である中野氏のそれほど迄の希望を無下に断つてしまふわけにも行かず、では出席するが、然らば午前八時半に開会としてくれぬか、さうすれば正午の両国発列車で出かけるのだから、十一時頃迄は臨席して差支ないと答へると、それでは開会の時間をその時刻にしよう、場所はステーシヨンホテルだとの話に、当日その予定時刻に同ホテルへ行つてみた。すると、その時刻に一同そろつてゐて、たれかゞ政治上の会合で、こんなに早い集まりは稀有の事と述懐したのを記憶する。予にとつては予期した如く、会するもの何れもたゞ大言壮語するのみで、ちつとも足が地についてゐないので終始無言、そのうち十一時頃になつたので、さつさと退席してしまつた。そして香澄村へ講演に出かけたことなども思ひ出された。それは昭和十一年の春だつたと記憶する。

そのステーシヨン・ホテルも、まだ爆撃による破壊がその儘らしく、たゞ外廓が補修のさ中らしい。

山の手線が来たので、それに乗る。有楽町で下車。岸氏と伴れだつて交詢社に行く。岸氏とはそこで別れる。

久しぶりで交詢社の食卓につく。パン二切とコーヒーと菓子とを注文する。パンにはつけるものを出さない。此の頃は全部現金払ひだとの事で、その三品の代金十五円を要求される。随分高いと思つたが、あとで聞くと、交詢社はこれでも安いといはれてゐるのださうだ。

こゝで一時間ほど足を休める。昨日こゝへ立ちよつた折、西園寺氏からの置手紙があつて、この日の夜、細川嘉六、高倉輝の両氏とともにめしをたべたいから、午後五時頃までに電通ビル内の世界画報社まで来てほしいとのことであつた〔か〕ら、それまでの三時間ほどを、先づ交詢社側の斎藤茂一郎氏経営の「ツクバ」と呼ぶ店に行つて、その模様を見る。それから電通ビルの木原氏達を訪ねる。やがて発行するといふ内外新聞社の社室を見てほしいといふので、同氏等の自動車でそこへ行つてみる。あすのひるは、もとの大和田のうなぎを食はせる山王台の山の茶屋へ、有馬氏をもさそつて予を招待してくれるといふので、よろこんでその招きに応ずることにして同氏等と別れ、その自動車で交詢社まで送つて貰ふ。そこの受付にたのんで置いたカバンを受けとつて、西園寺氏の事務所たる世界画報社へ出かける。

まだ五時前なので、西園寺氏も細川氏も高倉氏も来てゐなかつたが、同社につとめてゐる旧知の木村亨氏がゐて、こゝで待つてゐて欲しいと、倚子をあけてくれる。木村氏からそのとき、風間道太郎氏を紹介された。この風間氏は、予にとつては称好塾の先輩として親密な風間礼助氏の長男だと知らされる。しかも高倉氏は議会中の宿を、その風間氏の家に置いてあると聞かされては、初対面ながら因縁の浅からざるにおどろかされた。この風間氏は、この画報社で木村氏と同僚なのだ。

こゝで松本慎一氏にも出会ふ。松本慎一氏は故尾崎秀実氏の親友で、尾崎氏を予が内閣嘱託とし、首相官邸の秘書官寝室を同氏の事務所とした折、松本氏がそこへ尾崎氏をたづねて来た折紹介されて知つたのである。今は印刷労働組合の書記長として活躍し、労働運動界の立役者の一人となつたが、ありし日は左翼的人物だといふので、いくたびか検挙された経験があり、終戦までは否応なしに世間の隅の方に押しこめられて、しがない存在たるをよぎなくされてゐたものだ。尤も拘留所生活にも刑務所生活にも、つねに泰然自若、ちつとも屈托しない存在として、尾崎氏がその神経の根太いのをつねに称揚してゐた。尾崎氏が検挙された後は自から表面にたつて、同氏のために出来るかぎりのあらゆる援助を尽し、その友情のこまやかさには敬服の外なかつた。昭和二十年の始め頃であつたらう、一夜高倉輝氏と共にたづねて来て、すでに死刑を執行された尾崎氏のため、一夕の追悼会を三四のものといとなみたいと相談に来たことがあつた。その折予はその企てに賛成し、予自身は出席を遠慮するが、霊前に供へてくれといつて洋酒一本を両氏に托したことが、松本氏と逢つて思ひ出された。曾ては尾崎氏の名を知人としてあげることすらその友人の間ではゞかられたといふのに、今は却つて尾崎氏の友人であつたといふことが自慢に値ひするといふのである。松本氏と対面しては、まこと今昔の感に堪へぬ。

この間始めて此の事務所をのぞいた折には、西園寺氏のいゝ相棒たる越氏がゐて、この越氏は曾て尾崎未亡人と共にわざ〳〵水海道までたづねて来たことがあり、尾崎未亡人とは懇意の人である。その節、今度は尾崎未亡人をたづねる暇もないからよろしく伝へてくれと伝言を頼んだが、けふは同氏から同未亡人の近況をくわしく聞きたいと思つたのに、遺憾乍ら不在であつた。

誰れ彼れと雑談を交はしてゐる間に、先づ細川氏が姿を現はす。ついで高倉氏が来合せる。最後に西園寺氏がはいつて来る。同勢そろつたので、ともに西園寺氏の案内で、徒歩で木挽町の或る料亭におもむく。

この料亭は二間しかなく、入口の様子から室の模様など大阪の淀川べりなどにある、高級ではあるが小つぽけな料亭に酷似してゐるので、出て来た女中に、関西料理かと聞くと、さうですといふ。出て来る料理は高級中の高級もの。戦前でもめつたに見られぬ程の献立。最後にすしを出したが、これは江戸前すしとしても上等のもの。かゝる料理に出会つたのは、予にとつて何年ぶりかである。

高倉輝氏が昭和二十年の三月警視庁を脱出した折の話が出る。この事件は警視庁から、当時同氏は予が家に立ち廻るだらうといつて来たので、予にとつては今尚ほ深い印象をきざまれてゐる。大盗賊の親分が同氏の脱出を手伝つたのだとのことである。

この席上、予が川田寿氏との関係をのべて、川田氏を茨城県知事に当選させたいものだと話をすると、三氏ともよろこんで応援に行きたいといつてくれた。この件については帰宅後、川田氏と相談して挨拶することにした。

おそくなつて立川工業株式会社の立川氏が姿を現はす。西園寺氏の友人である。

まことにこゝちよき集りで話は尽きないのであるが、物騒な世の中とて、あまりおそくなるのを避けるため、八時半頃予は辞去しようとし、今夜は大池氏宅に泊めて貰ふようにさきに電話し、その序に後で電話するから自動車を借用したいと頼んで置いたので、大池氏宅へそこから電話をかけようとしたが、まだ電話はとりつけてないといふ。これには一寸困つたが、すると立川氏が、とも角私の事務所まで行かうといふので、四人して同氏の事む所に同行する。こゝで大池氏へ電話しようと思つたが、立川氏が自分の車で送りませうといふので、その好意にすがることにした。

ところが同氏の自動車は今どこかへ行つたといふので、そのかへりを待つ。九時半頃、自動車の都合がついたとの知らせに、細川、高倉両氏もそれに便乗して、便利な駅まで送つてほしいといふので早速三人同乗、先づ予を大池氏宅まで送つて貰ふことにする。大池氏宅へ着いたのが十時頃。三郎が来合せてゐた。三郎と枕をならべて寝る。

寝ものがたりに、高倉氏が明日の夜、共産党本部で弁証法の新しい解釈について講演するさうだといふと、三郎が、それは是非とも聞きたいがどうしたらいゝだらうといふ。あすの朝、高倉氏に紹介状を書いてやることにする。それから三郎に、是非ともロシア語を修得するようにすゝめて置いた。

三郎は昨日の予のG・H・Q行の結果を心配して、けふは予が斎藤宅にゐはせぬかと同所をおとづれそこにゐなかったので、大池氏宅に立ちよると、今夜こゝへ泊る予定だと聞かされて予を待つてゐたのだといふ。

三月一日。土曜日。朝大池氏が議会に出かける自動車に便乗して、五反田の斎藤氏宅まで送つて貰ふ。出かける前に三郎に高倉氏あての紹介の名刺をやる。

大池氏は先づ予を送らうといふので、自動車は省線外の大道路に出て五反田の大崎警察署前を通り、池田山（五反田五丁目）の斎藤邸に赴く。大崎警察署から南へ一丁程の地点に四ツ辻があり、その南東の角に甲州家と呼ぶ洋食店があつて、東大崎四丁目に住んでゐた頃はよくその店から洋食を入れたものであつたが、この辺一帯の焼野原となつてゐる中に、この甲州屋がバラック建でもとの地に復興してゐるのが目についた。

斎藤氏には昨日電話して、一昨日のG・H・Q行が心配するようなことはなかつたことを知らせた序にけさたづねる旨を話したので待つてゐてくれた。一昨日別れて後の行動についてくわしく報告し、けふのひるは招かれて山の茶屋に行く話をすると、それでは夜蜂龍で夕めしをたべようと招いてくれた。よろこんで承諾する。ひる少し前、迎ひに来てくれた内外新聞の首藤氏に案内され、その自動車で山の茶屋に出かける。

道は麻布の一の橋に出て、赤羽から虎の門にむかふ。そのあたり見渡すかぎり爆撃の災禍を蒙らざるもの一つもなし。まだバラック建の復興家屋すら稀にしか見られず、こゝをいづことも見当がつかぬ程の荒涼たる有様である。

飯倉四丁目に妻の学友が嫁いでゐる菊池といふ薬屋があつたが、今はあと形もない。焼けて崩れかけた土蔵二棟ほど焼けあとにちよこなんと立つてゐたが、この一つが菊池薬店の名ごりではないかと思はれた。このあたり無難でのこつてゐるのはソヴイエト大使館だけである。

自動車は虎の門の手前で左折して、溜池の通りに出る。その途中、大倉徴古館のむざんに爆撃されたあとがそのまゝにのこつてゐるのが目につく。

溜池の通りへ出て先づ眼にうつったのは、予が三年ごし寝起した内閣書記官舎がコンクリートの外郭だけになつて突きたつてゐるさびしい姿である。ありし日の芝生であつた庭さきが地膚をあらはしてゐる。どこをみても廃墟といふ文字を思ひ出さずにはゐられぬ東京ではあるが、予にとつてはこのときほど、この文字の意味が切実であつたことはない。

山王台への上り口の鳥居だけは昔のまゝであつたが、その左右はむかしの姿あとかたもなく焼き払はれて荒野といふ感じがする。この鳥居の右手に、曾ては三楽といふ高級な旅館があつて、内閣書記官長時代、その三楽に室を借りきつて置き、或ひは休養のために泊つたり、或ひは閣僚などと秘密の会談をやるためにそこへ出かけたりしたものであつたが、今はどこが三楽のあとであるか見当もつかぬ。

山王台を左手の坂からのぼつて、その台の反対の側への下り口のところに山の茶屋がある。こゝは六本木の大和田の嫁の里なのだが、六本木の方は焼けたまゝなので、その嫁がちかごろこの山の茶屋でうなぎ料理を始めたのださうである。

先日有馬氏の手紙に、六本木の大和田が山の茶屋で復活し、人によばれてそこでご馳走になつたが、その折しきりにその家のものが予の噂をしてゐたと書いてあつたといふ話をしたのがもとで、けふこゝに有馬氏と共に招かれることになつたのである。

六本木の大和田は芋洗亭とも呼ばれ、徳川時代には江戸うなぎ料理店の、いはゞ主席総代ともいふべき役柄をつとめてゐた家柄で、店は小さかつたが、うなぎ通からは東京第一の店として珍重され、その上店そのものが古風な流儀なのがひどく気にいつて、予は昭和十五年頃から同十九年の春頃までひんぱんにこの店に出かけたものである。近衛公や有馬伯などとも、この店の一室でうなぎをたべ乍ら何度か会談した。

この店では老女中が二人ゐて、何れも古風な丸まげ姿。チップをやらうがよろこぶ顔も見せず、やらずともいやなそぶりは露ほどもなし。時めく政治家とともに行かうが、書生ツポを同行しようが、応待には何のけじめもつけず、この家のうなぎを味つてくれるものこそ大切なお客様だといつた調子をいつも変へなかつたものだ。室も五つほどしかなく、しかも満足なのはたゞ一室だけ。あとは玄関横の三畳間だとか、うす暗い四畳半だとか、物置きになつてゐる二階の隅にある一室、玄関の直ぐ上にある四畳半の一室など茶室がゝつた趣はあるものゝ、当世風の趣向は絶無であつた。上下貴賤の別なく、人数の多い連中にはその満足なたゞ一つの室が大きいといふのでそこへ案内し、人数の少ない方は玄関側で辛棒させるなど、ちつとばかりでも威張りたがる連中には寄りつけぬ店であつた。終戦直前に死んだといふ主人公は国学院出身で変りものゝ一人。家は古いのが味があるといつて、窓のかもいや敷居が雨風にたゝかれけづられて、木の目がもりあがつたのを自慢するといふ風であつた。

その大和田の芋洗亭のうなぎの味をいま味はせようといふのが、この山の茶屋である。昨日のお電話なので室がなく、おばあさんの居間をあけて置きましたと入口わきの小部屋へ案内される。有馬氏と木原通雄、後藤勇の両氏は先着してゐた。すぐに料理がはこばれる。大和田の若主婦が挨拶に出て来る。料理は先づ刺身。次が白やきのうなぎ。大和田名物のうなぎのきもやき。それから中串のうなぎ。次がうなどん。最後に菓子とくだもの。正にむかし何不自由なく、大和田がうなぎの料理を出せた頃の献立、その儘である。

かうした献立が出来なくなつたのは昭和十九年の春である。その頃大和田は閉店してしまつた。それからしばらく過ぎてまた開店することにし、うなぎがはいつたからとの電話があつたので出かけて行くと、主人が何とかうなぎの工面は出来さうだから、開店することにしたといつてゐたが、併しその工面はつひに水泡に帰したらしく、爾来うなぎがはいつたとの電話もかゝる事はなかつた。

こゝでは政界の在りし日の事など思ひ出を語りあつて、二時間ほど過した。近衛公の自筆の記録には、東条を後継内閣の首班に推せんしたのは公自身だとはつきり書いてあるといふことを、この折有馬氏から聞かされた。

山の茶屋で有馬氏とは別れ、木原、後藤両氏に送られ、同氏等の自動車で交詢社へむかふ。

このときは道を議事堂うらにとつて総理大臣官邸前から溜池へ出た。上京した最初の日に大池氏の自動車でこゝを通りはしたが、その折はたゞ素通りしたゞけなので、このあたりの光景をゆつくり眺めることもなかつたが、けふは朝鮮独立を紀念する朝鮮人の示威行列がちようど総理官邸へ押しよせつゝあつたので、自動車がしばしではあるが、その官邸門前に立往生した。おかげで四辺の風景を少しは車窓から眺め得たが、ありし日の外務大臣官邸は焼き払はれてしまつてあとかたもない。自動車に徐行してもらつて総理官邸を瞥見すると、そこの日本間と呼ばれてゐた和様の豪壮な建てものも消えてなくなつてゐる。そこの崖下に、友人の真藤慎太郎氏の住宅があつて瀟洒たる建てものであつたが、それも焼失し、そのあとらしいところに小つぽけな住宅が新築されてある。あとで聞いたことだが、真藤氏は今その家に住んでゐるのださうだ。

溜池の通りで左折すると、そこにもとの東京クラブの建てものが煉瓦の外郭だけをのこして焼かれたまゝにのこつてゐる。その隣りの霞山会館は今は聯合軍に接収されてすつかり修理されてあつたが、入口には相不変霞山会館と東亜同文会の標札がかゝげられてあるのが皮肉な印象を与へる。昭和十四年にこの建ものゝ一室を事む所に借りて、近衛公とともに日支事変誌を編むための資料あつめにとりかゝつたことがあるが、政局多端でその方に力を奪はれ、折角のその企てを中止してしまつたことなど、こゝで思ひ出した。

交詢社前で木原、後藤両氏と別れる。

たまたま上京中の林広吉氏が細川嘉六氏と伴れだつて交詢社へたづねて来た。そこへ三郎も来る。三人にレモンテイーと菓子とをご馳走したが、その代金何十円といふのにおそれをなして、あとからたづねて来た木村享氏や加藤政治氏などには番茶だけをふるまはうとしたら、番茶一杯五十銭だといふ。曾てはこゝでは番茶は無料であつたのに、今は有料。世間がせち辛くなつたことをこのときもしみじみと思はせられた。

木村享氏が前年中央公論社の記者であつた頃、尨大な支那問題辞典の編纂にとりかゝり、それが出来あがつたのでこの著述の批評をもとめに来て予に面会したのは、こゝのこの倚子であつたと語つたのにも懐旧の情はそゝられた。

林氏は長野県知事に立候補することをあちこちからすゝめられるが、自分としては農民組合運動にこれから没頭する心算だと語つてゐた。

加藤政治氏は相変らず東京新聞の編纂局につとめてゐる。伏見武夫氏があひたがつてゐたら〔ママ〕とて同氏との連絡をはかつたが連絡つかず、そのうちに斎藤氏と約束の蜂龍へ行く時間が迫つたので一同と別れ交詢社を出た。

蜂龍まではあるいて行く。行きつくと、斎藤氏はすでに着いてゐた。

昭和十四年の夏であつたと記憶する。この家で近衛公に招かれ、一夕の歓を尽したことがあつた。その折余興によばれた万才が、近衛公と予の名前とを巧みにとり入れた漫談をやつて笑はせられたことなど思ひ出す。

食後こゝで赤坂の虎屋の洋かんをたべた。久しぶりである。

七時半頃ここを出る。今夜は斎藤氏宅に泊めて貰ふことにして、両人つれだつて新橋駅へ行く。途中銀座通りに出たが、人通り甚だ稀で店々の戸も閉され、以前の夜ふけの銀座の光景である。聞けばこの頃は七時頃までは賑かだが、それから後は急に人足が杜絶えて、かくもさびしい通りとなつてしまふのださうだ。

新橋駅でひどい混雑の電車にやつとのことで乗りこみ、五反田駅で下車。斎藤氏とぶら〳〵あるき乍ら同邸にむかふ。途中まで斎藤氏宅の若いものが出迎ひに来てくれた。到るところ夜は物騒なのと、一度斎藤氏の四男の敏夫氏が夜ふけに帰る途中、池田山の入口あたりで強盗に襲はれなぐられた上、シヤツ一枚のこして衣類をはぎとられたこともあつたので、斎藤氏宅では夜のかへりにはいつも出迎ひを途中まで出すことにしてゐるのださうだ。

この池田山も半分近くは焼け野原になつたまゝなので、夜道はひどくさびしい。

このあたりは高級な住宅街で洋風のものも多く、ために米国進駐軍に取りあげられた家が少くない。そしてそれ等の家へ水をふんだんに送るために特別の揚水装置が設備されたゝめ、一般の家では水道水がチヨロ〳〵しか出ず、それがたゝつて便所を概ね水洗式にしてある此の辺の家庭ではひどく困つてゐるさうだ。斎藤宅も同様で、便所に行くたび井戸から水を汲んで来て清掃しなければならず、自然便所は不潔になり勝ちで、これには斎藤氏宅でも弱つてゐた。

斎藤氏宅で予のために用意してくれた食事はめしも普通のものであり、菜も相当なものであつたが、あとで三郎から聞かされた話によると、先日三郎がひるめしのご馳走にあつかつた折は家族と一緒に食事したが、粥であつたとのこと。食生活は斎藤氏ほどの家でも相当にひつぱくしたものらしい。

二日は朝の間に斎藤氏宅を辞去して大池氏宅に行き、そこへあづけて置いたカバンを受けとつて、夜は木村進宅に一泊する予定。ちようど出かけようとするところへ木村氏と三郎とが前後してたづねて来たので、三人つれだつて斎藤氏宅を出る。通り路なので飯島吉尭氏の留守宅の玄関をたゝき、今はそこに住んでゐる同氏の姉にあいさつする。

五反田駅で省線にのり、代々木まで行く。木村氏とは渋谷駅で別れた。

三郎と共に代々木駅で下車。こゝから大池氏宅まであるく。途中共産党本部の前を通る。

大池氏宅の近くで、板塀をあらかたはがしてしまつた家の前を過ぎる。三郎の話によると、この板塀はこゝを通るたびに無くなつて行くのださうだ。燃料不足のために、板塀をはいで薪にしてゐるらしい。

大池氏宅で一服して休み、それから三郎に案内されて千駄ケ谷駅で省線にのる。それから渋谷に出て、そこで北沢方面行の電車に乗りかへ池の上駅で下車。三郎はこゝから引き返して下宿へかへる。

木村氏宅でひるめしをたべる。精二がこの夜は同氏宅へとまるといふので、昨日米をはこんで置いてくれた。児矢野昌年氏夫妻とはこゝで面会する。

三日。この日は帰路に就くこととしてゐたので昨日三郎と別れる折、正午頃交詢社まで来るように約束して置いた。また大池氏に電話して、けふ博太郎か精二が上京したら、ひる頃交詢社の方へ立ちよるように連絡を依頼して置く。

木村氏同道で出かける。池の上駅で電車を待ち乍ら、須田禎一氏がこの近くに住んでゐると噂してゐると、そこへひよつこり同氏が姿をあらはす。思ひがけぬめぐりあひである。

木村氏は新宿で予のために水海道までの切符を用意してくれるといふので、渋谷駅で別れる。須田氏と共に同駅下車。須田氏に案内してもらつて市電で銀座へ出る。

沿道到る処焼けあともまだろくに出来てゐないので、さんたんたる光景を呈してゐる。曾て目じるしになつた建物や家並が消えてしまつてゐるので、ありし日とは全く別な道を電車が走つてゐるかの如き錯覚を起すほど〔で〕ある。

交詢社では芦田均、楢橋渡氏などに出あふ。

芦田氏は一昨年の秋、近衛公とマツカー〔サー〕元帥との間にとりかはされた憲法問題に関する話を知りたいとの事であつたが、

又聞には、どうしても誤聞がはいり易いから、その折直接に通訳の任にあたつたものから聞いてみるがよからうと答へて置いた。

ひる頃、精二が来る。三郎は後れて一時少し前に到着。三人でこゝの食堂でひるめしをとる。出された定食は、魚に南瓜の一切をそへたのをたゞ一皿だけ。パンはないといふ。これでは足らぬので何か出来るかと聞くと、けふは鴨のスペシアル料理が出来るといふ。ではそれを持つて来いと命ずると、やがて持つて来たが、野菜煮の中に小指の先ほどの鴨肉が一つはいつてゐるきりで、その肉を探すに骨折れるほどのものである。これが一皿二十五円である。精二が弁当に持参した焼きパンを三人でわけあつてたべたが、結局それが一番うまいといふに意見が一致する。このパンは、さつまいもと卵とをうどん粉に入れてねつてフライパンで焼いたものである。

二時頃こゝを出て、精二と三郎とに西園寺氏の事む所の在所を教へて置くため三人で電通ビルに向ふ。途中で波多野乾一氏に偶然出会ふ。波多野氏は謂ゆる支那通で有名人。文筆家をも戦争犯罪者として処断するとの噂があり、自分の著書や公けにした論文なども目下聯合軍側でしきりに調査してゐるさうだが、少々心にかゝると述懐してゐた。波多野氏はまた日森を生かして置きたかつたといふ。この日森とは日森虎雄氏を指したので予も別懇の人であり、上海に多年住んでゐて、支那の共産党研究では日本人としては第一人者であつた。昭和十九年に日本の軍部から一種の追放処分を受けて内地にかへつたが、その研究のおかげで帰国後の

東亜院の嘱托となり、共産党に関する調査の仕事に没頭して、その報告書が出来あがつたといふ夜に、たしか二十年の三月二十三日の夜であつたらう、爆撃の災に遭遇し、赤坂辺のアパートで生命を失つたのである。今の日本にこの人を失つたのはたしかに少からぬ損害の一つといひ得る。

精二と三郎とを伴れて西園寺氏の事務所へ立ちよつてから、三人つれだつて銀座街を通つてみる。ぎつしりと露店商人が店を出してゐる。買ひたいと思ふものもないが、値が高いので買はうにも手は出せなかつた。

それから京橋をわたり、日本橋の通りへ出る。むかしは星製薬のビルデイングであつた建ものゝ一階に丸善が店を出してゐる。一寸のぞいてみたが、こゝは日本語の著書だけの店である。丸善の洋書部は丸ビル内にあるといふので切符を買つて東京駅を通りぬけ、丸ビルへ行つてみる。その一階に以前丸善の洋書部出張所であつた室が出張所でなく、洋書部の本部となつてゐるらしい。見るべき書籍もない。以前顔馴染の店員の顔も見えぬ。そこで匆々にそこを出てしまふ。

五時四十分上野発の列車で帰ることにしてゐたから、まだ少からぬ時間の余裕があるので上野公園へ行つてみようと東京駅で省線にのる。

上野駅の電車乗客の出口に、ぼろ〳〵の着衣で腰もあらはに横坐りにすはつて、壁にむかひ顔をかくしてうづくまつてゐる女性がゐた。その肩にもたれて三才位の子が立つてゐたが、栄養不良でしわよつた顔とそのよごれた手足と見るに忍びざるものがあつた。精二が、この間まではかうした連中がこゝの地下鉄の道ばたにぎつしりとゐたものだと説明してくれた。かゝる光景は支那の旅行でも見かけなかつたほどなので、劣等国化した此の国の現状を如実に見せつけられた思ひに胸はうづいて来る。悲憤の情はやるせなしである。

そこから上野公園台への上り口の石階段の袂までは、露店の靴みがき屋がところ狭しとならんでゐる。その中にはとしとつた女性の姿も交つてゐる。かくして生きねばならぬものがかくもふえて来たのを見ると、敗戦のみじめさがひし〳〵身に迫る思ひがする。

明治の維新頃、月自東洋照西洋と吟じた西郷隆盛の銅像が、相も変らずその巨眼をみはつて立つてゐるのも皮肉である。その眼下に曾てくりひろげられてあつた市街は東洋第一とほこれる大都会の心臓部ともいふべき繁華な場所、見渡すかぎり大小のいらかにすき間もなく埋められて、謂ゆる土一升金一升といはれた土地柄だけに、土膚の見えるところなどは薬にしたいといひ位めつたに見つからなかつたものだ。その頃はこの繁華さは世界を尻目にかけて耻しからずとの自信を人々に持たせ、およそ劣等国民などといふ文句は他国民の場合にのみあてはまるもの、この国民は永久に優等国民として存在するものと確信して、ちつとも疑を挟むことは無かつたのである。月は東洋より西洋を照らすとの自尊心を傷けられたことは曾てなし、またつひに傷けられるようなことはないものと思ひこんでゐたのである。ところが今見るその土地はどうだ?、一面の焼野原といふ外はない。あちこちに無恰好にまた不調和に、焼けのこりのコンクリート建のビルデイングが眼につく。それを点綴して、見るからにみすぼらしいバラックが立ちならび始めてゐる。とはいふものゝ、焼野原だといふ印象はそれ位のことでちつとも殺がれはしない。到るところに地膚があらはれてゐる。どう考へてみても、荒涼の二字しか形容するに言葉が浮んで来ない。まことに情けなく、見るにしのび難き有様。もし西郷の銅像にたましいあらば、正に眼を蔽ふてしまふに相違ない。劣等国民に成り下がつたことを否定すべくもなしである。

その銅像の隣りでは、蛇屋がしきりに蛇を首にまいたり手首にからませたりして蛇談義をやつてゐた。通りかゝりのものや公園に出かけて来た連中などが、その周囲をぐるりと取りまいてゐる。かうした風景を目撃するのも久しぶりである。

のどがかはいたので、どこかで茶でも呑まうかと精二と三郎に相談するとともに賛成なので、むかし顔馴染の公園下の三橋亭に立ちよる。こゝの女将は水海道の出身なので、よく知つてゐる。給仕にたづねると、けふは不在とのこと。ソーダ水としることを注文す。何れも五円づゝ。しばらくこゝで足をやすめ、それからその辺の通り一杯に立ちならぶ露店を一巡して、公園よりの乗車口にむかう。

発車二十分程前なのに、すでに三組の行列が長く続いてゐた。その中に交つて精二が買つて来た新聞を読み乍ら改札を待つ。三橋亭から大学へ廻つた三郎が、そこへ立ち戻つて来る。三郎とはこゝで別れる。

精二がすばやく坐席をみつけたので、二人ともすわることが出来た。取手からは真闇な貨車の隅の方に陣取る。八時少し前水海道駅着。心も身体もへと〳〵に疲れを覚えて駅を出た。

余　録

上野駅で下車した折、博太郎が電車混雑の有様を一度見て置くのもよからうといふ。それもさうだと、早速電車のプラットホームへ行つてみる。なるほどひどい混雑である。

電車が来るのを待つ人の群は、まさに黒山のようである。やがて電車が着くとさきを争つて入口に殺到し、罵りあひがなりあひつゝ押しあひへしあふ様は、たしかに「交通地獄」といふ外はない。車輛と車輛の間の連結器の上にも立ち乗つてゐるものがある。これ等のものはふり落されぬ用心に、バンドでからだを車輛に結へつけてゐるのださうだ。

あとで聞いた話だが、朝夕のこみあふ時には身動きならぬどころか両腕が自由にならぬ程の混雑で、それをあてこんでのスリがポツケットに手を入れ財布をつかみ出すのを知つてゐ乍ら、どうにもならぬ場合すらめづらしくないさうである。

これほど混雑してゐる一方、前方に連結した一輛は進駐軍用で、そこには二三人が乗つてゐるだけ。是れと彼れとは極楽と地獄の対象である。

進駐軍専用車以外のどの電車にも、出入口の扉と窓とには OFF LIMIT と印刷した紙がはられてある。

かゝる光景を見て先づ胸を衝くのは「屈辱」といふ感じである。三年目に上野駅のプラットホームを踏んでとくに目についた事の一つは、東京人のひどく粗末になつた身なりである。頭から足まで一応とゝのつた身なりをしてゐるものとては、男女をあはせて極めて珍らしい。

戦時のなごりである戦帽や国民帽といつた類ひのものをかぶつてゐるものが、まだ頗る多い。

道を通るものでスマートな服装してゐるのはめつたに見られなかつた。

男学生の服装は、むかしならば謂ゆるバタ屋の小僧でもなくば着なかつたであらうと思はれるほどのものが多い。つぎはぎだらけでないのは稀有といひたい程。

どの顔も自分だけがどうすれば生きて行かれるかをしか考へてゐないといふ表情。

東京滞在六日間、この間一度も風呂へはいらず。尤も大池氏宅で今夜は風呂を用意したと案内されたが、その日は斎藤氏へ泊り、その斎藤氏宅では水不足が甚しいことを聞かされたので、風呂はあるといはれたが遠慮してはいらなかつたのである。

木村進氏宅での話に、同氏宅では風呂は十五日に一度だといふ。それも児矢野氏宅で月一回、木村氏宅で月一回、そして両家ではいりあふのださうだ。

代々木から大池氏の宅まで三郎と同道。あるいて行つたが、その途中木の根を掘つてゐるのを見かけた。燃料不足のためである。大池氏の近所に宇垣一成大将の家がある。そこでもしきりに庭木を切り倒して燃料としてゐるさうだ。

近衛秀麿氏宅は荻外荘の隣りである。その秀麿氏宅でどこからか貝をもらひ、それを味噌つけ焼にしようとしたが近衛両家ともに味噌が無く、致し方なくて荻窪駅近くで闇値で少しばかり味噌を手に入れたといふ。

味噌と醤油とは東京では珍品となつてゐる。

つけものに醤油をかけてたべるのは贅沢の部に属してゐる。

水海道近在ではさつまいも一貫匁十円から高くとも十二三円といふのに、東京近在では四十円前後が通り相場だといふ。

あまり上等でないリユツクサツクが店頭にあり、その値段は九百六十円。

終戦後の新興成金中何億といふ富を積んだもの、東京にて十指を屈するほどありと高倉氏の話。

新宿の露店商人の親分のをづ組の頭といふのは少くとも二億の成金。その頭が新宿を通ると、露店商人は何れも最敬礼するといふ。斎藤氏の裏門前にビシヨツプ代将が住んでゐる。その家庭に日本人の女中数名。一週一度、活花の稽古をその夫人がやる。その女中の費用も活花稽古の費用も、花代まで交へて全部日本国庫支出である。

郊外のどこかに、もとのドイツ外交官の夫人がバーを開店。その扉には聯合軍将兵おことわりとはり札してあるさうだ。

二月のゼネスト騒ぎでは、もしそれを実行する場合は、進駐軍当局は首謀者と目ぼしをつけたもの千名近くも銃殺するはらであつたといふ。

マツカーサー司令部当局は米国の日本占領政策に関する批判には極端に神経を尖らしてゐて、その神経にふれたものは処罰を免れず、どうやらもとのこの国の特高警察以上のスパイ組織を持つて、さうした批判を探知するに骨折り出したらしく、ために今後の言動にはよほどの警戒を要すとは高倉氏の述懐。

毎日新聞の一記者は或る公会の演説で、日本は今や米国の殖民地に等しいといふ意味に取れる言辞を吐いたといふので、重労働何ケ月かの処罰をうけたさうだ。

G・H・Q内にあるC・I・S（Civil Intelligence Service〔ママ〕）は民間情報局と翻訳されてゐるが、こゝが一種の特高警察本部らしい。予と会談したミスター・コルトマン〔ママ〕も、実は中尉位の憲兵科士官との事である。

須田禎一氏の話に、先日朝日新聞の一記者が米国の如き資本主義国家ではフアッシヨが成育せぬかどうかと書いたところ、最後の「かどうか」の四字が削除されて掲載されたので、筆者のいはんとした意味は完全にゆがめられてしまつた。

中央聯絡事務局次長の白洲氏が述懐していふには、「石橋財政がどうのこうのといふが、実際はマツカーサーの一会計長としての存在でしかないのだから、とやかくいつてみたところでナンセンスさ。吉田総理にしたところで、マツカーサーの日本政治局の局長位の権威しか持つてゐはしない。なさけない話だよ〔」〕。

今この白洲氏が主としてマツカーサー司令部との聯絡係であり、ために吉田内閣即白洲内閣だとの噂もとぶ所以である。

ソ聯政府側の日本駐在吏員が日本人の家屋を徴用する場合は、その家から手紙一本でも持ち出し禁止ださうだ。〔省〕

爆撃をうけて全く灰となり了つた外務大臣横を通つたときも感概無量であつた。昭和十二年から十三年にかけて広田弘毅氏が外務大臣であつた間、予は幾度この官邸を訪れたことであつたらう？不拡大方針を堅く守る約束を裏切り通しの出先軍部が内閣を全く無視してどし〳〵戦線を拡大する許りか、つひに広東への進攻をまで計画して台湾に軍隊を集結しつゝありといふ情報を耳にしたのは昭和十二年の秋であつたと記憶する。広東進攻となれば、同地には英国の居留地もあり、英国との利害衝突が深刻化し日本の対世界外交上の重大問題化することは必然なので、予は広田外相をその官邸にたづねて、果して軍部はその噂通りの行動を敢てするかどうかを外相として先づ以てたしかめてはどうだと注意した。いつもなだ豆ぎせるで刻煙草を吸ふ僻の広田氏は、そのときもそれでスパリ〳〵と煙を吐き乍ら、それは問題だと二三度くり返したものゝ自から進んで軍部に事をたしかめてみようとはいはず、たゞ困つたことだといふ表情を示すのみである。広田氏としては事は統帥権に属するので、うつかり口を出すと軍部が何をいひ出すかも判らぬとも心配したらうし、どうせたしかめようにもたしかめさせる軍部でもないとあきらめても居たのであらう。予の注意に対して、どうせ無駄な骨折とは口にこそ出さね、多年軍部との接衝をかさねて来た経験は広田氏をして黙つてみてゐる外ないと内心きめてゐるらしかつた。重要な軍事行動にもまつたく聾坐敷に置かれてゐるのでは、どれほど手腕のある外務大臣でも手も出せぬだらうと、しみ〴〵その折広田氏に同情したことであつた。尤もこれは別な話。軍が南京進攻を決定して着々その準備にとりかゝつてゐた折である。近衛総理もそのことは全く知らされず、一日天皇に拝謁した折、始めて天皇から、実はこれは内密のことだがとて、近く南京攻略にとりかゝる旨を耳打されて始めてそれを知つたといふ有様で、総理ですらかうだから、外相が軍事行動に関して全く聾坐敷に置かれたといふのも怪むに足らないのである。

昭和十五年に西園寺公望公が逝去した折は、遺骸をこの外相官邸に運んでこゝで通夜が行はれ、司法大臣としてその通夜に出席した。各大臣が一時間ほどの割合で通夜したように記憶する。

明治維新以来国事にたづさはつた公は九十余歳の長寿を終るまで、この国が今日のような悲惨な目にあはうとは夢にも想像しなかつ〔た〕であらう。公もまた、いゝ時に死んだものゝ一人である。

団体を組む浮浪少年がこの間一巡査を小川の中に投げこんださうだ。十二三位のが頭梁で、酒ものめば煙草も吸ふ。ときぐ〜大人達をへきえきさせるほどのすご味を見せるとの事。

上野公園のベンチなどで弁当をたべようものなら浮浪児が必ず現はれて、一つ下さいと拝むさうだ。可哀想に思つてそれにわけてやると忽ち多勢の浮浪児がオレにもぐ〜と集つて来て、つひに自分の食ふ分すらわけなければならず、ためにその辺で弁当をひらくのは禁物だといはれてゐる。

白米一升、東京の闇相場七十円から百円位まで。

電話帳が以前は一寸五分以上の厚味を持つてゐたのに、今は三分位の厚味しかなし。紙不足のため加入者の住所をはぶいてしまつたせいもあるが、爆撃のため使ひなくなつた電話がおびたゞしく、今尚それが復旧不可能なためでもある。

ドイツでは英米の駐屯軍に対する民衆の敵意は緩和されるどころかむしろ増す一方なので、駐屯軍兵はそこにゐるのが薄気味悪くもあり甚だ気もちよくないので、出来るだけ早く引きあげたがつてゐるさうだ。英米の兵士に媚を売る女性はいつかは暗殺される。さういふ暗殺団が組織されてあるらしい。小どもですら、見てゐろ、いまにヒツトラーの敵を討つてやるといつた気勢を見せるものがあるとの事である。これにくらべると日本人はまことに従順で、駐屯軍兵に反感を示すどころか好感を示すに足らざるを憂ふといふ有様で、こんなに温順な国民とは知らなかつたと米軍の幹部達は述懐してゐるさうだ。

それを聴いて日本人の意気地なさを憤慨せざるはないが、併しこれは外国に敗れたといふ経験を持たぬ日本人であり、今度がその始めての経験なので、今のところいはゆる虚脱状態なのである。そこで温順そのものと思はれるような態度を示してゐるのだが、その虚脱状態からいづれは脱却するに相違なく、さうなつたらドイツ以上に駐屯米将兵は居にくゝなるにちがひないと思ふ。

支那人名義を借用すると、日本の司配権外にあつてどんなことでも出来るので、日本人でそれを借用するものが東京では相当に多い模様である。併しその借用料は随分高いさうだ。

支那人は鉄道の切符をどこまでゞも何時でもすぐに自由に買へる。東京の一般庶民階級は、精神力で生きてゐるといふ見方は当つてゐると思ふ。主食は遅配また遅配。その上米価は高し。やむなく、たゞ腹をみたすに足るもので辛棒しなければならず、栄養といつた方向は考へる余裕もある筈はないからである。

まだ東京の到る処に焼けのこりの材木で掘立小屋をつくり、やけとたんで屋根をふいたまゝのに生活してゐるのが目につく。むかしならば、まさに乞丐小屋である。衛生もへちまもあつたものでない。

数寄屋橋たもとの小つぽけな公園に、一人は天皇制護持の大道演説をやつてゐる。その反対側では共産党員が演説してゐる。その間にはさまつて在外同胞帰還促進のためだとて、戦犯で収容されてゐる星野直樹氏の実弟が断食示威をやつてゐる。どの前にも人だかりがしてゐた。

銀座尾張町の交叉点では、米国のM・Pと日本の警官とがむきあつて交通整理をやつてゐた。

銀座のもとの松屋デパートメントストアは米国軍の酒保になつてゐた。こゝは日本人入る可からずである。

銀座の千疋屋はもと通りであつた。そのとなりの菓子屋青柳は高級菓子店で昔は知られてゐたものだが、今は砂糖不足で菓子製造が出来ないからあら〔う〕、喫茶店になつてゐた。

芝の虎の門近くの晩翠軒は支那の筆墨や紙やその他の文房具、並びに家財火鉢などの輸入商店としても、はたまた支那料理店としても東京では第一流の大店として知られてゐて、予も筆墨紙など晩翠軒から買ひ求むる事多く、また支那料理の方もよく出かけて行つたので、そこの主人も店員も随分久しい間の馴染であつたが今は爆撃で焼けたまゝで、どちらもどうなつてゐるのか分からなかつた。ひどい損害を蒙つたに相違なく、且つ支那からの輸入など思ひも及ばぬ時代とて再起は甚だ困難だらうと思はれる。

交詢社の近所は爆撃の被害ほとんど無くもと通りであつた。ガラスの不足は甚しく普通小型のもの一枚百円もするさうだが、たやすくは手に入らずとかで、交詢社ほどのクラブですらガラスの破損したあとを木板で塞いでゐた。

個人の消費生活を極端にまで制限して、出来るだけの消費財を国家再建のため活用することにしなければならぬとの考へにはたれも頭の中では異存はないが、併しさうだとしてもその実行にみづから進んでとりかゝるものは無く、却つて己れ自身は在りし日の豊かな生活を追想しそれを憧憬するのみで、たゞ如何に憧憬するも今を昔にかへすよすがのあらう筈もなく消費生活の縮限をよぎなくされつゝあり、それに苦められてあつぷ〳〵してゐるといふが、東京人の現状としか思はれなかつた。

大きい家では引揚者の住宅難から強制的に同棲させられる心配もあつて知人や親しいものに開放したものが多く、斎藤氏宅では十余家族、五十余人も同居である。有馬宅でも七家族同居だといつてゐた。とこ〔ろ〕で斎藤氏宅でも有馬氏宅でも、一人々々は電気を出来るだけ節約してゐるといひ乍ら、月末になるときまつて少なからぬ制限外消費量がメートルにあらはれ、そのために支払ふ超過料金はばか〳〵しいほど巨額にのぼるので困つてしまうとこぼしてゐた。有馬氏は到底やりきれないので、今月は頭割にして超過料金を出させたといつてゐた。社会生活的訓練に未熟な日本人の短所が、こんなところにも現はれてゐる。

横浜地方では夜中にM・Pが来てたゝき起され、台所などを検査される。その折、もしも米軍から出たと思はれる品でもあらうものならひどい目にあふので、配給された缶詰などにもつねに配給されたものに相違ないと証拠だてるに足るだけの印を用意して置く必要があるさうだ。

銀座うらで或る中古衣服店にM・Pが二人ほどはいつて品ものをいぢくり廻してゐるので、買はふとしてゐるのかと思つたら同行のものから、あれは点検してゐるのだよ、相当な贈物でもしないとひどい目にあふ場合もあると聞かされた。

世は支那人でなくば明けぬ有様である。先般死亡したもとの衆議院議長内ヶ崎作三郎氏が床臥した折、元来貧乏な同氏の事とて定めて弱つてゐたことだらうとかげ乍ら同情してゐたところ、その長男の夫人が支那人なので、終戦後大きい支那料理なども開業、それがため金に困るどころかあり余る程の収入があり、そのおかげで人一倍何不自由なく看護してもらつたさうだ。作三郎氏夫人は初めはその長男が支那人を嫁としたのをひどくきらつてゐたが、終戦後はその嫁のおかげで生計も頗る豊かなところから、今は嫁を拝がんばかりに有り難つてゐると噂されてゐる。

上野駅前で精二が新聞を買つた。値段は闇値である。ところが精二がつり銭をとらなかつたといふので、あ〔と〕を追ひかけて来た。闇値で売ることは平気で、つり銭をごまか〔さ〕ないといふ心理は一寸奇妙である。これで思ひ出したのは岸道三氏の話である。それによると、先日岸氏が小樽へ帰省した折、函館駅で乗車行列の間に交つて立つてゐると一人の男が近づいて、小使銭を出して呉れるなら坐席が取れるように行列よりさきに車内へ伴れこんでやらうといふ。無用だと断ると、目星をつけて行列内の外のものに同様の交渉してあるいてゐたが、たれからも断られたらしい。すると又もや岸氏のところへやつて来てしきりに同意を求めるので、それならばといふので行列を出てその男のあとについて行くと、果せるかな、まだ改札も始まらぬうちに車内にはいり、すきな場所に坐席を占めることが出来た。見るとあちこちに同様坐席を占めてゐるものがある。岸氏が、さていくらやればいゝかとたづねると、岸氏を乏しいと見たのであらう、困るときはたれでもある、けふはたゞでいゝよとすました顔に岸氏の方が少々てれて、さうはいかぬと三十円ほどつかませたら、よろこんで帰つて行つたさうだ。これは駅員と通謀して金を山分けするといふ約束でかういふ不正な商売してゐるわけなのだが、その不正行為の埒内で困るものは助けてやるといふ仁義心は見せてゐるのである。上野駅などでもかうした不正乗客案内があるとのこと。

岸氏の話に、北海道へ東京から旅行するには四五日はかゝるものと覚悟して、弁当などもそれだけの用意が必要である。どうかすると、青森駅構内で一夜一日過さねばならぬような目にもあふさうだ。

東京市街を出あるくものを見ると、どこからどこまでも整つたりつぱな服装してゐるものもあるが、さうでないものは実にみすぼらしい。服装的中流階級は影をひそめたといへる。これは男女共通の現象である。

外出男子の和服姿にはめつたに出会はなかつた。

渋谷駅前で市電にのるため行列の中に交つてゐると、近くの焼けのこつたコンクリート四階建の上層の窓から拡声器が出てゐて、そこからやすみなしに女性の声が流れて来る。聞くともなしに聞いてゐると電器用品の広告口状である。これなどは日本では新しい試みの一つであらう。

あふ人ごとに概ねたゞその日ぐらし。前途への希望も持たぬ代りに、明日がどうあらうと心配する力もないといつた調子。その顔が浮かぬ表情に蔽はれてゐるのは不思議でない。

上野の三橋亭で茶をのんだ折、そこの隅の方によたものらしいのが四五名とぐろをまいてゐた。そこへ一人の女性がすつきりした和服装で仲間入したが、この仲間のあねさんといふ格だらう、話の筋は聞えなかつたが荒つぽい声だけは耳を打つ。一人の男が立つて何かいつてゐたが、その手には百円札束をわしづかみにしてゐた。

銀座辺のダンスホールなどへ傭はれてゐる音楽手では、多いのは月一万円、少いのでも五六千円の収入は下らないのがザラにあるといふ。

昭和十二年六月から同十四年の一月四日まで、内閣書記官長当時寝起した同官舎は西の方にはこんほ〔も〕りした樹立があり、東方は二階の窓から首相官邸の庭が見えぬほど鬱蒼なる林にかこまれてゐて、南方は庭園で一面の芝生、その庭樹も崖下の家が見えぬほど植えられてあり、溜池の街路から眺めるとその二階しか見えなかつたのに、爆撃された後の同官舎は地膚の見える崖上にポツンと起つてゐる。そのコンクリートの外廓しか無くなつてしまつた浅ましい姿をのぞいても、その辺一帯立木もなくまことに殺風景である。

この官舎の下町に京都南禅寺畔の料亭として名高い瓢亭の支店が昭和十二年頃もうけられて、そこへ三四度出かけたことがあつた。また室は四つ五つしかないが、特別の常連があつてそれ等のものをしか泊めぬといふ高級の旅館もあつて、その一番奥の室で昭和十五年の夏頃、時折新体制問題で政友会の前田米蔵氏や山崎達之輔氏等と会談したことがあつたが、この旅館もその瓢亭も今は焼き払はれてあとかたもない。

書記官長官舎の前には秘書官々舎と内閣総務課長官舎など三四軒あつたが、それも全部コンクリートの外廓だけをのこして焼失。見には行かなかつたが、そのまゝに残つてゐてさびしい廃墟となつてゐるさうだ。

溜池の通りのもとの満鉄本社は戦時中大東亜省に徴用されたが、今は聯合軍の役所になつてゐる。昭和十五年の五月中旬である。一日この満鉄本社最上階のアジアと呼ぶ高級西洋料理店で岸道三、牛場友彦、尾崎秀実の三氏とひるめしをたべた。ちようどその日の朝、久原房之助氏が至急に是非あひたいとの電話をかけて来た。ところがその日は用事があつてあへず、その次の日は筑波郡の小田村へ講演に行くことになつてゐたので、何れ帰京した上であらためて会見の時日を打ち合せようと返事して置いたが、そのこと牛場氏や岸氏や尾崎氏に話をすると、それはきつと新政党問題らしいといふ。果してその通りで、小田村からかへつて久原氏と面会し種々と談合したことがきつかけとなつて新体制運動は生れたのである。そんなわけでこの建物は予にとつて思ひ出深いものであるが、今ははや近よることも出来ぬ場所である。

下谷同朋町の南よりのところにとろゝ屋があつた。二十畳程の大坐敷に低い衝立で食卓を仕切つて、いかにも大衆飯食店といふ店構へであつたが、とろゝの好きな連中からは貴賤上下の別なくひいきされたもので、こゝのむぎめしとろゝは、いはゆる通人のよろこぶものであつた。予もいく度となく、こゝへとろゝくひに出かけたものだが、この店も焼けてしまつて今はない。

昭和十四年の夏であつたと記憶する。三郎ととし子を伴れ、和久田氏同伴箱根へ日がへりで遊びに行つたことがある。未だ自動車の便宜があつた頃とて強羅ホテルでひるめしをたべ、それから自動車をやとつて箱根のあちこちを一巡し、小田原へ出て夕刻帰京した。あまりに空腹を感じたので、西銀座のもとの朝日新聞社屋である朝日ビル一階の一飲食店で夕めしをたべて帰宅したことがあつたが、このたべもの店は朝日新聞関係者の出資とかで、尾崎秀実氏に紹介されてその後ひんぱんに出かけ、三郎はそこのこちのさしみが大好物であつた。今度の上京で朝日ビルの前を通ると、この辺は爆撃にもあはなかつたのでその店がむかし通りの看板を出してゐた。

この看板を見て思ひ出したのは、昭和十四年の末、三郎が歯の治療がもとで蜂窩織炎にかゝり、つひにはい血症を起して九死一生の大病をわづらつたことである。歯の治療をうけてかへつて来た三郎が、治療あとがいたくてたまらぬと訴へるのを、まさか肺炎菌がその治療あとからはいつて大病になりかけてゐようとは夢にも気がつかず、そのうちよくなるだらうと一晩辛棒させたが、どうやら苦み方がはげしいので邸前の阿万医師に来てもらつたところ、これは一つ眼科の然るべき医者に見てもらつてくれといふ。さては事容易ならず、たれか信頼出来る眼科医をと物色してみたが俄かには思ひ浮ばず、厚生省の勝俣氏に電話してその推せん方を依頼した。すると勝俣氏は、それこそ済生会病院の眼科部長の山崎順氏こそ一番だ、しかも茨城県出身である、自分がかけあつてやらうといふので直ぐに山崎氏に連絡をとつてくれた。山崎氏は来宅しや三郎《ママ》を一眼見るや、これは即時入院が必要だとて用意した自動車に自分で抱きかゝへてすぐに病院へ同行してくれた。恰かも予はその日午後三時に華族会館で近衛公と会見する約束であつた上、その夜はたま〳〵支那からかへつて来た故柳町精氏歓迎のために、この料亭で佐々弘雄氏や林広吉氏などをも招き一会を催すことを約束してゐた。そこで三郎を入院させてから近衛公とあひ、その歓迎会にのぞんでかへりに三郎の病室をたづねたのだが、今や九死一生の重態だとはこのとき始めて聞かされたのである。三郎が好きだからといふので、かへりに折角この店から持参したこちのさしみも、つひに三郎は口に通す力もなくなつてゐた。今考へても、よくも助かつたと思ふ。当時をかへりみると今でもぞつとする。

その折の近衛公との会談は、無能な阿部内閣を以てしては国礎甚だあやういので、公自身天皇と直談判して政局転換をはからねばなるまいといふ予の進言を中心につゞけられた。近衛公も阿部内閣の無為無能にはあいそをつかしてゐたが、といつて枢密院議長の職にあり乍らおめしが無ければ参内しないといふ内規があり、それに天皇に進言しても無駄なのは過去の経験が示してゐること貴下の知る通りと述懐され、さういはれてみるとその上の言葉もなく、その日は別れたのであつた。

その頃はまだ、自動車を走らすのに不自由でなかつたことが思ひ出される。三郎の病中危険状態にあつた何日間かは、毎日三台の自動車を玄関に用意して置けた。

水道橋から春日町へいたる道路の右側の高台も全部焼き払はれてしまつてもとの姿はない。この高台に明治三十九年頃下宿してゐたことがあるが、その頃から家屋はぎつしりと建てられてあつて、道路でしか地膚は見られなかつたものだ。

数寄屋橋から銀座尾張町までの間、コンクリート建以外のものは両側とも焼き払はれて、そのあとに粗末なバラックが建てられてある。尾張町角服部時計店の屋根の塔にある時計は曾ては道行く人に標準時間を示してゐたものだが、今はその時計が止まつた儘である。

銀座の鳩居堂は焼けずに残つてゐる。

鳩居堂からすぐに尾張町交叉点、そこから左に折れて最初の横町の右角に、爆撃される前は大きい天ぷら屋があつた。今はなし。この天ぷら屋の位置に明治四十四年頃は東京市電気局の電灯部の本部があつて、電灯部長の安藤保太郎氏がこゝを本拠として東京市に百万灯の電灯を普及させるといふ、謂ゆる百万灯計画の実現に東奔西走してゐた。予はそのとしの暮、真鍋清蔵氏と共にその安藤氏の秘書格として勤務する事になり、真鍋氏と共にこの本部に半としほど寝起した。予にとつては自然こゝは思ひ出の多い場所である。

その頃電灯はまだ普通には謂ゆるカーボン灯であつたが、タングステン灯が発明されたので、それを始めて試験的にこの本部で使つてみることにしたのを記憶してゐる。尾張町の南東角にライオンと呼ぶバーが開店し、これが銀座唯一のものであつた頃である。建ものといへば銀座でも二階つくり以上のものは皆無に近く、予が寝起した電灯部本部も二階建の日本式家屋で内部の事む室の一部は倚子卓子であつたが、その他は日本坐敷であつた。安藤氏がデイタフオンを輸入してこの本部に置いて時々利用したが、当時これは我が国唯一のものであつた。

服部時計店の裏通りの西側に信濃毎日新聞支店が置かれてあり、予が同新聞の主筆当時は上京の折時にこの事む所に泊つたこともあり、したしみ深い建ものであつたが、これも焼き払はれてしまつた。

鳩居堂裏の通りにジヤーマン・ベーカリーといふのがあり、第一次世界大戦の折日本の捕虜となつたドイツ人が終戦後日本に於て釈放され、その折東京に居残つて開業したものである。久しい間東京唯一の高級ベーカリーとして知ら〔れ〕てゐたものだが、これも焼き払はれてしまつた。

上野の不忍池が田になつてゐる。

市内の焼けあとに到る処で青々と麦畑がひろがつてゐるのが眼につく。

簡単な英語が往来する人の間でも口を衝いて出るのが耳を打つ。曾て経験せざる所。

ひどい味噌不足とて、東京や横浜辺ではみそ一貫匁四百円五百円といふ取引はめづらしくなく、東京のあとかたづけに傭はれて定期券で東京に往復する地方人は弁当箱を二つ持参し、その一つにはみそを入れてはこぶと、賃銀は別として一日三百円位の収入は六つかしくないといふ。横浜にはみそ汁一杯八十円の店があるとの話を聞かされた。

〔編者註〕ペン書　原稿用紙和綴

付録

34 手記「信毎時代」

〔大正十一年夏頃―昭和二年〕

信毎時代　一

大正十一年の夏頃からであつたと思ふ。米鹽の資をいく〔ら〕かづゝでもかせぎ出さねばならぬ窮境にあつたので、信濃毎日新聞に一ケ月五回、一回十円のきまりで原稿を送ることにした。

その頃、同新聞の社長の小坂順造氏が一日緒方竹虎氏と私とを赤坂辺の或る料亭に招いたが、その折小坂順造氏は私に主筆として働いてくれぬかとの話であつた。困苦欠乏の境涯に沈淪はしてゐたが、信州に行つて筆で生活する気持にもなれなかつたので、それはことわつた。同時に緒方氏は、当時巴里にゐた或る篤学の士を小坂氏に主筆として推薦した。小坂氏はそれを承諾したが、何分にも仏蘭西に居るものとの交渉だから、或ひは否といつてくるかも知れぬ、その折には頼むとの事であつた。その篤学の士は、信毎の主筆にならば行つて見たいとの希望を前々からもらしてゐたとのことであるから、否といつて返事してくるとも思はれなかつたので、私もその人が駄目だといふのなら行かうと答へて置いた。

当時朝日新聞の巴里特派員は町田梓楼氏であつたから、その人との交渉は、緒方氏が町田氏に手紙して依頼することとして別れた。

それから半歳に亘る窮乏は、いよいよ甚しかつた。或る日桝本卯平氏がたづねて来た折に世間話の末同氏が、この頃は生活はどうだ？と聞くので、いよ〳〵足が地に着いたようだからこれより下がることもあるまい、これから上ることだけしか許されまいといふと、桝本氏がいふには、それはいゝ、俺の方は足が地の中にめいりこんでしまつて引き出せないといふ有様だとて大笑ひしたのを覚えてゐる。桝本氏は小石川の女子大学前の露路の二軒長屋に住んでゐた。

十二月の中旬であつたと思ふ。巴里の町田氏から緒方氏の許に手紙が来て、緒方氏が小坂氏に主筆として推薦した某氏は、当時巴里で勉強したいから帰国しないと知らせて来た。そのことが小坂氏に知らされると、同氏は早速に私に電報をよこして是非あひたいといふので、多分交詢社であつたらうと思ふ、そこで小坂氏と会見した。小坂氏は緒方氏からの知らせで予定された人は駄目になつたのだから、今度は是非私に主筆になつてくれとの懇望である。小坂氏はその折、私が毎月書いてゐるものが信州の読者から歓迎されてゐるので、新聞社の方では一同が私の赴任を切望して止まないのだとの事であつた。

それこそ言葉どほりに、につちもさつちも行かなくなつてしまつた生活境涯であつたので、いはゞ八方塞がりの窮地に陥つてしまつてゐた折だから、緒方氏も一年ばかり信州で食ひつないで来るのもよからうではないかとも勧告するので、私も小坂氏に信毎主筆たることを承諾することとした。給料の約束は月三百円であつた。

博太郎は小学一年であつたので、第二学期は東京ですませたい、第三学期の始めから転校させたいといふので、十二年一月上旬に東京をたつて信州入りをすることとした。

大正十二年一月五日頃であつたと記憶する。その朝いよ〳〵東京をはなれることになつて、上野から長野へむかつた。

親は東京を食ひ詰めて田舎落ちするとも知らず、八つになつたばかりの博太郎、四つになつ〔た〕ばかりの精二とが汽車の旅をうれしがつて、キヤツ〳〵とさわぐのを見るにつけても、此の子等がいつ再び東京の土地を踏めることかと、親としては断腸の思ひであつた。よろこび勇んでの信州行ではなくて、食ひつめた揚句の信州行なのだから、さうした感傷もまた止むを得なかつたのである。生きて行くとの固き自信は失はぬにしても、かうした境涯にあつてはたれしも同じ感傷はまぬかれ得ないであらう。

夕刻長野到着。

家は西長野のはづれに新聞社の方で借りて置いてくれたばかりか、その夜から住めるように準備して置いてくれたので、早速その家に落ちついた。

かくて一家の信州生活は始まつたのである。私が三十八、よし子が三十一であつた。

家は戸隠街道にそふて林檎畑の崖を背にし、前は街道を越えて裾花川までは畑であつた。二階建の小ぢんまりとした建築であつた。

二週間ほど経つてからであつたらう、小坂氏が東京から来て一夕、西洋料理を御馳走するといつて西洋軒と呼ぶ料理店に招かれた。もとは代官屋敷であつたとかで、古風の日本式建ものであつた。出されたビフテキは噛みきれぬほどにかたかつた。

雪路をとぼ〳〵と、ひとり西長野の家庭にかへり乍ら田舎に落ちて来たのだとの思ひに、ひとり苦笑を禁じ得なかつたものだ。

博太郎は三月まで西長野の小学校に通つて、四月から男子師範の附属小学に転校した。

小学生の洋服は長野でもまだめづらしかつた。信濃毎日新聞社の社員はほとんど和服であつた。二三洋服を着けるものもあつたがそれも時折のことで、和服の場合の方が多かつた。

西長野で朝など家の前に出てゐると、通りがゝりのものがいづれも挨拶して行く。何でもないことのようであるが、ながい間大都会にのみ生活してゐて、となり近所との交際もめつたにやらなかつた風習に慣れてゐたから、かうしたことは、如何にも温たかい感じをうけたものである。

一二年落ちついて来ようといつた気持で出かけて来たのだから、最初は仕事にも熱心になれなかつたものゝ、夏近くなると何といふこともなく面白くなつて来て、この分なら一つ大いにやつてみようかといふ気持になりかけてゐた。尤もなりかけてゐたといふ程度であつたので、毎日書きはするが、馬になど乗つてのんきな時間を過すこともしば〳〵であつた。

さうかうする中に八月も終つて、九月一日である。新聞社の編輯室で昼めしをとつてゐると東京の支局から政変に関する電話が来たので、私は箸を置いて電話口に出てゐた。一言二言話を交はしたかと思ふと、俄然グラ〳〵と家が倒れさうな大地震である。電話は同時に切れてしまつた。いくたびか大きい揺りかへしがある。これはたゞ事でないといふ感じをたれしも持つたことだが、東京とは電話が不通になつてしまつたので、鉄道係りの記者に鉄道電話によつてあちこちへ連絡して地震の模様をたしかめさせることとした。

すぐに信越線は高崎以東が電話不通、中央線は甲府以東が同じ状態であり、東海道線は静岡以北へは鉄道電話不通と判つた。かうなつてみると、東京又はその近辺の周囲にひどい地震の被害があつたことが想像つく。その間に鉄道電話の情報で、東京が大地震に見舞はれて、どうやらひどい損害らしいといふことがやゝはつきりして来た。そこで編輯長の三沢背山氏と相談し、更らに営業の新井寛三氏とも相談の上、ともかくも若手の記者を東京に派遣することにして、午後三時頃に長野を出る上り列車に、一二名の記者を乗りこませて上京させた。その次の列車にも一二名を乗りこませて東京へ送つた。

その頃は長距離電話は特別な装置を必要としたので、一般の電話では長距離の通話は出来なかつた。小石川の姉の家には電話はあつたが長距離電話ではなかつたので、長野からは通話出来なかつたのである。だから小石川方面はどうあらうかと心配し乍ら、その辺は無事だと判つても電話を申込んでみるわけには行かなかつたのだ。尤も電話線も切断されてしまつたので、長距離でも通話は出来なかつた。四時頃になると、いく分か東京の事情もわかつて来たので、思ひきつて号外を出した。この号外は大評判であつた。尤も場所によつてはあまりに早く事情が分つた経緯を知らないので、いゝ加減な想像で号外を出したものと速断し、こんなものを出してしまつては、信毎の風見も信州に居るわけには行かなくなるだらうなどと評判したものだといふ話をあとで聴いた。時の経つに伴ふて、信毎の号外がいかに逸早く確報を入手しゐたか〔か〕がいよ〳〵あきらかとなり、それにつけても一般のおどろきは非常なものである。それだけに信毎の記事を読まずには居られぬといふことになり、また東京の新聞は一枚もはいつて来ないのだから、この折に信毎の声望は著しくたかめられた。

時間ごとに流言は多くなつて来る。茨城県などは海底となつてしまつたといふような噂が流れ出す。夜明け頃になると、避難者が長野駅に着のみ着のまゝどころか、裸で褌一つで着くのもある。それ等の人達は何れも自分の遭遇した境涯が東京人全部の境涯だと思ひこんでしまつてゐるので、東京の被害はいよ〳〵大げさに伝へられる。何れにしても自分で行つてみる必要があると決心して、二日の夕刻の列車で、私も二名の記者を随行して長野を出発した。

軽井沢へ着いたのは何時頃であつたか、すでに列車の運転系統はみだれ出してゐたから、いつもよりはそこまでに多くの時間を費した。列車が軽井沢駅に停車してゐると、避難者を乗せた下り列車がプラツトフオームにはいつて来たが、その避難者達は私達にむかつて眼をつりあげ口を尖らせて、朝鮮人があやしい、朝鮮人に気をつけろと叫ぶのである。このとき始めて朝鮮人が問題になつてゐるのを知つた。同時に私達の列車に乗つてゐた連中がこの叫びに心を動されて、俄然朝鮮人問題をとりあげるにいたつた。

何れも昂奮してゐるので冷静な判断などは耳にはいらう筈も無く、また朝鮮人に気をつけろといはれてみてもどう気をつければいゝのか、そんなことを考へてみる余裕も失つてしまつてゐるので、たゞ何といふことも無しに、朝鮮人はけしからぬ、見つけたらたゞ〔で〕は置くなといつた調子である。

かうした場合の群集心理ほどおそろしいものはない。列車が熊の平駅に停車して二三十分間下り列車を待ってゐる間に、二等車の中でたれいふとなく、隅の方に坐つている男は朝鮮人らしいといふ噂がパツとひろまつた。見ると、真白の詰襟服を着た男がさういはれてゐるのだ。随行の二人が私に、あの男はさうかも知れぬ、ひとりで黙つて沈んでゐるところがあやしいと耳打ちする。私は二人に、そんなことをいふものでないとたしなめた。そして更らに説明した。「この列車に乗つて、今東京へ向はうとしてゐる連中は、わが妻子はどうなつてゐるか、わが親戚はどうなつたらう、わが子、わが親はどうなつたらうと、それを心配してゐるのだ。だから心配の遣るせなく、或るものは昂奮し、又或るものは悄気てしまうのである。その何方かで、なか〳〵平静を保つてゐられるものでない。むかし或る高僧が長崎から鹿児島行の便船に乗つてゐたが、たま〳〵途中大暴風雨にあつて、今にも船は顚覆せんばかりである。その折大多数のものは悄気て、あをくなつて泣きさけぶといふ有様なのに、たゞ一人、これ位のことにおどろきさわぐとは何たることだと、わめきさわぎながら酒をのんで、己れの大胆をほこらしげに威張る武士があつた。その高僧はその武士をたしなめて、あまり威張るなよ、彼等は弱変したが、汝は強変してゐる。変の変たるに於ては同じ事だといつたといふ話がある。人みな変ぜざるを得ない境涯に導かれてゐるのだから、とがめても仕方がない。隅のあの男は思ひを東京の妻子のもとに馳せるに急にして、ものいふのも億劫なのであらう、それを黙つて沈んでゐるからとて朝鮮人だらうなどとはひどい話だ」と。

だが車中の多くのものは昂奮して行くばかりなのだから、いつしか朝鮮人だと断定してしまつて思ひかへしてみようとしない。列車が横川駅に着いた折である。在郷軍人団員らしい人達が木刀をさげてプラットフオームを眼をとがらして監視してゐたが、たれかゞその人達に、この車には朝鮮人が乗つてゐると告げたに相違ない。たちまち数人のものが木刀をしつかとにぎつて二等車内にどか〳〵とはいつて来て、疑はれた男の前にたちはだかつた。そして二言三言何かいつたかと思ふと、すぐに木刀でその男をなぐりつけてしまつた。その頃の信越線の二等車はまだ車の両側に長く腰掛があつたころだから、反対の隅の方に私達は坐つてゐたのだが、血がサツと流れて真白の服が赤くそまるのを目撃した。なぐられてから、その男はすぐに車から引きづり下ろされた。周囲は異常な昂奮である。ひどいことをしたものだともいはうものなら、一度にそろつてなぐりつけて来るに相違ない顔つきで、たれもがこれでよかつたと語りあふといふ有様である。

ところが停車時間も長かつたが、その間に今なぐられた男は、朝鮮人どころかれつきとした日本人であるのみならず、帝室林野局かの役人だといふことがわかつた。けれどもこんなときには気の毒なことだといふものすら居ないものである。それはさきに、朝鮮人だと断定した人達への皮肉な反抗だととられて、問題を起す空気に圧せられるからである。

午前三時頃に高崎駅に到着した。私達は一先づこゝで下車した。といふのは、自動車でこゝから東京へはいるのが便宜だと長野ではもくろんで来たので、こゝで自動車をやとひ入れる心算であつたのだ。

駅前の旅館にはいつて土間の倚子に腰かけて、自動車のやとひ入れに出て行つた同僚のかへるのを待つてゐると、突然道をへだてた向ふ側の旅館の前に自警団員らしい人達が駈け集まつた。何ごとかと眼を向けると、その旅館の硝子戸越しに一人の男が大刀をふりかざして電灯の下に起ちはだかつてゐるのが見えた。とたんにガチヤ〳〵と硝子戸が叩きこわされて、そこから大刀を提げたまゝの男が飛び出して来る。自警団員の群がワツと叫んで道をひらく。どうやら私達の居る旅館に飛びこんで来さうに思はれたので、その場合の身の処置を考へてゐると、幸ひこちらには足をむけずに駅の西手の空地の方に走り出した。あとで聞いたことだが、此の男は東京から避難して高崎駅に下車した折、気が顚倒してゐたのだらう、様子がをかしいといふので駅に詰めてゐた警官にとりしらべられると、そのとき更らに一層心をとりみだしてしまつたものと見えて、傍に衛生班として出張してゐた軍医の佩刀をふんだくるなり、前の旅館にとびこんだのださうだ。そこへ自警団が集まつて行つたので一層逆上して、つひにその佩刀を抜いたのである。此の男は駅の構内の空地の片隅に追ひつめられて、つひになぶりごろしにころされてしまつたさうである。

間もなく自動車をやとひ入れて随行のものはかへつて来たが、かうした光景を目撃してみると、自動車で行く沿道の空気も、たゞならぬものがあるだらうことを心配せぬわけに行かなかつた。そこで相談の結果、自動車で行くことはやめて汽車で行かうと話をきめたところへ、自動車で高崎まで避難して来たといふ人が私達の居る旅館にはいつて来た。そこで一応その人にも相談してみると、どうも自動車で行くのは危険だといふのである。そこで折角やとひ入れた自動車ではあるが、それには多少のチツプを出して破約することとして、いよ〳〵汽車で東京入りすることに決心して列車の出るのを待つことにした。

しばらく雑談などしてゐると、またもや突如として群集がさわぎ出して、どうやら駅の方に駈けて来るらしい。何ごとかと外をのぞくと、サルマタ一つの青年が亡者のような恰好で群衆に追はれながら走つてくる。外へ出るのもあぶないのでそれは見過して置いたが、これもあとで聞いたことであるが、その青年は避難者の一人で、高崎駅に下車し、改札口をあわてゝ飛び出したといふので、これこそてつきり朝鮮人だと自警団の人達がきめてしまひ、追ひかけ出したのださうである。青年は追ひかけられるので、無我夢中で逃げる。その間にサルマタ一つになつてしまつたのださうだが、この青年もどこかへ追ひつめられて、つひになぐりころされてしまつたさうである。

すでに列車の運転系統はめちやくちやになつてしまつてゐたので、高崎からの上り列車は出るには出るが、何時に出るとは前以てきめられないといふ話なので、とに角列車の中にはいつて出発を待つことにした。旅館にたのんで二食分の弁当をつくつて、水筒には十分に水を入れて吾々三人は停車場に出かけた。

鉄道の係り員はたれもかれも眼を血走らせて、それに昂奮つゞけの自警団員が交つて、停車場構内な《〔ママ〕》異常なたゞならぬ空気に充たされてゐた。軽口一ついつてもなぐりかけさうな見まくである。すでに二人もなぐりころしてしまつたあとなのだから、殺気がみちみちてゐる。

乗客は勝手に列車の中にはいりこむ。改札もしなければ、軌道を踏みこえても文句いふものもない。私達は三人はなれぬようにして、東京行の列車だといふのにのりこんで、幸ひ坐席をとることが出来た。

誰れかゞ、これは東京行ではないといひ出すと、乗客はどつと飛び出す。私達は動かなかつたが、たちまち車室は空席だらけである。ところが一度出て行つた連中が、東京は矢張りこれらしいといふので、また押しあひへしあひ乗りこんで来る。その上新たに乗客がふえて来るので、車内はたちまち身動き一つ出来ぬほどにぎつしり詰まつてしまふ。それなのに更らに窓から無理やりに押しこんでくるものもあるので一層の窮屈である。

押すな、くるしいとわめくものがある。押してゐるのぢやない、こちらが押されてゐるのだ、文句いふなとやりかえすといつた調子で、車内は耳も聾せんばかりの騒ぎである。

同行の二人は老人や婦人に席をゆづつて立つたので、いつしかあとから〳〵とはいつて来る連中に押しつけられて、私とははなればなれになつてしまつた。まだ暑い真盛りである。その上天気はいゝのだから、車内の熱ぐるしさは一層ひどい。呼吸するにもくるしいほどである。

一時間も待つたらうか。といふのは、午前九時半であつたと思ふ。いよ〳〵列車は、出発した。まだどこまで行けるかは、はつきりしてゐない。熊谷までは行けまいといふのもあれば、赤羽までは大丈夫行けるといふものもある。駅の係り員すら、返事はまち〳〵である。

熊谷駅に着いて停車してゐる間に下り列車が着いた。見ると車の屋根上にもたくさん乗つてゐる。汽罐車の前端にもへばりついてゐるものがある。

午後四時頃に川口駅に着いた。こゝが列車運転の最後駅である。こゝからは不通である。

一緒にこゝまで来た連中の間には鳶口を持つもの、大刀をかゝへてゐるものなどもあつて、はなはだ物騒ないでたちである。それ等のものは仇討にでも出かけて来たような勢ひで、自然話も物騒である。たれかゞ、あいつは高崎でたゝきころしてやらうと思つたが逃げられてしまつたといふと、「ウム、さうだ。あいつはたしかに、をかしな奴であつたよ。さうだなもなんて、をかしな言葉をつかつてゐたぢやないか、日本人ぢやねい」と相槌を打つ。群馬県の人たちが多かつたが、土地の言葉でない物いひするものは、すべて朝鮮人ときめてしまはうとするのだから危険この上なしである。こんなこともあつた。私が弁当を分けてやらうと思つて、はなればなれになつた同行者を呼んだときである。たれかゞ、こんなことをいひ出した。「一体朝鮮人といふ奴は、汽車になど乗つてもわざとはなれて席をとるさうだ。悪いことをしようといふのだから、連絡はとつてゐても別々にゐて、うまく逃げ道を探さうといふ魂胆なのださうだ」。いかにも私達を別種人あつかひにしようといふのである。黙つてきゝ流しては置いたが、車内が身動き出来ぬほどの混雑でもなかつたら、たゞではすまされなかつたかも知れなかつた。

川口駅では出口がこみあつてかへつて出後れるので、私は窓から飛び出た。身体が大きいのでこのときばかりは出るに骨折れて、それをうらめしく思つたものである。川口駅の構内で先づ一休みして、それから外へ出た。これからは歩くより外はないのである。大通りに出ると、右側は避難者が間断なしに続いてゐる。何れも生色なき、惨めにも哀れな姿である。老幼男女、あらゆる種類の人達が力なく足を引きづるようにしてあるいて来る。

小供のころ、よく寝もの語りに祖母などから聞かされた地獄の行列とは、こんなのを想像しての作り話であつたらうと思はれた。臨月の妊婦が杖をついて、あへぎ〳〵あるいて来る。そのくせ一方の手には後生大事とバケツをさげてゐる。たれ一人として、この妊婦をいたはるものもなければ、たすけるものもない。右側をあるいて来るものは、己れ一人をだにもてあまし気味のものばかりなのだから、いたし方もないのである。此の妊婦を見た印象はいまなほ忘られない。

警官がいまにも倒れさうな恰好で竹の杖をつき、佩刀を如何にも重々しげに肩にかつぎ、行列の中を下のみ見てあるいてゐる姿も見かけた。

見るかげもなきあはれな姿の此の行列にひきかへて、左側は東京入りの勇ましい行列である。鳶口をかつぐもの、親戚姻戚見舞のために小荷物を肩にするもの、中には日本刀を腰にしたのもある。それ等の行列に交つて、赤羽の何の辺かまで着た頃である。午後五時頃であつたらうか。道傍に一台の自動車を見つけた。早速同行者に先方のいひ値で東京の行けるところまで行つて貰ふことを談判させると、三十円位であつたらうか、よろしいと引き受けて呉れたので直ちにそれに乗り、先づ渋谷の小坂社長宅を見舞つた。この辺は無事である。

そこに同行者を下ろして、私は小石川関口台町に住む姉と西巣鴨に住む梨本徳之助氏とを見舞ふために、すぐに同じ自動車で出かけた。麻布、四谷、牛込を通りぬけて音羽通りへ出る道順であつたが、途中で二人の陸軍大学の学生から同乗させてくれとたのまれた。日は暮れかゝつてゐる。世間は昂奮で物騒である。その中を自動車を走らせるのであるから、実は此の際頼んでも将校には同乗して貰ひたいほどの場合なので、早速快諾して同乗させた。音羽通りにはいらうとすると、中学生が教練用の銃剣に身をかためて交通整理の衝にあたつてゐた。そこには別に袖がらみと呼ぶ封建時代の武器を手にして、通行人を監視する自警団員も起つてゐたのはおどろかされた。

小石川の姉は近所の人達と、屋外の広場の俄か仕立ての小屋の中に避難してゐた。余震に対する用心からで、家も人も無事であつた。

顔を見て安心して、少しばかり用意して来た金と食料品とを分けて、すぐに音羽護国寺前をぬけて市電大塚終点に出た。梨本宅にはこゝから自動車のはいらぬ道を過ぎて行かねばならなかつたので、そこで自動車と別れた。

一人の将校は途中で下りたので、此所まで同乗して来たのは一人の大尉であつたが、その人がいふには、私の希望する家まで行くには、途中にいく個所かの自警団員の溜所があつて、それを通過するのに容易でない。こゝまで乗せて貰つたお礼心に同行してやらう。自分は此の通り軍服を着けてゐるので文句なしに通過できる。自分の同行者といふことにして行けば面倒はないとの事に、それは有り難い、是非お願ひするとたのんで、梨本宅の近くまで同行してもらつた。

これはよかつた。といふのは、成る程梨本宅までの間に五六個所は自警団の溜り場があつて、みるとどこの溜り場でも、鳶口はもとより日本刀までも備へつけて通行人を一々誰何するといふ有様である。しかも何れも血眼になつて昂奮しきつてゐるのであるから、少しでも怪しいと見たら切りつけかねんばかりの勢ひである。これは勿論、朝鮮人問題のためであった。

私は現役将校が同行なので誰何もされずに済んだ。尤もその将校が自警団の溜所の前では、一々私を同行者だからといつて諒解を求めたのである。

自動車の中で私はその将校に、果して朝鮮人問題が騒ぐほどのものであるかどうかをたゞしてみたら、そんな馬鹿な話はないのだが、何分にもたれも彼もその問題を取りあげてしまつて反省の余地を失つてゐるので、どうにも困つたものだとの話であつた。また火事のために瓶が破裂して爆音が起つても、それは朝鮮人が爆弾を仕掛けたのだなどといひ出して、さうではないとでもいはうものなら、此奴朝鮮人だと喰つてかゝるばかりか直ちに私刑を行ひかねないのだから、手がつけられぬとも説明してくれた。

梨本宅に着くと、すでに夜である。一同無事ではあつたが、もはや外へ出るわけにも行かないのでそこに一泊した。朝鮮人が井戸に毒を投げこんであるいてゐるらしい、そしてそれを投げ込まうとする井戸の近所には、白墨で符牒を書いて置くさうだとの流言がさかんに行はれてゐることを梨本宅で聞いた。実は牛乳配達夫が地震のために、受持区域を変更したり、又は新規交替などがあつたので引き継がれたもの、便宜のために白墨で配達すべき家はこの家だと印をつけてあるいたのを、朝鮮人問題にからみつけてしまつたのである。

これほどの大震災である、これほどの大被害である。人々が昂奮して眼の玉を吊りあげるのも無理もないことではあるが、冷静に考へて、朝鮮人が此の震災となるや、直ちに連絡して帝都攪乱を計画したとも思はれない。尤もかゝる場合に他人のものを盗み取ることは、彼等としては当り前のことと考へてゐるので、別に悪事を働くものとは思はぬ習性なのであるから、此のドサクサまぎれに随分盗み廻つたものもあるにはあつたらうが、何人も予測し得ざる地震を目あてに、東京攪乱の計画を即座にたてたとは想像も出来ない話であるのみならず、よしや左様な計画を持つものがあつたとしても、極めて少数であるべきは想像に難くなく、大多数の朝鮮人としてみれば、同じく天災に遭つて如何にせんかと途方に暮れてゐることだらうし、また東京以外にも善良なる朝鮮人は沢山居住してゐるものをみだりに不逞の徒視してこれを苦め、又は虐待したりしたのでは大国民の権威を失墜する一方、将来朝鮮統治上に必ずや悪影響を及ぼすに相違ないことは判りきつた話なので、私は自分が責任を持つ信濃毎日新聞だけは、朝鮮人問題を取りあげぬようにしなければならぬと固く決心した。

然るに電話が不通なので、私の此の考へを伝へる途がなかつた。そこで翌朝は何とかして自動車を見つけて高崎まで急行し、そこから新聞社に電話することに心をきめて寝に就いた。

あくれば四日である。梨本氏が伝手を求めてくれたように記憶するが、とも角自動車を一台頼むことが出来た。そこで大塚駅終点に待合すことにして約束の時間に出て行くと自動車は待つてゐたが、案に相違して約束は反古にして貰はねばならぬとの話である。理由を聴くと、実は自分が住む町の町会で地方へ米の買ひ出しに行くために、是非とも此の自動車を頼むとの申込である。外ならぬ町会からの話なので断るわけに行かないから、私との約束は反古にすることを許してもらひたいといふのであつて、私としては理由を知つてみると怪しからぬともいへず、いたし方がないのでその運転手にたのんでオートバイを一台斡旋してもらつた。そのオートバイの荷積台に跨つて高崎まで飛ばうといふのである。

座蒲団をその荷積台の上に括りつけてその上に跨り、急カーブの場所では運転手の腰をつかまへてふり落されぬようにしなければならないのだから、とき〴〵降りて休まぬことには疲れて振り落されさうになるので、これより外に方法は無かつたからいたし方なしとあきらめてはゐたものゝ、辛い旅であつた。

通過する村々毎に村はづれには自警団の詰所があつて、槍、長刀、鳶口、猟銃など、あるかぎりの武器をならべたてゝ在郷軍人や青年などが気負ひたつてゐた。私は腕に信濃毎日新聞と書いた布を巻き、長野出発の折に用意して置いた警察発行の身分証明書をいつでも出して見せられるようにポツケツトに入れて置いたが、自警団の詰所でも黙つて通すもあり、中には意地悪くその証明書を裏からまですかし見て手間取らせるものもあつた。

熊谷にはいつたのは正午頃であつたと記憶する。一天からりと晴れ渡つて、日はカン〳〵に照りつけ、ひどい暑熱であつた。

熊谷町役場の前にさしかゝると、大道に何十となく菰をかけたまゝの死体がならんでゐた。まことに凄惨な光景である。急いで通りぬけて、一目しか見なくとも気持が悪くなるほどなのに、その近くでオートバイが多分小供に前を横切られたゝめであつたように思ふ、一寸止まつたので後ろをふりむくと、小供を背に負つた婦人達が二三人、その死体に唾を吐きかけながら、何といふひどい鮮人めだと叫びあつてゐるのを耳にした。

熊谷の町はづれで昼食をとつた。その茶店の主人の話によると、昨夜朝鮮人が此の町へ押しかけて来たので、町民一同でそれをとらへて征伐したのだ、中には住民の家の下にももぐりこむもあつたので、その退治には相当骨が折れたといつてゐたが、まるで兎狩りで兎を見つけたゞけ捕へてやつたといつたような得意の口吻であつた。

こゝまで来る間に下り列車の通るのを見かけたが、車内は一杯ではいれないので、車の屋根に乗つてゐるのも少くなかつた。オートバイの後乗りも疲れがはげしいので、出来れば汽車に乗らうと思つて熊谷駅まで行つてみたが、相変らずの満員で乗る隙もなかつたから、再びオートバイに乗つて熊谷を出た。

それから二三個所目の自警団詰所であつたと記憶するが、例の如くオートバイは止められて腕章をしらべられた折である。たれかゞ新聞記者章をつけてゐるからといつて、うつかり通せないよ、それなら安心だといふので朝鮮人が似而非新聞記者章をつけて来るかも知れないからと、聞けよがしにつぶやくのを耳にした。

尤もそこは無事に通過出来たが、それから少し行くと、路傍に撲殺されたまゝでころがつてゐる屍骸を一つ目撃した。これを見て私は、新聞記者章と身分証明書とだけでオートバイの尻に乗つて行くことに危険を痛切に感ぜざるを得なかつた。今更ら汽車を待つてみたところで乗れさうもないのだから、何とかしてトラックにでも乗る工夫は無いものかとそれを切望しながら次の自警団詰所にさしかゝつた。見ると、そこには一人の予備少尉がたってゐた。この少尉が団長らしい。いかにも物分りのよさゝうな顔つき眼つきであつた。そこで私は此の少尉に、オートバイでは疲れて仕方がないし、しかも自分としては、かく〱の身分のもので一刻もすみやかに長野へ連絡しなければならぬ用事があるから、何とかしてトラックに乗る工夫はあるまいかと相談をもちかけてみた。元より朝鮮人問題などは噯にも出さない。たゞ新聞社への連絡の用事だけを理由としたのである。恰かもオートバイの運転手も途中の風景と空気とにおそれをなしてゐたと見え、ガソリンも思ふように無いので是非ともさうしてもらひたいものだと、しきりに口添えした。

さうかうしてゐると、一台のトラックが東京方面から走つて来た。その少尉は直ちに手をあげてそれをとめた。そして私を指し乍ら、この人を高崎まで伴れて行つてやれと依頼した。トラックは直ちに承諾してくれたので、私は運転手の命の儘に後端の角に席を占めた。尤も席を占めたとはいつても、病人を載せたトラックなので、その角に腰かけて足を漸く入れたゞけであるから、両手でしつかりと框の淵をつかんでゐなければならなかつた。

その折は自警団のいふことを聞かないわけに行かなかつたので、自警団員が止まれといへばたれでも止まるし、またかうしろといへば、すぐにそのいふが儘になるのであつた。そこで私もその少尉殿の好意によつて、トラックに乗りかへることが出来たのである。

オートバイの尻乗りは異様の旅であつたから、自警団詰所の前を通りすぐるにも面倒であつたが、病人を載せたトラックだといふのでトラックに乗つてからは面倒はなかつた。

それから、やゝしばらく進んだ頃である。どの辺であつたかは忘れたが、申訳に菰をかぶせたまゝで、いくつかの死体を無雑作に積んだ荷馬車二三台に出会した。その馬車輓は戦利品でも積んだかの如く意気揚々としてゐた。

高崎に着いたのは、午後四時頃であつたと記憶する。

この旅でとくに目立つたのは、熊谷辺から東京までは、ほとんど間断なき自転車の行列であつたことである。出るものもはいるものも自転車である。私はよく馬に乗つたが、このときいざといふ場合、馬では駄目だと考へた。馬糧が入用だ、水が入用だといふのでは、手数がかゝるばかりでなく、自転車の行列の中では邪魔になるばかりである。そこで爾来、私は馬に乗らうとは思はなくなつてしまつた。

高崎へ着いてみると、朝鮮人問題は一層喧しくなつてゐて、旅館の電話で人の聞いてゐる前で新聞社に、その問題に関する話など出来さうもなかつた。

そこで長野まで帰るより外はないと思つたが、列車がいつ出発するか判らない有様である。

そこで兎も角に高崎到着を知らすために新聞社に電話を申込んだが、二時間も経つてからであつたらう、漸く電話が通じた。三沢編輯長が電話口へ出たので高崎到着を告げ、その後の長野の模様をたづねると、一昨夜来、即ち私が長野出発後であるが、朝鮮人問題が喧しくなつて鼎の湧くが如き騒ぎである。今夜などは印刷工場の連中が、なぜ信毎はこの問題を取りあげぬかと騒ぎ出しかねまじき有様であるが、マア〳〵主筆のかへるまで待てと漸く抑へてゐるところだとの話である。それを聴いて私は、それはよかつた、何れにしても何とでも工夫して明日午前中には長野へはいるつもりだから、その問題は抑へて置いて呉れるようにと頼んで電話を切つた。

列車を捉へるには駅に行つて待つてより外はなかつたので、宿屋は引きあげて高崎駅に赴いた。駅員も疲労困憊で改札もしない。あつい折なので駅構内で列車を待つのはらくである。いつ到着するかも知れぬ列車を待つのだから、うつら〳〵睡不足を取りかへしつゝ仮睡してゐると、夜中に下り一列車が到着した。もはや二等三等などの区別はない。切符なしでさへ乗りこんでいゝのである。早速一隅に席をもとめ得て、そこに落ちついた。

車内の話題ではたれもが熱心に弁じたてるのは朝鮮人問題である。井戸に毒を投げこんであるくのを見たといふものもあり、火をつけて火事になるのを笑つてよろこんでゐるのを見たといふものもあり、たれもかれも鮮人の肉を喰ひとつてやりたいといはんばかりの勢ひであつた。

長野には午前十時頃に到着した。相変らず、日はカン〳〵に照りつけてゐた。阿鼻叫喚の巷から長野駅頭に下りたつたときは、まるで別天地の思ひがした。

家にかへると少憩して、すぐに新聞社に出かけた。編輯の人達を始め、営業部の幹部及び工場の主だつた連中を集めて東京の模様を報告すると同時に、朝鮮人問題についての新聞社として取るべき態度を明示し、軽挙妄動をいましめた。中には不平顔のものもあつたが、それ等のものには特に私の考をくわしく述べて、流言蜚語に新聞社が動かされては末代までの名折れであることを説き聞かせて、正しき道を歩むべきことを命じた。

三日に金子雪斎が二三人を同伴して長野に避難して来たが、私は不在だつたので何処かの宿に一泊してこの朝長野をたち、関西にむかつたことをあとで聞いた。

地震のあつた日はたゞ避難にのみ心を奪はれてゐたので、犠牲者といへば震災によるも〔の〕のみであつたが、二日目に鮮人問題が喧しくなり出してからは、思はぬ災難に出会つたものが数かぎりなくある。私が耳にしたゞけでも一人二人の話ではない。いま思ひ出すまゝに記憶をたどつて、それを記録してみようと思ふ。

一日に派遣した記者の一人が、私達一行が高崎へ三日の夜あけ前に着いた頃、ちようどそこへ引き返して来た。思ひもかけず、彼と私達とはそこでめぐりあつたわけである。

彼はすでに四十を越えた老記者であつて、物事には驚かぬ性行の人物であつたので、かゝる際には派遣しても間違ひを起さず、またたやすくは流言や蜚語に惑はされざるだけの分別があると見て取つたから、第一番に彼を出張させたのであつた。

然るに彼は眼の色をかへて、私達の上京を中止したがいゝと頑強に勧めるのである。理由をきくと、彼が二日の夕刻薄ぐらくなつてから上野公園にさしかゝると、そこで何人かゞ鮮人と間違ひられたのであらう、民衆から或ひはピストルで射殺され、或ひは木刀や棍棒などで撲殺されたのを目撃した。かほどの有様だから、うろ〳〵してゐるとどんな目にあふかも知れないので、一応東京を引きあげるに越したことは無いと決心し、殆んど無我夢中で上野駅に駆けつけると、恰かもよし、長野行の下り列車が出発間際であつた［の］でそれに飛びのつて高崎まで漸くたどりつき、列車は此所で再び東京へ引き返すことになつたので下車したところだと顔面神経を痙攣させ、その筋肉を硬ばらせ乍ら、東京が恐怖時代にはいつたことを説明し、しばらく情勢の変化を見るまで入京しない方が賢明だといふのである。いつも沈着な彼が、しかも人からは小面にくいほど落つき払つた男だと、むしろ無神経あつかひされて来た彼が、今は顔色さへ蒼ざめてゐて眼が血走つてゐるのであつた。

前述の如く、私は同行者を伴れて予定の如く上京はしたが、彼の話は事実であつた。後で幾人か同様に目撃したものから同様の話を聞かされた。

越後の或る地主は娘の縁づいた家に地震見舞のため上京したが、どうせ乗物もないであらうからといふので、粗末な風姿で脚絆足軽に足がためして、出来るだけ多くの見舞品を背負つてゐた。この人が二日の夜上野に着いてみると、何処も此所も見渡すかぎりの焼野原となつてゐたので、先づ上野公園へとたどり着いたのであらう、そこで無惨にも鮮人とまちがひられなぐり殺されたことが、何日か経つてあきらかにされたさうだ。

因に、二日までは列車が上野駅まで運転されてゐたのである。三日から川口駅で運転中止することになつたと記憶する。

三日には、熊谷には多数の避難者が殺到してゐた。したがつて宿屋といふ宿屋はどこも足も踏み場もないほど雑沓したが、そこへ鮮人騒ぎとなつて、宿屋は自警団員から虱つぶしに点検されたが、木賃宿のような粗末な宿屋に北陸地方の知事が宿つてゐたのを見出したといふ話も聞いた。

熊谷警察では何処から送りとゞけられたのか、東京からだともいはれてゐたが、とに角何十名かの鮮人を署内の武術場内に保護留置して置いた。民衆はそれを知つて署長に、彼等を引き渡せと強要するにいたつた。併し此の署長は、断じてそれに応じようとはしなかつたところ、民衆は署長をまで私刑に処しかねまじき勢ひとなつたので、その署長は今は熊谷に身を置くことすら出来なくなり、その郷里である千葉県かへ逃げ出してしまつた。そのあとで民衆は、留置中の鮮人達を引きづり出して悉く私刑に処したのである。私が四日に同所を通過した折に目撃した屍体の列は、それ等鮮人であつたのだ。

しかも此の日には、私刑に処せられたのは鮮人だけでない。自警団が宿屋を点検した折に怪しいと睨まれたものは、何の陳弁もゆるされず、同様の運命に陥つたのである。それがために日本人たる女学生や大学生などでも、こゝで非業の最後を遂げたものが何人かあつたことを聞いた。

土浦町でもそこへ避難した一学生が九州弁なのを聞きなれぬところから、自警団員が鮮人だと思ひこんでしまつて、つひにこれを撲殺してしまつた。

本所深川辺では捕へた鮮人を針金で電柱に括りつけ、惨虐のかぎりを尽して私刑に処した例をいくつか目撃したものもあつた。

荒川放水路の下流では惨殺した鮮人を川に投げこみ、群をなしたその屍体に油をかけて焼いたさうである。

多摩川の矢口の渡しの南岸には、鮮人の大部隊が東京襲撃のために攻めよせて来たので近衛聯隊の一部がそれを阻止するため急行し、その川をさしはさんで目下激戦中だなどとあられもない流言が地方にも喧伝されて、反鮮人熱はいやが上にもあふれたから、いたるところで鮮人狩りが行はれ、鮮人ならざるに鮮人と思ひちがひされてひどい目にあつた例は、長野県にも私が聞いたゞけでも二つほどあつた。

一つは佐久地方で、県の山林技手が山林を見廻つてゐたのを、頭髪を長くしてゐたのと見なれぬ人間だといふのとで、村の人々は鮮人にちがひ〔ない〕と速断してしまつて、棍棒鳶口などを持ち出してその山林技手を捕へようとした。彼は何の事か判らう筈もなく、たゞ身に危険を加へられようとするので驚いて逃げ出したが、逃げるとはいよ〳〵以て鮮人に違ひなしと村人達は一層気負ひたち、喚声あげて追ひかける。つひにその山林技手は困憊の極、半死半生のまゝ倒れてしまつた。尤も鮮人でないことが判つて殺されはしなかつたが、それがためにその山林技手は多分久しい間精神の惑乱に悩まされた筈である。

松本地方では、見なれぬ人間だから鮮人に相違ないといふので、民衆がその人間を追ひかけ、つひに追ひつめて半殺しにしてしまつたが、これも鮮人ではなくて、まぎれもない長野県人であることが捕へてみて判明した。

何処の新聞は鮮人を鏖殺すべしと堂々と論説をかゝげて反鮮人熱を煽つた。

長野では、鮮人が貯水池に毒薬を投げこむかも知れぬといつて、私が長野へ着いた日に大騒ぎしてゐた。人間に知られてゐるかぎりの毒薬では、貯水池ほどの大水溜に一人や二人で持参して投げこみ得る分量のものを投げこんでみたところで、人体を害するほどの危害を与ふるものでないとは医師も知り乍ら、さうだといへば民衆から鮮人の味方だといつてひどい目にあはされる危険があるといふので、医師連も口を緘してその騒ぎを傍観するより外は無かつた。

新聞としてもそんな有様だから、消極的に鮮人問題に触れないといふだけで、積極的には鮮人保護を問題にするわけに行かなかつた。イブセンの「民衆の敵」をしみ〴〵と味はつたものである。その頃水電工事のために、長野県にはたしか二万ほどの鮮人が入りこんでゐた。

此の鮮人問題は、政府当局が人心をその一点に集中させて、巧みに人心の動揺を阻止するための計画的な宣伝を試みたものだらうといふものもあるが、私はさうは思はない。もしさうだとすれば、目さきのことに眩惑されて累を後世にのこしたことになるのみならず、自から大国民の襟度を蹂躙するの挙に出でたわけで、政府当局の罪甚だ重いといはねばならぬ。私の察するところでは、政府当局の中にも軽率に、かゝる場合は鮮人などはよく掠奪などをするものだなどと放言したものもあつて、事実また一方には鮮人中に掠奪をやらうと思つたものもあつたらうから、それ等の事実が結びつけられて、一犬虚を吠え万犬実を伝へ、忽ち鮮人問題が燎原の火の如く喧伝されて、かゝる騒ぎになつたのが真実だと思はれる。人一たび恐怖に駆られ出すと、鼠の足音にすら兇賊の闖入ではないかとおそれ戦くにいたるもので、話にしか知らなかつた大震災を経験して恐怖の最高頂に達してゐた折であるから、たれかゞ鮮人を注意しろと一言いつたゞけでも、それを聞く方にとつては鮮人が何をやるかも知れぬとの恐怖の念を起し、次には鮮人と見たらたゝき伏せてしまへと思ふようになり、それがために昂奮に昂奮をかさねて鮮人を見つけろとでもいひ出せば、周囲のものは忽ちこれに和して鮮人狩りに眼の色をかへ出すにいたるべきは想像に難くないのである。

震災後何日か経つて、重ねて上京した折である。焼野原の真中に東京駅附近だけは、コンクリート建のものが焼けのこされて昔の儘の姿であつた。たまたま同駅の構内で桝本卯平氏とめぐりあつたので、そこの精養軒食堂にはいつて茶をのんだ折に私が鮮人問題を語つて、日本人が吉良の屋敷に立てこもつてゐるような根性ではなさけないではないかと慨嘆すると、桝本氏は、同感だがそんなことをこゝではいふなよ、みんなまだ昂奮してゐて鮮人問題を冷静に考へてみる余裕を持つてゐないから、何をされるか判らぬと注意してくれた。

一説には、朝鮮の当局者であつたことがある赤池濃氏が当時警保局長か警視総監かの任にゐたが、氏は元来一種の恐鮮人的傾向を持つてゐたので、うつかり鮮人に気をつけろと口走つたことがすでに血迷つてゐた新聞記者の耳にはいり、その新聞記者が鮮人を問題にしろとあちこちいひふらしたことが端緒となつて、鮮人問題が忽ち喧しくなつたのだともいはれてゐた。

当時信毎の東京支局長であつた西沢圭氏は、支局が銀座なのでたちまち焼け出されてしまひ、渋谷の小坂社長邸に引きあげてゐたが、たま〳〵渋谷通りに出て行つた折、騎馬兵が血だらけの鮮人を世田ケ谷方向より引きづつて来るのを見かけ、たしかに世田ケ谷で鮮人の一団が不逞の行動に出でたとの噂を聞いたが、それは真実であつたことが判つたといつて、鮮人問題が起つたのは鮮人の身の所為だといふ考をあくまで主張してやまなかつた。

後に私が信毎に採用した平田某といふ青年は、帝大文科に学んでゐて震災に出あつたが、着のみ着の儘で下宿を飛び出し、その下宿が焼けたので近所の神社の社殿に避難してゐたが、三日の夜かにあまり暑いので、寝つかれざるまゝ神社境内の木の根に腰かけて涼を取つてゐたところ、突然背後より竹槍を以て突かれかゝつたので驚いて逃げ出すと、それつと許り自警団員が駈けつけてつひに捉へられ、なぐられ蹴られ、ひどい目にあつたことを告白してゐた。日本人だと判らせるために必死の努力をしたと述懐してゐた。

私が長野にかへつて二日目からである。眼の色かへて、何故信毎は鮮人問題を取りあげて書かぬかと談判に来るものが、一日に一人や二人は必ずあつた。説いても語つても反省の余裕を失つてゐる連中なので手がつけられない。まかり間違へば、何をやり出すか判らぬと思はれるほど昂奮しきつてゐる連中なので、もしかすると私の不在中に自宅へ押しかけて談判を申込むかも知れぬとも想はれたので、一時私は表札を外したほどである。

平素は権威を持つ官庁なども、かうなつては全く無力化して、県当局などもその上層部は鮮人問題など馬鹿げた話だと心に思ひ乍ら、県民に騒ぐなと指令する意気地もなく、却つて民衆の澎湃たる反鮮人熱におそれをなして、それに迎合する傾向すらほの見えたのにはあきれかへると同時に、一たび人心が険悪化し出しては官憲の力が如何に無力なのであるかを、このときもしみ〴〵と思はせられたことであつた。多数民心が権威をみとめてゐる場合は一人の駐在でも村の治安を維持できるが、一たび何事かあつて民心が官憲の権威をさげすみ出すにいたると、警官の一人や二人ではどうにも抑へが利かなくなり動きが取れず、たゞ一切を黙認してゐないかぎり、却つて警官自体が身の危険を感ずるにいたるものなのだから、まことに頼りにならないのである。

桝本卯平氏は震災後間もなく、彼が知るかぎりの高官や上層部の人達を歴訪して、此の機会に工業地帯を設定することを経済都市と政治都市とを分離するの必要があるから、帝都は他に移転すべしといふことを勧説進言し廻つたが、耳は傾けるものがあつても、その実現に乗り出す勇気あるものが一人も無いといつて慨嘆してゐた。

此のとき皇室から救恤金が支出された。ところが電柱に、その金のもとはどこにある、吾々の税金からではないかといふ趣旨のビラを貼りあい〔ママ〕たものがあつた。すぐに当局はそれを剝がし廻つたが、何分にも混雑の折なので剝がしきれぬものがあちこちに残され、それを読んだものが少くなかつた。

大杉栄氏が殺されたのもこのときで、社会主義者といはれるものに対する官憲の弾圧と民衆の圧迫ともひどかつた。その頃社会主義者として名を知られてゐた石黒某?なるものが九月末に私をたづねての話に、彼は巣鴨警察署かに拘留されたが、そこに拘置された人達の面前で一日に一二度づゝ地響きたてゝ警官から投げ倒され、見せしめだといつて苦められたさうだ。また彼の家庭では自警団の連中が来て、妻子を国賊の片われだと公然罵詈讒謗し、その上竹槍で縁の下まで突き廻し、生きてゐる心地もなきほどの目にあはされたさうである。

ある人は本所の何処かでは捉へた鮮人をがんじからみに縛つて、

その口から石油を流しこみ、つひに火あぶりの私刑に処するのを目撃したと語つてゐた。

日本人は惨忍性に乏しいと人も信じ、自からも信じてゐたのであつたが、鮮人騒ぎではさうでもないといふことを眼のあたりに見せつけられたので、いはゆる幻滅の悲哀を味はざるを得なかつた。親友の相原千里博士は長野赤十字病院の院長として、かゝる際中央の指令が来る筈もなく、といつて坐視して時を過すべきにあらずとて、自から進んで二日に医師及び看護婦を伴れて上京した。宮城前の広場の避難民の間に施療所を設けて多くのものを治療してやつた。その功績まことに顕著なるものがあつたことは何人もみとめたところであつたが、赤十字支部長たる県知事の許可なしに出かけたのはけしからぬと文句をいはれたといつて、役人の訳が判らないにも困つたものだとあとで憤慨してゐた。

鮮人虐殺問題は暗から暗に葬られてしまつたので、被害者が何程あつたかは、民間には全く不明である。どさくさ紛れの出来事であつたから、政府当局にも正確な数字は判らなかつたであらう。たゞ何百人といふ数に上つたことはたしかであつたらうと思はれる。

これは吾々日本人にして、当時を経験したものに取つては忘られぬ悪夢の一つである。

大正七八年のあぶく景気の反動で大正九年から不景気の風が吹き出してから、その影響が日と共に眼に見えて深刻化しつゝあつたが、此の大地震でその傾向は拍車をかけられ、学校出の就職難はやうやく顕著であつた。信毎への入社希望も少くなかつた。また地方にかへつて学校に勤務するものなども少くなかつた。

私は震災を経るまでは、一寸食ひつなぎのつもりで信州に来たのであつたから、落ちついて本腰入れて信毎のために力を尽さうとも実は考へてゐなかつたが、震災後は心を入れかへて、こゝで一仕事やつてみようといふ気持になつた。東京では戻る余地がないとあきらめたからである。小坂氏にその心事を打ちあけると大いによろこんでくれて、是非さうしてくれとの事だつた。ところがそれには、よき人材をあつめなければならぬと提案すると、それもよろしいといふので、そのときに柳町精氏と林広吉氏とを採用することにした。林氏は小坂氏のもとへ、たれかゝら入社を希望して来てゐたのであり、柳町氏は緒方氏の推薦であつた。

ある日大正堂と呼ぶ本屋へ本を見に行つてゐると、そこの主人が二人の青年を私に紹介して、何とか働く途はないものかとの相談である。何の仕事で働きたいのかと聞くと絵の方だといふ。それではといふので採用したのが、漫画の安本亮一氏である。もう一人は落合寛茂氏であつたが、落合氏は小県郡の傍陽村のお寺の相続人だといふのと、信毎としても一人以上は採用する余地が無かつたので、安本氏だけを採用したのである。二人とも、まだ美術学校卒業前であつた。

安本亮一氏は東京で人形師として知られた安本亀八氏の子息である。

この歳の秋農閑季にはいつてからは講演をたのまれて、信州の村々をよく飛びあるいた。一回の講演料として少くとも二十円、多きは五十円も出すのがあつて、懐ろにはいつも小使ひ銭が相当に潤沢であつた。

家は震災前に、西長野から権堂の方へ引越した。信毎重役の諏訪部庄左衛門の持家で、庭もひろく間数も多く、ゆつたりした生活が出来た。信州を昭和三年の春引きあげるまで此の家に住んだ。

震災で西洋料理のコツクが田舎落ちするもの多く、それがためにこのとし長野にも長野クラブと呼ぶ西洋料理店が出来て、それが一般の人気を博し、西洋料理民衆化の傾向が生じた。

地震の折に和服では動きが取れなかつたといふ事実も手伝つて、このときに東京でも男子の洋服着用者が俄かに殖え出したが、地方でも洋服裁縫職人が東京から落ちこんで来たので洋服店が殖え出し、洋服姿が多くなり出した。ことに小供の洋服姿がそろ〳〵殖え出した。これは東京から避難して来たものゝ子供達の洋服姿に刺戟されたのも、一つの原因となつてゐる。

十月にはいると初めての家族の経験だが、山国の風光は俄かに寒気来を思はせて、何となく陰鬱な気持になる。冬ごもりの用意を急がね〔ば〕ならないのが、その気持を起させるのであらう。

十一月になると、はるかにのぞむ菅平の高原には雪が積り出して、ちらほらと雪が飛んで来る。十二月にはいると雪がつもり出す。それがいはゆる寝雪で、つもり出したら春さきまでとけない。博太郎と精二は毎日雪をかき〔あ〕つめては、つひに一月にはいると庭さきに雪の丘をきづきあげて、その丘にトンネルなどつくつてあそぶのをしきりによろこんでゐた。

玄米パンと呼ぶのをよび売りあるくものが出て来て、パンが地方人の親しむところとなつたのも、この頃である。

新聞写真のために支局の記者達に写真機を持つことを奨励はじめたのも、この頃である。それまではまだ写真機は普及してゐなかつた。

小型の腕時計がはやり出したのもこの頃である。それまでは腕時計はまだ流行してゐなかつた。私が腕時計をつけ始めたのも、この歳の秋であつたと記憶する。

此の歳の十二月二十七日、謂ゆる虎の門不敬事件起る。難波大助が時の摂政宮にピストル射撃を企てた事件である。県警察部では掲載禁止しようとしたが、かゝる事件を報道せぬ場合は却つて流言蜚語をつくり、世間を疑惑せしむる惧れあることを指摘して号外を出すことを許すべしと主張し、つひに号外を出した。警察部では中央の指令なきが故に発売禁止するわけにも行かず、数時間後になつて掲載禁止を命じて来たが、そのときはすでに号外配布を終つてゐた。

この事件は次の歳に裁判となり、大正十三年十一月二十五日に死刑を執行されたが、その裁判は公開禁止で、たゞ一部少数のものだけが特別傍聴を許された。被告は死刑の宣告をいひ渡されるや、共産党万歳を連呼したさうである。英国のマンチエスター・ガーデアン紙がこの事件に関して載せた東京通信には、大要次の如きことが書かれてあつた。

凡そ日本人の考へ方ほど、吾々をして諒解に苦しましむるものは稀である。

来島恒喜は大隈重信の政策は国家の不利だといふので、彼を殺さうとして爆弾を投げつけたのである。然るに後年その来島の追悼会に大隈自身出席して、彼は国士であつたと推称してゐる。大久保利通を暗殺したものも国士としては後に推称されてゐる。国法を犯して死刑になつたものが同じ流れを汲む政府の下で、後には国士扱ひされるのである。

果して然らば、今は不逞の徒である難波大助が、何時かは国士となる日あるをたれが否定できるか。

今や日本の司配階級は、「天皇のため」から如何にして「人民のため」に世の中を移さうかとして苦心してゐるのだ。

此の通信の中には裁判の模様も書いてあつて、難波が共産党万歳を連呼したことを指摘してあつたと記憶する。

大正十三年は、新聞と講演とに日の経つのも忘れて時を過した。この歳には左翼的思想が澎湃として全日本にみなぎらうとする勢ひを示すにいたり、いたるところに労資の衝突を見た。小作争議も多くなつて行つた。

二月には労働総同盟がその全国大会に於て、今や我が国の労働運動は少数運動から大衆運動へ向ふべき階段に到達した、政策の現実化の第一歩として普選実施後に於いて選挙権を有効に利用し、また国際労働機関の如きもこれを利用して労働立法の促進に努めなければならぬと宣言し、従来の議会否定的態度を清算して議会を利用すべしとの方針をとるにいたつたことは、社会運動の全般に重大なる影響を与ふると共に、後年の無産政党の誕生を刺戟するにいたつた。

山本内閣が普通選挙法を実施する意向を明かにしたことは、無産政党結成の要求を熾烈ならしめた結果、その大勢に応じて、この

とし六月二十八日、「無産階級の利害に立脚する政党の樹立」を目標として政治研究会が生れた。

かゝる風潮であつたから、言論の自由は共産主義以外は十分に許されてゐたので新聞の仕事は面白かつた。講演も面白くやれた。信毎も読者は殖えて行く一方で、それだけ新聞紙としての権威も力も増すことになるのだから、まことに心地よくこの一年は暮した。

この歳の初夏清浦内閣の下に総選挙が行はれた。小坂順造氏は政友本党に属して政府党であつた。反対の方は謂ゆる護憲三派であつたが、小坂順造氏の選挙幹部は何れも信毎の応援ぶりが不十分だといふので、私のもとに抗議を申しこんで来た。私は新聞は公器である、一人の選挙の利害のためにその方針を動かすわけに行かぬ、あくまで公平の態度を守らねばならぬ、若しもそれを枉げても小坂氏社長なるが故にその選挙のために便宜をはかつて天下の公器たるの権威をすてよといふのなら、私自身旗をまいて信毎を去るべしと、きつぱりその抗議を拒絶した。同時に小坂氏に面会して、私の態度は枉げるわけに行かぬから辞職しようかと申出でた。ところが小坂氏は私の態度を肯定されて、従来の如くやつてもらひたいといふのでその儘仕事を続けてゐたが、つひに小坂氏は落選してしまつた。小坂氏箇人の罪ではない。反動的役割をつとめようとすることが余りにも明かであつた清浦内閣が、国民に人気が無かつたためである。

桝本卯平氏がこの春から信州に来て、よく講演して廻つた。また信毎の特別寄稿家に依頼したので、さかんに筆陣を張つた。

インドのタゴールが来て、朝野をあげて大歓迎をやつたものだ。彼はその帰途、上海に立ちよる予定であつたところ、孫逸仙は上海の新聞に一頁大の広告を出して、吾等は亡国の詩人タゴールより聴くべき何ものなし、入国を拒む旨を声明した。私は孫逸仙の態度に共鳴すると同時に、信州の山中より中央を見て、その浮薄なる態度に大いに憤慨したものである。

産児制限運動もこの歳には相当に顕著になつた。

支那問題の重要なるを見透し、支那研究を志す柳町氏をして、さかんに支那問題に関する記事を執筆させたのもこの歳からである。

この歳四月、博太郎は九歳、小学三年に進級した。私は三十九歳、よしの子は三十二歳、精二は四歳であつた。

スキーが此の冬さかんになつて、次の歳の一月は信毎でもスキー大会を開催し、私も博太郎と精二とを伴れてよく田口のスキー場に出かけた。

この歳秋口であつたと記憶する。老母が善光寺まゐりに小石川の姉と共に来た。しばらく老母だけは滞在した。

大正十四年の春の議会でいよ〳〵普通選挙法が通過し、その事が刺戟して国民の政治的関心が昂揚されたから新聞紙はいよ〳〵やりよくなり、言論戦は一層力ごたへがあるようになつた。尤も昨年第一次共産党検挙があつて以来、信州の一部に却つて共産主義勢力が地下深く潜る傾向もあつたので、たとへば下伊那地方などでは、信毎は反動勢力の代弁者として相当に非難されたものである。

この歳の初夏、桝本卯平、林広吉両氏同伴で初めて飯田地方に講演に出かけ、一週間ほど滞在してあちこち講演して廻つた。後に若くして死んだが、水海道町山田出身の荒井邦之助氏はその頃共産党中の大物で、よく飯田地方に潜入して、さかんに同志の獲得にその辣腕をふるつてゐた。後年私が東京に引きあげてからである。即ち昭和三、四年の頃はすでに転向して、仕事を欲しいといくたびか訪問して来たが、その間持病の肺弱が昂じて、つひに死亡してしまつた。

この歳八月、日本農民組合によつて「全国的単一無産政党の組織を促進すべき機関の設置及び具体的組織の促進を目的とする協議会」の開催が提唱され、爾来この目的達成のために全国的に活発なる運動が展開されて、年末十二月廿四日東京に於て農民労働党の結成式が挙行された。但しその中に共産主義系統のものがあるとの理由で即日解散を命ぜられたが、かゝる勢ひであつたから、世間の注意はこの無産政党問題に集中されて、此の歳はこの問題に新聞としても国内的には最も力を注いだ。

この秋であつたと思ふ、大山郁夫氏が長野に講演に来た。その折は反対のビラがさかんに市内に貼られた。かゝる有様であつたから、折角の講演会にも人出は少数であつた。

新聞の売れ行きはます〳〵よく、勢力は一層拡大された。それがために多分この夏からであつたらうと思ふ、夏の間だけ軽井沢避暑客のためといふので、洋書の広告を信毎に掲載することになつた。

大正十五年に三郎が生れた。母乳が不足なので母親の苦心は一通りでなかつた。

この四月、信毎で満支視察団を募集して柳町氏を案内役とし、北はハルビンまで、それから天津北京に旅行した。約一ケ月で帰国した。

この歳も四十歳程度以下のものに取つての興味の中心は無産運動の展開であつた。この年三月五日、労働農民党が大阪で結成された。議会進出を目ざす無産政党としては第二次の誕生である。この労働農民党は解散さるゝことなく此の歳は続いた。尤も分裂があり、内部争闘が猛烈で、固まつた力とまでは行かなかつた。

この歳も新聞と講演とに寧日なく日を暮した。私が四十一歳、よしの子三十四歳、博太郎十一才、精二は六歳、三郎一歳であつた。

昭和二年になると、新旧思想の全面的衝突がいよ〳〵さかんとなつて、信州にも罷業問題が勃発して県民に一大衝動を与へた。

〔編者註〕ペン書　罫紙和綴

解　説

北河賢三
望月雅士

1　風見章の経歴と関係資料

本書は、戦前・戦後を通じて衆議院議員を務めた風見章の関係文書のうち、主として昭和十一（一九三六）年から二十二（一九四七）年までの日記、手記、論考、及び関係資料を翻刻するものである。風見にとってこの十年余の時代は、内閣書記官長や司法大臣を歴任し、近衛文麿らと共に昭和十年代の政治をリードした前半期と、翼賛選挙不出馬を機に政界を事実上引退し、悪化する戦局と敗戦後の日本をジャーナリスト的な感覚で見据えた後半期に分けることができる。本書ではそれぞれの時期の資料を、前半期は第一部に、後半期は第二部に収録した。なお、収録資料の年号表記に合わせて、この解説でも年号を用いた。

風見の経歴については、すでによく知られているが、以下に簡単に紹介しておきたい。風見章は、明治十九（一八八六）年二月十二日、茨城県水海道町高野に生まれ、水海道中学を経て、同三十八年、早稲田大学高等予科に入学、同四十二年に同大学部政治経済学科政治専攻を卒業した。早稲田在学中には、中野正剛や緒方竹虎らとの交流を深め、終生にわたる彼らとの交友関係がここに始まった。大正元（一九一三）年一月、中野の推薦により大阪朝日新聞社の外報部員に採用されたが四年ほどで辞め、その後は国際通信社などを経て、同十二年一月、信濃毎日新聞社の主筆に迎えられた。信毎時代の風見は、普選運動や護憲運動を支援し、労働争議や小作争議では民衆の側に立った論陣を張った。この時代の主として関東大震災時の回想が、34手記「信毎時代」である。

昭和三（一九二八）年二月、信毎を退社した風見は、普通選挙制に基づく最初の総選挙に郷里の茨城三区から出馬した。この時は落選したが、二年間にわたる選挙民との交流の結果、「風見宗」と呼ばれる熱心な支援者が選挙区内に続出し、南昌洋行の斎藤茂一郎の支援も得て、同五年の総選挙ではトップ当選を果たした。以後同十二年四月の総選挙まで連続四回当選した。立憲民政党に所属した風見は浜口雄幸首相の演説草稿を起草するなど、初当選組ながら早くも頭角を現したが、満洲事変後の協力内閣運動の際には、安達謙蔵や中野正剛らと行動を共にして民政党を脱党し、翌七年、国民同盟結成に参画した。

昭和十二年一月、国民同盟を脱退した風見は、六月に第一次近衛文麿内閣の内閣書記官長に就任した。折りしも七月に盧溝橋事件が勃発し、以後一年半に及ぶ在閣時代は、日中戦争への対応に終始することになる。同十五年五月、有馬頼寧らと新体制運動を開始、同年七月の第二次近衛内閣発足に際しては、司法大臣に就任した。また同年十月の大政翼賛会発足に伴い常任顧問となったが、同十七年四月の翼賛選挙には出馬せず、政界から退いた。

昭和二十年八月、風見は敗戦を水海道で迎えた。同二十二年二月、GHQからの呼び出しを受け、九月には公職追放の仮指定を受けた。二十六年六月公職追放が解除され、翌年十月の総選挙に無所属で立候補し当選、同三十五年十一月の総選挙まで連続五回当選した。この間、三十年一月には左派社会党に入党、同年十月の社会党統一では、顧問に就任した。戦後の風見は、昭和二十九年一月に片山哲らと憲法擁護国民連合の代表委員となり、平和憲法擁護運動に取り組むと共に、同三十二年九月には日中国交回復国民会議の理事長として中国を訪問し周恩来首相と会談するなど、中国との国交回復に尽力した。昭和三十六年十二月二十日、腸骨癌により死去した。

主著には、『近衛内閣』(日本出版協同株式会社、一九五一年)『祖国』(理論社、一九五二年)『鬼怒川雑記』(常陽新聞社、一九五三年)などがある。伝記や評伝については、須田禎一『風見章とその時代』(みすず書房、一九六五年)、利根川一沙『政治家風見章』(筑波書林、一九九八年)などがその主なものである。また風見の長男博太郎氏の回想として、「父・風見章を語る――風見博太郎氏に聞く(その1)」(『早稲田大学史記要』第三七巻、二〇〇六年)、「同(その2)」(『同』第三八巻、二〇〇七年)がある。

本書の原本は、風見章とその私設秘書志冨靭負の両関係文書にある。それぞれ風見と志冨の遺族が所蔵してきたが、二〇〇七年に両文書とも早稲田大学大学史資料センターに寄贈された。風見家に残されていた関係文書は二百点近い資料から成り、その中心は日記や手記などの資料群である。このうち日記は、昭和十四年五月から昭和二十四年十二月までのものがあるが(他に昭和三十一年十一月から三十二年七月までの断片的な日記がある)、断続的に残っているのが現状である。風見は習慣的に日記を付けていたわけではなく、在閣期など特に多忙の時には日記を記すことはなかったようである。本書では、昭和二十一年二月までの日記を収録した。風見文書中、回想録や随想などを書き綴った手記には、本書収録以外に、中学や早稲田大学時代の回想記、第一次近衛内閣発足当初の回想録「在官日記(一)」(後述)、戦争末期に書かれた身辺周辺の覚書などがある。論考類は、昭和十九年秋の対ソ関係に関するものを収録したが、他にロシア革命についての原稿などが残っている。この他に風見文書には、「対支宣戦布告ノ得失」(昭和十二年十一月)などの外務省の書類、新聞記事のスクラップ、中野正剛と緒方竹虎のはがきや謝南光らからの書翰類十数点、折々の和歌集などがある。風見博太郎氏によると、風見は敗戦後一週間もしないうちに、日記だけを残し、「他人に迷惑をかける」恐れのある書翰類などはすべて焼却してしまったとのことである(前掲「父・風見章を語る――風見博太郎氏に聞く(その2)」)。なお、風見が戦後に衆議院議員を務めていた時代の資料は、日記を含めほとんど残されていない。

志冨靭負の関係文書からは、第一次近衛内閣期の資料と新体制運動に関する資料、風見の言行録を収録した。風見の私設秘書を務めた志冨靱負は、明治三十二年七月、茨城県東茨城郡に生まれ、大正六年いはらき新聞社に入社した。同十四年三月には、同社水海道支局長となり、この頃、信濃毎日新聞主筆の風見と知り合った。昭和三年、風見が最初の総選挙に立候補した時から、志冨は選挙戦をはじめ、水海道でのその政治活動を支え、増田兆五、飯田憲之助、今井彦蔵、落合寛茂、神林鎮男らと共に、いわゆる「風見宗」の主要メンバーの一人であった。戦後は水海道で地域紙『文化茨城』を昭和二十二年から四十六年まで二四年にわたって編集・発行した（縮刷版に、文化茨城縮刷版発刊委員会編『文化茨城』一九七五年、がある）。昭和五十三年二月死去。風見は公職追放時から亡くなる直前まで、『文化茨城』にエッセイを書き送っている。

志冨の関係文書は九百点を越す資料群であるが、風見章宛を含む来翰類をはじめ、選挙や地元後援会の関係資料、『文化茨城』への風見の寄稿原稿など、主として戦前の風見に関わる多岐の資料が残されている。また昭和十年代の志冨の日記には、風見に関係する事柄も散見される。これらの資料が今日まで保存されてきたのは、志冨の風見に対する畏敬の念と献身的な支援によるものである。

2　第一部　日中戦争と近衛内閣

第一部は、昭和十一年八月の中国旅行の回想から、翼賛選挙への出馬を見送った昭和十七年六月までの日記・手記、および関係資料を収録した。この時期の風見は、第一次近衛内閣で内閣書記官長、第二次近衛内閣では司法大臣に就任し、また昭和十五年の新体制運動ではその推進役として活躍するなど、政界の最も中枢に位置した政治家の一人であった。その時期はまた、風見の政治家人生の中でも最も激動に満ちた時代でもあった。

1　第一次近衛内閣時代

昭和五年に衆議院議員となった風見は、同十二年一月には政党・会派から離れ、無所属となった。その決断の一つの理由は、前年の八月から十月にかけての中国視察旅行で、各地で頻発する排日・抗日の実態を目撃したことにある。1手記（昭和十一年八月―十二年一月）は、この時の見聞を後年まとめたものである。この視察を通じ、「先づ日支の軍事衝突を避けなければならぬ、これを避くるがために新しい対支政策が樹立されねばならぬ、かゝる方策を遂行し得べき政治力が日本にあつて結成されねばならぬ、同時に同じ政治力によつて刻々に戦雲を濃くしつゝある世界情勢に対処するの準備が進められねばならぬ、かういふように考へて来ると、先づ日本の政治体制が更新されねばならぬ」が、風見の決意となった。

それから間もない昭和十二年六月二日、第一次近衛文麿内閣の成立に伴い、風見は内閣書記官長に抜擢された。本書ではこの時期の回想録として、2手記（昭和十一年十一月―十四年一月）と3「回想記」（昭和十二年一月―十三年四月）を収録した。この他に、「在官日記(一)」(以下「在官」と略)があるが、断片的であるため収録しなかった。風見の『近衛内閣』の冒頭には、近衛の生前、風見が中心となって、「近衛内閣政治をかいておこうとそうだんし、その準備にとりかかつた」ものの、多忙などで思うように手が回らず、そのうちに資料などを「疎開さわぎや、なにやかやで、すべてうしな」い、『近衛内閣』は覚えていることを思いつくままに書き綴ったとある。風見が第一次近衛内閣に関する回想録を何種類も残しているのは、この「近衛内閣政治」の執筆を何度か試みた結果と思われる。なお、右の各資料の執筆時期は、3が昭和十四年二月二十二日から三月四日までの間に書かれ、「在官」は6によると、昭和十四年六月二日から書き始め、六日には昭和十二年六月十二日までを書き終えている。以後は断片的な記述となり、同十二年七月十一日付の書き始めで中断している。2の執筆時期は明らかではないが、3や「在官」とは異なり、第一次近衛内閣の記録として完結しているため、3と「在官」の後に書き上げられたものと推測される。日時などをはじめ、2、3および『近衛内閣』には事実関係に齟齬が見られるが、風見がこれらの執筆にあたり、基にした資料は不明である。なお、以下の第一次近衛内閣期に関する部分で、断りがない限りは2からの引用である。

昭和十二年六月二日、近衛文麿が内閣を組織するにあたり、風見が内閣書記官長に就任したのは異例の人事として注目を浴びた。近衛と風見とは、それまで一度会ったことがあるだけだったが、2からは近衛が森恪や志賀直方らから風見の情報を得ていたことがわかる。周知のように、第一次近衛内閣は日中戦争の勃発とその対応に明け暮れることになるが、盧溝橋事件が起こるまでのほぼ一カ月間の出来事について2および3から知り得るのは、①新内閣としては従来型の政綱などは発表しないこと、②五・一五事件、神兵隊事件、二・二六事件などの関係者の特赦案についての協議、③国民再組織についての提言、④政務官人事、などである。この間の内閣の動きに関して「在官」には、六月七日の閣議で広田弘毅外相が企画庁総裁に就任した経緯について、「広田外相を企画庁総裁とする件については(馬場内相に同総裁たる希望あるかの如く伝へられたるも、同氏は最初よりその希望なきのみならず、自らその任をあたるは内閣のため宜しからずとて、すゝめらるゝも固辞するの意向ありたるは明白也)、広田氏容易に受諾せざりしも、予は緒方竹虎氏に広田氏就任方説得を依頼し、又総理は原田熊雄男に説得を依頼す。原田氏は六日夜広田氏を説く。広田氏承諾す。故に今日この事を新聞記者団に発表す」とある。

昭和十二年七月七日に勃発した盧溝橋事件の一報を風見が入手したのは、翌八日である。この報を得た風見は、杉山元陸相や外務省、また新聞報道などの楽観論とは異なり、「支那及び蔣介石政権を分析解剖するとき今回の事件は到底楽観を許さゞる」(3)状況にあると見て、近衛首相の同意を得て閣僚の足止めを行なった。その日付を、2は八日、3は九日としている。また同郷の柴山兼四郎陸軍省軍務課長らから華北情勢の危機的状況が伝えられる中で、十一日夜、政界、財界、言論界の代表に対中国政策の政府への一任を要請した。この挙国一致的措置は、同日華北派兵を政府が決定したこともあり、世評では陸軍との結びつきが取沙汰され、「政府自ら気勢をあげて、事件拡大の方向へ滑り出さんとする気配」（石射猪太郎『外交官の一生』太平出版社、一九七二年）であったが、これを発議した風見の真意は、対中強硬論を抑え、政府への国民の全面的支持を取り付けることにあった。

こうした中で石原莞爾参謀本部第一部長より風見へ、近衛首相の南京派遣が提案された。その日にちを風見は、2では十二日午後、3は十四日、『近衛内閣』に至っては八月上旬としており、一致していない。石原提案の日中トップ交渉案は、近衛が南京行きに同意していたにもかかわらず、実現しなかった。風見がその現実的な効果を認めなかったからである。石原の指導力に顕著に見られる陸軍内の統制力と蔣介石による抗日派への抑制力を、風見は共に疑問視していたのである。石原からの提案を何も理由を言わずに断った風見だったが、近衛からの広田外相派遣案については、失敗に終わった場合の責任の軽さから賛同した。だが広田自身が諾否を言わず、この案も実現に至らなかった。

十七日の陸海外蔵内の五相会議では、杉山陸相が提出した十九日までの期限付要求案を討議したが、この日の記事の中で風見は内閣の無力感を吐露している。華北における日中両軍の衝突を回避するには、支那派遣軍の満洲への撤退が前提となるというのが風見の基本的な考えであったが、陸軍は政府とは無関係に華北への派兵を準備している有様であった。「問題は要するに、内閣と軍部との間に有機的連絡なきに在り」との言葉の内に、風見の苦衷が表れている。十八日の五相会議では、前日の会議での米内海相からの提案を受けて「対支国交調整根本方針」を決定し、陸海両相から病床の近衛に伝えられている。この日の記事に風見は、石射猪太郎東亜局長からこの方針を御前会議での決定事項とするようアドバイスを受けたことを記しているが、風見から「中日問題解決案を私見でも良いから話してくれ」と要請された石射は、「かねて練っていたこれ以外に国交打開の道なしという大乗案」を話し、書面も送り届けている（前掲『外交官の一生』）。石射はこの時すでに、日本軍増派兵力撤退を主内容とする国民政府への提示案を作成済であった（秦郁彦『日中戦争史』、原書房、一九七九年）。

八月九日の大山勇大尉射殺事件を機に勃発した第二次上海事変は、風見にとって日中全面戦争への突入を覚悟せざるを得ない事件となった。大山事件が起こる二、三日前、風見は緒方竹虎から事態解決のための一つの提案を受けた。それは、蔣介石に反共クーデターを行なわせ、抗日抛棄の名分を得て国交調整に入るというもので、この案に賛同した風見は、一〇—二〇億の資金を蔣に提供することも念頭に置いて近衛首相へ話を取り次いでいる。十三日来訪した岩永祐吉に風見は、上海への戦線拡大は蔣介石の抗日派への統制力が破綻したと見るべきで、「日支全面戦争を惹起せしめんとする形勢を阻止して、南京政府を相手に日支関係を平和裡に調整せんとする希望は抛棄せざるを得」ないと話している。十四日の臨時閣議では、風見が提案した上海への救援船の派遣を決定したが、杉山陸相から声明案文が提起され、翌十五日南京政府断固膺懲声明として公表された。二十四日には、自衛権強化拡充を目的とする陸軍提議の大動員計画が閣議承認されたが、風見は、「今日の閣議決定によつて謂ゆる自衛権強化拡大は主観的にしか意義なく、客観的には最早や日支全面戦争の段階に入りたるを痛感」し、「たゞズルズルと日支全面戦争に引きこまれて百方戦線を伸ばす」のを避けるためにも、「一定限度内に於て速戦以て支那軍を膺懲し、その上は速かに軍を北支の満洲よりの重要拠点に撤収し、以て解決を外交手段に訴」え、「戦争の限度をはつきりと腹に蔵する」ことが必要との認識を持っていた。そのため近衛首相の了解を得て、八月末に杉山陸相および馬場内相と右の対応策について話し合ったが、杉山は具体的な点には何も語らなかった。風見は杉山が対中国戦を楽観視していると感じた。

日中戦争が拡大していく中、九月から十一月にかけて、風見は首相を構成要員とする大本営の設置（十一月大本営政府連絡会議設置）を推進し、また少数巨頭による内閣強化案に着手した。それらはいずれも、政府が統帥部を掣肘することに狙いがあった。そ昭和十二年十一月から十二月にかけて、いわゆるトラウトマン工作が進展したが、南京占領という事態に直面して、十二月十四、十五日の大本営政府連絡会議では、ドイツを仲介に国民政府に提示していた和平条件が改めて討議された。風見はこの席上、提案された条件で、果して和平成立は確実なのかを問い質した。その発言の意図について『近衛内閣』では、華北における特殊権益確保を条件とすることの問題点が述べられているが、2では、一方で和平方針を提示し、また他方では中華民国臨時政府を樹立（十二月十四日に北平で北支那方面軍の指導の下に成立）することの矛盾が挙げられている。

翌十三年一月六日の首外陸海の四相会議では、国民政府が和平条件に応じなければ、断乎膺懲する旨の政府声明を書記官長談の形式で発表することとなった。この会議に出席した風見は、「和平の交渉をはかどらせんと欲せばその条件を問題として再検討し、和平可能の範囲に於て条件を再提示する外に途なかるべし」との考えであったが、会議の要請に応じて自ら案文を起草し、同日発表した。十六日には周知の「国民政府を対手にせず」声明が出され、これは風見の先導によるとの回想（たとえば、当時法制局長官だった船田中の回想〈中村隆英他編『現代史を創る人びと』2、毎日新聞社、一九七一年〉）があるが、この一連の過程は風見が主導したものではない。

一年半に及ぶ第一次近衛内閣期の最大の議会問題は、昭和十三年二月から三月にかけての国家総動員法案の審議である。この審議過程では法案への違憲論が出され、また陸軍省の説明員佐藤賢了中佐の「黙れ」事件が起こるなど、政党側は政府に厳しい姿勢で臨んだ。対議会策が難航する中、風見の打開策が4「昭和十三年五月　秘録　志冨靱負記」（昭和十三年三月―十一月）の資料3、資料4である。両資料とも三月初旬に書かれたものと推定されるが、風見はこうした政局の行き詰まりを梃子に、挙国一致政党結成の機会を狙っていたのである。このような難航する議会運営に直面し、近衛は辞意を周囲に洩らし始めた。四月三日、風見は前日から病により静養を始めた近衛を見舞い、「今や内閣大改造を行はずんば時局を担当し難しとの結論」で合意した。もし改造が不可能であるならば総辞職以外に方法はなく、その際の後継首相として風見は平沼を念頭に置いていた。だが平沼にその意思がなく(3)、近衛は四月二十日まで静養することになったが、その間に書かれた覚書が4 - 資料1・資料2である。資料1では、「政戦両略一元化」のために「現状打破の政治的一投石」として、内閣改造の断行か総辞職かの選択が想定されている。資料2に記されているのは、その選択の際に採るべき具体策である。近衛は四月二十一日に登庁し、政権担当の決意を表明するが、その内容は風見が示した「引続き時局を担当する場合」(3)の具体策を盛り込んだものであった(『東京朝日新聞』夕刊、昭和十三年四月二十二日付)。

内閣改造にあたり、その焦点となったのは陸相人事である。杉山陸相更迭の理由について風見は、「陸相の閣僚としての力は、結局閣僚として内閣の決定に軍部をして共同せしむるにあらずして、唯軍部内に相刻する所の勢力の一部を内閣に来つて代弁し又は代表すぎざるに堕し、当然内閣は軍部のロボット化するに至」(3 七月十二日)ったことを挙げている。後継陸相には板垣征四郎が就任するが、当時第五師団長として徐州作戦にあたっていた板垣の下へは、風見の斡旋で古野伊之助が密使として派遣されるなど、極秘裏の裡に事が進められた。この時の改造では、内閣強化のため池田成彬を入閣させたが、厚生省新設に伴い、十二年の暮れに入閣を要請したこともあり、池田入閣は近衛と風見の間では待望の人事であった。池田が条件とした宇垣入閣では、宇垣サイドから外相の他に拓相兼任を要求するなどの難問題も生じた。この内閣改造では、陸軍の一部から内閣陰謀説が湧き上がり、策謀の中心とされた風見は内閣書記官長辞任を申し出たが、近衛はこれを受け入れなかった。陰謀説の出所を『近衛内閣』では、杉山陸相と同時に更迭された梅津美治郎陸軍次官の系統にある者と仄めかされているが、2では柴山兼四郎陸軍省軍務課長だったことが明らかにされている。九月に入り、後の興亜院へと至る「対支中央機関」の設置をめぐり、宇垣排斥の動きが陸軍を中心に高まり、結局宇垣は外相を辞任した。この過程で風見は、外務省顧問に就任したばかりの佐藤尚武に問題解決を任せるなど、宇垣辞任を回避すべく手を尽している。それは「宇垣排斥の要望が一部にあがりたる今日に於て宇垣氏を失ふは、内閣が他力に動かされたりとしてその権威を失墜するの結果を招く」恐れがあるからだった。

昭和十三年の夏から秋にかけて、新党運動が再燃し始めた。風見自身この時期に、政党に代わる新たな国民組織の結成を構想していたことが、手記4の資料5から資料7の一連の覚書からわかる。八月二十一日付の資料5(今井清一・伊藤隆編『現代史資料44 国家総動員2』、みすず書房、一九七四年に収録)では、九月末を目途に既成政党から約三〇名の脱党者をつくり、さらに勧誘脱党を進めて、まずは九〇人から成る新団体を組織し、既成政党を解散に追い込む運動を展開すると共に、資金面をはじめ全面的な支援を行なうものとされている。資料6と資料7は関連する資料であり、資料7には十月十七日付の記載がある(資料6、資料7とも、前掲『現代史資料44』に収録)。資料6では、政党・会派を解消させ、近衛を中心に貴族院をも組み入れた、新たなる国民組織の結成が構想され、資料7ではその組織が、議会部(貴衆両院議員)、経済部(商工会議所、帝国農会、産業組合、大日本青年会、愛国婦人会等)、文化部(教化部)等から成り、内閣が統括するものとされている。さらに各閣僚の政党領袖らとの懇談の担当も割り振られている。十一月六日付の資料9は国民組織準備委員会結成についての覚書であるが、少なくともこの頃まで、風見が近衛内閣の下で国民組織の実現を構想していたことが分かる。

昭和十三年秋、亀井貫一郎や秋田清、秋山定輔らが新党運動を始めたが、風見はこの動きを九月初旬に本間精内務省警保局長から極秘情報として得た。風見はこれを「一笑に附して元より顧みず」、近衛も同様であったとするが、党首就任の打診があった場合の対応を近衛は決め兼ねていた(『木戸幸一日記 下』、昭和十三年九月七日付、東京大学出版会、一九六六年)。ほぼ同じ頃、末次信正、塩野季彦、木戸幸一の三閣僚を中心とした新党運動も試みられ、近衛も絡んでいたが、風見は関与していない。この運動について風見は、「政界の実状に暗く、政界の情勢判断が元より甚だ乏しきのみならず、何れも国家権力の軌道の上に人と為りたることなれば、政界を規制するに官界又は軍隊を規制すると同様にて差支へなしとするが如き錯覚を有する」と痛烈に批判している。結局この運動は十月二十八日に失敗に終わる(矢部貞治『近衛文麿』読売新聞社、一九七六年)が、中野正剛が入閣交渉と早合点したというエピソードに見られるように、小会派の取り込みはかなり進んでいた。

風見の見るところ、陸軍の横暴が露骨になっていったのは、昭和十三年の夏頃からである。その一つの顕著な例として、昭和十三年十一月の国家総動員法第十一条の発動問題が挙げられている。戦時経済統制が強化される中、総動員法第十一条の株主への配当制限の条項を発動するか否かが閣内で争点となった問題である。4-資料10は、近衛首相から関係閣僚への訓令草案で、発動に関して閣議決定は見合せるとしている。五相会議でも第十一条を発動しないことに決し、十一月八日に池田蔵相がその旨を発表したが、陸軍はこれに反対の声明を発した。この一連の過程で風見が憤ったのは、陸相も賛同した五相会議の決定を無視する陸軍の露骨な政治介入にあった。

第一次近衛内閣の末期、いわゆる汪兆銘工作が現実化し、汪の重慶脱出へと至ることは周知の通りである。風見にとってこの事件は「秘中の秘事にして五相と予(風見——引用者)と陸海軍部内の極めて少数なるものがこれを知るのみ」と記しているが、その回想はきわめて短い。4-資料8は、十一月三日の東亜新秩序声明に関する草稿であり、「昭和十三年十月卅日於大崎私邸、真に彫心鏤骨、夜二時に至るまで推敲され案文四種作製、右は第一案也」との志冨の付記がある。

近衛内閣の総辞職は昭和十四年一月四日である。風見が近衛から辞表案の作成を依頼された時期について、2は昭和十三年十一月下旬頃、『近衛内閣』は十月下旬で、十一月三日に提出したとする。この辞表案に該当するのが、4-資料11と資料12である。

前者が辞表捧呈文草稿、後者は総辞職に際しての首相談話草稿であり、後者には十一月十九日の日付がある。志富は大崎の風見邸で、この草稿を筆記した時の模様を5（昭和十四年）で回想している。もっとも辞表案は何度か書き直され、最終案は十二月二十六日に完成されたという。総辞職の理由について2は、「陸軍と他の方面との対立のために所期の目的を達する能はずして内閣としての政治の運営は齟齬する事のみ多し。ために内閣はその責を全うする能はずして、かゝる有様にて荏苒日を経るは国家を益する所以ならずとの信念」を挙げている。

2　昭和十四年の政治と社会

二度の近衛内閣に挟まれた、昭和十四年五月十四日から翌十五年二月二十九日までの風見の日記が、6日記（昭和十四年五月—九月）、8「備忘録　昭和十四年九月以降」（昭和十四年九月—十月）、9「備忘録　十四年自十月至十一月廿七日」（昭和十四年十月—十一月）、10「備忘録　十四年十一月廿八日　三郎闘病記」（昭和十四年十一月—十五年二月）である。これらの日記からは、内閣総辞職後も風見が近衛と時折会い、また岸道三、牛場友彦、尾崎秀実、西園寺公一ら内閣を共に支えた面々と頻繁に会合していたことがわかる。風見は近衛から情報収集費に類する資金を託されていたようで、滝正雄に二〇〇〇円、木原通雄と後藤勇には一五〇〇円（六月十二日）、尾崎秀実と西園寺公一には二〇〇〇円（七月十七日）を、いずれも中国視察の餞別として渡している。また山陰地方の農村視察に向かう細川嘉六へは、尾崎を通して一〇〇〇円（六月十七日）が渡されている。餞別の代償として視察報告が行なわれることもあったようで、尾崎と西園寺の視察談は八月二十六日に、細川の報告は九月二十二日に行なわれている。尾崎と西園寺も参加した日本クラブでの細川の視察報告は、「現在の経営形体における負担は限度に達したること」と、「非戦的意識の発生漸く顕著にして、その傾向は漸次に昂まりつゝあること」が結論だった。この他細川は、山陰道への車中で商人たちが、内乱が起こるかもしれないと話していたことも伝えている（九月二十三日）。細川の視察結果を重視した風見は、近衛が直接聴聞する機会を三十日華族会館で設けた。この時の近衛の感想を十月十二日、風見は尾崎から聞いた。「細川嘉六氏の話はつまらなかつた」が、近衛の感想だった。風見は農村の現状を的確に捉えた細川の報告を理解できない近衛に対し、「心外也」「政治的感覚を疑はざるを得ざるに至る」などと日記に書き連ねている。社会不安が導く状況認識の点で、風見は近衛の鈍感さに失望を禁じ得なかった。

日記の質量に変化が見えるようになるのは、八月に入ってからである。その大きな契機となったのは八月七日の記事である。この日風見は、日記に二つの問題を書き記している。一つは、五日に水海道と土浦で粳米が一俵十五円を越し、大正八年以来の高値になったこと、もう一つは、日独伊軍事同盟締結をめぐり、政変説が飛び交うなどの政局不安が増大したことである。こうした物価高に伴う社会不安と日中戦争の泥沼化、および国際情勢に連動した国内政治の行き詰まりに直面し、それをいかに「改新」していくかが風見の関心事であった。「東亜新秩序建設一般経略」「政治綱領」「欧洲戦争の影響」から成る7手記（昭和十四年五月―九月）には、このような風見の関心が反映されている。表題には「昭和十四年八月」とあるが、それぞれの執筆時期は異なる。「東亜新秩序建設一般経略」にはその冒頭部分に、「（五月）」の記載があり、「政治綱領」と「欧洲戦争の影響」は、内容から前者は八月末、後者は九月に入って書かれたものである。まず「東亜新秩序建設一般経略」では、東亜新秩序建設のための対外政策として、ソ連および英仏米の中国からの駆逐を重視しつつも、その手段としての独伊枢軸側への深入りを牽制する。対内政策では、最初の三年間で国防産業を発展させ、次の三年で生産力の集中的な拡充が計画されている。そして「国民生活態勢の確立」に向けて、労働会議などの議会に代わる民意集約システムの設置が模索され、その実現のためには憲法停止までもが念頭に置かれていた。「政治綱領」は、阿部信行内閣の成立に伴う、将来的な政治的「束縛」が列挙されている。この中で風見は、「旧勢力」を払拭して国内革新を断行し、東亜新秩序を建設していくことを考えているが、「旧勢力」の打倒は「一種の革命的手段」によるとしている。かつて須田禎一は、この「旧勢力」を軍部としたが（前掲『風見章とその時代』）、須田が省略した（八）では「旧勢力」と「革新」が対抗概念になっており、軍、官僚、政党など既存の支配勢力全般が「旧勢力」の範疇として考えられていたと思われる。なお須田が省略したのは、主として大衆蜂起や満洲・朝鮮・台湾の「叛逆」といった政治的混乱が想定された部分である。最後の「欧洲戦争の影響」では、ヨーロッパ情勢を踏まえ、日本の採るべき方向性が模索されている。

九月に入り、第二次世界大戦が勃発したが、風見はこれを「資本主義の死滅とこれに代るべき世界新秩序建設の発端を区画するための最後の陣痛」（九月十五日朝誌）と位置付けた。九月十五日のノモンハン戦の停戦協定の成立と、その直後のソ連のポーランド進駐という事態に直面し、日本外交は戦略の見直しを迫られることになった。この時風見は、日本が採るべきは「自主独往」の外交戦略と、そのための戦時体制の確立以外にないと考えていた（九月十七日）。風見の「自主独往」の外交戦略とは、1上海南京以外中南支放棄、2北支満州へ兵力引上、3北支の軍政化、4対ソ牽制策＝親英米政策、5英米の援蒋工作断ち切り、6ソ中遮断、7ソ英米の親日化による日本の東亜支配権の承認、である（九月二十五日）。しかしながら、「軍官民ともに結束益々弛緩の傾向」（九月十七日）にあり、ノモンハンの大敗についても、国民には「停戦」と伝えるばかりで真相を公表しないため、国軍の内部崩壊と日中戦争の失敗が共に引き起こされることを憂慮していた（九月十九日）。

この頃の風見は、政治における責任を繰り返し問題にしている。石原莞爾の人事をめぐる軍部内の「腐敗」を指摘し、それを承認した昭和天皇には、「寛度の然らしむるといはんよりも、実に事の是非曲直を弁ぜざるの所為といはざるを得ず」とし、これでは「綱紀何によつてか保持さるべき、社稷殆からざらんとするも得ざるなり。軍部官界ともに、その同僚に於ける行蔵は是非名分を没却して、謂ゆる博徒的仁義による也。世は末といはずして何といふべきや」（九月二十三日）と厳しく批判している。新設された支那派遣軍総司令部への西尾寿造と板垣征四郎の着任には、「此の責任を解せざる人材に、果して大任を負ふの実力ありや、甚だ疑はし」（十月一日）と記し、二人に「大任」が委ねられたことへの危惧を顕にした。貿易省新設問題でも、外務省の課長らの辞職で中止に追い込まれたにもかかわらず、「閣僚中責任を念とするものなく、これあるも責を明かにするの勇気なし。何たる状ぞや」（十月十三日）と痛嘆している。

十月二十三日の同盟通信による中国における赤化勢力台頭の来電と、二十六日のソ連による中国西北部への勢力扶植の報を得、風見は「支那大陸は共産反共産の決勝戦に於ける死闘場と化するに非るか」と観測した。その場合、汪政権をバックアップする日本が反共的抗争を続けるならば、国内には強固な体制が必要になると考えていた。中国問題を梃子にした国内の革新を予感したのである（十月二十六日）。そして十一月に入り、英米との緊張やソ連の中国への影響力が増す中、そうした予感は確信へと変わっていった（十一月十二日）。こうした中で十一月十四日、風見は有馬頼寧と「新しき政治団体」について語り、古野伊之助、三輪寿壮、後藤隆之助を含めた五人での会合を約束した。二十日の五人での会談の話題の中心は「国民組織」であった。この日の日記に風見は、三輪の「所詮惑混乱なしには、国民総力結成の組織は運動として成り立たざるに非や」との発言を書き留めているが、国民組織化への運動条件として社会的動揺が必須との認識は風見も一致するところであった。風見は、来年には生活問題に基因する社会問題が深刻化し、「現行組織に対する呪ひの勢ひ自から奔流するに至」り、これに対して軍部、政党、財閥が緊密な提携をはかって反動化し、国内の混乱を招致するだろうと予測していた。もっとも、こうした情勢への対処として「改新の旗印の下に国民を統御」する必要があり、そのために国民は一大衝撃を受けねばならないが、それには「容易ならざる政治的技術」と人材が必要であると考えていた（十一月二十九日）。風見の日記には、食糧や物資不足、闇取引の横行や流言、また国民の阿部内閣への不満などが、こと細かく記されている。風見はそれらを記しながら、国民が「一大衝撃」を受ける時を見逃すまいとしていたに違いない。

3　近衛新体制運動

風見の日記は昭和十四年の年末から三男三郎の病により中断し、本格的に再び書き始められるのは五月十六日付からである。この間、『有馬頼寧日記』二月十五日付には、風見の議員辞職についての記載があるが（尚友倶楽部・伊藤隆編『有馬頼寧日記　昭和十三年―昭和十六年』、山川出版社、二〇〇一年）、風見の日記からはこの問題を窺わせる記述は見られない。11「政界新体制　昭和十五年五月」（昭和十五年五月十六日―六月五日）は、風見の口述を志冨靱負が筆記、浄書したものであり、すでに吉見義明他編『資料日本現代史11　日中戦争期の国民動員②』（大月書店、一九八四年）で全文が紹介されている。わずか二十日ほどの日記であるが、ここからは近衛新体制へと向かう風見の動きとその周辺の事情を知ることができる。久原房之助からの近衛新党結成への打診と斡旋に端を発する一連の流れの中で、風見は既成政党の解消を優先し、政党側に根強い近衛の出馬を前提とした工作を牽制している。また新体制に向けての目標を、「国防国家の完成」「外交の振張」「政治新体制の建設」の三点に置き、既成政党中、民政党の主流や久原派の一部に見られるように、参加を望まない場合は相手にせず、政党外からも広く人材を集結させることなどを方針としていた。

この日記の作成にあたっては、志冨が頻繁に水海道から上京し、風見の下で筆記に従事したことが志冨の日記からわかる。それによれば、五月十七日の小田村での風見の講演会に同行した志冨は、翌十八日午後上京し、新党問題の動向について知ることになる。「新党問題で、先生は久原と逢はれたやうだ」（十八日）「新党問題で、先生もかなり忙はしいやうだ」（十九日）と、志冨はその日記に書き記している。志冨の日記に風見の口述日記についての記事が現れるのは二十六日付からで、「先生の日記浄書」とある。次に口述の記事が見えるのは二十九日である。そこには、「先生、原田熊雄と会つて、九時ごろ帰る。それから日記の口述筆記。歴史はいつも間違つたことを伝ひる《ママ》から、ほんとうのこと書き残すのだと。まことに結構なことで有る。近衛、有馬、木戸等の諸氏へ夜おそく電話で聯絡。新党問題も漸つと軌道に乗つて来たやうである」と記されている。翌三十日の日記には、この日の午前中まで口述筆記が続けられ、午後三時頃までかかって浄書したとある。六月五日の朝から再び口述筆記を始めているが、風見の支援者の一人吉田豊治急逝の報が入り、風見に代わって志冨が弔問に出かけることになった。11が六月五日の午前中で終わるのは、そのためと思われる。次に志冨が上京するのは十三日であるが、これ以後は、12の筆記に取り掛かっている。

12新体制運動資料1（昭和十五年六月）は、六月十三日から六月下旬にかけて書かれた風見の新党構想である。これも志冨の筆記になるものである。資料1によれば、世上の機運に反し、あくまでも組閣の大命降下を待ち、国民の協力を求めて既存政党を解消させ、新党の結成を実現させるのが理想的な手順とする。この場合、「近衛公は新党問題に関しては飽くまで受身の態度」とし、それが可能になるまで動かないものとするが、一カ月以内にはその機会が来ることを予期している。六月十三日から十六日にかけて作成された資料2―資料4によれば、新党の政策は「高度国防国家の建設」と「外交の一新」程度に止め、それを達成させるための政策は準備が整い次第明らかにするものとし、党運営は総裁独裁の組織が構想されていた（資料2）。創立委員には、各政党・会派からは筆頭総務又は幹事長を、東方会から中野正剛、第一議員クラブから秋田清、党外からは千石興太郎らを推挙し、その他貴族院からも人材を求めるものとした（資料3）。また諸団体への支持働きかけ（応じない場合は解散）（資料4）や結党後の清党運動（資料2）をはじめ、障害となるべき勢力との闘争のために、制裁組織の設置も考えられていた（資料3）。総選挙の際の公認候補の指名は総裁独裁とし、百名を超える新人議員を当選させ、その後に貴族院改革を断行することとした。さらに東亜新秩序建設のために、中国国民党や共産党をはじめ、諸地域の民族運動への影響力拡大も想定されていた（資料４）。

資料５から資料７（資料５は六月二十一日付、資料６は六月二十二日付）の一連の「結党方略」では、首陸海を中心とする少数閣僚制と、書記官長の補佐として十名ほどの参政官の設置が考えられている。また結党完了まで、風見と有馬が臨時に参議に就任することも選択肢に入っていた（資料５）。親任式後の結党準備委員には各政党・会派等から四〇名を選出し、各委員会を設置するものとした。内閣は中枢閣僚の他は事務閣僚とし、政務次官と参与官を廃止して新たに各省に一省最低十名の参政官を置き、興亜院、法制局、企画院は合併して内閣計画局とし、情報部は組織を拡大して、長官には代議士の就任が想定されていた（資料６）。党運営の中核的な組織体としては、幹事長の下に組織部と政策部を置くに止めるものとし、幹事長と両部長の三者を総裁の直轄とした（資料７）。

六月二十一日、町田忠治総裁の提唱に基づき、民政党では「指導精神に関する大調査会」（桜田会編『総史立憲民政党　資料編』、一九八九年）を設置した。風見はこれを新党運動への対抗と捉えた（内外法政研究会編「風見章氏談　新政治体制の由来と其経緯」研究資料第一四七号、刊行年不明）。資料８は、この民政党の動きを受けて書かれたものと思われる。ここでは、新党加盟議員の組織体として衆議院議員聯盟を結成し、民政党を敵対党と位置付け、十二月初旬召集の議会では、選挙法、議院法、結社法の改正を行ない、選挙の準備が整えば、翌年一月に議会を解散し、新選挙法下での総選挙が考えられていた。議員聯盟の指導には、四、五〇名ほどの親衛的集団があたり、その中心には麻生久が候補に挙がっていた。なお風見は、この後も衆議院議員聯盟の構想を持ち続け、後述する第二次近衛内閣成立後の新体制準備会の常任幹事会でも、議会運営の新体制組織として新たに提案（下中弥三郎編『翼賛国民運動史』翼賛運動史刊行会、一九五四年）している。

13　新体制運動資料２（昭和十五年六月―十六年七月）は、内容上から①新体制準備会関係（資料１―資料７）、②新体制結成準備関係（資料８―資料13）、③大政翼賛会改組関係（資料14―資料16）、④その他（資料17、資料18）に大別される。まず①には、新体制準備会に関する風見の所見と構想が示されている。昭和十五年八月一日、第二次近衛内閣が発表した基本国策要綱に基づいて新体制準備会が設置され、その第一回会合が二十八日に開催された。この準備会は九月十七日まで六回開かれ、大政翼賛会へと発展していく。なお、本資料中の資料１と資料５は「近衛文麿関係文書」にもあり、「九月十一日風見」の書き込みがある。近衛文書中の両資料とも志冨靱負の筆記である（前掲『現代史資料44』に収録）。①のうち、資料１と資料２は、九月三日の第二回準備会で富田健治内閣書記官長が常任幹事試案として説明した新国民組織試案（前掲『翼賛国民運動史』）中の、顧問および中央本部に関する風見の人事案である。資料３には、新選挙法の制定手続きと、総選挙における新旧両議員の人選方法が示されている。このうち新代議士の候補者リストが資料６である。九月六日の第三回新体制準備会では、富田健治内閣書記官長から綱領草案と規約要綱案が説明（前掲『翼賛国民運動史』）されたが、資料4ではこれを受けて、綱領と組織両案の審議、決定に関わるプランが提示されている。資料5は新体制を国民運動化するための全国的宣伝活動のプログラムである。また資料7では、衆議院の消滅の場合が仮定されている。

②は、第二次近衛内閣成立直前の新体制結成準備に関する風見の構想である。いずれも作成年月日が明記されていないが、12に続く一連の資料と位置付けられる。六月二十四日、枢密院議長を辞任した近衛は、挙国政治体制確立のための新体制運動の推進を表明し、その内容等については各方面の意見を聴取した上で実現していく旨を語った。これを受けて翌日風見は近衛に書翰を送り、有馬との会談の結果、その相談すべき範囲を報告しているが（前掲『現代史資料44』）、そのより詳細な内容が資料13に示されている。ここでは町田忠治総裁が解党に賛同するケースも想定されており、必ずしも民政党を除外していたわけではないことがわかる。また12の資料6に見られるように、六月二十二日の段階では「党」が明示されていたが、ここでは「新政治体制」という言葉に変わっている。これは、新党という表現を嫌った近衛の意を受けて、それに代わる文言として「政治新体制の確立」を提示したという回想（前掲『近衛内閣』）に該当するものである。なお、創立委員長に平沼騏一郎、結成準備事務局主任には三輪寿壮が想定されている。資料10では、須磨弥吉郎外務省情報部長の事件に鑑み、「軍政」を牽制するために、創立委員をはじめ組織の中心には革新的人材を登用すべきだとし、資料11には、中央指導部の構成要員等が示されている（「志冨靱負日記」七月三日付に、「今日も先生の結成方略口述筆記」とある）。

前述したように、近衛は枢密院議長辞任に際して、新体制確立に進んでいくことを表明したが、それは必ずしも倒閣を狙ったものではなかった。だが近衛の希望とは懸け離れて、現実の政治情勢は新体制運動に倒閣運動が絡み合っていくことになる（前掲『近衛文麿』）。七月十六日米内内閣が総辞職し、翌十七日近衛に組閣命令が下るが、この組閣を念頭に置いて作成されたのが、資料8、資料9、資料12である。まず資料8では、首陸海三相による少数閣僚で組閣（あるいは国務大臣を追加し、書記官長他の兼任も可）し、新政治体制の結成に着手するものとされている。その準備委員には、議会内各政派より二名ずつ、議会外からは末次信正、橋本欣五郎、中野正剛、白鳥敏夫、小林順一郎、松岡洋右が候補に挙げられている。また政治指導局（政治指導部）を設置して政治闘争を開始し、現参議はすべて解任して新たに任命すると共に、現職次官中行政長官としての大臣に三宅正太郎と岸信介を任命し、大達茂雄内務次官、荷見安農林次官は更迭するとしている。資料9では、下剋上の風習を矯正し、内閣の政治力を強化するための方法が示されている。

③は大政翼賛会改組関係である。十月十二日に発会式が開催された大政翼賛会は、発足当初より内紛が絶えず、総裁を兼ねる近衛首相の熱意も早々に消え失せていた。そして十二月二十一日、近衛首相は新体制運動を支えてきた風見法相と安井英二内相に代えて、「観念右翼」（前掲『近衛文麿』）の平沼騏一郎を内相に、柳

川平助を法相に就任させて方針転換を鮮明にした。風見と共に新体制運動の中核を担ってきた有馬頼寧大政翼賛会事務総長に対しても排斥の動きが強まりつつあったため、風見は「少数常任総務制をとり、総務は連帯責任として、有馬氏を筆頭総務」（前掲『近衛内閣』）とする改組案を提案した。これに相当するのが、いずれも昭和十六年三月十六日付の資料14―資料16と推定される。ここでは、総務局を事務局に改めて庶務、会計、連絡等の事務を統合し、企画局、政策局、組織局、議会局等は廃止とし、翼賛会の運営と事務を担う中枢機関（仮称総務委員）には十名程度を置くものとしている（資料14）。改組発表前に、有馬頼寧、前田米蔵、および書記官長または閣僚一人の三人で役員の選出にあたるが、形式上は改組発表と同時に設けられた役員詮衡委員会が人選して総裁に推薦することとしている（資料15）。議会局長の前田がこの三人のうちの一人に挙げられているのは、議会史上初の無党無派で開かれた第七十六帝国議会で、貴衆両院から大政翼賛会への批判が高まっていたことへの対応であろう。貴衆両院議員クラブの構想（資料16）も、そうした翼賛会を取り巻く情勢への対処と見ることができる。

④の資料17は、風見法相から近衛首相への書翰草案と推定され、資料18は、昭和十六年六月二十二日の独ソ開戦に直面し、今後の情勢展開として、ソ連敗戦、独ソ戦線膠着、ドイツ敗戦の三つのケースが検討されている。いずれにしても、日本としては大東亜共栄圏建設に向かって活発なる行動が必要であるが、それは同時に対米対ソ同時開戦の危機を包蔵しているため、国内体制の確立が必要であるとしている。

第二次近衛内閣では、昭和十六年四月に任期満了に伴う総選挙を控え、新政治体制に即応すべき衆議院選挙法の改正が重要課題のひとつとなっていた。風見は法相辞任直後の昭和十六年一月、総選挙の一年延期を近衛首相に提案したが、この延期案に関する手記が14（昭和十六年一月―春）である。風見の提案に近衛首相は同意し、大政翼賛会事務総長の有馬も賛成した。前掲『有馬頼寧日記』の昭和十六年一月十一日付には、「風見君と会ふ。選挙法改正をやめ選挙を一年延期し、対米決意を明かにし、国防国家建設に全力を挙ぐる態勢をとるべしとの意見。賛成である」とある。風見の提案には東条英機陸相も同意したが、一月十四日の午餐会当日、風見は近衛から東条のリードにより総選挙断行が閣議決定された旨を知らされた。これを「政治を知らざる陸軍の悪戯」とした風見は、「必ず所期の通り事をはこばしむることそ国家のため」と意を決し、画策を続けたという。結局閣議はその一週間後、選挙法改正中止と衆議院議員の任期一年延長を決定（『朝日新聞』夕刊、昭和十六年一月二十二日付）した。ただし、風見がどのような画策を行なったかは明らかにされていない。

衆議院議員の任期一年延長に基づく総選挙施行の詔書は、昭和十七年四月四日に公布された。いわゆる翼賛選挙である。15「備忘録　昭和十六年」（昭和十六年五月―十七年六月）によれば、風見の場合、四月二日に選挙挨拶状が出来上がり、公報掲載の原稿も作成し、四日に立候補を届け出たが、その日の夜に推薦辞退を決していている。そして翌五日、風見の側近が集まり相談を重ねた結果、六日には立候補を断念した。この数日間の急展開にどのような協議があったのか、風見の日記からは明らかではないが、志冨の四月五日付の日記には、次のようにある。「立候補届出は済み手筈は万遺憾なく整つたが、昨夜推薦協議会において問題が起きたゝめ、先生立候補断念を決定さる。然し郷党人と打合せの要有り、小篠、飯田、今井、神林、落合諸氏の参集を求む。協議の結果、推薦辞退のまゝ立候補、一戦に望むことに決定、ホッとした気持ちになる。何がための推薦異議か、右翼と称する連中の心無き仕打が今さらの如く憤慨に堪えぬ。殊に茨城の右翼連に対し、その感が深い。忠君愛国を専有物にして飯を食ふ右翼の存在が、国の前途を危うからしむるに至るかも知らぬ」。そして翌六日付の日記には、「神林、飯田両氏上京の結果、先生立候補断念ときまる」と記されている。ここに風見の昭和五年以来一二年にわたる代議士生活に、ピリオドが打たれたのである。

（望月雅士）

3　第二部　アジア・太平洋戦争と敗戦

第二部には、昭和十七（一九四二）年一月から敗戦後の昭和二十二（一九四七）年三月までの日記・手記・論考を収録した。十七年四月の翼賛選挙への立候補を断念し、在野の人間として過ごした時期の記録である。したがって、政局に関する記述は、日ソ関係の論考（後述）などを除くと、政治家時代に比べて少なくなっている。それに代わって、戦時下の家族の生活や社会情勢・世相に関する記述がふえている。もっとも、風見の社会の動向への関心は一貫して強く、第一次近衛内閣総辞職後、とくに十四年後半以降の日記・手記（7―10）には「地方事情」の情報がしばしば記録されており、第二部の資料ではその種の記述がいっそう顕著になっている。こうした点が、風見資料のひとつの特徴を示しているといえるであろう。

16の手記（昭和十七年一月―十八年七月）は、第一部15の日記と対象時期が一部分重なるが、十七年以降の主なできごとを十八年六、七月頃に概括して記したものと考えられる。17の日記（昭和十七年七月―十八年七月）は、十八年三月まではとびとびに書かれており、「寒きため無精して三月まで日記せず」と記されているように、三月頃書かれた可能性があるが、四月からはほぼ連日記されている。

16には、南方戦線・中国戦線での日本軍将兵の言動や、中国における民心の動向に関する情報などのほか、細川嘉六が『改造』十七年七・八月号に発表した論説（「世界史の動向と日本」）を理由に検挙されるに到った事情、尾崎秀実の公判のもように関する近衛文麿の伝聞情報などが記されている（十八年六月十九日）。風見は尾崎事件に関して十七年に予審判事の訊問を受けていたが、この時の近衛からの情報によると、「尾崎は風見よりは何事をも探知し得ざりしことを言明」したとされる。また、細川の学識を高く評価し十四年以来かれの研究を支援していた風見にとって、細川の検挙は衝撃であったと思われる。細川検挙後の一時期、風見は細川の家族を経済的に援助しており、十九年十二月には細川事件（横浜事件）の証人として横浜地方裁判所で証言している(26)。なお、敗戦後の九月四日横浜刑務所を保釈出所した細川は風見に手紙を送り、九月二十三日に風見を訪ねている(31)。

17には16と部分的に重なる記述もあるものの、とくに朝鮮・中国の食糧事情や民心の動向、国内については、東条首相の「民情視察」に対する人びとの反応と風刺、食糧問題とそれに起因する「敗戦的思想芽出しつゝありとの話」などが記録されている。なお、十七年末から十八年初頭のことと思われるが、「今の世は星にいかりに　やみに顔　正直ものは　馬鹿を見るなり／といふ狂歌行はる」と記しており、これは、ほぼ同様の狂歌を記録した清沢冽の日記（『暗黒日記』十八年四月三十日）よりもいくらか早い。

18（昭和十八年八月―十九年三月）と19（昭和十九年四月―十二月）は連続する日記である。18は食糧事情と買い出し・闇取引に関する情報や、中野正剛自決のもようについての記述などのほかは大半が短いが、19ではかなり詳しい記述がふえている。とくに、①経済・生活状態の深刻化、②十九年七月のサイパン陥落と東条内閣総辞職による戦局・政局の転換、③同年十一月六日のスターリン演説とその衝撃、④とくに①②にともなう民心の変容、に関する記述が目立つ。風見はサイパン陥落を機に敗戦必至との見通しをもち、①④から社会の内部崩壊の危機を看取しているように思われる。たとえば、頭山満の死去に際して「此の人が希望せる如き日本は、間もなくその終結を告ぐるに非るか」と記している（十月十日）。また、④に関しては、地方における「必勝の信念の動揺」（十月十日）や、「早く戦争が終わつてくれぬとやりきれない」（十一月九日）という終戦願望の声を伝えている。そのほか、19には足尾俘虜収容所長から聞いた強制連行された中国人俘虜の状態、松本慎一から聞いた尾崎秀実の死刑執行前後のようすが書きとめられている。尾崎の死刑に関して風見は、「罪なき夫人には同情に堪へず。ことに、その一女への同情の思ひは無限也」（十一月十一日）と記している。

19からうかがわれる風見の時局認識は、22「随時随筆（一）」（昭和十九年十月―十一月）および23「随時随想（二）」（昭和十九年十月―十一月）において、いっそう明確に顕れている。22において風見は、「大多数の民衆」の「古来盲従の歴史に、今や終止符が打たれようとしてゐる」と述べている。風見は、ツァーとロシア民衆との関係、カイザーとドイツ民衆との関係に類比しながら、いずれにも共通する民衆の外観上の忠誠を「盲従の美徳」と呼び、日本の民衆も、戦局の悪化と政治の貧困の下で「盲従の美徳」に深刻な反省を余儀なくされるに至ったととらえ、「昭和十九年は日本民衆思想史上、一新紀元を区画する」と断じている。また、「後日の参考のために」との副題を附した23は、十九年末の物資・食糧事情、闇取引、徴用の実態、および戦意の低下などを記録しており、戦争が長引けば長引くほど自暴自棄的風潮は強まり、「内部崩壊の危機の増大」をもたらすとの見通しを示している。そして、「従来のごとき政治組織は、この戦争で払拭されるに相違ない」と記している。

19の日記および22・23の手記とほぼ同時期に、風見はソ連の動向および日ソ関係に関する三本の論考（20・21・24）をまとめているが、それはソ連の動向が戦争の帰趨を左右し、とりわけ日本にとって決定的な意味をもつことを認識していたからである。三本の論考はその他の日記・手記とは異なり、いずれも「……若干の考察」とのタイトルを附し原稿用紙に整理して論述されているところからみて、何らかのかたちで伝達もしくは発表することを期していた可能性がある。

20「ソ聯と太平洋戦争との関聯についての若干の考察」（昭和十九年九月二十七日）は、米英軍のノルマンディー上陸後の局面において、ナチス政権が崩壊して独ソ戦が終結した場合について論じている。その場合、ソ連は戦後復興とヨーロッパ戦後処理に向かうであろうという判断や、米英との対立が激化するであろうからソ連の太平洋戦争への参戦はなく、ソ連による和平斡旋を期待できるとする見通しに対して、風見はそれらを希望的観測にすぎないと批判している。むしろ、ソ連が米英と結んで太平洋戦争に参戦する公算は大きく、それは日本にとって致命的打撃となるから、その前に「太平洋戦争に終止符を打つべき方策を講ずる」必要があることを主張している。また、21「日ソ中立条約に関する若干の考察」（昭和十九年九月二十九日）では、すでに日ソ中立条約はソ連にとって無用の長物となっているが、ドイツ敗北の場合、日本を打破し西太平洋に地歩を確保しようとするソ連は、条約を踏みにじることを躊躇しないだろう、と指摘している。

ソ連について右のように観測していた風見にとって、革命記念日の演説でスターリンがドイツとともに日本を侵略国と断定したことは、彼の認識の妥当性を裏づけるものとなった。24「ソ聯革命記念日に於けるスターリンの演説に関する若干の考察」（昭和十九年十一月十五日）において風見は、スターリン演説は日ソ中立条約が実質的に破棄されたことを意味し、スターリンが対日参戦の用意に取りかかっていることを示すものであると指摘し、また演説のねらいは、対日参戦の場合の名分を明らかにしておくとともに、対日戦の必要を自国民に予告しようとするものと解釈すべきだ、と述べている。

ところで、十九年九月二十八日の最高戦争指導会議は、日ソの中立的態度を維持し日ソ国交の好転を図ることなどを「対蘇施策方針」として決定しており、スターリン演説は政界上層部や軍部に強い衝撃を与えたといわれる。そのため重光葵外相は、スターリン演説の翌日佐藤尚武駐ソ大使に対して、ソ連側との意見交換を行ない「我方施策ノ余地ナキヤニ付」打電するよう訓電した。それに応えて佐藤は、次のような見解を十一月十三日付で重光宛に打電している。「今猶日蘇間ニ日本ノ安心ノ行ク如キ協定ヲ遂ゲ得ベキヤニ思惟シ望ヲ繋ガントスル如キハ著シキ見当違ニシテ本使ハ日蘇間関係ガ寧ロ現状ノ維持サヘモ次第ニ困難トナラザルヤヲ惧ルル次第ナリ　「ス」ノ演説中ノ日本ニ関スル部分ハ或イハ米大統領選挙ノ前日ニ当リ応援ノ意味ヲモ含マセタルモノナルヤモ知レザレ共戦後安全保障機構ニ於テ独ノ侵略行為ヲ完封セントセバ日本ヲ同列ニ取扱ハザルヲ得ザルコトモ当然ナリ」（鹿島平和研究所編『日本外交史』第二五巻、鹿島研究所出版会、一九七二年）。

右返電のなかで佐藤は「形勢ノ誤認モ甚ダシ」とさえ言っており、風見の認識とも共通するのだが、こうした認識が政府首脳を動かすことはなく、かえって政府は、ソ連への反駁はソ連を刺戟するとしてこれを避け、のみならず反駁を抑圧した。風見は19の日記に「新聞紙が批判も反駁もなく過ごさゞるを得ざるは、情報局の指令に因るとのことだ」と記し、また、翼賛政治会が反駁声明を出そうと内閣と協議したが、内閣は許さなかったことを伝えている。

25の日記（昭和十九年十二月―二十年五月）は、19に続く日記だが、冒頭で十二月二十一日―三十日のできごとをまとめて記述し、十二月三十一日―二十年三月十八日は連日、その後はとびとびで、四月四日―五月三十一日はふたたび連日記されている。途中が欠けているのは、三月十八日に二十五日までに立ち退けという強制家屋疎開の通告を受け、四月初めまでの間引っ越し作業に追われたからである。このようにして風見一家は、品川区東大崎の自宅から風見の郷里茨城県水海道町の生家に疎開したのである。疎開時のもようは風見が二十年六月にまとめた「疎開記」に詳しいが、本書には収録しなかった。ちなみに「疎開記」によると、風見の住む東大崎四丁目だけで、四百余戸中三十戸を除いて疎開を通告され、東京都全体では約十五万五千戸におよんだ。また、「住宅疎開者にして当分行き先のないものは、近くの非疎開家庭と同居すべし、非疎開家庭では、疎開者家族の同居を拒むべからずといつた調子の示達が町会事務所からあつた」と記されている。

25の日記の時期に対応する手記が、26「覚え帳」（昭和十九年十二月―二十年二月）と27「落穂録」（昭和二十年二月―三月）であり、25には書かれていないか簡単にしか触れられていない特定の日のできごとや特定の問題について重点的に記されている。ともに抄録であり、十九年十一月以来の空襲体験や身辺雑記などに関する部分は省略した。

日記では19から空襲に関する記述がみられるが、25では警戒警報・空襲警報、防空壕への待避などが記録され、それらがないときには「無事」と記されている。また、戦局や空襲被害の情報もしばしば記されている。三月十日の東京大空襲については、27に詳述されている。そのなかで風見は、「(空襲による死者の）死体の処分などは一刻も早く片づけてしまふべきで、……軍隊の出動こそ最も適当だと思ふが、それをしないといふのは兵士達をしてその惨状に目をむけしむるのは士気を阻喪させるとでもいふのであらうか」などと記している。

空襲関係以外では、物資不足と生活の窮状、流言や〝戦争民話〟を含む民心の動向、それらについての風見の観測や感懐の記述が目立つ。「燃料問題いよいよ深刻也。……こんなことでは暴動でも起こりはせぬかと心配するもの多し」「皇太后銀の供出をなし大蔵大臣恐懼して拝受したとラジオ報ず。国民は未だ出さずに置いたかと怪しむことだらう」(25)。大橋忠一談として、「ラジオにて皇室関係の報道を行ふ場合、「畏こくも」といふを例とするが、民衆はこれを聞いて、何が畏こしだと憤慨するといふ有様である」(26)。東洋経済新報の社論「国民を信じ真実を語る要」を引いて、「たしかに一般国民が真実を語られてゐないと考へ出したのは事実だ」(27)など。また、時局認識としては、「民族の存在を求むるか、国体の存続をみとむるか、この二つの岐路に起ちて悩み苦み、且つ種々の犠牲を払はねばならぬ時代は遠きに非るものとしか思はれず」(25)「現状の儘では爆撃毎に軍に対する信頼は失はれ、政府への反感はそゝられ、ひいては累を皇室ににも及ぼす危険……。現に民間の識者間では、事態このまま推移せば、ロマノフ王朝以上の悲劇を生みはせぬ〔か〕と心ひそかに憂慮してゐる向きが鮮くない」(27)などと記している。

なお、25・27には高倉輝の警視庁脱走に関する記述がある。高倉は十九年八月三十日に、新著『ニッポン語』(19では「日本のことば」と記載されている)を携えて風見を訪ねているが、この時風見は十数部買い取って高倉の生活を助けたといわれる(前掲『風見章とその時代』)。が、その直後高倉は治安維持法違反の嫌疑で検挙された。その高倉が二十年三月六日警視庁の留置場から脱走したため、大崎署から高倉が立ち回ったら「密告」するよう依頼があった。それに対して風見は、「高倉氏の関係事件がどうであるかは知る所でないが、二十余年来知つた間柄である。そのものがたづねてきたといふのに密告はひどい、……」と記している。結局、高倉は風見のところへは立ち回らなかったのだが。この件については、戦後の手記33にも記述がある。

28の日記「田園日記抄」(昭和二十年三月―八月)は、25で欠けている疎開直後の三月二十五日と五月二十六日の補足、および六月十五日―八月十五日までの間の六日について、29の日記「備忘」(昭和二十年六月―七月)は、六月一日―七月二十日の連日記録されている。また、30の手記(昭和二十年七月―八月)では、この間のできごとが七つの日付もしくはテーマに分けて記されているが、そのうち四番目の「博太郎祝言」は省略した。これらの資料には、疎開後風見がじかに触れた農村生活の実情や、農民と疎開者・駐屯兵士などの意識と行動、および相互の軋轢などが具体的に記録され、戦争末期の農村社会の諸相が活写されている。

五月二十六日の日記では、東京空襲の翌日集まってきた集落の人びとの、予想される米軍上陸への対応や供出をめぐる農民の官憲への反感など「話頭百端」のもようを記録している。そのなかで、「地方事務所の役人が、オレは天皇陛下の命令で、供出のさいそくに来たのだといひやがつたさうだ」「天皇陛下だつて、オレ達のつくる米で生きてゐるでねいかヨ」「たれの命令でも、おらあ食へなくなるのはまつぴら御免だ」「天皇陛下より、わが身の方が可愛いからなあ」など、人びとの話しぶりを具体的に伝えている(28)。

村人と疎開者の関係については、「疎開児童に対する圧迫は甚だしく、むしろ迫害にちかし」(29)「(疎開者たちが)何れも郷里であるにも拘はらず、こんな不愉快な土地にゐられるかと憤慨して……」(30)「長塚節氏の『土』の中に出て来る人物を、大きくしたか小さくしたかだけの同類種型の人間のみを以て埋められたる村への疎開生活の如何に深刻に疎開者の神経を刺激し、且ついためつけているか……」(29)などと記している。

時局認識については、「(林広吉らと)今や日本としては、どうすれば国際管理を免れうるかだけが唯一の政治課題だとかたりあつた」こと(28)、また、「此の民族の構成する現在の国家が外形では整然たる存在だが、その内容はかくも貧弱なものであることにおもひをいたすとき、現在の国家が眼前に出会つてゐる危局を乗り切ることが出来ようとは、どうしても考えられぬ」(30)ことなどが記されている。

31「備忘」(昭和二十年七月―十二月)は、敗戦をはさむ時期の連日の日記である。31の敗戦までの部分は、その前の時期と同じ調子で比較的詳しく書かれているが、敗戦後の記述は大半が数行程度のごく短い記述となっている。八月十五日の日記には、「今日正午天皇みづからマイクの前にたち、重大放送する旨予告あり」とあるが、敗戦についての記述はない。すでに敗戦を予測していたとはいえ、ナショナリスト風見章にとって敗戦の衝撃は大きかったように思われる。その後しばらく敗戦に関する記述はなく、降伏文書調印の九月二日「憂鬱限りなき日なり」、九月二十八日「味気なき敗亡国の悲哀、日に切実也」とある。また、十月十六日には、「マッカーサーの世界向け放送の内容要旨を三時のニユースにて伝ふ。聞くもしやくの種也。されど如何ともするなし。亡国を亡国らしからず見せかけようとする従来の指導者のきたなき態度への憤りなき能はざる也」と記している。

なお、八月二十二日には牛場友彦、岸道三が来訪しており、また、同日木原通雄から、九月二日には真藤慎太郎、犬養健から上京を促す電報が届いているが、風見は近衛周辺の友人たちの要請に応じていない。真藤らの電報については、「返事する気にもなれず、その儘放置す」とある。要請を断った理由について、風見はのちに「わたしなどは、でられる幕でもなかろうと、観念していたのと、また、いつぽうでは、ひとりひそかに謹慎の気持もあつて、とうぶん、田舎で、できるだけ門外不出の日をおくらんものと、きめていたからである」と記している(前掲『近衛内閣』)。敗戦後、風見は近衛(東久邇内閣の国務大臣に就任)および周辺グループとは異なった態度決定をしたのである。なお、長子の博太郎氏は、敗戦後の風見は「世間の人が訪ねて来ても、敗戦後の国民の惨状に話が及ぶとかつての政治家としての責任感から、頭を下げっぱなしで謝っていた」と語っている(前掲「父・風見章を語る――風見博太郎氏に聞く(その2)」)。

32(昭和二十年十二月―二十一年二月)は31に続く連日の日記である。日記は五月二十七日まで続いているが、二月までの分を収録した。なお、三月以降はほとんどが日常生活の記録である。この日記の初日十二月十二日には、「二日に有馬伯、六日に近衛公、緒方氏ら戦争犯罪人として逮捕命令を受く。けふは人の身、あすは己が身かの思ひ深刻也」と記されている。続いて風見が逮捕されるだろうというわさも伝わり(32)、戦犯指名を覚悟し逮捕に備えていたのであるが(33)、それがいつ来るかと、翌年一月までは絶えずラジオのニュースに耳を傾けている。なお、十二月十六日のニュースで近衛の服毒自殺を知ったが、躊躇したあげく近衛家慰問のための上京を中止している。風見が上京するのは二十二年二月のことである。

33の手記「G・H・Q行」・「余録」(昭和二十二年二月―三月)は、二月二十四日GHQのCIS(民間諜報局)より出頭の要請を受け、二十六日上京、三月三日まで滞京した、その間のできごとをまとめたものである。「G・H・Q行」の主な内容は、二十六・二十七日のCISコルトンとの問答、近衛邸訪問、有馬邸訪問、西園寺公一、細川嘉六、高倉輝、松本慎一らとの会合のもよう、および風見が二年ぶりにみた東京の世情と彼の感懐である。また「余録」は、占領下東京の情景描写と占領政策への言及、および戦時期の回想が大部分を占めており、回想には、第一次近衛内閣期の広田弘毅外相と軍部との関係についての証言などが含まれている。

以上のうち、コルトンの聴取理由は「日本の政治事情を正確にあきらかにしたいため」であり、風見が懸念した戦犯容疑にかかわるものではなかったが（戦犯や公職追放指定はCISの管轄ではない）、実際の質問は、風見と近衛の関係、昭和研究会、尾崎秀実との関係、あさめし会、国策研究会、第一次近衛内閣期の対中国「和平」に関することがらであった。なお、風見は二十二年九月四日に、九月三日付の公職追放の仮指定書を受け取っている。その理由は内閣書記官長および司法大臣の職にあったことであった。仮指定に対しては異議申立ができるが、風見は異議申立をせず、「仮指定に対する報告書」を内閣総理大臣宛に送付している（日記「昭和二十二年八月十一日より」、本書非収録）。

近衛邸訪問記は、「近衛未亡人」とのやりとりに、第二次近衛内閣組閣時の風見の回想を織りまぜて記述されている。また有馬邸訪問記では、「華冑界出の政客として一世に時めいた」有馬頼寧の没落の境涯と、それを目の当たりにした風見の感慨が綴られている。

再会した知人のなかでは、松本慎一について、「尾崎氏が検挙された後は自ら表面に立つて、同氏のために出来るかぎりのあらゆる援助を尽し、その友情のこまやかさには敬服の外なかつた。……曾ては尾崎氏の名を知人としてあげることすらその友人の間ではゞかられたといふのに、今は却つて尾崎の友人であつたといふことが自慢に値ひするといふのである。松本氏と対面しては、まことに今昔の感に堪へぬ」と記している。こうした記述に、敗戦後の風見の複雑な思いを見て取ることができる。

（北河賢三）

〔付記〕　風見博太郎氏と志冨實氏には、本資料の刊行を許可していただくとともに、本書を制作する過程で生じたさまざまな疑問点についてご教示いただいた。両氏には心より感謝の意を表したい。索引作成にご協力いただいた土屋知行氏にも、感謝の意を表したい。また、本書の刊行を引き受けて下さった、みすず書房編集部長守田省吾氏には大変お世話になった。お礼申し上げたい。なお、本書の刊行に対して、早稲田大学より平成十九年度学術出版補助費を受けた。

人名索引

ウ

エ

オ

カ

ミ

ム

メ

モ

ヤ

著者略歴

（かざみ・あきら　1886-1961）

1886年2月茨城県水海道町高野に生まれる．水海道中学を経て，1905年4月早稲田大学高等予科入学，1909年7月同大学部政治経済学科政治専攻卒業．1913年1月中野正剛の推薦で大阪朝日新聞社に入社．国際通信社などを経て，1923年1月信濃毎日新聞社主筆．1928年2月普通選挙制最初の総選挙に茨城三区から立候補するが落選．1930年2月の総選挙で当選．以後1937年4月まで連続4回当選した．当初立憲民政党に所属したが，満洲事変後の協力内閣運動を機に脱党，1932年12月国民同盟結成に参画した．1937年1月国民同盟脱退．同年6月第一次近衛文麿内閣の内閣書記官長に就任．1940年近衛を中心に新体制運動を開始，同年7月の第二次近衛内閣では司法大臣に就任した．同年10月の大政翼賛会創立では常任顧問に就任．1942年4月の翼賛選挙には立候補せず，政界から退いた．1947年公職追放（1951年6月解除）．1952年10月の総選挙に無所属で立候補し当選，以後1960年11月の総選挙まで連続5回当選した．この間，1955年1月に左派社会党に入党，同年10月の社会党の統一では顧問に就任．戦後は，憲法擁護国民連合の代表委員として平和憲法擁護運動に取り組むとともに，中国との国交回復に尽力した．1961年12月死去．主著に『近衛内閣』『祖国』『鬼怒川雑記』などがある．

編者略歴

北河賢三〈きたがわ・けんぞう〉1948年生．早稲田大学大学院文学研究科博士課程単位取得．現在　早稲田大学名誉教授．著書『戦後の出発――文化運動・青年団・戦争未亡人』(青木書店, 2000)『戦争と知識人』(山川出版社, 2003)『戦後史のなかの生活記録運動――東北農村の青年・女性たち』（岩波書店，2014）.

望月雅士〈もちづき・まさし〉1965年生．早稲田大学大学院文学研究科博士後期課程単位取得．現在　早稲田大学教育学部非常勤講師．共編『佐佐木高行日記――かざしの桜』（北泉社, 2003), 主要論文「風見章の原点」(『早稲田大学史記要』第44巻，2013)「『インテリ兵士』の日中戦争」(『年報 日本現代史』第24巻，2019).

鬼嶋淳〈きじま・あつし〉1974年生．早稲田大学大学院文学研究科博士後期課程単位取得退学．博士（文学)．現在　専修大学文学部教授．著書『戦後日本の地域形成と社会運動――生活・医療・政治』（日本経済評論社, 2019)，主要論文「溝上泰子論―『国家的母性の構造』から『日本の底辺』へ」（赤澤史朗・北河賢三・黒川みどり編『戦後知識人と民衆観』書影房，2014)「戦後日本の地域医療・福祉をめぐる運動――入間医療生活協同組合の模索」(『部落問題研究』第224輯，2018).

風見章日記・関係資料 1936-1947

2019年3月14日　新装版第1刷発行
2022年1月18日　新装版第2刷発行

編　者　北河賢三・望月雅士・鬼嶋淳
発行所　株式会社 みすず書房
〒113-0033 東京都文京区本郷2丁目20-7
電話 03-3814-0131(営業) 03-3815-9181(編集)
www.msz.co.jp
印刷・製本　大日本印刷株式会社

ISBN 978-4-622-08806-6
[かざみあきらにっきかんけいしりょう]

本書は、みすず書房より2008年3月21日、第1刷として発行した『風見章日記・関係資料』を底本としています。